Dresher

Die Haftung des GmbH-Geschäftsführers

RWS-Skript 290

Die Haftung des GmbH-Geschäftsführers

8., neu bearbeitete Auflage

von

VorsRiBGH Prof. Dr. Ingo Drescher, Karlsruhe

RWS

RWS Verlag Kommunikationsforum GmbH · Köln

Die Deutsche Nationalbibliothek verzeichnet diese Publikation in der Deutschen Nationalbibliografie; detaillierte bibliografische Daten sind im Internet über http://dnb.d-nb.de abrufbar.

Postfach 27 01 25, 50508 Köln
E-Mail: info@rws-verlag.de, Internet: http://www.rws-verlag.de

Satz und Datenverarbeitung: SEUME Publishing Services GmbH, Erfurt
Druck und Verarbeitung: rewi Druckhaus Winters GmbH, Wissen

Vorwort zur 8. Auflage

Die Haftung des Geschäftsleiters beschäftigt Beratungspraxis und Gerichte in erheblichem Umfang. Das vorliegende Werk soll die wichtigsten Haftungsfälle erfassen. Daher beschränkt es sich nicht auf § 43 und § 64 GmbHG oder § 823 BGB, sondern behandelt die Haftung auch dort, wo sie in erster Linie dem Gesellschafter zugewiesen ist, aber in der Praxis der Geschäftsführer meist mithaftet, etwa bei der Existenzvernichtungshaftung und der Gründungshaftung.

Das Werk ist aus der Sicht der Praxis geschrieben und nimmt daher vornehmlich auf die Rechtsprechung Bezug. Gegenüber der Vorauflage waren insbesondere zahlreiche Entscheidungen zur Insolvenzreife und zur Insolvenzverschleppung zu berücksichtigen, die ebenso wie andere neuere Entscheidungen bis Ende 2018 eingearbeitet sind.

Karlsruhe, im April 2019 *Ingo Drescher*

Inhaltsverzeichnis

	Rn.	Seite
Vorwort zur 8. Auflage		V
Literaturverzeichnis		XV
A. Haftung gegenüber der Gesellschaft – Innenhaftung	1	1
I. Haftung nach § 43 GmbHG	2	1
1. Anwendungsbereich	3	1
2. Anspruchsberechtigte	10	3
a) Die Gesellschaft	10	3
aa) Gesellschafterbeschluss	11	3
bb) Vertretung	32	7
cc) GmbH und Co. KG	40	8
b) Der Gesellschafter	45	9
c) Der Insolvenzverwalter	56	12
d) Gesellschaftsgläubiger	61	13
e) Versicherer der GmbH	72	15
3. Passivlegitimation	75	15
a) Geschäftsführer	75	15
b) Faktischer Geschäftsführer	89	17
c) Prokurist	119	23
d) Aufsichtsrat	120	23
e) Liquidator	124	25
4. Pflichtverletzung nach § 43 Abs. 2 GmbHG	126	25
a) Geschäftsleiterpflichten	134	26
aa) Unternehmerische Entscheidungen	134	26
bb) Legalitätspflicht, Compliance und Corporate Governance	152	30
cc) Risikomanagement	164	33
dd) Haftungsbeispiele aus der Praxis:	172	34
b) Treuepflichten	173	38
c) Straftatbestand der Untreue	179	43
d) Kompetenzüberschreitung	190	46
e) Wettbewerbsverbot	202	49
aa) Während der Amtszeit	202	49
bb) Nachvertraglich	216	51
f) Verstoß gegen § 49 Abs. 3 GmbHG	230	54
g) Insolvenzreife	233	54
h) Weisungen und Einverständnis	246	56
aa) Folgepflicht	246	56
bb) Haftungsausschluss	258	58
cc) Alleingesellschafter und -geschäftsführer	265	61

	Rn.	Seite
5. Pflichtverletzung nach § 43 Abs. 3 GmbHG	269	62
a) Erhaltung des Stammkapitals	269	62
b) Auszahlung	292	66
aa) Zahlung	292	66
bb) Darlehen an Gesellschafter	301	68
cc) Besicherung von Gesellschafterdarlehen	322	71
dd) Rückzahlung von Gesellschafterdarlehen	329	73
c) Kapitalersetzende Leistungen	331	73
6. Verschulden	338	75
7. Schaden	354	77
8. Darlegungs- und Beweislast	367	79
a) Haftung nach § 43 Abs. 2 GmbHG	367	79
aa) Allgemeine Regeln	367	79
bb) Fehlbeträge in Kassen- und Warenbestand	385	83
b) Haftung nach § 43 Abs. 3	388	84
9. Mehrere Geschäftsführer	394	85
10. Verjährung	408	88
11. Haftungsbeschränkung und Entlastung	436	93
a) Betrieblich veranlasste Tätigkeit	436	93
b) Freistellungsanspruch	438	94
c) Vertraglicher Haftungsausschluss	443	94
d) Verzicht, Entlastung, Generalbereinigung	452	96
aa) Verzicht	452	96
bb) Entlastung	454	97
cc) Generalbereinigung	460	98
12. Prozessuales	465	99
13. D&O-Versicherung	469	100
a) Ausgestaltung	470	100
b) Abschluss	476	101
c) Versicherungsanspruch	484	102
II. Zahlungen nach Insolvenzreife, § 64 Satz 1 GmbHG	499	105
1. Anwendungsbereich	500	105
2. Schuldner	506	106
3. Gläubiger	514	107
4. Zeitliche Grenzen des Zahlungsverbots	521	108
5. Zahlungsunfähigkeit	532	111
a) Liquiditätsbilanz	538	111
b) Zahlungseinstellung	573	118
c) Darlegungs- und Beweislast	587	124
6. Überschuldung	601	128
a) Zweistufiger Überschuldungsbegriff	610	129
aa) Rechnerische Überschuldung	611	130
bb) Fortführungsprognose	626	137
b) Einstufiger Überschuldungsbegriff	655	142
c) Bilanzierung von Gesellschafterdarlehen	664	143

	Rn.	Seite
aa) Vor 1.11.2008	668	143
bb) Seit 1.11.2008	681	146
d) Darlegungs- und Beweislast	686	147
7. Zahlungen	695	149
a) Zahlungsbegriff	695	149
b) Einzelfälle	713	152
aa) Zahlung von debitorischem Konto	714	152
bb) Zahlung auf debitorisches Konto	718	153
cc) Aktiventausch	730	156
dd) Leistung an Ab- und Aussonderungsberechtigte	741	158
c) Darlegungs- und Beweislast	742	159
8. Verschulden	745	159
a) Erkennbarkeit der Insolvenzreife	748	160
b) Sorgfalt des ordentlichen Geschäftsmanns	779	166
aa) Zahlungen zur Nachteilsabwendung	781	166
bb) Strafbarkeit/Ordnungswidrigkeit	787	168
cc) Persönliche Haftung	798	170
9. Insolvenzforderung des Gläubigers	800	171
10. Anfechtbarkeit der Zahlung	803	172
11. Aufrechnung	811	173
12. Verjährung	814	174
13. Prozessuales	817	174
14. Regress	825	176
a) Steuerberater und Wirtschaftsprüfer	825	176
b) D&O-Versicherung	834	178
III. Zahlungen an Gesellschafter	836	178
1. Anwendungsbereich	837	178
2. Schuldner	841	179
3. Gläubiger	845	179
4. Zahlung an Gesellschafter	846	180
a) Zahlung	846	180
b) Leistungsempfänger	861	181
5. Verursachung der Zahlungsunfähigkeit	864	182
6. Verschulden	879	184
7. Umfang des Ersatzes	882	185
8. Darlegungs- und Beweislast	883	185
9. Verjährung	886	185
10. Konkurrenzen	887	185
IV. Existenzvernichtung	890	186
1. Anwendungsbereich	892	187
2. Schuldner	894	187
3. Gläubiger	898	188
4. Haftungsvoraussetzungen	901	189

	Rn.	Seite
a) Tatbestand	901	189
b) Einzelfälle	909	191
c) Verschulden	911	195
d) Beweislast	912	195
5. Verjährung	914	195
6. Haftungsumfang	917	196
7. Konkurrenzen	924	197
8. Haftung während der Liquidation	927	198
B. Haftung gegenüber Dritten – Außenhaftung	929	199
I. Haftung wegen Vertretung ohne Vertretungsmacht	930	199
1. Einzelhandlung bei Gesamtvertretung	930	199
2. Beschränkungen der Satzung	934	200
3. Handeln ohne Gesellschafterzustimmung	935	200
II. Haftung aus Verschulden bei Vertragsschluss	940	201
1. Eigeninteresse	946	202
2. Inanspruchnahme besonderen Vertrauens	949	203
3. Prospekthaftung	961	205
III. Rechtsscheinhaftung	972	207
IV. Durchgriffshaftung	995	213
1. Vermischung von Gesellschafts- und Privatvermögen	1006	215
a) Vermögensvermischung	1007	215
b) Darlegungs- und Beweislast	1014	216
2. Unterkapitalisierung	1015	217
3. Haftung wegen existenzvernichtenden Eingriffs	1026	220
V. Allgemeine deliktische Haftung	1029	221
1. Haftung für eigene Handlung	1030	221
2. Haftung aus Organisationsverschulden/ Garantenstellung	1038	223
3. Produzentenhaftung	1064	229
VI. Verletzung von Schutzgesetzen nach § 823 Abs. 2 BGB	1070	230
1. § 264 StGB – Subventionsbetrug	1070	230
2. § 266 StGB – Untreue	1075	231
3. § 266a StGB – Vorenthalten von Sozialversicherungsbeiträgen	1076	231
a) Beiträge zur Sozialversicherung	1079	232
b) Vorenthalten	1085	233
aa) Fälligkeit	1086	233
bb) Zahlungsmöglichkeit	1092	234
cc) Teilzahlungen	1105	236
c) Geschäftsführer	1107	237
d) Verschulden	1120	240

	Rn.	Seite
e) Vorrang der Beitragsansprüche	1139	244
aa) Anfechtbarkeit	1139	244
bb) § 64 Satz 1 GmbHG	1143	245
f) Darlegungs- und Beweislast	1153	247
g) Haftungsumfang	1167	250
h) Verjährung	1171	251
4. § 130 OWiG – Aufsichtspflichtverletzung	1175	252
5. § 41 GmbHG – Buchführungspflicht	1178	252
6. § 43 Abs. 1 GmbHG – Verletzung der Sorgfaltspflicht	1182	253
7. § 15a Abs. 1 Satz 1 InsO – Insolvenzverschleppung	1184	254
a) Haftungsgrund	1184	254
b) Schuldner	1195	255
c) Insolvenzverschleppung	1205	257
aa) Antragsfrist	1210	258
bb) Sanierungsversuche	1214	258
cc) Massekostenvorschuss	1218	259
dd) „Firmenbestattung“	1223	260
ee) Nach Antragstellung	1235	262
d) Altgläubigerschaden	1236	262
aa) Abgrenzung Altgläubiger – Neugläubiger	1237	262
bb) Prozessführungsbefugnis	1248	264
cc) Quotenschaden	1252	265
e) Neugläubigerschaden	1261	267
aa) Neugläubiger	1261	267
bb) Aktivlegitimation	1265	268
cc) Schaden	1268	269
dd) Mitverschulden	1288	276
ee) Nichtabführung von Sozialversicherungsbeiträgen	1291	276
ff) Insolvenzgeld	1294	277
f) Verschulden	1301	279
g) Verjährung	1304	279
h) Darlegungs- und Beweislast	1307	280
aa) Insolvenzreife	1307	280
bb) Schaden	1320	283
i) Informationsbeschaffung	1321	283
aa) Insolvenzverwalter	1322	283
bb) Alt- und Neugläubiger	1334	284
8. § 8a AltTZG/§ 7d Abs. 1 SGB IV a. F. (Unterlassene Insolvenzsicherung von Wertguthaben auf Alterssicherung)	1349	286
9. § 1 Abs. 1 Gesetz über die Sicherung der Bauforderungen (BauFordSiG)	1354	288
a) Baugeld	1364	289

	Rn.	Seite
b) Vorgeschriebene Verwendung	1373	291
c) Verschulden	1384	293
d) Beweislast	1388	294
e) Schaden	1392	295
10. Makler- und Bauträgerverordnung	1394	295
11. Herabsetzung des Stammkapitals	1395	295
12. Haftung als Liquidator nach § 73 GmbHG	1398	296
13. Andere Schutzgesetze	1401	296
VII. Haftung wegen sittenwidriger Schädigung, § 826 BGB	1402	297
1. Vorsätzliche Insolvenzverschleppung	1402	297
2. Bereicherung auf Kosten der Gläubiger	1411	298
3. Einstellung des Geschäftsbetriebs	1424	301
4. Anlageberatung und Warenterminoption	1428	302
a) Anlageberatung und Prospekthaftung	1428	302
b) Warenterminoptionen	1432	303
VIII. Haftung für Wettbewerbs-, Urheberrechts- oder Kennzeichenrechtsverstöße	1438	304
IX. Haftung für Steuerschulden	1451	307
1. Schuldner	1454	307
2. Pflichtverletzung und Kausalität	1459	308
a) Festsetzung	1461	308
b) Zahlungsmöglichkeit	1466	309
c) Anfechtbarkeit	1470	310
3. Verschulden	1471	310
4. Grundsatz der anteiligen Tilgung	1490	313
5. Lohnsteuer	1513	318
6. Verhältnis des Steuerrechts zu § 64 Satz 1 GmbHG	1528	320
7. Vollstreckung	1532	321
X. Gesellschafterliste	1542	323
C. Haftung bei Gründung	1549	325
I. Vorgründungsgesellschaft	1550	325
II. Vor-GmbH	1561	327
1. Entstehen und Erlöschen	1561	327
2. Handelndenhaftung (Geschäftsführer)	1575	329
a) Handelnder	1578	329
b) Erlöschen der Haftung	1583	330
c) Haftungsausschluss	1589	331
d) Haftungsumfang	1592	331
e) Regress	1597	332
3. Haftung der Gesellschafter der Vor-GmbH	1600	333
a) Haftung bei Eintragung	1601	333

	Rn.	Seite
aa) Unterbilanzhaftung	1601	333
bb) Feststellung der Unterbilanz	1611	334
cc) Darlegungs- und Beweislast	1619	336
dd) Ausgleichshaftung	1624	337
b) Haftung bei Scheitern der Eintragung	1626	337
aa) Abwicklung der Vor-GmbH	1626	337
bb) Fortführung des Geschäftsbetriebs	1644	341
III. Mantelverwendung	1655	343
1. Mantelverwendung und Vorratsgründung	1656	344
2. Handelndenhaftung	1668	346
3. Haftung der Gesellschafter	1671	347
IV. Falsche Angaben bei Eintragung	1682	349
Stichwortverzeichnis		351

Literaturverzeichnis

Abenheimer
Steuerliche Pflichten und Haftungsrisken des Geschäftsführers und Insolvenzverwalters in Krise bzw. Insolvenz der GmbH, GmbHR 2005, 869

Altmeppen
Aufsteigende Sicherheiten im Konzern, ZIP 2017, 1977

Altmeppen
Abschied vom „Durchgriff" im Kapitalgesellschaftsrecht, NJW 2007, 2657

Altmeppen
Ausfall- und Verhaltenshaftung des Mitgesellschafters in der GmbH, ZIP 2002, 961

Altmeppen
Haftung der Geschäftsleiter einer Kapitalgesellschaft für Verletzung von Verkehrssicherungspflichten, ZIP 1995, 881

Altmeppen
Die Auswirkungen des KonTraG auf die GmbH, ZGR 1999, 291

Altmeppen
Geschäftsleiterhaftung für Weglassen des Rechtsformzusatzes aus deutsch-europäischer Sicht, ZIP 2007, 889

Altmeppen
Haftung für Delikte „aus dem Unternehmen", dargestellt am Fall „Dieselgate", ZIP 2016, 97

Altmeppen
Irrungen und Wirrungen um den täuschenden Rechtsformzusatz und seine Haftungsfolgen, NJW 2012, 2833

Altmeppen
Konkursantragspflicht der Vor-GmbH?, ZIP 1997, 273

Altmeppen
Probleme der Konkursverschleppungshaftung, ZIP 1997, 1173

Altmeppen
Schutz vor „europäischen" Kapitalgesellschaften, NJW 2004, 97

Altmeppen
„Upstream-loans", Cash Pooling und Kapitalerhaltung nach neuem Recht, ZIP 2009, 49

Altmeppen
Was bleibt von den masseschmälernden Zahlungen?, ZIP 2015, 949

Altmeppen
Zur Verwendung eines „alten" GmbH-Mantels, DB 2003, 2050

Altmeppen
Zur vorsätzlichen Gläubigerschädigung, Existenzvernichtung und materiellen Unterkapitalisierung in der GmbH, ZIP 2008, 1201

Altmeppen/Wilhelm
Quotenschaden, Individualschaden, und Klagebefugnis bei der Verschleppung des Insolvenzverfahrens über das Vermögen der GmbH, NJW 1999, 673

Armbrüster
Interessenkonflikte in der D&O-Versicherung, NJW 2016, 897

Armbrüster
Schutz der GmbH und ihrer Gesellschafter/Geschäftsführer vor einem Rückgriff durch Sachversicherer, BB 1998, 1376

Armbrüster/Schilbach
D&O-Versicherungsschutz für Ansprüche nach § 64 Satz 1 GmbHG, ZIP 2018, 1853

Bachmann
Die Beschränkung der Organhaftung nach den Grundsätzen des Arbeitsrechts, ZIP 2017, 841

Bachmann
Die Haftung des Geschäftsleiters für die Verschwendung von Gesellschaftsvermögen, NZG 2013, 1121

Bachmann
Die Offenlegung der wirtschaftlichen Neugründung und die Folgen ihrer Versäumung, NZG 2012, 579

Bauer/Malitz
Ansprüche wegen verbotener Zahlungen in der D&O-Versicherung, ZIP 2018, 2149

Baumann
Versicherungsfall und zeitliche Abgrenzung des Versicherungsschutzes in der D&O-Versicherung, NZG 2010, 1366

Baumbach/Hueck
GmbH-Gesetz, 21. Aufl., 2017 (zit.: Baumbach/Hueck/*Bearbeiter*, GmbHG)

Baumert
Zahlungseingang aus Erlösen des Verkaufs von Sicherungseigentum auf ein debitorisches Bankkonto: offene Fragen bei § 64 S. 1 GmbHG rund um Masseneutralität und Sanierungsprivileg, NZG 2016, 379

Baur/Holle
Anwendung des § 93 Abs. 2 Satz 2 AktG im Direktprozess gegen den D&O-Versicherer (§ 93 Abs. 2 Satz 2 AktG), AG 2017, 141

Beck/Schaub
Haftung des Geschäftsführers einer UG bei falscher Firmierung, GmbHR 2012, 1331

Bergmann
Die Handelndenhaftung als Ausgleich fehlender Registerpublizität, GmbHR 2003, 563

Bergwitz
Die GmbH im Prozess gegen ihren Geschäftsführer, GmbHR 2008, 225

Berkefeld
Ungelöste Probleme auf der Rechtsfolgenseite bei der „wirtschaftlichen Neugründung" von Vorrats- und Mantelgesellschaften, GmbHR 2018, 337

Berner/Klöhn
Insolvenzantragspflicht, Qualifikation und Niederlassungsfreiheit, ZIP 2007, 106

Berninghaus
Der Geschäftsführer-Haftungsbescheid nach § 69 AO im finanzgerichtlichen Verfahren – Ermittlungspflichten des Finanzamts und Mitwirkungspflichten des Geschäftsführers bei der Haftungsinanspruchnahme für rückständige Umsatz- und Körperschaftsteuer der GmbH, DStR 2012, 1001

Biletzki
Außenhaftung des GmbH-Geschäftsführers, BB 2000, 521

Biletzki
Das Prinzip der gesellschaftspolaren Haftungsorientierung – eine die Außenhaftung des GmbH-GF beschränkender Grundsatz?, NZG 1999, 286

Biletzki
Steuerrechtliche Haftung des GmbH-Geschäftsführers nach Eintritt der Konkursreife, NJW 1997, 1548

Bisson
Die Haftung des Organs für die Verletzung von Pflichten der juristischen Person – Insbesondere ein Beitrag zur Haftung des Organs für die Verletzung von Verkehrssicherungspflichten, GmbHR 2005, 1453

Bitter
Zur Haftung des Geschäftsführers aus § 64 Abs. 2 GmbHG für „Zahlungen" nach Insolvenzreife, WM 2001, 666

Blöse
Der Umfang der Ausfallhaftung bei Verstoß gegen das Auszahlungsverbot, GmbHR 2002, 1107

Blöse
Die Geschäftsführer-Haftung für Zahlungen bei Vorliegen von Insolvenzgründen – eine Schadensersatzverpflichtung am Maßstab von Plausibilitäten?, GmbHR 2005, 832

Blöse
Haftung der Geschäftsführer und Gesellschafter nach dem ESUG, GmbHR 2012, 471

Blöse
Insolvenz, Liquidation und Wandel vom Eigenkapitalersatz zum Recht der Gesellschafterleistungen, GmbHR Sonderheft Oktober 2008, 71

Bochmann
Kein Durchgriff von Kommanditisten einer GmbH & Co. KG auf den Geschäftsführer der Komplementärin im Wege der actio pro socio?, GmbHR 2018, 289

Böcker/Poertzgen
Kausalität und Verschulden beim künftigen § 64 Satz 3 GmbHG, WM 2007, 1203

Böcker/Poertzgen
Finanzmarkt-Rettungspaket ändert Überschuldungsbegriff (§ 19 InsO), GmbHR 2008, 1289

Böge
Zur Beendigung der faktischen Geschäftsführung, GmbHR 2014, 1121

Bork
Verfolgungspflichten – Muss der Insolvenzverwalter alle Forderungen einziehen?, ZIP 2005, 1120

Bork
Wie erstellt man eine Fortbestehensprognose?, ZIP 2000, 1709

Bork
Zum Beginn des Zahlungsverbots gem. § 92 II 1 AktG, NZG 2009, 775

Bormann/Urlichs
Kapitalaufbringung und Kapitalerhaltung nach dem MoMiG, GmbHR-Sonderheft Oktober 2008, 37

Böttcher
Direktanspruch gegen den D&O-Versicherer – Neue Spielregeln im Managerhaftungsprozess, NZG 2008, 645

Böttcher
Organpflichten beim Unternehmenskauf, NZG 2007, 481

Brand
§ 64 Satz 3 GmbHG im Spannungsfeld von aufsteigenden Kreditsicherheiten, ZIP 2012, 1010

Bremer
Der Insolvenzgrund der Zahlungsunfähigkeit einer GmbH, GmbHR 2002, 257

Brinkmann
Die prozessualen Konsequenzen der Abtretung des Freistellungsanspruchs aus einer D&O-Versicherung, ZIP 2017, 301

Brinkmann
Haftungsrisiken im Schutzschirmverfahren und in der Eigenverwaltung, DB 2012, 1369

Brinkmann/Luttmann
Halbierung der insolvenzrechtlichen Anfechtung gegen Krankenkassen? § 28e Abs. 1 Satz 2 SGB IV n. F. – ein Scheinriese!, ZIP 2008, 901

Brüggemann
Die Rangrücktrittserklärung im Lichte der InsO, NZG 1999, 811

Bruns
Informationsbeschaffung der Gläubiger bei insolventer GmbH, MDR 2006, 904

Buck-Heeb
Die Plausibilitätsprüfung bei Vorliegen eines Rechtsrats – zur Enthaftung von Vorstand, Geschäftsführer und Aufsichtsrat, BB 2016, 1347

Dahl/Schmitz
Haftung des Geschäftsführers wegen unterlassener Geltendmachung des Erstattungsanspruchs aus § 31 GmbHG in der Insolvenz der GmbH, NZG 2008, 653

Dahl/Schmitz
Haftung des GmbH-Geschäftsführers aus § 64 II GmbHG bei Begleichung von Drittverbindlichkeiten mit zuvor von verbundenen Konzerngesellschaften zur Verfügung gestellten Mitteln, NZG 2008, 532

de Angelis/Bodenbrenner
Unternehmensinsolvenz – Anforderungen an Geschäftsführung und Vorstand, MDR 2003, 1145

Decker
Organhaftung und Expertenrat, GmbHR 2014, 72

Dollmann
Haftung gemäß § 43 GmbHG: Verjährung von Regressansprüchen im Innenverhältnis, GmbHR 2004, 1330

Drygala/Drygala
Wer braucht ein Frühwarnsystem?, ZIP 2000, 297

Drygala/Kremer
Alles neu macht der Mai – Zur Neuregelung der Kapitalerhaltungsvorschriften im Regierungsentwurf zum MoMiG, ZIP 2007, 1289

Ebert
Folgepflicht und Haftung des GmbH-Geschäftsführers beim Erhalt und bei der Ausführung von Weisungen, GmbHR 2003, 444

Eidenmüller
Geschäftsleiter- und Gesellschafterhaftung bei europäischen Auslandsgesellschaften mit tatsächlichem Inlandssitz, NJW 2005, 1618

Fichtelmann
Der qualifizierte Rangrücktritt – ein Irrtum der Rechtsprechung?, GmbHR 2007, 518

Fischer
Fortbestehensprognose und Sanierung, NZI 2016, 665

Fleck
Zur Beweislast für pflichtwidriges Organhandeln, GmbHR 1997, 237

Fleischer
Aktienrechtliche Compliance-Pflichten im Praxistest: Das Siemens/Neubürger-Urteil des LG München I, NZG 2014, 321

Fleischer
Die „Business Judgement Rule“: Vom Richterrecht zur Kodifizierung, ZIP 2004, 685

Fleischer
Gelöste und ungelöste Probleme der gesellschaftsrechtlichen Geschäftschancenlehre, NZG 2003, 985

Fleischer
Ungeschriebene Hauptversammlungszuständigkeiten im Aktienrecht: Von „Holzmüller“ zu „Gelatine“, ZGR 2004, 437

Fleischer
Zur GmbH-rechtlichen Verantwortlichkeit des faktischen Geschäftsführers, GmbHR 2011, 337

Fleischer
Zur organschaftlichen Treuepflicht der Geschäftsleiter im Aktien- und GmbH-Recht, WM 2003, 1045

Fleischer/Empt
Gesellschaftsrechtliche Durchgriffs- und Konzernhaftung und öffentlich-rechtliche Altlastenverantwortlichkeit, ZIP 2000, 905

Fleischer/Goette
Münchener Kommentar zum Gesetz betreffend die Gesellschaften mit beschränkter Haftung – GmbHG, 3. Aufl., 2018
(zit.: MünchKommGmbHG/*Bearbeiter*)

Fleischer/Schmolke
Faktische Geschäftsführung in der Sanierungssituation, WM 2011, 1009

Flume
Die Haftung des GmbH-Geschäftsführers bei Geschäften nach der Konkursreife, ZIP 1994, 337

Foerste
Nochmals: Persönliche Haftung der Unternehmensleitung – die zweite Spur der Produkthaftung, VersR 2002, 1

Freund
Gesamtschuldnerregress in der Organhaftung, GmbHR 2013, 785

Freund
Organhaftung in der Bauwirtschaft, NJW 2013, 2545

Ganter
Betriebsfortführung im Insolvenzeröffnungs- und Schutzschirmverfahren, NZI 2012, 433

Gehrlein
Das neue GmbH-Recht, 2009

Gehrlein
Der aktuelle Stand des neuen GmbH-Rechts, Der Konzern 2007, 771

Geißler
Der Geschäftsführer der vertraglich konzernierten GmbH im Spannungsfeld gefährdender Weisungen des herrschenden Unternehmens, GmbHR 2015, 734

Gehrlein
Die Existenzvernichtungshaftung im Wandel der Rechtsprechung, WM 2008, 761

Gehrlein
Die Gesellschafterklage nach § 46 Nr. 8 GmbHG – ein ungelöstes Problem?, ZIP 1993, 1525

Geißler
Die Haftung des faktischen GmbH-Geschäftsführers, GmbHR 2003, 1106

Gehrlein
Die Haftung in den verschiedenen Gründungsphasen der GmbH, DB 1996, 561

Gehrlein
Einverständliche verdeckte Gewinnentnahme der Gesellschafter als Untreue (§ 266 StGB) zu Lasten der GmbH, NJW 2000, 1089

Geißler
Fragen zum Insolvenzverfahren der Vor-GmbH, DZWIR 2009, 52

Gehrlein
Schadensbegrenzung bei Insolvenzverschleppung unter dem Gesichtspunkt des Schutzzweckgedankens, DB 2005, 2395

Gehrlein
Strafbarkeit von Vorständen wegen leichtfertiger Vergabe von Unternehmensspenden, NZG 2002, 463

Geißler
Strittige Restanten bei der Haftung des GmbH-Geschäftsführers aus culpa in contrahendo, ZIP 1997, 2184

Geißler
Verdeckte Gewinnausschüttung und Rückforderungsansprüche der GmbH, GmbHR 2003, 394

Geißler
Zukunft, Stillstand oder Geltungsverlust für die Durchgriffshaftung im Recht der GmbH?, GmbHR 1993, 71

Goette
Der Geschäftsführerdienstvertrag zwischen Gesellschafts- und Arbeitsrecht, in: Festschrift Wiedemann, 2002, S. 873

Goette
Einführung in das neue GmbH-Recht, 2008

Goette
Leitung, Aufsicht, Haftung – zur Rolle der Rechtsprechung bei der Sicherung einer modernen Unternehmungsführung, in: Festschrift aus Anlaß des 50jährigen Bestehens von Bundesgerichtshof, Bundesanwaltschaft und Rechtsanwaltschaft beim Bundesgerichtshof, 2000, S. 123

Goette
Organisationspflichten in Kapitalgesellschaften zwischen Rechtspflicht und Opportunität, ZHR 175 (2011), 388

Goette
Zur Frage, welche Anforderungen an die Geschäftsleitung und ihre Berater bei der Fertigung einer Fortführungsprognose zu stellen sind, DStR 2016, 1684 und 1752

Goette
Zur Verteilung der Darlegungs- und Beweislast der objektiven Pflichtwidrigkeit bei der Organhaftung, ZGR 1995, 648

Goltz/Klose
Strafrechtliche Folgen des gezielten Ankaufs von Anteilen insolventer Gesellschaften mit beschränkter Haftung, NZI 2000, 108

Graef
Haftung der Geschäftsführer bei fehlerhafter Kreditvergabe, GmbHR 2004, 327

Greulich/Rau
Zur Insolvenzverursachungshaftung des Geschäftsleiters einer Auslandsgesellschaft mit Inlandsverwaltungssitz, NZG 2008, 565

Greulich/Rau
Zur partiellen Insolvenzverursachungshaftung des GmbH-Geschäftsführers nach § 64 S. 3 GmbHG-RegE, NZG 2008, 284

Groß
Deliktische Außenhaftung des GmbH-Geschäftsführers, ZGR 1998, 551

Grube/Maurer
Zur strafbefreienden Wirkung des Insolvenzantrages eines Gläubigers des GmbH-Geschäftsführers, GmbHR 2003, 1461

Gundlach/Frenzel/Strandmann
Die Insolvenzverwaltung nach den Änderungen durch das MoMiG, NZI 2008, 647

Haas
Aktuelle Rechtsprechung zum Kapitalersatzrecht, NZI 2002, 457

Haas
Aktuelle Rechtsprechung zur Insolvenzantragspflicht des GmbH-Geschäftsführers nach § 64 Abs. 1 GmbHG, DStR 2003, 423

Haas
Die Gesellschafterhaftung wegen „Existenzvernichtung", WM 2003, 1929

Haas
Die internationale und örtliche Zuständigkeit für Klagen nach § 64 Abs. 2 GmbHG a. F. (bzw. GmbHG § 64 S. 1 n. F.), NZG 2010, 495

Haas
Die Passivierung von Gesellschafterdarlehen in der Überschuldungsbilanz nach MoMiG und FMStG, DStR 2009, 326

Haas
Die Verjährung von Insolvenzverschleppungsansprüchen, NZG 2011, 691

Haas
Eigenkapitalersetzende Gesellschafterdarlehen und Feststellung der Überschuldung oder Zahlungsunfähigkeit, NZI 1999, 209

Haas
Fragen zur Insolvenzverschleppungshaftung des GmbH-Geschäftsführers, NZG 1999, 373

Haas
§ 64 S. 1 GmbHG im (vorläufigen) Eigenverwaltungs- und Schutzschirmverfahren, ZHR 178 (2014), 603

Haase
Abberufung des Geschäftsführers und Beschränkung der Geschäftsführerbefugnis als vertragswidriges Verhalten der GmbH?, GmbHR 2012, 614

Habersack
Die Freistellung des Organwalters von seiner Haftung gegenüber der Gesellschaft, in: Festschrift Ulmer, 2003, S. 150

Habersack
Trihotel – Das Ende der Debatte?, ZGR 2008, 533

Habersack/Foerster
Debitorische Konten und Massezuflüsse im Recht der Zahlungsverbote, ZGR 2016, 153

Habersack/Lüssow
Vorbelastungshaftung, Vorbelastungsbilanz und Unternehmensbewertung, NZG 1999, 629

Harzenretter
Abtretung des Freistellungsanspruchs aus einer D&O-Versicherung nach den BGH-Urteilen vom 13.4.2016, NZG 2016, 728

Haß
Die persönliche Haftung des GmbH-Geschäftsführers bei Wettbewerbsverstößen und Verletzung gewerblicher Schutzrechte, GmbHR 1994, 666

Hauschka
Ermessensentscheidungen bei der Unternehmensführung, GmbHR 2007, 11

Heeg/Manthey
Existenzvernichtender Eingriff – Fallgruppen und Praxisprobleme, GmbHR 2008, 798

Heermann
Unternehmerisches Ermessen, Organhaftung und Beweislastverteilung, ZIP 1998, 761

Hellgardt
Die deliktische Außenhaftung von Gesellschaftsorganen für unternehmensbezogene Pflichtverletzungen – Überlegungen vor dem Hintergrund des Kirch/Breuer-Urteils des BGH, WM 2006, 1514

Henssler
Die Rechts- und Pflichtenstellung des GmbH-Geschäftsführers nach Einführung der Insolvenzordnung, ZInsO 1999, 121

Hey/Regel
Firmenbestatter – Strafrechtliche Würdigung eines neuen Phänomens, GmbHR 2000, 115

Himmelsbach/Achsnick
Faktische Geschäftsführung durch Banken: Gefahr oder Scheinproblem?, NZI 2003, 355

Hirte
Die „Große GmbH-Reform" – ein Überblick über das Gesetz zur Modernisierung des GmbH-Rechts und zur Bekämpfung von Missbräuchen (MoMiG), NZG 2008, 761

Hirte
Die Grundsätze der „Wrongful-Trading-Alternative" zur gesetzlichen Insolvenzantragspflicht, ZInsO 2010, 1986

Hirte
Neuregelungen mit Bezug zum gesellschaftsrechtlichen Gläubigerschutz und im Insolvenzrecht durch das Gesetz zur Modernisierung des GmbH-Rechts und zur Bekämpfung von Missbräuchen (MoMiG), ZInsO 2008, 689

Höffner
Überschuldung: ein Tatbestandsmerkmal im Schnittpunkt von Bilanz-, Insolvenz- und Strafrecht, BB 1999, 198 (Teil I), 252 (Teil II)

Hofmann
Die Haftung der Geschäftsleiter in der Eigenverwaltung der Gesellschaft, ZIP 2018, 1429

Holzer
Die Änderung des Überschuldungsbegriffs durch das Finanzmarktstabilisierungsgesetz, ZIP 2008, 2108

Holzkämper
Die Haftung des GmbH-Geschäftsführers für nicht abgeführte Beträge zur Sozialversicherung und der Einwand der Zahlungsunfähigkeit der GmbH, BB 1996, 2142

Hölzle
Gesellschafterfremdfinanzierung und Kapitalerhaltung im Regierungsentwurf des MoMiG, GmbHR 2007, 729

Hölzle
Zahlungsunfähigkeit – Nachweis und Kenntnis im Anfechtungsprozess, ZIP 2006, 101

Hönn
Roma locuta? – Trihotel, Rechtsfortbildung und die gesetzliche Wertung, WM 2008, 769

Hornstein
Praktische Erfahrungen für die Durchsetzung von Ansprüchen aus Unterbilanzhaftung, GmbHR 1998, 228

Janert
Neues zur Generalbereinigung?, GmbHR 2003, 830

Jestaedt
Neue und alte Aspekte zur Haftung des GmbH-Geschäftsführers für Sozialversicherungsbeiträge, GmbHR 1998, 672

Joussen
Der Sorgfaltsmaßstab des § 43 Abs. 1 GmbHG, GmbHR 2005, 441

Jula
Geschäftsführerhaftung gemäß § 43 GmbHG: Minimierung der Risiken durch Regelung im Anstellungsvertrag?, GmbHR 2001, 806

Jula
Gestaltungsmöglichkeiten des Geschäftsführers einer GmbH i. G. zum Ausschluß und zur Abschwächung der Handelndenhaftung, BB 1995, 1597

Kahlert
Steuerzahlungspflicht im Eröffnungsverfahren der Eigenverwaltung?, ZIP 2012, 2089

Kallmeyer
Good will und Überschuldung nach neuem Insolvenzrecht, GmbHR 1999, 16

Katzenmeier
Entwicklungen des Produkthaftungsrechts, JuS 2003, 943

Keller, D.
Außenhaftung des GmbH-Geschäftsführers bei Wettbewerbsverstößen und Verletzung gewerblicher Schutzrechte, GmbHR 2005, 1235

Keßler
Die deliktische Eigenhaftung des GmbH-Geschäftsführers, GmbHR 1994, 429

Kiefner/Krämer
Geschäftsleiterhaftung nach ISION und das Vertrauendürfen auf Rechtsrat, AG 2012, 498

Kiefner/Theusinger
Aufsteigende Darlehen und Sicherheitenbegebung im Aktienrecht nach dem MoMiG, NZG 2008, 801

Kiethe
Persönliche Haftung von Organen der AG und der GmbH – Risikovermeidung durch D&O-Versicherung?, BB 2003, 537

Kiethe
Die Haftung von Geschäftsleitern für Arbeitnehmerbeiträge zur Sozialversicherung, ZIP 2003, 1957

Kind
Darf der Vorstand einer AG Spenden an politische Parteien vergeben?, NZG 2000, 567

Kindler
Zum Kollisionsrecht der Zahlungsverbote in der Gesellschaftsinsolvenz, IPRax 2010, 430

Kleindiek
Materielle Unterkapitalisierung, Existenzvernichtung und Deliktshaftung – GAMMA, NZG 2008, 686

Klinck
Die Geschäftsführerhaftung nach § 64 Satz 1 GmbHG im Eigenverwaltungs(eröffnungs)verfahren (§ 64 Satz 1 GmbHG), DB 2014, 938

Knof
Die neue Insolvenzverursachungshaftung nach § 64 Satz 3 RegE-GmbHG (Teil I), DStR 2007, 1536 (Teil II) DStR 2007, 1580

Knof/Mock
Das MoMiG und die Auslandsinsolvenz haftungsbeschränkter Gesellschaften, GmbHR 2007, 852

Koch
Aktuelle und zukünftige Entwicklungen in der D&O-Versicherung, WM 2007, 2173

Koch
Die Rechtsstellung der Gesellschaft und des Organmitglieds in der D&O-Versicherung (Teil 1), GmbHR 2004, 18; (Teil 2) GmbHR 2004, 160; (Teil 3) GmbHR 2004, 288

Koch
Geschäftsleiterpflicht zur Sicherstellung risikoadäquaten Versicherungsschutzes, ZGR 2006, 184

Koller-van Delden
Insolvenzsicherung von Altersteilzeitguthaben und Haftungsrisiken der Geschäftsführung am Beispiel des Bürgschaftsmodells, DStR 2008, 1835

Kordes
Entfallen der Ersatzpflicht des Organs für Zahlungen nach Insolvenzreife – Keine entsprechende Anwendung der Regeln des Bargeschäfts nach § 142 InsO a. F., NZG 2017, 1140

Kort
Compliance-Pflichten und Haftung von GmbH-Geschäftsführern, GmbHR 2013, 566

Kort
Voraussetzungen der Zulässigkeit einer D & O-Versicherung von Organmitgliedern, DStR 2006, 799

Krekeler/Werner
Risikosteuerung im Unternehmen und Untreue, wistra 2003, 370

Kreuzberg
Zur Geschäftsführerhaftung bei Einziehung von abgetretenen Forderungen auf ein debitorisches Konto, NZG 2016, 371

Kuna
Feststellungsprüfung der Zahlungsunfähigkeit, GmbHR 2018, 723

Kußmaul
Kapitalersatz: Der Rangrücktritt in der Krise?, DB 2002, 2258

Lange
Die Eigenschadenklausel in der D&O-Versicherung, ZIP 2003, 466

Lange
Die D&O-Versicherungsverschaffungsklausel im Manageranstellungsvertrag, ZIP 2004, 2221

Lange
Die Prozessführungsbefugnis der Versicherungsnehmerin einer D&O-Versicherung, VersR 2007, 893

Lange
D&O-Versicherung: Innenhaftung und Selbstbehalt, DB 2003, 1833

Lange
Praxisfragen der D&O-Versicherung, DStR 2002, 1626 (Teil I), 1674 (Teil II)

Leinekugel/Skauradszun
Geschäftsführerhaftung bei eigenmächtig gestelltem Insolvenzantrag wegen bloß drohender Zahlungsunfähigkeit, GmbHR 2011, 1121

Leinemann
Das Forderungssicherungsgesetz – Neue Perspektiven im Bauvertragsrecht?, NJW 2008, 3745

Lohr
Die Beschränkung der Innenhaftung des GmbH-GF, NZG 2000, 1204

Lorenz
Die Auswirkungen des MoMiG auf vor dem 1.11.2008 entstandene Ansprüche nach §§ 30, 32 GmbHG (analog), GmbHR 2009, 135

Loritz/Hecker
Das Claims-made-Prinzip in der D&O-Versicherung und das deutsche AGB-Recht, VersR 2012, 385

Lutter
Gefahren persönlicher Haftung für Gesellschafter und Geschäftsführer einer GmbH, DB 1994, 129

Lutter
Haftung und Haftungsfreiräume des GmbH-Geschäftsführers, GmbHR 2000, 301

Lutter
Haftungsrisiken des Geschäftsführers einer GmbH, GmbHR 1997, 329

Lutter/Banerjea
Die Haftung des Geschäftsführers für existenzvernichtende Eingriffe, ZIP 2003, 2177

Lutter/Banerjea
Die Haftung wegen Existenzvernichtung, ZGR 2003, 402

Lutter/Hommelhoff
GmbH-Gesetz, Kommentar, 19. Aufl., 2016 (zit.: Lutter/Hommelhoff/*Bearbeiter*, GmbHG)

Markgraf/Henrich
Die D&O-Versicherung und § 64 S. 1 GmbHG - Schein-Assekuranz oder Risikoübernahme?, NZG 2018, 1290

Meckbach
Organhaftung und Beweisrisiken, NZG 2015, 580

Medicus
Deliktische Außenhaftung der Vorstandsmitglieder und Geschäftsführer, ZGR 1998, 570

Medicus
Die Außenhaftung des Führungspersonals juristischer Personen im Zusammenhang mit Produktmängeln, GmbHR 2002, 809

Medicus
Neue Rechtsprechung zur Außenhaftung von GmbH-Geschäftsführern wegen der Nichtabführung von Sozialversicherungsbeiträgen, GmbHR 2000, 7

Menke
Gestaltung nachvertraglicher Wettbewerbsverbote mit GmbH-Geschäftsführern, NJW 2009, 636

Mennicke
Zum Weisungsrecht der Gesellschafter und der Folgepflicht des Geschäftsführers in der mitbestimmungsfreien GmbH, NZG 2000, 622

Messer
Wettbewerbsrechtliche Haftung der Organe juristischer Personen, in: Festschrift Ullmann 2006, S. 769

Meyer, André
Die Abhängigkeit der Haftung des Handelnden von der Vertretungsmacht für die Vor-GmbH, GmbHR 2002, 1176

Meyer, Susanne
Die Verantwortlichkeit des Geschäftsführers für Gläubigerinteressen – Veränderungen durch das MoMiG, BB 2008, 1742

Meyer-Löwy
Eigenkapitalersetzende Sicherheiten und Überschuldung, ZIP 2003, 1920

Michalski
Haftung nach § 11 II GmbHG für rechtsgeschäftsähnliches Handeln, NZG 1998, 248

Miras
Handelndenhaftung für fehlerhafte Firmierung im Rechtsverkehr, NZG 2012, 1095

Mohr
Praxisrelevante Probleme und Gestaltungshinweise bei der GmbH-Gründung, GmbHR 2003, 347

Möllers/Beutel
Haftung für Äußerungen zur Bonität des Bankkunden: Der BGH zum Rechtsstreit Leo Kirch gegen Deutsche Bank und Breuer, NZG 2006, 338

Mülbert/Leuschner
Aufsteigende Darlehen im Kapitalerhaltungs- und Konzernrecht – Gesetzgeber und BGH haben gesprochen, NZG 2009, 281

Müller
Die steuerrechtliche Haftung des GmbH-Geschäftsführers in der Krise, GmbHR 2003, 389

Müller
Geschäftsführerhaftung für Zahlungen auf debitorische Konten, NZG 2015, 1021

Müther
Vor-GmbH – Die häufigsten Praxisprobleme, MDR 2001, 366

Mylich
Haftung des GmbH-Gesellschafters bei eigenkapitalersetzender Nutzungsüberlassung eines Grundstücks, GmbHR 2005, 1542

Mylich
Zur Abgrenzung von Zahlungsstockung und Zahlungsunfähigkeit, ZIP 2018, 283

Nauschütz
Haftung des faktischen GmbH-Geschäftsführers wegen unzulässiger Zahlungen aus der Masse, NZG 2005, 921

Neumaier
Wann wird eine Zahlungsstockung zur Zahlungsunfähigkeit?, NJW 2005, 3041

Ogiermann
Die Strafbarkeit des systematischen Aufkaufs konkursreifer Unternehmen, wistra 2000, 250

Palandt
Bürgerliches Gesetzbuch, 78. Aufl., 2019 (zit.: Palandt/*Bearbeiter*, BGB)

Pananis/Börner
Strafbarkeit des Vermittlers der ordentlichen Abwicklung einer GmbH wegen Teilnahme an einer Insolvenzverschleppung?, GmbHR 2006, 513

Pape
Aktuelle Entwicklung im Insolvenzeröffnungsverfahren, ZIP 2002, 2276

Pape
Gesetzeswidrigkeit der Verweisung des Insolvenzverfahrens bei gewerbsmäßiger Firmenbestattung, ZIP 2006, 877

Pape
Zahlungsunfähigkeit in der Gerichtspraxis, WM 2008, 1949

Paulus
Passvierungspflicht und Rangordnung eigenkapitalersetzender Darlehen in der Insolvenz, ZGR 2002, 321

Peetz
Die Vor-GmbH und der gewissenhafte Gründer, GmbHR 2003, 933

Peetz
Noch einmal – die Mantelverwendung, GmbHR 2004, 1429

Peetz
Steuerhaftung des GmbH-Geschäftsführers und Mitwirkungspflichten, GmbHR 2009, 186

Podewils
Unterbilanzhaftung bei unterlassener Offenlegung einer wirtschaftlichen Neugründung, GmbHR 2012, 1175

Poertzgen
Die Haftung des Geschäftsführers gegenüber Neugläubigern (§ 15a InsO), ZInsO 2009, 1833

Poertzgen
Die künftige Insolvenzverschleppungshaftung nach dem MoMiG, GmbHR 2007, 1258

Poertzgen
Vorstandshaftung wegen Insolvenzverschleppung (§ 42 II BGB), NZG 2010, 772

Porzelt
Ungeklärte Fragen der Gründerhaftung der Gesellschafter einer (Vor-) GmbH, GmbHR 2018, 663

Preußner/Becker
Ausgestaltung von Risikomanagementsystemen durch die Geschäftsleitungen, NZG 2002, 846

Ranft
„Vorenthalten von Arbeitnehmerbeiträgen“ – Bemerkungen zur Auslegung des § 266a Abs. 1 StGB, DStR 2001, 132

Reck
Auswirkung der Insolvenzordnung auf die GmbH aus strafrechtlicher Sicht, GmbHR 1999, 267

Reck
Die Strafbarkeit des GmbH-Geschäftsführers wegen Vorenthaltens von Sozialversicherungsbeiträgen in Abhängigkeit von der zugrundeliegenden Berechnungsmethode, GmbHR 1999, 102

Recq/Smyrek
Haftungsdurchgriff der Gesellschaftsgläubiger gegen den GmbH-Gesellschafter auch nach Eröffnung des Insolvenzverfahrens, GmbHR 2005, 1593

Redeke
Zu den Voraussetzungen unternehmerischer Ermessensentscheidungen, NZG 2009, 496

Reuter
Keine Vorstandshaftung für massenschmälernde Leistungen nach Eintritt der Insolvenzreife des Vereins?, NZG 2010, 808

Ringe/Willemer
Zur Anwendung von § 64 GmbHG auf eine englische Limited, NZG 2010, 56

Robrecht
Der alleinige GmbH-Gesellschafter als „faktischer Geschäftsführer“ im Recht der Unfallverhütung, GmbHR 2003, 762

Röhricht
Insolvenzrechtliche Aspekte im Gesellschaftsrecht, ZIP 2005, 505

Römermann
Insolvenzverschleppung und die Folgen, NZG 2009, 854

Römermann
Neue Herausforderungen durch das ESUG – ein Überblick, GmbHR 2012, 421

Römermann
Persönliche Haftung von Geschäftsführern und Gesellschaftern, GmbHR Sonderheft Oktober 2008, 62

Roth, Günter H.
Gläubigerschutz durch Existenzschutz, NZG 2003, 1081

Roth, Jürg
Reform des Kapitalersatzrechts durch das MoMiG, GmbHR 2008, 1184

Schanze
Sanktionen bei Weglassen eines die Haftungsbeschränkung anzeigenden Rechtsformzusatzes im europäischen Rechtsverkehr, NZG 2007, 533

Scharpf
Die Sorgfaltspflichten des Geschäftsführers einer GmbH, DB 1997, 737

Schirrmacher/Schneider
Zum Schutzbereich der Insolvenzantragspflicht – oder: BGHZ 126, 181 konsequent zu Ende gedacht, ZIP 2018, 2463

Schlagheck
Unternehmenssteuerreform und Verstoß gegen die Prüfungspflicht des Jahresabschlusses einer GmbH, GmbHR 2002, 682

Schlitt
Die GmbH u. Co. KG in der Insolvenz nach neuem Recht, NZG 1998, 701

Schmidt, Karsten
Außenhaftung und Innenhaftung bei der Vor-GmbH, ZIP 1996, 353

Schmidt, Karsten
Debitorisches Bankkonto und Insolvenzverschleppungshaftung: Ist Geben seliger denn Nehmen?, ZIP 2008, 1401

Schmidt, Karsten
Die Eigenkapitalausstattung der Unternehmen als rechtspolitisches Problem, JZ 1984, 771

Schmidt, Karsten
Die Verwendung von GmbH-Mänteln und ihre Haftungsfolgen – ein Thema von gestern?, ZIP 2010, 857

Schmidt, Karsten
Ersatzpflicht bei „verbotenen Zahlungen" aus insolventen Gesellschaften: Ist der haftungsrechtliche Kampfhund zähmbar?, NZG 2015, 129

Schmidt, Karsten
Geltendmachung der Geschäftsführerhaftung in Insolvenz und masseloser Liquidation, KTS 2005, 261

Schmidt, Karsten
GmbH-Reform, Solvenzgewährleistung und Insolvenzpraxis – Gedanken zum MoMiG-Entwurf, GmbHR 2007, 1

Schmidt, Karsten
GmbH-Reform auf Kosten der Geschäftsführer?, GmbHR 2008, 449

Schmidt, Karsten
Kein Abschied vom „Quotenschaden" bei der Insolvenzverschleppung! – Altgläubigerschutz, Neugläubigerschutz und § 92 InsO, NZI 1998, 9

Schmidt, Karsten
Übermäßige Geschäftsführerrisiken aus § 64 Abs. 2 GmbHG, § 130a Abs. 3 HGB? Eine Kritik der Praxis zu den Zahlungsverboten bei Insolvenz einer GmbH oder GmbH & Co KG, ZIP 2005, 2177

Schmidt, Karsten
Verbotene Zahlungen in der Krise von Handelsgesellschaften und die daraus resultierenden Ersatzpflichten – Insolvenzrechtliche Brotvermehrung durch Klagen nach § 64 Abs. 2 GmbHG (§§ 92 AktG, 130a, 177a HGB, 99 GenG)?, ZHR 168 (2004), 637

Schmidt, Karsten
Zur Durchgriffsfestigkeit der GmbH, ZIP 1994, 837

Schmidt, Karsten
Zur Haftungsverfassung der Vor-GmbH, ZIP 1997, 671

Schmidt-Salzer
Personeller Anwendungsbereich der Beweislastumkehr nach Gefahrenbereichen in der deliktsrechtlichen Produkthaftung, NJW 1992, 2871

Schnorr
Geschäftsleiteraußenhaftung für fehlerhafte Buchführung, ZHR 170 (2006), 9

Scholz
GmbH-Gesetz, Kommentar, Bd. I: §§ 1–34, 12. Aufl., 2018; Band II: §§ 35–62, 11. Aufl., 2014 (zit.: Scholz/*Bearbeiter*, GmbHG)

Schröder
Die strafrechtliche Haftung des Notars als Gehilfe bei der Entsorgung einer insolvenzreifen GmbH außerhalb des Insolvenzverfahrens, DNotZ 2005, 596

Schulz
Zahlungsunfähigkeit und ernsthaftes Einfordern, ZIP 2009, 2281

Schumacher
Verwendung „gebrauchter" GmbH-Mäntel?, DStR 2003, 1884

Schwarz
Offene Fragen bei der sogenannten unechten Vor-GmbH, ZIP 1996, 2005

Sedemund
Zivilrechtliche Regressmöglichkeiten bei Verfallsanordnung aufgrund Schmiergeldzahlungen zwecks Auftragserlangung, DB 2003, 2423

Seltmann
Rechtsfolgen der wirtschaftlichen Betätigung von Idealvereinen – Bemerkungen zur Kolpingwerk-Entscheidung des BGH vom 10.12.2007, II ZR 239/05, DStR 2008, 1443

Sieg
Tendenzen und Entwicklungen der Managerhaftung in Deutschland, DB 2002, 1759

Siemon/Klein
Haftung des (Sanierungs-)Geschäftsführers gem. § 64 GmbHG im Schutzschirmverfahrens nach § 270b InsO, ZInsO 2012, 2009

Simon/Merkelbach
Organisationspflichten des Vorstands betreffend das Compliance-System – Der Neubürger-Fall, AG 2014, 318

Spliedt
MoMiG in der Insolvenz – ein Sanierungsversuch, ZIP 2009, 149

Stahlschmidt
Beihilfe zur Steuerhinterziehung – eine Haftungsfalle für GmbH-Geschäftsführer, GmbHR 2005, 295

Stöber
Die Insolvenzverschleppungshaftung in Europa, ZHR 176 (2012), 326

Stöcker
Steuerliche Geschäftsführerhaftung neben Insolvenzverfahren, NZI 2002, 308

Streit/Bürk
Keine Entwarnung bei der Geschäftsführerhaftung im Insolvenzfall, DB 2008, 742

Strohn
Beratung der Geschäftsleitung durch Spezialisten als Ausweg aus der Haftung?, ZHR 176 (2012), 137

Strohn
Existenzvernichtungshaftung – Vermögensvermischungshaftung – Durchgriffshaftung, ZInsO 2008, 706

Strohn
Faktische Organe - Rechte, Pflichten, Haftung, DB 2011, 158

Sturm
Geschäftsführer-Innenhaftung: Dispositivität der fünfjährigen Verjährungsfrist des § 43 Abs. 4 GmbHG, GmbHR 2003, 573

Tamm/Fangerow
Die Haftung der GmbH-Geschäftsführung gegenüber privaten Gläubigern, BB 2012, 1944

Theiselmann/Redeker
Die Geschäftsführer-Haftung für Zahlungen nach Insolvenzreife. Analyse des BGH-Urteils vom 5.5.2008 – II ZR 38/07 und Empfehlungen für die Praxis, GmbHR 2008, 961

Thole
Der Konflikt zwischen Steuerpflicht und Massesicherung in der vorläufigen Eigenverwaltung, DB 2015, 662

Thole/Brünkmans
Die Haftung des Eigenverwalters und seiner Organe, ZIP 2013, 1097

Thüsing
Nachorganschaftliche Wettbewerbsverbote bei Vorständen und Geschäftsführern – Ein Rundgang durch die neuere Rechtsprechung und Literatur, NZG 2004, 9

Tiedtke
Haftungsbescheid gegen Geschäftsführer bei Lohnzahlung aus Privatvermögen, GmbHR 2007, 21

Tillmann
Upstream-Sicherheiten der GmbH im Lichte der Kapitalerhaltung – Ausblick auf das MoMiG, NZG 2008, 401

Uhlenbruck
Die Auskunfts- und Mitwirkungspflichten des GmbH-Geschäftsführers im Insolvenzverfahren, GmbHR 2002, 941

Uhlenbruck
Die Durchsetzung von Gläubigeransprüchen gegen eine vermögenslose GmbH und deren Organe nach geltendem und neuem Insolvenzrecht, ZIP 1996, 1641

Ulmer
Entschärfte Gesellschafterhaftung bei wirtschaftlicher Neugründung einer zuvor unternehmenslosen Alt-GmbH, ZIP 2012, 1265

Vallender
Das neue Schutzschirmverfahren nach dem ESUG, GmbH 2012, 450

Vedder
Das Vorsatzerfordernis beim Missbrauch der Vertretungsmacht durch GmbH-Geschäftsführer, GmbHR 2008, 736

Veil
Gesellschafterhaftung wegen existenzvernichtenden Eingriffs und materieller Unterkapitalisierung, NJW 2008, 3264

Verse
Aufsteigende Sicherheiten und Kapitalerhaltung, GmbHR 2018, 113

von Bredow/Schumacher
Registerkontrolle und Haftungsrisiken bei der Verwendung von GmbH-Mantelgesellschaften, DStR 2003, 1032

von Westphalen
Wirksamkeit des Claims-made-Prinzips in der D&O-Versicherung, VersR 2011, 145

Wachter
Die GmbH nach MoMiG im internationalen Rechtsverkehr, GmbHR-Sonderheft 2008, 80

Waclawik
Die Verantwortlichkeit für existenzvernichtendes Unterlassen – Besprechung des BGH-Urteils vom 28.4.2008, II ZR 264/06, DStR 2008, 1293, Gamma, DStR 2008, 1486

Wagner
Persönliche Haftung der Unternehmensleitung: die zweite Spur der Produkthaftung?, VersR 2001, 1057

Watermeyer
BFH entscheidet zum qualifizierten Rangrücktritt, GmbHR 2006, 240

Weber/Lohr
Aktuelle Rechtsprechung zur Innenhaftung von GmbH-Geschäftsführern nach § 43 Abs. 2 GmbHG, GmbHR 2000, 698

Weller
Die Neuausrichtung der Existenzvernichtungshaftung durch den BGH und ihre Implikationen für die Praxis, ZIP 2007, 1681

Werner
Der Informationsanspruch des ausgeschiedenen GmbH-Geschäftsführers, GmbHR 2013, 68

Werner
Haftungsvermeidung bei Aktivierung einer Mantelgesellschaft, GmbHR 2010, 804

Westermann
Haftungsrisiken eines „beherrschenden" GmbH-Gesellschafters, NZG 2002, 1129

Wicke
Gesetz betreffend die Gesellschaften mit beschränkter Haftung (GmbHG), 3. Aufl., 2016

Wiersch
Geschäftsleiterpflichten bei Gewährung von Kulanzleistungen, NZG 2013, 1206

Wilhelm
Das Innenhaftungskonzept geht in sich, DStR 1998, 457

Wilhelm
Verbot der Zahlung, aber Strafdrohung bei Nichtzahlung gegen den Geschäftsführer einer insolvenzreifen GmbH?, ZIP 2007, 1781

Wittig
Rangrücktritt – Antworten und offene Fragen nach dem Urteil des BGH vom 8.1.2001, NZI 2001, 169

Wübbelsmann
Streitschrift gegen die Insolvenzverschleppungshaftung, GmbHR 2008, 1303

Zabel/Pütz
Beurteilung der Insolvenzeröffnungsgründe nach IDW S 11, ZIP 2015, 912

Zimmermann
§ 26 Abs. 4 InsO – oder: Was das ESUG, der Gesetzgeber und Aristoteles Onassis gemeinsam haben, ZInsO 2012, 396

A. Haftung gegenüber der Gesellschaft – Innenhaftung

1 Das GmbH-Gesetz hat mit Ausnahme von § 40 Abs. 3 GmbHG nur die Haftung des Geschäftsführers gegenüber der Gesellschaft selbst geregelt, die sog. Innenhaftung. Unvollkommen geregelt ist dagegen die Außenhaftung, die Haftung gegenüber Dritten, zu denen insbesondere die Gläubiger der GmbH im Falle der Insolvenz zählen. Der Gesetzgeber war der Meinung, dass es der Regelung einer eigenen Außenhaftung gegenüber den Gesellschaftsgläubigern nicht bedürfe, weil deren Interessen über die Innenhaftung Berücksichtigung finden könnten. Die maßgebliche Regelungen der Innenhaftung finden sich in §§ 43 Abs. 2 und 64 GmbHG.

I. Haftung nach § 43 GmbHG

2 Der Geschäftsführer hat in Angelegenheiten der Gesellschaft die Sorgfalt eines „ordentlichen Geschäftsmannes" anzuwenden, § 43 Abs. 1 GmbHG. Verletzt er die sich daraus ergebenden Pflichten, so ist er der Gesellschaft für den dadurch entstehenden Schaden ersatzpflichtig; mehrere Geschäftsführer haften solidarisch, § 43 Abs. 2 GmbHG.

1. Anwendungsbereich

3 Unmittelbarer Anwendungsbereich des § 43 GmbHG ist die Haftung des Geschäftsführers der GmbH gegenüber der GmbH. § 43 Abs. 2 GmbHG verdrängt einen Anspruch nach § 280 Abs. 1 BGB wegen einer **Verletzung des Dienstvertrags** des Geschäftsführers.

> BGH, Beschl. v. 26.11.2007 – II ZR 161/06, ZIP 2008, 117 Rn. 3;
> BGH, Urt. v. 9.12.1996 – II ZR 240/95, ZIP 1997, 199 = NJW 1997, 741;
> dazu EWiR 1997, 303 *(Zimmermann)*;
> BGH, Urt. v. 12.6.1989 – II ZR 334/87, ZIP 1989, 1390, 1392.

4 Gesellschafter der GmbH haben daher keinen Schadensersatzanspruch gegen den Geschäftsführer aus einer Schutzwirkung des Anstellungsvertrags für Dritte.

> OLG Stuttgart, Beschl. v. 23.1.2006 – 14 U 64/05, GmbHR 2006, 759.

5 § 43 Abs. 2 GmbHG ist nur auf Gesellschaften anzuwenden, deren Satzungssitz in Deutschland liegt, nicht dagegen auf **ausländische Kapitalgesellschaften** mit Verwaltungssitz, Tätigkeitsschwerpunkt oder einer Zweigniederlassung im Inland.

> Vgl. BGH, Urt. v. 14.3.2005 – II ZR 5/03, ZIP 2005, 805 = NJW 2005, 1648:

Aus der Anerkennung der Rechtsfähigkeit einer solchen Gesellschaft folgt zugleich, dass deren Personalstatut auch in Bezug auf die Haftung für in ihrem

Namen begründete rechtsgeschäftliche Verbindlichkeiten einschließlich der Frage nach einer etwaigen diesbezüglichen persönlichen Haftung ihrer Gesellschafter oder Geschäftsführer gegenüber den Gesellschaftsgläubigern maßgeblich ist.

Dazu EWiR 2005, 431 *(Bruns)*.

6 Die Haftung des Geschäftsleiters im Innenverhältnis richtet sich nach dem Gesellschaftsstatut und damit auch für Gesellschaften, für die die Gründungstheorie gilt – wie vor allem für Gesellschaften aus dem Rechtsraum der Europäischen Union –, nach dem Recht des Herkunftsstatuts.

Greulich/Rau, NZG 2008, 565, 566.

7 Der Geschäftsführer der Komplementär-GmbH haftet nach § 43 GmbHG bei der **GmbH und Co. KG** unmittelbar der KG jedenfalls dann, wenn alleinige oder wesentliche Aufgabe der Komplementär-GmbH die Führung der Geschäfte der KG ist. Die organschaftliche Sonderrechtsbeziehung zwischen dem Geschäftsführer und der Komplementär-GmbH entfaltet drittschützende Wirkung zugunsten der Kommanditgesellschaft.

BGH, Urt. v. 9.12.2014 – II ZR 360/13, ZIP 2015, 322 Rn. 12;
dazu EWiR 2015, 207 *(Paefgen/Schneider)*;

BGH, Urt. v. 18.6.2013 – II ZR 86/11, BGHZ 197, 304 = ZIP 2013, 1712 = NJW 2013, 3636 Rn. 15;
dazu EWiR 2013, 775 *(Weipert)*;
m. Anm. *Werner*, GmbHR 2013, 1050;
m. Bespr. *Bachmann*, NZG 2013, 1121;

BGH, Urt. v. 25.2.2002 – II ZR 236/00, ZIP 2002, 984;

BGH, Urt. v. 14.11.1994 – II ZR 160/93, ZIP 1995, 738 = NJW 1995, 1353:

… Diese Rechtsprechung des Senates setzt voraus, dass es alleinige oder wesentliche Aufgabe der Komplementär-GmbH ist, die Geschäfte der KG mit der Sorgfalt eines ordentlichen Kaufmanns zu führen, dass die Kommanditgesellschaft das geschäftliche Risiko mitträgt, dass der Vertrag nach seinem Sinn und Zweck mit Rücksicht auf Treu und Glauben den Einschluss der KG in seinen Schutzbereich erfordert und dass die Komplementär-GmbH als Gläubigerin die ihr geschuldete Sorge erkennbar auch auf die Kommanditgesellschaft bezieht, für die sie ihrerseits Verantwortung trägt …

Dazu EWiR 1995, 677 *(Westermann)*;

BGH, Urt. v. 10.2.1992 – II ZR 23/91, WM 1992, 691;

BGH, Urt. v. 24.3.1980 – II ZR 213/77, BGHZ 76, 326 = ZIP 1980, 361 = NJW 1980, 1524;

BGH, Urt. v. 12.11.1979 – II ZR 174/77, BGHZ 75, 321 = NJW 1980, 589;

BFH, Urt. v. 7.2.2002 – IV R 62/00, DStR 2002, 1082 = GmbHR 2002, 656.

8 Ob allein die Stellung der GmbH als Komplementärin genügt, wenn sie in nicht unbedeutendem Umfang andere gewerbliche Tätigkeiten ausführt oder noch in anderen Gesellschaften die Geschäfte führt, also eine untypische GmbH und Co. KG vorliegt, hat der Bundesgerichtshof in diesen Entscheidungen jeweils offengelassen.

Das Bestehen eines Dienstverhältnisses mit der Kommanditgesellschaft ist keine Voraussetzung. Schon die **organschaftliche Sonderrechtsbeziehung** zwischen dem Geschäftsführer und der Komplementär-GmbH entfaltet drittschützende Wirkung. 9

> BGH, Urt. v. 18.6.2013 – II ZR 86/11, BGHZ 197, 304 = ZIP 2013, 1712 = NJW 2013, 3636 Rn. 17;
> dazu EWiR 2013, 775 *(Weipert)*;
> m. Anm. *Werner*, GmbHR 2013, 1050;
> m. Bespr. *Bachmann*, NZG 2013, 1121;
>
> KG, Urt. v. 24.2.2011 – 19 U 83/10, GmbHR 2011, 477;
> m. Anm. *Blöse*, GmbHR 2011, 483.

2. Anspruchsberechtigte

a) Die Gesellschaft

Das Gesetz regelt lediglich die Haftung des Geschäftsführers gegenüber der Gesellschaft. Seine Inanspruchnahme durch die Gesellschaft im laufenden Geschäft kommt in der Praxis selten vor, häufiger dagegen bei Streitigkeiten zwischen Gesellschaftergruppen, nach einem Organwechsel oder nach einem Wechsel des Allein- oder Mehrheitsgesellschafters. 10

> *Sieg*, DB 2002, 1759, 1762.

aa) Gesellschafterbeschluss

Zur Durchsetzung des Anspruchs ist nach § 46 Nr. 8 GmbHG ein Gesellschafterbeschluss notwendig. Das gilt auch, wenn der Anspruch nicht als Schadensersatzanspruch, sondern als Rückforderungsanspruch bezeichnet ist oder es sich um einen Bereicherungsanspruch handelt. 11

> BGH, Urt. v. 21.4.1986 – II ZR 165/85, BGHZ 97, 382 = ZIP 1986, 979 = NJW 1986, 2250;
> dazu EWiR 1986, 997 *(Roth)*.

Ein Gesellschafterbeschluss nach § 46 Nr. 8 GmbHG ist auch erforderlich, wenn ein **früherer Geschäftsführer** in Anspruch genommen werden soll, der bereits aus seinem Amt ausgeschieden ist. 12

> BGH, Urt. v. 26.10.2009 – II ZR 222/08, ZIP 2009, 2335 = NJW 2010, 64 Rn. 7;
> dazu EWiR 2010, 151 *(Schodder)*;
> m. Anm. *Blöse*, GmbHR 2010, 86;
>
> BGH, Urt. v. 14.7.2004 – VIII ZR 224/02, ZIP 2004, 1708;
>
> BGH, Urt. v. 21.6.1999 – II ZR 47/98, BGHZ 142, 92 = ZIP 1999, 1352 = NJW 1999, 2817;
> dazu EWiR 1999, 835 *(Wilhelm)*;
>
> BGH, Urt. v. 20.11.1958 – II ZR 17/57, BGHZ 28, 355 = NJW 1959, 194;
>
> a. A. OLG Brandenburg, Urt. v. 23.10.1997 – 12 U 216/96, NJW-RR 1998, 1196.

13 Ein Beschluss ist dagegen nicht notwendig, wenn es um Ansprüche geht, die der Gesellschaft aus einem Rechtsverhältnis mit dem Geschäftsführer oder Gesellschafter als außenstehendem Dritten zustehen.

BGH, Urt. v. 18.9.2000 – II ZR 15/99, ZIP 2000, 2164 = NJW 2001, 223.

14 Der Beschluss nach § 46 Nr. 8 GmbHG ist **materiellrechtliche Anspruchsvoraussetzung** und muss zur Schlüssigkeit der Klage vorgetragen werden.

BGH, Beschl. v. 26.11.2007 – II ZR 161/06, ZIP 2008, 117 Rn. 7;

BGH, Urt. v. 14.7.2004 – VIII ZR 224/02, ZIP 2004, 1708;

BGH, Urt. v. 4.11.2002 – II ZR 224/00, BGHZ 152, 280 = ZIP 2002, 2314 = NJW 2003, 358; dazu EWiR 2002, 225 *(Schimmer)*;

BGH, Urt. v. 3.5.1999 – II ZR 119/98, ZIP 1999, 1001 = NJW 1999, 2115; dazu EWiR 1999, 795 *(Westermann)*;

BGH, Urt. v. 21.4.1986 – II ZR 165/85, BGHZ 97, 382 = ZIP 1986, 979 = NJW 1986, 2250;

BGH, Urt. v. 20.11.1958 – II ZR 17/57, BGHZ 28, 355 = NJW 1959, 194.

15 Der Beschluss kann **formlos** gefasst werden, z. B. durch eine entsprechende Absprache bei einem Zusammentreffen der Gesellschafter.

BGH, Urt. v. 21.6.1999 – II ZR 47/98, BGHZ 142, 92 = ZIP 1999, 1352 = NJW 1999, 2817.

16 Der Beschluss muss die dem Geschäftsführer vorgeworfene Pflichtverletzung bezeichnen. Dazu genügt eine Umschreibung des Vorgangs, aus dem die Schadensersatzansprüche hergeleitet werden. Eine präzise Darstellung wie in einer Klageschrift ist nicht erforderlich.

OLG Düsseldorf, Urt. v. 18.8.1994 – 6 U 185/93, GmbHR 1995, 232;

LG Karlsruhe, Urt. v. 19.1.2001 – O 123/00, DB 2001, 693; *Weber/Lohr*, GmbHR 2000, 698, 701.

17 Bei einem **Alleingesellschafter** genügt eine schriftliche Erklärung, mit der er unmissverständlich zu erkennen gibt, dass er gegen den Geschäftsführer Schadensersatzansprüche geltend machen will.

BGH, Urt. v. 26.10.2009 – II ZR 222/08, ZIP 2009, 2335 = NJW 2010, 64 Rn. 7; dazu EWiR 2010, 151 *(Schodder)*; m. Anm. *Blöse*, GmbHR 2010, 86;

BGH, Urt. v. 9.12.1996 – II ZR 240/95, ZIP 1997, 199 = NJW 1997, 741;

OLG München, Urt. v. 8.2.2018 – 23 U 2913/17, GmbHR 2018, 518;

zur Vertretung des Alleingesellschafters vgl. BGH, Urt. v. 20.10.2008 – II ZR 107/07, ZIP 2008, 2260 = NJW 2009, 293 Rn. 13;

OLG München, Urt. v. 8.2.2018 – 23 U 2913/17, GmbHR 2018, 518.

Bei einer **Zwei-Personen-Gesellschaft** ist ein Beschluss als Förmelei überflüssig, wenn ein vom Stimmrecht nach § 47 Abs. 4 GmbHG ausgeschlossener Gesellschafter-Geschäftsführer betroffen ist. 18

> BGH, Urt. v. 29.11.2004 – II ZR 14/03, ZIP 2005, 320;
>
> BGH, Urt. v. 4.2.1991 – II ZR 246/89, ZIP 1991, 582 = NJW 1991, 1884; dazu EWiR 1991, 585 *(Finken)*;
>
> BGH, Urt. v. 5.6.1975 – II ZR 23/74, BGHZ 65, 15 = NJW 1976, 191;
>
> OLG Düsseldorf, Beschl. v. 20.5.2011 – 14 U 36/11, DStR 2012, 1350; m. Anm. *Juretzek*, DStR 2012, 1352.

Dem anderen Gesellschafter ist aber vor Klageerhebung Gelegenheit zu einer Stellungnahme zu geben, wie er sie in einer Gesellschafterversammlung hätte. 19

Kein Beschluss ist bei einer „masselosen" **Liquidation** der Gesellschaft notwendig. 20

> BGH, Urt. v. 14.7.2004 – VIII ZR 224/02, ZIP 2004, 1708; vgl. dazu *K. Schmidt*, KTS 2005, 261, 265.

In der Rechtsprechung ist auch noch nicht geklärt, ob nach Abtretung des Anspruchs an einen Dritten ein Gesellschafterbeschluss erforderlich ist. 21

> BGH, Urt. v. 14.7.2004 – VIII ZR 224/02, ZIP 2004, 1708;
>
> zum Streitstand MünchKommGmbHG/*Liebscher* § 46 Rn. 241.

Wenn die Gesellschafter der Abtretung zugestimmt haben, liegt jedenfalls darin der zur Rechtsverfolgung erforderliche Beschluss. 22

> Vgl. zum Konkursverwalter BGH, Urt. v. 10.2.1992 – II ZR 23/91, WM 1992, 691.

Der Beschluss kann während des Klageverfahrens **nachgeholt** werden; 23

> BGH, Beschl. v. 26.11.2007 – II ZR 161/06, ZIP 2008, 117 Rn. 7;
>
> BGH, Urt. v. 14.7.2004 – VIII ZR 224/02, ZIP 2004, 1708;
>
> BGH, Urt. v. 3.5.1999 – II ZR 119/98, ZIP 1999, 1001 = NJW 1999, 2115.

Bei der Nachholung ist ein nicht selbst vom Schadensersatzanspruch betroffene Gesellschafter-Geschäftsführer, der die Klage angestrengt hat, stimmberechtigt und nicht etwa von einem Stimmverbot betroffen, weil er sich mit der verfrühten Klage kompetenzwidrig verhalten und schadensersatzpflichtig gemacht hätte. 24

Klagt die Gesellschaft gegen ihren Geschäftsführer, ohne bereits vor Klageerhebung einen **Gesellschafterbeschluss nach § 46 Nr. 8 GmbHG** herbeigeführt zu haben, so haben die Klageerhebung oder ein Mahnbescheid gleichwohl verjährungshemmende Wirkung. 25

BGH, Urt. v. 3.5.1999 – II ZR 119/98, ZIP 1999, 1001
= NJW 1999, 2115:

Es trifft zwar zu, dass der Beschluss nach § 46 Nr. 8 GmbHG Voraussetzung für die Klage gegen den Geschäftsführer ist. Die Unterbrechung der Verjährung durch Klage oder Mahnbescheid nach § 209 BGB hängt aber nicht davon ab, ob bereits zur Zeit der Zustellung alle Anspruchsvoraussetzungen vorliegen.

Dazu EWiR 1999, 795 (*Westermann*);

BGH, Beschl. v. 26.11.2007 – II ZR 161/06, ZIP 2008, 117 Rn. 7.

26 Wird der Vortrag der Gesellschaft zur Beschlussfassung nach § 46 Nr. 8 GmbHG nicht bestritten, so bedarf es dazu keiner näheren Angaben und Nachweise.

BGH, Urt. v. 4.11.2002 – II ZR 224/00, BGHZ 152, 280
= ZIP 2002, 2314 = NJW 2003, 358;
dazu EWiR 2003, 225 (*Schimmer*).

27 Der Beschluss kann von einem Gesellschafter-Geschäftsführer angefochten werden. Im Beschlussanfechtungsverfahren wird das Bestehen der behaupteten Schadensersatzansprüche aber nicht geprüft, weil die Ansprüche sonst in zwei gerichtlichen Verfahren geprüft werden müssten.

BGH, Urt. v. 13.10.2008 – II ZR 112/07, ZIP 2008, 2215
= NJW 2009, 230 Rn. 15;

BGH, Urt. v. 20.1.1986 – II ZR 73/85, BGHZ 97, 28, 36
= ZIP 1986, 429 = NJW 1986, 2051;
dazu EWiR 1986, 371 (*Hommelhoff*).

28 Ein mangelhafter Beschluss wird mit Ablauf der Anfechtungsfrist bestandskräftig und ist dann als gültig zu behandeln.

BGH, Urt. v. 3.5.1999 – II ZR 119/98, ZIP 1999, 1001
= NJW 1999, 2115.

29 Der Geschäftsführer, der gleichzeitig Gesellschafter ist (Gesellschafter-Geschäftsführer), ist nach § 47 Abs. 4 GmbHG bei der Abstimmung über die Verfolgung von Schadensersatzansprüchen gegen sich von der Abstimmung ausgeschlossen.

BGH, Urt. v. 16.12.1991 – II ZR 31/91, BGHZ 116, 353
= ZIP 1992, 171 = NJW 1992, 977;
dazu EWiR 1992, 571 (*Zimmermann*);

BGH, Urt. v. 20.1.1986 – II ZR 73/85, BGHZ 97, 28
= ZIP 1986, 429 = NJW 1986, 2051;
dazu EWiR 1986, 371 (*Hommelhoff*).

30 Die Gesellschafterentscheidung, gegen den Gesellschafter-Geschäftsführer vorzugehen, ist treuepflichtgebunden; es liegt also nicht im völligen Belieben der Mehrheitsgesellschafter, ob sie einen Beschluss nach § 46 Nr. 8 GmbHG herbeiführen oder nicht. Es ist jedenfalls treuwidrig, einen Anspruch in nicht unerheblicher Höhe nicht geltend zu machen, der aus der Inanspruchnahme eines ungerechtfertigten Sondervorteils durch einen Gesellschafter entstanden ist.

Vgl. BGH, Urt. v. 21.7.2008 – II ZR 39/07, ZIP 2008, 1818 Rn. 19;
m. Anm. *Podewils*, GmbHR 2008, 1094.

Leistet ein Geschäftsführer Schadensersatz, ohne dass ein Gesellschafterbeschluss nach § 46 Nr. 8 GmbHG ergangen war, so ist seine Leistung nicht rechtsgrundlos erfolgt, weil das Beschlusserfordernis eine materiellrechtliche Klagevoraussetzung ist, aber nicht Rechtsgrund. 31

bb) Vertretung

Wenn die Gesellschaft **mehrere Geschäftsführer** hat, kann ein anderer Geschäftsführer die Gesellschaft vertreten, auch ohne dass die Gesellschafter dies ausdrücklich beschlossen haben. 32

BGH, Beschl. v. 22.3.2016 – II ZR 253/15, ZIP 2016, 2413 Rn. 10;
m. Anm. *Pröpper* GmbHR 2016, 1037;

BGH, Beschl. v. 2.2.2016 – II ZB 2/15, GmbHR 2016, 545 Rn. 13;

BGH, Urt. v. 24.2.1992 – II ZR 79/91, ZIP 1992, 760;
dazu EWiR 1992, 1001 *(Bork)*;

OLG Düsseldorf, Beschl. v. 20.5.2011 – 14 U 36/11,
DStR 2012, 1350;
m. Anm. *Juretzek*, DStR 2012, 1352.

Gegenüber einem ausgeschiedenen (Allein-)Geschäftsführer wird die Gesellschaft vom **neuen Geschäftsführer** vertreten, solange die Gesellschafterversammlung keinen besonderen Vertreter bestimmt hat. 33

BGH, Beschl. v. 22.3.2016 – II ZR 253/15, ZIP 2016, 2413 Rn. 10;
m. Anm. *Pröpper* GmbHR 2016, 1037;

BGH, Beschl. v. 2.2.2016 – II ZB 2/15, GmbHR 2016, 545 Rn. 13;

BGH, Urt. v. 6.3.2012 – II ZR 76/11, ZIP 2012, 824
= NJW 2012, 1656 Rn. 12;
dazu EWiR 2012, 377 *(Nolting)*;
m. Bespr. *Haase*, GmbHR 2012, 614;

OLG Karlsruhe, Urt. v. 31.7.2013 – 7 U 184/12, ZIP 2013, 1767;

Die vom Geschäftsführer im Prozess vertretene Gesellschaft muss nicht ausdrücklich vortragen, dass sie keinen besonderen Prozessvertreter anstelle ihres Geschäftsführers bestellt habe.

BGH, Urt. v. 6.3.2012 – II ZR 76/11, ZIP 2012, 824
= NJW 2012, 1656 Rn. 12;
dazu EWiR 2012, 377 *(Nolting)*;
m. Bespr. *Haase*, GmbHR 2012, 614;

BGH, Urt. v. 24.2.1992 – II ZR 79/91, ZIP 1992, 760.

Die Gesellschaft **kann** aber gemäß § 46 Nr. 8 GmbHG einen **besonderen Vertreter** bestellen, der sie in ihrem Rechtsstreit gegen den Geschäftsführer vertritt. Das gilt auch für die Vertretung gegenüber dem ausgeschiedenen Geschäftsführer. 34

BGH, Beschl. v. 22.3.2016 – II ZR 253/15, ZIP 2016, 2413 Rn. 10;
m. Anm. *Pröpper*, GmbHR 2016, 1037;

BGH, Beschl. v. 2.2.2016 – II ZB 2/15, GmbHR 2016, 545 Rn. 13;

BGH, Urt. v. 6.3.2012 – II ZR 76/11, ZIP 2012, 824 = NJW 2012, 1656 Rn. 12; dazu EWiR 2012, 377 *(Nolting)*; m. Bespr. *Haase*, GmbHR 2012, 614;

BGH, Urt. v. 16.12.1991 – II ZR 31/91, BGHZ 116, 353 = ZIP 1992, 171 = NJW 1992, 977.

35 Ist der betroffene Geschäftsführer der einzige Geschäftsführer, **muss** die Gesellschaft zur Verfolgung des Anspruchs einen Vertreter bestellen.

36 Der Geschäftsführer, der gleichzeitig Gesellschafter ist (Gesellschafter-Geschäftsführer), ist nach § 47 Abs. 4 GmbHG bei der Abstimmung über die Bestellung eines besonderen Vertreters von der Abstimmung ausgeschlossen.

BGH, Urt. v. 16.12.1991 – II ZR 31/91, BGHZ 116, 353 = ZIP 1992, 171 = NJW 1992, 977;

BGH, Urt. v. 20.1.1986 – II ZR 73/85, BGHZ 97, 28 = ZIP 1986, 429 = NJW 1986, 2051.

37 Hat die Gesellschaft einen – auch fakultativen – **Aufsichtsrat**, so vertritt dieser nach § 112 AktG i. V. m. § 52 Abs. 1 GmbHG, § 1 Abs. 1 Nr. 3 DrittelbG bzw. § 25 Abs. 1 Nr. 2 MitbestG die GmbH gegenüber dem Geschäftsführer, jedenfalls sofern kein besonderer Vertreter bestellt ist und der Gesellschaftsvertrag beim fakultativen Aufsichtsrat keine abweichende Regelung enthält.

BGH, Beschl. v. 26.11.2007 – II ZR 161/06, ZIP 2008, 117 Rn. 8;

BGH, Beschl. v. 23.4.2007 – II ZR 149/06, DStR 2007, 1358 Rn. 7;

BGH, Urt. v. 24.11.2003 – II ZR 127/01, ZIP 2004, 245; dazu EWiR 2004, 183 *(Leuering)*; vgl. für die mitbestimmte GmbH BGH, Urt. v. 14.11.1983 – II ZR 33/83, BGHZ 89, 48 = ZIP 1984, 55.

38 In der Satzung kann die Verfolgung von Ersatzansprüchen und die Bestellung eines besonderen Vertreters auch einem **Beirat** überlassen werden. Dieser kann sich dann selbst zum besonderen Vertreter bestellen.

BGH, Beschl. v. 2.2.2016 – II ZB 2/15, GmbHR 2016, 545 Rn. 13.

39 Einen detaillierten Überblick über die verschiedenen Konstellationen der Vertretung der GmbH gegenüber dem Geschäftsführer, auch zur Passivvertretung, bietet

Bergwitz, GmbHR 2008, 225.

cc) GmbH und Co. KG

40 **Kein Beschluss** durch die Gesellschafter der Kommanditgesellschaft ist bei der **GmbH & Co. KG** für die Anspruchsverfolgung gegen den Geschäftsführer der Komplementär-GmbH erforderlich.

BGH, Urt. v. 18.6.2013 – II ZR 86/11, BGHZ 197, 304 = ZIP 2013, 1712 = NJW 2013, 3636 Rn. 20; dazu EWiR 2013, 775 *(Weipert)*;

m. Anm. *Werner*, GmbHR 2013, 1050;
m. Bespr. *Bachmann* NZG 2013, 1121;

BGH, Urt. v. 10.2.1992 – II ZR 23/91, WM 1992, 691;

BGH, Urt. v. 24.3.1980 – II ZR 213/77, BGHZ 76, 326 = ZIP 1980, 361;

OLG Karlsruhe, Urt. v. 31.7.2013 – 7 U 184/12, ZIP 2013, 1767;

KG, Urt. v. 24.2.2011 – 19 U 83/10, GmbHR 2011, 477;
m. Anm. *Blöse*, GmbHR 2011, 483.

Das beruht darauf, dass die Rechtsverfolgung eine Geschäftsführungsaufgabe 41
der geschäftsführenden Gesellschafterin der Kommanditgesellschaft ist, im Regelfall also der Komplementär-GmbH.

BGH, Urt. v. 19.12.2017 – II ZR 255/16, ZIP 2018, 276 Rn. 12;
dazu EWiR 2018, 165 *(Klaaßen-Kaiser/Bünten)*;
dazu abl. Bespr. *Bochmann*, GmbHR 2018, 289.

Nicht höchstrichterlich geklärt ist, ob für die Geltendmachung des Anspruchs 42
der Kommanditgesellschaft durch die GmbH als Komplementärin ein Beschluss der Gesellschafterversammlung der Komplementär-GmbH zur Geltendmachung des Anspruchs erforderlich ist. Das ist zu verneinen, weil sie insoweit als Geschäftsführerin der Kommanditgesellschaft handelt und deren Ansprüche, nicht die Ansprüche der GmbH geltend macht.

OLG Karlsruhe, Urt. v. 31.7.2013 – 7 U 184/12, ZIP 2013, 1767, 1768.

Vertreten wird die mitbestimmungsfreie Kommanditgesellschaft nach §§ 170, 43
125 Abs. 1 HGB durch die Komplementär-GmbH, diese durch ihre anderen oder ihre neuen Geschäftsführer. Insoweit gelten die Vertretungsregelungen für die GmbH entsprechend. Wenn kein weiterer Fremdgeschäftsführer vorhanden ist, obliegt die Vertretung nach allgemeinen Grundsätzen den Gesellschaftern der GmbH.

BGH, Urt. v. 15.4.2014 – II ZR 44/13, ZIP 2014, 1278 Rn. 13;

BGH, Urt. v. 1.12.1969 – II ZR 224/67, WM 1970, 249, 251 jeweils zum Anstellungsvertrag.

Die Gesellschafter der Kommanditgesellschaft – Kommanditisten und, soweit 44
das Stimmrecht im Gesellschaftsvertrag nicht ausgeschlossen ist, die Komplementärin – können aber auch einen besonderen Vertreter zur Geltendmachung der Ersatzansprüche statt der Komplementärin bestellen.

BGH, Beschl. v. 7.6.2010 – II ZR 210/09, ZIP 2010, 2345 Rn. 8;
dazu EWiR 2011, 113 *(Vosberg/Klawa)*.

b) Der Gesellschafter

Das GmbH-Gesetz billigt dem Gesellschafter der GmbH außer in § 31 Abs. 6 45
GmbHG **keinen eigenständigen Anspruch** gegen den Geschäftsführer zu.

OLG Stuttgart, Beschl. v. 23.1.2006 – 14 U 64/05, GmbHR 2006, 759.

46 Auch der **Alleingesellschafter** der GmbH kann nicht gegen den (Fremd-) Geschäftsführer neben dem Anspruch der Gesellschaft aus § 43 GmbHG einen Schadensersatzanspruch als eigenen Ersatzanspruch – etwa aus Delikt – geltend machen.

OLG Hamm, Urt. v. 4.6.2002 – 27 U 212/01, ZIP 2002, 1486.

47 Der **Minderheitsgesellschafter** muss zunächst über den Beschluss nach § 46 Nr. 8 GmbHG und die Bestellung eines besonderen Vertreters versuchen, einen Schadensersatzanspruch der Gesellschaft durchzusetzen. Wenn der als Geschäftsführer betroffene Mehrheitsgesellschafter trotz des nach § 47 Abs. 4 GmbHG bestehenden Stimmverbots einen Verfolgungsbeschluss verhindert, muss der Minderheitsgesellschafter im Weg der Anfechtungs- und positiven Beschlussfeststellungsklage dagegen vorgehen und die Durchsetzung des Anspruchs für die Gesellschaft versuchen. Das Gleiche gilt, wenn der Mehrheitsgesellschafter nicht Geschäftsführer ist, ihm auch nicht der zum Stimmverbot führende Vorwurf einer gemeinschaftlich mit dem Geschäftsführer begangenen Pflichtwidrigkeit gemacht werden kann, und er treuwidrig gegen die Verfolgung der Ersatzansprüche stimmt.

48 Wenn ein solches Vorgehen ausnahmsweise nicht möglich oder nicht zumutbar ist, kommt eine **actio pro socio** in Betracht. Ausnahmsweise hat der BGH einem Gesellschafter ein unmittelbares Recht zur Klage gegen einen Geschäftsführer auf Leistung an die Gesellschaft zugebilligt, wenn

- eine Schadensersatzklage der Gesellschaft undurchführbar ist,
- sie durch den Schädiger vereitelt worden ist oder infolge der Machtverhältnisse innerhalb der Gesellschaft so erschwert worden wäre, dass es für den Gesellschafter unzumutbar wäre, wenn er die Gesellschaft erst zu einer Haftungsklage zwingen müsste.

BGH, Urt. v. 29.11.2004 – II ZR 14/03, ZIP 2005, 320;
BGH, Urt. v. 28.6.1982 – II ZR 199/81, ZIP 1982, 1203:

Zwar hat nach § 46 Nr. 8 GmbHG die Gesellschafterversammlung über die Geltendmachung von Ersatzansprüchen der Gesellschaft aus der Geschäftsführung zu bestimmen. Daraus ergibt sich, dass zur Verfolgung solcher Ansprüche in erster Linie die geschädigte Gesellschaft und nicht der einzelne Gesellschafter berufen ist, mag er auch durch das pflichtwidrige Verhalten des Geschäftsführers in seinem Vermögen mit betroffen sein. Anders verhält es sich aber, wenn eine Schadensersatzklage der Gesellschaft undurchführbar, durch den Schädiger selbst vereitelt worden oder infolge der Machtverhältnisse in der Gesellschaft so erschwert ist, dass es für den betroffenen Gesellschafter ein unzumutbarer Umweg wäre, müsste er die Gesellschaft erst zu einer Haftungsklage zwingen.

Dazu *Gehrlein*, ZIP 1993, 1525.

49 Eine **unmittelbare Klage** hat der Bundesgerichtshof ausnahmsweise **zugelassen,** wenn die Gesellschaft bereits im Handelsregister gelöscht war und nicht über die finanziellen Mittel für eine solche Klage verfügte.

BGH, Urt. v. 29.11.2004 – II ZR 14/03, ZIP 2005, 320.

Da der Minderheitsgesellschafter in der Zwei-Personen-GmbH selbst ohne expliziten Beschluss Schadensersatz verlangen und die Gesellschaft als besonderer Vertreter vertreten kann (siehe Rn. 18), wird die actio pro socio in ihr kaum infrage kommen. 50

Nicht ausgeschlossen ist eine direkte Klage des Gesellschafters, wenn dafür ein eigenständiger Rechtsgrund besteht. 51

BGH, Urt. v. 28.6.1982 – II ZR 199/81, ZIP 1982, 1203:

Voraussetzung für einen hierauf gestützten eigenen Ersatzanspruch ist allerdings, dass zwischen den Parteien unmittelbare Rechtsbeziehungen bestehen, gegen die der Schädiger in einer seine Haftung begründenden Weise verstoßen hat. Deshalb ist ein Gesellschafter im allgemeinen nicht befugt, den Schaden, den ein Dritter – wie auch ein Geschäftsführer – der GmbH zugefügt hat, als eigenen geltend zu machen. Anders liegt es aber, wenn ein Geschäftsführer durch sein unrechtmäßiges Handeln zum Schaden der Gesellschaft zugleich eine Rechtspflicht verletzt hat, die er aufgrund besonderer gesellschafts- oder schuldrechtlicher Beziehungen gegenüber dem mitbetroffenen Gesellschafter zu beachten hatte; dann kann dieser Gesellschafter berechtigt sein, den Schädiger im eigenen Namen, aus eigenem Recht und in seinem wie auch im Interesse der Gesellschaft in Anspruch zu nehmen.

Die Klage ist im Fall der actio pro socio von dem Gesellschafter im eigenen Namen, aber auf Leistung an die GmbH zu erheben. 52

BGH, Urt. v. 14.5.2013 – II ZR 176/10, ZIP 2013, 1376 Rn. 16;
BGH, Urt. v. 29.11.2004 – II ZR 14/03, ZIP 2005, 320.

Zur Zulässigkeit seiner im Wege der **Prozessstandschaft** zu erhebenden Klage sind die Umstände darzulegen, die eine Klageerhebung durch ihn erforderlich macht. 53

OLG Düsseldorf, Urt. v. 28.10.1993 – 6 U 160/92, ZIP 1994, 619;
dazu EWiR 1994, 683 *(Zimmermann)*;
vgl. *Geißler*, GmbHR 2003, 394, 398.

Bei der **GmbH & Co. KG** scheidet eine actio pro socio gegen den Fremdgeschäftsführer der Komplementär-GmbH ebenfalls aus, schon weil die actio pro socio sich in der Personengesellschaft gegen einen Mitgesellschafter richtet und der Fremdgeschäftsführer der Komplementärin Dritter ist. Eine Befugnis des Gesellschafters, Ansprüche der Gesellschaft gegen Dritte geltend zu machen, ist nicht anzuerkennen. 54

BGH, Urt. v. 19.12.2017 – II ZR 255/16, ZIP 2018, 276 Rn. 16;
dazu EWiR 2018, 165 *(Klaaßen-Kaiser/Bünten)*;
dazu abl. Bespr. *Bochmann*, GmbHR 2018, 289.

Der Kommanditist muss, wenn er nicht gleichzeitig als Gesellschafter der Komplementär-GmbH dort einen Verfolgungsbeschluss erreicht, in der Kommanditgesellschaft einen Beschluss erwirken und einen besonderen Vertreter bestimmen lassen (siehe Rn. 44). Wenn ihm auch das nicht gelingt, bleibt ihm die actio pro socio gegen die Komplementär-GmbH, der die Pflichtverlet- 55 zungen ihres Geschäftsführers zugerechnet werden. Damit können dann die Ersatzansprüche der GmbH gegen den Geschäftsführer gepfändet werden.

> BGH, Urt. v. 19.12.2017 – II ZR 255/16, ZIP 2018, 276 Rn. 16;
> dazu EWiR 2018, 165 *(Klaaßen-Kaiser/Bünten)*;
> dazu abl. Bespr. *Bochmann*, GmbHR 2018, 289.

c) Der Insolvenzverwalter

56 Der Insolvenzverwalter hat gemäß § 92 InsO ausstehende Forderungen zur Masse zu ziehen. Der Insolvenzverwalter hat gegenüber den meisten anderen in Betracht kommenden Anspruchsberechtigten den Vorteil, am besten in die Abläufe und Geschäfte des Unternehmens Einblick nehmen zu können. Wenn es gleichwohl nicht häufiger zu gerichtlichen Auseinandersetzungen des Insolvenzverwalters mit dem früheren Geschäftsführer kommt, so nicht zuletzt deshalb, weil sich der Insolvenzverwalter die Abwicklung des Insolvenzverfahrens erschwert, wenn der Geschäftsführer seine Mitwirkung verweigert und Ansprüche nach § 64 GmbHG, die einfacher beweisbar sind, bereits das Vermögen des in Anspruch genommenen Geschäftsführers erschöpfen.

57 Völlig absehen von der Verfolgung durchsetzbarer Ansprüche darf er nur, wenn das nachweislich der Masse dienlicher ist.

> Vgl. *Bork*, ZIP 2005, 1120, 1122.

58 Verzichtet der Insolvenzverwalter auf eine Forderung der Gesellschaft gegen ihren Geschäftsführer oder schließt er mit diesem einen **Vergleich**, so bedarf es, sofern die Forderungen von einigem Gewicht sind, der **Zustimmung des Gläubigerausschusses**. Vereinbarungen, die nicht nur unzweckmäßig sind, sondern dem Insolvenzzweck der gleichmäßigen Gläubigerbefriedigung zuwider laufen, können unwirksam sein.

> BGH, Beschl. v. 20.3.2008 – IX ZR 68/06, ZIP 2008, 884 Rn. 4;
> dazu EWiR 2008, 471 *(D. Schulz)*;
>
> BGH, Urt. v. 28.10.1993 – IX ZR 21/93, ZIP 1993, 1886
> = NJW 1994, 323 (insoweit in BGHZ 124, 27 nicht abgedruckt);
> dazu EWiR 1994, 173 *(E. Braun)*.

59 Will der Insolvenzverwalter den Geschäftsführer in Anspruch nehmen, so bedarf es dafür selbstverständlich **keines Beschlusses** nach § 46 Nr. 8 GmbHG.

> BGH, Urt. v. 18.6.2013 – II ZR 86/11, BGHZ 197, 304 = ZIP 2013, 1712 Rn. 20;
> dazu EWiR 2013, 775 *(Weipert)*;
> m. Anm. *Werner*, GmbHR 2013, 1050;
> m. Bespr. *Bachmann*, NZG 2013, 1121;
>
> BGH, Urt. v. 14.7.2004 – VIII ZR 224/02, ZIP 2004, 1708:

Keines Gesellschafterbeschlusses bedarf es, wenn über das Vermögen der Gesellschaft das Insolvenzverfahren eröffnet ist. Gleiches gilt bei der Liquidation einer GmbH, die ihren Geschäftsbetrieb endgültig eingestellt hat, wenn die Liquidation deshalb konkursfrei erfolgt, weil eine die Kosten deckende Masse nicht vorhanden ist (sog. masselose Liquidation).

Vgl. dazu *K. Schmidt*, KTS 2005, 261, 265;
BGH, Urt. v. 10.2.1992 – II ZR 23/91, WM 1992, 691;
OLG München, Urt. v. 9.8.2018 – 23 U 2936/17, GmbHR 2018, 1058, 1059.

Der Geschäftsführer kann dem Insolvenzverwalter einen mit der Gesellschaft vereinbarten **Haftungsausschluss** entgegenhalten (siehe Rn. 443). 60

d) Gesellschaftsgläubiger

Die Gläubiger der GmbH können deren Geschäftsführer aus einem Verstoß gegen § 43 Abs. 1 GmbHG nicht unmittelbar, sondern nur mittelbar in Anspruch nehmen. § 43 Abs. 2 GmbHG ist – anders als § 15a InsO zur Insolvenzverschleppung – kein Schutzgesetz i. S. v. § 823 Abs. 2 BGB. 61

BGH, Urt. v. 19.2.1990 – II ZR 268/88, BGHZ 110, 342 = ZIP 1990, 578 = NJW 1990, 1725;
dazu EWiR 1990, 479 *(Bergmann)*.

Die Gläubiger der GmbH können den Geschäftsführer auch nicht in entsprechender Anwendung des § 62 Abs. 2 Satz 1 AktG bzw. § 93 Abs. 5 Satz 1 AktG unmittelbar gemäß § 43 Abs. 2 GmbHG in Anspruch nehmen. 62

BGH, Urt. v. 19.2.1990 – II ZR 268/88, BGHZ 110, 342 = ZIP 1990, 578 = NJW 1990, 1725.

Ist der Geschäftsführer der GmbH aus § 43 Abs. 2 GmbHG schadensersatzpflichtig, so kann der Gläubiger der GmbH aus dem gegen diese erwirkten Titel deren Schadensersatzanspruch gegen den Geschäftsführer **pfänden und sich zur Einziehung überweisen** lassen, § 829 ZPO. 63

Vgl. BGH, Urt. v. 7.4.2003 – II ZR 193/02, ZIP 2003, 945;
dazu EWiR 2004, 443 *(Sinewe)*.

In der Regel wird der Geschäftsführer die Berechtigung eines solchen Anspruchs bestreiten, sodass der Gläubiger nicht umhin kommt, einen weiteren Prozess zu führen, den sog. Einziehungsprozess. Die Überweisung der Forderung ermächtigt den Gläubiger der GmbH als Vollstreckungsgläubiger auf Leistung an sich selbst zu klagen, § 836 Abs. 1 ZPO. Aus dieser Sachbefugnis ergibt sich zugleich das Prozessführungsrecht des Gläubigers. 64

BGH, Urt. v. 18.11.1999 – IX ZR 420/97, NJW 2000, 730.

Die Vollstreckung eines Gläubigers der GmbH gegen ihren Geschäftsführer geht auch nicht schon dann ins Leere, wenn diese gemäß § 394 Abs. 1 FamFG gelöscht worden ist. 65

BGH, Urt. v. 18.11.1999 – IX ZR 420/97, NJW 2000, 730:

Eine solche Forderung ist nicht mit der Löschung der GmbH untergegangen. Das Berufungsgericht hat zutreffend ausgeführt, dass die Löschung die Gesellschaft nicht endgültig beendet hat; vielmehr besteht diese trotz der Löschung fort, wenn sich nachträglich ergibt, dass sie noch Vermögen hat. Dies ist der Fall nach dem insoweit maßgeblichen Vorbringen des Klägers, der als Vollstreckungsgläubiger einen vertraglichen Schadensersatzanspruch der GmbH gegen die Bekl. geltend macht, der vor der Löschung der GmbH entstanden sein soll.

66 Für den Einziehungsprozess schuldet die Gesellschaft dem Gläubiger gemäß § 836 Abs. 3 ZPO Unterstützung. Sie ist verpflichtet, dem Gläubiger die zur Geltendmachung der Forderung nötigen **Auskünfte** zu erteilen und ihm die über die Forderung vorhandenen Urkunden herauszugeben. Dazu gehören die Geschäftsbücher und der für die Durchsetzung des Anspruchs relevante Schriftwechsel der GmbH.

BGH, Beschl. v. 28.6.2006 – VII ZB 142/05, WM 2006, 1684 Rn. 8:

Der Schuldner ist aufgrund der Pfändung und Überweisung einer Forderung gemäß § 836 Abs. 3 Satz 1 ZPO verpflichtet, dem Gläubiger die zur Einziehung der Forderung nötige Auskunft zu erteilen und ihm die über die Forderung vorhandenen Urkunden herauszugeben. Diese Herausgabepflicht betrifft Urkunden, die den Gläubiger als zur Empfangnahme der Leistung berechtigt legitimieren, sowie solche, die den Bestand der Forderung beweisen oder sonst der Ermittlung oder dem Nachweis ihrer Höhe, Fälligkeit oder Einredefreiheit dienen.

67 Die herauszugebenden Urkunden sind auf Antrag des Gläubigers in der Regel bereits in den Pfändungs- und Überweisungsbeschluss aufzunehmen.

BGH, Beschl. v. 28.6.2006 – VII ZB 142/05, WM 2006, 1684 Rn. 9.

68 Die Abweisung einer Klage aus Außenhaftung hindert den Gläubiger nicht, über die Pfändung eines Innenhaftungsanspruchs gegen den Geschäftsführer vorzugehen, weil verschiedene Streitgegenstände vorliegen. Auch die Verjährung ist unterschiedlich.

Vgl. BGH, Urt. v. 9.2.2009 – II ZR 292/07, BGHZ 179, 344 = ZIP 2009, 802 = NJW 2009, 2127 (Sanitary).

69 Der Inanspruchnahme durch pfändende Gläubiger verlangt keinen Gesellschafterbeschluss nach § 46 Nr. 8 GmbHG.

MünchKommGmbHG/*Liebscher*, § 46 Rn. 241.

70 Der Geschäftsführer kann dem pfändenden Gläubiger seinen mit der Gesellschaft vereinbarten **Haftungsausschluss** entgegenhalten, wenn er wirksam ist (siehe Rn. 443).

71 Dass dem Geschäftsführer von der Gesellschaft **Entlastung** (siehe Rn. 454) erteilt worden ist, hindert die pfändenden Gläubiger nur dann nicht an der Durchsetzung ihrer Ansprüche, wenn der Ersatzanspruch auf § 43 Abs. 3 Satz 1 GmbHG beruht.

BGH, Urt. v. 20.3.1986 – II ZR 114/85, ZIP 1987, 1050:

Nach § 43 Abs. 3 Satz 3 i. V. m. § 9b Abs. 1 GmbHG ist der Verzicht auf Ersatzansprüche wegen eines Verstoßes gegen § 30 GmbHG unwirksam, soweit der Ersatz zur Befriedigung der Gläubiger erforderlich ist; das gilt auch für die Verzichtswirkung der Entlastung.

Dazu EWiR 1986, 587 *(Weipert)*.

e) Versicherer der GmbH

Ein Geschäftsführer läuft auch Gefahr, von dem Versicherer der GmbH in Regress genommen zu werden. Hat etwa der Versicherer der GmbH in einem Schadensfall Ersatz geleistet, den der Geschäftsführer zumindest mitverschuldet hat, so geht gemäß § 86 VVG der Ersatzanspruch der Gesellschaft auf den Versicherer über. 72

Die Konsequenz daraus ist, dass etwa ein Alleingesellschafter, der einen Versicherungsvertrag für die GmbH abgeschlossen hat, den der GmbH entstandenen Schaden zwar von dem Versicherer erstattet erhält, dieser aber sogleich Regress leisten muss, wenn er auch Geschäftsführer der Gesellschaft ist und in dieser Eigenschaft den Schaden zumindest mitverursacht hat. 73

Um dem vorzubeugen, kann in dem Versicherungsvertrag ein entsprechender Regressverzicht seitens des Versicherers vereinbart werden. 74

Vgl. *Armbrüster*, BB 1998, 1376.

3. Passivlegitimation

a) Geschäftsführer

Die Haftung des Geschäftsführers beruht nicht auf dem Anstellungsvertrag, den er in der Regel mit der Gesellschaft abgeschlossen hat, sondern auf der Verletzung der Pflichten, die ihn als Organ der Gesellschaft treffen. Einer Haftung steht nicht entgegen, dass der Anstellungsvertrag fehlerhaft ist, unwirksam ist oder fehlt. 75

BGH, Urt. v. 25.6.2001 – II ZR 38/99, BGHZ 148, 167
= ZIP 2001, 1458 = NJW 2001, 3123;
dazu EWiR 2001, 917 *(T. Keil)*;
BGH, Urt. v. 21.4.1994 – II ZR 65/93, NJW 1994, 2027.

Es kommt auch nicht darauf an, ob der Geschäftsführer ins Handelsregister eingetragen ist, da die Eintragung nur deklaratorische Bedeutung hat. 76

BGH, Urt. v. 21.4.1994 – II ZR 65/93, NJW 1994, 2027.

Die Haftung **beginnt** mit der **Annahme des Amtes** oder der Aufnahme der Organtätigkeit auch schon vor der Bestellung, nicht erst mit der Eintragung des Geschäftsführers oder der Gesellschaft in das Handelsregister. 77

BGH, Urt. v. 20.3.1986 – II ZR 114/85, ZIP 1987, 1050;
dazu EWiR 1986, 587 *(Weipert)*.

Die Verantwortlichkeit **endet** mit der **Beendigung der Organstellung** durch Abberufung oder wirksamer Amtsniederlegung, wenn die Tätigkeit nicht de facto fortgesetzt wird. 78

BGH, Urt. v. 17.2.2003 – II ZR 340/01, ZIP 2003, 666.

79 Dass der Geschäftsführer jederzeit sein Amt niederlegen kann, heißt aber nicht – anders als die Amtsenthebung durch die Gesellschaft –, dass er es auch grundlos darf. Er macht sich vielmehr nach § 43 Abs. 2 GmbHG schadensersatzpflichtig, wenn er es zur Unzeit tut und der Gesellschaft daraus ein Schaden erwächst.

OLG Koblenz, Urt. v. 26.5.1994 – 6 U 455/91, NJW-RR 1995, 556:

Der drohende Zusammenbruch des Gesellschaftsunternehmens gibt dem Geschäftsführer der GmbH kein Recht zur Amtsniederlegung. Erfolgt diese dennoch – also ohne wichtigen Grund –, so ist der Geschäftsführer der Gesellschaft – bei Darlegung eines entsprechenden Schadens – wegen Verletzung seiner Pflichten nach Maßgabe des § 43 Abs. 2 GmbHG schadensersatzpflichtig.

80 Das OLG Köln hat der Gesellschaft für den Fall rechtsgrundloser Kündigung durch den Geschäftsführer einen Anspruch aus positiver Vertragsverletzung – richtig wäre § 43 Abs. 2 GmbHG – für die Kosten der Nachfolgesuche zugebilligt.

OLG Köln, Urt. v. 18.9.1996 – 26 U 4/96, GmbHR 1997, 30.

81 Hat sich der Geschäftsführer der Gesellschaft schadensersatzpflichtig gemacht, so entfällt die Ersatzverpflichtung selbstverständlich nicht dadurch, dass er sein Amt niederlegt. Das gilt auch hinsichtlich seiner Schadensersatzpflicht, die daraus erwachsen ist, dass er nicht innerhalb der Frist des § 15a Abs. 1 Satz 1 InsO einen Insolvenzantrag gestellt hat (siehe Rn. 1184 ff.).

82 Den zum Organ der Gesellschaft bestellten Geschäftsführer entlastet nicht, dass er nur nominell im Handelsregister als Geschäftsführer ausgewiesen ist, in Wahrheit aber ein anderer die Geschäfte führt. Der **„Strohmann“** haftet gleichwohl. Neben seiner Haftung kommt die des faktischen Geschäftsführers in Betracht, und zwar auch dann, wenn er den gesetzlich bestellten Geschäftsführer nicht völlig verdrängt. Wird der Strohmann in Anspruch genommen, kann er sich zu seiner Entlastung nicht darauf berufen, er habe sich gegenüber einem anderen Geschäftsführer nicht durchsetzen können.

BGH, Beschl. v. 13.10.2016 – 3 StR 352/16, GmbHR 2016, 1311;
BGH, Urt. v. 21.3.1988 – II ZR 194/87, BGHZ 104, 44
= ZIP 1988, 771 = NJW 1988, 1789;
dazu EWiR 1988, 905 *(K. Schmidt)*;
OLG Celle, Urt. v. 12.1.2000 – 9 U 126/99, GmbHR 2000, 1151.

83 Den Strohmann wiederum trifft die Insolvenzantragspflicht gleichermaßen wie den faktischen Geschäftsführer. Da die Antragspflicht eine öffentlich-rechtliche Verpflichtung ist, kann er auch nicht durch Vereinbarung mit dem faktischen Geschäftsführer aus dieser Verpflichtung entlassen werden.

OLG Düsseldorf, Urt. v. 17.6.1999 – 6 U 65/97; NZG 1999, 1066.

84 Das gilt auch für die Haftung nach § 43 Abs. 3 GmbHG. Die Haftung nach § 43 Abs. 2 GmbHG kann nur durch eine Vereinbarung mit den Gesellschaf-

tern (siehe Rn. 443), aber nicht dem faktischen Geschäftsführer ausgeschlossen werden.

Der Strohmanngeschäftsführer haftet auch, wenn er nicht auf die ordnungsgemäße Abführung der auf seine eigene Bruttovergütung entfallenden Lohnsteuer hinwirkt. 85

OLG Celle, Urt. v. 12.1.2000 – 9 U 126/99, GmbHR 2000, 1151.

Hat der Strohmann sich um die geschäftlichen Dinge überhaupt nicht gekümmert, so ist sein Verschulden sogar offenkundig: es liegt darin, dass er sich nicht gekümmert hat. 86

Vgl. BFH, Beschl. v. 18.8.1999 – VII B 106/99, GmbHR 2000, 392:

Auf sein eigenes Unvermögen, seinen Aufgaben als Geschäftsführer nachzukommen, kann sich niemand berufen.

Selbst auf mangelnden Sachverstand kann er sich nicht berufen; sein Verschulden ist dann ein **Übernahmeverschulden**. 87

Nach § 43 Abs. 1 GmbHG haftet schließlich auch ein stellvertretender Geschäftsführer, § 44 GmbHG. 88

b) Faktischer Geschäftsführer

Die Haftung nach § 43 GmbHG trifft auch den faktischen Geschäftsführer, der ohne Bestellung tatsächlich Geschäftsführerkompetenzen wahrnimmt. 89

BGH, Urt. v. 25.6.2001 – II ZR 38/99, BGHZ 148, 167 = ZIP 2001, 1458 = NJW 2001, 3123;
offengelassen BGH, Urt. v. 25.2.2002 – II ZR 196/00, BGHZ 150, 61 = ZIP 2002, 848 = NJW 2002, 1803;
dazu EWiR 2002, 679 *(Blöse)*;
vgl. *Geißler*, GmbHR 2003, 1106, 1111;

OLG Düsseldorf, Urt. v. 25.11.1993 – 6 U 245/92, GmbHR 1994, 317;

OLG Düsseldorf, Urt. v. 20.10.1999 – 15 U 221/96, NZG 2000, 312.

Die Haftung des faktischen Geschäftsführers spielt bei der Insolvenzantragspflicht nach § 15a InsO sowie der Haftung für Zahlungen nach Insolvenzreife nach § 64 GmbHG, 90

vgl. BGH, Urt. v. 11.7.2005 – II ZR 235/03, ZIP 2005, 1550;
dazu EWiR 2005, 731 *(Bork)*;

BGH, Beschl. v. 11.2.2008 – II ZR 291/06, ZIP 2008, 1026 Rn. 6;

BGH, Beschl. v. 2.6.2008 – II ZR 104/07, ZIP 2008, 1329 Rn. 4;
dazu EWiR 2008, 681 *(Blasche)*,

und für den Untreuetatbestand nach § 266 StGB eine größere Rolle als für die Haftung nach § 43 Abs. 2 GmbHG.

BGH, Urt. v. 21.3.1988 – II ZR 194/87, BGHZ 104, 44
= ZIP 1988, 771 = NJW 1988, 1789:

Der Grund für die Haftung des tatsächlichen Geschäftsführers liegt letztlich darin, dass derjenige, der ohne dazu berufen zu sein, wie ein Geschäftsführer handelt, auch die Verantwortung des Geschäftsführers trägt und wie ein solcher haften muss, wenn nicht der Schutzzweck des Gesetzes gefährdet werden soll. Dazu ist jedoch nicht erforderlich, dass er die gesetzliche Geschäftsführung völlig verdrängt hat. Es muss jedenfalls bei einer Gesellschaft, die auf Fremdorganschaft beruht und mehrere Geschäftsführer haben kann, ausreichen, dass der Betreffende in maßgeblichem Umfang Geschäftsführerfunktionen wahrgenommen hat, wie sie nach Gesetz und Gesellschaftervertrag für den Geschäftsführer und Mitgeschäftsführer kennzeichnend sind …

Dagegen steht es der Verantwortung und Haftung aus §§ 130a, 177a HGB (GmbH & Co. KG) nicht entgegen, wenn daneben in begrenztem Umfang eine Geschäftsführung durch die dazu berufenen Geschäftsorgane weiterläuft. Entscheidend kann allein eine materielle Betrachtung sein, die aufgrund einer Gesamtschau darauf abstellt, ob der Betreffende die Geschicke der Gesellschaft – und zwar nicht nur durch interne Einwirkungen auf den satzungsmäßigen Geschäftsführer, sondern durch eigenes auch nach außen hervortretendes, üblicherweise der Geschäftsführung zuzurechnendes Handeln – so maßgeblich in die Hand genommen hat, dass ihm auch die Verantwortung für die rechtzeitige Stellung des Insolvenzantrages zufällt.

Dazu EWiR 1988, 905 *(K. Schmidt)*.

91 Zur Verantwortlichkeit des faktischen Geschäftsführers nach OWiG im Recht der Unfallverhütung

vgl. *Robrecht*, GmbHR 2003, 762.

92 **Faktische Geschäftsführer** sind Personen, die nicht in das Amt bestellt wurden, jedoch die Ämterfunktionen tatsächlich wahrnehmen. Die bestellten Organwalter kommen daneben auch dann als Haftende in Betracht, wenn es sich um Strohmänner handelt (siehe Rn. 82 ff.). Der faktische Geschäftsführer muss den rechtlichen Geschäftsführer nicht verdrängen.

BGH, Urt. v. 21.3.1988 – II ZR 194/87, BGHZ 104, 44
= ZIP 1988, 771 = NJW 1988, 1789.

93 **Juristische Personen** scheiden als faktische Geschäftsführer aus, weil auch der rechtliche Geschäftsführer keine juristische Person sein kann.

BGH, Urt. v. 25.2.2002 – II ZR 196/00, BGHZ 150, 61
= ZIP 2002, 848 = NJW 2002, 1803.

94 Als faktischer Geschäftsführer kommt nur der (organschaftliche) Vertreter der juristischen Person infrage.

Strohn, DB 2011, 158, 163;

A. A. *Fleischer*, GmbHR 2011, 337, 343;
Fleischer/Schmolke, WM 2011, 1009, 1012.

95 Zur Frage, ob die Haftung einer Bank wegen faktischer Geschäftsführung in Betracht kommt, wenn sie zur Sanierung des Unternehmens dessen Leitungsmacht übernimmt,

vgl. *Himmelsbach/Achsnick*, NZI 2003, 355.

Faktischer Geschäftsführer ist nach der mit der zivilrechtlichen Definition im Grundsatz übereinstimmenden strafrechtlichen Definition, wer sowohl **betriebsintern** als auch **nach außen** anstelle des rechtlichen Geschäftsführers mit Einverständnis der Gesellschafter tatsächlich das Sagen hat und eine gegenüber dem formellen Geschäftsführer **überragende Stellung** einnimmt. 96

BGH, Urt. v. 11.6.2013 – II ZR 389/12, ZIP 2013, 1519 Rn. 23;

BGH, Urt. v. 13.12.2012 – 5 StR 407/12, ZIP 2013, 313 Rn. 7;

BGH, Urt. v. 10.5.2000 – 3 StR 101/00, BGHSt 46, 62 = ZIP 2000, 1390 = NJW 2000, 2285:

Der Begriff des faktischen Geschäftsführers ist erfüllt, wenn sowohl betriebsintern als auch nach außen alle Dispositionen weitgehend von dem faktischen Geschäftsführer ausgehen und er im Übrigen auf sämtliche Geschäftsvorgänge bestimmenden Einfluss nimmt. Die Unternehmensführung darf nicht einseitig angemaßt sein, sondern muss mit dem Einverständnis der Gesellschafter, das als konkludente Bestellung zu werten ist, erfolgt sein. Weitere Voraussetzung für einen faktischen Geschäftsführer ist, dass er gegenüber dem formellen Geschäftsführer die überragende Stellung in der Gesellschaft mit beschränkter Haftung einnimmt oder zumindest das deutliche Übergewicht hat.

BGH, Urt. v. 21.3.1988 – II ZR 194/87, BGHZ 104, 44 = ZIP 1988, 771 = NJW 1988, 1789:

... der ohne eine solche Organstellung zu bekleiden, tatsächlich wie ein geschäftsführendes Organ tätig wird.

Die beherrschende Stellung allein genügt nicht, notwendig ist – wie vor allem die zivilrechtliche Rechtsprechung zutreffend herausgearbeitet hat – auch ein **Handeln mit Außenwirkung,** um den Geschäftsführer von den Gesellschaftern, die immer eine beherrschende Stellung haben, abzugrenzen. 97

BGH, Beschl. v. 2.6.2008 – II ZR 104/07, ZIP 2008, 1329 Rn. 4; dazu EWiR 2008, 681 *(Blasche)*;

BGH, Beschl. v. 11.2.2008 – II ZR 291/06, ZIP 2008, 1026 Rn. 5:

Eine faktische Geschäftsführerstellung erfordert den Nachweis, dass der Betreffende die Geschicke der Gesellschaft durch eigenes Handeln im Außenverhältnis, das die Tätigkeit des rechtlichen Geschäftsführungsorgans nachhaltig prägt, maßgeblich in die Hand genommen hat. Dafür reicht nicht aus, dass der Beklagte den Zugriff auf das Gesellschaftskonto behielt und einzelne Zahlungen – nach seinem Vortrag auf Weisung des neuen Geschäftsführers – abwickelte, ohne die Bank, der er einige Monate zuvor einen Handelsregisterauszug über seine Bestellung als Geschäftsführer vorgelegt hatte, von der Beendigung seines Geschäftsführeramtes in Kenntnis zu setzen.

BGH, Urt. v. 11.7.2005 – II ZR 235/03, ZIP 2005, 1550:

Für die Stellung und Verantwortlichkeit einer Person als faktischer Geschäftsführer einer GmbH ist es erforderlich, dass der Betreffende nach dem Gesamterscheinungsbild seines Auftretens die Geschicke der Gesellschaft – über die interne Einwirkung auf die satzungsmäßige Geschäftsführung hinaus – durch eigenes Handeln im Außenverhältnis, das die Tätigkeit des rechtlichen Geschäftsführungsorgans nachhaltig prägt, maßgeblich in die Hand genommen hat.

BGH, Urt. v. 25.2.2002 – II ZR 196/00, BGHZ 150, 61 = ZIP 2002, 848 = NJW 2002, 1803:

Die Ansicht der Revision, ein Handeln mit Außenwirkung sei nicht erforderlich, weil es im vorliegenden Falle nicht um einen Vertrauensschutz Dritter gehe, verkennt, dass es bei der Beurteilung der Frage, ob jemand faktisch wie ein Organmitglied gehandelt und als Konsequenz seines Verhaltens sich wie ein nach dem Gesetz bestelltes Organmitglied zu verantworten hat, auf das Gesamterscheinungsbild seines Auftretens ankommt. Dazu gehört auch maßgeblich ein Handeln im Außenverhältnis, das die Tätigkeit des rechtlich dem Geschäftsorgan angehörenden Mitgliedes nachhaltig prägt.

BGH, Urt. v. 21.3.1988 – II ZR 194/87, BGHZ 104, 44 = ZIP 1988, 771 = NJW 1988, 1789:

Entscheidend kann allein eine materielle Betrachtung sein, die aufgrund einer Gesamtschau darauf abstellt, ob der Betreffende die Geschicke der Gesellschaft – und zwar nicht nur durch interne Einwirkung auf die satzungsmäßigen Geschäftsführer, sondern durch eigenes, auch nach außen hervortretendes, üblicherweise der Geschäftsführung zuzurechnendes Handeln – maßgeblich in die Hand genommen hat.

OLG Hamm, Urt. v. 28.2.2014 – I-9 U 152/13, GmbHR 2014, 821;

OLG München, Urt. v. 8.9.2010 – 7 U 2568/10, ZIP 2010, 2295; m. abl. Bespr. *Fleischer/Schmolke*, WM 2011, 1009; eingehend und differenzierend: *Strohn*, DB 2011, 158.

98 Gegen das Erfordernis eines nach außen hervortretenden Handelns u. a.

Fleischer, GmbHR 2011, 337;
Fleischer/Schmolke, WM 2011, 1009, 1011 m. w. N.;
Lutter/Hommelhoff/*Kleindiek*, § 43 Rn. 4.

99 Die Feststellung eines Handelns mit Außenwirkung verlangt eine Gesamtbetrachtung; mathematische Kriterien sind wenig hilfreich.

Vgl. BayObLG, Urt. v. 20.2.1997 – 5 St RR 159/96, NJW 1997, 1936:

Überragende Stellung, wenn von den acht klassischen Merkmalen im Kernbereich der Geschäftsführung sechs erfüllt sind, wie da sind:

- Bestimmung der Unternehmenspolitik,
- Unternehmensorganisation,
- Einstellung von Mitarbeitern,
- Gestaltung der Geschäftsbeziehung zu Vertragspartnern,
- Verhandlung mit Kreditgebern,
- Bestimmung der Gehaltshöhe,
- Entscheidung der Steuerangelegenheiten und
- Steuerung der Buchhaltung.

100 Welche Vorstellungen der faktische Geschäftsführer beim Gläubiger erweckt, spielt keine Rolle. Es handelt sich nicht um eine Rechtsscheinhaftung.

Haas, in Anm. zu BGH, NZI 2006, 58, 61.

101 Dass der Insolvenzverwalter in den Geschäftsunterlagen einen Vertrag findet, wonach der ausgeschiedene frühere Gesellschafter-Geschäftsführer jemanden mit dem Amt betraut, den er als Minijobber (früher 630 DM-Regelung) entlohnt, genügt nicht, weil ein Handeln mit Außenwirkung vorliegen muss.

Offengelassen bei OLG Oldenburg, Urt. v. 31.5.2001 – 1 U 140/99, OLGR Oldenburg 2001, 309.

Dass der Ehemann der Geschäftsführerin wesentliche Entscheidungen der Gesellschaft allein trifft, Gesellschaftsschulden aus eigenen Mitteln begleicht und eine Vielzahl von Verträgen abschließt, genügt, ihn als faktischen Geschäftsführer anzusehen, jedenfalls wenn ihr Ehemann beim Abschließen der Verträge nach außen sich als derjenige gerierte, der die Bestimmungen trifft. 102

> OLG Jena, Urt. v. 28.11.2001 – 4 U 234/01, ZIP 2002, 631;
> dazu EWiR 2002, 243 *(Meyke)*.

Handeln mit Außenwirkung liegt bei demjenigen vor, der Verhandlungen mit Dritten führt und sich als Mitglied der Geschäftsleitung bezeichnet. 103

> A. A. OLG München, Urt. v. 8.9.2010 – 7 U 2568/10, ZIP 2010, 2295;
> m. abl. Bespr. *Fleischer/Schmolke*, WM 2011, 1009.

Mit Außenwirkung ist ein Handeln über die interne Einwirkung auf die satzungsmäßige Geschäftsführung hinaus gemeint. Dafür genügt auch ein entsprechendes Auftreten gegenüber der Belegschaft, etwa der Auftritt gegenüber dem Betriebsrat als Unternehmensleiter. 104

> A. A. OLG München, Urt. v. 8.9.2010 – 7 U 2568/10, ZIP 2010, 2295;
> m. abl. Bespr. *Fleischer/Schmolke* WM 2011, 1009.

Lediglich **anlassbezogene Aktivitäten**, wie etwa das interimsweise Führen von **Sanierungsverhandlungen** oder die Steuerung des Managements in einer Umbruchsituation, begründen keine Haftung als faktischer Geschäftsführer. 105

> Insoweit zutreffend OLG München, Urt. v. 8.9.2010 – 7 U 2568/10, ZIP 2010, 2295;
> m. abl. Bespr. *Fleischer/Schmolke*, WM 2011, 1009;
> *Geißler*, GmbHR 2003, 1106, 1111.

Die Bestimmung der Geschäftstätigkeit durch einen Auftraggeber genügt ebenfalls nicht, weil der schuldrechtlichen Beziehung das Geschäftsführungselement fehlt. 106

> BGH, Urt. v. 13.12.2012 – 5 StR 407/12, ZIP 2013, 313 Rn. 10.

Faktischer Geschäftsführer kann nur sein, wer über eine gewisse Dauer die Geschicke der Gesellschaft bestimmt. Ob zur Beendigung der faktischen Geschäftsführung eine Mitteilung an Gläubiger und andere Außenstehende erforderlich ist oder die bloße Abstandnahme von weiterer Tätigkeit genügt, ist bisher nicht geklärt. 107

> Dazu *Böge*, GmbHR 2014, 1121.

Wenn jemand **ohne Außenwirkung** faktisch das Sagen hat und den satzungsmäßigen Geschäftsführer entmachtet, kommt allein eine Haftung aus Anstiftung oder Beihilfe zu einer Untreue durch den formellen Geschäftsführer oder Existenzvernichtungshaftung in Betracht. 108

> BGH, Beschl. v. 2.6.2008 – II ZR 104/07, ZIP 2008, 1329 Rn. 4;
> dazu EWiR 2008, 681 *(Blasche)*;
> BGH, Urt. v. 27.6.2005 – II ZR 113/03, ZIP 2005, 1414.

109 Wer **ohne Wissen oder Wollen** der Gesellschaft für diese tätig wird, soll kein faktischer Geschäftsführer sein können.

> OLG Düsseldorf, Urt. v. 25.11.1993 – 6 U 245/92, GmbHR 1994, 317;
> *Geißler*, GmbHR 2003, 1106, 1108;
> a. A. OLG Köln, Urt. v. 15.12.2011 – 18 U 188/11, GmbHR 2012, 1358;
> m. Anm. *Blöse*, GmbHR 2012, 1361.

110 Einvernehmen aller Gesellschafter muss aber nicht bestehen. Die Billigung durch eine Mehrheit der Gesellschafter reicht aus.

> OLG Karlsruhe, Beschl. v. 7.3.2006 – 3 Ss 190/05, NJW 2006, 1364.

111 Regelmäßig wird jedenfalls eine konkludente Billigung vorliegen, wenn die Gesellschafter Kenntnis von der faktischen Geschäftsführung haben. Ausnahmen kommen etwa infrage, wenn der alleinige Gesellschafter-Geschäftsführer verstorben ist und die Erben unbekannt sind. Auch in einer solchen Situation gibt es keinen Grund, warum derjenige, der faktisch die Geschäfte führt, nicht auch haften soll.

112 Auch die **strafrechtliche Verantwortlichkeit** des faktischen Geschäftsführers für Straftaten nach § 82 Abs. 1 GmbHG und § 15a Abs. 4 und 5 InsO hat der BGH entgegen vielfältiger Kritik stets bekräftigt. Das Analogieverbot des Strafrechts werde nicht verletzt.

> BGH, Beschl. v. 18.12.2014 – 4 StR 323/14, ZIP 2015, 218;
> dazu EWiR 2015, 337 *(Priebe)*;
> BGH, Urt. v. 10.5.2000 – 3 StR 101/00, BGHSt 46, 62
> = ZIP 2000, 1390 = NJW 2000, 2285
> m. abl. Anm. *Joerden* JZ 2001, 309;
> a. A. *Geißler*, GmbHR 2003, 1106, 1108 m. w. N.

113 Der faktische Geschäftsführer kann sich sogar des Betruges zum Nachteil von Lieferanten strafbar machen, wenn er trotz Zahlungsunfähigkeit einen Betrieb weiterführt.

> BGH, Urt. v. 11.12.1997 – 4 StR 323/97 NJW 1998, 767.

114 Den faktischen Geschäftsführer trifft wie den rechtlichen Geschäftsführer die **Insolvenzantragspflicht** des § 15a Abs. 1 Satz 1 InsO (§ 64 Abs. 1 GmbHG a. F.).

> BGH, Urt. v. 11.7.2005 – II ZR 235/03, ZIP 2005, 1550;
> dazu EWiR 2005, 731 *(Bork)*.

115 Da der faktische, nicht im Handelsregister eingetragene Geschäftsführer meist Schwierigkeiten haben wird, seine Antragsbefugnis glaubhaft zu machen, muss er auf seinen Strohmann-Geschäftsführer einwirken.

> *Nauschütz*, NZG 2005, 921, 922.

Kritisch zur Insolvenzantragspflicht des faktischen Geschäftsführers 116

Haas, DStR 2003, 423.

In entsprechender Anwendung von § 64 Satz 1 GmbH haftet der faktische Geschäftsführer auch persönlich, wenn er noch **Zahlungen nach Eintritt der Insolvenzreife** aus der Masse vornimmt. 117

BGH, Urt. v. 11.7.2005 – II ZR 235/03, ZIP 2005, 1550;

OLG Köln, Urt. v. 15.12.2011 – 18 U 188/11, GmbHR 2012, 1358;
m. Anm. *Blöse*, GmbHR 2012, 1361;
Offengelassen bei OLG München, Urt. v. 8.9.2010 – 7 U 2568/10, ZIP 2010, 2295;
m. abl. Bespr. *Fleischer/Schmolke*, WM 2011, 1009.

Die Gleichstellung von Geschäftsführer und faktischem Geschäftsführer gilt allerdings nicht uneingeschränkt: Während der Geschäftsführer als bestelltes Organ und damit Repräsentant der GmbH in einem Zivilprozess für und gegen die Gesellschaft nur als Partei vernommen werden kann, ist der faktische Geschäftsführer **Zeuge**. 118

Vgl. OLG München, Urt. v. 16.12.1998 – 7 U 4071/98, GmbHR 1999, 348;
dazu EWiR 1999, 607 *(Zimmermann)*.

c) Prokurist

Der Prokurist haftet **nicht** nach § 43 GmbHG, sondern nur bei Verletzung des Anstellungsvertrags, die bei einem Verhalten nach Weisung des Geschäftsführers in der Regel ausscheidet. 119

BGH, Urt. v. 25.6.2001 – II ZR 38/99, BGHZ 148, 167 = ZIP 2001, 1458 = NJW 2001, 3123:

Ein Prokurist kann jedoch aus positiver Vertragsverletzung seines Anstellungsvertrages haftbar sein. ... Er haftet dagegen nicht, wenn er auf Weisung oder mit dem erklärten Einverständnis des Geschäftsführers handelt und die Voraussetzungen einer deliktischen Haftung gemäß §§ 826, 823 Abs. 2 BGB i. V. m. § 266 StGB, die auch sonst unberührt bleiben, bei ihm nicht vorliegen.

Dazu EWiR 2001, 917 *(Keil)*;
m. Anm. *Müller*, ZGR 2003, 441;
m. Anm. *Harnier*, GmbHR 2001, 774.

d) Aufsichtsrat

Der fakultative Aufsichtsrat einer GmbH haftet nach § 52 Abs. 1 GmbHG i. V. m. §§ 116, 93 Abs. 1 und 2 AktG, der Aufsichtsrat der mitbestimmten GmbH nach § 1 Abs. 1 Nr. 3 DrittelbG, § 25 Abs. 1 Satz 1 Nr. 2 MitbestG i. V. m. § 116 AktG für die Verletzung der eigenen Pflichten, aber nicht für Pflichtverletzungen des Geschäftsführers. 120

121 Eine Haftung des Aufsichtsrats kommt aber infrage, wenn dieser selbst im Zusammenhang mit einer Pflichtverletzung des Geschäftsführers seine Beratungs- oder Überwachungspflichten verletzt.

> BGH, Urt. v. 20.9.2010 – II ZR 78/09, BGHZ 187, 60
> = ZIP 2010, 1988 = NJW 2011, 221 Rn. 11;
> dazu EWiR 2010, 713 *(E. Vetter)*;
> m. Anm. *Brötzmann*, GmbHR 2010, 1203;
> m. Bespr. *K. Schmidt*, GmbHR 2010, 1319;
> m. Bespr. *Habersack*, JZ 2010, 1191;
> m. Bespr. *Weller*, GWR 2010, 541;
> m. Bespr. *Schürnbrand*, NZG 2010, 1207.

122 Zu den Pflichten des Aufsichtsrats gehört – neben der regelmäßigen Überwachung der Geschäftsführer – die Prüfung und Geltendmachung von Schadensersatzansprüchen gegen den Geschäftsführer wegen dessen Pflichtverletzungen.

> Vgl. BGH, Urt. v. 21.4.1997 – II ZR 175/95, BGHZ 135, 244
> = ZIP 1997, 883 = NJW 1997, 1926;
> dazu EWiR 1997, 677 *(Priester)*.

123 Aussichtsreiche Schadensersatzansprüche muss er grundsätzlich gegen den Geschäftsführer verfolgen, will er sich nicht selbst schadensersatzpflichtig machen. Ausnahmsweise darf er wegen gewichtiger Gründe des Gesellschaftswohls auf die Verfolgung verzichten. Persönlich den Geschäftsführer betreffende Gesichtspunkte darf er nur ausnahmsweise berücksichtigen.

> Vgl. BGH, Urt. v. 21.4.1997 – II ZR 175/95, BGHZ 135, 244
> = ZIP 1997, 883 = NJW 1997, 1926:

Die Entscheidung des Aufsichtsrats, ob ein Vorstandsmitglied wegen Verletzung seiner Geschäftsführungspflichten auf Schadenersatz in Anspruch genommen werden soll, erfordert zunächst die Feststellung des zum Schadenersatz verpflichtenden Tatbestandes in tatsächlicher wie rechtlicher Hinsicht sowie eine Analyse des Prozessrisikos und der Beitreibbarkeit der Forderung.

Für seine eigene Entscheidung kann der Aufsichtsrat aber ein unternehmerisches Ermessen in dem vom Berufungsgericht angenommenen Sinne nicht in Anspruch nehmen. Da diese Entscheidung allein dem Unternehmenswohl verpflichtet ist, das grundsätzlich die Wiederherstellung des geschädigten Gesellschaftsvermögens verlangt, wird der Aufsichtsrat von der Geltendmachung voraussichtlich begründeter Schadenersatzansprüche gegen einen pflichtwidrig handelnden Vorstand nur dann ausnahmsweise absehen dürfen, wenn gewichtige Interessen und Belange der Gesellschaft dafür sprechen, den ihr entstandenen Schaden ersatzlos hinzunehmen. Diese Voraussetzung wird im allgemeinen nur dann erfüllt sein, wenn die Gesellschaftsinteressen und -belange, die es geraten erscheinen lassen, keinen Ersatz des der Gesellschaft durch den Vorstand zugefügten Schadens zu verlangen, die Gesichtspunkte, die für eine Rechtsverfolgung sprechen, überwiegen oder ihnen zumindest annähernd gleichwertig sind.

Die vorstehenden Überlegungen führen zu der Schlussfolgerung, dass die Verfolgung der Schadenersatzansprüche gegenüber einem Vorstandsmitglied die Regel sein muss. Hingegen bedarf es gewichtiger Gegengründe und einer besonderen Rechtfertigung, von einer – voraussichtlich – aussichtsreichen Anspruchsverfolgung, die einem Anspruchsverzicht der Gesellschaft außerordentlich nahe kommt, abzusehen; sie muss die Ausnahme darstellen.

e) Liquidator

Wie der Geschäftsführer haftet auch der **Liquidator**, § 71 Abs. 4 GmbHG. 124

> Vgl. zur AG BGH, Urt. v. 28.2.2012 – II ZR 244/10, ZIP 2012, 867 Rn. 9;
> dazu EWiR 2012, 469 *(von der Linden)*.

Ebenso der Nachtragsliquidator. 125

> Vgl. zum GenG BGH, Urt. v. 24.7.2012 – II ZR 117/10, ZIP 2012, 1855 Rn. 17;
> dazu EWiR 2012, 793 *(Bachmann)*.

4. Pflichtverletzung nach § 43 Abs. 2 GmbHG

Das Gesetz spricht in § 43 Abs. 1 GmbHG von der Sorgfaltspflicht und benennt damit den Haftungsmaßstab, während Abs. 2 mit der Verletzung von – veraltet – „Obliegenheiten“ die Pflichtverletzung als Voraussetzung des Anspruchs benennt. Im Gesetz haben nur die Geschäftsleiterpflichten ihren Niederschlag gefunden, auf die Abs. 1 passt, nicht jedoch die Treue- oder Loyalitätspflicht. Die Praxis unterscheidet zwischen den Geschäftsleiterpflichten und der Treuepflicht in der Regel nicht. 126

Der Sorgfaltsmaßstab des § 43 Abs. 1 GmbHG ist nicht mit dem des § 276 Abs. 2 BGB identisch, sondern spezifiziert ihn für den Unternehmensleiter. 127

> *Joussen*, GmbHR 2005, 441, 442.

Die Loyalitätspflicht des Geschäftsführers ist zu unterscheiden von der mitgliedschaftlichen Treuepflicht der Gesellschafter untereinander. Den Gesellschafter-Geschäftsführer treffen beide Treuepflichten, die organschaftliche und die mitgliedschaftliche. 128

> Vgl. *Fleischer*, WM 2003, 1045.

Die in § 43 Abs. 2 GmbHG geregelte Haftung des Geschäftsführers betrifft aber nur die Verletzung seiner organschaftlichen, nicht auch seiner mitgliedschaftlichen Treuepflichten. 129

Der Geschäftsführer schuldet die Sorgfalt, die ein ordentlicher Geschäftsmann in verantwortlich leitender Position bei selbstständiger Wahrnehmung fremder Vermögensinteressen zu wahren hat. Er ist verpflichtet, den Vorteil der Gesellschaft zu wahren und Schaden von ihr abzuwenden; hierzu gehört auch die Sorge für das rechtmäßige Verhalten der Gesellschaft nach außen. 130

> BGH, Urt. v. 28.4.2008 – II ZR 264/06, BGHZ 176, 204 = ZIP 2008, 1232 = NJW 2008, 2437 Rn. 38 „Gamma“.

Maßgeblich ist dabei die Orientierung am Unternehmenswohl, nicht am Gemeinwohlinteresse oder – über das Unternehmenswohl hinaus – am Arbeitnehmerinteresse. § 43 Abs. 3 i. V. m. § 30 GmbHG bzw. § 64 GmbHG schützt darüber hinaus das Gläubigerinteresse. 131

Vgl. BGH, Beschl. v. 8.10.2007 – AnwZ *(B)* 92/06, NJW 2008, 517 Rn. 13;
OLG Zweibrücken, Urt. v. 22.12.1998 – 8 U 98/98, NZG 1999, 506.

132 Der Geschäftsführer haftet nur für eigene Pflichtverletzungen. Fehlverhalten der Mitarbeiter des Unternehmens oder beauftragter Dritter wird ihm nicht nach § 278 BGB zugerechnet.

BGH, Urt. v. 20.9.2011 – II ZR 234/09, ZIP 2011, 2097 Rn. 17;
dazu EWiR 2011, 793 *(E. Vetter)*.

133 Der Geschäftsführer verletzt seine Pflichten nicht nur durch Vermögensdelikte, sondern auch, wenn er falsche unternehmerische Entscheidungen trifft. Ausgeschlossen ist ein Ersatzanspruch nach § 43 Abs. 2 GmbHG, wenn er auf Weisung der Gesellschafter gehandelt hat (siehe Rn. 246 ff.).

a) Geschäftsleiterpflichten

aa) Unternehmerische Entscheidungen

134 Der Geschäftsführer haftet, wenn eine unternehmerische Entscheidung pflichtwidrig ist und zu einem Schaden der Gesellschaft führt. Er hat die GmbH so zu führen, dass die wirtschaftlichen Vorteile des Unternehmens gewahrt und hierbei die durch Rechts- und Verhaltensregeln gesetzten Schranken beachtet bleiben; er muss sich an **anerkannte betriebswirtschaftliche Grundsätze** halten.

BGH, Urt. v. 15.1.2013 – II ZR 90/11, ZIP 2013, 455, Rn. 35 (zur AG).

135 Da unternehmerische Geschäfte unvermeidbar risikobehaftet sind, ist es dem Geschäftsführer nicht schlechthin verwehrt, Risiken einzugehen; deshalb ist nicht der Abschluss jeden Geschäfts, bei dem Risiken bestehen, bereits eine Sorgfaltspflichtverletzung und führt nicht jedes risikobehaftete Geschäft nach der Verwirklichung des Risikos zur Schadensersatzpflicht.

136 § 93 Abs. 1 Satz 2 AktG regelt insoweit für den Vorstand einer Aktiengesellschaft:

> Eine Pflichtverletzung liegt nicht vor, wenn das Vorstandsmitglied bei einer unternehmerischen Entscheidung vernünftigerweise annehmen durfte, auf der Grundlage angemessener Information zum Wohle der Gesellschaft zu handeln.

137 Diese Regelung strahlt auch auf das GmbH-Recht aus, die Sorgfaltspflichten eines Vorstands einer AG und eines Geschäftsführers einer GmbH laufen insoweit gleich.

BGH, Urt. v. 18.6.2013 – II ZR 86/11, BGHZ 197, 304 = ZIP 2013, 1712 = NJW 2013, 3636 Rn. 27;
dazu EWiR 2013, 775 *(Weipert)*;
m. Anm. *Werner*, GmbHR 2013, 1050;
m. Bespr. *Bachmann*, NZG 2013, 1121;
BGH, Urt. v. 4.11.2002 – II ZR 224/00, BGHZ 152, 280 = ZIP 2002, 2314 = NJW 2003, 358;

dazu EWiR 2003, 225 *(Schimmer)*.
vgl. RegE UMAG, BT-Drucks. 15/5092, S. 24;
Fleischer, ZIP 2004, 685, 692;
Hauschka, GmbHR 2007, 11, 12.

Die Rechtsprechung räumt dem Geschäftsleiter danach bei unternehmerischen Entscheidungen einen **Beurteilungsspielraum** ein, der aber voraussetzt, dass die **Entscheidungsgrundlagen sorgfältig ermittelt** sind: 138

BGH, Urt. v. 18.6.2013 – II ZR 86/11, BGHZ 197, 304 = ZIP 2013, 1712 Rn. 30;
dazu EWiR 2013, 775 *(Weipert)*;
m. Anm. *Werner*, GmbHR 2013, 1050;
m. Bespr. *Bachmann*, NZG 2013, 1121;

BGH, Urt. v. 15.1.2013 – II ZR 90/11, ZIP 2013, 455 Rn. 35 (zur AG);

BGH, Beschl. v. 14.7.2008 – II ZR 202/07, ZIP 2008, 1675 = NJW 2008, 3361 Rn. 11;
m. Besprechung *Redeke*, NZG 2009, 496;

BGH, Urt. v. 21.4.1997 – II ZR 175/95, BGHZ 135, 244 = ZIP 1997, 883 = NJW 1997, 1926 „ARAG/Garmenbeck“:

Dem Vorstand (einer AG) muss ein weiter Handlungsspielraum zugebilligt werden, der das bewusste Eingehen von Risiken und die Gefahr von Fehleinschätzungen einschließt. Schadensersatzpflichtig macht noch nicht das Fehlen einer glücklichen Hand, sondern erst das Handeln ohne vorherige sorgfältige Analyse der maßgeblichen Entscheidungsgrundlage oder ein unverantwortliches Überspannen der Risikobereitschaft. Eine Schadensersatzpflicht des Vorstandes kann erst in Betracht kommen, wenn die Grenzen, in denen sich ein von Verantwortungsbewusstsein getragenes, ausschließlich am Unternehmenswohl orientiertes, auf sorgfältigen Ermittlungen der Entscheidungsgrundlagen beruhendes unternehmerisches Handeln bewegen muss, deutlich überschritten sind, die Bereitschaft, unternehmerische Risiken einzugehen, in unverantwortlicher Weise überspannt worden ist oder das Verhalten des Vorstandes aus anderen Gründen als pflichtwidrig gelten muss.

Dazu EWiR 1997, 677 *(Priester)*

OLG Koblenz, Urt. v. 23.12.2014 – 3 U 1544/13, GmbHR 2015, 357.

Eine sorgfältige **Ermittlung der Entscheidungsgrundlagen** setzt zunächst voraus, dass der Geschäftsführer vor der Entscheidung sich die notwendigen **Informationen** verschafft. Ohne Ausschöpfen der Informationsquellen ist das Geschäft pflichtwidrig. Dabei muss nicht nach jeder Information gesucht werden, sondern nur nach allen, die vernünftigerweise nach den Umständen objektiv erforderlich sind und mit angemessenem Aufwand erlangt werden können. Der Umfang der Ermittlung der Entscheidungsgrundlagen steht aber nicht weitergehend allein im freien Ermessen des Geschäftsführers. 139

BGH, Urt. v. 18.6.2013 – II ZR 86/11, BGHZ 197, 304 = ZIP 2013, 1712 Rn. 30:

Der Geschäftsführer muss in der konkreten Entscheidungssituation alle verfügbaren Informationsquellen tatsächlicher und rechtlicher Art ausschöpfen, auf dieser Grundlage die Vor- und Nachteile der bestehenden Handlungsoptionen sorgfältig abschätzen und den erkennbaren Risiken Rechnung tragen. Nur wenn diese Anforderungen erfüllt sind, ist Raum für die Zubilligung unternehmerischen Ermessens.

Dazu EWiR 2013, 775 *(Weipert)*;
m. Anm. *Werner*, GmbHR 2013, 1050;
m. Bespr. *Bachmann*, NZG 2013, 1121;
BGH, Urt. v. 22.2.2011 – II ZR 146/09, ZIP 2011, 766 Rn. 19:

... dann entlastet, wenn er vernünftigerweise annehmen durfte, auf der Grundlage angemessener Information zum Wohle der Gesellschaft zu handeln.

Enger noch BGH, Beschl. v. 3.11.2008 – II ZR 236/07, ZIP 2009, 223 Rn. 3:

Für die Ausübung unternehmerischen Ermessens ist erst dann Raum, wenn der Vorstand die Entscheidungsgrundlagen sorgfältig ermittelt und das Für und Wider verschiedener Vorgehensweisen abgewogen hat.

BGH, Beschl. v. 14.7.2008 – II ZR 202/07, ZIP 2008, 1675 = NJW 2008, 3361 Rn. 11:

Danach hat der Geschäftsführer in der konkreten Entscheidungssituation alle verfügbaren Informationsquellen tatsächlicher und rechtlicher Art auszuschöpfen und auf dieser Grundlage die Vor- und Nachteile der bestehenden Handlungsoptionen sorgfältig abzuschätzen und den erkennbaren Risiken Rechnung zu tragen. Nur wenn diese Anforderungen erfüllt sind, ist Raum für die Zubilligung unternehmerischen Ermessens.

M. Besprechung *Redeke*, NZG 2009, 496.

140 Zur Informationsbeschaffung gehört, soweit der Geschäftsführer die erforderlichen Kenntnisse nicht selbst hat, auch die Einholung von **Expertenrat**.

Vgl. *Decker*, GmbHR 2014, 72 ff.

141 Falls der Expertenrat bei einer unternehmerischen Entscheidung falsch ist, gelten für eine Entlastung des Geschäftsführers aber nicht die Regeln, die die Rechtsprechung für die Entlastung bei einem Rechtsirrtum mit fehlendem Verschulden aufgestellt hat.

142 Die Einholung des Expertenrats ist Teil der Informationsbeschaffung für die unternehmerische Entscheidung. War die Information angemessen, liegt keine Pflichtverletzung vor. Für die „Angemessenheit" der Information kann es, wie bei der Entlastung wegen eines falschen Rechtsrats (siehe Rn. 345), darauf ankommen, inwieweit der Geschäftsführer dem Experten alle für einen unabhängigen Rat notwendigen Informationen gegeben hat, das Ergebnis beeinflusst hat und den Rat für plausibel halten durfte.

Decker, GmbHR 2014, 72, 74 ff.

143 Wenn der Geschäftsführer die Entscheidungsgrundlagen sorgfältig ermittelt hat, ist das Geschäft nicht pflichtwidrig, wenn es sich innerhalb des dem Geschäftsleiter zustehenden **Beurteilungsspielraums** hält. Es liegt auf der Hand, dass es schwer zu bestimmen ist, wo die Grenzen dieses Beurteilungsspielraums liegen. Den äußeren Rahmen setzen die **gesetzlichen Vorgaben**, der in der **Satzung** festgelegte Unternehmenszweck sowie **Beschlüsse und Weisungen** der Gesellschafterversammlung.

Vgl. *Hauschka*, GmbHR 2007, 11, 12.

Die Grenze des Beurteilungsspielraums ist jedenfalls überschritten, wenn aus der Sicht eines ordentlichen und gewissenhaften Geschäftsleiters das hohe Risiko eines Schadens unabweisbar ist und keine vernünftigen wirtschaftlichen Gründe dafür sprechen, es dennoch einzugehen. 144

BGH, Urt. v. 21.3.2005 – II ZR 54/03, ZIP 2005, 981, 982;
BGH, Urt. v. 3.12.2001 – II ZR 308/99, ZIP 2002, 213, 214.

Für die an die Leitung des Unternehmens zu stellenden Anforderungen ist auf den Unternehmensgegenstand, die Branche und die Größe des Unternehmens sowie auf die konkrete Entscheidungssituation abzustellen. 145

OLG Zweibrücken, Urt. v. 22.12.1998 – 8 U 98/98, NZG 1999, 506:

Nicht jedes gewagte Geschäft stellt per se eine Sorgfaltspflichtverletzung dar, vielmehr sind übermäßig riskante Unternehmungen zu verhindern. Dabei muss stets naheliegender sein, dass sich das Geschäft für die GmbH als vorteilhafter erweist, als dass es zu einer Schädigung des Unternehmens führt.

Der zu erwartende Gewinn muss in einem angemessenen Verhältnis zum drohenden Verlust stehen und der mögliche Schaden bei Misslingen der Leistungsfähigkeit des Unternehmens entsprechen. 146

Lutter, GmbHR 2000, 301, 306:

Das Eingehen eines hohen Risikos bei gleichzeitig geringer Gewinnquote wird daher regelmäßig die Pflichtwidrigkeit des unternehmerischen Handelns indizieren.

OLG Jena, Urt. v. 8.8.2000 – 8 U 1387/98, NZG 2001, 86:

Hinsichtlich etwaiger Risikogeschäfte hat der Geschäftsführer zu beachten, dass er unangemessene Risiken für seine Firma zu vermeiden hat. Ein erlaubtes Risiko geht er nicht schon dann ein, wenn zur Zeit der Vornahme des Geschäfts die bloße Wahrscheinlichkeit bestand, dass sich das Geschäft gewinnbringend auswirken würde. Vielmehr ist zu berücksichtigen, ob der unwahrscheinliche, aber nicht auszuschließende negative Ausgang des beabsichtigten Geschäfts zu unangemessen hohen Risiken für den Bestand und die Entwicklung der Firma führen kann.

Eine Sorgfaltspflichtverletzung liegt vor, wenn „bei einer wirtschaftlich vernünftigen, alle bekannten äußeren Umstände berücksichtigenden Gesamtbetrachtung die Gefahr eines Verlustgeschäfts wahrscheinlicher ist als die Aussicht auf Gewinnzuwachs". 147

OLG Naumburg, Urt. v. 16.11.2004 – 9 U 206/01,
GmbHR 2005, 757;
Fleischer, ZGR 2004, 437, 446:

Das gesunde Misstrauen gegenüber Geschäftsleitern zu Zeiten finanzieller Schieflagen gründet sich auf eine einfache Beobachtung: Je näher die Insolvenz rückt, desto riskantere Investitionen werden die Manager im Zweifel auswählen: Dies liegt an der asymmetrischen Verteilung in einem insolvenzbedrohten Unternehmen: Steht der Zusammenbruch unmittelbar bevor, so begreifen die Gesellschafter-Geschäftsführer ihren Eigenkapitaleinsatz und ihr unternehmerspezifisches Humankapital als versunkene Kosten, die ohnehin verloren sind und allenfalls durch eine beträchtliche Risikoerhöhung zu retten wären. Sie spielen in dieser Situation gleichsam mit fremdem Geld ...

148 Eine Pflichtverletzung liegt nicht vor, wenn der Geschäftsführer sich bei riskanten Geschäften an die **betriebswirtschaftlichen und branchenüblichen Regeln** zur Steuerung des Risikos gehalten hat.

Vgl. BGH, Urt. v. 15.1.2013 – II ZR 90/11, ZIP 2013, 455, Rn. 35 (zur AG).

Auf keinen Fall darf das Gericht seine Beurteilung an die Stelle des Geschäftsführers setzen.

OLG Düsseldorf, Urt. v. 14.3.1996 – 6 U 119/94, ZIP 1996, 1083:

Dies hat zur Konsequenz, dass unternehmerische Entscheidungen des Geschäftsführers gerichtlich nur eingeschränkt, nämlich auf die Einhaltung der vorgeschriebenen Grenzen überprüfbar sind, während jede weitere Nachprüfung der Zweckmäßigkeit der Entscheidung sich als ein Eingriff in die unternehmerische Freiheit und Verantwortung erweist.

Dazu EWiR 1996, 555 *(Bork)*.

149 Der Geschäftsführer haftet der Gesellschaft auf Ersatz ihres Schadens, wenn er das Unternehmen **in den Ruin führt** und die Insolvenz auf seinem schuldhaften Missmanagement beruht.

150 Der Geschäftsführer darf gegenüber Dritten keine Verpflichtungen eingehen, von denen von vornherein feststeht, dass die Gesellschaft sie nicht wird erfüllen können.

Vgl. BGH, Urt. v. 28.4.2008 – II ZR 264/06, BGHZ 176, 204 = ZIP 2008, 1232 = NJW 2008, 2437 Rn. 38 „Gamma“;
dazu EWiR 2008, 493 *(Bruns)*.

151 Der Geschäftsführer darf aber Zahlungen auch über gesetzlichen Gebühren leisten, wenn dafür sachliche Gründe gegeben sind, etwa weil eine besonders qualifizierte Beratung gewünscht wird.

BGH, Urt. v. 18.6.2013 – II ZR 86/11, BGHZ 197, 304 = ZIP 2013, 1712 = NJW 2013, 3636 Rn. 29;
dazu EWiR 2013, 775 *(Weipert)*;
m. Anm. *Werner*, GmbHR 2013, 1050;
m. Bespr. *Bachmann*, NZG 2013, 1121.

bb) Legalitätspflicht, Compliance und Corporate Governance

152 Zu den Pflichten des Geschäftsführers gehört es, sich gesetzestreu zu verhalten und dafür zu sorgen, dass sich die Gesellschaft rechtmäßig verhält und ihren gesetzlichen Pflichten nachkommt (**Legalitätspflicht**).

BGH, Urt. v. 10.7.2012 – VI ZR 341/10, ZIP 2012, 1552 = NJW 2012, 3439 Rn. 22.

153 Der Geschäftsführer kann sich gegenüber gesetzlichen Vorgaben nicht auf einen unternehmerischen Entscheidungsspielraum berufen, unabhängig davon, ob sie im GmbHG oder in anderen Gesetzen normiert sind.

Vgl. BGH, Urt. v. 28.4.2008 – II ZR 264/06, BGHZ 176, 204 Rn. 38 „Gamma“:

Nach der Rechtsprechung des Senats ist der Geschäftsführer einer GmbH nämlich verpflichtet, den Vorteil der Gesellschaft zu wahren und Schaden von ihr abzuwenden; hierzu gehört auch die Sorge für das rechtmäßige Verhalten der Gesellschaft nach außen.

Der Geschäftsführer muss sich am **Unternehmensgegenstand** orientieren. Er ist der Gesellschaft zum Schadensersatz verpflichtet, wenn er Geschäfte abschließt, die durch den Unternehmensgegenstand nicht gedeckt und der Gesellschaft nachteilig sind. 154

BGH, Urt. v. 15.1.2013 – II ZR 90/11, ZIP 2013, 455, Rn. 22 (zur AG);

BGH, Urt. v. 5.10.1992 – II ZR 172/91, BGHZ 119, 305 = ZIP 1992, 1542 = NJW 1993, 57;

OLG Düsseldorf, Urt. v. 14.3.1996 – 6 U 119/94, ZIP 1996, 1083:

Die gesetzlichen und statuarischen Regelungen bilden aber nur den rechtlichen Rahmen für das Handeln der Unternehmensleitung, für deren Erfolg bei der Umsetzung der unternehmerischen Ziele im Kern jedoch nicht rechtliche, sondern andere Bedingungen, insbesondere solche wirtschaftswissenschaftlicher und praktischer Art, bestimmend sind. Aus diesen Gegebenheiten folgt, dass für die ordnungsgemäße Leitung eines Unternehmens sowohl Rechtmäßigkeits- als auch Zweckmäßigkeitsgesichtspunkte maßgeblich sind.

Dazu EWiR 1996, 555 *(Bork)*.

Die Legalitätspflicht bedeutet nicht nur, dass sich der Geschäftsführer selbst rechtmäßig verhalten muss, sondern auch, dass er im Rahmen seiner Organisationspflichten dafür sorgen muss, dass Gesetzesverstöße durch Mitarbeiter unterbunden werden. 155

Für eine Verletzung seiner Verpflichtungen haftet er nach § 43 GmbHG gegenüber der Gesellschaft. Die Gesetzesverletzungen können nicht damit gerechtfertigt werden, die Verstöße lägen im Interesse der Gesellschaft. Insoweit gibt es keine „nützlichen“ Pflichtverletzungen. 156

BGH, Beschl. v. 13.9.2010 – 1 StR 220/09, ZIP 2010, 2239 = NJW 2011, 88 Rn. 37;

BGH, Urt. v. 27.8.2010 – 2 StR 111/09, BGHSt 55, 266 = ZIP 2010, 1892 = NJW 2010, 3458 Rn. 29;

OLG Karlsruhe, Urt. v. 31.7.2013 – 7 U 184/12, ZIP 2013, 1767 (Prozessbetrug zugunsten der Gesellschaft).

Fraglich kann aber bei „nützlichen“ Pflichtverletzungen der Vermögensschaden der Gesellschaft sein. 157

MünchKommGmbHG/*Fleischer* § 43 Rn. 45.

Dagegen begründet die Legalitätspflicht keine Garantenstellung des Geschäftsführers und damit keine Haftung gegenüber Vertragspartnern der Gesellschaft oder Dritten. 158

BGH, Urt. v. 10.7.2012 – VI ZR 341/10, ZIP 2012, 1552 = NJW 2012, 3439 Rn. 23;

Für das Strafrecht:

BGH, Beschl. v. 13.9.2010 – 1 StR 220/09, ZIP 2010, 2239 = NJW 2011, 88 Rn. 37;

BGH, Urt. v. 27.8.2010 – 2 StR 111/09, BGHSt 55, 266 = ZIP 2010, 1892 = NJW 2010, 3458 Rn. 29.

159 Ein Kind der Legalitätspflicht ist die **Compliance-Pflicht**, soweit darunter die Pflicht verstanden wird, Gesetzesverstöße von Unternehmensangehörigen bereits im Vorfeld durch Schutzvorkehrungen zu verhindern. Es handelt sich um einen Unterfall der Legalitätspflicht, weil der Geschäftsführer zu einer internen Überwachung des rechtmäßigen Verhaltens der Mitarbeiter verpflichtet ist.

MünchKommGmbHG/*Fleischer* § 43 Rn. 142 ff.

160 Eine ausdrückliche Compliance-Organisation ist schon bei der Aktiengesellschaft gesetzlich nur in Ausnahmefällen geschuldet (z. B. § 25a Abs. 1 KWG, § 80 Abs. 1 Satz 2 WpHG). Für die GmbH gibt es nicht generell, erst recht nicht für die kleine GmbH, eine Pflicht zu einer ausdrücklichen Compliance-Organisation über die herkömmlichen Organisationspflichten hinaus.

Goette, ZHR 175 (2011), 388, 396;
vgl. auch *Kort*, GmbHR 2013, 566;
MünchKommGmbHG/*Fleischer* § 43 Rn. 149.

161 Zur Aktiengesellschaft hat das Landgericht München I in der vielbeachteten „Siemens/Neubürger"-Entscheidung ausgeführt, dass ein Vorstandsmitglied im Rahmen seiner Legalitätspflicht dafür Sorge zu tragen habe, dass das Unternehmen so organisiert und beaufsichtigt wird, dass keine Gesetzesverstöße wie Schmiergeldzahlungen an Amtsträger eines ausländischen Staates oder an ausländische Privatpersonen erfolgen.

LG München I, Urt. v. 10.12.2013 – 5 HKO 1387/10, ZIP 2014, 570;
dazu EWiR 2014, 175 *(Hahn)*;
m. Bespr. *Fleischer*, NZG 2014, 321;
m. Bespr. *Simon/Merkelbach* AG 2014, 318.

162 Die zur Aktiengesellschaft ergangene Entscheidung ist nicht auf die GmbH übertragbar. Sie reicht, soweit sie über die Legalitätspflicht für den Vorstand hinaus generell eine „klare" Compliance-Organisation verlangt, die Gesetzesverstöße verhindern oder aufdecken muss und eine pflichtwidrige Unterlassung der Implementierung eines effizienten Compliance-Systems schon aus dem Versagen der Compliance-Organisation entnehmen will, über die gesetzlichen Anforderungen hinaus. Die Einrichtung eines Compliance-Systems liegt zunächst einmal im unternehmerischen Beurteilungsspielraum des Organs, der nicht schon dann überschritten ist, wenn Maßnahmen nicht den erwarteten Erfolg bringen.

Die Empfehlungen der „Regierungskommission **Deutscher Corporate Governance Kodex**“ zur Leitung und Überwachung deutscher börsennotierter Gesellschaften (vgl. § 161 AktG) gelten für die GmbH nicht unmittelbar. Sie sind auf börsennotierte und mit einem Aufsichtsrat versehene Gesellschaften zugeschnitten. 163

cc) Risikomanagement

Der Geschäftsführer haftet nicht für jede ex post betrachtet vermeidbare Insolvenz. 164

> LG Düsseldorf, Urt. v. 27.5.2005 – 39 O 73/04, GmbHR 2005, 1298:

> Von einer Verletzung der Sorgfaltspflicht sind Fehlschläge und Irrtümer abzugrenzen, die personalpolitische Konsequenzen rechtfertigen, aber wegen des unverzichtbaren weiten unternehmerischen Spielraums keine Haftung des Geschäftsführers begründen.

Der Geschäftsführer muss allerdings ständig die Liquidität und eventuelle Überschuldung der Gesellschaft im Auge haben. 165

> BGH, Urt. v. 20.2.1995 – II ZR 9/94, ZIP 1995, 560.

Zur **Informationspflicht** gehört auch die Pflicht, das Unternehmen so zu organisieren, dass die wirtschaftlichen und finanziellen Daten der Gesellschaft für alle Geschäftsleitungsmitglieder jederzeit verfügbar sind. 166

> BGH, Urt. v. 20.2.1995 – II ZR 9/94, ZIP 1995, 560:

> Um diese Aufgaben erfüllen zu können, muss der Geschäftsführer für eine Organisation sorgen, die ihm die dafür erforderliche Übersicht über die wirtschaftliche und finanzielle Situation der Gesellschaft jederzeit ermöglicht.

> Dazu EWiR 1995, 785 *(Wittkowski)*.

Bei mittleren und größeren Unternehmen bedarf es darüber hinaus einer konkreten **Finanz- und Liquiditätsplanung**. 167

Ein Haftungsrisiko trifft den Geschäftsführer nicht nur durch Abschluss riskanter Geschäfte, sondern auch, wenn er nicht schlechthin Vorsorge dafür trifft, dass das Unternehmen keinen unangemessenen Risiken ausgesetzt ist. Ein gewisses **Risikomanagement** ist auch bei der GmbH erforderlich. Der Geschäftsführer haftet schließlich schon dann, wenn er es an der sorgfältigen Analyse in einer gefährlichen Situation fehlen lässt. Ob der Geschäftsführer einer GmbH in entsprechender Anwendung von § 91 Abs. 2 AktG: 168

> Der Vorstand hat geeignete Maßnahmen zu treffen, insbesondere ein Überwachungssystem einzurichten, damit den Fortbestand der Gesellschaft gefährdende Entwicklungen früh erkannt werden.

ein explizites Überwachungssystem oder **Risikomanagementsystem** einführen muss, ist umstritten und wird meist nur für große Unternehmen bejaht.

> Vgl. *Scharpf*, DB 1997, 737;
> *Altmeppen*, ZGR 1999, 291, 300;
> *Drygala/Drygala*, ZIP 2000, 297, 298.

169 Die Begründung des Regierungsentwurfs,

BR-Drucks. 892/97 S. 37,

misst § 91 Abs. 2 AktG ausdrücklich Ausstrahlungswirkung im Hinblick auf die Gesellschaften anderer Rechtsformen und insbesondere die GmbH bei. Zumindest bei größeren Gesellschaften muss daher ein Frühwarnsystem mit einem Risikomanagement installiert werden.

170 Für ein solches **Risikomanagementsystem** ist zum Aufbau eines Frühwarnsystems zunächst eine Risikoinventur vorzunehmen; dann sind die Risiken nach ihrer Eintrittswahrscheinlichkeit zu analysieren. Es ist ein Berichtswesen zu institutionalisieren, das die Geschäftsleitung über die Risiken unterrichtet; dazu bedarf es der Dokumentation. Strategien zur Risikobewältigung sind zu entwickeln, nämlich zur Risikovermeidung, Risikoverminderung, Risikoüberwälzung (Versicherung) und zur Risikokompensation, etwa durch Bildung bilanzieller Rückstellungen. Das Risikomanagementsystem bedarf der Überwachung. Dagegen gehört die Bewältigung eingetretener Risiken nach herrschender Meinung nicht mehr zur Risikofrüherkennung und -überwachung

Preußner/Becker, NZG 2002, 846.

171 Das Fehlen eines solchen Früherkennungs- und Überwachungssystems führt zur Haftung des Geschäftsführers nach § 43 Abs. 2 GmbHG, wenn sich ein – durch ein Überwachungssystem vermeidbares – Risiko verwirklicht und es geschuldet war. Dagegen ist § 91 Abs. 2 AktG kein Schutzgesetz nach § 823 Abs. 2 BGB.

A. A. *Drygala/Drygala*, ZIP 2000, 297, 298.

dd) Haftungsbeispiele aus der Praxis:

172
- Haftung des Geschäftsführers, dem bei einem Vertragsangebot ein **Kalkulationsirrtum** unterläuft.

  BGH, Urt. v. 28.10.1971 – II ZR 49/70, NJW 1972, 154.

- Haftung des Geschäftsführers, der Preise eines Angebots kaufmännisch **fehlerhaft kalkuliert.**

  BGH, Beschl. v. 18.2.2008 – II ZR 62/07, ZIP 2008, 736 Rn. 5; m. Anm. *Werner*, GmbHR 2008, 490.

- Haftung des Geschäftsführers, der einem unbekannten Unternehmen Waren auf Kredit verkaufte, ohne dessen **Bonität zu prüfen** und ohne die Gesellschaft genügend zu sichern.

  BGH, Urt. v. 16.2.1981 – II ZR 49/80, WM 1981, 440 (obendrein tastete er das Stammkapital der Gesellschaft an).

- Haftung des Geschäftsführers für eine Schadensersatzverpflichtung der GmbH gegenüber Dritten für **Baumängel**, die auf **Planungs- und Überwachungsfehlern** beruhen, die der Geschäftsführer zu verantworten hat.

  BGH, Urt. v. 9.5.1974 – II ZR 50/72, insoweit nicht veröffentlicht, zitiert nach *Goette*, ZGR 1995, 648, 662 (Fußnote).

  Mit den einzelnen Pflichten des Geschäftsführers im Rahmen von **Bauvorhaben** (Grundlagenermittlung, Kalkulation, Baudurchführung, Nachtragsmanagement, Abnahme etc.) befasst sich

  Freund, NJW 2013, 2545, 2348 ff.

- Haftung des Geschäftsführers wegen **Nichtanmeldung** von **Kurzarbeit** bei Unterbeschäftigung der Arbeitnehmer infolge Auftragsmangels.

  BGH, Urt. v. 4.11.2002 – II ZR 224/00, BGHZ 152, 280
  = ZIP 2002, 2314 = NJW 2003, 358;
  dazu EWiR 2003, 225 *(Schimmer)*.

- Haftung des Geschäftsleiters, der vom Unternehmensgegenstand nicht gedeckte riskante **Terminsoptionsgeschäfte** abschließt.

  BGH, Urt. v. 5.10.1992 – II ZR 172/91, BGHZ 119, 305
  = ZIP 1992, 1542 = NJW 1993, 57.

- Haftung des Geschäftsführers, der **Darlehen vorzeitig ablöst**, wenn der Zinsersparnis eine höhere Vorfälligkeitsentschädigung gegenübersteht.

  BGH, Beschl. v. 14.7.2008 – II ZR 202/07, ZIP 2008, 1675
  = NJW 2008, 3361, Rn. 2.

- Haftung eines Geschäftsführers, der einen **Beratervertrag** mit einer dafür nicht qualifizierten Person (Rechtsreferendar) abschließt.

  BGH, Urt. v. 9.12.1996 – II ZR 240/95, ZIP 1997, 199
  = NJW 1997, 741.

- Haftung des Geschäftsführers für **Unternehmenskauf** ohne ausreichende Wirtschaftlichkeitsberechnung/Due Diligence.

  OLG Oldenburg, Urt. v. 22.6.2006 – 1 U 34/03, GmbHR 2006, 1263;
  m. Anm. *Liese/Theusinger*, BB 2007, 71;
  dazu *Böttcher*, NZG 2007, 481.

- Haftung des Geschäftsführers beim Erwerb eines Unternehmens von sich selbst zu einem überhöhten Preis, für den es keine nachvollziehbaren Gründe gibt.

  OLG Frankfurt, Urt. v. 2.6.2017 – 25 U 107/13, GmbHR 2017, 974, 976;
  m. Anm. *Kuna*, GmbHR 2017, 977.

- Haftung eines Geschäftsführers, der ein sich später als ungeeignet erweisendes Gerät bestellt, obwohl die Gesellschaft zunächst das Gutachten eines Sachverständigen abwarten wollte.

  OLG Stuttgart, Urt. v. 26.5.2003 – 5 U 160/02, GmbHR 2003, 835.

- Haftung eines Geschäftsführers, der ein **Exportgeschäft** nicht wie üblich absichert.

  OLG Jena, Urt. v. 8.8.2000 – 8 U 1387/98, NZG 2001, 86;
  m. Anm. *Haas*, DStR 2001, 863.

- Leistung von Anzahlungen auf den Kaufpreis ohne Absicherung und ohne ausreichende Bonitätsprüfung.

  OLG Koblenz, Urt. v. 23.12.2014 – 3 U 1544/13, GmbHR 2015, 357.

- Haftung des Geschäftsführers, der ein in einer ARGE verbundenes Unternehmen durch Sicherheiten ohne Besicherung unterstützt, ohne gewährleistet zu haben, dass Projekt dadurch umgesetzt wird.

  OLG Düsseldorf, Urt. v. 26.4.2001 – 6 U 94/00, NZG 2001, 1086;
  m. Anm. *Haas/Müller*, DStR 2001, 1086.

- Nachträgliche und nachteilige Abänderung eines Dienstleistungsvertrags.

  KG, Urt. v. 24.2.2011 – 19 U 83/10, GmbHR 2011, 477;
  m. Anm. *Blöse*, GmbHR 2011, 483.

- Abschluss eines neuen Rahmenvertrags ohne eine in einem früheren Rahmenvertrag vereinbarte Kundenschutzklausel ohne nachvollziehbaren Grund.

  OLG München, Urt. v. 8.2.2018 – 23 U 2913/17, GmbHR 2018, 518, 519;
  m. Anm. *Wagner*, GmbHR 2018, 519.

- Zahlung eines **Anwaltshonorars** für eine nicht erbrachte Leistung.

  OLG München, Urt. v. 27.2.2013 – 7 U 4465/11, GmbHR 2013, 813.

- Haftung des Geschäftsführers, der es unterlässt, einen **Freistellungsanspruch** der Gesellschaft gegen einen Gesellschafter geltend zu machen.

  BGH, Urt. v. 9.12.1991 – II ZR 43/91, ZIP 1992, 108
  = NJW 1992, 1166;
  dazu EWiR 1992, 277 *(Hunecke)*.

Der Freistellungsanspruch ergab sich daraus, dass der Gesellschafter unter den Voraussetzungen des Kapitalersatzes für einen der Gesellschaft von Dritten gewährten Kredit Sicherheiten gestellt und deshalb die Gesellschaft von Rückzahlungsverbindlichkeiten freizustellen hatte.

- Haftung des Geschäftsführers, der **entgegen** der **Gesellschafterabsprache**, Kredite nur bei Sicherung durch Grundpfandrechte zu vergeben, einer nigerianischen Familie ein Darlehen über 3 Mio. DM ohne Sicherheiten gegeben hatte.

  LG Köln, Urt. v. 20.3.1998 – 87 O 148/97, NJW-RR 2000, 1056.

  Es gilt der allgemeine Grundsatz, dass Kredite grundsätzlich nur gegen Stellung von Sicherheiten bzw. bei entsprechender Absicherung gewährt werden sollten.

  Vgl. BGH, Urt. v. 3.12.2001 – II ZR 308/99, ZIP 2002, 213.

  Allgemein zur Kreditgewährung und zur Haftung des Geschäftsführers bei fehlerhafter Kreditvergabe:

  Graef, GmbHR 2004, 327, 330.

- Überholt ist die Rechtsprechung zur Haftung des Geschäftsführers, der bei **Unterkapitalisierung** der GmbH einem Gesellschafter einen **Kredit gewährt,**

  BGH, Urt. v. 24.11.2003 – II ZR 171/01, BGHZ 157, 72 = ZIP 2004, 263 = NJW 2004, 1111;
  dazu EWiR 2004, 977 *(Schöne/Stolze)*.

  durch § 30 Abs. 1 Satz 2 GmbHG; insoweit kommt eine Haftung aber infrage, wenn der Darlehensrückzahlungsanspruch nicht vollwertig ist.

  BGH, Urt. v. 1.12.2008 – II ZR 102/07, BGHZ 179, 71 = ZIP 2009, 70 = NJW 2009, 850 Rn. 12 „MPS".

- Haftung des Geschäftsführers wegen Unterlassung der nach § 316 Abs. 1 HGB für mittlere und große GmbHs gebotenen **Prüfung des Jahresabschlussberichtes** durch einen Abschlussprüfer für dadurch der Gesellschaft entstehende Schäden, z. B. steuerliche Nachteile.

  Schlagbeck, GmbHR 2002, 682, 684.

- Haftung des Geschäftsführers, der es unterlässt, Räume der Gesellschaft gewinnbringend unterzuvermieten, und der sie stattdessen ohne Gegenleistung einer dritten Gesellschaft überlässt, deren Prokurist er ist.

  KG, Urt. v. 11.5.2000 – 2 U 4203/99, NZG 2001, 129.

- Haftung des Geschäftsführers, der auf realisierbare **Forderungen verzichtet** und Forderungen gegen die GmbH vorzeitig bedient.

  OLG Koblenz, Urt. v. 12.5.1999 – 1 U 1649/97, GmbHR 1999, 1201:

So darf der Geschäftsführer u. a. keine Wechsel ausstellen, wenn die zugrunde liegende Forderung umstritten ist. Auf realisierbare Forderungen darf er grundsätzlich nicht eigenmächtig verzichten, er darf derartige Forderungen auch nicht verjähren lassen. Ansprüche der Gesellschaft hat er nach Kräften zu realisieren. Auch im Rahmen eines Interessenkonfliktes hat der Geschäftsführer stets vorrangig die Interessen der Gesellschaft, für die er tätig wird, zu beachten.

- Keine Haftung des Geschäftsführers für die Vereinbarung eines über den gesetzlichen Gebühren liegenden **Pauschalhonorars**, wenn sachliche Gründe hierfür gegeben sind.

  BGH, Urt. v. 18.6.2013 – II ZR 86/11, BGHZ 197, 304 = ZIP 2013, 1712 = NJW 2013, 3636 Rn. 29;
  dazu EWiR 2013, 775 *(Weipert)*;
  m. Anm. *Werner*, GmbHR 2013, 1050;
  m. Bespr. *Bachmann*, NZG 2013, 1121;

  OLG Brandenburg, Urt. v. 7.2.2018 – 7 U 132/16, GmbHR 2018, 578, 579.

- Keine Haftung des Geschäftsführers für vertretbare **Erhöhung des Gehalts** eines leitenden Angestellten.

  OLG Oldenburg, Urt. v. 22.6.2006 – 1 U 34/03, GmbHR 2006, 1263.

- Dem Geschäftsführer sind auch **Kulanzleistungen** nicht von vornherein verboten. Vielmehr besteht auch hier ein unternehmerisches Ermessen.

  Wiersch, NZG 2013, 1206 ff.

b) Treuepflichten

173 Der Geschäftsführer hat auch im Übrigen den Nutzen der Gesellschaft im Auge zu behalten. Er muss mit den ihm überlassenen Gegenständen der Gesellschaft sorgfältig umgehen, darf das ihm anvertraute Vermögen nicht zum eigenen Nutzen einsetzen und keine persönliche Vorteile aus der geschäftlichen Tätigkeit der Gesellschaft für sich ableiten.

OLG Koblenz, Urt. v. 12.5.1999 – 1 U 1649/97, GmbHR 1999, 1201:

Die Treuepflicht gegenüber seiner Gesellschaft obliegt dem Geschäftsführer allein schon deshalb, weil ihm fremdes Vermögen anvertraut ist. Aus dieser treuhänderischen Bindung folgt unausgesprochen die Verpflichtung zu gewissenhafter zuverlässiger Verwaltung der ihm anvertrauten Vermögenswerte mit der Folge, dass er wie jeder andere Treuhänder bei seinen Tätigkeiten ausschließlich das Wohl und den Nutzen des Treugebers zu beachten hat …

174 Dem Geschäftsführer ist damit nicht nur der unmittelbare Griff in die Kasse verboten, sondern auch der Umweg über eine unberechtigte Gehaltszahlung oder sonstige nicht vereinbarte Leistungen der Gesellschaft an sich. Er darf – über die vereinbarte Vergütung hinaus – **keine persönlichen Vorteile für sich** ziehen.

- Der Geschäftsführer haftet, wenn er sich ein **nicht** mit dem zuständigen Organ (Gesellschafterversammlung oder Aufsichtsrat) **verabredetes Gehalt** auszahlt oder auszahlen lässt.

  BGH, Beschl. v. 26.11.2007 – II ZR 161/06, ZIP 2008, 117 Rn. 3;

  OLG München, Urt. v. 22.10.2015 – 23 U 4861/14, ZIP 2016, 621;
  dazu EWiR 2016, 201 *(Theiselmann)*;

  LG Berlin, Urt. v. 18.11.1999 – 21 O 708/98, GmbHR 2000, 234.

Der Geschäftsführer kann aber, wenn nicht ausdrücklich eine unentgeltliche Tätigkeit vereinbart ist, einwenden, dass jedenfalls eine übliche Vergütung geschuldet wird, § 612 BGB.

OLG München, Urt. v. 27.2.2013 – 7 U 4465/11, GmbHR 2013, 813.

- Der Anspruch gegen den Geschäftsführer umfasst auch die abgeführte **Lohnsteuer.**

BGH, Beschl. v. 26.11.2007 – II ZR 161/06, ZIP 2008, 117 Rn. 9.

- Der Geschäftsführer haftet, wenn er ein nicht schriftlich abgesprochenes Gehalt auszahlt, sodass die Zahlung bei der Steuer nicht als Betriebsausgabe abzuziehen ist.

BGH, Urt. v. 24.9.2001 – II ZR 90/00, DStR 2002, 227.

- Haftung für nicht betrieblich veranlasste **Reisekosten.**

OLG München, Urt. v. 27.2.2013 – 7 U 4465/11, GmbHR 2013, 813.

Dabei muss aber beachtet werden, dass die betriebliche Veranlassung der Reise eine unternehmerische Entscheidung sein kann. Der Geschäftsführer haftet nicht, wenn er vernünftigerweise annehmen durfte, dass die Reise dem Gesellschaftswohl dient. Vorgaben und Beschränkungen aus seinem Anstellungsvertrag muss er dabei aber einhalten.

- Haftung für die Bezahlung und Anschaffung von Gegenständen für **private Zwecke** oder Mietzahlungen für private Zwecke, auch wenn zugunsten der privaten Zwecke eines Gesellschafters gezahlt wird.

OLG München, Urt. v. 9.8.2018 – 23 U 2936/17, GmbHR 2018, 1058, 1059:

Der Geschäftsführer hatte u. a. eine Brille und eine teure Aktentasche sowie für einen Gesellschafter Hotelaufenthalte bezahlt und schließlich für seine Privatwohnung einen Untermietvertrag mit der Gesellschaft abgeschlossen, sodass die Gesellschaft im Ergebnis die Miete bezahlte.

- Haftung für die unentgeltliche Heranziehung von Angestellten der Gesellschaft **für private Bauarbeiten.**

BGH, Urt. v. 24.11.1975 – II ZR 104/73, NJW 1976, 797.

- Haftung bei **Möblierung** einer Privatwohnung auf Firmenkosten.

OLG Naumburg, Urt. v. 30.11.1998 – 11 U 22/98, NZG 1999, 353.

- Haftung für unerlaubte Verwendung der **Firmenkreditkarte** für private Zwecke.

OLG Brandenburg, Urt. v. 20.2.2007 – 6 U 22/06 und 61/06, GmbHR 2007, 874.

- Haftung für Zahlungen aufgrund eines Dienstleistungsvertrags mit einer vom Geschäftsführer beherrschten Gesellschaft **ohne adäquate Gegenleistung.**

  OLG Naumburg, Urt. v. 23.1.2014 – 2 U 57/13, ZIP 2014, 1735.

  Weitere Beispiele zur Aneignung von Gesellschaftsressourcen:

  Fleischer, WM 2003, 1045, 1056.

- Herausgabepflicht für vereinnahmte **Schmiergelder** oder „Provisionen".

  OLG Düsseldorf, Urt. v. 25.11.1999 – 6 U 146/98, GmbHR 2000, 666;
  m. Anm. *Haas*, DStR 2001, 717.

  Lässt sich der Geschäftsführer einer kommunalen GmbH von einem Dritten für seine Dienstleistungen eine Gegenleistung versprechen, macht er sich nicht nur zivilrechtlich ersatzpflichtig, sondern ist nach § 332 StGB wegen Bestechlichkeit strafbar.

  BGH, Urt. v. 14.11.2003 – 2 StR 164/03, NJW 2004, 693.

- Neben dem Schmiergeld nehmenden gibt es auch den namens der Gesellschaft **Schmiergeld zahlenden** Geschäftsführer, der auf diesem Wege der Gesellschaft zu einem Auftrag verhelfen will. Gemäß § 73 StGB kann das Gericht dann den Verfall des aus der Tat Erlangten anordnen. Daraus können sich Zahlungsverpflichtungen der Gesellschaft ergeben, die. den Geschäftsführer ggf. in Regress nehmen kann.

  Vgl. *Sedemund*, DB 2003, 2423.

175 Der Geschäftsführer darf nicht einzelnen **Gesellschaftern** unberechtigt Leistungen der Gesellschaft oder Vorteile gegenüber den Mitgesellschaftern zukommen lassen. Berechtigt handelt er, wenn eine Weisung des Alleingesellschafters oder ein wirksamer Mehrheitsbeschluss vorliegen.

- Haftung des Geschäftsführers, der es tatenlos hinnimmt, dass ein Gesellschafter ohne Billigung der Gesellschafterversammlung Geldeingänge zur **Bildung einer schwarzen Kasse** abzweigt.

  OLG Celle, Urt. v. 21.12.2005 – 9 U 100/05, GmbHR 2006, 377.

- Dagegen muss der Geschäftsführer einen Mitgesellschafter und Mitgeschäftsführer nicht überwachen.

  BGH, Urt. v. 7.4.2003 – II ZR 193/02, ZIP 2003, 945;
  m. Anm. *Blöse*, GmbHR 2003, 715;
  dazu EWiR 2004, 443 *(Sinewe)*.

176 Der Geschäftsführer muss mit den ihm von der Gesellschaft **überlassenen Gegenständen** sorgfältig umgehen.

- Haftung des Geschäftsführers, der bei einer Geschwindigkeit von 170 km/h auf der Autobahn telefoniert und dadurch ein **Firmenfahrzeug beschädigt**.

  OLG Koblenz, Urt. v. 14.5.1998 – 5 U 1639/97, GmbHR 1999, 344;
  dazu EWiR 1999, 607 *(Zimmermann)*.

- Zur Frage, unter welchen Umständen die Haftung eines Geschäftsführers eintreten kann, der nicht für einen **risikoadäquaten Versicherungsschutz** sorgt.

  Vgl. *Koch*, ZGR 2006, 184.

Der Geschäftsführer muss auch mit dem ihm **anvertrauten Vermögen** der Gesellschaft mit Sorgfalt verwalten. 177

- Haftung des Gesellschafters, der eine **schwarze Kasse** einrichtet und mit diesen Mitteln auf einem fremden Grundstück ein für die Gesellschaft nicht nutzbares Sportlerheim erbauen lässt.

  BGH, Beschl. v. 23.4.2007 – II ZR 149/06, DStR 2007, 1358 Rn. 8.

- Haftung des Geschäftsführers, der Schecks auf sein **Privat-** statt auf das **Geschäftskonto** einzieht, um eine Sicherungsabtretung zu umgehen.

  OLG Saarbrücken, Urt. v. 24.10.2001 – 1 U 125/01, ZIP 2002, 130;
  dazu EWiR 2002, 621 *(v. Gerkan)*.

- Haftung des Geschäftsführers, der Rechnungen bezahlt, ohne die Berechtigung der Forderung (Erbringen der Gegenleistung) zu prüfen.

  OLG Brandenburg, Urt. v. 21.2.2001 – 7 U 99/97, NZG 2001, 756.

- Haftung des Geschäftsführers, der nicht dafür sorgt, dass die auf seine Vergütung entfallende **Lohnsteuer** an den Fiskus abgeführt wird.

  OLG Celle, Urt. v. 12.1.2000 – 9 U 126/99, NZG 2000, 595;
  m. Anm. *Bous*, NZG 2000, 596.

- Haftung des Geschäftsführers, der mit Geldern der GmbH die Rechnungen einer Partnergesellschaft bezahlt, ohne den Rückzahlungsanspruch zu sichern.

  OLG Frankfurt, Urt. v. 10.7.2007 – 5 U 31/06, OLGR Frankfurt, 2008, 389.

- Haftung des Geschäftsführers, der unberechtigte Zahlungen der Buchhalterin (und Ehefrau) an sich selbst nicht überwacht.

  OLG München, Urt. v. 27.2.2013 – 7 U 4465/11, GmbHR 2013, 813.

- Kein Schadensersatzanspruch der Gesellschaft besteht gegen ihren Geschäftsführer wegen Verwendung von **Baugeld** i. S. d. Gesetzes über die Sicherung der Bauforderungen (BauFordSiG, siehe Rn. 1354 ff.) für Gesellschaftsverbindlichkeiten, weil dadurch nicht die Gesellschaft, sondern allenfalls deren Gläubiger geschädigt werden.

BGH, Urt. v. 21.3.1994 – II ZR 260/92, ZIP 1994, 872.

- **Spenden** an politische Parteien, zur Förderung von Kunst, Wissenschaft, Sozialwesen oder Sport darf ein Geschäftsführer grundsätzlich nur veranlassen, sofern er damit unternehmerische und nicht private Interessen verfolgt. Der Geschäftsführer muss – außer bei Bagatellzuwendungen – die Einwilligung der Gesellschafter einholen, wenn er nicht einer seit längerem geübten Praxis der Spendenvergabe folgt.

Kind, NZG 2000, 567, 573.

Nach anderer Ansicht soll für Spenden im Rahmen des Angemessenen auch über die Bagatellgrenze hinaus immer der Geschäftsführer allein zuständig sein.

MünchKommGmbHG/*Fleischer* § 43 Rn. 105.

Nicht alltägliche Spenden sind von der Zustimmung der Gesellschafter abhängig, da deren Gewinnbezugsrecht nach § 29 GmbHG von den Spenden betroffen ist.

Lutter/*Hommelhoff*/*Kleindiek*, GmbHG, § 43 Rn. 13;
großzügiger Scholz/*U.H. Schneider*, GmbHG, § 43 Rn. 72.

Da bei der GmbH im Gegensatz zur Aktiengesellschaft das Unternehmensinteresse allein im Vordergrund steht, sind Entscheidungen zur Aktiengesellschaft nicht ohne Weiteres auf die GmbH zu übertragen. Für die Aktiengesellschaft hat der Bundesgerichtshof bereits vor Langem entschieden, dass zivilrechtlich die Entscheidung über Spenden nicht der Hauptversammlung, sondern dem Vorstand obliegt.

BGH, Urt. v. 24.1.1957 – II ZR 208/55, BGHZ 23, 150, 157
= WM 1957, 282, 284:

Die Ansicht ..., die Hauptversammlung habe nur rechnerische Aufgaben und für sozialpolitische und gemeinnützige Zuwendungen fehle es an einem Organ, wenn die Hauptversammlung ohne satzungsmäßige Ermächtigung nicht frei über die Verwendung des Reingewinns beschließen könne, ist unrichtig. Denn die Hauptversammlung hat zu prüfen, ob der Gewinnausweis der Jahresrechnung zu Recht besteht und verteilbar ist, und sozialpolitische und gemeinnützige Zuwendungen fallen in den Aufgabenbereich des Vorstandes.

Der Geschäftsführer läuft Gefahr, sich wegen Untreue strafbar zu machen, wenn er die gezogenen Grenzen überschreitet.

BGH, Urt. v. 6.12.2001 – 1 StR 215/01, BGHSt 47, 187
= NJW 2002, 1585:

Vergibt der Vorstand einer Aktiengesellschaft aus deren Vermögen Zuwendungen zur Förderung von Kunst, Wissenschaft, Sozialwesen oder Sport, genügt für die Annahme einer Pflichtwidrigkeit im Sinne des Untreuetatbestands des § 266 StGB nicht jede gesellschaftsrechtliche Pflichtverletzung; diese muss vielmehr gravierend sein. Ob eine Pflichtverletzung gravierend ist, bestimmt sich aufgrund einer Gesamtschau insbesondere der gesellschaftsrechtlichen Kriterien. Bedeutsam sind dabei: Fehlende Nähe zum Unternehmensgegenstand, Unangemessenheit im Hinblick auf die Ertrags- und Vermögenslage, fehlende innerbetriebliche Transparenz sowie Vorliegen sachwidriger Motive, namentlich Verfolgung rein persönlicher Präferenzen.

Es ist mit den Verhaltenspflichten des Vorstands als eines ordentlichen Geschäftsleiters daher durchaus vereinbar, dass er unentgeltliche Zuwendungen allein mit dem Ziel ausreicht, die soziale Akzeptanz der Aktiengesellschaft zu verbessern, sie als „good corporate citizen" darzustellen und dadurch indirekt ihr wirtschaftliches Fortkommen zu verbessern. Bestehen bei bedeutsameren Zuwendungen Zweifel, ob sie im Interesse des Unternehmens liegen, oder erfüllt das einzelne Vorstandsmitglied damit seine ganz persönlichen Vorlieben oder Interessen, so kann das betroffene Vorstandsmitglied die Entscheidung nicht allein treffen, auch wenn es nach der internen Geschäftsverteilung für die Vergabe von Fördermitteln zuständig wäre.

M. Anm. *Laub*, AG 2002, 308;
m. Anm. *Beckemper*, NStZ 2002, 324;
m. Anm. *Sauer*, wistra 2002, 465;
dazu EWiR 2002, 205 *(Wessing)*;
m. Bespr. *Gehrlein*, NZG 2002, 463.

In allen Haftungsfällen ist zu beachten, dass ein Anspruch der Gesellschaft gegen ihren Geschäftsführer, der zugleich **alleiniger Gesellschafter** ist, nicht besteht, solange er nicht zur Deckung des Stammkapitals (§ 43 Abs. 3 GmbHG) benötigt wird (siehe Rn. 265 und 282). 178

BGH, Urt. v. 26.10.2009 – II ZR 222/08, ZIP 2009, 2335 = NJW 2010, 64 Rn. 7;
dazu EWiR 2010, 151 *(Schodder)*
m. Anm. *Blöse*, GmbHR 2010, 86;

BGH, Urt. v. 21.6.1999 – II ZR 47/98, BGHZ 142, 92 = ZIP 1999, 1352 = NJW 1999, 2817;

BGH, Urt. v. 9.12.1996 – II ZR 240/95, ZIP 1997, 199 = NJW 1997, 741;
dazu EWiR 1997, 303 *(Zimmermann)*;

BGH, Urt. v. 28.9.1992 – II ZR 299/91, BGHZ 119, 257 = ZIP 1992, 1734 = NJW 1993, 193;
dazu EWiR 1992, 1203 *(Kort)*.

c) Straftatbestand der Untreue

Verletzt der Geschäftsführer vorsätzlich die ihm der Gesellschaft gegenüber nach § 43 GmbHG obliegende Verpflichtung, deren Interessen zu wahren, so kann darin auch eine Untreue nach § 266 StGB liegen. Da der Geschäftsführer in diesen Fällen bereits nach § 43 Abs. 2 GmbHG haftet, besteht für den zusätzlichen Haftungsgrund zivilrechtlich kein Bedürfnis. 179

Für die **zivilrechtliche Haftung** des Alleingesellschafters einer GmbH hat der II. Zivilsenat des BGH zunächst entschieden, dass sich dieser durch einen existenzvernichtenden Eingriff der Untreue nach § 266 Alt. 2 StGB schuldig und deshalb i. V. m. § 823 Abs. 2 BGB gegenüber der Gesellschaft haftbar machen kann. 180

BGH, Urt. v. 17.9.2001 – II ZR 178/99, BGHZ 149, 10 = ZIP 2001, 1874 = NJW 2001, 3622 „Bremer Vulkan".

181 Für diese Haftung aus Untreue besteht zivilrechtlich aber nach der Umstellung der Haftung für existenzvernichtende Eingriffe auf eine Innenhaftung nach § 826 BGB,

BGH, Urt. v. 16.7.2007 – II ZR 3/04, BGHZ 173, 246 = ZIP 2007, 1552 = NJW 2007, 2689 „Trihotel";
dazu EWiR 2007, 557 *(Wilhelm)*;
mit Bespr. *Altmeppen*, NJW 2007, 2657,

kein Bedarf mehr, weil sich die Haftung gegenüber der Gesellschaft bereits aus § 826 BGB ergibt. Den Geschäftsführer kann daran nach § 830 BGB eine Haftung wegen Teilnahme treffen, ebenso trifft ihn aber die Haftung nach § 43 Abs. 2 GmbHG.

BGH, Urt. v. 16.7.2007 – II ZR 3/04, BGHZ 173, 246 = ZIP 2007, 1552 = NJW 2007, 2689 Rn. 46 „Trihotel".

182 Von Bedeutung ist der Untreuevorwurf daher nur für die **strafrechtliche Verantwortlichkeit;** außerdem liegt bei Untreue immer auch eine Pflichtverletzung nach § 43 GmbHG vor.

183 Handlungen oder Unterlassungen des Geschäftsführers können sowohl den Missbrauchstatbestand als auch den Treuebruchstatbestand des § 266 StGB erfüllen. Die Rechtsprechung der Strafsenate des Bundesgerichtshofs nimmt – zweifelhaft – an, dass schon bei einer Überschreitung der Grenzen des unternehmerischen Beurteilungsspielraums eine gravierende Pflichtverletzung vorliege, die den objektiven Tatbestand der Untreue verwirkliche.

BGH, Urt. v. 12.10.2016 – 5 StR 134/15, ZIP 2016, 2467 Rn. 27;
dazu EWiR 2017, 103 *(Scholl)*;

BGH, Beschl. v. 26.11.2015 – 3 StR 17/15, ZIP 2016, 966 Rn. 57,
dazu EWiR 2016, 551 *(Brammsen)*.

184 Die Erfüllung des **Missbrauchstatbestands** durch den Geschäftsführer setzt ein rechtsgeschäftliches Handeln voraus. Es verwirklicht sich vor allem in der pflichtwidrigen Ausnutzung der nach außen unbeschränkten (und unbeschränkbaren) Vertretungsmacht.

185 In Betracht kommende Fälle sind:

- der Bezug eines überhöhten Gehaltes,
- kostenlose Warenlieferungen,
- unangemessene Austauschverträge,
- übertriebener Aufwand für Repräsentation und Spesen,
- Spenden bei fehlender Nähe zum Unternehmensgegenstand, Unangemessenheit im Hinblick auf die Ertrags- und Vermögenslage, fehlende innerbe-

triebliche Transparenz sowie Vorliegen sachwidriger Motive, namentlich Verfolgung rein persönlicher Präferenzen.

BGH, Urt. v. 6.12.2001 – 1 StR 215/01, BGHSt 47, 187 = NJW 2002, 1585.

Den **Treuebruchtatbestand**, also die Verletzung der Verpflichtung gegenüber der GmbH, diese vor Schaden zu bewahren, können erfüllen: **186**

- die Nichteinforderung von Stammeinlagen,
- unzulässige Privatentnahmen,
- Abschluss übermäßig riskanter Geschäfte,
- Bildung schwarzer Kassen.

BGH, Urt. v. 27.8.2010 – 2 StR 111/09, BGHSt 55, 266 = ZIP 2010, 1892 = NJW 2010, 3458 Rn. 25;
BGH, Urt. v. 29.8.2008 – 2 StR 587/07, BGHSt 52, 323 = ZIP 2008, 2315 = NJW 2009, 89 Rn. 43.

Der Untreuetatbestand ist aber nicht erfüllt, wenn der Geschäftsführer auf **Weisung** oder wenigstens mit **Zustimmung** der Gesellschafter handelt. Ein den Untreuetatbestand ausschließendes Einverständnis der Mehrheit der Gesellschafter einer GmbH setzt aber voraus, dass auch die Minderheitsgesellschafter mit der Frage der Billigung der Pflichtwidrigkeit befasst waren. **187**

BGH, Urt. v. 27.8.2010 – 2 StR 111/09, BGHSt 55, 266 = ZIP 2010, 1892 = NJW 2010, 3458 Rn. 36.

Etwas anderes gilt, wenn die Zustimmung der Gesellschafter zu einem Rechtsgeschäft der Gesellschaft ihrerseits treuwidrig und somit rechtswidrig ist. Das ist dann der Fall, wenn durch ein Rechtsgeschäft der GmbH das Stammkapital angegriffen und die Existenz der Gesellschaft oder deren Liquidität nachhaltig gefährdet wird. **188**

BGH, Beschl. v. 30.8.2011 – 3 StR 228/11, GmbHR 2012, 30 Rn. 30:

> Zwar können der Gesellschaft mit beschränkter Haftung mit Zustimmung ihrer Gesellschafter grundsätzlich Vermögenswerte entzogen werden, weil sie gegenüber ihren Gesellschaftern keinen Anspruch auf ihren ungeschmälerten Bestand hat. Ein Einverständnis der Gesellschafter ist allerdings unwirksam und die Vermögensverfügung des Geschäftsführers deshalb missbräuchlich, wenn unter Verstoß gegen Gesellschaftsrecht die wirtschaftliche Existenz der Gesellschaft gefährdet wird, etwa durch Beeinträchtigung des Stammkapitals entgegen § 30 GmbHG, durch Herbeiführung oder Vertiefung einer Überschuldung oder durch Gefährdung der Liquidität.

BGH, Beschl. v. 31.7.2009 – 2 StR 95/09, BGHSt 54, 52 = ZIP 2009, 1860 = NJW 2009, 3666 Rn. 24;
dazu EWiR 2009, 789 *(Römermann)*;
BGH, Beschl. v. 10.2.2009 – 3 StR 372/08, ZIP 2009, 959 = NJW 2009, 2225 Rn. 16;

BGH, Urt. v. 13.5.2004 – 5 StR 73/03, BGHSt 49, 147 = ZIP 2004, 1200, 1205 = NJW 2004, 2248 Rn. 49:

Eine entsprechende Pflicht, die Gesellschaft nicht existenzbedrohend zu beeinträchtigen, trifft nicht nur den Geschäftsführer als vertretungsberechtigtes Organ, sondern in gleicher Weise den beherrschenden Alleingesellschafter. Dem Gesellschafter steht innerhalb wie außerhalb der Liquidation nur der Zugriff auf den zur Erfüllung der Gesellschaftsverbindlichkeiten nicht benötigten Überschuss zu. Das System der auf das Gesellschaftsvermögen beschränkten Haftung beruht auf der unausgesprochenen, für das Recht der Kapitalgesellschaft jedoch grundlegenden Voraussetzung, dass das Gesellschaftsvermögen, das zur Erfüllung im Namen der Gesellschaft eingegangenen Verbindlichkeiten benötigt wird, in der Gesellschaft verbleiben muss und damit der – im Recht der GmbH im Übrigen sehr weitgehenden – Dispositionsbefugnis der Gesellschafter entzogen ist. Es ist ihnen nicht erlaubt, der Gesellschaft Vermögen zu entziehen, das sie für die Erfüllung ihrer Verbindlichkeiten benötigt.

Dazu EWiR 2004, 723 *(Eisner)*;

BGH, Urt. v. 20.7.1999 – 1 StR 668/98, NJW 2000, 154:

Der Untreuetatbestand dient nach seiner Zielrichtung nicht dem Gläubigerschutz, sondern bezweckt allein den Schutz des Vermögens, das der Pflichtige betreut. Dieser verletzt seine Pflicht dementsprechend nicht, wenn sein Vorgehen im Einverständnis mit dem Vermögensinhaber erfolgt. Handelt es sich um ein Vermögen der GmbH, fehlt es infolgedessen grundsätzlich an der Pflichtwidrigkeit, wenn sich die Gesellschafter mit dem Vorgehen des Pflichtigen einverstanden erklärt haben. Allerdings kommt eine Strafbarkeit des Pflichtigen in Betracht, wenn die Zustimmung der Gesellschafter zu einem Rechtsgeschäft der GmbH gegenüber treuwidrig und somit rechtswidrig ist. Dies ist der Fall, wenn durch das Vorgehen eine konkrete Existenzgefährdung für die Gesellschaft entsteht, was jedenfalls bei einem Angriff auf das durch § 30 GmbHG geschützte Stammkapital der Fall ist.

M. Anm. *Gehrlein*, NJW 2000, 1089;
dazu *Krekeler/Werner*, wistra 2003, 370, 374.

189 Mit der Aufgabe der Verortung der zivilrechtlichen Existenzvernichtungshaftung in § 266 StGB ist die strafrechtliche Ahndung bei existenzvernichtenden Eingriffen nicht entfallen.

BGH, Beschl. v. 31.7.2009 – 2 StR 95/09, BGHSt 54, 52 = ZIP 2009, 1860 = NJW 2009, 3666 Rn. 28;
dazu EWiR 2009, 789 *(Römermann)*.

d) Kompetenzüberschreitung

190 Die dem Geschäftsführer nach § 37 GmbHG im Außenverhältnis zustehenden Befugnisse können durch den Gesellschaftsvertrag, aber auch durch den Anstellungsvertrag im Innenverhältnis eingeschränkt werden. So ist dem Geschäftsführer häufig aufgegeben, dass er Geschäfte von einer bestimmten Größenordnung an nur mit **Zustimmung der Gesellschafter** abschließen darf. Verstößt er gegen diese Auflage und erwächst der Gesellschaft daraus ein Schaden, so macht er sich der Gesellschaft gemäß § 43 Abs. 2 GmbHG ersatzpflichtig.

BGH, Beschl. v. 2.6.2008 – II ZR 67/07, WM 2008, 1453:

Der Komplementär einer KG verkaufte Gesellschaftsgrundstücke ohne den notwendigen Gesellschafterbeschluss.

BGH, Urt. v. 4.11.1996 – II ZR 48/95, ZIP 1996, 2164 = NJW 1997, 314:

Der geschäftsführende Gesellschafter einer OHG kaufte ein Grundstück ohne Zustimmung der übrigen Gesellschafter.

OLG München, Urt. v. 18.4.2018 – 7 U 3130/17, GmbHR 2018, 733, 734:

Der Geschäftsführer schloss einen langfristigen Mietvertrag ohne die nach dem Geschäftsführeranstellungsvertrag verlangte Zustimmung der Gesellschafterversammlung.

KG, Urt. v. 17.12.2004 – 14 U 226/03, GmbHR 2005, 477 m. Anm. *Brötzmann*:

Der Geschäftsführer hatte unter Verstoß gegen eine entsprechende Klausel des Anstellungsvertrages im Namen der Gesellschaft ohne Zustimmung des Alleingesellschafters Verträge mit einem Volumen von mehr als 200.000 DM abgeschlossen.

Soweit dem Geschäftspartner die **Zustimmungsbedürftigkeit** bekannt ist oder sie sich aufdrängt, kann aber ein Fall des Missbrauchs der Vertretungsmacht vorliegen mit der Folge, dass die Gesellschaft an das Geschäft gar nicht gebunden ist (siehe Rn. 935 ff.). 191

Für die Frage der Ersatzpflicht kommt es allein darauf an, ob der **Kompetenzverstoß vorwerfbar** ist; unerheblich ist dagegen, ob dem Geschäftsführer bei der Durchführung der Geschäftsführungsmaßnahme selbst ein Verschulden zur Last fällt oder nicht. 192

Der Geschäftsführer haftet nicht (rechtmäßiges Alternativverhalten), wenn er beweisen kann, dass die Gesellschafterversammlung dem Geschäft, wenn sie gefragt worden wäre, zugestimmt hätte. 193

BGH, Urt. v. 10.7.2018 – II ZR 24/17, ZIP 2018, 1923 Rn. 39 (zum Aufsichtsrat der AG);
dazu EWiR 2018, 645 *(Priester)*;

BGH, Urt. v. 18.6.2013 – II ZR 86/11, BGHZ 197, 304 = ZIP 2013, 1712 Rn. 32 f.;
dazu EWiR 2013, 775 *(Weipert)*;
m. Anm. *Werner*, GmbHR 2013, 1050;
m. Bespr. *Bachmann*, NZG 2013, 1121;

BGH, Urt. v. 21.7.2008 – II ZR 39/07, ZIP 2008, 1818 Rn. 19;
m. Anm. *Podewils*, GmbHR 2008, 1094;

BGH, Urt. v. 11.12.2006 – II ZR 166/05, ZIP 2007, 268 Rn. 12;
dazu EWiR 2007, 201 *(D. Wagner)*.

Ebenso wenig haftet der Geschäftsführer, wenn die Gesellschafterversammlung dem Geschäft hätte zustimmen müssen. 194

BGH, Urt. v. 10.7.2018 – II ZR 24/17, ZIP 2018, 1923 Rn. 51 (zum Aufsichtsrat der AG);
dazu EWiR 2018, 645 *(Priester)*;

a. A. OLG München, Urt. v. 18.4.2018 – 7 U 3130/17, GmbHR 2018, 733, 734.

Eine Zustimmungspflicht kommt aber nur in Ausnahmefällen infrage. 195

196 Dass der Gesellschafterversammlung bekannt ist, dass der Geschäftsführer ein zustimmungspflichtiges Geschäft abschließen will, macht die formelle Zustimmung nicht überflüssig. In Ausnahmefällen kann sich der Geschäftsführer aber gemäß § 242 BGB auf widersprüchliches Verhalten der Gesellschafter berufen. Dies vor allem, wenn die Gesellschafter den Geschäftsführer von der Einberufung einer Gesellschafterversammlung und einer formellen Beschlussfassung abbringen.

197 Die bloße Kenntnis eines Mehrheitsgesellschafters vom beabsichtigten Geschäftsabschluss genügt nicht zur Annahme einer konkludenten Zustimmung.

OLG München, Urt. v. 18.4.2018 – 7 U 3130/17, GmbHR 2018, 733, 734.

198 Das kann aber dann anders sein, wenn der Geschäftsführer gleichzeitig Minderheitsgesellschafter ist, der Mehrheitsgesellschafter über die beabsichtigte Maßnahme informiert wird und das passive Verhalten des Mehrheitsgesellschafters als formlose Billigung verstanden werden kann.

199 Das Gleiche gilt, wo nach § 46 GmbHG bestimmte Befugnisse einem **Beschluss der Gesellschafterversammlung** vorbehalten sind.

BGH, Urt. v. 21.7.2008 – II ZR 39/07, ZIP 2008, 1818 Rn. 19:

Der Geschäftsführer bewilligte eine Gehaltserhöhung, obwohl die Bedingungen des Anstellungsvertrags infolge der Annexkompetenz zur Bestellung von der Gesellschafterversammlung festgelegt werden.

M. Anm. *Podewils*, GmbHR 2008, 1094;

BGH, Urt. v. 11.12.2006 – II ZR 166/05, ZIP 2007, 268 Rn. 10;
dazu EWiR 2007, 201 *(D. Wagner)*;

OLG Naumburg, Urt. v. 23.1.2014 – 2 U 57/13, ZIP 2014, 1735:

Der Geschäftsführer schloss mit einer GmbH, deren einziger Gesellschafter und Geschäftsführer er war, einen Projektsteuerungsvertrag ab, der die Aufgaben der Geschäftsführung zum Gegenstand hatte.

200 Der **Schaden** besteht aber nicht schon darin, dass ein Vertrag ohne die erforderliche Zustimmung der Gesellschafter zustande gekommen ist. Das kompetenzwidrig abgeschlossene Geschäft muss vielmehr nachteilig für die Gesellschaft sein.

BGH, Urt. v. 18.6.2013 – II ZR 86/11, BGHZ 197, 304 = ZIP 2013, 1712 Rn. 44;
dazu EWiR 2013, 775 *(Weipert)*;
m. Anm. *Werner*, GmbHR 2013, 1050;
m. Bespr. *Bachmann*, NZG 2013, 1121;

BGH, Urt. v. 13.3.2012 – II ZR 50/09, ZIP 2012, 1197 Rn. 27;

BGH, Urt. v. 21.7.2008 – II ZR 39/07, ZIP 2008, 1818 Rn. 19;
m. Anm. *Podewils*, GmbHR 2008, 1094;

a. A. KG, Urt. v. 17.12.2004 – 14 U 226/03, GmbHR 2005, 477;
m. Anm. *Brötzmann*, GmbHR 2005, 480.

201 Zwar wird der Gesellschaft das ohne Zustimmung zustande gekommene Geschäft aufgedrängt. Darin liegt aber kein Schaden. Nach § 43 GmbHG werden

nur Vermögensschäden ersetzt. Ein Schaden liegt vor, wenn die Gegenleistung nicht werthaltig ist, von der Gesellschaft nicht benutzt werden kann oder für andere Zwecke notwendige Mittel gebunden werden.

e) Wettbewerbsverbot

aa) Während der Amtszeit

Solange der Geschäftsführer Organ der GmbH ist, unterliegt er einem Wettbewerbsverbot auch dann, wenn dieses nicht ausdrücklich vereinbart war; es ist Ausfluss der ihm der Gesellschaft gegenüber obliegenden **Treuepflicht**. 202

BGH, Urt. v. 9.7.1979 – II ZR 125/77, WM 1979, 1328.

Von dem Wettbewerbsverbot kann der Geschäftsführer befreit werden. Eine stillschweigende Befreiung kann vorliegen, wenn der Geschäftsführer (in der Regel auch gleichzeitig Gesellschafter) bereits bei Gründung ein Konkurrenzunternehmen betrieben hat. 203

BFH, Urt. v. 16.12.1998 – I R 96/95, NJW 1999, 3070.

Ähnlich besteht kein Wettbewerbsverbot, wenn der Erwerber eines Geschäftsanteils bereits zum Zeitpunkt des Erwerbs Wettbewerber war und die anderen Gesellschafter mit dem Erwerb einverstanden waren. 204

Das Wettbewerbsverbot hindert es nicht, dass der Geschäftsleiter eines Gesellschafters zum Geschäftsführer bestellt wird; der Doppelmandatsträger hat bei seinen Entscheidungen allerdings stets die Interessen des jeweiligen Pflichtenkreises wahrzunehmen. 205

BGH, Urt. v. 9.3.2009 – II ZR 170/07, BGHZ 180, 105
= ZIP 2009, 1162 Rn. 16;
dazu EWiR 2009, 525 *(Blasche)*.

Das Wettbewerbsverbot aus der Treuepflicht trifft den Geschäftsführer einer Komplementär-GmbH auch gegenüber der KG, wenn alleinige oder wesentliche Aufgabe der Komplementär-GmbH die Führung der Geschäfte der KG ist. 206

OLG Köln, Urt. v. 10.1.2008 – 18 U 1/07, GmbHR 2008, 1103;
dazu EWiR 2008, 405 *(Paefgen/Esposito)*;
m. Anm. *Krause*, BB 2008, 802.

Der Geschäftsführer darf im Geschäftsbereich der GmbH grundsätzlich **keine Geschäfte auf eigene Rechnung** tätigen. 207

BGH, Urt. v. 12.6.1989 – II ZR 334/87, ZIP 1989, 1390;
dazu EWiR 1989, 779 *(Gravenhorst)*:

Besteht die Aussicht, für eine mit der Erstellung von Wohnraum befasste gemeinnützige Gesellschaft von ihr benötigte Grundstücke zu erwerben, so hat der Geschäftsführer alles zu unterlassen, was einen solchen Erwerb verhindert; er handelt pflichtwidrig, wenn er die Möglichkeit des Erwerbs zu einem günstigen Preis nicht nutzt, sondern den Erwerb einem anderen Unternehmen, an dessen

Gewinn er beteiligt ist, in der Absicht überlässt, den Ankauf von dessen Unternehmen für die von ihm geführte Gesellschaft zu einem unverhältnismäßig höheren Preis vorzunehmen.

BGH, Urt. v. 10.2.1992 – II ZR 23/91, WM 1992, 691:

Die Beklagten hatten als Geschäftsführer in allen Angelegenheiten, die das Interesse der Gesellschaft berühren, allein deren Wohl und nicht ihren eigenen Nutzen im Auge zu haben.

208 Das Verbot gilt auch dann, wenn er von einer Geschäftschance nicht dienstlich, sondern **privat Kenntnis** erlangt hat.

BGH, Urt. v. 23.9.1985 – II ZR 246/84, ZIP 1985, 1484
= NJW 1986, 585:

Die Verpflichtung des Geschäftsführers, den Vorteil der Gesellschaft zu wahren und Schäden von ihr abzuwenden, hängt nicht davon ab, ob der Geschäftsführer von den Geschäftschancen seiner Gesellschaft und den ihr drohenden Schäden anlässlich einer dienstlichen oder privaten Besorgung Kenntnis erlangt hat. Solange der Geschäftsführer bestellt ist, ist seine Sorgfalts- und Treuepflicht gegenüber der Gesellschaft unteilbar.

Dazu EWiR 1985, 991 *(Koch)*.

209 Er darf auch nicht seinen Vertrag mit der GmbH aufkündigen und die **Geschäftschance**. z. B. ein Patent, nach dem Ende des Anstellungsvertrags auf eigene Rechnung auswerten.

BGH, Urt. v. 23.9.1985 – II ZR 246/84, ZIP 1985, 1484
= NJW 1986, 585:

Die Pflichtwidrigkeit des Beklagten, die Geschäftschance für die Klägerin nicht genutzt und die Konkurrenz nicht verhindert zu haben, ist auch nicht deshalb gerechtfertigt oder von vornherein nicht als solche zu werten, weil der Beklagte die Erfindung nicht schon während der Dauer seines aus dem Anstellungsverhältnis zur Klägerin folgenden Wettbewerbsverbots, sondern erst nach dessen Ablauf für sich ausnutzen wollte.

210 Auch wenn der Geschäftsführer in die Selbstständigkeit wechselt, darf er diesen Wechsel nicht unter Mitnahme einer Geschäftschance vollziehen.

BGH, Urt. v. 23.9.1985 – II ZR 246/84, ZIP 1985, 1484
= NJW 1986, 585;
dazu EWiR 1985, 991 *(Koch)*;
kritisch *Fleischer*, NZG 2003, 985, 991.

211 Eine **Geschäftschance** liegt vor, wenn die Gesellschaft die Durchführung des Geschäfts schon beschlossen hat, sie bereits in Vertragsverhandlungen eingetreten ist, ihr ein Geschäft angeboten wurde oder sie durch interne Planungen Interesse an einem bestimmten Tätigkeitsfeld bekundet hat.

Fleischer, WM 2003, 1045, 1055 m. w. N.

212 Plant der Geschäftsführer ein Eigengeschäft, so reicht es nicht aus, die Gesellschaft davon in Kenntnis zu setzen; er bedarf vielmehr der Zustimmung der Gesellschafterversammlung.

BGH, Urt. v. 8.5.1989 – II ZR 229/88, ZIP 1989, 986 = NJW 1989, 2687;
dazu EWiR 1989, 695 *(Bergmann)*;
Fleischer, NZG 2003, 985, 989 m. w. N.

213 Entsprechend § 88 Abs. 2 AktG, § 113 Abs. 1 HGB steht der Gesellschaft ein Wahlrecht zu, Schadensersatz oder die Herausgabe der aus dem wettbewerbswidrigen Geschäft erlangten Vorteile (Erlöse, Gesellschaftsanteile o. Ä.) zu verlangen.

BGH, Urt. v. 16.2.1981 – II ZR 168/79, ZIP 1981, 399 = NJW 1981, 1512;
OLG Köln, Urt. v. 10.1.2008 – 18 U 1/07, GmbHR 2008, 1103.

214 Empfangene Leistungen hat der Geschäftsführer selbst dann an die Gesellschaft abzuführen, wenn diese aus eigener Kraft gar nicht an diese Leistungen gekommen wäre.

OLG Frankfurt, Urt. v. 13.5.1997 – 11 U (Kart) 68/96, GmbHR 1998, 377.

215 Zu beachten ist, dass der Anspruch grundsätzlich nicht kenntnisunabhängig nach § 43 Abs. 4 GmbHG, sondern in entsprechender Anwendung von § 88 Abs. 3 AktG kenntnisabhängig in drei Monaten verjährt (siehe Rn. 435).

bb) Nachvertraglich

216 Nach Ablauf der Amtszeit unterliegt der Geschäftsführer einem Wettbewerbsverbot nur dann, wenn es vertraglich vereinbart war.

BGH, Urt. v. 23.9.1985 – II ZR 246/84, ZIP 1985, 1484 = NJW 1986, 585;
dazu EWiR 1985, 991 *(Koch)*.

217 Die Rechtsgültigkeit der Vereinbarung eines nachvertraglichen Wettbewerbsverbots setzt voraus, dass es **zeitlich, örtlich** und **gegenständlich** angemessen begrenzt ist.

BGH, Beschl. v. 7.7.2008 – II ZR 81/07, ZIP 2008, 1719:

Die Vereinbarung eines nachvertraglichen Wettbewerbsverbots (kann) gemäß § 138 BGB i. V. m. Art. 2, 12 GG nichtig sein …, wenn das Verbot nicht dem berechtigten geschäftlichen Interesse der Gesellschaft dient oder es nach Ort, Zeit und Gegenstand die Berufsausübung und die wirtschaftliche Tätigkeit des Geschäftsführers unbillig erschwert.

BGH, Urt. v. 26.3.1984 – II ZR 229/83, BGHZ 91, 1 = ZIP 1984, 1359 = NJW 1984, 2366.

218 Insoweit gelten für Geschäftsführer dieselben Regeln wie für Wettbewerbsverbote für Gesellschafter von Personengesellschaften.

BGH, Urt. v. 29.9.2003 – II ZR 59/02, ZIP 2003, 2251:

Wettbewerbsverbote sind nur gerechtfertigt, soweit und solange sie erforderlich sind, um die Partner des aus einer Gesellschaft Ausgeschiedenen vor einer illoyalen Verwertung der Erfolge der gemeinsamen Arbeit oder vor einem Missbrauch der Ausübung der Berufsfreiheit zu schützen.

BGH, Urt. v. 8.5.2000 – II ZR 308/98, ZIP 2000, 1337 = NJW 2000, 2584 (Freiberuflersozietät).

219 Maßstab für die Zulässigkeit der Vereinbarung ist § 138 BGB.

BGH, Urt. v. 8.5.2000 – II ZR 308/98, ZIP 2000, 1337 = NJW 2000, 2584.

220 Das Wettbewerbsverbot darf **zwei Jahre** nicht überschreiten.

BGH, Urt. v. 20.1.2015 – II ZR 369/13, ZIP 2015, 472 Rn. 11;

BGH, Urt. v. 29.9.2003 – II ZR 59/02, ZIP 2003, 2251;

BGH, Urt. v. 8.5.2000 – II ZR 308/98, ZIP 2000, 1337 = NJW 2000, 2584;

BGH, Urt. v. 26.3.1984 – II ZR 229/83, BGHZ 91, 1 = ZIP 1984, 1359 = NJW 1984, 2366.

221 Ob eine **geltungserhaltende Reduktion** unzulässiger Vereinbarungen möglich ist, ist streitig.

Zum Meinungsstand vgl. *Thüsing*, NZG 2004, 9, 13.

222 Nach der Rechtsprechung kann ein **zeitlich** unbeschränktes oder für fünf Jahre vereinbartes Wettbewerbsverbot auf die zulässige Dauer von zwei Jahren **reduziert** werden.

BGH, Urt. v. 20.1.2015 – II ZR 369/13, ZIP 2015, 472 Rn. 14;

BGH, Urt. v. 29.9.2003 – II ZR 59/02, ZIP 2003, 2251;

BGH, Urt. v. 14.7.1997 – II ZR 238/96, NJW 1997, 3089;

BGH, Urt. v. 8.5.2000 – II ZR 308/98, ZIP 2000, 1337 = NJW 2000, 2584.

223 Dagegen kann ein **räumlich, gegenständlich und zeitlich nicht** angemessen begrenztes Wettbewerbsverbot nicht nach § 139 BGB auf das angemessene Maß **reduziert** werden und ist insgesamt unwirksam.

BGH, Urt. v. 14.7.1997 – II ZR 238/96, NJW 1997, 3089;

BGH, Urt. v. 29.10.1990 – II ZR 241/89, NJW 1991, 669.

224 Der Vereinbarung einer **Karenzentschädigung** bedarf es – anders als nach § 74 Abs. 2 HGB für den Handlungsgehilfen – nicht.

BGH, Beschl. v. 7.7.2008 – II ZR 81/07, ZIP 2008, 1719;

BGH, Urt. v. 28.4.2008 – II ZR 11/07, ZIP 2008, 1379 Rn. 6;

BGH, Urt. v. 4.3.2002 – II ZR 77/00, ZIP 2002, 709 = NJW 2002, 1875;
dazu EWiR 2002, 521 *(v. Hoyningen-Huene)*;

BGH, Urt. v. 17.2.1992 – II ZR 140/91, ZIP 1992, 543 = NJW 1992, 1892;
dazu EWiR 1992, 569 *(Volhard)*;

BGH, Urt. v. 26.3.1984 – II ZR 229/83, BGHZ 91, 1 = ZIP 1984, 1359 = NJW 1984, 2366.

Eine generelle analoge **Anwendung der §§ 74 ff. HGB** lehnt der BGH ab, 225

BGH, Urt. v. 28.4.2008 – II ZR 11/07, ZIP 2008, 1379;
BGH, Urt. v. 4.3.2002 – II ZR 77/00, ZIP 2002, 709
= NJW 2002, 1875;
dazu EWiR 2002, 521 *(v. Hoyningen-Huene)*,

allerdings kommt die entsprechende Anwendung einzelner Bestimmungen des HGB in Betracht, soweit es um den Schutz der Gesellschaft, nicht des Geschäftsführers geht.

BGH, Urt. v. 17.2.1992 – II ZR 140/91, ZIP 1992, 543
= NJW 1992, 1892;
vgl. auch *Thüsing*, NZG 2004, 9.

Entsprechend anwendbar ist daher § 75a HGB, wonach die Gesellschaft den Geschäftsführer aus dem Wettbewerbsverbot mit der Folge entlassen kann, dass auch eine vereinbarte Karenzentschädigung nicht zu zahlen ist. 226

BGH, Urt. v. 28.4.2008 – II ZR 11/07, ZIP 2008, 1379 Rn. 6;
BGH, Urt. v. 17.2.1992 – II ZR 140/91, ZIP 1992, 543
= NJW 1992, 1892;
zu Einzelheiten eines Verzichts siehe *Menke*, NJW 2009, 636.

Die Freistellung des Geschäftsführers nach seiner Abberufung ist noch keine Freistellung vom Wettbewerbsverbot und lässt die vereinbarte Karenzentschädigung nicht entfallen. 227

BGH, Urt. v. 4.3.2002 – II ZR 77/00, ZIP 2002, 709
= NJW 2002, 1875:

Daraus lässt sich aber nicht schließen, dass auch bei einer vereinbarten Karenzentschädigung und bei der Auslegung dieser Vereinbarung allein die Interessen der Gesellschaft zu berücksichtigen wären. Vielmehr kommt hier auch der Dispositionsschutz des Geschäftsführers zum Tragen. Wollte die Beklagte, dass die bezahlte Karenz im Fall einer Freistellung des Klägers von seinen Dienstpflichten verkürzt oder hinfällig wird, so wäre es ihre Sache gewesen, dies in dem Vertrag klarzustellen.

Dazu EWiR 2002, 521 *(v. Hoyningen-Huene)*.

Anderweitiger Verdienst des Geschäftsführers nach seinem Ausscheiden ist auf die Karenzentschädigung nur anzurechnen, wenn dies vereinbart ist. Der Gesellschaft bleibt immer noch die Möglichkeit, rechtzeitig auf das Wettbewerbsverbot zu verzichten. 228

BGH, Urt. v. 28.4.2008 – II ZR 11/07, ZIP 2008, 1379 Rn. 6;
a. A. *Thüsing*, NZG 2004, 9, 12 m. w. N.

Die Rechtsfolgen einer Verletzung eines wirksam vereinbarten nachvertraglichen Wettbewerbsverbots sind wie beim Wettbewerbsverbot während der Geschäftsführerstellung die Schadensersatzverpflichtung und die Herausgabeverpflichtung (siehe Rn. 213). Da für beides Beweisprobleme bestehen, wird in der Praxis häufig eine Vertragsstrafe vereinbart. 229

f) Verstoß gegen § 49 Abs. 3 GmbHG

230 Der Geschäftsführer ist gemäß § 49 Abs. 3 GmbHG verpflichtet, die **Gesellschafterversammlung** einzuberufen, wenn sich aus der Jahresbilanz oder aus einer im Verlauf des Geschäftsjahres aufgestellten Bilanz ergibt, dass die **Hälfte des Stammkapitals** verloren ist. Die Verpflichtung des Geschäftsführers setzt nicht erst ein, wenn eine entsprechende Bilanz vorliegt. Der Geschäftsführer hat vielmehr die wirtschaftliche Lage des Unternehmens laufend zu beobachten und ist verpflichtet, sich bei krisenhafter Entwicklung durch Aufstellung einer Zwischenbilanz oder eines Vermögensstatus einen Überblick über den Vermögensstand zu verschaffen.

231 Um diese Aufgabe erfüllen zu können, muss der Geschäftsführer für eine Organisation sorgen, die ihm die dafür erforderliche Übersicht über die wirtschaftliche und finanzielle Situation der Gesellschaft jederzeit ermöglicht.

> BGH, Urt. v. 20.2.1995 – II ZR 9/94, ZIP 1995, 560; dazu EWiR 1995, 785 *(Wittkowski)*;
>
> OLG Celle, Urt. v. 7.5.2008 – 9 U 191/07, GmbHR 2008, 1034 = DB 2008, 2353.

232 Die Verletzung der Einberufungspflicht macht den Geschäftsführer nach § 43 Abs. 2 GmbHG schadensersatzpflichtig. Eine Haftung gemäß § 43 Abs. 2 GmbHG kann sich aus dem Verstoß gegen § 49 Abs. 3 GmbHG aber nur ergeben, wenn der Schaden durch rechtzeitiges Handeln hätte abgewandt werden können. Der Geschäftsführer kann sich allerdings gemäß § 84 Abs. 1 GmbHG strafbar machen.

g) Insolvenzreife

233 Gemäß § 15a Abs. 1 InsO hat der Geschäftsführer ohne schuldhaftes Zögern, spätestens innerhalb von drei Wochen nach Kenntniserlangung von der Zahlungsunfähigkeit oder Überschuldung der GmbH Insolvenzantrag zu stellen. Ob diese Voraussetzungen gegeben sind, ist für den Geschäftsführer nicht leicht zu beurteilen, insbesondere im Hinblick darauf, dass nicht allein zu fragen ist, ob eine Unterkapitalisierung vorliegt, sondern darüber hinaus von ihm zu prüfen ist, ob dem Unternehmen gleichwohl eine positive Zukunftsprognose zu stellen ist (siehe Rn. 626 ff.).

234 Verletzt der Geschäftsführer seine Insolvenzantragspflicht, so macht er sich – da § 15a Abs. 1 Satz 1 InsO Schutzgesetz i. S. v. § 823 Abs. 2 BGB ist – unmittelbar den Gläubigern der Gesellschaft gegenüber schadensersatzpflichtig (siehe Rn. 1184 ff.).

235 Der Geschäftsführer soll auch der Gesellschaft haften, wenn er trotz ihrer insolvenzrechtlichen Überschuldung noch einen langfristigen (Miet-)Vertrag abschließt.

> OLG München, Urt. v. 9.8.2018 – 23 U 2936/17, GmbHR 2018, 1058, 1059.

In der Regel fehlt es aber an einem Schaden der Gesellschaft durch den Abschluss eines Vertrags nach Insolvenzreife. 236

Der Geschäftsführer kann einen **Insolvenzantrag** aber nicht nur zu spät, sondern auch **zu früh** stellen. Das ist dann der Fall, wenn die Gesellschaft bisher weder überschuldet noch zahlungsunfähig ist. 237

> OLG München, Urt. v. 21.3.2013 – 23 U 3344/12, ZIP 2013, 1121.
> *Goette*, in: Festschrift 50 Jahre BGH, S. 123, 137.

Die **Dreiwochenfrist** nach § 15a InsO soll es dem Geschäftsführer nämlich ermöglichen, das Unternehmen zu sanieren (siehe Rn. 1210 ff). 238

> BGH, Urt. v. 9.7.1979 – II ZR 118/77, BGHZ 75, 96 = NJW 1979, 1823:

Danach braucht das zuständige Gesellschaftsorgan bei Feststellung einer Konkurslage nicht unbedingt sofort einen Konkursantrag oder Vergleichsantrag zu stellen. Es muss nur ohne schuldhaftes Zögern handeln. Das schließt die Befugnis und ggf. sogar die Pflicht ein, mit der Sorgfalt eines ordentlichen und gewissenhaften Geschäftsleiters zu prüfen und zu entscheiden, ob nicht andere, weniger einschneidende Maßnahmen besser als ein Insolvenzverfahren geeignet sind, Schaden von der Gesellschaft, ihren Gläubigern und der Allgemeinheit abzuwenden. Das hierdurch der Unternehmensleitung eingeräumte pflichtmäßige Ermessen wird durch die für seine Ausübung gesetzte Höchstfrist von drei Wochen noch unterstrichen, aber auch begrenzt.

Schöpft der Geschäftsführer Sanierungsmöglichkeiten nicht aus und ist darin eine objektive Pflichtverletzung zu sehen, so kommt eine Schadensersatzpflicht nach § 43 Abs. 2 GmbHG gegenüber der GmbH in Betracht. 239

Liegt nur drohende Zahlungsunfähigkeit vor, sodass ein Insolvenzantrag gestellt werden kann, aber nicht muss (§ 18 InsO), soll der Geschäftsführer verpflichtet sein, die Gesellschafter zu beteiligen. 240

> OLG München, Urt. v. 21.3.2013 – 23 U 3344/12, ZIP 2013, 121;
> *Leinekugel/Skauradszun*, GmbHR 2011, 1121, 1124.

Das dürfte angesichts der gesetzgeberischen Bemühungen, mit dem Schutzschirmverfahren Sanierungen zu erleichtern, nur zutreffen, wenn überhaupt genügend Zeit für eine Gesellschafterversammlung bleibt. 241

Ist die Insolvenzantragspflicht zweifelhaft, muss der Geschäftsführer **fachkundigen Rat** einholen. 242

> BGH, Urt. v. 27.3.2012 – II ZR 171/10, ZIP 2012, 1174 Rn. 16;
> dazu EWiR 2012, 457 *(Wackerbarth)*;
> m. Anm. *Blöse*, GmbHR 2012, 748;
> BGH, Urt. v. 14.5.2007 – II ZR 48/06, ZIP 2007, 1265 = NJW 2007, 2118;
> dazu EWiR 2007, 495 *(Henkel/Mock)*;
> BGH, Urt. v. 6.6.1994 – II ZR 292/91, BGHZ 126, 181 = ZIP 1994, 1103 = NJW 1994, 2220;
> dazu EWiR 1994, 791 *(Wilhelm)*.

243 Bevor der Geschäftsführer einen Dritten mit Sanierungsbemühungen beauftragt und damit weitere Kosten verursacht, muss er aber selbst die Sanierungsfähigkeit prüfen. Insbesondere kann er sich nicht auf Sanierungsfähigkeit berufen, wenn er diese Prüfung unterlassen hat oder dabei Aktiva unrealistisch überbewertet hat.

BGH, Beschl. v. 5.2.2007 – II ZR 51/06, ZIP 2007, 1501;
m. Anm. *Lindemann*, GmbHR 2007, 938.

244 Andererseits muss der Geschäftsführer die Prüfung der Insolvenzreife rechtzeitig in Auftrag geben und auf eine unverzügliche Auskunft hinwirken.

BGH, Urt. v. 27.3.2012 – II ZR 171/10, ZIP 2012, 1174 Rn. 19;
dazu EWiR 2012, 457 *(Wackerbarth)*;
m. Anm. *Blöse*, GmbHR 2012, 748.

245 Der Geschäftsführer sollte sich wegen der bei einem verfrühten Insolvenzantrag drohenden Ersatzpflichten des Einverständnisses der Gesellschafter vergewissern. Ist die GmbH insolvenzreif, muss er den Insolvenzantrag aber auch gegen den Willen der Gesellschafter stellen, wenn er sich nicht nach § 823 Abs. 2 BGB i. V. m. § 15a Abs. 1 Satz 1 InsO schadensersatzpflichtig machen will (siehe Rn. 1184 ff.).

h) Weisungen und Einverständnis

aa) Folgepflicht

246 Im Unterschied zum Vorstand einer Aktiengesellschaft (§ 76 AktG) ist der GmbH-Geschäftsführer **weisungsgebunden**. Er hat sich an die Weisungen zu halten, die ihm durch den Gesellschaftsvertrag oder durch Beschlüsse der Gesellschafterversammlung erteilt werden. Auch dem Aufsichtsrat und dem Beirat der Gesellschaft kann durch die Satzung ein Weisungsrecht eingeräumt werden.

Lutter, GmbHR 2000, 301, 304.

247 Die dem Geschäftsführer von den Gesellschaftern erteilten Weisungen können eine solche Dichte haben, dass die Geschäftsführung faktisch bei den Gesellschaftern liegt.

Vgl. *Mennicke*, NZG 2000, 622 m. w. N.

248 Der Geschäftsführer hat auch einer Weisung der Gesellschafter Folge zu leisten, **Insolvenzantrag** zu stellen.

249 Voraussetzung für die Bindungswirkung der Weisung ist allerdings, dass sich die Beschlüsse und Weisungen im Rahmen von Gesetz, Satzung und guten Sitten halten, vgl. § 241 Nr. 3 und 4 AktG analog.

BGH, Urt. v. 14.3.1983 – II ZR 103/82, ZIP 1983, 824 = NJW 1983, 1856;

BGH, Urt. v. 24.11.2003 – II ZR 171/01, BGHZ 157, 72 = ZIP 2004, 263 = NJW 2004, 1111 (zu § 43 Abs. 3 GmbHG).

Entgegen einer verbreiteten Ansicht, 250

siehe *Lutter/Hommelhoff*, GmbHG, Anh. § 47 Rn. 65,

kann der Geschäftsführer gegen solche Weisungen **keine Anfechtungsklage** erheben, weil er nicht anfechtungsbefugt ist.

BGH, Urt. v. 28.1.1980 – II ZR 84/79, BGHZ 76, 154 = NJW 1980, 1527;

BGH, Urt. v. 11.2.2008 – II ZR 187/06, ZIP 2008, 757 Rn. 34.

Dafür besteht auch kein Bedürfnis, weil sie bereits nichtig und damit unbe- 251
achtlich sind (§ 241 Nr. 3 und 4 AktG analog). Gegebenenfalls kann der Geschäftsführer bei Bestehen eines Rechtsschutzbedürfnisses die allgemeine Feststellungsklage (§ 256 ZPO) erheben.

BGH, Urt. v. 11.2.2008 – II ZR 187/06, ZIP 2008, 757 Rn. 34.

Der Geschäftsführer muss Weisungen, die sich im Rahmen von Gesetz, Satzung 252
und guten Sitten halten, folgen, auch wenn er sie nicht für richtig oder dem wirtschaftlichen Wohl der Gesellschaft widersprechend hält.

OLG Frankfurt, Urt. v. 7.2.1997 – 24 U 88/95, ZIP 1997, 450:

Das wirtschaftliche Wohl der GmbH als solches steht nicht unter dem Schutz der Rechtsordnung; das Geschäftsinteresse kann keine Grenzen des Weisungsrechts markieren. Zwar ist die Gesellschaft juristische Person; sie führt in ihrer Willensbildung aber kein vom Willen der Gesellschafter unabhängiges Eigenleben. Wie es den Gesellschaftern freisteht, riskante, wirtschaftlich wenig aussichtsreiche Geschäftsabschlüsse zu fassen und umzusetzen, wie es ihnen sogar freisteht, den Geschäftsbetrieb einzustellen und die Gesellschaft aufzulösen, steht es ihnen – erst recht – frei, die Leistungen der Gesellschaft „billiger" zu verkaufen und freiwillig auf langfristig vorteilhafte Vertragsbindungen zu verzichten. Auch für die Gesellschaft offensichtlich wirtschaftlich nachteilige Weisungen sind deshalb gesellschaftsvertraglich und gesellschaftsrechtlich unbedenklich; der Geschäftsführer ist verpflichtet, sie umzusetzen.

Der Geschäftsführer kann auch die Befolgung einer Weisung nicht mit der Be- 253
gründung ablehnen, sie widerspreche den Interessen der Arbeitnehmer. Selbst eine gegen den Anstellungsvertrag verstoßende Weisung ist bindend; sie gibt dem Geschäftsführer jedoch unter Umständen ein Recht zur fristlosen Kündigung.

OLG Düsseldorf, Urt. v. 15.11.1984 – 8 U 22/84, ZIP 1984, 1476.

Der Geschäftsführer muss die Gesellschafter aber ggf. auf seine **Bedenken hin-** 254
weisen.

OLG Jena, Urt. v. 1.9.1998 – 5 U 1816/97, NZG 1999, 121.

Den Geschäftsführer binden nur Weisungen der zuständigen Organe, regel- 255
mäßig also der **Gesellschafterversammlung**; Weisungen nur des Mehrheitsgesellschafters binden ihn im Unterschied zu solchen eines Alleingesellschafters nicht.

Ebert, GmbHR 2003, 444.

256 Das Einverständnis des Alleingesellschafters der Muttergesellschaft soll nach einer Entscheidung des OLG Düsseldorf nicht entlasten. Das ist, soweit die Konzernmutter eine GmbH ist, deren Geschäftsführer ihrerseits wieder weisungsabhängig ist, zweifelhaft.

OLG Düsseldorf, Urt. v. 25.11.1999 – 6 U 146/98, GmbHR 2000, 666 = WM 2000, 1393;
m. Anm. *Haas*, DStR 2001, 717.

257 Besonderheiten können bei einem **Beherrschungs- und Gewinnabführungsvertrag** bestehen, bei dem eine nachteilige Weisung in Bezug auf das gebundene Vermögen wegen § 30 Abs. 1 Satz 2 GmbHG nicht immer verboten sein muss.

Geißler, GmbHR 2015, 734 ff.

bb) Haftungsausschluss

258 Der Geschäftsführer kann sich gegen eine Haftung nach § 43 Abs. 2 GmbHG zu seiner **Entlastung** darauf berufen, auf **Weisung** der Gesellschafter oder mit ihrem Einverständnis gehandelt zu haben.

BGH, Urt. v. 26.10.2009 – II ZR 222/08, ZIP 2009, 2335 = NJW 2010, 64 Rn. 10:

An einer Pflichtverletzung i. S. d. § 43 Abs. 1 GmbHG fehlt es grundsätzlich dann, wenn die Gesellschafterversammlung den Geschäftsführer zu dem – später beanstandeten – Verhalten anweist. Soweit der Geschäftsführer dadurch nicht gegen gesetzliche Pflichten – etwa aus §§ 30, 64 GmbHG – verstößt, muss er die Weisung befolgen und haftet der Gesellschaft demgemäß nicht aus § 43 Abs. 2 GmbHG auf Ersatz des dadurch verursachten Schadens.

Dazu EWiR 2010, 151 *(Schodder)*;

BGH, Urt. v. 21.6.1999 – II ZR 47/98, BGHZ 142, 92 = ZIP 1999, 1352 = NJW 1999, 2817;
dazu EWiR 1999, 835 *(Wilhelm)*;

BGH, Urt. v. 10.5.1993 – II ZR 74/92, BGHZ 122, 333 = ZIP 1993, 917 = NJW 1993, 1922;
dazu EWiR 1993, 693 *(Maier-Reimer)*;

BGH, Urt. v. 5.12.1990 – IV ZR 187/89, WM 1991, 645;

BFH, Urt. v. 14.9.1994 – I R 6/94, DB 1995, 249:

Die Haftung nach § 43 GmbHG setzt nicht nur ein pflichtwidriges und schuldhaftes Verhalten des Geschäftsführers voraus. Sie tritt auch dann nicht ein, wenn die Handlung des Geschäftsführers auf einem Beschluss der Gesellschafter oder auf einer für die Geschäftsführung verbindlichen Weisung beruht. Der Geschäftsführer ist nicht befugt, eine Weisung der Gesellschafter zu überprüfen oder ihre Ausführung abzulehnen. Er muss der Weisung auch dann nachkommen, wenn der Gesellschaft durch ihre Ausführung mutmaßlich ein Schaden entsteht. Haftungsbefreiend wirkt die Zustimmung der Gesellschafter auch dann, wenn die Maßnahme vom Geschäftsführer vorgeschlagen wurde. Freistellungswirkung kann auch von Gesellschafterbeschlüssen ausgehen, die keine bindenden Weisungen enthalten, sondern den Geschäftsführer lediglich zu einem bestimmten Verhalten ermächtigen oder einem bestimmten zukünftigen oder vergangenen Verhalten zustimmen.

OLG Brandenburg, Urt. v. 27.1.2015 – 6 U 76/13, GmbHR 2015, 353;
m. Anm. *Peetz*, GmbHR 2015, 356.

Dazu genügt auch ein (stillschweigendes) **Einverständnis** der Gesellschafter. 259

BGH, Urt. v. 9.12.2014 – II ZR 360/13, ZIP 2015, 322 Rn. 15;
dazu EWiR 2015, 207 *(Paefgen/Schneider)*;

BGH, Urt. v. 18.6.2013 – II ZR 86/11, BGHZ 197, 304 = ZIP 2013, 1712 = NJW 2013, 3636 Rn. 33;
dazu EWiR 2013, 775 *(Weipert)*;
m. Anm. *Werner*, GmbHR 2013, 1050;
m. Bespr. *Bachmann*, NZG 2013, 1121;

BGH, Urt. v. 28.4.2008 – II ZR 264/06, BGHZ 176, 204 = ZIP 2008, 1232 = NJW 2008, 2437 Rn. 39 *(*GAMMA*)*;
dazu EWiR 2008, 493 *(Bruns)*;

BGH, Urt. v. 7.4.2003 – II ZR 193/02, ZIP 2003, 945:

Ein Handeln oder Unterlassen des Geschäftsführers im – auch stillschweigenden – Einverständnis mit sämtlichen Gesellschaftern stellt daher grundsätzlich keine (haftungsbegründende) Pflichtverletzung i. S. v. § 43 Abs. 2 GmbHG dar.

(Der Geschäftsführer hatte eine Beaufsichtigung seines Mitgesellschafters und Mitgeschäftsführers in dessen Einverständnis unterlassen).

Dazu EWiR 2004, 443 *(Sinewe)*;
m. Anm. *Blöse*, GmbHR 2003, 715;

BGH, Urt. v. 25.6.2001 – II ZR 38/99, BGHZ 148, 167 = ZIP 2001, 1458 = NJW 2001, 3123;
dazu EWiR 2001, 917 *(Keil)*;
m. Anm. *Harnier*, GmbHR 2001, 774;

BGH, Urt. v. 31.1.2000 – II ZR 189/99, ZIP 2000, 493 = NJW 2000, 1571;

BGH, Urt. v. 15.11.1999 – II ZR 122/98, ZIP 2000, 135 = NJW 2000, 576;

OLG München, Urt. v. 9.8.2018 – 23 U 2936/17, GmbHR 2018, 1058, 1060;

OLG Koblenz, Urt. v. 23.12.2014 – 3 U 1544/13, GmbHR 2015, 357.

Auf das haftungsausschließende Einverständnis der Gesellschafter kann sich der Geschäftsführer gegenüber dem Vorwurf einer Pflichtverletzung aber nicht berufen, wenn er nicht auf Bedenken hingewiesen hatte oder die Gesellschafter vor ihrem Weisungsbeschluss nicht ausreichend **informiert** hat. 260

BGH, Urt. v. 9.12.2014 – II ZR 360/13, ZIP 2015, 322 Rn. 15;
dazu EWiR 2015, 207 *(Paefgen/Schneider)*;

BGH, Urt. v. 18.6.2013 – II ZR 86/11, BGHZ 197, 304 = ZIP 2013, 1712 = NJW 2013, 3636 Rn. 33;
dazu EWiR 2013, 775 *(Weipert)*;
m. Anm. *Werner*, GmbHR 2013, 1050;
m. Bespr. *Bachmann*, NZG 2013, 1121;

OLG Jena, Urt. v. 1.9.1998 – 5 U 1816/97, NZG 1999, 121:

Eine Entlastung des Geschäftsführers bei risikoreichen Existenz bedrohenden Geschäften setzt unabhängig von den Bestimmungen der Satzung voraus, dass seine Handlung in Übereinstimmung mit Gesetz und Satzung auf einem Gesellschafterbeschluss oder einer verbindlichen Weisung beruht. Der Geschäftsführer muss auch seine Bedenken gegen diese Weisung vor deren Ausführung angemessen geltend machen und über Risiken informieren.

261 Will sich der Geschäftsführer gegenüber Schadensersatzforderungen der Gesellschaft darauf berufen, er habe bei seinem gesellschaftsschädigenden Handeln auf Weisung der Gesellschafter gehandelt, so trifft ihn für diese Einlassung **die Beweislast.**

BGH, Urt. v. 28.4.2008 – II ZR 264/06, BGHZ 176, 204 = ZIP 2008, 1232 = NJW 2008, 2437 Rn. 39 (GAMMA).

262 Das Einverständnis eines Vertreters des Gesellschafters entlastet nicht, wenn der Vertreter seine Vollmacht missbraucht hat und der Geschäftsführer dies erkennen konnte.

OLG Koblenz, Urt. v. 20.3.2003 – 6 U 850/00, GmbHR 2003, 1062 (nur LS):

Der Geschäftsführer einer GmbH haftet trotz Befolgung einer Weisung durch Vertreter des Gesellschafters für eine durch ihn herbeigeführte Minderung des Gesellschaftsvermögens, wenn für ihn erkennbar war, dass die Weisung unter Missbrauch der Vertretungsbefugnis erteilt worden ist.

Dazu EWiR 2003, 769 *(Trölitzsch)*.

263 Eine Haftung tritt wegen der Berufung auf rechtmäßiges Alternativverhalten auch nicht ein, wenn der Geschäftsführer zwar kein Einverständnis der Gesellschafter beweisen, aber beweisen kann, dass sie – wenn sie gefragt worden wären – ihr Einverständnis erklärt hätten.

BGH, Urt. v. 18.6.2013 – II ZR 86/11, BGHZ 197, 304 = ZIP 2013, 1712 = NJW 2013, 3636 Rn. 32;
dazu EWiR 2013, 775 *(Weipert)*;
m. Anm. *Werner*, GmbHR 2013, 1050;
m. Bespr. *Bachmann*, NZG 2013, 1121.

Kraft der ausdrücklichen gesetzlichen Regelung entlastet gemäß § 43 Abs. 3 GmbHG eine Weisung der Gesellschaft den Geschäftsführer nicht, wenn er entgegen § 30 GmbHG Zahlungen an die Gesellschafter erbringt und der Ersatz zur Befriedigung der Gesellschaftsgläubiger im Zeitpunkt der Auszahlung erforderlich war.

BGH, Urt. v. 9.12.2014 – II ZR 360/13, ZIP 2015, 322 Rn. 10;
dazu EWiR 2015, 207 *(Paefgen/Schneider)*;

BGH, Urt. v. 23.4.2012 – II ZR 252/10, BGHZ 193, 96 = ZIP 2012, 1071 Rn. 27;
dazu EWiR 2012, 415 *(Paefgen/Dettke)*;
m. Anm. *Röck*, GmbHR 2012, 740;

BGH, Urt. v. 24.11.2003 – II ZR 171/01, BGHZ 157, 72 = ZIP 2004, 263 = NJW 2004, 1111.

264 Auch vor der Haftung nach § 64 Satz 1 und 3 GmbHG für Zahlungen und vor der Haftung für Insolvenzverschleppung nach §§ 15a Abs. 1 Satz 1 InsO, 823 Abs. 2 BGB bewahrt ihn eine Weisung nicht. Die Gesellschafter haften nach §§ 15a Abs. 1 InsO, 823 Abs. 2, 830 Abs. 1 BGB ggf. neben dem Geschäftsfüh-

rer wegen Beihilfe zur Insolvenzverschleppung und im Fall der Zahlungen nach § 64 Satz 3 GmbHG wegen Existenzvernichtung nach § 826 BGB.

cc) Alleingesellschafter und -geschäftsführer

Der geschäftsführende **Alleingesellschafter** haftet der Gesellschaft **nicht persönlich**, solange er außerhalb des Bereichs des § 43 Abs. 3 GmbHG handelt; denn insoweit führt er praktisch eigene Weisungen aus und kann keine Pflichten verletzen. 265

BGH, Urt. v. 26.10.2009 – II ZR 222/08, ZIP 2009, 2335 = NJW 2010, 64 Rn. 11;

BGH, Urt. v. 31.1.2000 – II ZR 189/99, ZIP 2000, 493 = NJW 2000, 1571:

Der geschäftsführende Alleingesellschafter einer GmbH haftet dieser grundsätzlich nicht für die von ihm durch eine Pflichtverletzung gegenüber Dritten verursachte Belastung des Gesellschaftsvermögens mit einer Schadensersatzverpflichtung. Das gilt auch dann, wenn es dadurch zu einer Beeinträchtigung des Stammkapitals kommt.

BGH, Urt. v. 21.6.1999 – II ZR 47/98, BGHZ 142, 92 = ZIP 1999, 1352 = NJW 1999, 2817;

BGH, Urt. v. 10.5.1993 – II ZR 74/92, BGHZ 122, 333 = ZIP 1993, 917 = NJW 1993, 1922;
dazu EWiR 1993, 693 *(Maier-Reimer)*;

BGH, Urt. v. 28.9.1992 – II ZR 299/91, BGHZ 119, 257 = ZIP 1992, 1734 = NJW 1993, 193;
dazu EWiR 1992, 1203 *(Kort)*;

OLG Brandenburg, Urt. v. 27.1.2015 – 6 U 76/13, GmbHR 2015, 353;
m. Anm. *Peetz*, GmbHR 2015, 356;

OLG Koblenz, Urt. v. 23.12.2014 – 3 U 1544/13, GmbHR 2015, 357;

LG München II, Urt. v. 26.1.2017 – 3 O 3420/15, ZIP 2017, 1668, 1669.

Der Wille einer GmbH wird durch denjenigen ihrer Gesellschafter gebildet. Ein damit konformes Verhalten des Geschäftsführers – welches bei einem Alleingesellschafter denknotwendig vorliegt – kann deshalb auch keine zum Schadensersatz führende Pflichtverletzung gegenüber der GmbH sein. 266

Diese Grundsätze sollen auch dann gelten, wenn der Geschäftsanteil treuhänderisch gehalten wird. 267

OLG Brandenburg, Urt. v. 27.1.2015 – 6 U 76/13, GmbHR 2015, 353;
m. Anm. *Peetz*, GmbHR 2015, 356.

Ein Alleingesellschafter haftet der Gesellschaft aber dann, wenn sein Handeln ein existenzvernichtender Eingriff ist (siehe Rn. 890 ff.), oder nach § 43 Abs. 3 GmbHG. 268

5. Pflichtverletzung nach § 43 Abs. 3 GmbHG

a) Erhaltung des Stammkapitals

269 Der Geschäftsführer haftet der Gesellschaft nach § 43 Abs. 3 GmbHG, wenn er der Bestimmung des § 30 GmbHG zuwider Zahlungen an die Gesellschafter aus dem zur Erhaltung des Stammkapitals erforderlichen Vermögen leistet. Sinn und Zweck der Bestimmung ist es, das Vermögen der Gesellschaft bis zur Höhe der Stammkapitalziffer dem Zugriff der Gesellschafter zu entziehen; damit soll nach Möglichkeit der GmbH ein ihren Bestand schützendes Mindestbetriebsvermögen und ihren Gläubigern eine Befriedigungsreserve gesichert werden.

> BGH, Urt. v. 24.11.2003 – II ZR 171/01, BGHZ 157, 72 = ZIP 2004, 263 = NJW 2004, 1111 („Novemberurteil");
> m. Anm. *Bähr/Hoos*, GmbHR 2004, 304;
> dazu auch EWiR 2004, 911 *(Schöne/Stolze)*.

270 Der Geschäftsführer der Komplementär-GmbH haftet nach § 43 Abs. 3 GmbHG für nach § 30 Abs. 1 GmbHG verbotene Auszahlungen aus dem Vermögen der Kommanditgesellschaft an einen Gesellschafter der Komplementär-GmbH auch gegenüber der Kommanditgesellschaft.

> BGH, Urt. v. 21.3.2017 – II ZR 93/16, BGHZ 214, 258 = ZIP 2017, 971 Rn. 12;
> dazu EWiR 2017, 585 *(K. Schmidt)*;
> m. Anm. *Bormann*, GmbHR 2017, 646;
> m. Bespr. *Verse*, GmbHR 2018, 113;
>
> BGH, Urt. v. 9.12.2014 – II ZR 360/13, ZIP 2015, 322 Rn. 12;
> dazu EWiR 2015, 207 *(Paefgen/Schneider)*.

271 Dem Geschäftsführer ist es verboten, Aktivvermögen der Gesellschaft an die Gesellschafter herauszugeben, wenn und soweit dadurch eine Unterdeckung herbeigeführt oder noch weiter vertieft wird.

> BGH, Urt. v. 5.2.1990 – II ZR 114/89, ZIP 1990, 451 = NJW 1990, 1730;
> dazu EWiR 1990, 481 *(Joost)*.

272 Aktivvermögen der GmbH kann bei einer GmbH & Co. KG auch dadurch herausgegeben werden, dass an einen GmbH-Gesellschafter oder Kommanditisten etwas aus dem Vermögen der Kommanditgesellschaft gezahlt wird.

> BGH, Urt. v. 9.12.2014 – II ZR 360/13, ZIP 2015, 322 Rn. 12:

Eine Zahlung aus dem Vermögen der Kommanditgesellschaft an einen Gesellschafter der Komplementär-GmbH oder einen Kommanditisten ist eine nach § 30 Abs. 1 GmbHG verbotene Auszahlung, wenn dadurch das Vermögen der GmbH unter die Stammkapitalziffer sinkt oder eine bilanzielle Überschuldung vertieft wird. Das ist die Konsequenz daraus, dass die GmbH als persönlich haftende Gesellschafterin der Kommanditgesellschaft für deren Verbindlichkeiten haftet und entsprechende Passivposten bilden muss. Andererseits kann sie den gegen die Kommanditgesellschaft gerichteten Freistellungsanspruch aus § 161 Abs. 2, § 110 HGB in ihrer Bilanz aktivieren. Führt eine Leistung der Kommanditgesellschaft an einen Gesellschafter zur Aushöhlung des Vermögens der Kommanditgesellschaft, so ist der Freistellungsanspruch der GmbH nicht mehr durchsetzbar und in der Bilanz nicht aktivierbar, so dass eine Unterbilanz oder Überschuldung entstehen oder vertieft werden kann.

Dazu EWiR 2015, 207 *(Paefgen/Schneider)*.

Das gilt grundsätzlich auch dann, wenn neben der GmbH noch eine natürliche Person Komplementär ist und persönlich haftet, es sei denn, der Zahlungsempfänger ist nur Kommanditist und nicht auch noch GmbH-Gesellschafter. 273

BGH, Urt. v. 9.12.2014 – II ZR 360/13, ZIP 2015, 322 Rn. 10;
dazu EWiR 2015, 207 *(Paefgen/Schneider)*.

Eine **Unterdeckung** liegt vor, sobald das Nettovermögen der Gesellschaft, also ihr gesamtes Aktivvermögen abzüglich der Summe aller Verbindlichkeiten einschließlich der Rückstellungen, aber ohne Rücklagen, in seinem rechnerischen Wert unter die Ziffer des Stammkapitals sinkt. Für die Wertbestimmung unter diesem Gesichtspunkt dürfen keine stillen Reserven, gemäß § 248 Abs. 2 HGB keine immateriellen Vermögensgegenstände, die nicht entgeltlich erworben worden sind, und auch nicht ein derivativ erworbener Firmenwert zugrunde gelegt werden. Maßgeblich sind danach die allgemeinen Grundsätze für die Jahresbilanz, nicht eine besondere Überschuldungsbilanz. 274

BGH, Urt. v. 29.9.2008 – II ZR 234/07, ZIP 2008, 2217
= NJW 2009, 68 Rn. 11:

Das gemäß § 30 GmbHG gebundene Gesellschaftsvermögen ist … nach den allgemeinen für die Jahresbilanz geltenden Grundsätzen festzustellen.

BGH, Urt. v. 11.12.1989 – II ZR 78/89, BGHZ 109, 334
= ZIP 1990, 307 = NJW 1990, 1109;

BGH, Urt. v. 7.11.1988 – II ZR 46/88, BGHZ 106, 7 = ZIP 1989, 95 = NJW 1989, 982;
dazu EWiR 1989, 587 *(Koch)*;

KG, Urt. v. 3.4.2000 – 23 U 865/98, NZG 2000, 1224.

Gesellschafterdarlehen sind dazu immer zu passivieren, auch wenn der Gesellschafter einen Rangrücktritt erklärt hat. 275

BGH, Urt. v. 29.9.2008 – II ZR 234/07, ZIP 2008, 2217
= NJW 2009, 68 Rn. 11;
dazu EWiR 2009, 23 *(Kort)*;

BGH, Urt. v. 8.1.2001 – II ZR 88/99, BGHZ 146, 264 = ZIP 2001, 235 m. Anm. *Altmeppen* = NJW 2001, 1280;
m. Anm. *Felleisen*, GmbHR 2001, 190;
dazu EWiR 2001, 329 *(Priester)*.

Darlehen an die Gesellschafter sind mit dem wahren Wert des Rückzahlungsanspruchs einzusetzen. 276

BGH, Urt. v. 23.4.2012 – II ZR 252/10, BGHZ 193, 96
= ZIP 2012, 1071 Rn. 25;
dazu EWiR 2012, 415 *(Paefgen/Dettke)*;
m. Anm. *Röck*, GmbHR 2012, 740.

277 Das gilt trotz § 43a GmbHG auch für Darlehen an den Geschäftsführer.

> BGH, Urt. v. 23.4.2012 – II ZR 252/10, BGHZ 193, 96 = ZIP 2012, 1071 Rn. 39;
> dazu EWiR 2012, 415 *(Paefgen/Dettke)*;
> m. Anm. *Röck*, GmbHR 2012, 740.

278 Steht ein Verstoß des Geschäftsführers gegen das Rückzahlungsverbot des § 30 GmbHG fest, hat er sich dahingehend zu entlasten, dass ihn an der rechtswidrigen Auszahlung kein Verschulden trifft.

> BGH, Urt. v. 22.9.2003 – II ZR 229/02, ZIP 2003, 2068 = NJW 2003, 3629;
> dazu EWiR 2004, 383 *(Franz Wagner)*.

279 Es gilt der **objektive Verschuldensbegriff**, sodass der Geschäftsführer sich zu seiner Entlastung nicht auf seine mangelnde Sachkenntnis berufen kann.

280 Es ist darauf abzustellen, was von einem Geschäftsführer in der jeweiligen Situation erwartet werden durfte, ohne Rücksicht darauf, ob er nach seinen individuellen Fähigkeiten, Kräften, Erfahrungen und Kenntnissen die objektiv gebotene Sorgfalt erkennen und erbringen konnte. Dass es sich um eine Familiengesellschaft handelt, entlastet den Geschäftsführer nicht.

> A. A. OLG Frankfurt, Urt. v. 20.2.2003 – 3 U 37/99, GmbHR 2004, 53;
> m. abl. Anm. *Blöse*, GmbHR 2004, 55.

281 Der Geschäftsführer kann sich auch nicht darauf berufen, dass Mitgeschäftsführer oder andere Mitarbeiter die Auszahlungen vorgenommen haben.

> BGH, Urt. v. 25.6.2001 – II ZR 38/99, BGHZ 148, 167 = ZIP 2001, 1458 = NJW 2001, 3123:

Der Geschäftsführer hat nicht nur eigene verbotene Auszahlungen zu unterlassen, sondern aufgrund seiner Überwachungspflicht dafür zu sorgen, dass solche Auszahlungen auch nicht von Mitgeschäftsführern oder anderen zur Vertretung der Gesellschaft ermächtigten Personen – unter Einschluss der Prokuristen (§ 48 ff. HGB) und Handlungsbevollmächtigten (§ 54 GmbHG) – vorgenommen werden, wie das auch in der passivischen Fassung der §§ 30, 43 Abs. 3, 64 Abs. 2 GmbHG zum Ausdruck kommt.

> Dazu EWiR 2001, 917 *(T. Keil)*.

282 Den Geschäftsführer entlastet auch nicht, dass er auf **Weisung** der Gesellschafter gehandelt hat, da er einer solchen Weisung nicht Folge leisten darf (§ 43 Abs. 3 Satz 3 GmbHG). Allerdings muss dann der Ersatzbetrag zur Gläubigerbefriedigung bei Auszahlung erforderlich gewesen sein.

> BGH, Urt. v. 23.4.2012 – II ZR 252/10, BGHZ 193, 96 = ZIP 2012, 1071 Rn. 27;
> dazu EWiR 2012, 415 *(Paefgen/Dettke)*;
> m. Anm. *Röck*, GmbHR 2012, 740;
>
> BGH, Urt. v. 24.11.2003 – II ZR 171/01, BGHZ 157, 72 = ZIP 2004, 263 = NJW 2004, 1111.

283 Selbst wenn er mit der Gesellschaft eine **Haftungsbeschränkung** vereinbart hat, entbindet ihn das nicht von seiner Haftung, da sie nicht bei einem Verstoß gegen die im Gläubigerinteresse geschaffenen Kapitalerhaltungsvorschriften greift.

Vgl. BGH, Urt. v. 7.4.2003 – II ZR 193/02, ZIP 2003, 945:

Dass durch den Anspruchsverzicht das Vermögen der Gesellschaft und damit ihr Haftungsfonds im Verhältnis zu ihren Gläubigern geschmälert werden, nimmt das Gesetz hin, soweit nicht der Verzicht auf eine gemäß § 30 GmbHG verbotene Auszahlung an einen Gesellschaftergeschäftsführer hinausläuft.

Dazu EWiR 2004, 443 *(Sinewe)*.

284 Der **Gesellschafter,** der die unberechtigten Leistungen der Gesellschaft in Anspruch genommen hat, haftet nach § 31 GmbHG **gesamtschuldnerisch** mit dem Geschäftsführer.

285 Der Geschäftsführer haftet ebenso wie der Empfänger der rechtswidrigen Einlagenrückgewähr nicht nur auf den Betrag des Stammkapitals, sondern muss den zur **Deckung des Stammkapitals** erforderlichen Betrag wieder aufbringen, also den zur Beseitigung der Überschuldung erforderlichen Betrag zuzüglich des Nominalkapitals, wenn eine verbotene Ausschüttung in entsprechender Höhe vorausgegangen ist.

Vgl. *Altmeppen*, ZIP 2002, 961 m. w. N.

286 Hat der Geschäftsführer einem Gesellschafter rechtswidrig eine Leistung i. S. d. § 30 GmbHG erbracht, und kann die Gesellschaft diese Leistung von dem Gesellschafter nicht zurückbekommen, so haften dessen Mitgesellschafter gemäß § 31 Abs. 3 GmbHG verschuldensunabhängig für den zu erstattenden Betrag, zumindest in dem Umfang, als er zur Befriedigung der Gesellschaftsgläubiger benötigt wird. Diesen Mitgesellschaftern ist dann gemäß § 31 Abs. 6 GmbHG wiederum der Geschäftsführer ersatzpflichtig, vorausgesetzt, dass ihn bei der rechtswidrigen Leistung ein Verschulden traf.

Vgl. *Tamm/Fangerow*, BB 2012, 1944, 1948 f.

287 Die Ausfallhaftung (schuldloser) Mitgesellschafter erfasst nicht den gesamten durch Eigenkapital nicht gedeckten Fehlbetrag, sondern ist gemäß § 31 Abs. 3 GmbHG auf den Betrag des Stammkapitals beschränkt.

BGH, Urt. v. 25.2.2002 – II ZR 196/00, BGHZ 150, 61 = ZIP 2002, 848 = NJW 2002, 1803;
vgl. dazu *Blöse*, GmbHR 2002, 1107.

288 Nehmen **andere Mitarbeiter des Unternehmens** eine solche Rückzahlung vor, so kommt ihre Haftung nach § 43 Abs. 3 GmbHG nicht in Betracht, weil sie kein Organ der Gesellschaft sind; sie können aber wegen Verletzung ihrer Pflichten aus dem Anstellungsvertrag nach § 280 Abs. 1 BGB haften. So kann etwa auch vom Prokurist, der die Auszahlung vorgenommen hat, Schadensersatz verlangt werden.

OLG Karlsruhe, Urt. v. 14.1.1999 – 9 U 247/96, NZG 1999, 454.

289 Diese Entscheidung hat der BGH zwar aufgehoben, jedoch nicht infrage gestellt, dass eine Haftung eines Prokuristen aus positiver Vertragsverletzung seines Anstellungsvertrags infrage kommt.

BGH, Urt. v. 25.6.2001 – II ZR 38/99, BGHZ 148, 167 = ZIP 2001, 1458 = NJW 2001, 3123:

Ein Prokurist kann jedoch aus positiver Vertragsverletzung seines Anstellungsvertrages haftbar sein, wenn er eine (unter § 30 GmbHG fallende) Auszahlung an einen Gesellschafter entgegen einer Weisung des Geschäftsführers vornimmt; ebenso, wenn er ohne Weisung des Geschäftsführers „an ihm vorbei“ handelt, obwohl er weiß oder sich ihm nach den Umständen aufdrängt, dass er von dem Leistungsempfänger für unlautere Machenschaften unter Umgehung des Geschäftsführers zum (erheblichen) Nachteil der Gesellschaft in Anspruch genommen wird. Er haftet dagegen nicht, wenn er auf Weisung oder mit dem erklärten Einverständnis des Geschäftsführers handelt und die Voraussetzungen einer deliktischen Haftung gemäß §§ 826, 823 Abs. 2 BGB i. V. m. § 266 StGB, die auch sonst unberührt bleiben, bei ihm nicht vorliegen. Er haftet entsprechend § 43 Abs. 3 Satz 3 GmbHG beschränkt, wenn er ohne Weisung des Geschäftsführers, aber in Befolgung eines Gesellschafterbeschlusses gehandelt hat.

Vgl. dazu *Keil*, EWiR 2001, 917;
m. Anm. *Müller*, ZGR 2003, 441;

OLG Brandenburg, Urt. v. 26.2.2002 – 11 U 141/01, ZIP 2002, 1530.

290 Ist der Geschäftsführer wegen Verletzung von §§ 30, 43 Abs. 3 GmbHG in Anspruch genommen worden, so kommt ein Regressanspruch gegen den Gesellschafter in Betracht, der der Gesellschaft gemäß § 31 Abs. 1 GmbHG zur Rückzahlung des Geleisteten verpflichtet ist. Daneben besteht eine Ausfallhaftung der übrigen Gesellschafter nach § 31 Abs. 3 GmbHG; diese Haftung beschränkt sich allerdings nach BGH ZIP 2002, 848 auf den Betrag der Stammkapitalziffer.

291 Hinsichtlich der Ausfallhaftung kann in einer auf §§ 30, 31 GmbHG gestützten Klage sogleich auf Feststellung nach § 256 ZPO geklagt werden.

BGH, Urt. v. 22.9.2003 – II ZR 229/02, ZIP 2003, 2068 = NJW 2003, 3629.

b) Auszahlung

aa) Zahlung

292 Das Gesellschaftsvermögen ist durch § 30 GmbHG nicht in seiner gegenständlichen Zusammensetzung, sondern lediglich in seinem rechnerischen Wert geschützt (**bilanzielle Betrachtungsweise**). Daher sind Zahlungen i. S. d. § 30 GmbHG bilanzwirksame Leistungen jeder Art, denen keine gleichwertige Gegenleistung gegenübersteht (arg. ex. § 30 Abs. 1 Satz 2 GmbHG).

BGH, Urt. v. 22.3.2010 – II ZR 12/08, BGHZ 185, 44 = NJW 2010, 1948 Rn. 61 (*AdCoCom*);

BGH, Urt. v. 14.12.1959 – II ZR 187/57, BGHZ 31, 258 = NJW 1960, 285;

KG, Urt. v. 3.4.2000 – 23 U 865/98, NZG 2000, 1224, 1225:

Ob ein normales Austauschgeschäft oder eine verdeckte Ausschüttung von Gesellschaftsvermögen vorliegt, richtet sich danach, ob ein gewissenhaft nach kaufmännischen Grundsätzen handelnder Geschäftsführer das Geschäft unter sonst gleichen Umständen zu gleichen Bedingungen auch mit einem Nichtgesellschafter abgeschlossen hätte, ob die Leistung also durch betriebliche Gründe gerechtfertigt war.

Bei an sich bilanzneutralen Austauschgeschäften mit dem Gesellschafter ist **293** aber darauf zu achten, dass die Leistung der Gesellschaft nicht werthaltiger als die Gegenleistung ist, wenn etwa ein Gegenstand zum Buchwert statt zu seinem wirklichen Wert an den Gesellschafter verkauft wird.

Wicke, GmbHG, § 30 Rn. 13;
Bormann/Urlichs, GmbHR Sonderheft Oktober 2008, 37, 48;
Gehrlein, Das neue GmbH-Recht, Rn. 58.

Keine Zahlung i. S. d. § 30 Abs. 1 GmbHG ist die Auszahlung des vertraglich **294** eingeräumten **Vergütungsanspruchs** an den Geschäftsführer, auch dann nicht, wenn dafür das Stammkapital angegriffen werden muss. Das gilt aber nur, soweit ihnen mit der Dienstleistung eine gleichwertige Gegenleistung gegenüberstand, nicht bei einer überhöhten Vergütung, soweit sie eine verkappte Auszahlung ohne Gegenleistung ist.

BGH, Urt. v. 15.6.1992 – II ZR 88/91, ZIP 1992, 1152
= NJW 1992, 2894;
dazu EWiR 1992, 825 *(Fleck)*.

Bei einer wesentlichen Verschlechterung der wirtschaftlichen Verhältnisse **295** der Gesellschaft kann ein Geschäftsführer aber verpflichtet sein, einer Herabsetzung seiner Bezüge zuzustimmen.

BGH, Urt. v. 15.6.1992 – II ZR 88/91, ZIP 1992, 1152
= NJW 1992, 2894.

Eine Zahlung i. S. d. § 30 Abs. 1 GmbHG ist auch die Tilgung von **Gesellschafterschulden** bei einem Dritten mit Gesellschaftsmitteln. **296**

BGH, Urt. v. 29.9.2008 – II ZR 234/07, ZIP 2008, 2217
= NJW 2009, 68 Rn. 8;
weitere Beispiele bei
de Angelis/Bodenbrenner, MDR 2003, 1145, 1146.

Eine Leistung kann auch die Bestellung einer **Sicherheit** für den Gesellschafter sein. **297** Bei einem vollwertigen Rückgriffsanspruch gegen den Gesellschafter schließt aber § 30 Abs. 1 Satz 2 GmbHG eine Leistung bei bilanzieller Betrachtung aus, weil einer zu bildenden Rückstellung dann der Freistellungsanspruch gegenübersteht. Maßgebend ist die Bewertung im Zeitpunkt der Sicherheitsbestellung, nicht der Verwertung.

BGH, Urt. v. 21.3.2017 – II ZR 93/16, BGHZ 214, 258 = ZIP 2017, 971 Rn. 14;
dazu EWiR 2017, 585 *(K. Schmidt)*;
m. Anm. *Bormann*, GmbHR 2017, 646;
m. Bespr. *Verse*, GmbHR 2018, 113.

Bei einem Wertverfall des Freistellungsanspruchs stellt sich wie bei der Dar- **298** lehensgewährung an den Gesellschafter die Frage, ob der Geschäftsführer aktiv werden muss und für eine Ablösung der Sicherheit oder eine Besicherung des Freistellungsanspruchs sorgen muss (siehe Rn. 310 ff.).

299 Eine Auszahlung kann schließlich auch darin liegen, dass auf eine Forderung gegen den Gesellschafter **verzichtet** wird oder sie im Wege der Säumnis prozessual durch Geschehenlassen eines klageabweisenden Versäumnisurteils fallen gelassen wird.

> BGH, Urt. v. 9.2.2009 – II ZR 292/07, BGHZ 179, 344 = ZIP 2009, 802 = NJW 2009, 2127 Rn. 42 (Sanitary).

300 Empfänger der Leistung muss nicht immer der Gesellschafter persönlich sein. Eine Auszahlung an einen Gesellschafter kann auch vorliegen, wenn an ein mit dem Gesellschafter verbundenes Unternehmen geleistet wird.

> BGH, Urt. v. 20.3.1986 – II ZR 114/85, ZIP 1987, 1050:

Der Mitgeschäftsführer K. hat seine Geschäftsführerpflicht nicht allein deshalb verletzt, weil er die von der Klägerin gelieferten Geräte an eine Gesellschaft weiterveräußert hat, bei der von vornherein feststand, dass sie zahlungsunfähig war und deshalb den Kaufpreis nicht werde zahlen können; durch die Auslieferung der Geräte an die KCS GmbH hat K. zugleich das zur Erhaltung des Stammkapitals erforderliche Vermögen an sich als Gesellschafter ausgezahlt und damit – entgegen einer im anderen Zusammenhang geäußerten Ansicht des Berufungsgerichts – gegen § 30 GmbHG verstoßen.

> Dazu EWiR 1986, 587 *(Weipert)*.

bb) Darlehen an Gesellschafter

301 Die Auszahlung eines Darlehens an den Gesellschafter unter Herbeiführung einer Unterbilanz ist nach der ausdrücklichen Regelung in § 30 Abs. 1 Satz 2 GmbHG keine Auszahlung, wenn ein Beherrschungs- und Gewinnabführungsvertrag mit dem Gesellschafter besteht oder wenn ein vollwertiger Rückzahlungsanspruch besteht. Damit sollte vor allem die Teilnahme von Tochtergesellschaften an Cash-Pools innerhalb eines Konzerns erleichtert werden.

302 Die Darlehensgewährung an den Gesellschafter bei vollwertigem Rückzahlungsanspruch ist auch dann keine Auszahlung, wenn vor dem Inkrafttreten des MoMiG gezahlt wurde, da es sich in § 30 Abs. 1 Satz 2 GmbHG um eine Klarstellung des Gesetzgebers handelt.

> BGH, Urt. v. 1.12.2008 – II ZR 102/07, BGHZ 179, 71 = ZIP 2009, 70 = NJW 2009, 850 Rn. 12 (MPS);
> dazu EWiR 2009, 129 *(Blasche)*;
> a. A. *Spliedt*, ZIP 2009, 149, 150.

303 **Vollwertigkeit** ist bilanzrechtlich zu verstehen und liegt vor, wenn dem Rückgewähranspruch unter Berücksichtigung der Bonität des Darlehensnehmers kein über das allgemeine Kreditrisiko hinausgehendes Risiko anhaftet oder hinreichende Sicherheiten bestehen. Maßstab dafür ist eine vernünftige kaufmännische Beurteilung, wie sie auch bei der Bewertung von Forderungen aus Drittgeschäften im Rahmen der Bilanzierung maßgeblich ist.

BGH, Urt. v. 1.12.2008 – II ZR 102/07, BGHZ 179, 71 = ZIP 2009, 70 = NJW 2009, 850 Rn. 13 (MPS);
Mülbert/Leuschner, NZG 2009, 281, 282.
Vgl. zur Bilanzierung auch BGH, Urt. v. 23.4.2012 – II ZR 252/10, BGHZ 193, 96 = ZIP 2012, 1071 Rn. 25;
dazu EWiR 2012, 415 *(Paefgen/Dettke)*;
m. Anm. *Röck*, GmbHR 2012, 74.

Ist der Gesellschafter gleichzeitig Geschäftsführer, ist der Darlehensrückzahlungsanspruch gegen den Geschäftsführer bei der Prüfung, ob die an ihn zu zahlende Darlehensvaluta aus ungebundenem Vermögen geleistet werden kann, als nicht werthaltig zu unterstellen und darf damit – insoweit – nicht aktiviert werden. 304

BGH, Urt. v. 23.4.2012 – II ZR 252/10, BGHZ 193, 96 = ZIP 2012, 1071 Rn. 35;
dazu EWiR 2012, 415 *(Paefgen/Dettke)*;
m. Anm. *Röck*, GmbHR 2012, 740.

Das Darlehen an den Gesellschafter muss nicht verzinst werden, um vollwertig zu sein. 305

Einschränkend *Mülbert/Leuschner*, NZG 2009, 281, 282;
Kiefner/Theusinger, NZG 2008, 801, 804;
Bormann/Urlichs, GmbHR Sonderheft Oktober 2008, 37, 48;
a. A. *Gehrlein*, Das neue GmbH-Recht, Rn. 56.

Im Verzicht auf eine Verzinsung kann aber eine Eigenkapitalauszahlung liegen. Ein Darlehen ist nach § 488 Abs. 1 Satz 2 BGB regelmäßig verzinslich. 306

Wicke, GmbHG, § 30 Rn. 10;
Spliedt, ZIP 2009, 149, 150;
Gehrlein, Das neue GmbH-Recht, Rn. 56.

Ausgezahlt wird dann aber erst zum Zinsfälligkeitszeitpunkt (dazu § 488 Abs. 2 BGB). 307

Dass die Rückforderung auch **liquide** sein muss, also jederzeit fällig ist oder fällig gestellt werden kann, verlangt das Gesetz im Gegensatz zu § 19 Abs. 5 GmbHG nicht. Daher sind auch längerfristige Darlehensvergaben nicht ausgeschlossen. Die Kündigungsmöglichkeit nach § 490 Abs. 1 BGB darf aber nicht abbedungen werden. 308

Bormann/Urlichs, GmbHR Sonderheft Oktober 2008, 37, 48.

Maßgeblich ist der **Zeitpunkt der Valutierung.** Die nachträgliche Verschlechterung der Erfüllungsaussichten des Rückzahlungsanspruchs begründet keine Leistung. 309

BT-Drucks. 16/6140, S. 41;
Mülbert/Leuschner, NZG 2009, 281, 282;
Gehrlein, Das neue GmbH-Recht, Rn. 57.

Der Geschäftsführer ist aber verpflichtet, die Bonitätsentwicklung des Gesellschafters zu beobachten und bei einer **Verschlechterung** das Darlehen fällig zu stellen oder nachträglich Sicherheiten zu verlangen. 310

BGH, Urt. v. 21.3.2017 – II ZR 93/16, BGHZ 214, 258 = ZIP 2017, 971 Rn. 22;
dazu EWiR 2017, 585 (*K. Schmidt*);
m. Anm. *Bormann*, GmbHR 2017, 646;
m. Bespr. *Verse*, GmbHR 2018, 113;
BGH, Urt. v. 1.12.2008 – II ZR 102/07, BGHZ 179, 71 = ZIP 2009, 70 = NJW 2009, 850 Rn. 14 (MPS);
dazu EWiR 2009, 129 (*Blasche*).

311 Bei umfangreichen langfristigen Darlehen oder bei einem Cash-Management kann das die Einrichtung eines geeigneten Informations- oder „Frühwarnsystems“ zwischen Mutter- und Tochtergesellschaft erforderlich machen.

BGH, Urt. v. 1.12.2008 – II ZR 102/07, BGHZ 179, 71 = ZIP 2009, 70 = NJW 2009, 850 Rn. 14 (MPS).

312 Noch nicht restlos geklärt sind die Konsequenzen, wenn der Geschäftsführer die **Kündigung unterlässt**. Jedenfalls haftet er nach § 43 Abs. 2 GmbHG.

Vgl. BGH, Urt. v. 1.12.2008 – II ZR 102/07, BGHZ 179, 71 = ZIP 2009, 70 = NJW 2009, 850 Rn. 14 (MPS).

313 Eine Haftung nach § 43 Abs. 2 GmbHG könnte durch die Weisung des Gesellschafters ausgeschlossen werden. Daher wird darüber diskutiert, im Unterlassen der Rückforderung eine Leistung nach § 30 Abs. 1 GmbHG zu sehen mit der Folge, dass der Geschäftsführer nach § 43 Abs. 3 GmbHG haftet und eine Weisung der Gesellschafter unbeachtlich bliebe.

Mülbert/Leuschner, NZG 2009, 281, 282;
Gundlach/Frenzel/Strandmann, NZI 2008, 647, 649;
Altmeppen, ZIP 2009, 49, 54.

314 In anderem Zusammenhang hat der BGH bereits im Verzicht oder im prozessualen Fallenlassen eines Anspruchs eine Leistung i. S. v. § 30 GmbHG gesehen.

BGH, Urt. v. 9.2.2009 – II ZR 292/07, BGHZ 179, 344 = ZIP 2009, 802 = NJW 2009, 2127 Rn. 42 (Sanitary).

315 Andere sehen im Unterlassen der Rückforderung eine Zahlung nach § 64 Satz 3 GmbHG.

Greulich/Rau, NZG 2008, 284, 287.

316 Im Zusammenhang mit der Gewährung einer Sicherheit hat der Bundesgerichtshof entschieden, dass die bloße Unterlassung, einen Befreiungs-, Rückgriffs- oder Sicherungsanspruch gegen den Gesellschafter geltend zu machen, keine Auszahlung i. S. d. § 30 Abs. 1 Satz 1 GmbHG ist.

BGH, Urt. v. 21.3.2017 – II ZR 93/16, BGHZ 214, 258 = ZIP 2017, 971 Rn. 23;
dazu EWiR 2017, 585 (*K. Schmidt*);
m. Anm. *Bormann*, GmbHR 2017, 646;
m. Bespr. *Verse*, GmbHR 2018, 113.

317 Inwieweit die Pflicht zur Rückforderung des Darlehens bei Verschlechterung der Bonität des Gesellschafters bzw. der Muttergesellschaft praktische Bedeutung erlangt, ist fraglich. Wenn die Obergesellschaft oder der Gesellschafter in die Krise gerät und der Geschäftsführer das Darlehen oder den Cash-Pool kündigt, steht die Tochter im Wettstreit mit den übrigen Gläubigern der Mutter bzw. des Gesellschafters und wird im Zweifel ausfallen.

Drygala/Kremer, ZIP 2007, 1289, 1291.

Eine Haftung des Geschäftsführers kommt daher bei der Insolvenzverschleppung in der Obergesellschaft in Betracht; richtet sich die Haftung nach § 43 Abs. 3 GmbHG, fehlt ein Schaden, wenn die GmbH auch bei sofortiger Darlehenskündigung ausgefallen wäre; im Fall von § 64 Satz 3 GmbHG kommt es auf einen Schaden nicht an, aber das Unterlassen der Rückforderung war nicht ursächlich für die Zahlungsunfähigkeit der Tochter, wenn sie auch bei rechtzeitiger Geltendmachung eingetreten wäre. **318**

Die Ausreichung eines Darlehens an den Gesellschafter bleibt außerhalb eines Beherrschungs- oder Gewinnabführungsvertrags pflichtwidrig, wenn der Rückgewähranspruch nicht vollwertig ist, und führt zur Haftung des Geschäftsführers nach § 43 Abs. 3 GmbHG. Ein Beurteilungsspielraum steht dem Geschäftsführer dabei nicht zu, auch entlastet ihn eine Weisung oder der Wunsch des Gesellschafters nicht. **319**

Nach dem Wortlaut von § 30 Abs. 1 Satz 2 GmbHG kommt es bei Bestehen eines **Beherrschungs- oder Gewinnabführungsvertrags** mit dem Leistungsempfänger auch bei einem nicht vollwertigen Rückzahlungsanspruch nicht zu einer Auszahlung. Das rechtfertigt aber jedenfalls eine Zahlung an eine insolvente Obergesellschaft nicht. **320**

Bormann/Urlichs, GmbHR Sonderheft Oktober 2008, 37, 47.

Der Geschäftsführer muss außerdem überwachen, ob die Obergesellschaft solvent bleibt, für entsprechende Informationen sorgen und ggf. den Darlehensvertrag und den Beherrschungs- und Gewinnabführungsvertrag kündigen. **321**

Zu § 311 AktG BGH, Urt. v. 1.12.2008 – II ZR 102/07, BGHZ 179, 71 = ZIP 2009, 70 = NJW 2009, 850 Rn. 14 (MPS); *Bormann/Urlichs*, GmbHR Sonderheft Oktober 2008, 37, 47.

cc) Besicherung von Gesellschafterdarlehen

Die Besicherung eines Gesellschafterdarlehens ist wie die Gewährung eines Darlehens zu behandeln. Die Bestellung einer dinglichen Sicherheit kann eine Auszahlung i. S. v. § 30 Abs. 1 Satz 1 GmbHG sein. Nach § 30 Abs. 1 Satz 2 GmbHG liegt keine Auszahlung vor, wenn der Anspruch der Gesellschaft gegen ihren Gesellschafter, sie von der Inanspruchnahme der Sicherheit bei Fälligkeit des Darlehens freizustellen, vollwertig ist. **322**

BGH, Urt. v. 21.3.2017 – II ZR 93/16, BGHZ 214, 258 = ZIP 2017, 971 Rn. 18;
dazu EWiR 2017, 585 *(K. Schmidt)*;

m. Anm. *Bormann*, GmbHR 2017, 646;
m. Bespr. *Verse*, GmbHR 2018, 113.

323 Als Auszahlungszeitpunkt kommt regelmäßig die Bestellung der Sicherheit in Betracht, nicht die Verwertung und auch nicht schon die Verpflichtung zur Stellung einer Sicherheit.

BGH, Urt. v. 21.3.2017 – II ZR 93/16, BGHZ 214, 258 = ZIP 2017, 971 Rn. 14;
dazu EWiR 2017, 585 *(K. Schmidt)*;
m. Anm. *Bormann*, GmbHR 2017, 646;
m. Bespr. *Verse*, GmbHR 2018, 113;
a. A. (Zeitpunkt der Verpflichtung maßgebend) *Altmeppen*, ZIP 2017, 1977.

324 Wenn der Freistellungsanspruch bei der Bestellung der Sicherheit nicht werthaltig ist, liegt eine Auszahlung vor. Verboten ist sie (mit der Folge eines Anspruchs der Gesellschaft gegen den Gesellschafter nach § 31 GmbHG und gegen den Geschäftsführer nach § 43 Abs. 3 GmbHG) nur, soweit durch die rechnerische Unterdeckung eine Unterbilanz herbeigeführt oder vertieft wird.

BGH, Urt. v. 21.3.2017 – II ZR 93/16, BGHZ 214, 258 = ZIP 2017, 971 Rn. 20;
dazu EWiR 2017, 585 *(K. Schmidt)*;
m. Anm. *Bormann*, GmbHR 2017, 646;
m. Bespr. *Verse*, GmbHR 2018, 113.

325 Wenn der Freistellungsanspruch bei der Bestellung der Sicherheit werthaltig ist, ist wie bei der Gewährung eines Darlehens eine spätere Verschlechterung der Vermögenslage des Gesellschafters für das Vorliegen einer Auszahlung grundsätzlich nicht von Bedeutung.

BGH, Urt. v. 21.3.2017 – II ZR 93/16, BGHZ 214, 258 = ZIP 2017, 971 Rn. 21;
dazu EWiR 2017, 585 *(K. Schmidt)*;
m. Anm. *Bormann*, GmbHR 2017, 646;
m. Bespr. *Verse*, GmbHR 2018, 113.

326 Der Geschäftsführer hat aber die Pflicht, die Vermögensverhältnisse des Gesellschafters zu beobachten und auf eine sich nach der Sicherheitenbestellung andeutende Bonitätsverschlechterung mit der Anforderung von Sicherheiten oder der Durchsetzung des Freistellungsanspruchs zu reagieren. Unterlässt er dies, so liegt allein darin noch keine Auszahlung i. S. v. § 30 Abs. 1 GmbHG.

BGH, Urt. v. 21.3.2017 – II ZR 93/16, BGHZ 214, 258 = ZIP 2017, 971 Rn. 23;
dazu EWiR 2017, 585 *(K. Schmidt)*;
m. Anm. *Bormann*, GmbHR 2017, 646;
m. Bespr. *Verse*, GmbHR 2018, 113.

327 Wenn der Geschäftsführer seine Pflicht, auf eine Verschlechterung der Bonität zu reagieren, nicht erfüllt, haftet er daher nur nach § 43 Abs. 2 GmbHG.

BGH, Urt. v. 21.3.2017 – II ZR 93/16, BGHZ 214, 258 = ZIP 2017, 971 Rn. 22;
dazu EWiR 2017, 585 *(K. Schmidt)*;
m. Anm. *Bormann*, GmbHR 2017, 646;
m. Bespr. *Verse*, GmbHR 2018, 113.

Eine Haftung nach § 43 Abs. 3 GmbHG kommt aber in Betracht, wenn die unterlassene Reaktion auf die Bonitätsverschlechterung wie ein Verzicht auf die Geltendmachung des Freistellungsanspruchs zu werten ist. In beiden Fällen kommt als Schaden aber nicht mehr der Wert der später verwerteten Sicherheit, sondern nur noch der Wert des nicht geltend gemachten Freistellungsanspruchs im Zeitpunkt der Bonitätsverschlechterung oder der Unterlassung infrage. **328**

BGH, Urt. v. 21.3.2017 – II ZR 93/16, BGHZ 214, 258 = ZIP 2017, 971 Rn. 23;
dazu EWiR 2017, 585 *(K. Schmidt)*;
m. Anm. *Bormann*, GmbHR 2017, 646;
m. Bespr. *Verse*, GmbHR 2018, 113.

dd) Rückzahlung von Gesellschafterdarlehen

Die Rückzahlung eines Gesellschafterdarlehens ist nach § 30 Abs. 1 Satz 3 GmbHG **keine Auszahlung**, auch wenn sie zu einer Unterbilanz führt. Die früheren Rechtsprechungsregeln, nach denen Gesellschafterdarlehen kapitalersetzende Funktion haben konnten und in der Rückzahlung ein Verstoß gegen das Kapitalerhaltungsgebot in § 30 Abs. 1 GmbHG lag, ist damit ausdrücklich aufgegeben worden. An ihre Stelle ist die Anfechtung jeder Darlehensrückzahlung, unabhängig von der Kapitalersatzfunktion, im letzten Jahr vor Insolvenzeröffnung getreten, § 135 Abs. 1 Satz 2 InsO. Sie richtet sich gegen den Gesellschafter, der die Leistung empfangen hat, oder ein mit ihm verbundenes Unternehmen. **329**

Der Geschäftsführer darf und muss die Rückzahlung aber verweigern, wenn er ansonsten nach § 64 Satz 1 oder Satz 3 GmbHG haften würde. **330**

K. Schmidt, GmbHR 2008, 449, 454.

c) Kapitalersetzende Leistungen

Das zum Zwecke der Gläubigersicherung geschaffene Verbot, den Gesellschaftern Leistungen zu erbringen, die das Stammkapital schmälern, hat die Rechtsprechung analog §§ 30, 31 GmbHG darüber hinaus auch auf andere Leistungen angewendet, die der Gesellschafter der Gesellschaft nicht als Einlage erbracht hat, dieser aber vom Zweck der Regelung her gleichstehen, insbesondere sog. kapitalersetzende Darlehen (sog. **Rechtsprechungsregeln**). Diese Regeln waren teilweise in §§ 32a, 32b GmbHG a. F. gesetzlich normiert. **331**

Nach § 30 Abs. 1 Satz 3 GmbHG ist die Rückzahlung eines eigenkapitalersetzenden Darlehens seit dem Inkrafttreten des MoMiG am 1.11.2008 keine **332**

Rückzahlung des gebundenen Vermögens mehr. An die Stelle der Rechtsprechungsregeln und der §§ 32a, 32b GmbHG sind die insolvenzrechtlichen Vorschriften von § 39 Abs. 1 Nr. 5, 135 InsO getreten, wonach jede Rückzahlung eines Darlehens anfechtbar ist, die innerhalb eines Jahres vor Stellung des Eröffnungsantrags oder nach Antragstellung vorgenommen wurde.

333 Die Rechtsprechungsregeln (§§ 30, 31 GmbHG a. F. analog) sind weiterhin anwendbar, soweit die Rückzahlungspflicht vor dem 1.11.2008 begründet wurde oder einer Auszahlung das Auszahlungsverbot entsprechend §§ 30, 31 GmbHG a. F. entgegengestanden hätte (**Altfälle**).

BGH, Urt. v. 11.10.2011 – II ZR 18/10, ZIP 2011, 2253 Rn. 9;
BGH, Beschl. v. 31.5.2011 – II ZR 106/10, ZIP 2011, 1410 Rn. 2;
BGH, Urt. v. 11.1.2011 – II ZR 157/09, ZIP 2011, 328 = NJW 2011, 844 Rn. 20;
BGH, Urt. v. 6.4.2009 – II ZR 277/07, ZIP 2009, 1273 Rn. 8;
BGH, Urt. v. 26.1.2009 – II ZR 260/07, BGHZ 179, 249 = ZIP 2009, 615 = NJW 2009, 1277 Rn. 19 (Gut Buschow) m. Anm. *Dahl/Schmitz.*

334 Das gilt auch, wenn kein Insolvenzverfahren eröffnet worden ist.

Lorenz, GmbHR 2009, 135, 137.

335 Mit Inkrafttreten des MoMiG am 1.11.2008 wurden vorher verstrickte kapitalersetzende **Darlehen** aber zur Rückzahlung frei und waren grundsätzlich zurückzuzahlen.

BGH, Urt. v. 9.10.2012 – II ZR 298/11, ZIP 2012, 2391 Rn. 15; m. Anm. *Wenzler*, GmbHR 2013, 33;
BGH, Beschl. v. 15.11.2011 – II ZR 6/11, ZIP 2012, 86 = NJW 2012, 682, Rn. 11:

Da die Rechtsprechungsregeln zum Eigenkapitalersatz mit Inkrafttreten des Gesetzes zur Modernisierung des GmbH-Rechts und zur Bekämpfung von Missbräuchen vom 23. Oktober 2008 (MoMiG) (BGBl. I S. 2026) am 1. November 2008 aufgehoben wurden (§ 30 Abs. 1 Satz 3 GmbHG), konnten die Gesellschafter und erst recht gesellschaftsfremde Dritte wie die Klägerin, die keine Gesellschafterin mehr war, die Rückzahlung ihrer eigenkapitalersetzenden Darlehen ab diesem Zeitpunkt durchsetzen.

336 Der wegen einer vor dem 1.11.2008 unzulässigen Rückzahlung in Anspruch genommene Gesellschafter kann sich nicht darauf berufen, dass er sich das Darlehen nach § 30 Abs. 1 Satz 3 GmbHG nach dem 1.11.2008 hätte zurückzahlen lassen können (§ 242 BGB), wenn der Geschäftsführer die Leistung nach § 64 Satz 1 oder Satz 3 GmbHG hätte verweigern müssen oder wenn innerhalb eines Jahres nach dem 1.11.2008 das Insolvenzverfahren beantragt wurde (§ 135 Abs. 1 Nr. 2 InsO).

337 Zwar haftete der Geschäftsführer im Fall schuldhafter unzulässiger Darlehensrückerstattung – neben dem Gesellschafter, § 31 GmbHG – gemäß § 43 Abs. 3 GmbHG, doch hat das Eigenkapitalersatzrecht wegen der seit 1.11.2008 ver-

strichenen Zeit seine Bedeutung verloren. Zu den Einzelheiten des Eigenkapitalersatzrechts wird daher auf die 6. Auflage verwiesen.

6. Verschulden

Die Haftung des Geschäftsführers setzt Verschulden voraus, Vorsatz oder Fahrlässigkeit. Der Geschäftsführer hat nur für sein eigenes Verschulden einzustehen, nicht gemäß § 278 BGB für das Verschulden der Personen, derer Hilfe er sich bei der Erfüllung der ihm obliegenden Pflichten bedient. 338

BGH, Urt. v. 20.3.1986 – II ZR 114/85, ZIP 1987, 1050;
dazu EWiR 1986, 587 *(Weipert)*;
BGH, Urt. v. 20.9.2011 – II ZR 234/09, ZIP 2011, 2097 Rn. 17.

Für das Fehlverhalten von Mitarbeitern kommt aber eine Haftung aus Organisations- oder Überwachungsverschulden infrage. Der Geschäftsführer haftet nicht – auf jeden Fall nicht gemäß § 831 BGB – wegen Auswahl- und Überwachungsverschuldens hinsichtlich der Verrichtungsgehilfen des Unternehmens. Denn diese stehen nicht in seinen Diensten, sondern in denen der Gesellschaft. Allerdings kommt auch insoweit eine Haftung des Geschäftsführers aus **Organisationsverschulden** in Betracht. 339

Für die Haftung des Geschäftsführers gilt der **objektive Verschuldensbegriff**; das bedeutet, dass der Geschäftsführer sich gegenüber einem Anspruch aus § 43 Abs. 2 GmbHG nicht auf Unerfahrenheit, Alter oder schlechte Ausbildung berufen kann. 340

BGH, Urt. v. 28.4.2015 – II ZR 63/14, ZIP 2015, 1220 Rn. 28:

Mangelnde Fähigkeiten und Kenntnisse, die dem verlangten Standard nicht genügen, stellen keinen Entschuldigungsgrund dar.

BGH, Urt. v. 14.3.1983 – II ZR 103/82, ZIP 1983, 824
= NJW 1983, 1856;
BGH, Urt. v. 16.2.1981 – II ZR 49/80, WM 1981, 440.

Das Verschulden eines inkompetenten Geschäftsführers ist dann gleichsam vorverlagert; ihn trifft ein **Übernahmeverschulden**. Wer nicht über die nötige Kompetenz verfügt, darf das Amt des Geschäftsführers nicht übernehmen. 341

BGH, Urt. v. 16.2.1981 – II ZR 49/80, WM 1981, 440.

Der Geschäftsführer kann daher auch nicht gegenüber der Haftung einwenden, die Gesellschafter hätten ihn schlecht ausgesucht. 342

BGH, Urt. v. 14.3.1983 – II ZR 103/82, ZIP 1983, 824
= NJW 1983, 1856.

Wird z. B. ein Handwerksbetrieb in der Rechtsform der GmbH geführt und reaktiviert diese – „nur pro forma“ – einen Handwerksmeister aus dem Ruhestand, um den Anforderungen der Handwerksordnung zu genügen, so geht dieser ein großes Risiko ein, wenn er als Strohmann vorgeschoben, aber von jeglichen Informationen abgeschnitten ist, und deshalb sein Amt gar nicht 343 verantwortlich wahrnehmen kann. Daraus ergeben sich **Belehrungspflichten** für Rechtsanwälte und Notare, wenn völlig Unerfahrene als Strohmann eingesetzt werden.

344 Grundsätzlich kann sich der Geschäftsführer nicht darauf berufen, seine Pflichten nicht gekannt zu haben. Ein **Rechtsirrtum** kann ihn nur ausnahmsweise entlasten. Ein Organmitglied muss wie jeder Schuldner für einen Rechtsirrtum einstehen. An das Vorliegen eines unverschuldeten Rechtsirrtums sind strenge Maßstäbe anzulegen. Der Schuldner muss die Rechtslage sorgfältig prüfen, soweit erforderlich Rechtsrat einholen und die höchstrichterliche Rechtsprechung sorgfältig beachten.

> BGH, Urt. v. 20.9.2011 – II ZR 234/09, ZIP 2011, 2097 Rn. 16;
> dazu EWiR 2011, 793 *(E. Vetter)*.

345 Auch der eingeholte **Rechtsrat** kann nur ausnahmsweise entlasten. Um den strengen Anforderungen an die dem Geschäftsführer obliegende Prüfung der Rechtslage und die Beachtung von Gesetz und Rechtsprechung zu genügen, reicht eine schlichte Anfrage bei einer für fachkundig gehaltenen Person durch die Gesellschaft nicht aus. Erforderlich ist vielmehr, dass sich ein Geschäftsführer, der selbst nicht über die erforderliche Sachkunde verfügt, unter umfassender Darstellung der Verhältnisse der Gesellschaft und Offenlegung der erforderlichen Unterlagen von einem unabhängigen, für die zu klärende Frage fachlich qualifizierten Berufsträger beraten lässt und die erteilte Rechtsauskunft einer sorgfältigen Plausibilitätskontrolle unterzieht.

> BGH, Urt. v. 28.4.2015 – II ZR 63/14, ZIP 2015, 1220 Rn. 28;
> dazu EWiR 2015, 469 *(Theusinger/Schilha)*;
>
> BGH, Urt. v. 20.9.2011 – II ZR 234/09, ZIP 2011, 2097 Rn. 18;
> dazu EWiR 2011, 793 *(E. Vetter)*;
> Zur Insolvenzreife: BGH, Urt. v. 27.3.2012 – II ZR 171/10,
> ZIP 2012, 1174 Rn. 16;
> dazu EWiR 2012, 457 *(Wackerbarth)*;
> m. Anm. *Blöse*, GmbHR 2012, 748;
>
> BGH, Urt. v. 14.5.2007 – II ZR 48/06, ZIP 2007, 1265
> = NJW 2007, 2118 Rn. 16;
> dazu EWiR 2007, 495 *(Henkel/Mock)*;
> m. Anm. *Altmeppen*, NJW 2007, 2121.

346 Eine **mündliche Beratung** ermöglicht in der Regel keine Plausibilitätskontrolle und wird daher nur ausnahmsweise bei einfachen Fragestellungen oder Eilbedürftigkeit genügen können.

> Vgl. BGH, Urt. v. 20.9.2011 – II ZR 234/09, ZIP 2011, 2097 Rn. 24;
> dazu EWiR 2011, 793 *(E. Vetter)*.

347 Ein Prüfauftrag muss nicht ausdrücklich für eine bestimmte Rechtsfrage erteilt werden. Es genügt, dass die Prüfung aus der Sicht des nicht fachkundigen Organs die zweifelhafte Frage umfasst oder die Fachperson die zweifelhafte Frage, auch ohne dahingehenden Auftrag, tatsächlich prüft und beantwortet.

BGH, Urt. v. 28.4.2015 – II ZR 63/14, ZIP 2015, 1220 Rn. 30;
dazu EWiR 2015, 469 *(Theusinger/Schilha)*.

Vom Einzelfall hängt auch ab, ob derjenige, der einen **Vertragsentwurf** gefertigt hat, bei Zweifeln des Geschäftsführers für eine Überprüfung herangezogen werden kann. Er ist jedenfalls nicht von vornherein ungeeignet, weil er nach dem Anfertigen eines Entwurfs noch unabhängig sein kann. **348**

Dazu *Strohn*, ZHR 176 (2012), 137;
Kiefner/Krämer, AG 2012, 498.

Allerdings ist das Anfertigen eines Vertragsentwurfes allein regelmäßig noch nicht der für eine Entlastung erforderliche Rechtsrat. **349**

Offengelassen bei BGH, Urt. v. 28.4.2015 – II ZR 63/14, ZIP 2015, 1220 Rn. 31;
dazu EWiR 2015, 469 *(Theusinger/Schilha)*.

Ein **unabhängiger Rat** kann auch von einem Syndikusanwalt oder der Rechtsabteilung eines Unternehmens erteilt werden. Die Auskunft muss unabhängig von Vorgaben für das Ergebnis erteilt werden. Ob die Beratung diesen Voraussetzungen entspricht, ist eine Frage der Beurteilung im Einzelfall. **350**

BGH, Urt. v. 28.4.2015 – II ZR 63/14, ZIP 2015, 1220 Rn. 36;
dazu EWiR 2015, 469 *(Theusinger/Schilha)*.

Die **Plausibilitätsprüfung** besteht nicht in einer rechtlichen Überprüfung der erhaltenen Rechtsauskunft. Sie beinhaltet vielmehr eine Überprüfung, ob dem Berater nach dem Inhalt der Auskunft alle erforderlichen Informationen zur Verfügung standen, er die Informationen verarbeitet und alle sich in der Sache für einen Rechtsunkundigen aufdrängenden Fragen widerspruchsfrei beantwortet hat oder sich aufgrund der Auskunft weitere Fragen aufdrängen. **351**

BGH, Urt. v. 28.4.2015 – II ZR 63/14, ZIP 2015, 1220 Rn. 33;
dazu EWiR 2015, 469 *(Theusinger/Schilha)*.

Ausführlich mit der Plausibilitätsprüfung befasst sich **352**

Buck-Heeb, BB 2016, 1347 ff.

Bei einer fehlerhaften Beratung kommt unabhängig von der Entlastung des Geschäftsführers eine Haftung des Beraters infrage. **353**

7. Schaden

Schaden ist die **Vermögensminderung** nach der Differenzhypothese gemäß § 249 BGB. Dazu ist die durch die Pflichtverletzung eingetretene Gesamtvermögenslage der Gesellschaft mit derjenigen zu vergleichen, die sich ohne die Pflichtverletzung ergeben hätte. **354**

BGH, Beschl. v. 18.2.2008 – II ZR 62/07, ZIP 2008, 736 Rn. 8;
m. Anm. *Werner*, GmbHR 2008, 488.

Ein **ideeller Nachteil** – etwa eine Rufschädigung – ist kein ersatzfähiger Schaden, soweit er sich nicht in der Vermögenssphäre niederschlägt. **355**

MünchKommGmbHG/*Fleischer*, § 43 Rn. 263;
a. A. Baumbach/Hueck/*Zöllner/Noack*, § 43 Rn. 15.

356 Unabhängig davon hat der Geschäftsführer, wenn er sich eine **Geschäftschance** pflichtwidrig zugeeignet hat, der Gesellschaft das Geschäft zu übertragen und herauszugeben (siehe Rn. 213 ff.).

357 Schmiergelder soll er als Mindestschaden an die Gesellschaft herausgeben müssen, weil zu vermuten sei, dass das Geschäft insoweit günstiger abgeschlossen worden wäre.

Baumbach/Hueck/*Zöllner/Noack*, § 43 Rn. 15.

358 Entgangene Vorteile sind nach § 252 BGB zu ersetzen.

359 Ein möglicher Schaden kann etwa in Zinsverlusten bei vorzeitiger Tilgung von Verbindlichkeiten durch Kreditaufnahme liegen.

OLG Koblenz, Urt. v. 12.5.1999 – 1 U 1649/97, GmbHR 1999, 1201.

360 Bei verbotener Gewinnausschüttung kann die Steuerbelastung ein Schaden sein.

BGH, Urt. v. 24.9.2001 – II ZR 90/00, DStR 2000, 227.

361 Wenn ein **falsch kalkuliertes Geschäft** mit Verlust abgeschlossen wird, ist der eingetretene Verlust nur ein Rechnungsposten, wenn Kosten – etwa für Löhne – auch ohne das ungünstige Geschäft angefallen wären, etwa bei einer Auftragslücke. Wäre dagegen das Geschäft bei besserer Kalkulation zu besseren Bedingungen abgeschlossen worden, ist der Verlust ein Schaden.

BGH, Beschl. v. 18.2.2008 – II ZR 62/07, ZIP 2008, 736 Rn. 8;
m. Anm. *Werner*, GmbHR 2008, 488.

362 Bei Geschäften, vor deren Abschluss der Geschäftsführer die **Kompetenzordnung** der Gesellschaft nicht beachtet und einen etwa erforderlichen Gesellschafterbeschluss nicht herbeigeführt hat, besteht der Schaden nicht stets in der Leistung, die die Gesellschaft bei Durchführung des Geschäfts erbracht hat. Vielmehr ist auch insoweit ein Vermögensschaden erforderlich, sodass es auch auf den Wert der erhaltenen Gegenleistung ankommt.

Vgl. BGH, Urt. v. 18.6.2013 – II ZR 86/11, BGHZ 197, 304 = ZIP 2013, 1712 = NJW 2013, 3636 Rn. 44;
dazu EWiR 2013, 775 *(Weipert)*;
m. Anm. *Werner*, GmbHR 2013, 1050;
m. Bespr. *Bachmann*, NZG 2013, 1121.

363 Ein Schaden liegt vor, wenn die Gegenleistung nicht werthaltig ist, von der Gesellschaft nicht benutzt werden kann oder für andere Zwecke notwendige Mittel gebunden werden.

364 Beim kompetenzwidrigen Abschluss eines langfristigen Vertrags, bei dem die Gegenleistung für die Gesellschaft nicht nutzbar ist, ist auch eine durch eine

Vertragsaufhebung im Vergleichswege notwendig gewordene Abfindungszahlung ein Schaden.

> OLG München, Urt. v. 18.4.2018 – 7 U 3130/17, GmbHR 2018, 733, 736.

Ersatzfähig ist auch der Schaden, den die Gesellschaft dadurch erleidet, dass sie für ein Fehlverhalten des Geschäftsführers einstehen muss. **365**

> MünchKommGmbHG/*Fleischer*, § 43 Rn. 263.

Ersatzpflichtig sind daher auch Geldbußen, die der Gesellschaft durch ein Fehlverhalten des Geschäftsführers auferlegt werden. **366**

> A. A. LAG Düsseldorf, Urt. v. 20.1.2015 – 16 Sa 459/14, ZIP 2015, 829.

8. Darlegungs- und Beweislast

a) Haftung nach § 43 Abs. 2 GmbHG

aa) Allgemeine Regeln

Die **Gesellschaft** hat die Darlegungs- und Beweislast **367**

- für den Eintritt und die Höhe eines Schadens und
- dass dem Schaden ein möglicherweise pflichtwidriges Verhalten des Geschäftsführers in seinem Pflichtenkreis zugrunde liegt.

Der **Geschäftsführer** muss darlegen und ggf. beweisen, **368**

- dass sein Verhalten nicht pflichtwidrig war,
- er seinen Sorgfaltspflichten nach § 43 Abs. 1 GmbHG nachgekommen ist, ihn kein Verschulden trifft oder
- der Schaden auch bei pflichtgemäßem Verhalten eingetreten wäre.

> BGH, Urt. v. 18.6.2013 – II ZR 86/11, BGHZ 197, 304 = ZIP 2013, 1712 = NJW 2013, 3636 Rn. 22;
> dazu EWiR 2013, 775 *(Weipert)*;
> m. Anm. *Werner*, GmbHR 2013, 1050;
> m. Bespr. *Bachmann*, NZG 2013, 1121;
>
> BGH, Urt. v. 22.2.2011 – II ZR 146/09, ZIP 2011, 766 Rn. 17;
>
> BGH, Urt. v. 1.12.2008 – II ZR 102/07, BGHZ 179, 71 = ZIP 2009, 70 = NJW 2009, 850 Rn. 17 (MPS)
>
> BGH, Beschl. v. 18.2.2008 – II ZR 62/07, ZIP 2008, 736 Rn. 5:

Das Berufungsgericht verkennt allerdings schon im Ansatz, dass die von den Klägerinnen behauptete Fehlkalkulation des Preises für den G.-Auftrag in erster Linie den Vorwurf einer Pflichtverletzung des Beklagten betrifft und diese nach der Rechtsprechung des Senats (BGHZ 152, 280 ff.) nicht von den Klägerinnen zu beweisen ist, sondern der Beklagte entsprechend § 93 Abs. 2 Satz 2 AktG für das Gegenteil, nämlich dafür darlegungs- und beweispflichtig ist, dass er bei der Preisvereinbarung „die Sorgfalt eines ordentlichen und gewissenhaften Geschäftsleiters angewandt hat"...

M. Anm. *Werner*, GmbHR 2008, 490;

BGH, Beschl. v. 26.11.2007 – II ZR 161/06, ZIP 2008, 117 Rn. 4;

BGH, Beschl. v. 16.7.2007 – II ZR 226/06, DStR 2007, 1641 Rn. 5;

BGH, Beschl. v. 8.1.2007 – II ZR 304/04, ZIP 2007, 322 Rn. 28 (zur Genossenschaft);

BGH, Urt. v. 4.11.2002 – II ZR 224/00, BGHZ 152, 280 = ZIP 2002, 2314 = NJW 2003, 358:

Eine GmbH trifft im Rechtsstreit um Schadensersatzansprüche gegen ihren Geschäftsführer gemäß § 43 Abs. 2 GmbHG – entsprechend den Grundsätzen zu §§ 93 Abs. 2 AktG, 34 Abs. 2 GenG – die Darlegungs- und Beweislast nur dafür, dass und inwieweit ihr durch ein Verhalten des Geschäftsführers in dessen Pflichtenkreis ein Schaden erwachsen ist, wobei ihr die Erleichterungen des § 287 ZPO zugutekommen können. Hingegen hat der Geschäftsführer darzulegen und erforderlichenfalls zu beweisen, dass er seinen Sorgfaltspflichten gemäß § 43 Abs. 1 GmbHG nachgekommen ist oder ihn kein Verschulden trifft, oder dass der Schaden auch bei pflichtgemäßem Alternativverhalten eingetreten wäre.

M. Anm. *Lelley*, GmbHR 2003, 116;
dazu EWiR 2003, 225 *(Schimmer)*;
ausführlich *Goette*, ZGR 1995, 648.

369 Daher muss die Gesellschaft, wenn sie eine falsche **unternehmerische Entscheidung** moniert, nur darlegen, welcher Nachteil ihr entstanden ist und dass dem möglicherweise eine Pflichtwidrigkeit des Geschäftsführers zugrunde liegt, während der Geschäftsführer darlegen und beweisen muss, dass er sich im Rahmen des unternehmerischen Ermessens bewegt hat und die Entscheidung auf genügender Information beruhte.

BGH, Urt. v. 18.6.2013 – II ZR 86/11, BGHZ 197, 304 = ZIP 2013, 1712 = NJW 2013, 3636 Rn. 28;
dazu EWiR 2013, 775 *(Weipert)*;
m. Anm. *Werner*, GmbHR 2013, 1050;
m. Bespr. *Bachmann*, NZG 2013, 1121;

BGH, Beschl. v. 18.2.2008 – II ZR 62/07, ZIP 2008, 736 Rn. 5;
m. Anm. *Werner*, GmbHR 2008, 490;

BGH, Urt. v. 4.11.2002 – II ZR 224/00, BGHZ 152, 280 = ZIP 2002, 2314 = NJW 2003, 358;
m. Anm. *Lelley*, GmbHR 2003, 116;
dazu EWiR 2003, 225 *(Schimmer)*;

OLG Koblenz, Urt. v. 23.12.2014 – 3 U 1544/13, GmbHR 2015, 357;
enger *Fleck*, GmbHR 1997, 237;
differenzierend *Heermann*, ZIP 1998, 761.

370 Das gilt auch, wenn es zu der Pflichtverletzung im Ressort eines Mitgeschäftsführers gekommen ist; der in Anspruch genommene, nicht zuständige Geschäftsführer muss sich also entlasten.

371 Diese Beweislastverteilung gilt auch gegenüber einem ausgeschiedenen Geschäftsführer.

BGH, Urt. v. 4.11.2002 – II ZR 224/00, BGHZ 152, 280 = ZIP 2002, 2314 = NJW 2003, 358;
m. Anm. *Lelley*, GmbHR 2003, 116;
dazu EWiR 2003, 225 *(Schimmer)*.

Vor einer Überspannung seiner Darlegungs- und Beweislast sieht der BGH den Geschäftsführer dadurch geschützt, dass die Gesellschaft die mögliche Pflichtverletzung im Rahmen ihrer **sekundären Darlegungslast** näher zu bezeichnen hat. Soweit zu seiner Verteidigung erforderlich, hat die Gesellschaft ihm **Einsicht** in die dafür maßgeblichen Unterlagen zu gewähren. **372**

BGH, Beschl. v. 7.7.2008 – II ZR 71/07, ZIP 2008, 1821 Rn. 5;

BGH, Urt. v. 4.11.2002 – II ZR 224/00, BGHZ 152, 280 = ZIP 2002, 2314 = NJW 2003, 358;
m. Anm. *Lelley*, GmbHR 2003, 116;
dazu EWiR 2003, 225 *(Schimmer)*.

Eingehend zu den Auskunfts- und Einsichtsrechten insbesondere des ausgeschiedenen Geschäftsführers **373**

Meckbach, NZG 2015, 580, 582;
Werner, GmbHR 2013, 68 ff.

Im mehrstufigen Konzern muss die Gesellschaft eine Pflichtverletzung aus dem Pflichtenkreis des Geschäftsführers benennen; der Geschäftsführer einer Konzernobergesellschaft ist nicht ohne Weiteres für Vorgänge in Enkelgesellschaften verantwortlich. **374**

OLG München, Urt. v. 8.7.2015 – 7 U 3130/14, ZIP 2015, 2472;
dazu EWiR 2016, 139 *(Rahlmeyer/Spaniol)*.

Streitet sich die Gesellschaft mit dem Geschäftsführer darum, ob eine **Gehaltsauszahlung** gerechtfertigt war, muss der Geschäftsführer darlegen und beweisen, dass er einen Anspruch auf die Zahlung hatte. Die Auszahlung ohne vertragliche Vereinbarung ist ein Kompetenzverstoß, sodass der Geschäftsführer gegenüber der Behauptung, er habe sich die Vergütung ohne oder gegen eine bestehende Vereinbarung angewiesen, beweisen muss, dass er einen Anspruch auf die Vergütung hatte. **375**

BGH, Beschl. v. 22.6.2009 – II ZR 143/08, ZIP 2009, 1467 Rn. 5;

BGH, Urt. v. 21.7.2008 – II ZR 39/07, ZIP 2008, 1818 Rn. 19;
m. Anm. *Podewils*, GmbHR 2008, 1094;

BGH, Beschl. v. 26.11.2007 – II ZR 161/06, ZIP 2008, 117 Rn. 4;

BGH, Urt. v. 11.12.2006 – II ZR 166/05, ZIP 2007, 268 Rn. 12;
dazu EWiR 2007, 201 *(D. Wagner)*;

OLG München, Urt. v. 22.10.2015 – 23 U 4861/14, ZIP 2016, 621;
dazu EWiR 2016, 201 *(Theiselmann)*.

Dieselben Grundsätze gelten für die Auszahlung von Spesen. Auch insoweit muss der Geschäftsführer im Streitfall die Berechtigung beweisen. **376**

OLG München, Urt. v. 27.2.2013 – 7 U 4465/11, GmbHR 2013, 813.

377 Das gleiche gilt, wenn streitig ist, ob einer Zahlung für gekaufte Gegenstände oder Buchung von Hotelzimmern eine geschäftliche oder private Veranlassung zugrunde liegt. Der Geschäftsführer muss darlegen und beweisen, dass die Zahlungen im Interesse der Gesellschaft und nicht in privatem Interesse geleistet wurden.

OLG München, Urt. v. 9.8.2018 – 23 U 2936/17, GmbHR 2018, 1058, 1059.

378 Streiten sich die Gesellschaft und der Geschäftsführer um die Berechtigung einer **Entnahme**, muss der Geschäftsführer die Berechtigung nachweisen.

BGH, Urt. v. 20.6.2005 – II ZR 18/03, ZIP 2005, 1365 = NJW 2005, 3069.

379 Soll die Zahlung an den Geschäftsführer eine **Darlehensrückzahlung** sein, muss der Geschäftsführer beweisen, dass ein Darlehensrückzahlungsanspruch bestand und er der Gesellschaft ein Darlehen gewährt hatte.

BGH, Beschl. v. 22.6.2009 – II ZR 143/08, ZIP 2009, 1467 Rn. 5.

380 Behauptet der Geschäftsführer, im **Einverständnis** mit den Gesellschaftern gehandelt zu haben, muss er das – eine Pflichtwidrigkeit ausschließende – Einverständnis beweisen.

BGH, Urt. v. 28.4.2008 – II ZR 264/06, BGHZ 176, 204 = ZIP 2008, 1232 = NJW 2008, 2437 Rn. 39 (GAMMA);
dazu EWiR 2008, 493 *(Bruns)*.

381 Die widerlegbare Vermutung für das Verschulden des Geschäftsführers führt aber nicht auch zur Vermutung der Kausalität der Pflichtverletzung für einen eingetretenen Schaden.

BGH, Urt. v. 9.12.1991 – II ZR 43/91, ZIP 1992, 108 = NJW 1992, 1166;
dazu EWiR 1992, 277 *(Hunecke)*.

382 Die Darlegungs- und Beweislast für die Ursächlichkeit einer behaupteten Pflichtverletzung für den Schaden trägt vielmehr die Gesellschaft.

OLG München, Urt. v. 8.7.2015 – 7 U 3130/14, ZIP 2015, 2472.

383 Auch die Beweislast für den Eintritt eines Schadens trägt die Gesellschaft.

BGH, Urt. v. 4.11.2002 – II ZR 224/00, BGHZ 152, 280 = ZIP 2002, 2314 = NJW 2003, 358;

BGH, Beschl. v. 18.2.2008 – II ZR 62/07, ZIP 2008, 736 Rn. 8:

Nach der Rechtsprechung des Senats (BGHZ 152, 280, 287) trifft die aus § 43 Abs. 2 GmbHG klagende Gesellschaft die – ggf. gemäß § 287 ZPO erleichterte – Darlegungs- und Beweislast dafür, dass und inwieweit ihr durch ein möglicherweise pflichtwidriges Verhalten des Geschäftsführers ein Schaden entstanden ist.

M. Anm. *Werner*, GmbHR 2008, 490;

OLG München, Urt. v. 8.7.2015 – 7 U 3130/14, ZIP 2015, 2472.

Wegen § 287 ZPO reicht es aus, wenn die Gesellschaft Tatsachen vorträgt und unter Beweis stellt, die für eine Schadensschätzung hinreichende Anhaltspunkte bieten. 384

BGH, Urt. v. 4.11.2002 – II ZR 224/00, BGHZ 152, 280 = ZIP 2002, 2314 = NJW 2003, 358:

Unter § 287 ZPO fällt auch die Beurteilung der Frage, ob und inwieweit der Gesellschaft durch das dem Geschäftsführer vorgeworfene Verhalten ein Schaden entstanden ist. Denn bei einem Schadensersatzanspruch aus Vertragsverletzung gehört der Ursachenzusammenhang mit einem daraus erwachsenen allgemeinen Vermögensschaden nach ständiger Rechtsprechung des BGH nicht zur haftungsbegründenden, sondern zur haftungsausfüllenden Kausalität, für deren Nachweis ebenfalls die in § 287 ZPO vorgesehenen Erleichterungen gelten. Gegenüber einem Geschäftsführer, der nicht einmal den Versuch einer schadensabwendenden Maßnahme unternommen und die Gesellschaft dadurch in die Schwierigkeit des Nachweises der hypothetischen Entwicklung gebracht hat, ist diese Darlegungs- und Beweiserleichterung umso mehr gerechtfertigt.

bb) Fehlbeträge in Kassen- und Warenbestand

Im Grundsatz die gleiche Beweislastverteilung gilt insbesondere für Fehlbeträge im Kassen- und Warenbestand der Gesellschaft. Die Gesellschaft hat lediglich nachzuweisen, dass und inwieweit der **tatsächliche Bestand** hinter dem aus den Büchern ersichtlichen **Sollbestand** zurückbleibt (Schaden und mögliche Pflichtverletzung). Der Geschäftsführer kann dann den **Gegenbeweis** führen, dass ein Fehlbestand auf Unzulänglichkeiten (z. B.) der Buchführung beruht; Nichterweislichkeit geht zu seinen Lasten. 385

BGH, Urt. v. 26.11.1990 – II ZR 223/89, ZIP 1991, 159:

Es kann keinesfalls zu Lasten der Gegenpartei gehen, wenn der für ein geordnetes Abrechnungswesen verantwortliche Geschäftsführer die Abrechnung pflichtwidrig schuldhaft so gestaltet, dass der Betrag der Einnahmen und ihr schließlicher Verbleib am Ende nicht mehr nachzuvollziehen sind. Er selbst muss nachweisen, dass die von ihm für die Gesellschaft vereinnahmten Beträge ordnungsgemäß in die genannten Umsatzzahlen eingeflossen und abgeführt worden sind und wo die Gelder geblieben sind, die ihm persönlich ausgehändigt wurden.

Dazu EWiR 1991, 379 (*Kirberger*);

BGH, Urt. v. 8.7.1985 – II ZR 198/84, NJW 1986, 54;

BGH, Urt. v. 9.6.1980 – II ZR 187/79, ZIP 1980, 776:

Sollte festgestellt werden, daß ein nicht nur unerheblicher Fehlbestand eingetreten ist, während der Beklagte die Geschäfte tatsächlich führte …, würde er gemäß § 43 Abs. 2 GmbHG haften, sofern er nicht darlegt und erforderlichenfalls beweist, daß er alle für einen ordentlichen Geschäftsmann gebotene Sorgfalt angewandt hat, um die mißbräuchliche und unkontrollierte Entnahme von Waren zu verhindern, oder der Fehlbestand auch bei Anwendung dieser Sorgfalt entstanden wäre oder ihm die Einhaltung des Sorgfaltsgebots unverschuldet unmöglich war. Hiermit werden die Anforderungen an die Darlegungslast und Beweislast des Geschäftsführers nicht überspannt. Denn er hat die unmittelbare Kenntnis davon, was er veranlaßt hat, um seinen Pflichten als Geschäftsführer nachzukommen. Entspricht dies – sofern unstreitig oder bewiesen – der von ihm zu fordernden Sorgfalt, ist er entlastet, so daß er nicht etwa für jeden unaufgeklärten Fehlbestand einzustehen hat... ...Zwar liegt es auf der Hand, dass selbst vom Geschäftsführer eines kleineren Handelsunternehmens nicht erwartet werden kann, dass er die laufende, jede Bewegung erfassende Bestandskontrolle ausübt. Es gehört aber sehr wohl zu seiner Pflicht, die Vermögensinteressen der Gesellschaft so wahrzunehmen, dass er nach den für einen ordentlichen Geschäftsmann geltenden Grundsätzen die Kontrolle einrichtet und ihre Einhaltung überwacht.

386 Steht fest, dass der Geschäftsführer **Gelder** für die Gesellschaft eingenommen hat, ist aber deren Verbleib aufgrund nicht ordnungsgemäßer, vom Geschäftsführer zu verantwortender Buch- und Kassenführung nicht mehr aufklärbar, so ist es seine Sache, nachzuweisen, dass er die Gelder pflichtgemäß an die Gesellschaft abgeführt hat; das gilt selbst dann, wenn sich aus den Büchern kein Kassenfehlbestand ergibt.

BGH, Urt. v. 26.11.1990 – II ZR 223/89, ZIP 1991, 159; dazu EWiR 1991, 379 *(Kirberger)*.

387 Wenn die Gesellschaft den Verbleib einzelner Beträge leicht aufklären konnte – etwa aufgrund von Überweisungsbelegen – und diese Aufklärungsmöglichkeiten nicht ausgeschöpft hat, liegt die Beweislast auch bei unzulänglicher Buchführung für den Verbleib der Beträge aber nicht beim Geschäftsführer.

OLG Stuttgart, Beschl. v. 30.5.2000 – 20 W 1/00, GmbHR 2000, 1048.

b) Haftung nach § 43 Abs. 3

388 Für die Haftung nach § 43 Abs. 3 GmbHG gelten dieselben Darlegungs- und Beweislastregeln wie für den Anspruch nach § 43 Abs. 2 GmbHG. Besonderheiten betreffen jedoch die Frage, ob eine Auszahlung zur Unterdeckung führt oder sie bereits existiert. Hinsichtlich der Anforderungen an die Darlegungslast ist zu unterscheiden, ob es um die Haftung des Geschäftsführers wegen Verletzung des Stammkapitals durch Rückzahlungen an die Gesellschafter geht (§ 30 Abs. 1 GmbHG) oder um die Rückzahlung eines kapitalersetzenden Darlehens (Rechtsprechungsregeln).

389 Im Fall der Rückzahlung nach § 30 Abs. 1 GmbHG kann sich die Gesellschaft bzw. der Insolvenzverwalter darauf beschränken, unter Berufung auf den **Jahresabschluss** die Unterbilanz durch einen Vergleich zwischen dem Nettovermögen der Gesellschaft und ihrem Stammkapital darzutun.

Vgl. BGH, Urt. v. 12.7.1999 – II ZR 87/98, ZIP 1999, 1524 = NJW 1999, 3120.

390 Der Geschäftsführer hat darzulegen, weshalb der Rückschluss von der Handelsbilanz auf die bilanzielle Überschuldung im Zeitpunkt der Auszahlung an den Gesellschafter nicht gerechtfertigt ist.

BGH, Urt. v. 12.7.1999 – II ZR 87/98, ZIP 1999, 1524 = NJW 1999, 3120.

Ein Anscheinsbeweis oder eine tatsächliche Vermutung, dass sich eine zu Jahresbeginn bestehende Unterbilanz im Laufe des Jahres erhöht, besteht nicht; doch muss der Geschäftsführer darlegen und beweisen, dass eine einmal vorhandene Unterbilanz bis zum Zeitpunkt der Auszahlung weggefallen ist. 391

A. A. KG, Urt. v. 3.4.2000 – 23 U 865/98, NZG 2000, 1224:

Es entspricht der Lebenserfahrung, dass Bilanzverluste, die zum Ende des Jahres festgestellt werden, im Verlaufe des Jahres angewachsen sind. Da die Gemeinschuldnerin bereits Anfang 1994 eine Unterbilanz aufwies, spricht der Beweis des ersten Anscheins dafür, dass sich der Fehlbetrag im Laufe des Jahres 1994 kontinuierlich erhöht hat.

Bei der Auszahlung eines Darlehens an den Gesellschafter hat der Geschäftsführer nach § 30 Abs. 1 Satz 2 GmbHG die Vollwertigkeit des Rückzahlungsanspruchs darzulegen und ggf. zu beweisen. 392

Goette, Einführung in das neue GmbH-Recht, Rn. 52;
Bormann/Urlichs, GmbHR Sonderheft Oktober 2008, 37, 49 (zum Gesellschafter).

Geht es hingegen um eine Inanspruchnahme des Geschäftsführers wegen unzulässiger Rückerstattung kapitalersetzenden Darlehens (**Altfälle**), so sind die Anforderungen an die Darlegungslast des Klägers höher. Die Gesellschaft bzw. den Insolvenzverwalter traf die Darlegungs- und Beweislast für die Umstände, aus denen sich die Insolvenzreife oder die **Krise** zu dem maßgeblichen Zeitpunkt ergab, und dass die Gesellschafterleistungen eigenkapitalersetzender Natur waren. Allerdings kamen ihnen Erleichterungen aus dem Gesichtspunkt der sekundären Darlegungslast zu Hilfe. 393

BGH, Beschl. v. 13.3.2006 – II ZR 165/04, ZIP 2006, 805;
BGH, Urt. v. 12.7.1999 – II ZR 87/98, ZIP 1999, 1524 = NJW 1999, 3120;
BGH, Urt. v. 15.6.1998 – II ZR 17/97, ZIP 1998, 1352 = NJW 1998, 3200;
BGH, Urt. v. 17.11.1997 – II ZR 224/96, ZIP 1998, 243 = NJW 1998, 1143;
BGH, Urt. v. 2.6.1997 – II ZR 211/95, ZIP 1997, 1648 = NJW 1997, 3171;
dazu EWiR 1997, 893 *(Pape)*;
BGH, Urt. v. 7.11.1994 – II ZR 270/93, BGHZ 127, 336 = ZIP 1994, 1934 = NJW 1995, 326;
dazu EWiR 1995, 157 *(Westermann)*.

9. Mehrere Geschäftsführer

Hat eine GmbH mehrere Geschäftsführer, so vertreten sie diese nach außen gemeinschaftlich. Bei Pflichtverletzungen haften sie der Gesellschaft gemäß § 43 Abs. 2 oder Abs. 3 GmbHG als **Gesamtschuldner**. 394

BGH, Urt. v. 23.4.2012 – II ZR 252/10, BGHZ 193, 96 = ZIP 2012, 1071 Rn. 22;

dazu EWiR 2012, 415 *(Paefgen/Dettke)*;
m. Anm. *Röck*, GmbHR 2012, 740;

BGH, Urt. v. 26.11.2007 – II ZR 161/06, ZIP 2008, 117 Rn. 3;

BGH, Urt. v. 14.3.1983 – II ZR 103/82, ZIP 1983, 824
= NJW 1983, 1856.

395 Da die Haftung nach § 43 Abs. 2 GmbHG eine Verschuldenshaftung ist, ist ein Verschulden des jeweils einzelnen Geschäftsführers Voraussetzung. Steht ein pflichtwidriges Verhalten der Geschäftsführung fest und lässt sich nur nicht ermitteln, welchen Geschäftsführer dafür die Verantwortung trifft, so haften sie alle gemeinsam.

Scholz/*U.H. Schneider*, GmbHG, § 43 Rn. 248.

396 Haben die Geschäftsführer die Zuständigkeiten innerhalb der GmbH ressortmäßig aufgeteilt, so entlastet den einzelnen Geschäftsführer noch nicht, dass die Obliegenheitsverletzung sich in dem Ressort des anderen zugetragen hat; es gilt der Grundsatz der Generalverantwortung und **Allzuständigkeit**.

397 Eine **Arbeitsteilung** von mehreren Geschäftsführern ist aber nicht grundsätzlich ausgeschlossen. Eine Geschäftsverteilung oder **Ressortaufteilung** auf der Ebene der Geschäftsführung setzt eine klare und eindeutige Abgrenzung der Geschäftsführungsaufgaben voraus.

BGH, Urt. v. 6.11.2018 – II ZR 11/17, ZIP 2019, 261 Rn. 17;
dazu EWiR 2019, 135 *(Kleindiek)*.

398 Bei der Aufteilung der Arbeiten dürfen die Aufgaben nur an dazu jeweils fähige Personen verteilt werden.

BGH, Urt. v. 6.11.2018 – II ZR 11/17, ZIP 2019, 261 Rn. 21;
dazu EWiR 2019, 135 *(Kleindiek)*.

399 Eine **schriftliche Fixierung** der Ressortaufteilung ist aber nicht erforderlich,

BGH, Urt. v. 6.11.2018 – II ZR 11/17, ZIP 2019, 261 Rn. 22;
dazu EWiR 2019, 135 *(Kleindiek)*

sie kann sogar konkludent geschehen.

BGH, Urt. v. 6.11.2018 – II ZR 11/17, ZIP 2019, 261 Rn. 26;
dazu EWiR 2019, 135 *(Kleindiek)*.

400 Auch eine für sich genommen zulässige Verteilung der Geschäftsführungsaufgaben entbindet denjenigen, dem hiernach nur bestimmte Aufgaben zur Erledigung zugewiesen sind, allerdings nicht von seiner eigenen Verantwortung für die ordnungsgemäße Führung der Geschäfte der Gesellschaft. Jedem Geschäftsführer obliegt vielmehr eine **Überwachungspflicht** auch hinsichtlich der anderen Ressorts.

BGH, Urt. v. 6.11.2018 – II ZR 11/17, ZIP 2019, 261 Rn. 15;
dazu EWiR 2019, 135 *(Kleindiek)*;

BGH, Urt. v. 20.3.1986 – II ZR 114/85, ZIP 1987, 1050;

OLG München, Urt. v. 22.10.2015 – 23 U 4861/14, ZIP 2016, 621;
dazu EWiR 2016, 201 *(Theiselmann)*.

Soweit es um die Wahrnehmung der nicht übertragbaren Aufgaben geht, wie die Einstandspflicht des Geschäftsführers für die Gesetzmäßigkeit der Unternehmensleitung, ist ein strenger Maßstab an die Erfüllung der in einem solchen Falle besonders weitgehenden Kontroll- und Überwachungspflichten gegenüber einem Mitgeschäftsführer anzulegen. 401

BGH, Urt. v. 6.11.2018 – II ZR 11/17, ZIP 2019, 261 Rn. 15;
dazu EWiR 2019, 135 *(Kleindiek)*.

Grundsätzlich kann ein Geschäftsführer zwar entlastet sein, wenn er von seinem Mitgeschäftsführer die erforderlichen Informationen nicht erhalten hat. 402

BGH, Urt. v. 6.11.2018 – II ZR 11/17, ZIP 2019, 261 Rn. 32;
dazu EWiR 2019, 135 *(Kleindiek)*.

Allerdings darf er sich bei der erforderlichen Kontrolle und Überwachung nicht auf **mündliche Auskünfte** beschränken. Mündliche Auskünfte etwa müssen mit den betriebswirtschaftlichen Kennzahlen abgeglichen werden, etwa den regelmäßigen betriebswirtschaftlichen Auswertungen. 403

BGH, Urt. v. 6.11.2018 – II ZR 11/17, ZIP 2019, Rn. 34;
dazu EWiR 2019, 135 *(Kleindiek)*.

Ein Geschäftsführer hat aber nicht ressortübergreifend auch gegenüber den nachgeordneten Mitarbeitern eines anderen Geschäftsführers Überwachungspflichten. 404

OLG Hamm, Urt. v. 24.4.1991 – 8 U 188/90, GmbHR 1992, 375:

Die gegenüber einem Mitgeschäftsführer bestehende Überwachungspflicht unterscheidet sich von der Aufsichts- und Kontrollpflicht gegenüber nachgeordneten Angestellten der Gesellschaft. Sie muss auf die primäre Ressortzuständigkeit des Mitgeschäftsführers Rücksicht nehmen und ein „Hineinregieren" in dessen Zuständigkeit vermeiden. Der überwachungspflichtige Geschäftsführer ist gegenüber seinen Geschäftsführerkollegen kein Oberrevisor. Die Überwachung kann nach Ansicht des Senats auch nur eine stichprobenartige Kontrolle von Büchern und Konten zum Gegenstand haben.

Nimmt ein Geschäftsführer wahr, dass ein Mitgeschäftsführer sein Amt gesetzwidrig ausübt, muss er dagegen einschreiten. 405

BGH, Urt. v. 13.4.1994 – II ZR 16/93, BGHZ 125, 366 = ZIP 1994, 867 = NJW 1994, 1801:

Ein Geschäftsführer ist verpflichtet, einem Mitgeschäftsführer, auch wenn dieser ein Mehrheitsgesellschafter ist und ihm im Wege der Arbeitsteilung ein engeres Tätigkeitsfeld zugewiesen ist, zu einer gesetzmäßigen Ausführung seinerseits anzuhalten und gegen Pflichtverletzungen (z. B. gegen § 30 GmbHG) einzuschreiten, sobald sich Anhaltspunkte dafür ergeben, dass er seine Geschäfte nicht ordnungsgemäß führt…

Dazu EWiR 1994, 681 *(v. Gerkan)*;

BGH, Urt. v. 28.4.2015 – II ZR 63/14, ZIP 2015, 1220 Rn. 11 (zur AG);

BGH, Urt. v. 15.1.2013 – II ZR 90/11, ZIP 2013, 455, Rn. 22 (zur AG);

OLG München, Urt. v. 22.10.2015 – 23 U 4861/14, ZIP 2016, 621;
dazu EWiR 2016, 201 *(Theiselmann)*.

406 Ist es ihm nicht möglich, sie zu einem gesetzestreuen Verhalten anzuhalten, so muss er notfalls von seinem Amt zurücktreten, um einer (auch strafrechtlichen) Haftung zu entgehen.

> BGH, Urt. v. 13.4.1994 – II ZR 16/93, BGHZ 125, 366 = ZIP 1994, 867 = NJW 1994, 1801:
>
> … äußerstenfalls muss er sein Amt niederlegen.
>
> Dazu EWiR 1994, 681 *(v. Gerkan)*.

407 Wie die Haftung im Innenverhältnis der Geschäftsführer auszugleichen ist, bestimmt sich nach § 426 BGB. **Im Zweifel** haften die Geschäftsführer **zu gleichen Anteilen**. Die Verteilung geht ansonsten nach Verursachungsbeiträgen. Dabei fällt unter anderem die Ressortverteilung ins Gewicht. Ein höherer Verursachungsbeitrag liegt auch bei demjenigen, der gehandelt hat, gegenüber demjenigen, den nur ein Überwachungsfehler trifft. Das gilt auch für den Handelnden gegenüber einem Nachfolger, der nicht mehr eingeschritten ist und den Schadenseintritt nicht verhindert hat.

> Zur Haftungsverteilung *Freund*, GmbHR 2013, 785.

10. Verjährung

408 Schadensersatzansprüche der GmbH gegen ihren (früheren) Geschäftsführer verjähren gemäß § 43 Abs. 4 GmbHG innerhalb von **fünf Jahren**. Der Lauf der Verjährungsfrist beginnt mit der **Entstehung** des Ersatzanspruchs; nicht erst ab Kenntniserlangung durch die Organe der GmbH.

> BGH, Urt. v. 9.2.2009 – II ZR 292/07, BGHZ 179, 344 = ZIP 2009, 802 = NJW 2009, 2127 Rn. 12 *(Sanitary)*;
>
> BGH, Urt. v. 29.9.2008 – II ZR 234/07, ZIP 2008, 2217 = NJW 2009, 68 Rn. 17;
> dazu EWiR 2009, 23 *(Kort)*;
>
> BGH, Urt. v. 21.2.2005 – II ZR 112/03, ZIP 2005, 852;
> m. Anm. *Dollmann*, GmbHR 2005, 529;
>
> OLG Brandenburg, Urt. v. 7.2.2018 – 7 U 132/16, GmbHR 2018, 578, 580.

409 Die Neuregelung der Verjährungsbestimmungen durch die **Schuldrechtsreform**, wonach gemäß § 199 Abs. 1 Nr. 2 BGB die Verjährungsfrist erst zu laufen beginnt, wenn der Gläubiger von den Anspruch begründenden Tatsachen Kenntnis erlangt hat, gilt **nicht** für die Verjährungsregelung des GmbH-Rechts, § 200 Satz 1 BGB. Bei der Angleichung der Sondervorschriften an die allgemeine Regelung des BGB in einem zweiten Reformschritt Ende 2004 blieb § 43 Abs. 4 GmbHG ebenso unverändert wie bei er Neuregelung des GmbH-Rechts durch das MoMiG.

> BGH, Urt. v. 29.9.2008 – II ZR 234/07, ZIP 2008, 2217 = NJW 2009, 68 Rn. 17;
> dazu EWiR 2009, 23 *(Kort)*.

410 Der Lauf der fünfjährigen Verjährungsfrist eines Schadensersatzanspruchs aus der Verletzung von Geschäftsführerpflichten gemäß § 43 Abs. 2 GmbHG be-

ginnt mit der Entstehung des Anspruchs, d. h. mit Eintritt des Schadens dem Grunde nach. Der **Schaden** braucht noch **nicht bezifferbar** zu sein; es genügt, dass der Anspruch im Wege der Feststellungsklage geltend gemacht werden könnte.

> BGH, Urt. v. 29.9.2008 – II ZR 234/07, ZIP 2008, 2217 = NJW 2009, 68 Rn. 17; dazu EWiR 2009, 23 *(Kort)*;
>
> BGH, Urt. v. 21.2.2005 – II ZR 112/03, ZIP 2005, 852; m. Anm. *Dollmann*, GmbHR 2005, 529;
>
> BGH, Urt. v. 23.3.1987 – II ZR 190/86, BGHZ 100, 228 = ZIP 1987, 776 = NJW 1987, 1887; dazu EWiR 1987, 739 *(Müller)*.

Der Schaden ist dem Grunde nach auch eingetreten, wenn durch die Verletzungshandlung eine – als Schaden anzusehende – Verschlechterung der Vermögenslage eintritt, ohne dass zu diesem Zeitpunkt bereits feststeht, ob der Schaden bestehen bleibt und damit endgültig wird. **411**

> BGH, Urt. v. 23.3.1987 – II ZR 190/86, BGHZ 100, 228 = ZIP 1987, 776 = NJW 1987, 1887; dazu EWiR 1987, 739 *(Müller)*.

Der Schaden ist auch eingetreten, wenn eine Verschlechterung der Vermögenslage oder ein endgültiger Teilschaden eingetreten ist und mit der nicht entfernt liegenden Möglichkeit des Auftretens weiterer, bisher noch nicht erkennbarer und zu berücksichtigender Schäden bei verständiger Würdigung gerechnet werden kann oder solche als spätere schädigende – vorauszusehende oder zu erwartende – Folge des zum Schadensersatz verpflichtenden Verhaltens eintreten. **412**

> BGH, Urt. v. 23.3.1987 – II ZR 190/86, BGHZ 100, 228 = ZIP 1987, 776 = NJW 1987, 1887; dazu EWiR 1987, 739 *(Müller)*.

Ist dagegen noch offen, ob ein pflichtwidriges, mit einem Risiko behaftetes Verhalten zu einem Schaden führt, ist die Voraussetzung des Entstehens eines Anspruches nicht erfüllt, sodass eine Verjährungsfrist nicht in Lauf gesetzt wird. Gemäß § 256 ZPO kann dennoch die Erhebung einer Klage möglich sein, mit der das Ziel verfolgt wird, die Verpflichtung zur Leistung künftigen Schadensersatzes festzustellen. **413**

> BGH, Urt. v. 23.3.1987 – II ZR 190/86, BGHZ 100, 228 = ZIP 1987, 776 = NJW 1987, 1887; dazu EWiR 1987, 739 *(Müller)*.

Wird dem Geschäftsführer einer GmbH vorgeworfen, Maschinen angemietet zu haben, die für die GmbH nicht verwendbar gewesen seien, so verjährt ein Schadensersatzanspruch aus der Verletzung von Geschäftsführerpflichten gemäß § 43 Abs. 2 GmbHG fünf Jahre nach Abschluss des Mietvertrags. **414**

> BGH, Urt. v. 21.2.2005 – II ZR 112/03, ZIP 2005, 852; m. Anm. *Dollmann*, GmbHR 2005, 529.

415 Beim Abschluss eines ungünstigen Pauschalvertrags statt einer Stundenlohnvereinbarung kann die Verjährung mit dem Abschluss des Vertrags beginnen.

OLG Brandenburg, Urt. v. 7.2.2018 – 7 U 132/16, GmbHR 2018, 578, 580.

416 Bei einer verbotenen Auszahlung nach § 30 GmbHG liegt der Schaden der Gesellschaft schon in dem Liquiditätsabfluss ohne Rücksicht auf die damit zugleich entstehenden Erstattungsansprüche gegen den Zahlungsempfänger.

BGH, Urt. v. 29.9.2008 – II ZR 234/07, ZIP 2008, 2217 = NJW 2009, 68 Rn. 17;
dazu EWiR 2009, 23 *(Kort)*.

417 Die Verjährung wird auch durch das Verschweigen der schädigenden Handlung nicht hinausgeschoben, weil es auf die Kenntnis der Gesellschafter nicht ankommt.

BGH, Urt. v. 29.9.2008 – II ZR 234/07, ZIP 2008, 2217 = NJW 2009, 68 Rn. 17;
dazu EWiR 2009, 23 *(Kort)*;

BGH, Urt. v. 21.2.2005 – II ZR 112/03, ZIP 2005, 852;
m. Anm. *Dollmann*, GmbHR 2005, 529.

418 Ein Geschäftsführer ist nicht – wie ein Rechtsanwalt und Steuerberater – verpflichtet, die Gesellschaft, die Gesellschafter oder den Insolvenzverwalter auf seine Schadensersatzpflicht hinzuweisen, um der Gesellschaft eine Vermeidung der Verjährung zu ermöglichen.

BGH, Urt. v. 29.9.2008 – II ZR 234/07, ZIP 2008, 2217 = NJW 2009, 68 Rn. 18;
dazu EWiR 2009, 23 *(Kort)*;

OLG Düsseldorf, Urt. v. 25.11.1999 – 6 U 146/98, GmbHR 2000, 666;

Dahl/Schmitz, NZG 2008, 653, 655.

419 Es gibt daher nicht wie bei der Anwalts- oder Steuerberaterhaftung eine **Sekundärverjährung**.

BGH, Urt. v. 29.9.2008 – II ZR 234/07, ZIP 2008, 2217 = NJW 2009, 68 Rn. 18;
dazu EWiR 2009, 23 *(Kort)*.

420 Auch der Alleingesellschafter und Alleingeschäftsführer ist nicht verpflichtet, verjährungsunterbrechende Maßnahmen gegen sich zu ergreifen.

OLG Köln, Urt. v. 29.6.2000 – 18 U 31/00, GmbHR 2001, 73.

421 Das gilt auch, wenn der Geschäftsführer es nach einer unzulässigen Rückzahlung des gebundenen Eigenkapitals unterlässt, den Ersatzanspruch geltend zu machen; damit entsteht nicht nach fünf Jahren – mit der Verjährung des Rückzahlungsanspruchs – ein neuer Ersatzanspruch. Der Schadensersatzanspruch beginnt bereits mit dem Liquiditätsabfluss.

BGH, Urt. v. 29.9.2008 – II ZR 234/07, ZIP 2008, 2217
= NJW 2009, 68 Rn. 18;
dazu EWiR 2009, 23 *(Kort)*.

Bei **mehreren pflichtwidrigen Handlungen** beginnt die Verjährung jeweils mit der pflichtwidrigen Handlung und nicht erst für alle mit der letzten. 422

BGH, Urt. v. 29.9.2008 – II ZR 234/07, ZIP 2008, 2217
= NJW 2009, 68 Rn. 20;
dazu EWiR 2009, 23 *(Kort)*.

Die **Verjährungsfrist** kann durch eine vertragliche Vereinbarung der Gesellschaft mit ihrem Geschäftsführer **abgekürzt** werden. Die Abkürzung der Verjährung ist auch dann wirksam, soweit der Schadensersatzbetrag zur Befriedigung der Gesellschaftsgläubiger notwendig ist. Anders ist dies nur für Ansprüche nach § 43 Abs. 3 GmbHG, wenn die Pflichtverletzung in einer unerlaubten Kapitalrückzahlung nach § 30 GmbHG liegt. 423

BGH, Urt. v. 16.9.2002 – II ZR 107/01, ZIP 2002, 2128
= NJW 2002, 3777;
dazu EWiR 2003, 119 *(Blöse)*;
m. Anm. *Altmeppen*, DStR 2002, 2048;
m. Anm. *Graef*, BB 2002, 2517;
m. Bespr. *Sturm*, GmbHR 2003, 573;
BGH, Beschl. v. 18.2.2008 – II ZR 62/07, ZIP 2008, 736 Rn. 11.

Der BGH hat dabei folgende Klausel des Anstellungsvertrags des Geschäftsführers gelten lassen, die eher eine Ausschlussfrist als eine Verjährungsfrist betrifft: 424

BGH, Urt. v. 16.9.2002 – II ZR 107/01, ZIP 2002, 2128
= NJW 2002, 3777:

Alle Ansprüche aus dem Beschäftigungsverhältnis sind von den Vertragspartnern innerhalb von sechs Monaten nach Fälligkeit, im Falle der Beendigung des Arbeitsverhältnisses jedoch innerhalb von drei Monaten nach Beendigung schriftlich geltend zu machen, andernfalls sind sie erloschen. Bleibt die Geltendmachung erfolglos, erlöschen sie, wenn der Anspruch nicht innerhalb einer Frist von zwei Monaten nach der Ablehnung gerichtlich geltend gemacht wird.

Dazu EWiR 2003, 119 *(Blöse)*;
ebenso BGH, Beschl. v. 18.2.2008 – II ZR 62/07, ZIP 2008, 736
Rn. 12;
m. Anm. *Werner*, GmbHR 2008, 490.

Würde jede Einschränkung der Haftung durch die Abkürzung der Verjährungsfrist unzulässig, soweit der Schadensersatz zur Befriedigung der Gläubiger erforderlich sei, so wäre die Haftung des Geschäftsführers trotz der – im Unterschied zum GmbH-Geschäftsführer – nur eingeschränkten Verzichtsmöglichkeit des AG-Vorstandes schärfer als dessen Haftung. 425

Die Abkürzung setzt die Zustimmung der Gesellschafter voraus; sie kann schon im Anstellungsvertrag vereinbart werden. 426

BGH, Urt. v. 16.9.2002 – II ZR 107/01, ZIP 2002, 2128
= NJW 2002, 3777;
dazu EWiR 2003, 119 *(Blöse)*.

427 Die Reichweite einer solchen vertraglichen Verjährungsverkürzung ist noch nicht abschließend geklärt. Die Vereinbarung sollte klarstellen, ob der Haftungsausschluss auch deliktische oder nur solche nach § 43 GmbHG umfassen solle.

428 Bedenken,

Sturm, GmbHR 2003, 573, 576,

dass der für die Durchsetzung von Ersatzansprüchen gemäß § 46 Nr. 8 GmbHG notwendige Beschluss der Gesellschafter sich in der verkürzten Frist häufig gar nicht herbeiführen lasse, verkennen, dass die Gesellschafterversammlung auch bei einer fristlosen Kündigung des Geschäftsführers rasch handeln muss und sie die Frist selbst vereinbart hat.

429 Anstelle der Verkürzung der Verjährungsfrist kann auch eine **Ausschlussfrist** vereinbart werden. Die Vereinbarung kann auch durch den Verweis auf andere Klauselwerke erreicht sein, etwa einen Verweis auf die entsprechende Anwendung des Bundes-Angestelltentarifvertrags (BAT), der in § 70 BAT vorsieht, dass Schadensersatzansprüche gegen den Arbeitnehmer nur innerhalb von sechs Monaten ab Fälligkeit geltend gemacht werden können, ähnlich § 37 TVöD.

OLG Stuttgart, Urt. v. 26.5.2003 – 5 U 160/02, GmbHR 2003, 835.

430 Unter Umständen kann neben dem Anspruch aus § 43 GmbHG ein Schadensersatzanspruch aus **Verletzung der Treuepflicht** eines Gesellschafter-Geschäftsführers gegeben sein.

BGH, Urt. v. 14.9.1998 – II ZR 175/97, ZIP 1999, 240
= NJW 1999, 781.

431 Dieser Anspruch verjährt zwar bereits in drei Jahren, §§ 195, 199 BGB. Allerdings beginnt für diesen Anspruch die Verjährungsfrist erst mit der Kenntniserlangung der Verfolgungsberechtigten – also in der Regel der Gesellschafterversammlung – zu laufen. Voraussetzung ist allerdings, dass der Geschäftsführer zugleich Gesellschafter ist.

432 Bei den kenntnisabhängigen Ansprüchen gegen den Gesellschafter-Geschäftsführer wird der Gesellschaft die Kenntnis nicht schon durch den betroffenen Geschäftsführer vermittelt.

BGH, Urt. v. 15.3.2011 – II ZR 301/09, ZIP 2011, 858 Rn. 10.

433 Klagt die Gesellschaft gegen ihren Geschäftsführer, ohne bereits vor Klageerhebung einen **Gesellschafterbeschluss nach § 46 Nr. 8 GmbHG** herbeigeführt zu haben, so haben die Klageerhebung oder der Mahnbescheidsantrag gleichwohl verjährungshemmende Wirkung.

BGH, Urt. v. 3.5.1999 – II ZR 119/98, ZIP 1999, 1001
= NJW 1999, 2115:

Es trifft zwar zu, dass der Beschluss nach § 46 Nr. 8 GmbHG Voraussetzung für die Klage gegen den Geschäftsführer ist. Die Unterbrechung der Verjährung durch Klage oder Mahnbescheid nach § 209 BGB hängt aber nicht davon ab, ob bereits zur Zeit der Zustellung alle Anspruchsvoraussetzungen vorliegen.

Dazu EWiR 1999, 795 *(Westermann)*;

BGH, Beschl. v. 26.11.2007 – II ZR 161/06, ZIP 2008, 117 Rn. 7.

Zu den Problemen, die sich aus der unterschiedlichen Regelung der Verjährung nach § 43 GmbHG und der Verjährung von Regressansprüchen im Innenverhältnis ergeben können: 434

Dollmann, GmbHR 2004, 1330.

Ein Schadensersatzanspruch wegen eines Verstoßes gegen ein **Wettbewerbsverbot** verjährt dagegen entsprechend § 88 Abs. 3 AktG in drei Monaten ab dem Zeitpunkt, in dem alle Gesellschafter von der zum Schadensersatz verpflichtenden Handlung Kenntnis erlangen oder ohne grobe Fahrlässigkeit erlangen müssen und ohne Rücksicht auf die Kenntnis innerhalb von fünf Jahren ab dem Verstoß, außer das Verhalten des Geschäftsführers geht über einen Wettbewerbsverstoß hinaus, etwa indem es auch den Gleichbehandlungsanspruch der Gesellschafter verletzt. 435

BGH, Urt. v. 26.10.1964 – II ZR 127/62, WM 1964, 1320;

BGH, Urt. v. 22.6.1972 – II ZR 67/70, WM 1972, 1229;

OLG Köln, Urt. v. 10.1.2008 – 18 U 1/07, GmbHR 2008, 1103;
dazu EWiR 2008, 405 *(Paefgen/Esposito)*;
m. Anm. *Krause*, BB 2008, 802;
bestätigt BGH, Beschl. v. 12.1.2009 – II ZR 21/08 (juris).

11. Haftungsbeschränkung und Entlastung

a) Betrieblich veranlasste Tätigkeit

Anders als bei einem gewöhnlichen Arbeitnehmer ist die Haftung des Geschäftsführers der Gesellschaft gegenüber nicht unter dem Gesichtspunkt der betrieblich veranlassten Tätigkeit (früher sog. „gefahrgeneigten Arbeit“) beschränkt, auch nicht in der Ausgestaltung dieser Rechtsprechung, die dem Arbeitnehmer Haftungserleichterungen für jegliche betrieblich veranlasste Tätigkeit, nicht nur für gefahrenträchtige Arbeit zukommen lässt. Denn die dazu entwickelten Grundsätze gelten zwar auch für leitende Angestellte, 436

BAG, Urt. v. 11.11.1976 – 3 AZR 266/75, NJW 1977, 598,

nicht aber für Organe einer juristischen Person, also nicht **für den Geschäftsführer** einer GmbH.

BGH, Urt. v. 5.12.1983 – II ZR 252/82, BGHZ 89, 153, 159;

BGH, Urt. v. 27.2.1975 – II ZR 112/72, WM 1975, 467
(Genossenschaft);
MünchKommGmbHG/*Fleischer*, § 43 Rn. 256;

a. A. *Bachmann*, ZIP 2017, 841 m. w. N.

Das gilt zumindest dann, wenn die Pflichtverletzung im Zusammenhang mit der Unternehmensleitung begangen wird. Etwas anderes soll gelten, wenn ein 437 solcher Zusammenhang nicht besteht und der Geschäftsführer z. B. auf einer Dienstfahrt mit einem Dienstfahrzeug einen Schaden verursacht.

Scholz/*U.H. Schneider*, GmbHG, § 43 Rn. 257;
Lutter, GmbHR 2000, 301, 312:

Handelt der Geschäftsführer innerhalb seines typischen unternehmerischen Tätigkeitsbereichs, kommt eine Haftungsbeschränkung grundsätzlich nicht in Betracht. Nimmt er hingegen wie jeder beliebige Dritte am Rechtsverkehr teil, ist eine analoge Anwendung der arbeitsrechtlichen Grundsätze zur innerbetrieblichen Schadensteilung je nach den Umständen des Einzelfalles möglich, die umso eher ausscheidet, je autonomer der Geschäftsführer handeln kann, und umso mehr in Betracht kommt, je mehr er in seinem Handeln – etwa als Geschäftsführer einer konzernabhängigen GmbH – gebunden ist.

A. A. *Joussen*, GmbHR 2005, 441, 445;
Jula, GmbHR 2001, 806, 807.

b) Freistellungsanspruch

438 Ein Freistellungsanspruch wird dem Geschäftsführer gemäß § 670 BGB (analog) für den Fall zuerkannt, dass durch den Geschäftsführer ein Haftungstatbestand gegenüber Dritten erfüllt wurde (Außenhaftung), er aber nicht gleichzeitig seine Pflichten gegenüber der Gesellschaft verletzt hat.

Scholz/*Schneider*, GmbHG, § 43 Rn. 351;
vgl. auch *Wagner*, VersR 2001, 1057, 1062.

439 Im Übrigen könnte der Geschäftsführer auch in seinem Anstellungsvertrag mit der Gesellschaft einen Freistellungsanspruch **vereinbaren.**

Scholz/*U.H. Schneider*, GmbHG, § 43 Rn. 356;
vgl. auch *Jula*, GmbHR 2001, 806, 807.

440 Teilweise wird die Zulässigkeit einer Freistellung von der Haftung des Geschäftsführers gegenüber der Gesellschaft nur für eine Freistellung durch Dritte, nicht durch die Gesellschaft selbst bejaht.

Vgl. *Habersack*, in: Festschrift Ulmer, S. 150, 157.

441 Das ergebe sich daraus, dass die Haftung des Gesellschaftsorgans gegenüber der Gesellschaft nur bedingt abdingbar sei.

442 Zum Freistellungsanspruch eines Geschäftsführers, der in Befolgung einer existenzvernichtenden Weisung der Gesellschafter (vom Insolvenzverwalter) aus § 43 Abs. 2 GmbHG in Anspruch genommen wird, gegen den Gesellschafter

vgl. *Lutter/Banerjea*, ZIP 2003, 2177, 2180.

c) Vertraglicher Haftungsausschluss

443 Nach einer weit verbreiteten Auffassung in der Literatur kann die Haftung des Geschäftsführers nicht oder nur bedingt vertraglich beschränkt werden. Das wird teils daraus abgeleitet, dass gemäß § 93 Abs. 4 AktG auch für die Vorstandsmitglieder der AG eine Haftungsminderung unzulässig sein soll. Die

Literatur kann sich aber auch auf die Materialien zum GmbH-Gesetz berufen, wonach eine Haftungsmilderung nicht erfolgen dürfe, weil die Bestimmung des § 43 GmbHG auch dem Schutz der Gesellschaftsgläubiger diene.

Vgl. dazu Scholz/*U.H. Schneider*, GmbHG, § 43 Rn. 258.

Im Interesse der Gläubiger soll durch den Ersatzanspruch gegen den Geschäftsführer die durch sein Handeln geschmälerte Haftungsmasse wieder aufgefüllt werden. **444**

Grundsätzlich wird aber von der herrschenden Meinung die Zulässigkeit der Vereinbarung eines Haftungsausschlusses bejaht, **445**

siehe *Joussen*, GmbHR 2005, 441, 446 m. w. N.;
a. A. *Lutter*, GmbHR 2000, 301, 311,

zumindest soweit nicht auch die Haftung für Vorsatz und grobe Fahrlässigkeit ausgeschlossen ist,

Habersack, in: Festschrift Ulmer, S. 150.

Aus der Entscheidung des BGH, **446**

BGH, Urt. v. 7.4.2003 – II ZR 193/02, ZIP 2003, 945;
dazu EWiR 2004, 443 *(Sinewe)*;
m. Anm. *Blöse*, GmbHR 2003, 715,

in der das Gericht einen nachträglichen Verzicht durch einen Entlastungs- oder Generalbereinigungsbeschluss angenommen hat, und der Entscheidung,

BGH, Urt. v. 16.9.2002 – II ZR 107/01, ZIP 2002, 2128
= NJW 2002, 3777;
dazu EWiR 2003, 119 *(Blöse)*;
m. Anm. *Altmeppen*, DStR 2002, 2048,

in der das Gericht eine Verkürzung der Verjährungsfrist für zulässig erklärt hat, folgt, dass nur § 43 Abs. 3 GmbHG einem Haftungsverzicht der Gesellschafter für die Gesellschaft entgegensteht.

BGH, Urt. v. 7.4.2003 – II ZR 193/02, ZIP 2003, 945:

Dass durch den Anspruchsverzicht das Vermögen der Gesellschaft und damit ihr Haftungsfonds im Verhältnis zu ihren Gläubigern geschmälert wird, nimmt das Gesetz hin, soweit nicht der Verzicht auf eine gemäß § 30 GmbHG verbotene Auszahlung an einen Gesellschaftergeschäftsführer hinausläuft.

BGH, Beschl. v. 18.2.2008 – II ZR 62/07, ZIP 2008, 736 Rn. 11.

Wenn der nachträgliche Verzicht durch Generalbereinigung möglich ist, ist auch der vorab vertraglich vereinbarte antizipierte Verzicht in diesem Rahmen möglich. **447**

Hinsichtlich der **Ausgestaltung** der Haftungsbeschränkung ist streitig, ob nur (§ 276 Abs. 3 BGB) die Haftung für **Vorsatz** im Voraus nicht erlassen werden kann **448**

Scholz/*U.H. Schneider*, GmbHG, § 43 Rn. 261;

MünchKommGmbHG/*Fleischer* Rn. 312;
Joussen, GmbHR 2005, 441, 447;
Jula, GmbHR 2001, 806, 808,

oder auch die Haftung für **grobe Fahrlässigkeit** nicht ausgeschlossen werden darf.

Baumbach/Hueck/*Zöllner*/*Noack*, GmbHG, § 43 Rn. 46;
Lohr, NZG 2000, 1204, 1209.

449 Außer Streit ist aber wiederum, dass eine vertragliche Haftungsfreistellung schlechthin für Ansprüche ausscheidet, für die auch ein **Verzicht unzulässig** wäre, also für Ansprüche aus der Gründerhaftung, § 9 Abs. 1 GmbHG, der Kapitalerhaltungspflicht, § 43 Abs. 3 GmbHG, der Insolvenzverschleppung, § 64 Abs. 1 GmbHG u. a.

450 Von diesem Grundgedanken des Gläubigerschutzes ausgehend schlägt *Jula*,

Jula, GmbHR 2001, 806,

die Vereinbarung einer Haftungsbeschränkung in dem Anstellungsvertrag des Geschäftsführers mit der Gesellschaft dergestalt vor, dass sie für den Fall greifen soll, dass keine Gläubigerbenachteiligung zu besorgen ist. Das soll auch für den Freistellungsanspruch gelten, und selbst die Vereinbarung einer abweichenden Beweislastverteilung hält er für zulässig.

451 Im Einzelnen bleibt jedoch vieles streitig. Anwälte, Notare und Steuerberater werden also den Geschäftsführer darauf hinweisen müssen, dass es fraglich ist, ob die mit der Gesellschaft vereinbarte Haftungsbeschränkung bei einer Inanspruchnahme durch den Insolvenzverwalter oder durch Gesellschaftsgläubiger Wirkung entfaltet.

d) Verzicht, Entlastung, Generalbereinigung

aa) Verzicht

452 Der Ersatzanspruch ist ausgeschlossen, wenn die Gesellschafter darauf verzichtet haben. Eine **Verzichtsvereinbarung** der Gesellschaft mit ihrem Geschäftsführer ist zulässig, soweit der Verzicht nicht auf eine gemäß § 30 GmbHG verbotene Auszahlung an einen Gesellschaftergeschäftsführer hinausläuft oder § 43 Abs. 3 GmbHG unverzichtbare Ersatzansprüche zum Gegenstand hat.

BGH, Beschl. v. 18.2.2008 – II ZR 62/07, ZIP 2008, 736 Rn. 11;
m. Anm. *Werner*, GmbHR 2008, 490;

BGH, Urt. v. 7.4.2003 – II ZR 193/02, ZIP 2003, 945;
dazu EWiR 2004, 443 *(Sinewe)*;
m. Anm. *Blöse*, GmbHR 2003, 715;

BGH, Urt. v. 16.9.2002 – II ZR 107/01, ZIP 2002, 2128
= NJW 2002, 3777;
dazu EWiR 2003, 119 *(Blöse)*;
m. Anm. *Altmeppen*, DStR 2002, 2048.

Verzichtet eine Gesellschaft auf Ersatzansprüche gegen ihren Geschäftsführer, so erfasst dieser Verzicht im Zweifel nicht auch Ersatzansprüche, die aus einer vorsätzlichen Vertragsverletzung entstanden sind. 453

BGH, Urt. v. 23.9.1985 – II ZR 246/84, ZIP 1985, 1484
= NJW 1986, 585;
dazu EWiR 1985, 991 *(Koch)*.

bb) Entlastung

Der Ersatzanspruch ist auch ausgeschlossen, wenn die Gesellschafter den Geschäftsführer entlastet haben und die Entlastung auch das beanstandete Geschäft umfasst. 454

Nach § 46 Nr. 5 GmbHG entscheiden die Gesellschafter alljährlich über die Entlastung ihrer Geschäftsführer; darin liegt die Billigung der Geschäftsführung. Die Entlastung hat im Recht der GmbH außerdem zur Folge, dass die GmbH **mit Ersatzansprüchen** und Kündigungsgründen **ausgeschlossen** ist, die der Gesellschafterversammlung bei sorgfältiger Prüfung aller Vorlagen und Berichte erkennbar sind, oder von denen alle Gesellschafter privat Kenntnis haben. Die zur Prüfung notwendigen Unterlagen und Informationen müssen den Gesellschaftern verfügbar gemacht sein. 455

BGH, Urt. v. 3.12.2001 – II ZR 308/99, ZIP 2002, 213:

Ansprüche, die aus den Rechenschaftsberichten des Vorstandes und den der Mitgliederversammlung bei der Rechnungslegung unterbreiteten Unterlagen nicht oder in wesentlichen Punkten nur so unvollständig erkennbar sind, dass die Verbandsmitglieder die Tragweite der ihnen abverlangten Entlastungsentscheidung bei Anlegung eines lebensnahen vernünftigen Maßstabes nicht zu überblicken vermögen, werden von der Verzichtswirkung nicht erfasst. Das gilt insbesondere für solche Ansprüche, die erst nach eingehendem Vergleich und rechtlicher Auswertung verschiedener Unterlagen ersichtlich sind, die in der Verbandsversammlung bei Abfassung des Entlastungsbeschlusses nicht oder nicht vollständig vorliegen.

M. Anm. *Graef*, BB 2002, 378;
dazu EWiR 2002, 341 *(Frank A. Schäfer)*;

BGH, Urt. v. 21.4.1986 – II ZR 165/85, BGHZ 97, 382
= ZIP 1986, 979 = NJW 1986, 2250;

OLG München, Urt. v. 22.10.2015 – 23 U 4861/14, ZIP 2016, 621;
dazu EWiR 2016, 201 *(Theiselmann)*;

OLG München, Urt. v. 27.2.2013 – 7 U 4465/11, GmbHR 2013, 813.

Der in der Entlastung liegende Verzicht auf Ersatzansprüche ist unwirksam, soweit er auf eine gemäß § 30 GmbHG verbotene Auszahlung an einen Gesellschaftergeschäftsführer hinausläuft oder § 43 Abs. 3 GmbHG unverzichtbare Ersatzansprüche zum Gegenstand hat. 456

BGH, Beschl. v. 18.2.2008 – II ZR 62/07, ZIP 2008, 736 Rn. 11;
m. Anm. *Werner*, GmbHR 2008, 490;
BGH, Urt. v. 7.4.2003 – II ZR 193/02, ZIP 2003, 945;
dazu EWiR 2004, 443 *(Sinewe)*;

m. Anm. *Blöse*, GmbHR 2003, 715 und
Janert, GmbHR 2003, 830.

457 Der Durchsetzung eines Anspruchs gegen den Geschäftsführer aus § 43 Abs. 2 GmbHG durch den **Insolvenzverwalter** steht die Entlastung durch die Gesellschaft nicht entgegen, wenn eine Entlastung zu dem Zeitpunkt, als sie ausgesprochen wurde, gar nicht mehr erteilt werden durfte.

458 Zur Entlastung bedarf es eines **Gesellschafterbeschlusses.** Es kann nicht ein Geschäftsführer den Mitgeschäftsführer aus seinen Verbindlichkeiten gegenüber der Gesellschaft entlassen.

BGH, Urt. v. 8.12.1997 – II ZR 236/96, ZIP 1998, 332
= NJW 1998, 1315:

Unabhängig von der gleichzeitigen Aufhebung des Anstellungsverhältnisses ergibt sich die Zuständigkeit der Gesellschafterversammlung für eine Generalbereinigung aber auch daraus, dass über die Entlastung eines Geschäftsführers gemäß § 46 Nr. 5b GmbHG allein die Gesellschafterversammlung zu befinden hat und dasselbe erst recht für die Entscheidung über eine Generalbereinigung gelten muss. Nach der Rechtsprechung des Senates unterscheiden sich Generalbereinigung und Entlastung im Wesentlichen nur dadurch, dass bei Letzterer auf die den Gesellschaftern zur Zeit der Beschlussfassung bekannten oder aus den ihnen zugänglich gemachten Unterlagen erkennbaren Ersatzansprüche gegen den Geschäftsführer verzichtet wird, während eine Generalbereinigung einen Verzicht auf sämtliche denkbaren Ersatzansprüche bis zur Grenze des rechtlich Zulässigen (vgl. §§ 43 Abs. 3, 9b Abs. 1, 57 Abs. 4, 64 Abs. 2 GmbHG) darstellt.

459 Der Gesellschafterbeschluss muss wirksam sein. Er kann von den Gesellschaftern insbesondere angefochten werden, wenn der Geschäftsführer unter Verstoß gegen den Sorgfaltsmaßstab des § 43 Abs. 1 GmbHG sowie unter Verletzung des Gleichbehandlungsgrundsatzes Gesellschaftern (etwa sich selbst) Sondervorteile verschafft hat.

BGH, Urt. v. 21.7.2008 – II ZR 39/07, ZIP 2008, 1818;
m. Anm. *Podewils*, GmbHR 2008, 1094;
OLG München, Urt. v. 24.10.1997 – 23 U 2392/97, ZIP 1997, 1965.

cc) Generalbereinigung

460 Auch nach einer Generalbereinigung ist der Ersatzanspruch ausgeschlossen. Eine **Generalbereinigung** ist der **Verzicht** auf sämtliche denkbaren Ersatzansprüche bis an die Grenzen des Zulässigen, im Unterschied zur Entlastung auch auf bei Prüfung nicht erkennbare Ansprüche.

BGH, Urt. v. 8.12.1997 – II ZR 236/96, ZIP 1998, 332
= NJW 1998, 1315.

461 Eine solche Generalbereinigung liegt in den häufig bei einer Aufhebungsvereinbarung enthaltenen Klauseln, nach denen auf alle Ansprüche gleich aus welchem Rechtsgrund wechselseitig verzichtet wird.

OLG München, Urt. v. 18.4.2018 – 7 U 3130/17, GmbHR 2018, 733, 734.

Die Berufung auf den Ausschluss eines Ersatzanspruchs ist dem Geschäftsführer aber verwehrt, wenn er einen der Gesellschaft durch untreues Verhalten entstandenen Schaden arglistig verschwiegen hat. 462

OLG München, Urt. v. 18.4.2018 – 7 U 3130/17, GmbHR 2018, 733, 734.

Auch zur Generalbereinigung beim Ausscheiden eines Geschäftsführers bedarf es eines **Gesellschafterbeschlusses.** Es kann nicht ein Geschäftsführer den Mitgeschäftsführer aus seinen Verbindlichkeiten gegenüber der Gesellschaft entlassen. 463

BGH, Urt. v. 8.12.1997 – II ZR 236/96, ZIP 1998, 332 = NJW 1998, 1315.

Ist der Geschäftsführer gleichzeitig Gesellschafter, hat er nach § 47 Abs. 4 GmbHG bei der Beschlussfassung kein Stimmrecht. 464

OLG München, Urt. v. 18.4.2018 – 7 U 3130/17, GmbHR 2018, 733, 734.

12. Prozessuales

Der Anspruch aus § 43 Abs. 2 GmbHG ist am Sitz der Gesellschaft zu erfüllen, sodass dort nach § 29 ZPO im Gerichtsstand des Erfüllungsorts auch geklagt werden kann. 465

BGH, Urt. v. 10.2.1992 – II ZR 23/91, WM 1992, 691.

Auch nach Art. 7 Nr. 1b EuGVVO bzw. Art. 5 Nr. 1 b LugÜ kommt als Gerichtsstand des Erfüllungsortes der Sitz der Gesellschaft infrage. 466

EuGH, Urt. v. 10.9.2015 – C-47/14, ZIP 2015, 2340 Rn. 57; dazu EWiR 2016, 93 *(Zarth/Buchner)*;

BGH, Beschl. v. 3.6.2014 – II ZR 34/13, ZIP 2014, 1986 Rn. 3; dazu EWiR 2014, 715 *(Cranshaw)*;

OLG Celle, Urt. v. 12.1.2000 – 9 U 126/99, NZG 2000, 595.

Wird ein (weisungsabhängiger) **Fremdgeschäftsführer** oder Minderheitsgesellschafter in Anspruch genommen, ist er bei einem Wohnsitz im **Ausland** europarechtlich als Arbeitnehmer anzusehen und daher an seinem Wohnsitz zu verklagen. 467

EuGH, Urt. v. 10.9.2015 – C-47/14, ZIP 2015, 2340 Rn. 49; dazu EWiR 2016, 93 *(Zarth/Buchner)*.

Die Streitgegenstände einer auf Pflichtverletzungen nach § 43 Abs. 2 GmbHG und einer auf verbotene Zahlungen nach § 64 Satz 1 GmbHG gestützten Klage sind regelmäßig verschieden, selbst wenn identische Zahlungen Grundlage der Klage sind. 468

OLG München, Urt. v. 9.8.2018 – 23 U 2936/17, GmbHR 2018, 1058, 1062.

13. D&O-Versicherung

469 Für die Haftung des Geschäftsführers gibt es eine spezielle Haftpflichtversicherung, die sog. D&O (Directors and Officers-)Versicherung für Unternehmensleiter.

a) Ausgestaltung

470 **Versicherungsnehmer** – und damit Prämienschuldner – ist in der Regel das **Unternehmen**, also die GmbH. Versicherte Person ist der Geschäftsführer. Es handelt sich um eine Versicherung für fremde Rechnung i. S. d. §§ 43 ff. VVG.

> BGH, Urt. v. 13.4.2016 – IV ZR 304/13, BGHZ 209, 373 Rn. 20;
> OLG München, Urt. v. 15.3.2005 – 25 U 3940/04, ZIP 2005, 1556;
> *Schüppen/Sanna*, ZIP 2002, 550, 551.

471 Die D&O-Versicherung ist ein **Vertrag zugunsten Dritter**, auf den die §§ 328 ff. BGB Anwendung finden, soweit sich nicht aus dem VVG Einschränkungen ergeben.

> *Koch*, GmbHR 2004, 18, 23.

472 Gesellschaft und Versicherer können aber Abweichendes vereinbaren. Gestaltungsrechte wie das Recht zur Kündigung stehen der Gesellschaft zu.

473 Der Versicherungsschutz erstreckt sich sowohl auf die **Außenhaftung wie auch auf die Innenhaftung.** Der Versicherer bietet der Gesellschaft als Versicherungsnehmerin Versicherungsschutz für den Fall, dass eine versicherte Person wegen einer bei Ausübung der organschaftlichen Tätigkeit bei der Gesellschaft begangenen Pflichtverletzung für einen Vermögensschaden auf Schadensersatz in Anspruch genommen wird. Der Versicherungsschutz umfasst sowohl die gerichtliche und außergerichtliche Abwehr unbegründeter als auch die Befriedigung begründeter Schadensersatzansprüche.

> Vgl. BGH, Urt. v. 12.9.2012 – IV ZR 171/11, ZIP 2012, 2112
> = NJW 2012, 3723 Rn. 11.

474 Der Versicherungsschutz enthält regelmäßig wesentliche Einschränkungen:

- Versichert sind **Vermögensschäden**, keine Personen- und Sachschäden und keine Schäden, die sich aus Sachschäden herleiten (diese werden allerdings in der Regel von der Betriebshaftpflichtversicherung der GmbH umfasst sein; da dort der Geschäftsführer mitversichert ist, kann der Versicherer ihn nicht in Regress nehmen).

  Auch die Ersatzpflicht nach **§ 64 GmbHG** als Schaden eigener Art wird von der Versicherung nach Sinn und Zweck als Vermögensschaden im versicherungsrechtlichen Sinn erfasst.

  > A. A OLG Düsseldorf, Urt. v. 20.7.2018 – 4 U 93/16, ZIP 2018, 1542, 1545;
  > dazu EWiR 2018, 553 *(Schneider/Hardung)*;

m. Anm. *Fabian*, GmbHR 2018, 970;
dazu *Markgraf/Henrich*, NZG 2018, 1290;
Armbrüster/Schilbach, ZIP 2018, 1853;
Bauer/Malitz, ZIP 2018, 2149.

- Nicht versichert sind Ansprüche aus der Produkthaftpflicht und aus Ansprüchen im Zusammenhang mit Umweltschäden, z. B. aus Verstößen gegen das Bundesimmissionsschutzgesetz (BImschG) und das Wasserhaushaltsgesetz (WHG) (allerdings gilt auch insoweit, dass sie von der Betriebsversicherung umfasst sein werden).

- Als selbstverständlich darf auch gelten, dass die Haftung für Handlungen außerhalb des Geschäftsgegenstandes ausgeschlossen ist.

- Soweit der Geschäftsführer selbst an dem Unternehmen beteiligt ist, bleibt die Quote des Haftpflichtanspruchs, die seiner Beteiligung entspricht, bei vielen Versicherungen ungedeckt; für den Gesellschafter-Geschäftsführer der Einmann-GmbH gibt es somit kaum eine Versicherungsmöglichkeit, soweit es um die Innenhaftung geht.

  Zu weiteren Problemen der sog. Eigenschadenklausel vgl. *Lange*, ZIP 2003, 466.

- Nach Nr. 1.3 der Musterbedingungen AVB-AVG sind Innenhaftungsansprüche nur gedeckt, soweit sie von der Hauptversammlung oder der Gesellschafterversammlung initiiert und auch gerichtlich geltend gemacht werden, es sei denn, der Versicherer verzichtet auf die Voraussetzung der gerichtlichen Geltendmachung.

  Vgl. näher *Koch*, GmbHR 2004, 18, 25 ff.,
  und insgesamt zu Ausschlüssen *Koch*, WM 2007, 2173, 2178.

Die **Versicherungsprämien** werden in der Regel von der Gesellschaft getragen; 475
sie sind als **Betriebsausgaben** steuerlich absetzbar und brauchen nach einem Schreiben des Bundesministeriums der Finanzen vom 24.1.2002,

siehe DB 2002, 399,

von dem Geschäftsführer nicht als Einkommen versteuert zu werden.

b) Abschluss

Beim **Abschluss** des Versicherungsvertrags kann die Gesellschaft von den Ge- 476
schäftsführern vertreten werden. Über den Abschluss einer D&O-Versicherung hat aber die Gesellschafterversammlung zu beschließen, §§ 46 Nr. 5 und 8 GmbHG. Wirksamkeitsvoraussetzung für den Versicherungsvertrag ist ein solcher Beschluss nicht.

Scholz/*Uwe H. Schneider*, GmbHG, § 43 Rn. 438.

Häufig wird ein **Selbstbehalt** des Geschäftsführers vereinbart. Selbstbehalt ist 477
der in einem Versicherungsschein aufgeführte Betrag, den eine auf Schadensersatz versicherte Person selbst tragen muss, ohne ihrerseits den Versicherer

in Anspruch nehmen zu können. Dem Selbstbehalt wird zutreffend eine verhaltenssteuernde Wirkung zugesagt, die aber auch nicht überschätzt werden sollte.

Armbrüster, NJW 2009, 187, 192;
Kort, DStR 2006, 799, 803.

478 Bei der GmbH ist– im Gegensatz zur Aktiengesellschaft (§ 93 Abs. 2 Satz 3 AktG) – ein Selbstbehalt nicht gesetzlich vorgeschrieben.

MünchKommGmbHG/*Fleischer*, § 43 Rn. 382.

479 Weder ein eigenbetrieblichen Interesses der Gesellschaft an der D&O-Versicherung noch die Fürsorgepflicht für die Organe führt nach h. M. zu einer **Verpflichtung** der Gesellschaft, eine solche Versicherung abzuschließen.

Vgl. *Lange*, DStR 2002, 1626, 1630;
Koch, GmbHR 2004, 160, 168;
Koch, GmbHR 2004, 18 ff.

480 Beim Aufsichtsrat einer Aktiengesellschaft hat der Bundesgerichtshof eine Pflicht zum Abschluss einer D&O-Versicherung abgelehnt, wenn die Satzung keine entsprechende Regelung enthält.

BGH, Urt. v. 16.3.2009 – II ZR 280/07, ZIP 2009, 860
= NJW 2009, 2454 Rn. 23.

481 Ohne Vereinbarung in der Satzung oder im Anstellungsvertrag besteht danach auch beim Geschäftsführer keine Verpflichtung zum Abschluss einer D&O-Versicherung.

482 War der Abschluss einer D&O-Versicherung von der Gesellschaft mit dem Geschäftsführer vertraglich vereinbart, so kann diesem ein **Schadensersatzanspruch** gegen die Gesellschaft erwachsen, wenn sie keinen Versicherungsvertrag abgeschlossen hat.

Koch, GmbHR 2004, 160, 167.

483 Hat sich die Gesellschaft in dem Anstellungsvertrag mit ihrem Geschäftsführer zum Abschluss einer D&O-Versicherung verpflichtet, so stellen sich Fragen zur Höhe der Versicherungssumme, der Jahreshöchstleistung des Versicherers, zum Selbstbehalt des Versicherers u. a.

Siehe dazu *Lange*, ZIP 2004, 2221.

c) Versicherungsanspruch

484 Ein **Direktanspruch** des Versicherungsnehmers (der Gesellschaft) gegen den Versicherer zur Durchsetzung ihrer Ersatzansprüche gegen den Versicherten (ihren Geschäftsführer) besteht nicht, auch nicht in der Form des Deckungsanspruchs.

OLG Köln, Urt. v. 2.9.2008 – 9 U 151/07, VersR 2008, 1673;

LG Marburg, Urt. v. 3.6.2004 – 4 O 2/03, DB 2005, 437 m. zust. Anm. *Graf v. Westphalen*;
Koch, WM 2007, 2173, 2176;
a. A. *Lange*, VersR 2007, 893.

In der Haftpflichtversicherung kann der Geschädigte nicht gleichzeitig Versicherungsnehmer sein. Dies ist auch deshalb erforderlich, weil es anderenfalls Versicherungsnehmer und Versichertem ein Zusammenwirken ermöglichen würde, um dem mit dem geschädigten Dritten identischen Versicherungsnehmer zu einem Direktanspruch gegen den Versicherer zu verhelfen. 485

Der Versicherungsanspruch kann aber **abgetreten** werden. Ein in Allgemeinen Versicherungsbedingungen geregeltes Verbot, den Freistellungsanspruch aus dem Versicherungsvertrag vor seiner endgültigen Feststellung abzutreten, steht der Abtretung an die geschädigte Gesellschaft als Versicherungsnehmerin nicht entgegen. 486

BGH, Urt. v. 13.4.2016 – IV ZR 304/13, BGHZ 209, 373 = ZIP 2016, 976 Rn. 19;
dazu EWiR 2016, 367 *(Dreher)*.

Für die Gesellschaft ist die Abtretung nachteilig, wenn sie die **Beweiserleichterungen** für den Anspruch gegen den Geschäftsführer im Prozess gegen den Versicherer verliert, während ihr ohne Abtretung die Bindungswirkung eines Haftpflichturteils (vgl. § 106 Satz 1 VVG) in einem Deckungsprozess zugutekommt. 487

Ob die Beweiserleichterungen nach Abtretung entfallen, ist streitig und höchstrichterlich noch nicht geklärt. Richtigerweise ändert sich die Beweislast aber nach Abtretung nicht, weil sozusagen zwei Prozesse in einem geführt werden. 488

Baur/Holle, AG 2017, 141 ff.;
Harzenretter, NZG 2016, 728, 732;
a. A. *Böttcher*, NZG 2008, 645, 647 ff.;
Armbrüster, NJW 2016, 897, 898;
Brinkmann ZIP 2017, 301, 307.

Allerdings steht der Geschäftsführer in einem Prozess nach Abtretung unmittelbar gegen die Versicherung als Zeuge zur Verfügung. 489

Zu der besonderen Problemlage der vom Versicherer „aufgezwungenen“ anwaltlichen Vertretung des Geschäftsführers und der sich daraus leicht ergebenden Interessenkollision siehe eingehend 490

Kiethe, BB 2003, 537.

Eine besondere Klippe für den Versicherungsschutz für den Innenhaftungsanspruch ist das sog. **„Claims-made-Prinzip“**. Versicherungsfall ist danach nicht wie in der allgemeinen Haftpflichtversicherung das Schadensereignis, sondern die Geltendmachung eines Anspruchs gegen das Organ. 491

492 Versicherungsfall ist die erstmalige **Geltendmachung** eines **Haftpflichtanspruchs** gegen eine versicherte Person während der Dauer des Versicherungsvertrags, nicht das die Haftung auslösende Ereignis. Ein Haftpflichtanspruch ist nach den meisten Versicherungsbedingungen geltend gemacht, wenn gegen eine versicherte Person ein Anspruch **schriftlich** erhoben wird oder ein Dritter der Versicherungsnehmerin, einer Tochtergesellschaft oder der versicherten Person schriftlich mitteilt, einen Anspruch gegen eine versicherte Person zu haben.

493 Dazu genügt auch nach Abtretung ein Anspruchsschreiben. Ein weitergehendes und eigenständiges Erfordernis der Ernsthaftigkeit des Vorsatzes, den Schädiger auch persönlich in Anspruch nehmen zu wollen, für welches der Versicherte oder – im Falle der Abtretung des Freistellungsanspruchs an diesen – der Geschädigte darlegungs- und beweispflichtig ist, ist nicht erforderlich.

> BGH, Urt. v. 13.4.2016 – IV ZR 304/13, BGHZ 209, 373 = ZIP 2016, 976 Rn. 19;
> dazu EWiR 2016, 367 *(Dreher)*.

494 Gegen die Vereinbarung dieses „Claims-made-Prinzips“ sollen wegen der gleichzeitig bestehenden Rückwärtsversicherung keine Bedenken bestehen.

> OLG München, Urt. v. 8.5.2009 – 25 U 5136/08, NZG 2009, 714;
> m. abl. Bespr. *Baumann*, NZG 2010, 1366;
> dazu *Graf v. Westphalen*, VersR 2011, 145;
> *Loritz/Hecker*, VersR 2012, 385.

495 Das Claims-made-Prinzip kann insbesondere für den Insolvenzverwalter zu Nachteilen führen, weil unter Umständen aufgrund der Nichtzahlung der Prämien wegen der Insolvenz kein Versicherungsschutz mehr besteht, wenn er erstmals einen Ersatzanspruch gegen den Geschäftsführer geltend macht. Dass der Versicherungsschutz nicht aufrechterhalten worden ist, führt aber nicht zu einem den Schadensersatz mindernden Mitverschulden des Insolvenzverwalters. Seine Pflichten bestehen gegenüber den Gläubigern, nicht gegenüber dem Geschäftsführer.

> BGH, Urt. v. 10.1.2017 – II ZR 94/15, BGHZ 213, 224 = ZIP 2017, 472 Rn. 35.

496 Vom Versicherungsschutz ausgeschlossen ist – wie üblich – die Haftung für Vorsatz und wissentliche Pflichtverletzungen, nicht jedoch die Haftung für grob fahrlässiges Verhalten.

> Dazu *Lange*, DStR 2002, 1674, 1676;
> *Kiethe*, BB 2003, 537;
> *Koch*, WM 2007, 2173, 2180.

497 Damit wird direkter Vorsatz verlangt, dolus eventualis genügt nicht.

> OLG Düsseldorf, Urt. v. 20.7.2018 – 4 U 93/16, ZIP 2018, 1542, 1544.

Das Urteil im Haftpflichtprozess gegen den Geschäftsführer bindet hinsichtlich der Pflichtverletzung. Hinsichtlich der Schuldform besteht im Regressprozess des Geschäftsführers gegen den Versicherer aber keine Bindung. 498

OLG Düsseldorf, Urt. v. 20.7.2018 – 4 U 93/16, ZIP 2018, 1542, 1544.

II. Zahlungen nach Insolvenzreife, § 64 Satz 1 GmbHG

Der Geschäftsführer ist der Gesellschaft zum Ersatz von Zahlungen verpflichtet, die nach Eintritt der Zahlungsunfähigkeit der Gesellschaft oder nach Feststellung ihrer Überschuldung (**Insolvenzreife**) geleistet werden, § 64 Satz 1 GmbHG. Zur Haftung wegen Insolvenzverschleppung nach §§ 823 Abs. 2 BGB, 15a Abs. 1 Satz 1 InsO siehe Rn. 1184 ff. 499

1. Anwendungsbereich

Die Haftung für Zahlungen nach Insolvenzreife trifft nicht nur den Geschäftsführer einer insolventen GmbH, sondern nach § 130a Abs. 1 Satz 1 HGB auch den Geschäftsleiter des persönlich haftenden Gesellschafters einer insolventen OHG, wenn kein persönlich haftender Gesellschaft eine natürliche Person ist. Das Gleiche gilt über § 177a Satz 1 HGB für den Geschäftsführer der Komplementärin bei der **GmbH & Co. KG.** 500

Der Gleichlauf zu § 64 Satz 1 GmbHG (§ 64 Abs. 2 GmbHG a. F.) war schon für § 130a HGB a. F. anerkannt, obwohl dort von einem „Schaden" die Rede war. 501

BGH, Urt. v. 26.3.2007 – II ZR 310/05, ZIP 2007, 1006 Rn. 7;

OLG Schleswig, Urt. v. 27.10.2005 – 5 U 82/05, ZIP 2005, 2211; abl. *K. Schmidt*, ZIP 2005, 2177.

Für die **Aktiengesellschaft** existiert mit § 92 Abs. 2 AktG i. V. m. § 93 Abs. 3 Nr. 6 AktG eine Parallelvorschrift, ebenso in § 34 Abs. 3 Nr. 4 GenG i. V. m. § 99 Abs. 2 GenG für die **Genossenschaft.** 502

Auf den Vorstand eines **Vereins** ist § 64 GmbHG nicht entsprechend anwendbar. 503

BGH, Beschl. v. 8.2.2010 – II ZR 54/09, ZIP 2010, 985 Rn. 4;
dazu EWiR 2010, 553 *(Hangebrauck)*;
m. Bespr. *Poertzgen*, NZG 2010, 772;
BGH, Beschl. v. 8.2.2010 – II ZR 156/09, ZIP 2010, 1080 Rn. 4;
dazu EWiR 2010, 555 *(Roth)*;
m. abl. Bespr. *Reuter*, NZG 2010, 808.

Die Vorschrift ist auf die Geschäftsleiter von **Auslandsgesellschaften** mit Sitz im Inland anwendbar, die als Kapitalgesellschaften der GmbH ähnlich sind. 504

BGH, Urt. v. 4.7.2017 – II ZR 319/15, ZIP 2017, 1619 Rn. 8;
m. Anm. *Münnich*, GmbHR 2017, 971;
m. Bespr. *Kordes*, NZG 2017, 1140;

BGH, Urt. v. 15.3.2016 – II ZR 119/14, ZIP 2016, 821 Rn. 14;
dazu EWiR 2016, 329 *(Seidel)*;
m. krit. Anm. *Poertzgen*, GmbHR 2016, 593.

505 Die Niederlassungsfreiheit steht dem nicht entgegen, weil es sich aus europarechtlicher Sicht um eine insolvenzrechtliche Vorschrift handelt, wenn der Insolvenzverwalter den Anspruch geltend macht.

EuGH, Urt. v. 10.12.2015 – C-594/14 ZIP 2015, 2468
Rn. 21 und 29;
dazu EWiR 2016, 67 *(Schulz)*;
m. Anm. *Römermann*, GmbHR 2016, 27.

2. Schuldner

506 Die Ersatzpflicht nach § 64 Satz 1 GmbHG trifft nicht nur den **rechtlichen** Geschäftsführer (auch als Strohmann), sondern auch den **faktischen Geschäftsführer**.

BGH, Urt. v. 11.7.2005 – II ZR 235/03, ZIP 2005, 1550;
dazu EWiR 2005, 731 *(Bork)*;

BGH, Beschl. v. 11.2.2008 – II ZR 291/06, ZIP 2008, 1026 Rn. 6;

BGH, Beschl. v. 2.6.2008 – II ZR 104/07, ZIP 2008, 1329 Rn. 4;
dazu EWiR 2008, 681 *(Blasche)*.

507 Zur Frage, wer faktischer Geschäftsführer ist, siehe Rn. 89 ff.

508 Dass jemand vorübergehend zum „kommissarischen“ Geschäftsführer bestellt ist, entlastet ihn nicht.

OLG München, Urt. v. 5.10.2016 – 7 U 1996/16, GmbHR 2017, 147.

509 Wie den Geschäftsführer kann die Haftung auch den **Liquidator** treffen.

BGH, Urt. v. 28.2.2012 – II ZR 244/10, ZIP 2012, 867 Rn. 9;
dazu EWiR 2012, 469 *(von der Linden)*.

510 Da § 64 Satz 1 GmbHG einen Ersatzanspruch eigener Art statuiert und kein deliktischer Schadensersatzanspruch ist, ist eine Teilnahme nach § 830 Abs. 1 BGB – etwa des **Gesellschafters** – nicht möglich.

BGH, Beschl. v. 11.2.2008 – II ZR 291/06, ZIP 2008, 1026 Rn. 6.

511 Dagegen kommt eine Haftung des Aufsichtsrats infrage. Erkennt der Aufsichtsrat oder muss er erkennen, dass die Gesellschaft insolvenzreif ist, und bestehen für ihn Anhaltspunkte für die Annahme, dass der Vorstand entgegen dem Verbot des § 92 Abs. 2 Satz 1 AktG Zahlungen leisten wird, hat der Aufsichtsrat darauf hinzuwirken, dass der Vorstand oder Geschäftsführer die verbotswidrigen Zahlungen unterlässt. Verletzt der Aufsichtsrat einer Aktiengesellschaft schuldhaft diese Überwachungspflicht, sind seine Mitglieder nach § 93 Abs. 3 Nr. 6 AktG i. V. m. § 116 Satz 1 AktG zum Ersatz verpflichtet.

BGH, Urt. v. 20.9.2010 – II ZR 78/09, BGHZ 187, 60 = ZIP 2010, 1988 = NJW 2011, 221 Rn. 11 ff.;
dazu EWiR 2010, 713 *(E. Vetter)*;
m. Anm. *Brötzmann*, GmbHR 2010, 1203;
m. Bespr. *K. Schmidt*, GmbHR 2010, 1319;
m. Bespr. *Habersack*, JZ 2010, 1191;
m. Bespr. *Weller*, GWR 2010, 541;
m. Bespr. *Schürnbrand*, NZG 2010, 1207.

Dagegen sind die Mitglieder eines fakultativen Aufsichtsrats einer GmbH bei einer Verletzung ihrer Überwachungspflicht hinsichtlich der Beachtung des Zahlungsverbots aus § 64 Satz 1 GmbHG nur dann der GmbH gegenüber nach § 93 Abs. 2, § 116 AktG, § 52 GmbHG ersatzpflichtig, wenn die Gesellschaft durch die regelwidrigen Zahlungen in ihrem Vermögen i. S. d. §§ 249 ff. BGB geschädigt worden ist. Die Aufsichtsratsmitglieder haften dagegen nicht, wenn die Zahlung – wie im Regelfall – nur zu einer Verminderung der Insolvenzmasse und damit zu einem Schaden allein der Insolvenzgläubiger geführt hat, weil § 52 Abs. 1 GmbHG auf die Schadensersatznorm des § 116 AktG nur mit der ausdrücklichen Einschränkung „i. V. m. § 93 Abs. 1 und 2 Satz 1 und 2 AktG" verweist. 512

BGH, Urt. v. 20.9.2010 – II ZR 78/09, BGHZ 187, 60 = ZIP 2010, 1988 = NJW 2011, 221 Rn. 21;
dazu EWiR 2010, 713 *(E. Vetter)*;
m. Anm. *Brötzmann*, GmbHR 2010, 1203;
m. Bespr. *K. Schmidt*, GmbHR 2010, 1319;
m. Bespr. *Habersack*, JZ 2010, 1191;
m. Bespr. *Weller*, GWR 2010, 541;
m. Bespr. *Schürnbrand*, NZG 2010, 1207.

Ein **Bevollmächtigter,** der in Vollmacht des Geschäftsführers Überweisungen ausführt oder sonst Zahlungen leistet, aber nicht Geschäftsführer ist, ist nicht Adressat des Zahlungsverbots von § 64 GmbHG. Er macht sich auch nicht wegen Beihilfe zur Untreue nach § 823 Abs. 2 BGB i. V. m. § 266 StGB haftbar, wenn den Zahlungen Forderungen gegenüberstanden. 513

BGH, Urt. v. 18.6.2013 – II ZR 217/12, GmbHR 2013, 1321.

3. Gläubiger

Der Anspruch steht nach § 64 Satz 1 GmbHG der Gesellschaft zu. Praktisch wird er erst in der Insolvenz geltend gemacht, dann durch den **Insolvenzverwalter.** Der Anspruch entsteht aber schon mit der Zahlung, nicht erst mit der Insolvenzeröffnung, und setzt sie daher auch nicht voraus. 514

BGH, Beschl. v. 23.9.2010 – IX ZB 204/09, ZIP 2010, 2107 Rn. 13;
missverständlich BGH, Urt. v. 11.9.2000 – II ZR 370/99, ZIP 2000, 1896, 1897;

a. A. OLG Karlsruhe, Urt. v. 12.9.2017 – 8 U 97/16, GmbHR 2018, 913, 920.

515 Der Insolvenzverwalter verliert seine Befugnis, den Anspruch geltend zu machen, mit der Aufhebung des Insolvenzverfahrens etwa nach Bestätigung eines Insolvenzplans, § 259 InsO.

BGH, Urt. v. 7.7.2008 – II ZR 26/07, ZIP 2008, 2094 Rn. 9.

516 Wenn ein Rückfall der Ansprüche an die Schuldnerin vermieden werden soll, muss der Insolvenzverwalter sie sich als Treuhänder (und „Privatperson") abtreten.

BGH, Urt. v. 7.1.2008 – II ZR 283/06, BGHZ 175, 86
= ZIP 2008, 546 Rn. 9.

517 Der Insolvenzverwalter kann den Anspruch nach Insolvenzeröffnung auch an einen Dritten abtreten. Die **Abtretung** ist weder unwirksam, weil insolvenzzweckwidrig, wenn das Geschäft, dessen Teil die Abtretung ist, für die Masse insgesamt vorteilhaft ist, noch verstößt sie gegen § 64 Satz 4, § 43 Abs. 3 Satz 2, § 9b Abs. 1 Satz 1 GmbHG.

BGH, Urt. v. 14.6.2018 – IX ZR 232/17, ZIP 2018, 1451 Rn. 12 und 19;
dazu EWiR 2018, 563 *(Haas)*;
m. Anm. *Bormann*, GmbHR 2018, 926;
m. Anm. *Calcagno*, NZI 2018, 712.

518 Bei masseloser Insolvenz kann jeder Gläubiger nach Pfändung und Überweisung zur Einziehung die der Gesellschaft zustehenden Ansprüche geltend machen (siehe Rn. 61 ff.).

BGH, Urt. v. 11.9.2000 – II ZR 370/99, ZIP 2000, 1896
= NJW 2001, 304;
dazu EWiR 2000, 1159 *(Keil)*.

519 Grundsätzlich setzt der Anspruch, da er die Auffüllung der Masse bezweckt, zwar die Eröffnung eines Insolvenzverfahrens voraus, doch besteht kein Grund, die Gläubiger schlechter zu behandeln, wenn noch nicht einmal genügend Masse zur Insolvenzeröffnung vorhanden ist und damit ein besonders krasser Fall der Vermögensverschlechterung vorliegt.

BGH, Urt. v. 11.9.2000 – II ZR 370/99, ZIP 2000, 1896
= NJW 2001, 304;
dazu EWiR 2000, 1159 *(Keil)*.

520 Daher kann der Anspruch auch geltend gemacht werden, wenn der Geschäftsführer die Gesellschaft nach Insolvenzreife still liquidiert und es gar nicht zu einer Entscheidung über einen Insolvenzantrag kommt, weil er Gläubigern aussichtslos erscheint oder die ersten Gläubiger, die einen Antrag gestellt haben, bezahlt wurden und ihren Antrag zurückgenommen haben.

4. Zeitliche Grenzen des Zahlungsverbots

521 Das Zahlungsverbot beginnt mit dem Eintritt der Zahlungsunfähigkeit oder der Überschuldung, nicht dagegen schon **mit drohender Zahlungsunfähigkeit**.

BGH, Urt. v. 28.2.2012 – II ZR 244/10, ZIP 2012, 867 Rn. 10;
dazu EWiR 2012, 469 *(von der Linden)*.

Maßgebend ist der **objektive Eintritt** der Überschuldung bzw. der Zahlungsunfähigkeit. Entgegen dem missverständlichen Wortlaut der Vorschrift kommt es auf eine „Feststellung" der Überschuldung oder der Zahlungsunfähigkeit durch den Geschäftsführer nicht an. **522**

BGH, Urt. v. 19.6.2012 – II ZR 243/11, ZIP 2012, 1557 Rn. 8;
dazu EWiR 2012, 559 *(Schodder)*;
BGH, Urt. v. 27.3.2012 – II ZR 171/10, ZIP 2012, 1174 Rn. 19;
dazu EWiR 2012, 457 *(Wackerbarth)*;
m. Anm. *Blöse*, GmbHR 2012, 748;
BGH, Urt. v. 16.3.2009 – II ZR 280/07, ZIP 2009, 860 Rn. 12;
dazu EWiR 2009, 493 *(Kiem/Giershausen)*;
m. Bespr. *Bork*, NZG 2009, 775;
BGH, Urt. v. 29.11.1999 – II ZR 273/98, BGHZ 143, 184
= ZIP 2000, 184 = NJW 2000, 668;
dazu EWiR 2000, 295 *(Noack)*;
m. Anm. *Frings*, GmbHR 2000, 185.

Zahlungen sind dem Geschäftsführer bereits mit dem Eintritt der Insolvenzreife durch Zahlungsunfähigkeit oder Überschuldung, nicht erst nach **Ablauf der Dreiwochenfrist** in § 15a Abs. 1 Satz 1 InsO für den Eröffnungsantrag verboten. **523**

BGH, Urt. v. 19.6.2012 – II ZR 243/11, ZIP 2012, 1557 Rn. 8;
dazu EWiR 2012, 559 *(Schodder)*;
BGH, Urt. v. 16.3.2009 – II ZR 280/07, ZIP 2009, 860
= NJW 2009, 2454 Rn. 12;
dazu EWiR 2009, 493 *(Kiem/Giershausen)*;
m. Bespr. *Bork*, NZG 2009, 775;
BGH, Urt. v. 24.5.2005 – IX ZR 123/04, BGHZ 163, 134
= ZIP 2005, 1426 = NJW 2005, 3062;
dazu EWiR 2005, 767 *(Bruns)*;
m. Anm. *Blöse*, GmbHR 2005, 1117;
m. Bespr. *Neumaier*, NJW 2005, 3041;
mit Bespr. *Hölzle*, ZIP 2006, 101;
BGH, Urt. v. 29.11.1999 – II ZR 273/98, BGHZ 143, 184
= ZIP 2000, 184 = NJW 2000, 668;
dazu EWiR 2000, 295 *(Noack)*;
m. Anm. *Frings*, GmbHR 2000, 185.

Umgekehrt führt der **Eröffnungsantrag** allein nicht zu einem Ende des Zahlungsverbots für den Geschäftsführer; vielmehr hat es bis zur Eröffnung des Insolvenzverfahrens Geltung, solange dem Geschäftsführer noch die Verfügungsbefugnis verbleibt. Der Geschäftsführer behält die Verfügungsbefugnis im Eröffnungsverfahren, wenn nicht als vorläufige Maßnahme ein Verfügungsverbot erlassen oder angeordnet wird, dass Verfügungen des Schuldners nur mit Zustimmung des vorläufigen Insolvenzverwalters wirksam sind (§ 21 Abs. 2 Satz 1 Nr. 2 InsO). **524**

525 Daher gilt das Zahlungsverbot grundsätzlich auch bis zur Verfahrenseröffnung im vorläufigen Eigenverwaltungs- und im **Schutzschirmverfahren** (§ 270b InsO).

Thole/Brünkmans, ZIP 2013, 1097, 1100 f.;
Siemon/Klein, ZInsO 2012, 2009;
Klinck, DB 2014, 938, 941;

A. A. *Haas*, ZHR 178 (2014), 603;
Brinkmann, DB 2012, 1369;
Blöse, GmbHR 2012, 471, 474.

526 Solange lediglich die Zahlungsunfähigkeit droht und nicht auch Überschuldung vorliegt, sind Zahlungen nach § 64 Satz 1 GmbHG aber nicht verboten. Der Gesetzgeber hat darüber hinaus für das Schutzschirmverfahren keine Ausnahme vom Zahlungsverbot angeordnet.

Siemon/Klein, ZInsO 2012, 2009.

527 Es gibt auch keinen Grund, im Schutzschirmverfahren Ausnahmen von dem Grundsatz zuzulassen, dass einzelne (Alt-)Gläubiger, die möglicherweise besonderen Druck ausüben, nicht durch eine Zahlung bevorzugt werden dürfen. Für die Betriebsfortführung im Eröffnungsverfahren und die Zahlung auf neu begründete Verbindlichkeiten stellen sich beim Schutzschirmverfahren im Wesentlichen keine anderen Probleme als sonst im Eröffnungsverfahren, wo sie mit dem Ermächtigungsmodell, hier für die Schuldnerin selbst (§ 270b Abs. 3 InsO), ermöglicht werden kann.

Dazu *Ganter*, NZI 2012, 433, 439.

528 Zwar werden verschiedene Privilegierungen für den Geschäftsführer im vorläufigen Eigenverwaltungsverfahren diskutiert. Aus dem Gesetz lassen sie sich jedoch nicht entnehmen.

Zutreffend *Klinck*, DB 2014, 938, 941.

529 Allenfalls kann in einzelnen Fällen das Verschulden gemäß § 64 Satz 2 GmbHG entfallen, weil die Zahlungen wegen der Sanierungssituation ausnahmsweise mit der **Sorgfalt eines ordentlichen Geschäftsmanns** vereinbar sein können.

Klinck, DB 2014, 938, 942.

530 Wird im eröffneten **Insolvenzverfahren** über das Vermögen einer Gesellschaft **Eigenverwaltung** angeordnet, haftet der Geschäftsleiter den Beteiligten analog §§ 60, 61 InsO.

BGH, Urt. v. 26.4.2018 – IX ZR 238/17, ZIP 2018, 977 Rn. 47.

531 Für Zahlungen ab diesem Zeitpunkt scheidet eine Haftung nach § 64 GmbHG daher aus. Teilweise wird daraus gefolgert, dass die Haftung nach §§ 60, 61 InsO analog auch in der vorläufigen Eigenverwaltung und im Schutzschirmverfahren die Haftung nach § 64 GmbHG verdränge.

Hofmann, ZIP 2018, 1429, 1431.

5. Zahlungsunfähigkeit

Die Gesellschaft ist nach der Legaldefinition in § 17 Abs. 2 InsO zahlungsunfähig, wenn sie nicht in der Lage ist, ihre fälligen Zahlungspflichten zu erfüllen. Die Zahlungsunfähigkeit wird bei **Zahlungseinstellung** vermutet. 532

§ 17 Abs. 2 InsO bestimmt: 533

> Der Schuldner ist zahlungsunfähig, wenn er nicht in der Lage ist, die fälligen Zahlungspflichten zu erfüllen. Zahlungsunfähigkeit ist in der Regel gegeben, wenn der Schuldner seine Zahlungen eingestellt hat.

Zahlungsunfähigkeit i. S. v. § 17 Abs. 2 InsO liegt nicht erst vor, wenn überhaupt keine Zahlungen mehr geleistet werden können. Es genügt, wenn das Unvermögen den **wesentlichen Teil** der Zahlungspflichten der Gesellschaft betrifft. 534

BGH, Urt. v. 14.2.2008 – IX ZR 38/04, ZIP 2008, 706 Rn. 15;
dazu EWiR 2008, 533 *(Dörrscheidt)*;

BGH, Urt. v. 20.6.2002 – IX ZR 177/99, ZIP 2002, 1408;

BGH, Urt. v. 20.11.2001 – IX ZR 48/01, BGHZ 149, 178
= ZIP 2002, 87 = NJW 2002, 515;
dazu EWiR 2002, 219 *(Wagner)*.

Die Zahlungsunfähigkeit kann anhand der Unterdeckung an Zahlungsmitteln berechnet werden, also anhand einer **Liquiditätsbilanz**. Einfacher kann sie anhand einer **Zahlungseinstellung** festgestellt werden, § 17 Abs. 2 Satz 2 InsO. Die Rechtsprechung hat eine Reihe von **Indizien** anerkannt, mittels derer jedenfalls außerhalb des Insolvenzeröffnungsverfahrens auf eine Zahlungseinstellung geschlossen werden kann. 535

Einen Überblick zu den Voraussetzungen der Zahlungsunfähigkeit bietet *Pape.* 536

Pape, WM 2008, 1949.

Den IDW-Standard S 11 zur Ermittlung der Insolvenzreife und damit auch der Zahlungsunfähigkeit stellen *Zabel/Pütz* vor. 537

Zabel/Pütz, ZIP 2015, 912.

a) Liquiditätsbilanz

Zur Feststellung der Zahlungsunfähigkeit kann die Unterdeckung in einer Liquiditätsbilanz bestimmt werden. Die Liquiditätsbilanz besteht in der zahlenmäßigen Gegenüberstellung der Verbindlichkeiten und der liquiden Mittel. 538

BGH, Urt. v. 19.12.2017 – II ZR 88/16, ZIP 2018, 283 Rn. 10;
dazu EWiR 2018, 179 *(K. Schmidt)*;
m. Anm. *Münnich*, GmbHR 2018, 306;
m. Bespr. *Mylich*, ZIP 2018, 514.

Zahlungsunfähigkeit liegt in der Regel vor, wenn eine **Liquiditätslücke von 10 % oder mehr** besteht und sie nicht mit an Sicherheit grenzender Wahrscheinlichkeit innerhalb von drei Wochen beseitigt werden kann. 539

BGH, Urt. v. 19.12.2017 – II ZR 88/16, ZIP 2018, 283 Rn. 10;
dazu EWiR 2018, 179 *(K. Schmidt)*;
m. Anm. *Münnich*, GmbHR 2018, 306;
m. Bespr. *Mylich*, ZIP 2018, 514;

BGH, Urt. v. 9.10.2012 – II ZR 298/11, ZIP 2012, 2391 Rn. 8;
m. Anm. *Wenzler*, GmbHR 2013, 33;

BGH, Urt. v. 27.3.2012 – II ZR 171/10, ZIP 2012, 1174 Rn. 10;
dazu EWiR 2012, 457 *(Wackerbarth)*;
m. Anm. *Blöse*, GmbHR 2012, 748;
m. Bespr. *H.-F. Müller*, NZG 2012, 981;

BGH, Beschl. v. 27.7.2006 – IX ZB 204/04, BGHZ 169, 17
= ZIP 2006, 1957 = NJW 2006, 3553;
dazu EWiR 2007, 17 *(Bruns)*;

BGH, Urt. v. 24.5.2005 – IX ZR 123/04, BGHZ 163, 134
= ZIP 2005, 1426 = NJW 2005, 3062:

Keine Zahlungsstockung, sondern Zahlungsunfähigkeit liegt im Rechtssinne vor, wenn die innerhalb von drei Wochen nicht zu beseitigende Liquiditätslücke des Schuldners 10 vom Hundert überschreitet, sofern nicht ausnahmsweise mit an Sicherheit grenzender Wahrscheinlichkeit zu erwarten ist, dass die Liquiditätslücke demnächst vollständig oder fast vollständig beseitigt werden wird und den Gläubigern ein Zuwarten nach den besonderen Umständen des Einzelfalles zuzumuten ist.

Dazu EWiR 2005, 767 *(Bruns)*;
m. Anm. *Blöse*, GmbHR 2005, 1117;
m. Bespr. *Neumaier*, NJW 2005, 3041;
mit Bespr. *Hölzle*, ZIP 2006, 101.

540 Diese auf der Deckungslücke gründende Vermutung der Zahlungsunfähigkeit ist **widerlegbar**, insbesondere damit, dass die Liquiditätslücke mit an Sicherheit grenzender Wahrscheinlichkeit in einem überschaubaren Zeitraum beseitigt wird.

BGH, Urt. v. 24.5.2005 – IX ZR 123/04, BGHZ 163, 134
= ZIP 2005, 1426 = NJW 2005, 3062:

Beträgt die Unterdeckung 10 % oder mehr, muss der Geschäftsführer der Gesellschaft – falls er meint, es sei doch von einer Zahlungsfähigkeit auszugehen – entsprechende Indizien vortragen und beweisen. Dazu ist in der Regel die Benennung konkreter Umstände erforderlich, die mit an Sicherheit grenzender Wahrscheinlichkeit erwarten lassen, dass die Liquiditätslücke zwar nicht innerhalb von zwei bis drei Wochen – dann läge nur eine Zahlungsstockung vor –, jedoch immerhin in überschaubarer Zeit beseitigt werden wird. … Je näher die konkret festgestellte Unterdeckung dem Schwellenwert (von 10 %) kommt, desto geringer sind die Anforderungen an das Gewicht der besonderen Umstände zu richten, mit denen die Vermutung entkräftet werden kann. Umgekehrt müssen umso schwerer wiegende Umstände vorliegen, je größer der Abstand der tatsächlichen Unterdeckung von dem Schwellenwert ist.

Dazu EWiR 2005, 767 *(Bruns)*;
m. Anm. *Blöse*, GmbHR 2005, 1117;
m. Bespr. *Neumaier*, NJW 2005, 3041;
mit Bespr. *Hölzle*, ZIP 2006, 101.

541 Für die **Prognose**, die der Geschäftsführer anstellen muss, sobald bei einer Liquiditätsbilanz eine Unterdeckung festzustellen ist, und die er bei jeder vorzunehmenden Zahlung kontrollieren muss, sind die konkreten Gegebenheiten in Bezug auf den Schuldner – insbesondere dessen Außenstände, die Bonität der Drittschuldner und die Kreditwürdigkeit des Schuldners –, auf die Branche und die Art der fälligen Schulden zu berücksichtigen.

> BGH, Urt. v. 24.5.2005 – IX ZR 123/04, BGHZ 163, 134 = ZIP 2005, 1426 = NJW 2005, 3062;
> dazu EWiR 2005, 767 *(Bruns)*;
> m. Anm. *Blöse*, GmbHR 2005, 1117;
> m. Bespr. *Neumaier*, NJW 2005, 3041;
> mit Bespr. *Hölzle*, ZIP 2006, 101.

Zahlungsunfähig ist auch ein Schuldner, der nur außerstande ist, einen Gläubiger mit einer Forderung in nicht unbeträchtlicher Höhe zu befriedigen. **542**

> BGH, Urt. v. 30.6.2011 – IX ZR 134/10, ZIP 2011, 1416 Rn. 12;
> dazu EWiR 2011, 571 *(Henkel)*;
>
> BGH, Beschl. v. 28.4.2008 – II ZR 51/07, ZInsO 2008, 1019 Rn. 5;
>
> BGH, Urt. v. 24.5.2005 – IX ZR 123/04, BGHZ 163, 134 = ZIP 2005, 1426 = NJW 2005, 3062;
> dazu EWiR 2005, 767 *(Bruns)*;
> m. Anm. *Blöse*, GmbHR 2005, 1117;
> m. Bespr. *Neumaier*, NJW 2005, 3041;
> mit Bespr. *Hölzle*, ZIP 2006, 101;
>
> BGH, Urt. v. 20.11.2001 – IX ZR 48/01, BGHZ 149, 178 = ZIP 2002, 87 = NJW 2002, 515;
> dazu EWiR 2002, 219 *(Wagner)*.

Eine Handelsbilanz ist nicht geeignet, eine Liquiditätsbilanz zu ersetzen. **543**

> BGH, Beschl. v. 5.2.2015 – IX ZR 211/13, WM 2015, 931 Rn. 12.

Die Vorlage der zu den Verbindlichkeiten gehörenden Rechnungen ist zur Vorlage einer Liquiditätsbilanz nicht erforderlich. **544**

> BGH, Urt. v. 19.12.2017 – II ZR 88/16, ZIP 2018, 283 Rn. 15;
> dazu EWiR 2018, 179 *(K. Schmidt)*;
> m. Anm. *Münnich*, GmbHR 2018, 306;
> m. Bespr. *Mylich*, ZIP 2018, 514.

In der zur Feststellung der Zahlungsunfähigkeit aufzustellenden **Liquiditätsbilanz** ist zunächst die Deckungslücke für den Stichtag mit der Gegenüberstellung der verfügbaren Zahlungsmittel (sog. Aktiva I) und den fälligen und eingeforderten Verbindlichkeiten (sog. Passiva I) zu ermitteln. Wenn sie 10 % erreicht, sind für die Prognose, ob die Lücke innerhalb der nächsten drei Wochen zu schließen ist, die innerhalb von drei Wochen flüssig zu machenden Mittel (sog. Aktiva II) neben den Aktiva I einzubeziehen und zu den am Stichtag fälligen und eingeforderten Verbindlichkeiten (Passiva I) sowie den innerhalb von drei Wochen fällig werdenden und eingeforderten Verbindlichkeiten (sog. **Passiva II**) in Beziehung zu setzen. **545**

> BGH, Urt. v. 19.12.2017 – II ZR 88/16, ZIP 2018, 283 Rn. 33;
> dazu EWiR 2018, 179 *(K. Schmidt)*;
> m. Anm. *Münnich*, GmbHR 2018, 306;
> m. Bespr. *Mylich*, ZIP 2018, 514.

546 Diese Beurteilung ist allein anhand **objektiver Umstände** vorzunehmen.

BGH, Urt. v. 19.12.2017 – II ZR 88/16, ZIP 2018, 283 Rn. 33;
dazu EWiR 2018, 179 *(K. Schmidt)*;
m. Anm. *Münnich*, GmbHR 2018, 306;
m. Bespr. *Mylich*, ZIP 2018, 514.

547 Als **Aktiva** sind die aktuell verfügbaren liquiden Geldmittel und die kurzfristig verwertbaren Vermögensbestandteile aufzunehmen.

548 Ansprüche aus anfechtbaren Rechtshandlungen und die **Geschäftseinrichtung** können nicht angesetzt werden.

BGH, Beschl. v. 19.7.2007 – IX ZB 36/07, BGHZ 173, 286
= ZIP 2007, 1666 Rn. 29;
dazu EWiR 2007, 665 *(Schröder)*.

549 Verwertbare **Vermögensgegenstände** können nur dann in die Liquiditätsbewertung einbezogen werden, wenn der Schuldner auch gewillt und konkret in der Lage ist, sie binnen der Frist von drei Wochen zu verwerten. Könnte er sich die erforderliche Liquidität durch die Verwertung von Vermögensgegenständen zwar verschaffen, ist hierzu aber nicht bereit, ist Zahlungsunfähigkeit gegeben.

BGH, Urt. v. 19.12.2017 – II ZR 88/16, ZIP 2018, 283 Rn. 69;
dazu EWiR 2018, 179 *(K. Schmidt)*;
m. Anm. *Münnich*, GmbHR 2018, 306;
m. Bespr. *Mylich*, ZIP 2018, 514;

BGH, Beschl. v. 3.12.2015 – IX ZR 131/15, ZIP 2016, 124 Rn. 5.

550 Zu den liquiden Mitteln ist ein kurzfristig abrufbarer **Kredit** zu rechnen, ungeachtet seiner tatsächlichen Auszahlung.

BGH, Urt. v. 19.12.2017 – II ZR 88/16, ZIP 2018, 283 Rn. 69;
dazu EWiR 2018, 179 *(K. Schmidt)*;
m. Anm. *Münnich*, GmbHR 2018, 306;
m. Bespr. *Mylich*, ZIP 2018, 514;

BGH, Beschl. v. 20.1.2011 – IX ZR 32/10, juris Rn. 4;

BGH, Urt. v. 26.1.2016 – II ZR 394/13, ZIP 2016, 1119 Rn. 31;
dazu EWiR 2016, 587 *(Kleindiek)*;
m. Anm. *Poertzgen*, GmbHR 2016, 705;

OLG Jena, Urt. v. 25.5.2016 – 2 U 714/15, GmbHR 2017, 1269, 1272.

551 Zahlungsunfähigkeit liegt noch nicht vor, wenn der Schuldner im fraglichen Zeitraum noch in der Lage war, sich erforderlichenfalls einen solchen weiteren Kredit zu verschaffen.

BGH, Urt. v. 19.12.2017 – II ZR 88/16, ZIP 2018, 283 Rn. 69;
dazu EWiR 2018, 179 *(K. Schmidt)*;
m. Anm. *Münnich*, GmbHR 2018, 306;
m. Bespr. *Mylich*, ZIP 2018, 514;

BGH, Urt. v. 24.5.2005 – IX ZR 123/04, BGHZ 163, 134, 139 f.;

BGH, Beschl. v. 21.9.2006 – IX ZR 55/05, juris Rn. 2.

Diese Voraussetzungen werden nur bei einem **Bankkredit** vorliegen. Bei **Kreditzusagen** von **Gesellschaftern** oder anderen Dritten ist noch nicht geklärt, ob schon die bloße Möglichkeit der Inanspruchnahme genügt oder der Kredit tatsächlich in Anspruch genommen werden muss. 552

Dazu *Kuna*, GmbHR 2018, 723.

Wenn der Geschäftsführer allerdings nicht bereit ist, den Kredit in Anspruch zu nehmen, kann der Anspruch auch nicht berücksichtigt werden. 553

OLG Jena, Urt. v. 25.5.2016 – 2 U 714/15, GmbHR 2017, 1269.

In jedem Fall setzt eine Berücksichtigung voraus, dass der **Kreditgeber** seinerseits **liquide** und **zahlungsbereit** ist. 554

BGH, Urt. v. 19.12.2017 – II ZR 88/16, ZIP 2018, 283 Rn. 70;
dazu EWiR 2018, 179 *(K. Schmidt)*;
m. Anm. *Münnich*, GmbHR 2018, 306;
m. Bespr. *Mylich*, ZIP 2018, 514.

Ein **Darlehen im Konzern** muss auch rechtzeitig gekündigt werden können, um den Rückzahlungsanspruch als liquide Mittel berücksichtigen zu können. 555

BGH, Urt. v. 19.12.2017 – II ZR 88/16, ZIP 2018, 283 Rn. 709;
dazu EWiR 2018, 179 *(K. Schmidt)*;
m. Anm. *Münnich*, GmbHR 2018, 306;
m. Bespr. *Mylich*, ZIP 2018, 514.

Eine an den Gläubiger gerichtete harte **Patronatserklärung** der Muttergesellschaft beseitigt die objektive Zahlungsunfähigkeit der Tochtergesellschaft nicht. Die Zahlungsunfähigkeit kann nur bei einer konzerninternen Patronatserklärung gegenüber der Tochter vermieden werden, wenn die Patronin ihre gegenüber dem Gläubiger eingegangen Verpflichtungen durch eine Liquiditätsausstattung der Tochtergesellschaft auch tatsächlich erfüllt. 556

BGH, Urt. v. 26.1.2016 – II ZR 394/13, ZIP 2016, 1119 Rn. 31;
dazu EWiR 2016, 587 *(Kleindiek)*;
m. Anm. *Poertzgen*, GmbHR 2016, 705;
BGH, Beschl. v. 19.9.2013 – IX ZR 232/12, WM 2013, 1995 Rn. 7;
BGH, Urt. v. 19.5.2011 – IX ZR 9/10, ZIP 2011, 1111 Rn. 22;
dazu EWiR 2011, 575 *(Hirte/Ede)*;
m. Anm. *Blöse*, GmbHR 2011, 771.

Den Aktiva (liquiden Mitteln) sind die fälligen **Verbindlichkeiten** (Passiva) gegenüberzustellen. **Fälligkeit** der Verbindlichkeit i. S. v. § 17 Abs. 2 InsO ist nicht mit der Fälligkeit nach § 271 BGB gleichzusetzen. Sie setzt Fälligkeit nach § 271 BGB voraus, geht aber weiter. Fällig sind Forderungen, wenn eine Gläubigerhandlung feststeht, aus der sich der Wille, vom Schuldner Erfüllung zu verlangen, im Allgemeinen ergibt (früher missverständlich „Ernsthaftes Einfordern“ genannt). Das ist schon bei Übersendung einer Rechnung zu bejahen, auch wenn danach keine weiteren Anstrengungen zur Beitreibung angestellt werden. 557

BGH, Urt. v. 19.12.2017 – II ZR 88/16, ZIP 2018, 283 Rn. 15 und 59;
dazu EWiR 2018, 179 *(K. Schmidt)*;
m. Anm. *Münnich*, GmbHR 2018, 306;
m. Bespr. *Mylich*, ZIP 2018, 514;

BGH, Beschl. v. 26.2.2013 – II ZR 54/12, GmbHR 2013, 482 Rn. 12;

BGH, Urt. v. 14.5.2009 – IX ZR 63/08, BGHZ 181, 132 = ZIP 2009, 1235 = NJW 2009, 2600 Rn. 22;
dazu EWiR 2009, 579 *(Keller)*;
m. Bespr. *Schulz*, ZIP 2009, 2281;

BGH, Urt. v. 19.7.2007 – IX ZB 36/07, BGHZ 173, 286 = ZIP 2007, 1666 Rn. 18;

BGH, Urt. v. 8.10.1998 – IX ZR 337/97, ZIP 1998, 2008.

558 Eine einzige **Zahlungsaufforderung** genügt.

BGH, Urt. v. 19.12.2002 – IX ZR 377/99, ZIP 2003, 488.

559 Zwar genügt die Übersendung einer **Rechnung** zur Begründung der insolvenzrechtlichen Fälligkeit; die Übersendung einer Rechnung ist aber nicht umgekehrt Voraussetzung der Fälligkeit.

BGH, Urt. v. 19.12.2017 – II ZR 88/16, ZIP 2018, 283 Rn. 15;
dazu EWiR 2018, 179 *(K. Schmidt)*;
m. Anm. *Münnich*, GmbHR 2018, 306;
m. Bespr. *Mylich*, ZIP 2018, 514.

560 Fällig sind auch Forderungen, bei denen – wie bei Mietzinszahlungen – ein regelmäßiger **Zahlungstermin** bereits vertraglich vereinbart und für eine Leistung eine Zeit nach dem Kalender bestimmt ist.

BGH, Urt. v. 6.12.2012 – IX ZR 3/12, ZIP 2013, 228 Rn. 26;

BGH, Urt. v. 22.11.2012 – IX ZR 62/10, ZIP 2013, 79 Rn. 12.

561 Eine zusätzliche Rechtshandlung im Sinne eines Einforderns ist daneben entbehrlich. Das Merkmal des ernsthaften Einforderns dient damit lediglich dem Zweck, solche fälligen Forderungen bei der Prüfung der Zahlungsunfähigkeit auszunehmen, die rein tatsächlich – also auch ohne rechtlichen Bindungswillen oder erkennbare Erklärungen – gestundet sind.

BGH, Beschl. v. 26.2.2013 – II ZR 54/12, GmbHR 2013, 482 Rn. 12;

BGH, Urt. v. 6.12.2012 – IX ZR 3/12, ZIP 2013, 228 Rn. 26;

BGH, Urt. v. 22.11.2012 – IX ZR 62/10, ZIP 2013, 79 Rn. 8.

562 Einer Zahlungsaufforderung des Gläubigers steht es gleich, wenn die Schuldnerin die alsbaldige Zahlung ankündigt („**Selbstmahnung**").

BGH, Urt. v. 14.5.2009 – IX ZR 63/08, BGHZ 181, 132 = ZIP 2009, 1235 = NJW 2009, 2600 Rn. 24;
dazu EWiR 2009, 579 *(Keller)*;
m. Bespr. *Schulz*, ZIP 2009, 2281.

Nicht fällig i. S. v. § 17 Abs. 2 InsO sind dagegen Forderungen, bei denen der Gläubiger in eine **spätere** oder **nachrangige Befriedigung** eingewilligt hat, auch wenn keine rechtlich bindende Vereinbarung getroffen worden ist oder die Vereinbarung nur auf die Einrede des Schuldners berücksichtigt würde. **563**

> BGH, Urt. v. 06.12.2012 – IX ZR 3/12, ZIP 2013, 228 Rn. 26;
> BGH, Urt. v. 20.12.2007 – IX ZR 93/06, ZIP 2008, 420 Rn. 26;
> BGH, Urt. v. 19.7.2007 – IX ZB 36/07, BGHZ 173, 286 = ZIP 2007, 1666 Rn. 17; dazu EWiR 2007, 665 *(Schröder)*.

Das ist etwa bei einer **tatsächlichen Stundung** – ohne formelle Erklärung und ohne Bindungswillen – bzw. einem **Vollstreckungsaufschub** der Fall. **564**

> BGH, Urt. v. 6.12.2012 – IX ZR 3/12, ZIP 2013, 228 Rn. 29;
> BGH, Beschl. v. 8.3.2012 – IX ZR 102/11, ZInsO 2012, 732 Rn. 7;
> BGH, Urt. v. 20.12.2007 – IX ZR 93/06, ZIP 2008, 420 Rn. 26;
> OLG Jena, Urt. v. 25.5.2016 – 2 U 714/15, GmbHR 2017, 1269, 1271.

Erst recht sind Forderungen nicht fällig, wenn **Absprachen** getroffen sind, nach denen die Forderungen erst dann bezahlt werden müssen, wenn der Schuldner seinerseits Geld von seinen Kunden erhalten hat. **565**

> BGH, Urt. v. 26.1.2016 – II ZR 394/13, ZIP 2016, 1119 Rn. 23; dazu EWiR 2016, 587 *(Kleindiek)*; m. Anm. *Poertzgen*, GmbHR 2016, 705.

Hat der Gläubiger das Stillhalten an die Erbringung gewisser Leistungen, insbesondere **Ratenzahlungen**, geknüpft, wird der Schuldner allerdings von Neuem zahlungsunfähig, wenn er nicht in der Lage ist, diese Leistungen zu erbringen. **566**

> BGH, Urt. v. 6.12.2012 – IX ZR 3/12, ZIP 2013, 228 Rn. 29.

Zur **Kreditkündigung** gilt: Das Zulassen von weiteren Verfügungen nach einer Kreditkündigung durch ein Kreditinstitut beseitigt die Fälligkeit des Rückzahlungsanspruchs nicht. Wenn ein Kreditinstitut nach einer Kreditkündigung erklärt, es werde künftig Kontoüberziehungen zulassen, bedeutet dies im Allgemeinen nur, dass es im Einzelfall nach vorheriger Überprüfung – freibleibend – Verfügungen duldet. Dadurch erhält der Kontoinhaber noch keine geschützte Rechtsposition. Insbesondere nimmt das Kreditinstitut von dem – in der Fälligstellung liegenden – ernsthaften Einfordern noch nicht Abstand, sondern behält sich vor, jederzeit Rückzahlung der Kredite zu verlangen. **567**

> BGH, Beschl. v. 26.2.2013 – II ZR 54/12, GmbHR 2013, 482 Rn. 13;
> BGH, Urt. v. 25.1.2001 – IX ZR 6/00, ZIP 2001, 524.

Setzt die Finanzbehörde die **Vollziehung** eines **Steuerbescheides** wegen ernstlicher Zweifel an dessen Rechtmäßigkeit aus, fordert sie den festgesetzten Betrag für die Dauer der Aussetzung nicht mehr ernsthaft ein. **568**

> BGH, Urt. v. 22.5.2014 – IX ZR 95/13, ZIP 2014, 1289 Rn. 29.

569 Endet danach die Aussetzung der Vollziehung, hat das die (ggf. erneute) Zahlungsunfähigkeit zur Folge.

BGH, Urt. v. 22.5.2014 – IX ZR 95/13, ZIP 2014, 1289 Rn. 22.

570 **Kapitalersetzende Darlehen** nach altem Recht sind bei der Prüfung der Zahlungsunfähigkeit nicht als Verbindlichkeiten zu berücksichtigen, weil in der Krise keine Rückzahlung verlangt werden konnte.

BGH, Urt. v. 14.5.2009 – IX ZR 63/08, BGHZ 181, 132 = ZIP 2009, 1235 = NJW 2009, 2600 Rn. 20;
dazu EWiR 2009, 579 *(Keller)*;
m. Bespr. *Schulz*, ZIP 2009, 2281;
Haas, NZI 1999, 209.

571 Seit Inkrafttreten des MoMiG am 1.11.2008 kann der Gesellschafter die Rückzahlung früher eigenkapitalersetzender Darlehen verlangen. Verbindlichkeiten gegenüber dem Gesellschafter sind daher als Forderungen bei den Passiva zu berücksichtigen, soweit sie im insolvenzrechtlichen Sinn fällig sind.

BGH, Urt. v. 9.10.2012 – II ZR 298/11, ZIP 2012, 2391 Rn. 10;
m. Anm. *Wenzler*, GmbHR 2013, 33.

572 Soweit ein **Rangrücktritt** vereinbart ist, darf die Verbindlichkeit gegenüber dem Gesellschafter nicht getilgt werden und ist daher nicht einzustellen.

BGH, Urt. v. 5.3.2015 – IX ZR 133/14, BGHZ 204, 231 = ZIP 2015, 638 Rn. 32.

b) Zahlungseinstellung

573 Die Zahlungsunfähigkeit wird nach § 17 Abs. 2 Satz 2 InsO **vermutet**, wenn der Schuldner seine Zahlungen eingestellt hat.

574 Zahlungseinstellung ist dasjenige nach außen hervortretende **Verhalten des Schuldners**, in dem sich typischerweise ausdrückt, dass er nicht in der Lage ist, seine fälligen Zahlungspflichten zu erfüllen.

BGH, Urt. v. 26.1.2016 – II ZR 394/13, ZIP 2016, 1119 Rn. 14;
dazu EWiR 2016, 587 *(Kleindiek)*;
m. Anm. *Poertzgen*, GmbHR 2016, 705;

BGH, Urt. v. 8.1.2015 – IX ZR 203/12, ZIP 2015, 437 Rn. 15;

BGH, Urt. v. 19.11.2013 – II ZR 229/11, ZIP 2014, 168 Rn. 21;
dazu EWiR 2014, 409 *(Ruppert)*;

BGH, Urt. v. 7.5.2013 – IX ZR 113/10, ZIP 2013, 2323 Rn. 15;

BGH, Urt. v. 6.12.2012 – IX ZR 3/12, ZIP 2013, 228 Rn. 20;

BGH, Urt. v. 19.6.2012 – II ZR 243/11, ZIP 2012, 1557 Rn. 24;
dazu EWiR 2012, 559 *(Schodder)*;

BGH, Urt. v. 24.1.2012 – II ZR 119/10, ZIP 2012, 723 Rn. 13;
dazu EWiR 2012, 523 *(Podewils)*;
m. Anm. *Schädlich*, GmbHR 2012, 566;

BGH, Urt. v. 30.6.2011 – IX ZR 134/10, ZIP 2011, 1416 Rn. 12;
dazu EWiR 2011, 571 *(Henkel)*;

BGH, Urt. v. 21.6.2007 – IX ZR 231/04, ZIP 2007, 1469 Rn. 28;

BGH, Urt. v. 19.12.2002 – IX ZR 377/99, ZIP 2003, 488;

BGH, Urt. v. 20.11.2001 – IX ZR 48/01, BGHZ 149, 178 = ZIP 2002, 87 = NJW 2002, 515;

BGH, Urt. v. 25.10.2001 – IX ZR 17/01, BGHZ 149, 100 = ZIP 2001, 2235 = NJW 2002, 512;
dazu EWiR 2002, 207 *(Malitz)*;

OLG Jena, Urt. v. 25.5.2016 – 2 U 714/15, GmbHR 2017, 1269, 1270.

Dabei gilt für die Fälligkeit der Forderungen nichts anderes als bei der Feststellung der Unterdeckung bei der Liquiditätsbilanz (siehe Rn. 557 ff.). 575

Die Zahlungseinstellung ist von der bloßen **Zahlungsstockung** abzugrenzen. 576
Von einer Zahlungseinstellung ist auszugehen, wenn es dem Schuldner über längere Zeit nicht gelingt, (jeweils) innerhalb von drei Wochen seine fälligen Verbindlichkeiten auszugleichen.

BGH, Urt. v. 24.1.2012 – II ZR 119/10, ZIP 2012, 723 Rn. 23
dazu EWiR 2012, 523 *(Podewils)*;
m. Anm. *Schädlich*, GmbHR 2012, 566;

BGH, Urt. v. 30.6.2011 – IX ZR 134/10, ZIP 2011, 1416 Rn. 12;
dazu EWiR 2011, 571 *(Henkel)*;

BGH, Urt. v. 11.2.2010 – IX ZR 104/07, ZIP 2010, 682 Rn. 42;

BGH, Urt. v. 21.6.2007 – IX ZR 231/04, ZIP 2007, 1469 Rn. 30;

BGH, Urt. v. 24.5.2005 – IX ZR 123/04, BGHZ 163, 134 = ZIP 2005, 1426 = NJW 2005, 3062;
dazu EWiR 2005, 767 *(Bruns)*;
m. Anm. *Blöse*, GmbHR 2005, 1117;
m. Bespr. *Neumaier*, NJW 2005, 3041;
mit Bespr. *Hölzle*, ZIP 2006, 101.

Zahlungseinstellung liegt auch vor, wenn der Schuldner infolge der ständigen 577
verspäteten Begleichung seiner Verbindlichkeiten einen Forderungsrückstand vor sich hergeschoben hat und demzufolge ersichtlich am Rande des finanzwirtschaftlichen Abgrunds operierte.

BGH, Urt. v. 6.12.2012 – IX ZR 3/12, ZIP 2013, 228 Rn. 21.

Die **Zahlungseinstellung** kann – jedenfalls außerhalb des Insolvenzeröffnungs- 578
verfahrens – anhand von **Indizien** festgestellt werden. Die Rechtsprechung hat zahlreiche Anhaltspunkte herausgearbeitet, an denen die Zahlungseinstellung festgemacht werden kann, wobei eine Zahlungseinstellung nicht nur aus einem einzelnen, sondern auch aus einer Gesamtschau mehrerer darauf hindeutender, in der Rechtsprechung entwickelter Beweisanzeichen gefolgert werden kann.

BGH, Urt. v. 19.12.2017 – II ZR 88/16, ZIP 2018, 283 Rn. 65;
dazu EWiR 2018, 179 *(K. Schmidt)*;
m. Anm. *Münnich*, GmbHR 2018, 306;
m. Bespr. *Mylich*, ZIP 2018, 514;

BGH, Urt. v. 30.6.2011 – IX ZR 134/10, ZIP 2011, 1416 Rn. 13;

BGH, Urt. v. 18.7.2013 – IX ZR 143/12, ZIP 2013, 2015 Rn. 10;
BGH, Urt. v. 8.1.2015 – IX ZR 203/12, ZIP 2015, 437 Rn. 16;
BGH, Urt. v. 17.11.2016 – IX ZR 65/15, ZIP 2016, 2423 Rn. 18.

579 Maßgebend ist das **Gesamtbild**, nämlich ob die Schuldnerin infolge der ständigen verspäteten Begleichung von Forderungen einen Forderungsrückstand vor sich hergeschoben hat und demzufolge „ersichtlich am Rande des finanzwirtschaftlichen Abgrunds operierte."

BGH, Urt. v. 8.1.2015 – IX ZR 203/12, ZIP 2015, 437 Rn. 23;
BGH, Urt. v. 18.7.2013 – IX ZR 143/12, ZIP 2013, 2015 Rn. 13.

580 Immer wieder sich erneuernde erhebliche Forderungsrückstände können gegen die Annahme sprechen, dass kein wesentlicher Teil der Verbindlichkeiten betroffen war und es sich um lediglich geringfügige Liquiditätslücken handelte.

BGH, Urt. v. 19.12.2017 – II ZR 88/16, ZIP 2018, 283 Rn. 65;
dazu EWiR 2018, 179 *(K. Schmidt)*;
m. Anm. *Münnich*, GmbHR 2018, 306;
m. Bespr. *Mylich*, ZIP 2018, 514;
BGH, Urt. v. 18.7.2013 – IX ZR 143/12, ZIP 2013, 2015 Rn. 13.

581 **Indizien** für eine Zahlungseinstellung sind:

- Die tatsächliche **Nichtzahlung eines erheblichen Teils** der fälligen Verbindlichkeiten reicht für eine Zahlungseinstellung aus, auch wenn noch beträchtliche Zahlungen geleistet werden, die aber im Verhältnis zu den fälligen Gesamtschulden nicht den wesentlichen Teil ausmachen.

BGH, Urt. v. 26.1.2016 – II ZR 394/13, ZIP 2016, 1119 Rn. 14;
dazu EWiR 2016, 587 *(Kleindiek)*;
m. Anm. *Poertzgen*, GmbHR 2016, 705;
BGH, Urt. v. 19.11.2013 – II ZR 229/11, ZIP 2014, 168 Rn. 21;
dazu EWiR 2014, 409 *(Ruppert)*;
BGH, Urt. v. 18.7.2013 – IX ZR 143/12, ZIP 2013, 2015 Rn. 9;
BGH, Urt. v. 7.5.2013 – IX ZR 113/10, ZIP 2013, 2323 Rn. 18;
BGH, Beschl. v. 26.2.2013 – II ZR 54/12, GmbHR 2013, 482 Rn. 6;
BGH, Urt. v. 6.12.2012 – IX ZR 3/12, ZIP 2013, 228 Rn. 21;
BGH, Urt. v. 19.6.2012 – II ZR 243/11, ZIP 2012, 1557 Rn. 24;
dazu EWiR 2012, 559 *(Schodder)*;
BGH, Urt. v. 15.3.2012 – IX ZR 239/09, ZIP 2012, 735 Rn. 9;
dazu EWiR 2012, 353 *(Höpker)*;
BGH, Urt. v. 24.1.2012 – II ZR 119/10, ZIP 2012, 723 Rn. 13;
dazu EWiR 2012, 523 *(Podewils)*;
m. Anm. *Schädlich*, GmbHR 2012, 566;
BGH, Urt. v. 30.6.2011 – IX ZR 134/10, ZIP 2011, 1416 Rn. 12;
dazu EWiR 2011, 571 *(Henkel)*;
BGH, Urt. v. 11.2.2010 – IX ZR 104/07, ZIP 2010, 682 Rn. 42;
BGH, Urt. v. 21.6.2007 – IX ZR 231/04, ZIP 2007, 1469 Rn. 29;
BGH, Urt. v. 12.10.2006 – IX ZR 228/03, ZIP 2006, 2222 Rn. 19;
dazu EWiR 2007, 113 *(M. Wagner)*;

BGH, Urt. v. 10.7.2003 – IX ZR 89/02, ZIP 2003, 1666;
BGH, Urt. v. 19.12.2002 – IX ZR 377/99, ZIP 2003, 488;
BGH, Urt. v. 4.10.2001 – IX ZR 81/99, ZIP 2001, 2097;
BGH, Urt. v. 17.5.2001 – IX ZR 188/98, ZIP 2001, 1155;
BGH, Urt. v. 25.1.2001 – IX ZR 6/00, ZIP 2001, 524;
BGH, Urt. v. 13.4.2000 – IX ZR 144/99, ZIP 2000, 1016;
BGH, Urt. v. 8.10.1998 – IX ZR 337/97, ZIP 1998, 2008;
OLG Jena, Urt. v. 25.5.2016 – 2 U 714/15, GmbHR 2017, 1269, 1270.

Die **Nichtzahlung einer einzigen Verbindlichkeit** kann eine Zahlungseinstellung begründen, wenn die Forderung von insgesamt nicht unbeträchtlicher Höhe ist.

BGH, Urt. v. 26.1.2016 – II ZR 394/13, ZIP 2016, 1119 Rn. 14; dazu EWiR 2016, 587 *(Kleindiek)*; m. Anm. *Poertzgen*, GmbHR 2016, 705;
BGH, Urt. v. 21.1.2016 – IX ZR 32/14, ZIP 2016, 481 Rn. 14:
BGH, Urt. v. 19.11.2013 – II ZR 229/11, ZIP 2014, 168 Rn. 21; dazu EWiR 2014, 409 *(Ruppert)*;
BGH, Beschl. v. 26.2.2013 – II ZR 54/12, GmbHR 2013, 482 Rn. 6;
BGH, Urt. v. 6.12.2012 – IX ZR 3/12, ZIP 2013, 228 Rn. 21;
BGH, Urt. v. 19.6.2012 – II ZR 243/11, ZIP 2012, 1557 Rn. 24; dazu EWiR 2012, 559 *(Schodder)*;
BGH, Urt. v. 24.1.2012 – II ZR 119/10, ZIP 2012, 723 Rn. 13; dazu EWiR 2012, 523 *(Podewils)*; m. Anm. *Schädlich*, GmbHR 2012, 566;
BGH, Urt. v. 30.6.2011 – IX ZR 134/10, ZIP 2011, 1416 Rn. 12; dazu EWiR 2011, 571 *(Henkel)*;
BGH, Urt. v. 20.11.2001 – IX ZR 48/01, BGHZ 149, 178 = ZIP 2002, 87 = NJW 2002, 515;
OLG Jena, Urt. v. 25.5.2016 – 2 U 714/15, GmbHR 2017, 1269, 1270.

Bezugsgröße für den Umfang der offenen Verbindlichkeiten bzw. die nicht unbeträchtliche Höhe ist der **Geschäftsbetrieb** des Schuldners.

BGH, Urt. v. 7.5.2013 – IX ZR 113/10, ZIP 2013, 2323 Rn. 21.

Es bedarf keiner Darlegung oder Feststellung der genauen Höhe der offenen Verbindlichkeiten oder einer Unterdeckung von 10 %.

BGH, Urt. v. 7.5.2013 – IX ZR 113/10, ZIP 2013, 2323 Rn. 19.

Der unterbliebene Widerspruch des Geschäftsführers für die Schuldnerin nach Anmeldung der Forderung zur Insolvenztabelle kann nur eine indizielle Bedeutung haben; eine Rechtskrafterstreckung auf ihn in dem Sinn, dass die Verbindlichkeiten oder ihre Fälligkeit feststehen, gibt es nicht.

BGH, Urt. v. 26.1.2016 – II ZR 394/13, ZIP 2016, 1119 Rn. 19; dazu EWiR 2016, 587 *(Kleindiek)*; m. Anm. *Poertzgen*, GmbHR 2016, 705.

- **Eigene Erklärungen** des Schuldners, eine fällige Verbindlichkeit nicht begleichen zu können, auch wenn sie mit einer Stundungsbitte versehen sind, deuten auf eine Zahlungseinstellung hin.

  BGH, Urt. v. 16.6.2016 – IX ZR 23/15, ZIP 2016, 1388 Rn. 18;
  BGH, Urt. v. 25.2.2016 – IX ZR 109/15, ZIP 2016, 627 Rn. 21;
  BGH, Urt. v. 21.1.2016 – IX ZR 32/14, ZIP 2016, 481 Rn. 18;
  BGH, Urt. v. 8.1.2015 – IX ZR 203/12, ZIP 2015, 437 Rn. 20;
  BGH, Urt. v. 10.7.2014 – IX ZR 280/13, ZIP 2014, 1887 Rn. 28;
  BGH, Urt. v. 22.5.2014 – IX ZR 95/13, ZIP 2014, 1289 Rn. 22;
  BGH, Urt. v. 3.4.2014 – IX ZR 201/13, ZIP 2014, 1032 Rn. 34;
  BGH, Urt. v. 6.12.2012 – IX ZR 3/12, ZIP 2013, 228 Rn. 21;
  BGH, Urt. v. 30.6.2011 – IX ZR 134/10, ZIP 2011, 1416 Rn. 17;
  BGH, Urt. v. 20.12.2007 – IX ZR 93/06, ZIP 2008, 420 Rn. 21;
  BGH, Urt. v. 12.10.2006 – IX ZR 228/03, ZIP 2006, 2222 Rn. 19;
  BGH, Urt. v. 4.10.2001 – IX ZR 81/99, ZIP 2001, 2097.

  Die **Stundungs- oder Ratenzahlungsbitte,** die sich im Rahmen der Gepflogenheiten des Geschäftsverkehrs hält, allein (also ohne Erklärung, die fällige Verbindlichkeit nicht bedienen zu können) genügt nicht.

  BGH, Urt. v. 25.2.2016 – IX ZR 109/15, ZIP 2016, 627 Rn. 20;
  BGH, Beschl. v. 16.4.2015 – IX ZR 6/14, ZIP 2015, 937 Rn. 4.

- Mindestens halbjährige Nichtzahlung der **Sozialversicherungsbeiträge**.

  BGH, Urt. v. 18.7.2013 – IX ZR 143/12, ZIP 2013, 2015 Rn. 12;
  BGH, Beschl. v. 28.4.2008 – II ZR 51/07, ZInsO 2008, 1019 Rn. 2;
  BGH, Beschl. v. 13.6.2006 – IX ZB 238/05, ZIP 2006, 1457;
  BGH, Urt. v. 10.7.2003 – IX ZR 89/02, ZIP 2003, 1666.

  Eine regelmäßig um drei bis vier Wochen verspätete Zahlung von bis zu 2.300 € genügt aber nicht.

  BGH, Urt. v. 7.11.2013 – IX ZR 49/13, ZIP 2013, 2318 Rn. 13.

- Mehrmonatige Nichtabführung oder schleppende/erzwungene Zahlung von **Steuern** und bloße Teilzahlung.

  BGH, Urt. v. 21.1.2016 – IX ZR 32/14, ZIP 2016, 481 Rn. 15;
  BGH, Urt. v. 7.5.2015 – IX ZR 95/14, ZIP 2015, 1234 Rn. 8;
  BGH, Urt. v. 9.1.2003 – IX ZR 175/02, ZIP 2003, 410; dazu EWiR 2003, 379 *(Hölzle)*.

- Mehrmonatige schleppende Zahlung von erheblichen Teilen der **Löhne**.

  BGH, Beschl. v. 28.4.2008 – II ZR 51/07, ZInsO 2008, 1019 Rn. 2;
  BGH, Urt. v. 14.2.2008 – IX ZR 38/04, ZIP 2008, 706 Rn. 20; dazu EWiR 2008, 533 *(Dörrscheidt)*;

BGH, Urt. v. 12.10.2006 – IX ZR 228/03, ZIP 2006, 2222;
dazu EWiR 2007, 113 *(Wagner)*;
BGH, Urt. v. 11.9.2000 – II ZR 370/99, ZIP 2000, 1896;
dazu EWiR 2000, 1159 *(Keil)*.

- **Vollstreckungen.**

  BGH, Urt. v. 8.1.2015 – IX ZR 203/12, ZIP 2015, 437 Rn. 23;
  BGH, Urt. v. 30.6.2011 – IX ZR 134/10, ZIP 2011, 1416 Rn. 17.

- Zahlung von nur noch geringen Neuschulden, während weitaus höhere Altschulden nicht bedient werden.

  OLG Hamburg, Beschl. v. 29.12.2003 – 11 W 90/03, GmbHR 2004, 797.

- **Lastschriftrückgabe.**

  BGH, Urt. v. 18.07.2013 – IX ZR 143/12, ZIP 2013, 2015 Rn. 15;
  BGH, Urt. v. 06.12.2012 – IX ZR 3/12, ZIP 2013, 228 Rn. 31.

- Platzender Scheck.

  BGH, Urt. v. 30.6.2011 – IX ZR 134/10, ZIP 2011, 1416 Rn. 17.

- Dauerhaft schleppende Zahlungsweise (z. B. gegenüber Energieversorger).

  BGH, Urt. v. 18.7.2013 – IX ZR 143/12, ZIP 2013, 2015 Rn. 12.

- Vollstreckungsaufschub (aber schwaches Indiz).

  BGH, Beschl. v. 8.3.2012 – IX ZR 102/11, ZInsO 2012, 732 Rn. 8.

- Weitere, noch schwächere Indizien sind Mahnungen der Gläubiger, Zahlungen mit ungedeckten Schecks, Mahnbescheide, fruchtlos verlaufene Vollstreckungen, Kreditkündigungen durch Banken, Stundungs- und Vergleichsversuche, Nichtzahlung von Mieten, Verkauf von betriebsnotwendigem Anlagevermögen.

  Vgl. *Pape*, WM 2008, 1949, 1951 und 1956;
  Reck, GmbHR 1999, 267, 269;
  Blöse, GmbHR 2005, 832, 834.

Keine Zahlungseinstellung soll nach einigen Entscheidungen vorliegen, wenn der Schuldner die Zahlungen verweigert hat, weil er die Verbindlichkeiten für unbegründet hält. 582

BGH, Urt. v. 26.1.2016 – II ZR 394/13, ZIP 2016, 1119 Rn. 21;
dazu EWiR 2016, 587 *(Kleindiek)*;
m. Anm. *Poertzgen*, GmbHR 2016, 705;
BGH, Urt. v. 11.2.2010 – IX ZR 104/07, ZIP 2010, 682 Rn. 42;
BGH, Urt. v. 17.5.2001 – IX ZR 188/98, ZIP 2001, 1155.

Eine **rechtliche Prüfung** der Verbindlichkeiten ist zur Feststellung der Zahlungseinstellung aber allenfalls dann geboten, wenn ihre Berechtigung im Streit steht. 583

BGH, Urt. v. 17.5.2001 – IX ZR 188/98, ZIP 2001, 1155.

584 Die rechtliche Prüfung betrifft meist nicht die objektive Feststellung einer Zahlungseinstellung, sondern das gesondert zu prüfende Verschulden. Soweit die Verbindlichkeiten objektiv nicht bestanden, fehlt es schon an einer für die Vermutung tauglichen fälligen Verbindlichkeit. Bestanden die Verbindlichkeiten objektiv, hat die Gesellschaft objektiv auch ihre Zahlungen eingestellt. Es liegt ein Fall der Zahlungsunwilligkeit vor, und ggf. – je nach der Berechtigung, mit der der Geschäftsführer die Forderung nicht für berechtigt halten konnte – fehlt es am Verschulden hinsichtlich der Erkennbarkeit der Insolvenzreife.

585 Eine einmal nach außen in Erscheinung getretene Zahlungseinstellung wirkt grundsätzlich fort. Sie kann nur dadurch wieder beseitigt werden, dass die Zahlungen **im Allgemeinen** wieder **aufgenommen** werden. Die Stundung von Forderungen genügt, wenn danach die geschuldeten Ratenzahlungen allgemein wieder aufgenommen werden. Allenfalls ein nicht wesentlicher Teil fälliger Forderungen darf unerfüllt bleiben. Die allgemeine Aufnahme der Zahlungen hat derjenige zu beweisen, der sich auf den nachträglichen Wegfall einer zuvor eingetretenen Zahlungseinstellung beruft.

BGH, Urt. v. 06.12.2012 – IX ZR 3/12, ZIP 2013, 228 Rn. 35;

BGH, Urt. v. 15.3.2012 – IX ZR 239/09, ZIP 2012, 735 Rn. 10; dazu EWiR 2012, 353 *(Höpker)*;

BGH, Urt. v. 20.12.2007 – IX ZR 93/06, ZIP 2008, 420 Rn. 24;

BGH, Urt. v. 21.6.2007 – IX ZR 231/04, ZIP 2007, 1469 Rn. 32;

BGH, Urt. v. 25.10.2001 – IX ZR 17/01, BGHZ 149, 100 = ZIP 2001, 2235 = NJW 2002, 512; vgl. *Bremer*, GmbHR 2002, 257, 258.

586 Wenn im Rahmen eines Sanierungsversuchs umfangreiche Forderungsverzichte der Gläubiger erreicht sind und ein bereits gestellter Insolvenzantrag daraufhin zurückgenommen wird, kann möglicherweise eine allgemeine Wiederaufnahme der Zahlungen erwartet werden.

BGH, Urt. v. 27.3.2008 – IX ZR 98/07, ZIP 2008, 930 Rn. 21.

c) Darlegungs- und Beweislast

587 Nimmt der Insolvenzverwalter den Geschäftsführer in Anspruch, so hat der **Insolvenzverwalter** Tatsachen vorzutragen und ggf. zu beweisen, aus denen sich eine objektive Pflichtverletzung und ein darauf beruhender Schaden der Gesellschaft ergeben.

BGH, Urt. v. 6.6.1994 – II ZR 292/91, BGHZ 126, 181 = ZIP 1994, 1103 = NJW 1994, 2220; dazu EWiR 1994, 791 *(Wilhelm)*.

588 Der Insolvenzverwalter muss daher die Insolvenzreife der Gesellschaft darlegen und beweisen.

BGH, Urt. v. 18.10.2010 – II ZR 151/09, ZIP 2010, 2400 Rn. 20.

Zum Beweis der Zahlungsunfähigkeit kann der Insolvenzverwalter eine **Zahlungseinstellung** (siehe Rn. 553 ff.) darlegen und beweisen. Die Zahlungseinstellung hat grundsätzlich derjenige darzulegen und zu beweisen, der daraus Rechte für sich herleiten will. 589

> BGH, Urt. v. 24.1.2012 – II ZR 119/10, ZIP 2012, 723 Rn. 15; dazu EWiR 2012, 523 *(Podewils)*; m. Anm. *Schädlich*, GmbHR 2012, 566;
>
> BGH, Urt. v. 25.7.2005 – II ZR 390/03, BGHZ 164, 50 = NJW 2005, 3137 = NJW 2005, 3137;
>
> BGH, Urt. v. 6.6.1994 – II ZR 292/91, BGHZ 126, 181 = ZIP 1994, 1103 = NJW 1994, 2220.

Die Zahlungseinstellung kann der Insolvenzverwalter durch die **genannten Indizien** beweisen (siehe Rn. 581 ff.). Wenn die Zahlungseinstellung bewiesen und somit die Zahlungsunfähigkeit vermutet wird, ist die Aufstellung einer Liquiditätsbilanz durch den Insolvenzverwalter entbehrlich. 590

> BGH, Urt. v. 26.1.2016 – II ZR 394/13, ZIP 2016, 1119 Rn. 14; dazu EWiR 2016, 587 *(Kleindiek)*; m. Anm. *Poertzgen*, GmbHR 2016, 705;
>
> BGH, Urt. v. 21.1.2016 – IX ZR 32/14, ZIP 2016, 481 Rn. 11;
>
> BGH, Urt. v. 7.5.2015 – IX ZR 95/14, ZIP 2015, 1234 Rn. 8;
>
> BGH, Beschl. v. 26.3.2015 – IX ZR 134/13, ZIP 2015, 1077 Rn. 6;
>
> BGH, Urt. v. 12.2.2015 – IX ZR 180/12, ZIP 2015 Rn. 18;
>
> BGH, Urt. v. 8.1.2015 – IX ZR 203/12, ZIP 2015, 437 Rn. 13;
>
> BGH, Urt. v. 7.5.2013 – IX ZR 113/10, ZIP 2013, 2323 Rn. 17;
>
> BGH, Beschl. v. 26.2.2013 – II ZR 54/12, GmbHR 2013, 482 Rn. 6;
>
> BGH, Urt. v. 6.12.2012 – IX ZR 3/12, ZIP 2013, 228 Rn. 20;
>
> BGH, Urt. v. 15.3.2012 – IX ZR 239/09, ZIP 2012, 735 Rn. 9; dazu EWiR 2012, 353 *(Höpker)*;
>
> BGH, Urt. v. 30.6.2011 – IX ZR 134/10, ZIP 2011, 1416 Rn. 13; dazu EWiR 2011, 571 *(Henkel)*;
>
> BGH, Urt. v. 21.6.2007 – IX ZR 231/04, ZIP 2007, 1469 Rn. 27;
>
> BGH, Urt. v. 12.10.2006 – IX ZR 228/03, ZIP 2006, 2222 Rn. 28.

Ist von Zahlungseinstellung aufgrund von Indizien auszugehen, kann der Geschäftsführer entweder die Indizien für die Zahlungseinstellung oder die Vermutung des § 17 Abs. 2 Satz 2 InsO durch eine **Liquiditätsbilanz** erschüttern. 591

> BGH, Urt. v. 26.1.2016 – II ZR 394/13, ZIP 2016, 1119 Rn. 30; dazu EWiR 2016, 587 *(Kleindiek)*; m. Anm. *Poertzgen*, GmbHR 2016, 705;
>
> BGH, Beschl. v. 26.3.2015 – IX ZR 134/13, ZIP 2015, 1077 Rn. 6;
>
> BGH, Beschl. v. 10.7.2014 – IX ZR 287/13, ZinsO 2014 Rn. 6;
>
> BGH, Urt. v. 15.3.2012 – IX ZR 239/09, ZIP 2012, 735 Rn. 18;
>
> BGH, Urt. v. 30.6.2011 – IX ZR 134/10, ZIP 2011, 1416 Rn. 20.

Die bloße, unter Sachverständigenbeweis gestellte Behauptung, die Deckungslücke habe nicht 10 % oder mehr betragen, genügt insoweit allerdings nicht. 592

Der Geschäftsführer, der mit den finanziellen Verhältnissen der insolvent gewordenen GmbH aufgrund seiner Tätigkeit vertraut ist, ist vielmehr gehalten, zu einer Liquiditätsbilanz, die Zahlungsfähigkeit belegen soll, konkret vorzutragen.

BGH, Urt. v. 19.12.2017 – II ZR 88/16, ZIP 2018, 283 Rn. 65;
dazu EWiR 2018, 179 *(K. Schmidt)*;
m. Anm. *Münnich*, GmbHR 2018, 306;
m. Bespr. *Mylich*, ZIP 2018, 514;

BGH, Urt. v. 26.1.2016 – II ZR 394/13, ZIP 2016, 1119 Rn. 31;
dazu EWiR 2016, 587 *(Kleindiek)*;
m. Anm. *Poertzgen*, GmbHR 2016, 705;

OLG Jena, Urt. v. 25.5.2016 – 2 U 714/15, GmbHR 2017, 1269, 1272.

593 Die Behauptung des Geschäftsführers, die Gesellschaft sei zahlungsunwillig, genügt nicht, um die Vermutung der Zahlungsunfähigkeit entfallen zu lassen. Lag eine Zahlungseinstellung vor, wird gemäß § 17 Abs. 2 Satz 2 InsO gesetzlich vermutet, dass nicht lediglich **Zahlungsunwilligkeit,** sondern Zahlungsunfähigkeit vorliegt. Die Zahlungsunwilligkeit ist danach von dem Geschäftsführer zu beweisen. Dieser muss dann auch beweisen, dass die Gesellschaft zahlungsfähig war. Er muss damit nachweisen, dass eine Liquiditätsbilanz im maßgebenden Zeitraum eine Deckungslücke von weniger als 10 v. H. auswies.

BGH, Beschl. v. 10.7.2014 – IX ZR 287/13, ZinsO 2014 Rn. 6;

BGH, Beschl. v. 26.2.2013 – II ZR 54/12, GmbHR 2013, 482 Rn. 14;

BGH, Urt. v. 27.3.2012 – II ZR 171/10, ZIP 2012, 1174 Rn. 25;

BGH, Urt. v. 15.3.2012 – IX ZR 239/09, ZIP 2012, 735 Rn. 18:

> Nur wenn Zahlungsfähigkeit gegeben war, kann eine … Zahlungsunwilligkeit vorgelegen haben. Die Feststellung der … Zahlungsunwilligkeit setzt deshalb die Feststellung der Zahlungsfähigkeit voraus.

Dazu EWiR 2012, 353 *(Höpker)*;

OLG Jena, Urt. v. 25.5.2016 – 2 U 714/15, GmbHR 2017, 1269, 1272.

594 Eine einmal nach außen in Erscheinung getretene Zahlungseinstellung kann nur dadurch wieder beseitigt werden, dass die Zahlungen **im Allgemeinen** wieder **aufgenommen** werden. Die allgemeine Aufnahme der Zahlungen hat derjenige zu beweisen, der sich auf den nachträglichen Wegfall einer zuvor eingetretenen Zahlungseinstellung beruft.

BGH, Urt. v. 25.10.2001 – IX ZR 17/01, BGHZ 149, 100 = ZIP 2001, 2235 = NJW 2002, 512;

BGH, Urt. v. 21.6.2007 – IX ZR 231/04, ZIP 2007, 1469 Rn. 32;

BGH, Urt. v. 20.12.2007 – IX ZR 93/06, ZIP 2008, 420 Rn. 24;
vgl. *Bremer*, GmbHR 2002, 257, 258;

BGH, Urt. v. 15.3.2012 – IX ZR 239/09, ZIP 2012, 735 Rn. 10;
dazu EWiR 2012, 353 *(Höpker)*.

Die Voraussetzungen der Zahlungsunfähigkeit gelten nach den Grundsätzen der **Beweisvereitelung** als bewiesen, wenn der Geschäftsführer einer GmbH seine Pflicht zur Führung und Aufbewahrung von Büchern und Belegen verletzt hat und dem Insolvenzverwalter deshalb die Darlegung näherer Einzelheiten nicht möglich ist. 595

BGH, Urt. v. 24.1.2012 – II ZR 119/10, ZIP 2012, 723 Rn. 16;
dazu EWiR 2012, 523 *(Podewils)*;
m. Anm. *Schädlich*, GmbHR 2012, 566.

Die Liquiditätsbilanz besteht in der Gegenüberstellung der Verbindlichkeiten mit den liquiden Mitteln. Sie setzt als Rechenwerk nicht voraus, dass auch die den Verbindlichkeiten zugrunde liegenden Rechnungen vorgelegt werden. 596

BGH, Urt. v. 19.12.2017 – II ZR 88/16, ZIP 2018, 283 Rn. 15;
dazu EWiR 2018, 179 *(K. Schmidt)*;
m. Anm. *Münnich*, GmbHR 2018, 306;
m. Bespr. *Mylich*, ZIP 2018, 514.

Die Fälligkeit der Verbindlichkeiten im Sinn eines ernsthaften Einforderns setzt auch nicht immer die Übersendung einer Rechnung voraus. Neben der Vorlage der Rechnung kann die Fälligkeit auch durch die Vorlage der Buchhaltung der Gesellschaft dargelegt werden und die Liquiditätsbilanz anhand dieser Unterlagen aufgestellt werden. 597

BGH, Urt. v. 19.12.2017 – II ZR 88/16, ZIP 2018, 283 Rn. 17;
dazu EWiR 2018, 179 *(K. Schmidt)*;
m. Anm. *Münnich*, GmbHR 2018, 306;
m. Bespr. *Mylich*, ZIP 2018, 514.

Wird die Liquiditätsbilanz anhand der **Buchhaltung der Gesellschaft** erstellt, muss der Geschäftsführer darlegen und beweisen, welche Buchungen inhaltlich oder hinsichtlich der Fälligkeit unrichtig sind. 598

BGH, Urt. v. 19.12.2017 – II ZR 88/16, ZIP 2018, 283 Rn. 17:

Die vom Kläger behaupteten Verbindlichkeiten sind in der Buchhaltung der Schuldnerin eingepflegt und als (spätestens) zum Stichtag fällig ausgewiesen. Im Verhältnis zu dem für die ordnungsgemäße Rechnungslegung zuständigen Geschäftsführer kann die Gesellschaft – und damit hier auch der Kläger – davon ausgehen, dass der Geschäftsführer die Bücher so geführt hat oder durch Angestellte hat führen lassen, dass sie ein richtiges und vollständiges Bild von allen Geschäftsvorfällen vermitteln, die im Betrieb angefallen sind. Stützt sich die Gesellschaft im Prozess gegen ihren Geschäftsführer auf vorhandene Buchungen und Buchungsunterlagen, obliegt es daher dem Geschäftsführer, eine etwaige Unrichtigkeit der Buchhaltung darzulegen und zu beweisen.

Dazu EWiR 2018, 179 *(K. Schmidt)*;
m. Anm. *Münnich*, GmbHR 2018, 306;
m. Bespr. *Mylich*, ZIP 2018, 514.

Der pauschale Einwand, die Bücher seien von den zuständigen Mitarbeitern nicht (mehr) zutreffend geführt worden, genügt für ein substantiiertes Bestreiten nicht. Da der Geschäftsführer mit den finanziellen Verhältnissen der insolvent gewordenen Gesellschaft aufgrund seiner Tätigkeit vertraut ist, ist er 599 vielmehr gehalten, im Einzelnen substantiiert darzulegen und ggf. zu beweisen, welche der in der Buchhaltung vorhandenen Buchungen in welcher Hinsicht unrichtig sein sollen.

> BGH, Urt. v. 19.12.2017 – II ZR 88/16, ZIP 2018, 283 Rn. 23;
> dazu EWiR 2018, 179 *(K. Schmidt)*;
> m. Anm. *Münnich*, GmbHR 2018, 306;
> m. Bespr. *Mylich*, ZIP 2018, 514.

600 Wird die Zahlungsunfähigkeit anhand einer Liquiditätsbilanz behauptet und bewiesen (siehe Rn. 538 ff.), hat der Geschäftsführer darzulegen und zu beweisen, warum trotz einer Unterdeckung von 10 % Zahlungsfähigkeit vorlag.

> BGH, Urt. v. 24.5.2005 – IX ZR 123/04, BGHZ 163, 134 = ZIP 2005, 1426 = NJW 2005, 3062;
> dazu EWiR 2005, 767 *(Bruns)*;
> m. Anm. *Blöse*, GmbHR 2005, 1117;
> m. Bespr. *Neumaier*, NJW 2005, 3041;
> mit Bespr. *Hölzle*, ZIP 2006, 101.

6. Überschuldung

601 Auch der Begriff der Überschuldung hat in der Insolvenzordnung eine Legaldefinition gefunden:

602 § 19 Abs. 2 InsO lautet:

> Überschuldung liegt vor, wenn das Vermögen des Schuldners die bestehenden Verbindlichkeiten nicht mehr deckt, es sei denn, die Fortführung des Unternehmens ist nach den Umständen überwiegend wahrscheinlich. Forderungen auf Rückgewähr von Gesellschafterdarlehen oder aus Rechtshandlungen, die einem solchen Darlehen wirtschaftlich entsprechen, für die gemäß § 39 Abs. 2 zwischen Gläubiger und Schuldner der Nachrang im Insolvenzverfahren hinter den in § 39 Abs. 1 Nr. 1 bis 5 bezeichneten Forderungen vereinbart worden ist, sind nicht bei den Verbindlichkeiten nach Satz 1 zu berücksichtigen.

603 Bis 17.10.2008 (Inkrafttreten des Finanzmarktstabilisierungsgesetzes) lautete die Norm:

> Überschuldung liegt vor, wenn das Vermögen des Schuldners die bestehenden Verbindlichkeiten nicht mehr deckt. Bei der Bewertung des Vermögens des Schuldners ist jedoch die Fortführung des Unternehmens zugrunde zu legen, wenn diese nach den Umständen überwiegend wahrscheinlich ist.

604 Zwischen 18.10.2008 und 31.10.2008 lautete die Vorschrift:

> Überschuldung liegt vor, wenn das Vermögen des Schuldners die bestehenden Verbindlichkeiten nicht mehr deckt, es sei denn, die Fortführung des Unternehmens ist nach den Umständen überwiegend wahrscheinlich.

605 Der Unterschied betrifft vor allem die Frage, ob die Überschuldung einstufig (bis 17.10.2008) oder zweistufig (seit 18.10.2008) zu bestimmen ist. Außerdem wurde mit dem MoMiG die Passivierungspflicht für Gesellschafterdarlehen in der Überschuldungsbilanz geregelt.

Nach dem **einstufigen Überschuldungsbegriff** (bis 17.10.2008) ist zuerst zu bestimmen, ob das Unternehmen fortgeführt oder liquidiert wird, und daran die Bewertung auszurichten. Beim **zweistufigen Überschuldungsbegriff** (bis 31.12.1998 und seit 18.10.2008) wird zuerst die Überschuldung nach Liquidationswerten ermittelt und bei Feststellung der Überschuldung die Insolvenzreife von einer Fortführungsprognose abhängig gemacht. Ein nach Fortführungswerten überschuldetes Unternehmen muss bei positiver Fortführungsprognose nach dem einstufigen Überschuldungsbegriff Insolvenz anmelden, nach dem zweistufigen nicht. 606

Die Überschuldung ist nach den gesetzlichen Vorschriften festzustellen, die im **zu beurteilenden Zeitpunkt** galten bzw. gelten; 607

> BGH, Urt. v. 23.1.2018 – II ZR 246/15, ZIP 2018, 576 Rn. 22;
> BGH, Urt. v. 15.3.2011 – II ZR 204/09, ZIP 2011, 1007 = NJW 2011, 2427 Rn. 30;
> BGH, Urt. v. 18.10.2010 – II ZR 151/09, ZIP 2010, 2400 Rn. 9;
> BGH, Urt. v. 27.4.2009 – II ZR 253/07, ZIP 2009, 1220 Rn. 10;
> BGH, Urt. v. 16.3.2009 – II ZR 280/07, ZIP 2009, 860 = NJW 2009, 2454 Rn. 10; dazu EWiR 2009, 493 *(Kiem/Giershausen)*; m. Bespr. *Bork*, NZG 2009, 775;
> BGH, Urt. v. 5.2.2007 – II ZR 234/05, BGHZ 171, 46 = ZIP 2007, 676 Rn. 19; dazu EWiR 2007, 305 *(Haas/Reiche)*;

zwischen 1.1.1999 und 17.10.2008 daher nach dem einstufigen Überschuldungsbegriff, bis 31.12.1998 und wieder seit 18.10.2008 nach dem zweistufigen Überschuldungsbegriff.

> *Holzer*, ZIP 2008, 2108, 2110;
> *Böcker/Poertzgen*, GmbHR 2008, 1289, 1290.

Umgekehrt gilt, dass ein Geschäftsführer bei der Beurteilung der Überschuldung 2013 auch im Hinblick auf die Fortführungsprognose nicht schon berücksichtigen musste, dass ab 2014 wieder ein strengerer Überschuldungsbegriff gilt. 608

> *Böcker/Poertzgen*, GmbHR 2008, 1289, 1290.

Den IDW-Standard S 11 zur Ermittlung der Insolvenzreife und damit auch der Überschuldung stellen *Zabel/Pütz* vor. 609

> *Zabel/Pütz*, ZIP 2015, 912.

a) Zweistufiger Überschuldungsbegriff

Zunächst ist nach § 19 Abs. 2 Satz 1 InsO festzustellen, ob die Verbindlichkeiten das Aktivvermögen übersteigen (**rechnerische Überschuldung**), dann in einer zweiten Stufe eine **Fortführungsprognose** anzustellen. 610

> Vgl. BGH, Urt. v. 13.7.1992 – II ZR 269/91, BGHZ 119, 201 = ZIP 1992, 1382 = NJW 1992, 2891:

Nach zutreffender neuerer Erkenntnis kann von einer Überschuldung im Sinne der Regeln nur gesprochen werden, wenn das Vermögen der Gesellschaft bei Ansatz von Liquidationswerten unter Einbeziehung der stillen Reserven die Verbindlichkeiten nicht deckt (rechnerische Überschuldung) und die Finanzkraft der Gesellschaft nach überwiegender Wahrscheinlichkeit mittelfristig nicht zur Fortführung des Unternehmens ausreicht (Überlebens- oder Fortführungsprognose).

Dazu EWiR 1992, 1093 *(Hunecke)*.

aa) Rechnerische Überschuldung

611 Eine **Überschuldung** liegt vor, wenn die Verbindlichkeiten des Unternehmens den Wert des Aktivvermögens übersteigen.

BGH, Urt. v. 27.10.1982 – VIII ZR 187/81, ZIP 1982, 1435 = NJW 1983, 676.

612 Zur Feststellung einer Überschuldung ist daher das Aktivvermögen zu bestimmen und den festgestellten Verbindlichkeiten gegenüberzustellen.

613 Dazu sind auf der Aktivseite alle im Falle alsbaldiger Eröffnung des Insolvenzverfahrens als Massebestandteile verwertbaren Vermögenswerte denjenigen Verbindlichkeiten auf der Passivseite gegenüberzustellen, die Insolvenzforderungen begründen können.

BGH, Urt. v. 6.12.1993 – II ZR 102/93, BGHZ 124, 282 = ZIP 1994, 295 = NJW 1994, 724;
dazu EWiR 1994, 275 *(v. Gerkan)*.

614 Maßgeblich sind dabei grundsätzlich nicht die fortgeschriebenen Wertansätze der **Jahresbilanz** (aber siehe Rn. 618 ff.), sondern eine eigenständige **Überschuldungsbilanz** mit Bewertungsgrundsätzen, die auf den Zweck des Insolvenzverfahrens zugeschnitten sind.

BGH, Urt. v. 6.12.1993 – II ZR 102/93, BGHZ 124, 282 = ZIP 1994, 295 = NJW 1994, 724:

Die Überschuldungsbilanz dient der Feststellung, ob die Gläubiger der Gesellschaft (noch) aus dem am Stichtag verwertbaren Gesellschaftsvermögen befriedigt werden können oder ob zur weiteren Vermeidung einer Verschlechterung ihrer Befriedigungsaussichten umgehend die Durchführung eines Insolvenzverfahrens beantragt werden muss.

Dazu EWiR 1994, 275 *(v. Gerkan)*;

BGH, Urt. v. 13.7.1992 – II ZR 269/91, BGHZ 119, 201 = ZIP 1992, 1382 = NJW 1992, 2891;
dazu EWiR 1992, 1093 *(Hunecke)*;
vgl. zum Strafrecht BGH, Beschl. v. 23.7.2015 – 3 StR 518/14, ZInsO 2015, 2021 Rn. 19.

615 Unterschiede zwischen der Jahresbilanz und der Überschuldungsbilanz können sich vor allem daraus ergeben, dass Wertberichtigungsbedarf bei Vermögensgegenständen besteht, insbesondere in die Überschuldungsbilanz auch die stillen Reserven aufzunehmen sind.

BGH, Urt. v. 7.3.2005 – II ZR 138/03 – ZIP 2005, 807;

BGH, Urt. v. 8.1.2001 – II ZR 88/99, BGHZ 146, 264
= ZIP 2001, 235 = NJW 2001, 1280;
m. Anm. *Altmeppen*, ZIP 2001, 240;
dazu EWiR 2001, 329 *(Priester)*.

Für die Bestimmung des Wertes des **Aktivvermögens** ist daher von Liquidationswerten auszugehen, da der zu schützende Gesellschaftsgläubiger im Falle der Unternehmensinsolvenz in der Regel in den Liquidationswerten seine Befriedigung suchen muss. Das ergibt sich auch aus § 19 Abs. 2 Satz 1 Halbs. 2 InsO. 616

Böcker/Poertzgen, GmbHR 2008, 1289, 1290.

- Im Regelfall sind **Einzelveräußerungswerte** in Ansatz zu bringen und nicht eine Verwertung des Unternehmens als Ganzes zu unterstellen. Anders ist dies allenfalls, wenn die Veräußerung im Ganzen gelingt.

  Vgl. BGH, Beschl. v. 5.2.2007 – II ZR 51/06, ZIP 2007, 1501 Rn. 5.

- Kosten der **Gründung, Kapitalbeschaffung und Ingangsetzung** haben – wie auch für die Handelsbilanz nach § 248 Abs. 1 HGB – außer Betracht zu bleiben.

  BGH, Urt. v. 22.10.1990 – II ZR 238/89, ZIP 1990, 1593 = NJW 1991, 1057;
  OLG Hamburg, Urt. v. 8.11.2013 – 11 U 192/11, ZInsO 2013, 2447.

- **Patronatserklärungen** Dritter sind zu berücksichtigen, wenn sie zugunsten aller Gläubiger und nicht nur einzelner wirken und einen durchsetzbaren Anspruch begründen.

  Vgl. BGH, Urt. v. 20.9.2010 – II ZR 296/08, BGHZ 187, 69
  = ZIP 2010, 2092 = NJW 2010, 3442 Rn. 18 (Star 21);
  dazu EWiR 2010, 757 *(Guski)*;
  m. Anm. *Ulrich/Rath*, GmbHR 2010, 1208;
  OLG Celle, Urt. v. 18.6.2008 – 9 U 14/08, ZIP 2008, 2416.

- Der **Firmenwert** ist nur in Ansatz zu bringen, wenn eine **selbstständige Verwertung** des Firmenwertes voraussichtlich möglich sein wird.

  OLG Frankfurt, Urt. v. 25.10.2000 – 17 U 63/99, NZG 2001, 173;
  für einen anderen Fall verneint von
  OLG Celle, Urt. v. 5.12.2001 – 9 U 204/01, NZG 2002, 730.

  Dabei wird unter Firmenwert nicht nur der Wert der Firma als Name, sondern das Zusammenwirken verschiedener Faktoren wie technisches Knowhow, Qualität der Ware, Ruf des Unternehmens, Kundenstamm, effiziente Betriebsorganisation und qualifizierter Mitarbeiterstamm verstanden. Regelmäßig kommt eine Berücksichtigung des Firmenwerts beim Ansatz von Fortführungswerten infrage.

  Kallmeyer, GmbHR 1999, 16, 17.

Er kann aber auch zu berücksichtigen sein, wenn er im Insolvenzfall oder noch durch den vorläufigen Insolvenzverwalter tatsächlich realisiert wird.

OLG Frankfurt, Urt. v. 25.10.2000 – 17 U 63/99, NZG 2001, 173.

- Vorräte sind mit dem Liquidationserlös, nicht mit dem Einkaufswert anzusetzen.

  BGH, Urt. v. 19.11.2013 – II ZR 229/11, ZIP 2014, 168 Rn. 19; dazu EWiR 2014, 409 *(Ruppert)*.

- **Forderungen** der GmbH sind zu berücksichtigen, soweit sie **realisierbar** sind.

  BGH, Beschl. v. 28.4.2008 – II ZR 51/07, ZInsO 2008, 1019 Rn. 8.

  Hat eine Forderung beschränkte Aussichten auf Realisierung und Durchsetzung, ist sie mit einem Teilwert anzusetzen, weder mit dem Nominalwert noch stets mit null.

  OLG Hamburg, Urt. v. 16.3.2018 – 5 U 191/16, GmbHR 2018, 800, 802.

  Auch Forderungen der GmbH gegen ihre Gesellschafter, etwa aus diesen gewährten Darlehen, sind mit ihrem wahren Wert zu aktivieren.

  BGH, Urt. v. 23.4.2012 – II ZR 252/10, BGHZ 193, 96 = ZIP 2012, 1071 Rn. 25;
  dazu EWiR 2012, 415 *(Paefgen/Dettke)*;
  m. Anm. *Röck*, GmbHR 2012, 744.

- Forderungen aus **schwebenden Geschäften,** das heißt von beiden Seiten noch nicht vollständig erfüllten Geschäften, sind nur anzusetzen, soweit mit ihrer Erfüllung trotz der drohenden Insolvenz zu rechnen ist.

  OLG Hamm, Urt. v. 25.1.1993 – 8 U 250/91, NJW-RR 1993, 1445.

  Insoweit kann es von der positiven Fortführungsprognose abhängen, ob sie in der Überschuldungsbilanz zu berücksichtigen sind.

  BGH, Urt. v. 18.10.2010 – II ZR 151/09, ZIP 2010, 2400 Rn. 12;
  dazu EWiR 2011, 353 *(Freitag)*;
  m. Anm. *Blöse*, GmbHR 2011, 27;
  m. Anm. *Römermann*, GWR 2011, 609.

- Ein Anspruch auf Rückzahlung einer **Mietkaution** kann nur in Ansatz gebracht werden, wenn er realisierbar ist. Das setzt in der Regel voraus, dass eine positive Fortführungsprognose besteht, sodass bis zum regulären Ende der Mietzeit eine regelmäßige Mietzahlung zu erwarten ist und die Kaution nicht für Schadensersatzansprüche des Vermieters verbraucht wird.

  BGH, Urt. v. 18.10.2010 – II ZR 151/09, ZIP 2010, 2400 Rn. 18;
  dazu EWiR 2011, 353 *(Freitag)*;
  m. Anm. *Blöse*, GmbHR 2011, 27;
  m. Anm. *Römermann*, GWR 2011, 609.

- **Rechnungsabgrenzungsposten** (§ 250 HGB) sind nicht einzubeziehen, soweit nicht konkrete Forderungen dahinterstehen.

  Vgl. OLG Frankfurt, Urt. v. 25.10.2000 – 17 U 63/99, NZG 2001, 173.

- **Sicherungsrechte** sind von den Aktiva nicht abzuziehen, da die diesen zugrunde liegenden Verbindlichkeiten bereits als Passiva bilanziert werden.

  OLG Celle, Urt. v. 5.12.2001 – 9 U 204/01, NZG 2002, 730.

  Ein **Anspruch** auf eine Besicherung oder eine Schuldübernahme kann nicht aktiviert werden.

  BGH, Urt. v. 28.2.2012 – II ZR 244/10, ZIP 2012, 867 Rn. 20; dazu EWiR 2012, 469 *(von der Linden)*.

Bei den **Passivposten** der Überschuldungsbilanz sind alle Verbindlichkeiten zu berücksichtigen, die im Falle eines Insolvenzverfahrens aus der Insolvenzmasse zu befriedigen wären. Es sind – anders als bei dem Zahlungsstatus – auch die **noch nicht fälligen oder gestundeten** Verbindlichkeiten einzubringen, 617

- **nicht** jedoch **Massekosten** und sonstige Masseverbindlichkeiten,
- auch nicht die Kosten eines **Sozialplanes**, weil diese erst aufgrund der Eröffnung des Insolvenzverfahrens anfallen.

  Str., OLG Celle, Urt. v. 5.12.2001 – 9 U 204/01, NZG 2002, 730.

- Rückstellungen für **ungewisse Verbindlichkeiten** i. S. v. § 249 Abs. 1 Satz 1 HGB sind anzusetzen, soweit ernsthaft mit einer Inanspruchnahme der GmbH ohne Insolvenzeröffnung zu rechnen ist. Maßgeblich ist, ob ein Bilanzierungspflichtiger bei sorgfältiger Abwägung aller in Betracht zu ziehender Umstände eine Rückstellungspflicht nicht verneinen durfte.

  BGH, Urt. v. 22.9.2003 – II ZR 229/02, ZIP 2003, 2068 = NJW 2003, 3629 = WM 2003, 2238; dazu EWiR 2004, 383 *(Wagner)*.

- Die drohende Inanspruchnahme muss nicht unbedingt rechtlich durchsetzbar sein, vielmehr kann auch eine faktische Leistungspflicht genügen.

  BGH, Urt. v. 22.9.2003 – II ZR 229/02, ZIP 2003, 2068 = NJW 2003, 3629; dazu EWiR 2004, 383 *(Wagner)*.

- **Künftig** fällig werdende **Forderungen** gegen die Gesellschaft wie etwa Mietzinsen sind bei positiver Fortführungsprognose nicht anzusetzen, soweit davon ausgegangen werden kann, dass sie mit Gewinnen erwirtschaftet werden. Andernfalls und bei negativer Fortführungsprognose sind sie in Höhe des nach einer Kündigung durch den Vermieter wegen Zahlungsverzugs bzw. durch den Insolvenzverwalter (§ 109 InsO) zu erwartenden Schadensersatzanspruchs zu passivieren.

BGH, Urt. v. 18.10.2010 – II ZR 151/09, ZIP 2010, 2400 Rn. 18;
dazu EWiR 2011, 353 *(Freitag)*;
m. Anm. *Blöse*, GmbHR 2011, 27;
m. Anm. *Römermann*, GWR 2011, 609.

- Von Dritten für Verbindlichkeiten gestellte **Sicherheiten** beseitigen die Passivierungspflicht nicht.

  Vgl. BGH, Urt. v. 28.2.2012 – II ZR 244/10, ZIP 2012, 867 Rn. 20;
  dazu EWiR 2012, 469 *(von der Linden)*.

  Dass eine Verbindlichkeit der Gesellschaft durch eine selbstschuldnerische Bürgschaft gesichert ist, macht ihre Passivierung daher nicht entbehrlich.

  OLG Celle, Urt. v. 5.12.2001 – 9 U 204/01, NZG 2002, 730.

  Eine befreiende Schuldübernahme beseitigt die Passivierungspflicht, dagegen noch nicht die Verpflichtung zur Schuldübernahme.

  BGH, Urt. v. 28.2.2012 – II ZR 244/10, ZIP 2012, 867 Rn. 20;
  dazu EWiR 2012, 469 *(von der Linden)*.

  Die Verpflichtung zur Schuldübernahme kann aber zu einer zu aktivierenden Forderung führen, wenn sie werthaltig und realisierbar ist.

- In der Überschuldungsbilanz sind auch mögliche **Verluste aus laufenden Geschäften** zu berücksichtigen, die das Gesellschaftsvermögen belasten.

  Pape, ZIP 2002, 2276, 2288:

  Insoweit sind sog. „Drohverlustrückstellungen“ zu machen, mit denen voraussehbare Verluste, die das Gesellschaftsvermögen in Zukunft belasten, als negative Posten in die Bilanz einzustellen sind.

- Zu der Frage, ob und wie sich **Gesellschafterdarlehen** und **Rangrücktrittsvereinbarungen** auf die Überschuldungsbilanz auswirken, siehe Rn. 664 ff.

618 In der zivilgerichtlichen Praxis wird jedoch die **Handelsbilanz** als indizieller Ausganspunkt genommen: Beruft sich der für den objektiven Tatbestand der Insolvenzverschleppung darlegungs- und beweispflichtige Gläubiger für die behauptete insolvenzrechtliche Überschuldung der Gesellschaft auf eine Handelsbilanz, die einen nicht durch Eigenkapital gedeckten Fehlbetrag ausweist, und trägt er außerdem vor, ob und in welchem Umfang stille Reserven oder sonstige aus der Handelsbilanz nicht ersichtliche Vermögenswerte vorhanden sind, ist es Sache des beklagten Organs, im Rahmen seiner sekundären Darlegungslast im Einzelnen vorzutragen, welche stillen Reserven oder sonstigen für eine Überschuldungsbilanz maßgeblichen Werte in der Handelsbilanz nicht abgebildet sind.

BAG, Urt. v. 20.3.2014 – 8 AZR 45/13, ZIP 2014, 1976 Rn. 34;
BGH, Urt. v. 19.11.2013 – II ZR 229/11, ZIP 2014, 168 Rn. 17;
dazu EWiR 2014, 409 *(Ruppert)*;
BGH, Urt. v. 28.2.2012 – II ZR 244/10, ZIP 2012, 867 Rn. 19;

BGH, Beschl. v. 31.5.2011 – II ZR 106/10, ZIP 2011, 1410 Rn. 4;

BGH, Urt. v. 15.3.2011 – II ZR 204/09, ZIP 2011, 1007
= NJW 2011, 2427 Rn. 33:

Für die Feststellung, dass die Gesellschaft insolvenzrechtlich (rechnerisch) überschuldet ist, bedarf es nach der Rechtsprechung des Senats grundsätzlich der Aufstellung einer Überschuldungsbilanz, in der die Vermögenswerte der Gesellschaft mit ihren aktuellen Verkehrs- oder Liquidationswerten auszuweisen sind. Hingegen kommt einer Handelsbilanz für die Frage, ob die Gesellschaft überschuldet ist, lediglich indizielle Bedeutung zu.

BGH, Urt. v. 27.4.2009 – II ZR 253/07, ZIP 2009, 1220 Rn. 9;

BGH, Urt. v. 16.3.2009 – II ZR 280/07, ZIP 2009, 860
= NJW 2009, 2454 Rn. 10;
dazu EWiR 2009, 493 *(Kiem/Giershausen)*;
m. Bespr. *Bork*, NZG 2009, 775;

BGH, Beschl. v. 28.4.2008 – II ZR 51/07, ZInsO 2008, 1019 Rn. 8;

BGH, Beschl. v. 16.7.2007 – II ZR 226/06, DStR 2007, 1641 Rn. 2;

BGH, Urt. v. 12.3.2007 – II ZR 315/05, ZIP 2007, 1060
= NJW 2007, 3130 Rn. 14;

BGH, Urt. v. 7.3.2005 – II ZR 138/03, ZIP 2005, 807;

BGH, Urt. v. 2.4.2001 – II ZR 261/99, ZIP 2001, 839;

BGH, Urt. v. 8.1.2001 – II ZR 88/99, BGHZ 146, 264
= ZIP 2001, 235 = NJW 2001, 1280;
m. Anm. *Altmeppen*, ZIP 2001, 240;
dazu EWiR 2001, 329 *(Priester)*;

BGH, Urt. v. 18.12.2000 – II ZR 191/99, ZIP 2001, 242 = NJW 2001, 1136;

OLG Hamburg, Urt. v. 16.3.2018 – 5 U 191/16, GmbHR 2018, 800, 801.

Der Gläubiger, in der Regel der Insolvenzverwalter, muss die Ansätze der Handelsbilanz erläutern, ob und ggf. in welchem Umfang stille Reserven oder sonstige daraus nicht ersichtliche Veräußerungswerte vorhanden sind. Dabei muss er nur naheliegende Möglichkeiten – etwa **stille Reserven** bei vorhandenen Grundstücken – diskutieren und die vom Geschäftsführer aufgestellten Behauptungen widerlegen. 619

BAG, Urt. v. 20.3.2014 – 8 AZR 45/13, ZIP 2014, 1976 Rn. 34;

BGH, Urt. v. 19.11.2013 – II ZR 229/11, ZIP 2014, 168 Rn. 17;
dazu EWiR 2014, 409 *(Ruppert)*;

BGH, Urt. v. 28.2.2012 – II ZR 244/10, ZIP 2012, 867 Rn. 19;
dazu EWiR 2012, 469 *(von der Linden)*;

BGH, Beschl. v. 31.5.2011 – II ZR 106/10, ZIP 2011, 1410 Rn. 4;

BGH, Urt. v. 15.3.2011 – II ZR 204/09, ZIP 2011, 1007
= NJW 2011, 2427 Rn. 33:

Legt der Anspruchsteller für seine Behauptung, die Gesellschaft sei überschuldet gewesen, nur eine Handelsbilanz vor, aus der sich ein nicht durch Eigenkapital gedeckter Fehlbetrag ergibt, hat er jedenfalls die Ansätze dieser Bilanz darauf zu überprüfen und zu erläutern, ob und ggf. in welchem Umfang stille Reserven oder sonstige aus ihr nicht ersichtliche Vermögenswerte vorhanden sind.

BGH, Urt. v. 27.4.2009 – II ZR 253/07, ZIP 2009, 1220 Rn. 9;

BGH, Urt. v. 16.3.2009 – II ZR 280/07, ZIP 2009, 860
= NJW 2009, 2454 Rn. 10;
dazu EWiR 2009, 493 *(Kiem/Giershausen)*;
m. Bespr. *Bork*, NZG 2009, 775;

BGH, Beschl. v. 5.11.2007 – II ZR 262/06, ZIP 2008, 72 Rn. 2;

BGH, Urt. v. 7.3.2005 – II ZR 138/03, ZIP 2005, 807;

OLG Schleswig, Urt. v. 25.9.1997 – 5 U 82/96, GmbHR 1998, 536:

Bei der Verfolgung von Ersatzansprüchen nach § 64 Abs. 2 GmbHG kann es für die Darlegung der rechtlichen Überschuldung ausreichen, wenn statt eines Überschuldungsstatus die letzte nach den Buchwerten aufgestellte Handelsbilanz und die monatlichen betriebswirtschaftlichen Auswertungen der nachfolgenden Unternehmensentwicklung vorgelegt werden, sofern keine Anhaltspunkte dafür bestehen, dass ein Ansatz von Liquidationswerten keine Überschuldung der Gesellschaft ergeben würde.

Dazu EWiR 1998, 271 *(v. Gerkan)*.
Blöse, GmbHR 2005, 832, 835.

620 Das gilt auch bei reinen Betriebsgesellschaften ohne Grundstücke, weil etwa im Anlagevermögen stille Reserven vorhanden sein können.

BGH, Urt. v. 8.1.2001 – II ZR 88/99, BGHZ 146, 264
= ZIP 2001, 235 = NJW 2001, 1280;
m. Anm. *Altmeppen*, ZIP 2001, 240;
dazu EWiR 2001, 329 *(Priester)*.

621 Der Geschäftsführer muss, wenn nach der Bilanz keine stillen Reserven naheliegen, substantiiert darlegen, aufgrund welcher stiller Reserven trotz handelsbilanzieller Überschuldung keine rechnerische Überschuldung gegeben ist.

BAG, Urt. v. 20.3.2014 – 8 AZR 45/13, ZIP 2014, 1976 Rn. 34;

BGH, Urt. v. 19.11.2013 – II ZR 229/11, ZIP 2014, 168 Rn. 17;
dazu EWiR 2014, 409 *(Ruppert)*;

BGH, Beschl. v. 31.5.2011 – II ZR 106/10, ZIP 2011, 1410 Rn. 4;

BGH, Urt. v. 2.6.1997 – II ZR 211/95, ZIP 1997, 1648
= NJW 1997, 3171;
dazu EWiR 1997, 893 *(G. Pape)*;

BGH, Urt. v. 15.3.2011 – II ZR 204/09, ZIP 2011, 1007
= NJW 2011, 2427 Rn. 33:

Ist der Anspruchsteller diesen Anforderungen nachgekommen, ist es Sache des beklagten Geschäftsführers, im Rahmen seiner sekundären Darlegungslast im Einzelnen vorzutragen, welche stillen Reserven oder sonstigen für eine Überschuldungsbilanz maßgeblichen Werte in der Handelsbilanz nicht abgebildet sind.

BGH, Urt. v. 27.4.2009 – II ZR 253/07, ZIP 2009, 1220 Rn. 9;

BGH, Urt. v. 16.3.2009 – II ZR 280/07, ZIP 2009, 860
= NJW 2009, 2454 Rn. 10;
dazu EWiR 2009, 493 *(Kiem/Giershausen)*;
m. Bespr. *Bork*, NZG 2009, 775.

622 Hierzu reicht es indes nicht aus, lediglich von der Handelsbilanz abweichende Werte oder allgemein zu geringe Wertansätze in der Handelsbilanz zu behaupten.

BGH, Urt. v. 19.11.2013 – II ZR 229/11, ZIP 2014, 168 Rn. 18;
dazu EWiR 2014, 409 *(Ruppert)*.

Der Insolvenzverwalter/Kläger muss die substantiierte Behauptung von stillen Reserven dann widerlegen. 623

> BGH, Beschl. v. 5.11.2007 – II ZR 262/06, ZIP 2008, 72 Rn. 2;
> BGH, Urt. v. 7.3.2005 – II ZR 138/03, ZIP 2005, 807.

Kommen danach stille Reserven – etwa in der Form von Grundstücken, bei älteren Unternehmen auch in Form von Anlagevermögen, das nur noch mit einem Erinnerungswert in der Handelsbilanz erfasst ist, und Markenrechten – oder andere Korrekturen der Handelsbilanz in Betracht, muss das Gericht auf Antrag des beweisbelasteten Gläubigers ein **Sachverständigengutachten** zum Wert des betroffenen Vermögensgegenstandes (nicht zur Anfertigung einer Überschuldungsbilanz) einholen. 624

> BGH, Beschl. v. 5.11.2007 – II ZR 262/06, ZIP 2008, 72 Rn. 2;
> BGH, Urt. v. 7.3.2005 – II ZR 138/03, ZIP 2005, 807.

Die Handelsbilanz kann die letzte Jahresbilanz der Gesellschaft sein, die einen nicht durch Eigenkapital gedeckten Fehlbetrag ausweist, eine daraus vom Insolvenzverwalter fortentwickelte Bilanz zum Zeitpunkt der Insolvenzreife, 625

> vgl. BGH, Beschl. v. 31.5.2011 – II ZR 106/10, ZIP 2011, 1410 Rn. 5,

oder eine in einem anderen Verfahren von einem Sachverständigen rekonstruierte Bilanz sein.

> Vgl. BGH, Urt. v. 15.3.2011 – II ZR 204/09, ZIP 2011, 1007 = NJW 2011, 2427 Rn. 34.

bb) Fortführungsprognose

Ergibt die rechnerische Prüfung eine Überschuldung der GmbH, ist in einer zweiten Stufe eine Fortführungsprognose zu treffen. § 19 Abs. 2 Satz 1 InsO besagt dazu, dass keine Überschuldung vorliegt, wenn die Fortführung des Unternehmens überwiegend wahrscheinlich ist. Damit ist nicht eine tatsächliche Fortführung unter Insolvenzverschleppung, sondern eine **Prognoseentscheidung** verlangt, ob trotz gegenwärtiger Überschuldung die Gesellschaft in Zukunft so viel Ertrag erwirtschaftet wird, dass die Zahlungspflichten erfüllt werden können. Entgegen der früheren Rechtsprechung, die bei rechnerischer Überschuldung und einer negativen Fortführungsprognose von rechtlicher Überschuldung ausging, 626

> BGH, Urt. v. 13.7.1992 – II ZR 269/91, BGHZ 119, 201 = ZIP 1992, 1382 = NJW 1992, 2891;
> dazu EWiR 1992, 1093 *(Hunecke)*,

ist § 19 Abs. 2 Satz 1 InsO jetzt so formuliert, dass nicht nur eine negative Fortführungsprognose zur Überschuldung führt, sondern ausdrücklich eine positive Fortführungsprognose verlangt wird.

627 Eine Überschuldung im engeren Sinne liegt danach nur vor, wenn trotz rechnerischer Überschuldung die Lebensfähigkeit der Gesellschaft, gemessen an ihrer Ertragsfähigkeit und ihren Zahlungspflichten, mittelfristig hinreichend gesichert scheint (**positive Überlebens- oder Fortbestehensprognose**).

628 Die Fortführungsprognose ist die Frage nach der künftigen – mittelfristigen – Zahlungsfähigkeit des Unternehmens, also nach seiner Finanzkraft.

> BGH, Urt. v. 13.7.1992 – II ZR 269/91, BGHZ 119, 201 = ZIP 1992, 1382 = NJW 1992, 2891;
> dazu EWiR 1992, 1093 *(Hunecke)*;
>
> BGH, Urt. v. 20.3.1995 – II ZR 205/94, BGHZ 129, 136 = ZIP 1995, 819 = NJW 1995, 1739;
> dazu EWiR 1995, 525 *(Rittner)*;
> vgl. dazu zust. *Bork*, ZIP 2000, 1709, 1710;
>
> OLG Hamburg, Urt. v. 16.3.2018 – 5 U 191/16, GmbHR 2018, 800, 802.

629 Welchen Zeitraum **„mittelfristig"** bezeichnet, hängt von den Umständen ab und entzieht sich einer generellen zeitlichen Festlegung. Unter anderem müssen die Struktur des Unternehmens, die Branche, in der es tätig ist, und die aktuellen Marktverhältnisse berücksichtigt werden.

> *Goette*, DStR 2016, 1752, 1754.

630 Dass „mittelfristig" das laufende und folgende Geschäftsjahr erfassen soll, kann daher allenfalls einen Anhalt für den Prognosezeitraum bei durchschnittlichen Verhältnissen bieten, aber keine Regel sein.

> In diesem Sinn aber IDW Standard S 11 Rn. 61;
> *Bork*, ZIP 2000, 1709, 1710.

631 Bei einem Entwicklungsprojekt bedeutet es, dass die Finanzierung bis zur Serienreife/Markteinführung gesichert sein muss.

> BGH, Urt. v. 13.7.1992 – II ZR 269/91, BGHZ 119, 201 = ZIP 1992, 1382 = = NJW 1992, 2891;
> dazu EWiR 1992, 1093 *(Hunecke)*.

632 Wird die Fortführungsprognose auf konkret erwartete, nicht nur erhoffte Aufträge gestützt, muss das Überleben jedenfalls bis dahin gesichert sein.

> BGH, Urt. v. 2.6.1997 – II ZR 211/95, ZIP 1997, 1648 = NJW 1997, 3171;
> dazu EWiR 1997, 893 *(Pape)*.

633 Bei einem Start-up-Unternehmen hat es der BGH genügen lassen, dass die Zahlungsfähigkeit ohne weiteres Kapital im August bis Jahresende gesichert war.

> Vgl. BGH, Urt. v. 14.5.2007 – II ZR 48/06, ZIP 2007, 1265 = NJW 2007, 2118 Rn. 18;
> dazu EWiR 2007, 495 *(Henkel/Mock)*;
> m. Anm. *Altmeppen*, NJW 2007, 2121.

Ansonsten wird es mittelfristig bedeuten, dass das Unternehmen mindestens in den nächsten ein bis eineinhalb Jahren seine Verbindlichkeiten erfüllen kann. 634

Vgl. BGH, Urt. v. 23.2.2004 – II ZR 207/01, ZIP 2004, 1049.

Der IX. Zivilsenat hat zur handelsrechtlichen Bilanzierung nach Fortfüh-rungswerten angenommen, dass der Prognosezeitraum das auf den Abschlussstichtag folgende Geschäftsjahr umfasse. 635

BGH, Urt. v. 26.01.2017 – IX ZR 285/14, ZIP 2017, 427 Rn. 24.

Die positive Fortführungsprognose setzt **Fortführungswillen** und die objektive **Überlebensfähigkeit** des Unternehmens voraus. 636

BGH, Urt. v. 23.1.2018 – II ZR 246/15, ZIP 2018, 576 Rn. 23;
BGH, Urt. v. 18.10.2010 – II ZR 151/09, ZIP 2010, 2400 Rn. 13;
BGH, Beschl. v. 9.10.2006 – II ZR 303/05, ZIP 2006, 2171 Rn. 3;
BGH, Urt. v. 29.9.1997 – II ZR 245/96, ZIP 1997, 2008 = NJW 1998, 233;
dazu EWiR 1998, 33 *(Wilken)*.

Der **Fortführungswille,** der bei den Gesellschaftern bestehen muss, fehlt, wenn die Gesellschafter die **Liquidation** beschlossen haben. 637

Er fehlt ebenfalls, wenn der Geschäftsführer im auch stillschweigenden Einverständnis mit den Gesellschaftern ohne formellen Liquidationsbeschluss das Unternehmen stilllegen will oder der Gesellschafter bereits „Auffanggesellschaften" gebildet hat und die Altgesellschaft nur noch abgewickelt wird. 638

Die **Überlebensfähigkeit** ist grundsätzlich aus einem aussagekräftigen Unternehmenskonzept (sog. **Ertrags- und Finanzplan**) herzuleiten. 639

BGH, Urt. v. 23.1.2018 – II ZR 246/15, ZIP 2018, 576 Rn. 23;
BGH, Urt. v. 18.10.2010 – II ZR 151/09, ZIP 2010, 2400 Rn. 13;
BGH, Beschl. v. 9.10.2006 – II ZR 303/05, ZIP 2006, 2171 Rn. 3;
BGH, Urt. v. 29.9.1997 – II ZR 245/96, ZIP 1997, 2008 = NJW 1998, 233;
OLG Hamburg, Urt. v. 8.11.2013 – 11 U 192/11 ZInsO 2013, 2447;
OLG München, Urt. v. 15.4.1996 – 31 U 4886/95, GmbHR 1998, 281;
KG, Urt. v. 1.11.2005 – 7 U 49/05, GmbHR 2006, 374:

Eine Fortbestehensprognose setzt grundsätzlich die Aufstellung eines dokumentierten Ertrags- und Finanzplans voraus. Die Prognose ist positiv, wenn sich die überwiegende Wahrscheinlichkeit ergibt, dass die Gesellschaft mittelfristig Einnahmenüberschüsse erzielen wird, aus denen die gegenwärtigen und künftigen Verbindlichkeiten gedeckt werden können.

OLG Naumburg, Urt. v. 20.8.2003 – 5 U 67/03, GmbHR 2004, 361.

Ausnahmsweise kann sich die objektive Überlebensfähigkeit des Unternehmens aber auch aus anderen Umständen ergeben. 640

BGH, Urt. v. 23.1.2018 – II ZR 246/15, ZIP 2018, 576 Rn. 23;
BGH, Urt. v. 18.10.2010 – II ZR 151/09, ZIP 2010, 2400 Rn. 13;

BGH, Urt. v. 13.7.1992 – II ZR 269/91, BGHZ 119, 201, 215 = ZIP 1992, 1382 = NJW 1992, 2891;
dazu EWiR 1992, 1093 *(Hunecke)*.

641 Dabei muss es sich um Umstände handeln, die auf der Beurteilung von Fakten und der Einschätzung künftiger Entwicklungen der Gesellschaft, ihrer Absatz- und Gewinnchancen für ihre Produkte und der allgemeinen Wirtschafts- und Marktverhältnisse beruhen.

BGH, Urt. v. 23.1.2018 – II ZR 246/15, ZIP 2018, 576 Rn. 23;

BGH, Urt. v. 20.3.1995 – II ZR 205/94, BGHZ 129, 136, 155 = ZIP 1995, 819 = NJW 1995, 1739;
dazu EWiR 1995, 525 *(Rittner)*.

642 Noch weiter lässt das Bundesarbeitsgericht eine vertretbare Darstellung einer positiven Fortführungsprognose genügen.

BAG, Urt. v. 20.03.2014 – 8 AZR 45/13, NJW 2014, 2669 Rn. 28.

643 Dass die GmbH nach Eintritt der Überschuldung das Unternehmen tatsächlich fortgeführt und noch Zahlungen geleistet hat, genügt für eine positive Fortführungsprognose nicht.

BGH, Urt. v. 23.1.2018 – II ZR 246/15, ZIP 2018, 576 Rn. 23;

BGH, Urt. v. 15.3.2011 – II ZR 204/09, ZIP 2011, 1007 = NJW 2011, 2427 Rn. 31.

644 Aus dem **Ertrags- und Finanzplan** (oder den anderen Umständen) muss sich ergeben, dass die Gesellschaft im Planungszeitraum voraussichtlich Erträge erzielt, mit denen sie die fällig werdenden Verbindlichkeiten bedienen kann, dass also nicht mit dem Eintritt der Zahlungsunfähigkeit zu rechnen ist.

Vgl. BGH, Urt. v. 18.10.2010 – II ZR 151/09, ZIP 2010, 2400 Rn. 13;

BGH, Beschl. v. 9.10.2006 – II ZR 303/05, ZIP 2006, 2171 Rn. 3.

645 Wirtschaftliche Überlebensfähigkeit besteht grundsätzlich, solange und soweit eine zumindest ausgeglichene Gewinn- und Verlustrechnungsplanung aufgestellt werden kann. Gewinnerzielung kann nicht verlangt werden; es reicht aus, wenn die Verbindlichkeiten bedient werden können.

Fischer, NZI 2016, 665, 666;
Goette, DStR 2016, 1684, 1690;
Bork, ZIP 2000, 1709, 1711;

a. A. (Überschüsse erforderlich) HambKomm/*Schröder*, InsO, 6. Aufl., § 19 Rn. 12 (anders jetzt 7. Aufl.).

646 Die günstige Zukunftsprognose setzt voraus, dass der Finanzplan plausibel macht, dass das finanzielle Gleichgewicht im Prognosezeitraum voraussichtlich gewahrt bleibt oder wiedererlangt wird, sodass alle in dieser Zeit fälligen Verbindlichkeiten vertragsgemäß erfüllt werden können. Hingegen ist eine negative Fortbestehensprognose zu treffen, wenn sich aus der Finanzplanung für den Prognosezeitraum eine finanzielle Unterdeckung ergibt.

Wie bei jeder Unternehmensplanung genügt es, wenn die Planung ex ante objektiv plausibel ist. Insoweit besteht ein von der Rechtsprechung sog. Beurteilungsspielraum in dem Sinn, dass die Planannahmen nur auf Plausibilität, aber nicht auf Richtigkeit zu überprüfen sind, was bei Prognoseeinschätzungen regelmäßig auch gar nicht möglich ist. **647**

BGH, Urt. v. 12.2.2007 – II ZR 308/05, ZIP 2007, 674 Rn. 16;
BGH, Urt. v. 20.6.2005 – II ZR 18/03, ZIP 2005, 1365, 1367.

Das ist aber keine Frage der Business Jugdment Rule, weil es nicht um eine Haftung des Organs und auch nicht um eine unternehmerische Entscheidung geht. **648**

A. A. *Fischer*, NZI 2016, 665, 666;
Goette, DStR 2016, 1752, 1754.

Wunschdenken des Geschäftsführers oder der Gesellschafter ist keine positive Zukunftsprognose. Allein auf einseitige Sanierungsbemühungen der Gesellschaft und ein von ihr entworfenes Sanierungskonzept kann eine positive Fortbestehensprognose nicht gestützt werden. **649**

BGH, Urt. v. 23.2.2004 – II ZR 207/01, ZIP 2004, 1049.

Es genügt nicht, dass der Geschäftsführer in der Hoffnung auf eine Sanierung weiterwurstelt und die Gesellschaft von der Hand in den Mund lebt. **650**

BGH, Urt. v. 18.10.2010 – II ZR 151/09, ZIP 2010, 2400 Rn. 13.

Auf keinen Fall reicht die **Hoffnung** des Geschäftsführers auf überdurchschnittliche Geschäfte aus, wenn noch nicht einmal die laufenden Betriebskosten erwirtschaftet werden. **651**

BGH, Urt. v. 7.11.1994 – II ZR 8/93, ZIP 1995, 124;
dazu EWiR 1995, 271 *(Wilhelm)*.

Eine Unternehmensbewertung nach der Ertragswertmethode hat die Rechtsprechung für die Fortführungsprognose nicht verlangt. **652**

Vgl. dazu *Höffner*, BB 1999, 198, 202.

Ist der Geschäftsführer (und später retrospektiv auch das Gericht) außerstande, auf der genannten Basis aus eigener Sachkunde eine Fortführungsprognose zu erstellen, so muss sie unter Einschaltung eines Sachverständigen erstellt werden. **653**

BGH, Urt. v. 23.2.2004 – II ZR 207/01, ZIP 2004, 1049.

Nicht ausreichend dafür ist das Gutachten eines Unternehmensberaters, das lediglich Schwachstellen des Unternehmens darstellt, ohne aufzuzeigen, wie ihnen begegnet werden kann. **654**

OLG Dresden, Urt. v. 21.9.2004 – 2 U 1441/04, GmbHR 2005, 173 m. Anm. *Lindemann*.

b) Einstufiger Überschuldungsbegriff

655 Nach § 19 Abs. 2 Satz 1 und 2 InsO in der vom 1.1.1999 bis 17.10.2008 geltenden Fassung hing die Bewertung davon ab, ob eine günstige Fortführungsprognose gestellt werden konnte. Die Überschuldungsprüfung nach Liquidationswerten war Regelfall. Nur wenn eine positive Fortführungsprognose gestellt werden konnte, war die Überschuldung nach Fortführungswerten zu ermitteln.

BGH, Urt. v. 18.10.2010 – II ZR 151/09, ZIP 2010, 2400 Rn. 11.

656 War die Zukunftsprognose positiv, war das Unternehmen nicht nach Liquidationswerten, sondern als **„Going Concern"** zu bewerten.

BGH, Urt. v. 5.2.2007 – II ZR 234/05, BGHZ 171, 46
= ZIP 2007, 676 Rn. 19;
dazu EWiR 2007, 305 *(Haas/Reiche)*.

657 Im Unterschied zum zweistufigen Überschuldungsbegriff war bei nach Fortführungswerten festgestellter Überschuldung trotz positiver Fortführungsprognose Insolvenzantrag zu stellen.

BGH, Beschl. v. 31.5.2011 – II ZR 106/10, ZIP 2011, 1410 Rn. 8;
BGH, Urt. v. 5.2.2007 – II ZR 234/05, BGHZ 171, 46
= ZIP 2007, 676 Rn. 19;
BGH, Beschl. v. 9.10.2006 – II ZR 303/05, ZIP 2006, 2171;
OLG Naumburg, Urt. v. 20.8.2003 – 5 U 67/03, GmbHR 2004, 361;
KG, Urt. v. 1.11.2005 – 7 U 49/05, GmbHR 2006, 374;
vgl. dazu u. a. *Schlitzt*, NZG 1998, 701, 704;
Kallmeyer, GmbHR 1999, 16;
Bork, ZIP 2000, 1709.

658 Auf die Fortführungsprognose kam es nicht an, wenn die Gesellschaft sowohl nach Liquidationswerten als auch nach Fortführungswerten überschuldet war.

BGH, Beschl. v. 31.5.2011 – II ZR 106/10, ZIP 2011, 1410 Rn. 8;
BGH, Beschl. v. 5.2.2007 – II ZR 51/06, ZIP 2007, 1501 Rn. 5;
m. Anm. *Lindemann*, GmbHR 2007, 938;
BGH, Urt. v. 5.2.2007 – II ZR 234/05, BGHZ 171, 46
= ZIP 2007, 676 Rn. 19;
dazu EWiR 2007, 305 *(Haas/Reiche)*;
OLG Naumburg, GmbHR 2004, 361.

659 Die Handelsbilanz enthält in der Regel Fortführungswerte.

BGH, Beschl. v. 31.5.2011 – II ZR 106/10, ZIP 2011, 1410 Rn. 8.

660 Positive Zukunftsprognose bedeutete nach der gesetzlichen Regelung des § 19 Abs. 2 Satz 2 InsO in der bis 17.10.2008 geltenden Fassung wie nach dem zweistufigen Überschuldungsbegriff, dass die Fortführung des Unternehmens nach den Umständen **überwiegend wahrscheinlich** sein muss, also größer ist als 50 %; die Fortführung des Unternehmens muss wahrscheinlicher sein als seine Stilllegung.

BT-Drucks. 12/7302, S. 157.

Voraussetzung dafür ist zumindest ein nachhaltiger **Fortführungswille.** 661

BGH, Urt. v. 18.10.2010 – II ZR 151/09, ZIP 2010, 2400 Rn. 13;
BGH, Beschl. v. 9.10.2006 – II ZR 303/05, ZIP 2006, 2171;
KG, Urt. v. 1.11.2005 – 7 U 49/05, GmbHR 2006, 374:

Für eine positive Fortführungsprognose ist subjektiv ein Fortführungswille zu fordern und objektiv eine Fortführungsmöglichkeit. Wenn noch nicht einmal ein Fortführungswille festgestellt werden kann, kann es auf eine Fortführungsprognose nicht ankommen.

Die Überlebensfähigkeit muss grundsätzlich aus einem aussagekräftigen Unternehmenskonzept (sog. **Ertrags- und Finanzplan**) herzuleiten sein. 662

BGH, Urt. v. 18.10.2010 – II ZR 151/09, ZIP 2010, 2400 Rn. 13;
BGH, Beschl. v. 9.10.2006 – II ZR 303/05, ZIP 2006, 2171.

Für den Prozess bedeutete die Formulierung in § 19 Abs. 2 InsO, dass der Kläger/Insolvenzverwalter sich mit der Darlegung und ggf. dem Beweis der Überschuldung nach Liquidationswerten begnügen durfte und der Geschäftsführer darlegen und beweisen musste, dass sich eine günstige Fortführungsprognose ergab und die Gesellschaft nach Fortführungswerten nicht überschuldet war. 663

BGH, Urt. v. 18.10.2010 – II ZR 151/09, ZIP 2010, 2400 Rn. 13;
BGH, Beschl. v. 9.10.2006 – II ZR 303/05, ZIP 2006, 2171.

c) Bilanzierung von Gesellschafterdarlehen

Zur Bilanzierung von Gesellschafterdarlehen im Überschuldungsstatus enthält § 19 Abs. 2 Satz 3 InsO seit 1.11.2008 eine Regelung, sodass zwischen der Zeit vor dem Inkrafttreten des MoMiG und danach zu unterscheiden ist. 664

In der **Handelsbilanz** nach HGB sind Gesellschafterdarlehen immer als Verbindlichkeiten zu berücksichtigen. 665

BGH, Urt. v. 29.9.2008 – II ZR 234/07, ZIP 2008, 2217
= NJW 2009, 68 Rn. 11;
dazu EWiR 2009, 23 *(Kort)*.

Grundsätzlich gilt das auch für die Überschuldungsbilanz. 666

BGH, Urt. v. 6.12.1993 – II ZR 102/93, BGHZ 124, 282 = ZIP 1994, 295 = NJW 1994, 724;
dazu EWiR 1994, 275 *(v. Gerkan)*.

Da Gesellschafterdarlehen funktional Eigenkapital ersetzen können, kann unter bestimmten Voraussetzungen ausnahmsweise von seiner Passivierung abgesehen werden. Je nach Höhe des Darlehens kann dadurch eine Überschuldung beseitigt werden. 667

aa) Vor 1.11.2008

Nach § 39 Abs. 1 Nr. 5 InsO war ein **Gesellschafterdarlehen** zu passivieren. Denn nach dieser Bestimmung konnte der Gesellschafter seinen Anspruch 668 gegen die Gesellschaft auf Rückgewähr des Darlehens im Insolvenzverfahren als nachrangiger Insolvenzgläubiger geltend machen. Nach dem erklärten Willen des damaligen Gesetzgebers,

vgl. Begr. RegE, BT-Drucks. 12/2443, S. 123,

sollte damit zum Ausdruck gebracht werden, dass das eigenkapitalersetzende Darlehen zu **passivieren ist.** Denn wenn auch erst nachrangig, so ergab sich aus dieser Regelung doch, dass die Forderung des Gesellschafters aus der Insolvenzmasse zu bedienen ist.

669 Eine **Ausnahme** von der Passivierungspflicht war aber bis 31.10.2008 zu machen, wenn der Gesellschafter einen **qualifizierten Rangrücktritt** erklärte.

BGH, Urt. v. 8.1.2001 – II ZR 88/99, BGHZ 146, 264
= ZIP 2001, 235 = NJW 2001, 1280:

Das Erhaltungsinteresse der Gesellschafter verdient gegenüber dem Interesse der Gläubiger und der Allgemeinheit an einer auf rechtssicherer Grundlage getroffenen Entscheidung über die Insolvenzreife keinen Vorzug. Wenn nicht die Gesellschaft ohnehin in einer so desolaten Lage ist, dass es für die Frage ihrer Überschuldung auf die Passivierung der Forderungen aus eigenkapitalersetzend wirkenden Leistungen nicht mehr ankommt, haben es die Gesellschafter in der Hand, durch Abgabe einer Rangrücktrittserklärung deutlich zu machen, dass sie jedenfalls für die Dauer der Krise auf ihre Position als Drittgläubiger verzichten. In den Grenzfällen erhält der Geschäftsführer eine zweifelsfreie und rechtssichere Grundlage für die von ihm zu treffende Entscheidung, ob die Gesellschaft überschuldet ist und er den Insolvenzantrag stellen muss. Diese Entscheidung dem Gesellschafter abzuverlangen und mit ihr und ihren schadensersatz- und strafrechtlichen Konsequenzen nicht den Geschäftsführer zu belasten, ist auch deswegen angezeigt, weil mit ihr der Gesellschafter klarstellt, dass er die Forderung nicht in Konkurrenz zu den außenstehenden Gläubigern geltend machen, sondern seine Hilfeleistung fortsetzen und verstärken und dadurch erreichen will, dass die Gesellschaft die Chance der Krisenüberwindung bewahrt. Trifft er diese Entscheidung nicht, so gibt er der Hoffnung, als nachrangiger Gesellschaftsgläubiger wenigstens einen Teilbetrag seiner Gesellschafterhilfe zurückzuerhalten, den Vorrang und lässt es damit zu, dass die GmbH in die Insolvenz geführt wird.

Dazu EWiR 2001, 329 *(Priester)*;
m. Anm. *Goette*, DStR 2001, 179;
m. Anm. *Altmeppen*, ZIP 2001, 240;
m. Anm. *Habersack/Mayer*, NZG 2001, 365;
m. Bespr. *Wittig*, NZI 2001, 169;
BGH, Urt. v. 5.2.2007 – II ZR 234/05, BGHZ 171, 46
= ZIP 2007, 676 Rn. 8;
dazu EWiR 2007, 305 *(Haas/Reiche)*.

670 Der Geschäftsführer kann den betreffenden Gesellschafter zur Abgabe einer Rangrücktrittserklärung auffordern und hat die Forderung des Gesellschafters als Verbindlichkeiten zu passivieren, sofern er eine solche Erklärung nicht erhält.

671 Eine Rangrücktrittserklärung ist auch erforderlich, wenn der Darlehensgeber nicht nur Gesellschafter, sondern auch Geschäftsführer gewesen ist und mit-

hin keine Unsicherheit über die Nachrangigkeit der Darlehen für den Geschäftsführer bestand.

> OLG Schleswig, Urt. v. 10.3.2005 – 7 U 166/03, GmbHR 2005, 1124.

Hat der Geschäftsführer vor dem Bekanntwerden des genannten Urteil des BGH Gesellschafterdarlehen nicht passiviert, weil er davon ausgegangen ist, dass kapitalersetzende Darlehen nicht passiviert werden müssten, fehlt aber die Erkennbarkeit der Überschuldung und damit das Verschulden des Geschäftsführers. 672

> BGH, Urt. v. 5.2.2007 – II ZR 234/05, BGHZ 171, 46
> = ZIP 2007, 676 Rn. 8;
> dazu EWiR 2007, 305 *(Haas/Reiche)*.

Erforderlich ist ein **qualifizierter** Rangrücktritt. Denn das Gesellschafterdarlehen ist schon kraft Gesetzes (§ 39 Abs. 1 Nr. 5 InsO) nachrangig, selbst wenn es passiviert wird. Ein Rücktritt in den Rang des § 39 Abs. 1 Nr. 5 InsO genügt daher nicht. 673

> *Altmeppen*, ZIP 2001, 240, 241;
> *Goette*, DStR 2001, 179;
> a. A. *Wittig*, NZI 2001, 169, 174;
> *Habersack/Mayer*, NZG 2001, 365, 366;
> *Fichtelmann*, GmbHR 2007, 518, 519.

Mit dem Gesellschafter musste vereinbart werden, dass er noch weiter zurücktritt, nämlich in den Rang des § 199 Satz 2 InsO, also in den Rang, den seine Mitgesellschafter hinsichtlich ihrer Einlagerückgewähransprüche haben, an die letzte Stelle im Rang des § 39 Abs. 2 InsO. 674

> BGH, Beschl. v. 1.3.2010 – II ZR 13/09, ZIP 2010, 1078 Rn. 12;
> BGH, Urt. v. 14.5.2007 – II ZR 48/06, ZIP 2007, 1265
> = NJW 2007, 2118 Rn. 10;
> *Goette*, DStR 2001, 179.

Die Rangrücktrittsvereinbarung musste so ausgestaltet sein, dass der zurücktretende Gläubiger seine Forderung außerhalb des Insolvenzverfahrens erst dann geltend machen kann, wenn die GmbH nicht mehr überschuldet ist; im Insolvenzverfahren selbst darf der Gläubiger sie gar nicht geltend machen können, weil sie sonst auch in den Überschuldungsstatus aufzunehmen wäre. 675

Nach der **Formulierung** in BGHZ 146, 264 sollte der Rangrücktritt lauten, dass der Gesellschafter wegen seiner Forderung erst nach Befriedigung sämtlicher Gesellschaftsgläubiger und bis zur Abwendung der Krise auch nicht vor, sondern nur zugleich mit den Einlagenrückgewähransprüchen seiner Mitgesellschafter berücksichtigt wird. Eine Befriedigung nach den Gesellschaftsgläubigern, aber vor den Mitgesellschaftern (also nach den Gläubigern nach § 39 Abs. 1 Nr. 5 InsO, aber vor § 199 Satz 2 InsO) genügt nicht. 676

> BGH, Beschl. v. 1.3.2010 – II ZR 13/09, ZIP 2010, 1078 Rn. 12;

BGH, Urt. v. 14.5.2007 – II ZR 48/06, ZIP 2007, 1265 = NJW 2007, 2118 Rn. 10.

677 Der Kreditgeber muss bei seiner Rangrücktrittserklärung zweifelsfrei zum Ausdruck bringen, dass die Befriedigung seiner Kreditforderung im Insolvenzverfahren ausgeschlossen und ihre Tilgung nur nach Beseitigung der Überschuldungsgefahr aus künftigen Gewinnen, sonstigen, die anderen Schulden übersteigenden Vermögen oder aus einem Liquiditätsüberschuss möglich ist.

678 Bei kapitalersetzender Sicherheit (z. B. Bürgschaft) genügt ein Verzicht auf den Regressanspruch, verbunden mit der Verpflichtung des Sicherungsgebers gegenüber der GmbH, sie im Falle der Inanspruchnahme durch den Kreditgeber freizustellen.

BGH, Urt. v. 9.2.1987 – II ZR 104/86, ZIP 1987, 574 = NJW 1987, 1697;
dazu EWiR 1987, 495 *(Raeschke-Kessler)*.

679 **Als nicht ausreichend** gilt die Erklärung eines Gläubigers, er mache seine Forderung nur nach Befriedigung aller Drittgläubiger geltend, weil dann die Neugläubiger nicht mit einbezogen wären.

OLG Düsseldorf, Urt. v. 19.1.1995 – 6 U 272/93, GmbHR 1996, 616;
vgl. dazu EWiR 1996, 851 *(Priester)*;
OLG Düsseldorf, Beschl. v. 25.11.1996 – 5 Ss 303/96 – 93/96 I, GmbHR 1997, 126;
a. A. *Brüggemann*, NZG 1999, 811.

680 Noch darüber hinausgehende Erklärungen, etwa ein Verzicht, sind nicht erforderlich.

BGH, Urt. v. 8.1.2001 – II ZR 88/99, BGHZ 146, 264 = ZIP 2001, 235 = NJW 2001, 1280:

Stellt sich der Gesellschafter in dieser Weise wegen seiner Ansprüche aus einer in funktionales Eigenkapital umqualifizierten Drittleistung auf dieselbe Stufe, auf der er selbst und seine Mitgesellschafter hinsichtlich ihrer Einlagen stehen, besteht keine Notwendigkeit, diese Forderung in den Schuldenstatus der Gesellschaft aufzunehmen. Einer darüber hinausgehenden Erklärung, insbesondere eines Verzichts auf die Forderung bedarf es nicht. Denn durch ihn würden – den allerdings nicht naheliegenden Fall einer Überwindung der Krise oder das Vorhandensein eines Liquidationsüberschusses unterstellt – ausschließlich die Mitgesellschafter begünstigt, während die Interessen der außenstehenden Gläubiger durch die beschriebene Rangrücktrittserklärung ebenso gewahrt worden sind, wie dem Wunsch der Gesellschafter, die GmbH erhalten zu können, Rechnung getragen worden ist.

Dazu EWiR 2001, 329 *(Priester)*;
dagegen *Paulus*, ZGR 2002, 321, 327.

bb) Seit 1.11.2008

681 Nach § 19 Abs. 2 Satz 2 InsO sind Forderungen auf Rückgewähr von Gesellschafterdarlehen oder aus Rechtshandlungen, die einem solchen Darlehen wirt-

schaftlich entsprechen, in der Überschuldungsbilanz nicht als Verbindlichkeiten zu berücksichtigen, wenn für sie gemäß § 39 Abs. 2 InsO zwischen Gläubiger und Schuldner der **Nachrang** im Insolvenzverfahren hinter den in § 39 Abs. 1 Nr. 1 bis 5 InsO bezeichneten Forderungen vereinbart worden ist.

Damit genügt jetzt eine Vereinbarung zwischen Gesellschaft (Geschäftsführer) und Gesellschafter, wonach der „Nachrang" vereinbart ist. Ebenfalls genügt eine Vereinbarung, dass der Gesellschafter nach den in § 39 Abs. 1 Nr. 1 bis 5 InsO genannten Forderungen befriedigt werden soll. **682**

> BGH, Urt. v. 5.3.2015 – IX ZR 133/14, BGHZ 204, 231 = ZIP 2015, 638 Rn. 18;
> OLG München, Urt. v. 18.1.2018 – 23 U 2702/17, GmbHR 2018, 368, 370.

Der Nachrang muss allerdings den Zeitraum vor und nach Insolvenzeröffnung erfassen. **683**

> BGH, Urt. v. 5.3.2015 – IX ZR 133/14, BGHZ 204, 231 = ZIP 2015, 638 Rn. 18.

Voraussetzung ist nach dem klaren Wortlaut des Gesetzes eine **Vereinbarung**; aus der bloßen Tatsache eines Gesellschafterdarlehens folgt der gesetzliche Rangrücktritt nicht. **684**

Eine bestimmte **Form** der Vereinbarung verlangt das Gesetz nicht. Da ohne Vereinbarung nicht von einem Nachrang des Gesellschafterdarlehens auszugehen ist und dann Insolvenzreife bestehen würde, Geschäftsführer und ggf. Gesellschafter die Ausnahme daher zu beweisen haben, liegt es jedenfalls im Interesse des Geschäftsführers, die Vereinbarung schriftlich zu dokumentieren. Der im Jahresabschluss dokumentierte Rangrücktritt kann solche Wirkungen allenfalls entfalten, wenn auch der betroffene Gesellschafter der Feststellung zugestimmt hat. **685**

d) Darlegungs- und Beweislast

Auch die Darlegung und der Nachweis der Überschuldung obliegen grundsätzlich dem Insolvenzverwalter. **686**

> BGH, Urt. v. 18.10.2010 – II ZR 151/09, ZIP 2010, 2400 Rn. 20.

Veräußerungswerte, die der Insolvenzverwalter zeitnah erzielt, können einen Anhaltspunkt für den Liquidationswert bieten. **687**

> BGH, Urt. v. 7.3.2005 – II ZR 138/03, ZIP 2005, 807.

Zur Überschuldung kann der Insolvenzverwalter oder der Gläubiger sich auf eine **Handelsbilanz** stützen, die einen nicht durch Eigenkapital gedeckten Fehlbetrag ausweist, und muss nur vortragen, dass keine stillen Reserven vorhanden sind und evtl. Behauptungen des Geschäftsführers widerlegen. Dazu siehe Rn. 618 ff. **688**

689 Steht fest, dass die Gesellschaft zu einem bestimmten Zeitpunkt rechnerisch überschuldet war, so ist es beim zweistufigen Überschuldungsbegriff Sache des Geschäftsführers, Umstände darzulegen, die es aus damaliger Sicht rechtfertigten, das Unternehmen fortzuführen. Für eine **positive Fortführungsprognose** hat er die Darlegungs- und Beweislast.

> BGH, Urt. v. 19.6.2012 – II ZR 243/11, ZIP 2012, 1557 Rn. 19;
> BGH, Urt. v. 15.3.2011 – II ZR 204/09, ZIP 2011, 1007 Rn. 31;
> BGH, Urt. v. 18.10.2010 – II ZR 151/09, ZIP 2010, 2400 Rn. 11;
> BGH, Urt. v. 27.4.2009 – II ZR 253/07, ZIP 2009, 1220 Rn. 11;
> BGH, Beschl. v. 9.10.2006 – II ZR 303/05, ZIP 2006, 2171;
> OLG München, Urt. v. 18.1.2018 – 23 U 2702/17, GmbHR 2018, 368, 369.

690 Auch dafür, dass Fortführungs- statt Liquidationswerte beim einstufigen Überschuldungsbegriff angesetzt werden müssen, ist der Geschäftsführer darlegungs- und beweispflichtig, § 19 Abs. 2 Satz 2 InsO a. F.

> BGH, Urt. v. 18.10.2010 – II ZR 151/09, ZIP 2010, 2400 Rn. 11;
> BGH, Urt. v. 27.4.2009 – II ZR 253/07, ZIP 2009, 1220 Rn. 11;
> BGH, Beschl. v. 9.10.2006 – II ZR 303/05, ZIP 2006, 2171;
> OLG Koblenz, Urt. v. 27.2.2003 – 5 U 917/02, ZIP 2003, 571;
> OLG Naumburg, Urt. v. 20.8.2003 – 5 U 67/03, GmbHR 2004, 361;
> KG, Urt. v. 1.11.2005 – 7 U 49/05, GmbHR 2006, 374.

691 Der Geschäftsführer genügt seiner Darlegungslast nicht, wenn er ohne nähere Ausführungen lapidar behauptet, es habe im fraglichen Zeitraum keine Anhaltspunkte für eine wesentliche Schieflage im Verhältnis von der Einnahmen- zur Ausgabenseite gegeben.

> Vgl. OLG Koblenz, Urt. v. 3.8.1999 – 3 U 1806/98, GmbHR 2000, 31.

692 Die Voraussetzungen der Insolvenzreife gelten nach den Grundsätzen der Beweisvereitelung als bewiesen, wenn der Geschäftsführer die ihm obliegende Pflicht zur Führung und Aufbewahrung von **Büchern und Belegen** nach §§ 238, 257 HGB, § 41 GmbHG verletzt hat und dem Insolvenzverwalter oder Gläubiger deshalb die Darlegung näherer Einzelheiten nicht möglich ist.

> BGH, Urt. v. 24.1.2012 – II ZR 119/10, ZIP 2012, 723 Rn. 16;
> dazu EWiR 2012, 523 *(Podewils)*;
> m. Anm. *Schädlich*, GmbHR 2012, 566;
> BGH, Urt. v. 12.3.2007 – II ZR 315/05, ZIP 2007, 1060 Rn. 14.

693 Dagegen liegt keine Beweisvereitelung vor, wenn zwar keine Bilanz vorhanden ist, der Geschäftsführer aber anhand der ihm vom Insolvenzverwalter zur Verfügung gestellten Unterlagen und Belege eine Überschuldungsbilanz aufstellt.

> BGH, Urt. v. 18.10.2010 – II ZR 151/09, ZIP 2010, 2400 Rn. 20.

Ist die Überschuldung für einen bestimmten Zeitpunkt bewiesen, spricht eine Vermutung dafür, dass die Gesellschaft bis zur Eröffnung des Insolvenzverfahrens überschuldet geblieben ist. 694

> BGH, Urt. v. 19.6.2012 – II ZR 243/11, ZIP 2012, 1557 Rn. 8; dazu EWiR 2012, 559 *(Schodder)*;
>
> BGH, Urt. v. 15.3.2011 – II ZR 204/09, ZIP 2011, 1007 = NJW 2011, 2427 Rn. 10; dazu EWiR 2011, 503 *(Kort)*; m. Anm. *Poertzgen*, GmbHR 2011, 646; m. Bespr. *Haas*, NZG 2011, 691;
>
> BGH, Urt. v. 27.4.2009 – II ZR 253/07, ZIP 2009, 1220 Rn. 10;
>
> BGH, Urt. v. 12.3.2007 – II ZR 315/05, ZIP 2007, 1060 = NJW 2007, 3130 Rn. 15.

7. Zahlungen

a) Zahlungsbegriff

Nach § 64 Satz 1 GmbHG schuldet der Geschäftsführer Ersatz der Einbuße, die der Gesellschaft dadurch entsteht, dass er noch Zahlungen leistet, die später der Insolvenzmasse nicht zur Verfügung stehen, die also die Masse schmälern. Das gilt auch dann, wenn die Zahlungen nicht er selbst, sondern ein Mitarbeiter des Unternehmens veranlasste, selbst dann, wenn der Geschäftsführer von den Zahlungen gar nicht wusste. Der Geschäftsführer muss ab Insolvenzreife dafür sorgen, dass solche Zahlungen unterbleiben. 695

> BGH, Urt. v. 16.3.2009 – II ZR 280/07, ZIP 2009, 860 = NJW 2009, 2454 Rn. 12; dazu EWiR 2009, 493 *(Kiem/Giershausen)*; m. Bespr. *Bork*, NZG 2009, 775.

Es handelt sich nicht um einen Schadensersatzanspruch, sondern einen Ersatzanspruch der Gesellschaft eigener Art. Keine Anspruchsvoraussetzung ist daher ein Schaden der Gesellschaft i. S. v. § 249 BGB, da es nicht um deren Schaden, sondern um den der Gläubigergemeinschaft geht. 696

> BGH, Urt. v. 28.2.2012 – II ZR 244/10, ZIP 2012, 867 Rn. 19;
>
> BGH, Urt. v. 20.9.2010 – II ZR 78/09, BGHZ 187, 60 = ZIP 2010, 1988 Rn. 14;
>
> BGH, Urt. v. 26.3.2007 – II ZR 310/05, ZIP 2007, 1006, Rn. 7;
>
> BGH, Urt. v. 8.1.2001 – II ZR 88/99, BGHZ 146, 264 = ZIP 2001, 235 = NJW 2001, 1280:

§ 64 Abs. 2 GmbHG ist keine Schadensersatznorm, sondern enthält einen Ersatzanspruch eigener Art. Er ist seiner Natur nach darauf gerichtet, das Gesellschaftsvermögen wieder aufzufüllen, damit es im Insolvenzverfahren zur ranggerechten und gleichmäßigen Befriedigung aller Gesellschaftsgläubiger zur Verfügung steht.

> Dazu EWiR 2001, 329 *(Priester)*.

Dabei wird der Begriff der Zahlungen **weit ausgelegt**. Darunter ist jede masseschmälernde Leistung zu verstehen. 697

BGH, Urt. v. 28.2.2012 – II ZR 244/10, ZIP 2012, 867 Rn. 21;
dazu EWiR 2012, 469 *(von der Linden)*;
BGH, Urt. v. 29.11.1999 – II ZR 273/98, BGHZ 143, 184
= ZIP 2000, 184 = NJW 2000, 668;
dazu EWiR 2000, 295 *(Noack)*;
m. Anm. *Frings*, GmbHR 2000, 185;
BGH, Urt. v. 16.3.2009 – II ZR 32/08, ZIP 2009, 956
= NJW 2009, 1598 Rn. 12;
dagegen *Bitter*, WM 2001, 666.

Sinn und Zweck des mit der Ersatzpflicht des Geschäftsführers bewehrten Zahlungsverbots … ist es, die verteilungsfähige Vermögensmasse einer konkursreifen GmbH im Interesse der Gesamtheit ihrer Gläubiger zu erhalten und eine zu ihrem Nachteil gehende, bevorzugte Befriedigung einzelner Gläubiger zu verhindern.

698 Zahlungen liegen nicht nur bei Leistungen aus dem Barbestand, sondern auch bei einer **Abbuchung** vor.

BGH, Urt. v. 16.3.2009 – II ZR 32/08, ZIP 2009, 956
= NJW 2009, 1598 Rn. 12.

699 Daher ist auch die Zahlung per Lastschrift eine verbotene Zahlung.

LG Köln, Urt. v. 12.7.1989 – 9 S 43/89, WM 1990, 411.

700 Zahlung ist auch die Umbuchung von einem kreditorisch geführten Konto auf ein debitorisch geführtes.

OLG Brandenburg, Urt. v. 12.1.2016 – 6 U 123/13, ZIP 2016, 923, 925.

701 Ebenso ist die **„Scheckzahlung"** eine Zahlung, soweit die Belastung auf einem kreditorisch geführten Konto der Gesellschaft erfolgt.

702 Wird dagegen von einem debitorischen Konto an einen Gläubiger überwiesen, liegt mangels Masseschmälerung keine Zahlung vor (siehe Rn. 714).

703 Erst recht ist auch eine Verrechnung oder eine **Aufrechnung** eine Zahlung, ebenso die Vereinbarung der Verrechnung oder der Aufrechnung.

BGH, Urt. v. 28.2.2012 – II ZR 244/10, ZIP 2012, 867 Rn. 21;
dazu EWiR 2012, 469 *(von der Linden)*.

704 Die Zahlung muss aber vom Geschäftsführer veranlasst sein, wobei ein Unterlassen genügt. Keine Zahlung ist es, wenn das Konto der in der Zwangsvollstreckung gepfändet wird und der Geschäftsführer die Zahlung nicht zurechenbar veranlasst.

BGH, Urt. v. 25.1.2011 – II ZR 196/09 II ZR 196/09, ZIP 2011, 422 Rn. 28.
dazu EWiR 2011, 257 *(Giedinghagen/Göb)*;
m. Anm. *Poertzgen*, GmbHR 2011, 369;
BGH, Urt. v. 16.3.2009 – II ZR 32/08, ZIP 2009, 956
= NJW 2009, 1598 Rn. 13;

BGH, Urt. v. 16.3.2009 – II ZR 280/07, ZIP 2009, 860
= NJW 2009, 2454 Rn. 18;
OLG München, Urt. v. 19.1.2011 – 7 U 4342/10, ZIP 2011, 277.

Eine Zahlung liegt auch vor, wenn der Geschäftsführer die Mittel für Zahlung von einem Dritten, insbesondere einer anderen Konzerngesellschaft erhalten hat mit der Bestimmung, einen bestimmten Gläubiger zu befriedigen, 705

BGH, Urt. v. 31.3.2003 – II ZR 150/02, ZIP 2003, 1005 = NJW 2003, 2316;
dazu EWiR 2003, 635 *(Blöse)*;
kritisch *K. Schmidt*, ZHR 168 (2004), 637, 646,

oder das Geld weiterzuleiten.

BGH, Urt. v. 5.5.2008 – II ZR 38/07 – ZIP 2008, 1229
= NJW 2008, 2504 Rn. 10:

Wie der Senat bereits ... ausgeführt hat, widerspricht es dieser Zielsetzung, eine Masseschmälerung nur deshalb zu verneinen, weil die Gesellschaft vor der Zahlung gleich hohe Zahlungen anderer (Konzern-)Gesellschaften erhalten hat, durch welche diese ihre Pflicht zum Aufwendungsersatz vorab haben erfüllen wollen.

Dazu EWiR 2008, 557 *(Schulz/Schröder)*.

Eine solche Zahlung durch Weiterleitung ist allerdings mit den Pflichten eines ordentlichen Geschäftsmanns vereinbar, wenn die Gesellschaft die Mittel nur treuhänderisch erhalten hat und der Geschäftsführer sich bei Nichtweiterleitung strafbar machen würde (siehe Rn. 787 ff.). 706

Über reine Geldzahlungen hinaus sind in § 64 Satz 1 GmbHG alle Leistungen gemeint, die das Gesellschaftsvermögen schmälern. 707

BGH, Urt. v. 6.6.1994 – II ZR 292/91, BGHZ 126, 181
= ZIP 1994, 1103 = NJW 1994, 2220;
dazu EWiR 1994, 791 *(Wilhelm)*.

Daher erstreckt sich die Bestimmung auf alle die Masse schmälernden Maßnahmen, also auch auf **Dienstleistungen und Warenlieferungen**, weil das Vermögen der Gesellschaft in seinem Stand zur Zeit der Insolvenzreife zu erhalten ist, damit die Gesellschaft – soweit erforderlich – von diesem Stand aus abgewickelt werden kann. 708

So wurden Speditionsfahrten als verbotene Zahlungen eingeordnet. 709

OLG Düsseldorf, Urt. v. 19.1.1995 – 6 U 272/93, GmbHR 1996, 616;
dazu EWiR 1996, 851 *(Priester)*.

Dienstleistungen der Gesellschaft schmälern ihr Vermögen in der Regel nicht unmittelbar. Warenlieferungen dagegen schmälern die Masse um ihren Wert und sind daher als Zahlungen anzusehen. 710

Offengelassen BGH, Urt. v. 14.10.1985 – II ZR 276/84, ZIP 1986, 456;
dazu EWiR 1986, 369 *(Lüke)*.

711 In der Regel wird dabei aber eine Gegenleistung erzielt, die in die Masse fließt, sodass ein bloßer **Aktiventausch** vorliegt (siehe Rn. 730 ff.).

712 Da Zahlung nur die masseschmälernde Leistung ist, liegt mangels Masseschmälerung schon keine „Zahlung" i. S. v. § 64 GmbHG vor, wenn nur ein Gläubiger durch den anderen ersetzt wird (Gläubigertausch). Dagegen liegt zwar eine masseschmälernde Leistung vor, wenn Geld oder Sachwerte aus dem Vermögen der Gesellschaft geleistet werden. Die Haftung des Geschäftsführers entfällt aber, soweit dafür als Gegenleistung oder sonst in unmittelbarem wirtschaftlichen Zusammenhang Masse in das Gesellschaftsvermögen gelangt, im Ergebnis das Vermögen nur umgeschichtet wird (Aktiventausch).

b) Einzelfälle

713 Ausgehend von diesen allgemeinen Grundsätzen hat sich für bestimmte Fallgruppen eine recht in Einzelheiten gehende Rechtsprechung entwickelt.

aa) Zahlung von debitorischem Konto

714 Ein bloßer Gläubigertausch und keine masseschmälernde Zahlung liegt vor, wenn **von einem debitorischen Konto** der Gesellschaft eine **Zahlung** geleistet wird und wenn die Bank über keine Gesellschaftssicherheiten verfügt. Dann wird lediglich der befriedigte Gläubiger durch die Bank als Gläubigerin ersetzt, ohne dass die Insolvenzmasse geschmälert würde und die gleichmäßige Verteilung der Masse unter den übrigen Gläubigern beeinträchtigt wäre.

> BGH, Urt. v. 23.6.2015 – II ZR 366/13, BGHZ 206, 52 = ZIP 2015, 1480 Rn. 32;
> dazu EWiR 2015, 565 *(Kleindiek)*;
> m. Anm. *Poertzgen*, GmbHR 2015, 929;
> m. Bespr. *H.-F. Müller*, NZG 2015, 1021;
> m. Bespr. *Kreuzberg*, NZG 2016, 371;
> m. Bespr. *Baumert*, NZG 2016, 379;
>
> BGH, Urt. v. 3.6.2014 – II ZR 100/13, ZIP 2014, 1523 Rn. 15;
> dazu EWiR 2014, 675 *(Wertenbruch)*;
>
> BGH, Urt. v. 25.1.2011 – II ZR 196/09, ZIP 2011, 422 Rn. 26;
> dazu EWiR 2011, 257 *(Giedinghagen/Göb)*;
> m. Anm. *Poertzgen*, GmbHR 2011, 369;
>
> BGH, Urt. v. 16.3.2009 – II ZR 32/08, ZIP 2009, 956 Rn. 12;
>
> BGH, Urt. v. 26.3.2007 – II ZR 310/05, ZIP 2007, 1006 Rn. 8;
> abl. dazu *K. Schmidt*, ZIP 2008, 1401, 1405.

715 Anders ist das dagegen, wenn aus einem debitorischen Konto, für das eine nicht ausgeschöpfte Sicherheit durch die Gesellschaft bestellt ist, Gläubiger befriedigt werden, weil dann über die Belastung der Gesellschaftssicherheit zulasten der Masse geleistet wird.

> BGH, Urt. v. 3.6.2014 – II ZR 100/13, ZIP 2014, 1523 Rn. 15;
> dazu EWiR 2014, 675 *(Wertenbruch)*;
>
> BGH, Urt. v. 25.1.2011 – II ZR 196/09 II ZR 196/09, ZIP 2011, 422 Rn. 26;

dazu EWiR 2011, 257 *(Giedinghagen/Göb)*;
m. Anm. *Poertzgen*, GmbHR 2011, 369;

BGH Urt. v. 25.1.2010 – II ZR 258/08, ZIP 2010, 470 Rn. 10;

BGH, Urt. v. 29.11.1999 – II ZR 273/98, BGHZ 143, 184 = ZIP 2000, 184 = NJW 2000, 668;
dazu EWiR 2000, 295 *(Noack)*;
m. Anm. *Frings*, GmbHR 2000, 185.

Das gilt auch, wenn durch die Zahlung an Gläubiger Forderungen in die Globalzession einbezogen werden, die bis dahin nicht darunter fielen. **716**

BGH, Urt. v. 25.1.2011 – II ZR 196/09, ZIP 2011, 422 Rn. 27;
dazu EWiR 2011, 257 *(Giedinghagen/Göb)*;
m. Anm. *Poertzgen*, GmbHR 2011, 369;

OLG Celle, Urt. v. 23.4.1997 – 9 U 189/96, GmbHR 1997, 901.

Eine Leistung zulasten der Masse liegt aber nicht vor, wenn bei der Zahlung von einem debitorischen Konto keine Gesellschaftssicherheit besteht, sondern der **Gesellschafter** eine Sicherheit gestellt hat, oder wenn der Wert der Sicherheit bereits bei Zahlung überschritten ist. **717**

bb) Zahlung auf debitorisches Konto

Dagegen führt die **Überweisung** durch Kunden oder der **Scheckeinzug auf ein debitorisches Konto** zu einer verbotenen Zahlung an die Bank, weil sich die Schuld ihr gegenüber vermindert. Wirtschaftlich entspricht dieser Vorgang dem Einzug in die Barkasse und der Einzahlung auf den von der Bank gewährten Kredit. **718**

BGH, Urt. v. 8.12.2015 – II ZR 68/14, ZIP 2016, 364 Rn. 10;
dazu EWiR 2016, 263 *(Wackerbarth)*;
m. Anm. *Clemens*, GmbHR 2016, 215;

BGH, Urt. v. 23.6.2015 – II ZR 366/13, BGHZ 206, 52 = ZIP 2015, 1480 Rn. 11;
dazu EWiR 2015, 565 *(Kleindiek)*;
m. Anm. *Poertzgen*, GmbHR 2015, 929;
m. Bespr. *H.-F. Müller*, NZG 2015, 1021;
m. Bespr. *Kreuzberg*, NZG 2016, 371;
m. Bespr. *Baumert*, NZG 2016, 379;

BGH, Urt. v. 3.6.2014 – II ZR 100/13, ZIP 2014, 1523 Rn. 16;
dazu EWiR 2014, 675 *(Wertenbruch)*;

BGH, Urt. v. 26.3.2007 – II ZR 310/05, ZIP 2007, 1006 Rn. 12;
abl. dazu *K. Schmidt*, ZIP 2008, 1401;

BGH, Urt. v. 11.9.2000 – II ZR 370/99, ZIP 2000, 1896 = NJW 2001, 304;
dazu EWiR 2000, 1159 *(Keil)*;
m. Anm. *Goette*, DStR 2000, 211;

BGH, Urt. v. 29.11.1999 – II ZR 273/98, BGHZ 143, 184 = ZIP 2000, 184 = NJW 2000, 668;
dazu EWiR 2000, 295 *(Noack)*;
m. Anm. *Frings*, GmbHR 2000, 185;

OLG Hamburg, Urt. v. 21.4.1995 – 11 U 195/93, ZIP 1995, 913;

OLG Oldenburg, Urt. v. 5.11.1998 – 1 U 107/98, NZG 2001, 37;
OLG Oldenburg, Beschl. v. 10.3.2004 – 1 W 2/04, ZIP 2004, 1315;
dazu EWiR 2004, 759 *(T. Keil)*;
abl. dazu *K. Schmidt*, ZIP 2008, 1401, 1406.

719 Zahlung ist auch die Umbuchung von einem kreditorisch geführten Konto auf ein debitorisch geführtes.

OLG Brandenburg, Urt. v. 12.1.2016 – 6 U 123/13, ZIP 2016, 923, 925.

720 Etwas anderes gilt, wenn der erweiterte Kreditspielraum zum Erwerb eines in das Gesellschaftsvermögen gelangten **Gegenwerts** verwendet wurde und ein **unmittelbarer wirtschaftlicher Zusammenhang** mit dem Scheckeinzug oder der Einzahlung auf das debitorische Konto bestand.

BGH, Urt. v. 23.6.2015 – II ZR 366/13, BGHZ 206, 52 = ZIP 2015, 1480 Rn. 33;
dazu EWiR 2015, 565 *(Kleindiek)*;
m. Anm. *Poertzgen*, GmbHR 2015, 929;
m. Bespr. *H.-F. Müller*, NZG 2015, 1021;
m. Bespr. *Kreuzberg*, NZG 2016, 371;
m. Bespr. *Baumert*, NZG 2016, 379;
offengelassen noch bei BGH, Urt. v. 11.9.2000 – II ZR 370/99, ZIP 2000, 1896 = NJW 2001, 304;
dazu EWiR 2000, 1159 *(Keil)*.

721 Das gilt etwa für eine **Abhebung in die Barkasse** der Gesellschaft oder die Weiterleitung auf ein kreditorisch geführtes Konto.

BGH, Urt. v. 23.6.2015 – II ZR 366/13, BGHZ 206, 52 = ZIP 2015, 1480 Rn. 33;
dazu EWiR 2015, 565 *(Kleindiek)*;
m. Anm. *Poertzgen*, GmbHR 2015, 929;
m. Bespr. *H.-F. Müller*, NZG 2015, 1021;
m. Bespr. *Kreuzberg*, NZG 2016, 371;
m. Bespr. *Baumert*, NZG 2016, 379;
BGH, Beschl. v. 5.11.2007 – II ZR 262/06, ZIP 2008, 72 Rn. 5.

722 Das Gleiche gilt, wenn die mit dem Zahlungseingang auf dem debitorischen Konto eröffnete Kreditlinie zwar zur Zahlung an einen (Neu-)Gläubiger verwendet wird, also zunächst nur ein Gläubigertausch stattfindet, damit aber im Gegenzug **ein werthaltiger Gegenstand** in die Masse gelangt, etwa durch einen mit den Kreditmitteln finanzierten Kauf, und insoweit von einem unmittelbaren wirtschaftlichen Zusammenhang gesprochen werden kann.

BGH, Urt. v. 23.6.2015 – II ZR 366/13, BGHZ 206, 52 = ZIP 2015, 1480 Rn. 33;
dazu EWiR 2015, 565 *(Kleindiek)*;
m. Anm. *Poertzgen*, GmbHR 2015, 929;
m. Bespr. *H.-F. Müller*, NZG 2015, 1021;
m. Bespr. *Kreuzberg*, NZG 2016, 371;
m. Bespr. *Baumert*, NZG 2016, 379;
Offengelassen noch BGH, Urt. v. 11.9.2000 – II ZR 370/99, ZIP 2000, 1896 = NJW 2001, 304.

Das allgemeine Weiterführen des Kontos und die Zahlung von Sachleistungen allein enthalten einen solchen wirtschaftlichen Zusammenhang aber nicht. **723**

Wenn auf ein debitorisches Konto bezahlt wird, für das eine **Globalzession** als Sicherung vereinbart ist, liegt eine Masseschmälerung nicht vor, wenn die Sicherungsabtretung vor Insolvenzreife vereinbart und die eingezogene Forderung der Gesellschaft **entstanden und werthaltig** geworden ist. **724**

> BGH, Urt. v. 26.1.2016 – II ZR 394/13, ZIP 2016, 1119 Rn. 40;
> dazu EWiR 2016, 587 *(Kleindiek)*;
> m. Anm. *Poertzgen*, GmbHR 2016, 705;
>
> BGH, Urt. v. 8.12.2015 – II ZR 68/14, ZIP 2016, 364 Rn. 13;
> dazu EWiR 2016, 263 *(Wackerbarth)*;
> m. Anm. *Clemens*, GmbHR 2016, 215;
>
> BGH, Urt. v. 23.6.2015 – II ZR 366/13, BGHZ 206, 52 = ZIP 2015, 1480 Rn. 33;
> dazu EWiR 2015, 565 *(Kleindiek)*;
> m. Anm. *Poertzgen*, GmbHR 2015, 929;
> m. Bespr. *H.-F. Müller*, NZG 2015, 1021;
> m. Bespr. *Kreuzberg*, NZG 2016, 371;
> m. Bespr. *Baumert*, NZG 2016, 379.

Wurde die eingezogene Forderung erst nach Insolvenzreife begründet oder werthaltig gemacht, gelten die allgemeinen Regeln für die Zahlung auf ein debitorisches Konto, d. h., es liegt eine Zahlung i. S. v. § 64 GmbHG vor. **725**

> BGH, Urt. v. 26.1.2016 – II ZR 394/13, ZIP 2016, 1119 Rn. 43;
> dazu EWiR 2016, 587 *(Kleindiek)*;
> m. Anm. *Poertzgen*, GmbHR 2016, 705;
>
> BGH, Urt. v. 8.12.2015 – II ZR 68/14, ZIP 2016, 364 Rn. 17;
> dazu EWiR 2016, 263 *(Wackerbarth)*;
> m. Anm. *Clemens*, GmbHR 2016, 215;
>
> BGH, Urt. v. 23.6.2015 – II ZR 366/13, BGHZ 206, 52 = ZIP 2015, 1480 Rn. 34;
> dazu EWiR 2015, 565 *(Kleindiek)*;
> m. Anm. *Poertzgen*, GmbHR 2015, 929;
> m. Bespr. *H.-F. Müller*, NZG 2015, 1021;
> m. Bespr. *Kreuzberg*, NZG 2016, 371;
> m. Bespr. *Baumert*, NZG 2016, 379.

Die Zahlung auf ein debitorisches Konto ist auch dann keine Zahlung, wenn dadurch **Sicherheiten frei** werden; dann liegt ein Aktiventausch (siehe Rn. 730 ff.) vor. **726**

> BGH, Urt. v. 26.1.2016 – II ZR 394/13, ZIP 2016, 1119 Rn. 46;
> dazu EWiR 2016, 587 *(Kleindiek)*;
> m. Anm. *Poertzgen*, GmbHR 2016, 705;
>
> BGH, Urt. v. 23.6.2015 – II ZR 366/13, BGHZ 206, 52 = ZIP 2015, 1480 Rn. 26;
> dazu EWiR 2015, 565 *(Kleindiek)*;
> m. Anm. *Poertzgen*, GmbHR 2015, 929;
> m. Bespr. *H.-F. Müller*, NZG 2015, 1021;
> m. Bespr. *Kreuzberg*, NZG 2016, 371;
> m. Bespr. *Baumert*, NZG 2016, 379;

BGH, Urt. v. 18.11.2014 – II ZR 231/13, BGHZ 203, 218 = ZIP 2015, 71 Rn. 9;
dazu EWiR 2015, 69 *(Spliedt)*;
m. Bespr. *Altmeppen* ZIP 2015, 949;
m. Bespr. *K. Schmidt*, NZG 2015, 129;
m. Bespr. *Habersack/Foerster* ZGR 2016, 153.

727 Das gilt auch, soweit durch den Einzug einer Forderung die Forderungen, die der Globalzession unterliegen, frei werden.

BGH, Urt. v. 23.6.2015 – II ZR 366/13, BGHZ 206, 52 = ZIP 2015, 1480 Rn. 26;
dazu EWiR 2015, 565 *(Kleindiek)*;
m. Anm. *Poertzgen*, GmbHR 2015, 929;
m. Bespr. *H.-F. Müller*, NZG 2015, 1021;
m. Bespr. *Kreuzberg*, NZG 2016, 371;
m. Bespr. *Baumert*, NZG 2016, 379.

728 Beim Werthaltigmachen von Forderungen, die einer **Globalzession** unterfallen, gilt: Auch soweit die von der GmbH als Gegenleistung für den Erwerb einer Forderung nach Insolvenzreife versprochene und erbrachte Leistung in der **Lieferung** einer der Bank zur **Sicherheit übereigneten Sache** (z. B. nach Sicherungsübereignung des Warenlagers) besteht, fehlt es an einer durch die Entstehung bzw. Werthaltigmachung dieser Forderung bewirkten Masseschmälerung, wenn die Leistung der Schuldnerin nur einen für die Masse neutralen Sicherheitentausch bewirkt.

BGH, Urt. v. 8.12.2015 – II ZR 68/14, ZIP 2016, 364 Rn. 25;
dazu EWiR 2016, 263 *(Wackerbarth)*;
m. Anm. *Clemens*, GmbHR 2016, 215.

729 Dann kommt allerdings infrage, bereits im Erwerb der Sache (zugunsten der sicherungsnehmenden Bank) eine Leistung i. S. d. § 64 Satz 1 GmbHG zu sehen.

BGH, Urt. v. 8.12.2015 – II ZR 68/14, ZIP 2016, 364 Rn. 26;
dazu EWiR 2016, 263 *(Wackerbarth)*;
m. Anm. *Clemens*, GmbHR 2016, 215.

cc) Aktiventausch

730 Da nur masseschmälernde Zahlungen verboten sind, entfällt die Haftung des Geschäftsführers, wenn lediglich ein Aktiventausch stattfindet, d. h., wenn die in der Zahlung liegende **Masseschmälerung ausgeglichen** wird.

731 Wenn es dem Insolvenzverwalter gelingt, die Zahlung durch Anfechtung wieder zur Masse zurückzuholen, entfällt die Haftung des Geschäftsführers. Damit wird die ursprüngliche Masseschmälerung ausgeglichen.

BGH, Urt. v. 23.6.2015 – II ZR 366/13, BGHZ 206, 52 = ZIP 2015, 1480 Rn. 30;
dazu EWiR 2015, 565 *(Kleindiek)*;
m. Anm. *Poertzgen*, GmbHR 2015, 929;
m. Bespr. *H.-F. Müller*, NZG 2015, 1021;
m. Bespr. *Kreuzberg*, NZG 2016, 371;
m. Bespr. *Baumert*, NZG 2016, 379;

BGH, Urt. v. 18.11.2014 – II ZR 231/13, BGHZ 203, 218 = ZIP 2015, 71 Rn. 9;
dazu EWiR 2015, 69 *(Spliedt)*;
m. Bespr. *Altmeppen* ZIP 2015, 949;
m. Bespr. *K. Schmidt*, NZG 2015, 129;
m. Bespr. *Habersack/Foerster* ZGR 2016, 153;
BGH, Urt. v. 3.6.2014 – II ZR 100/13, ZIP 2014, 1523 Rn. 14;
dazu EWiR 2014, 675 *(Wertenbruch)*;
BGH, Urt. v. 18.12.1995 – II ZR 277/94, BGHZ 131, 325, 327 = NJW 1996, 850 = ZIP 1996, 420;
dazu EWiR 1996, 459 *(Schulze-Osterloh)*.

Das gleiche gilt bei einem **revolvierenden Darlehen**, wenn es zunächst zurückgezahlt (masseschmälernde Leistung), dann aber wieder in Anspruch genommen wird. **732**

BGH, Urt. v. 18.11.2014 – II ZR 231/13, BGHZ 203, 218 = ZIP 2015, 71 Rn. 9;
dazu EWiR 2015, 69 *(Spliedt)*;
m. Bespr. *Altmeppen* ZIP 2015, 949;
m. Bespr. *K. Schmidt*, NZG 2015, 129;
m. Bespr. *Habersack/Foerster* ZGR 2016, 153.

Ein Aktiventausch liegt insbesondere vor, wenn für eine Zahlung **in unmittelbarem wirtschaftlichem Zusammenhang** eine **gleichwertige Gegenleistung** in das Gesellschaftsvermögen gelangt. **733**

BGH, Urt. v. 4.7.2017 – II ZR 319/15, ZIP 2017, 1619 Rn. 10;
m. Anm. *Münnich*, GmbHR 2017, 971;
m. Bespr. *Kordes*, NZG 2017, 1140;
BGH, Urt. v. 18.11.2014 – II ZR 231/13, BGHZ 203, 218 = ZIP 2015, 71 Rn. 9;
dazu EWiR 2015, 69 *(Spliedt)*;
m. Bespr. *Altmeppen* ZIP 2015, 949;
m. Bespr. *K. Schmidt*, NZG 2015, 129;
m. Bespr. *Habersack/Foerster* ZGR 2016, 153;
BGH, Urt. v. 31.3.2003 – II ZR 150/02, ZIP 2003, 1005 = NJW 2003, 2316.

Die Gegenleistung muss nicht bis zur Insolvenzeröffnung im Gesellschaftsvermögen verbleiben; der aktuelle Wertausgleich genügt. **734**

BGH, Urt. v. 4.7.2017 – II ZR 319/15, ZIP 2017, 1619 Rn. 18;
m. Anm. *Münnich*, GmbHR 2017, 971;
m. Bespr. *Kordes*, NZG 2017, 1140;
BGH, Urt. v. 18.11.2014 – II ZR 231/13, BGHZ 203, 218 = ZIP 2015, 71 Rn. 11;
dazu EWiR 2015, 69 *(Spliedt)*;
m. Bespr. *Altmeppen* ZIP 2015, 949;
m. Bespr. *K. Schmidt*, NZG 2015, 129;
m. Bespr. *Habersack/Foerster* ZGR 2016, 153.

Die Regeln des Bargeschäfts nach § 142 InsO a. F. sind insoweit aber nicht entsprechend anwendbar. **735**

BGH, Urt. v. 4.7.2017 – II ZR 319/15, ZIP 2017, 1619 Rn. 12;
m. Anm. *Münnich*, GmbHR 2017, 971;
m. Bespr. *Kordes*, NZG 2017, 1140.

736 Um die Masseverkürzung ausgleichen zu können, muss auch eine in die Masse gelangende Gegenleistung für eine **Verwertung** durch die Gläubiger **geeignet** sein.

BGH, Urt. v. 4.7.2017 – II ZR 319/15, ZIP 2017, 1619 Rn. 18;
m. Anm. *Münnich*, GmbHR 2017, 971;
m. Bespr. *Kordes*, NZG 2017, 1140.

737 **Dienst- und Arbeitsleistungen** führen in der Regel nicht zu einer Erhöhung der Aktivmasse und sind damit kein Ausgleich des Masseabflusses.

BGH, Urt. v. 4.7.2017 – II ZR 319/15, ZIP 2017, 1619 Rn. 18;
m. Anm. *Münnich*, GmbHR 2017, 971;
m. Bespr. *Kordes*, NZG 2017, 1140;

OLG München, Urt. v. 22.6.2017 – 23 U 3769/16, ZIP 2017, 1368, 1369.

738 Wenn die Gesellschaft insolvenzreif und eine Liquidation zugrunde zu legen ist, ist die in die Masse gelangende Gegenleistung grundsätzlich nach **Liquidationswerten** zu bemessen.

BGH, Urt. v. 4.7.2017 – II ZR 319/15, ZIP 2017, 1619 Rn. 20;
m. Anm. *Münnich*, GmbHR 2017, 971;
m. Bespr. *Kordes*, NZG 2017, 1140.

739 Offen ist, ob ausnahmsweise Fortführungswerte in Ansatz gebracht werden können, wenn eine Fortführung gesichert erscheint.

BGH, Urt. v. 4.7.2017 – II ZR 319/15, ZIP 2017, 1619 Rn. 20;
m. Anm. *Münnich*, GmbHR 2017, 971;
m. Bespr. *Kordes*, NZG 2017, 1140.

740 **Geringwertige Verbrauchsgüter** sind regelmäßig nicht für einen Ausgleich geeignet.

BGH, Urt. v. 4.7.2017 – II ZR 319/15, ZIP 2017, 1619 Rn. 20;
m. Anm. *Münnich*, GmbHR 2017, 971;
m. Bespr. *Kordes*, NZG 2017, 1140.

dd) Leistung an Ab- und Aussonderungsberechtigte

741 Da es nur darum geht, die Schmälerung der Masse zu verhindern, sind Zahlungen an aus- oder absonderungsberechtigte Gläubiger bis zur Höhe des Sicherungsgegenstandes keine Zahlungen nach § 64 Satz 1 GmbHG, soweit die Zahlung bewirkt, dass die Sicherheit frei oder in geringerem Maße in Anspruch genommen wird.

Vgl. OLG Düsseldorf, Urt. v. 17.6.1999 – 6 U 65/97, NZG 1999, 1066.

c) Darlegungs- und Beweislast

Der Kläger (Insolvenzverwalter) muss darlegen, dass eine Zahlung vorliegt und sie vom Geschäftsführer veranlasst wurde. 742

BGH, Urt. v. 16.3.2009 – II ZR 32/08, ZIP 2009, 956 = NJW 2009, 1598 Rn. 14;

OLG München, Urt. v. 19.1.2011 – 7 U 4342/10, ZIP 2011, 277.

Nimmt der **Geschäftsführer** nach Eintritt der Zahlungsunfähigkeit oder Überschuldung, also nach Eintritt der Insolvenz, noch Zahlungen i. S. d. § 64 Abs. 2 GmbHG vor, so trifft ihn die Darlegungs- und Beweislast dafür, dass es nicht zu einer Masseschmälerung gekommen ist, weil aufgrund seiner Zahlung der Masse gleichwertige Gegenleistungen zugeflossen sind, und ob und ggf. in welcher Höhe der Anspruch aus § 64 Satz 1 GmbHG aufgrund anderer Umstände zu kürzen ist. 743

BGH, Urt. v. 1.3.1993 – II ZR 81/94, ZIP 1994, 891 = NJW 1994, 2149:

Der Kläger (Insolvenzverwalter) hat mithin lediglich die Minderung der Insolvenzmasse durch Zahlungen (aufgeschlüsselt nach Höhe, Empfänger und Leistungszeit unter Abzug der auf den befriedigten Empfänger entfallenden Insolvenzquote) darzulegen und zu beweisen, welche die Gemeinschuldnerin noch nach Vorliegen der in § 64 GmbHG bezeichneten Voraussetzungen geleistet hat. Es war Sache des Beklagten, zu seiner Entlastung nachzuweisen, dass ihn an der dadurch bewirkten Schmälerung der zur Befriedigung der Gläubiger zur Verfügung stehenden Masse kein Verschulden trifft.

Dazu EWiR 1994, 789 *(U. H. Schneider)*;

OLG Düsseldorf, GmbHR 1999, 661;

OLG Celle, Urt. v. 23.4.1997 – 9 U 189/96, GmbHR 1997, 901; dazu EWiR 1997, 1139 *(Kowalski)*.

Dass für eine Forderung eine Sicherungszession bestand und die Forderung vor Insolvenzreife entstanden und werthaltig gemacht worden ist, hat der Geschäftsführer ebenfalls zu beweisen. 744

BGH, Urt. v. 26.1.2016 – II ZR 394/13, ZIP 2016, 1119 Rn. 45; dazu EWiR 2016, 587 *(Kleindiek)*; m. Anm. *Poertzgen*, GmbHR 2016, 705;

BGH, Urt. v. 8.12.2015 – II ZR 68/14, ZIP 2016, 364 Rn. 27; dazu EWiR 2016, 263 *(Wackerbarth)*; m. Anm. *Clemens*, GmbHR 2016, 215;

BGH, Urt. v. 23.6.2015 – II ZR 366/13, BGHZ 206, 52 = ZIP 2015, 1480 Rn. 34; dazu EWiR 2015, 565 *(Kleindiek)*; m. Anm. *Poertzgen*, GmbHR 2015, 929; m. Bespr. *H.-F. Müller*, NZG 2015, 1021; m. Bespr. *Kreuzberg*, NZG 2016, 371; m. Bespr. *Baumert*, NZG 2016, 379.

8. Verschulden

Die Haftung des Geschäftsführers setzt Verschulden voraus. Der Geschäftsführer muss daher die Insolvenzreife kennen oder erkennen können. Nach § 64 745

Satz 2 GmbHG wird, wenn er trotz objektiv bestehender Insolvenzreife Zahlungen leistet, sein Verschulden vermutet.

BGH, Urt. v. 19.6.2012 – II ZR 243/11, ZIP 2012, 1557 Rn. 10; dazu EWiR 2012, 559 *(Schodder)*;
BGH, Urt. v. 27.3.2012 – II ZR 171/10, ZIP 2012, 1174 Rn. 13; dazu EWiR 2012, 457 *(Wackerbarth)*; m. Anm. *Blöse*, GmbHR 2012, 748.

746 Er kann aber darlegen und beweisen, dass sein Verschulden fehlt, weil die Insolvenzreife nicht erkennbar war oder seine Zahlungen ausnahmsweise mit der Sorgfalt eines ordentlichen Geschäftsmanns vereinbar waren.

747 Auf seine **individuellen Fähigkeiten** kommt es dagegen nicht an, Unkenntnis oder Unfähigkeit entlasten nicht.

BGH, Urt. v. 6.11.2018 – II ZR 11/17, ZIP 2019, 261 Rn. 12;
BGH, Urt. v. 19.6.2012 – II ZR 243/11, ZIP 2012, 1557 Rn. 9; dazu EWiR 2012, 559 *(Schodder)*.

a) Erkennbarkeit der Insolvenzreife

748 Da das Verschulden des Geschäftsführers vermutet wird, wird auch die **Erkennbarkeit** der Insolvenzreife der GmbH für den Geschäftsführer **vermutet**.

BGH, Urt. v. 15.3.2016 – II ZR 119/14, ZIP 2016, 821 Rn. 20; dazu EWiR 2016, 329 *(Seidel)*; m. krit. Anm. *Poertzgen*, GmbHR 2016, 593;
BGH, Urt. v. 26.1.2016 – II ZR 394/13, ZIP 2016, 1119 Rn. 32; dazu EWiR 2016, 587 *(Kleindiek)*; m. Anm. *Poertzgen*, GmbHR 2016, 705;
BGH, Urt. v. 27.3.2012 – II ZR 171/10, ZIP 2012, 1174 Rn. 13; dazu EWiR 2012, 457 *(Wackerbarth)*; m. Anm. *Blöse*, GmbHR 2012, 748;
BGH, Urt. v. 15.3.2011 – II ZR 204/09 ZIP 2011, 1007 NJW 2011, 2427 Rn. 38;
BGH, Urt. v. 18.10.2010 – II ZR 151/09, ZIP 2010, 2400 Rn. 14;
BGH, Urt. v. 14.5.2007 – II ZR 48/06, ZIP 2007, 1265 = NJW 2007, 2118 Rn. 15; dazu EWiR 2007, 495 *(Henkel/Mock)*; m. Anm. *Altmeppen*, NJW 2007, 2121;
BGH, Urt. v. 8.1.2001 – II ZR 88/99, BGHZ 146, 264 = ZIP 2001, 235 = NJW 2001, 1280; m. Anm. *Altmeppen*, ZIP 2001, 240; dazu EWiR 2001, 329 *(Priester)*;
BGH, Urt. v. 11.9.2000 – II ZR 370/99, ZIP 2000, 1896 = NJW 2001, 304; dazu EWiR 2000, 1159 *(Keil)*; m. Anm. *Goette*, DStR 2000, 211;
BGH, Urt. v. 29.11.1999 – II ZR 273/98, BGHZ 143, 184 = ZIP 2000, 184 = NJW 2000, 668; dazu EWiR 2000, 295 *(Noack)*; m. Anm. *Frings*, GmbHR 2000, 185.

Der Geschäftsführer muss diese Vermutung, dass eine objektiv bestehende Insolvenzreife erkennbar war, widerlegen. 749

BGH, Urt. v. 15.3.2011 – II ZR 204/09, ZIP 2011, 1007 = NJW 2011, 2427 Rn. 38;
dazu EWiR 2011, 503 *(Kort)*;
m. Anm. *Poertzgen*, GmbHR 2011, 646;
m. Bespr. *Haas*, NZG 2011, 691.

Der Geschäftsführer ist gehalten, die **wirtschaftliche Lage** des Unternehmens laufend zu **beobachten**. Bei Anzeichen einer Krise hat er sich durch Aufstellung eines Vermögensstatus einen Überblick über den Vermögensstand der Gesellschaft zu verschaffen bzw. eine Liquiditätsbilanz zu erstellen. 750

BGH, Urt. v. 19.6.2012 – II ZR 243/11, ZIP 2012, 1557 Rn. 9;
dazu EWiR 2012, 559 *(Schodder)*;

BGH, Urt. v. 27.3.2012 – II ZR 171/10, ZIP 2012, 1174 Rn. 15;
dazu EWiR 2012, 457 *(Wackerbarth)*;
m. Anm. *Blöse*, GmbHR 2012, 748;

BGH, Urt. v. 14.5.2007 – II ZR 48/06, ZIP 2007, 1265 = NJW 2007, 2118 Rn. 16;
dazu EWiR 2007, 495 *(Henkel/Mock)*;
m. Anm. *Altmeppen*, NJW 2007, 2121;

BGH, Urt. v. 6.6.1994 – II ZR 292/91, BGHZ 126, 181 = ZIP 1994, 1103 = NJW 1994, 2220;
dazu EWiR 1994, 791 *(Wilhelm)*;

BGH, Urt. v. 6.12.1993 – II ZR 102/93, BGHZ 124, 282 = ZIP 1994, 295 = NJW 1994, 724:

Die Überschuldungsbilanz dient der Feststellung, ob die Gläubiger der Gesellschaft (noch) aus dem am Stichtag vorhandenen verwertbaren Gesellschaftsvermögen befriedigt werden können oder ob zur Vermeidung einer weiteren Verschlechterung ihrer Befriedigungsaussichten umgehend die Durchführung eines Insolvenzverfahrens beantragt werden muss.

Dazu auch EWiR 1994, 275 *(v. Gerkan)*.

Stellt sich in der Überschuldungsbilanz eine rechnerische Überschuldung heraus, so muss er prüfen, ob sich für das Unternehmen eine positive Fortbestehensprognose stellt. 751

BGH, Urt. v. 6.6.1994 – II ZR 292/91, BGHZ 126, 181 = ZIP 1994, 1103 = NJW 1994, 2220;
dazu EWiR 1994, 791 *(Wilhelm)*.

Das muss er mindestens monatlich, bei sehr großer Gefahr auch wöchentlich wiederholen. Zur Widerlegung der Verschuldensvermutung bedürfte es des Vortrages, dass trotz laufender Beobachtung der Entwicklung des Unternehmens der Geschäftsführer dessen Überschuldung nicht habe erkennen können. 752

BGH, Urt. v. 6.6.1994 – II ZR 292/91, BGHZ 126, 181 = ZIP 1994, 1103 = NJW 1994, 2220;
dazu EWiR 1994, 791 *(Wilhelm)*.

753 Die Hoffnung auf eine positive Geschäftsentwicklung entlastet den Geschäftsführer jedenfalls dann nicht, wenn nicht einmal die laufenden Betriebskosten erwirtschaftet werden.

> BGH, Urt. v. 7.11.1994 – II ZR 8/93, ZIP 1995, 124;
> dazu EWiR 1995, 371 *(Wilhelm)*.

754 Damit ihm die Überschuldung des Unternehmens nicht entgeht, hat der Geschäftsführer **organisatorische Vorkehrungen** zu treffen, die es ihm ermöglichen, die wirtschaftliche Entwicklung des Unternehmens laufend im Auge zu haben. Er kann sich zu seiner Entlastung nicht mit Erfolg darauf berufen, sich insoweit auf die Buchhalterin verlassen zu haben.

> OLG Celle, Urt. v. 6.5.1999 – 11 U 232/97, NZG 1999, 1064.

755 Der Geschäftsführer kann sich nicht darauf berufen, ihm seien Kontrollmöglichkeiten vorenthalten worden; er muss notfalls sein Amt niederlegen oder fristlos kündigen.

> BGH, Urt. v. 26.6.1995 – II ZR 109/94, ZIP 1995, 1334;
> dazu EWiR 1995, 1099 *(Müller)*.

756 Der Geschäftsführer haftet nicht, wenn die Gesellschaft zwar insolvenzreif ist, er die Insolvenzreife aber nicht erkennen kann. Die Haftung beginnt in einem solchen Fall erst mit dem Zeitpunkt, zu dem die Insolvenzreife erkennbar ist.

> BGH, Urt. v. 5.2.2007 – II ZR 234/05, BGHZ 171, 46
> = ZIP 2007, 676;
> dazu EWiR 2007, 305 *(Haas/Reiche)*;
> m. Anm. *Poertzgen*, GmbHR 2007, 485;
> m. Anm. *Gehrlein*, BB 2007, 901.

757 Wenn ein neu angestellter Geschäftsführer die Sanierungsbedürftigkeit kennt, hat er während der Prüfungsfrist, die ihm zuzubilligen ist, schon dafür zu sorgen, dass keine Zahlungen geleistet werden.

> OLG Brandenburg, Urt. v. 12.1.2016 – 6 U 123/13, ZIP 2016, 923, 925.

758 Wenn der Geschäftsführer nicht über die notwendigen persönlichen Kenntnisse verfügt, muss er sich **extern sachverständig beraten** lassen. Erforderlich ist, dass sich das Vertretungsorgan unter umfassender Darstellung der Verhältnisse der Gesellschaft und Offenlegung der erforderlichen Unterlagen von einem unabhängigen, für die zu klärenden Fragestellungen fachlich qualifizierten Berufsträger beraten lässt.

> BGH, Urt. v. 26.1.2016 – II ZR 394/13, ZIP 2016, 1119 Rn. 34;
> dazu EWiR 2016, 587 *(Kleindiek)*;
> m. Anm. *Poertzgen*, GmbHR 2016, 705;
>
> BAG, Urt. v. 20.3.2014 – 8 AZR 45/13, ZIP 2014, 1976 Rn. 28;
>
> BGH, Urt. v. 27.3.2012 – II ZR 171/10, ZIP 2012, 1174 Rn. 16;
> dazu EWiR 2012, 457 *(Wackerbarth)*;
> m. Anm. *Blöse*, GmbHR 2012, 748;

BGH, Urt. v. 14.5.2007 – II ZR 48/06, ZIP 2007, 1265
= NJW 2007, 2118 Rn. 14;
dazu EWiR 2007, 495 *(Henkel/Mock)*;
m. Anm. *Altmeppen*, NJW 2007, 2121.

Dazu reicht eine schlichte Anfrage bei einem Steuerberater oder einer anderen fachkundigen Person nicht aus. Die **Verhältnisse** der Gesellschaft müssen **umfassend dargestellt** und erforderliche **Unterlagen** übergeben werden. 759

BGH, Urt. v. 27.3.2012 – II ZR 171/10, ZIP 2012, 1174 Rn. 16;
dazu EWiR 2012, 457 *(Wackerbarth)*;
m. Anm. *Blöse*, GmbHR 2012, 748;

BGH, Urt. v. 20.9.2011 – II ZR 234/09, ZIP 2011, 2097 Rn. 18
(zur Rechtsberatung);
dazu EWiR 2011, 793 *(E. Vetter)*;

BGH, Urt. v. 14.5.2007 – II ZR 48/06, ZIP 2007, 1265
= NJW 2007, 2118 Rn. 16;
dazu EWiR 2007, 495 *(Henkel/Mock)*;
m. Anm. *Altmeppen*, NJW 2007, 2121.

OLG Stuttgart, Urt. v. 28.10.1997 – 12 U 83/97, GmbHR 1998, 89;
dazu EWiR 1997, 1093 *(Fleck)*;
Haas, NZG 1999, 373, 374;
ders., DStR 2003, 423, 426.

Die fachkundige Person muss aber nicht zwingend ein Wirtschaftsprüfer oder Rechtsanwalt sein. Ein Wirtschaftsprüfer ist zwar für die Prüfung der Insolvenzreife kompetent. Je nach den konkreten Umständen des Falles, insbesondere der Größe des Unternehmens, kommen aber auch Angehörige anderer Berufsgruppen in Betracht. 760

BGH, Urt. v. 27.3.2012 – II ZR 171/10, ZIP 2012, 1174 Rn. 17;
dazu EWiR 2012, 457 *(Wackerbarth)*;
m. Anm. *Blöse*, GmbHR 2012, 748.

Die Auskunft muss der Geschäftsführer einer sorgfältigen **Plausibilitätsprüfung** unterziehen. 761

BGH, Urt. v. 27.3.2012 – II ZR 171/10, ZIP 2012, 1174 Rn. 16;
dazu EWiR 2012, 457 *(Wackerbarth)*;
m. Anm. *Blöse*, GmbHR 2012, 748;

BGH, Urt. v. 20.9.2011 – II ZR 234/09, ZIP 2011, 2097 Rn. 18
(zur Rechtsberatung);

BGH, Urt. v. 14.5.2007 – II ZR 48/06, ZIP 2007, 1265
= NJW 2007, 2118 Rn. 18;
dazu EWiR 2007, 495 *(Henkel/Mock)*;
m. Anm. *Altmeppen*, NJW 2007, 2121;

OLG Stuttgart, Urt. v. 28.10.1997 – 12 U 83/97, GmbHR 1998, 89;
dazu EWiR 1997, 1093 *(Fleck)*.

Führt die derart in Auftrag gegebene Prüfung zu der fachkundigen und für den organschaftlichen Vertreter bei der gebotenen Plausibilitätskontrolle nachvollziehbaren Feststellung, dass die Gesellschaft weder im insolvenzrechtlichen Sinn überschuldet noch zahlungsunfähig ist, muss der Geschäftsführer keinen 762

Eröffnungsantrag stellen und haftet nicht für Zahlungen, selbst wenn objektiv Insolvenzreife vorlag.

BGH, Urt. v. 27.3.2012 – II ZR 171/10, ZIP 2012, 1174 Rn. 16;
dazu EWiR 2012, 457 *(Wackerbarth)*;
m. Anm. *Blöse*, GmbHR 2012, 748;

BGH, Urt. v. 14.5.2007 – II ZR 48/06, ZIP 2007, 1265
= NJW 2007, 2118 Rn. 16;
dazu EWiR 2007, 495 *(Henkel/Mock)*.

763 Die (falsche) Auskunft muss aber rechtzeitig bei Eintritt der Insolvenzreife vorliegen. Dazu muss der Geschäftsführer die **Prüfung rechtzeitig** in Auftrag geben und auf eine unverzügliche Auskunft hinwirken.

BGH, Urt. v. 27.3.2012 – II ZR 171/10, ZIP 2012, 1174 Rn. 19;
dazu EWiR 2012, 457 *(Wackerbarth)*;
m. Anm. *Blöse*, GmbHR 2012, 748.

764 Die ständige Beauftragung eines Rechtsanwalts und mehrfache gutachterliche Prüfungen sollen genügen.

BAG, Urt. v. 20.3.2014 – 8 AZR 45/13, ZIP 2014, 1976 Rn. 28.

765 Hat der Geschäftsführer schuldhaft keinen Rat eingeholt, wäre ein Gutachter aber zu einer günstigen Prognose gelangt, soll der Geschäftsführer gleichwohl entlastet sein.

OLG Düsseldorf, Urt. v. 18.4.1997 – 22 U 226/96, GmbHR 1997, 699;

OLG Frankfurt, Urt. v. 25.10.2000 – 17 U 63/99, NZG 2001, 173.

766 Dagegen spricht schon, dass bei dem zu unterstellenden hypothetischen Kausalverlauf im Zweifel ein richtiger Rat erteilt worden wäre (also die Insolvenzreife festgestellt worden wäre); außerdem müsste der Geschäftsführer beweisen, dass er bei der Plausibilitätsprüfung den fehlerhaften Rat nicht bemerkt hätte. Wenn der Berater zu einer richtigen günstigen Prognose gelangt wäre, lag objektiv keine Insolvenzreife vor.

767 Wenn der Geschäftsführer Rat gesucht und eine fehlerhafte Auskunft erhalten hat, kommt eine **Haftung der Ratgeber** in Betracht.

Vgl. schon *Bauder*, Anm. zu BGH, BB 1993, 2469.

768 Und zwar dann, wenn der Vertrag zwischen dem Beratenden und der Gesellschaft als Vertrag mit Schutzwirkung zugunsten Dritter zu werten ist, wenn also Dritte in den Schutzbereich des Vertrags der Gesellschaft mit einem Berater einbezogen sind. Der Gesellschafter und der Geschäftsführer können in den Schutzbereich eines zwischen einer GmbH und einem Steuerberater geschlossenen Vertrags einbezogen sein, welcher die Prüfung einer möglichen Insolvenzreife der GmbH zum Gegenstand hat.

BGH, Urt. v. 14.6.2012 – IX ZR 145/11, ZIP 2012, 1353
= NJW 2012, 3165 Rn. 12 ff.;

dazu EWiR 2012, 509 *(Westermann)*;
m. Anm. *Juretzek*, DStR 2012, 1826.

Das ist jedenfalls dann der Fall, wenn der Steuerberater ausdrücklich mit der Prüfung der Insolvenzreife beauftragt war oder Hinweise auf die wirtschaftliche Situation des Unternehmens geben sollte. 769

BGH, Urt. v. 14.6.2012 – IX ZR 145/11, ZIP 2012, 1353
= NJW 2012, 3165 Rn. 9 und 33;
dazu EWiR 2012, 509 *(Westermann)*;
m. Anm. *Juretzek*, DStR 2012, 1826.

Das kann aber auch der Fall sein, wenn ein Steuerberater an einem Jahresabschluss zur Vorlage bei einem Kreditinstitut mitgewirkt hat. 770

Vgl. BGH, Urt. v. 19.12.1996 – IX ZR 327/95, ZIP 1997, 419
= NJW 1997, 1235;
dazu EWiR 1997, 293 *(Gladys)*;

OLG Köln, Urt. v. 23.5.2000 – 22 U 218/99, GmbHR 2000, 880:

Eine Haftung unter dem Gesichtspunkt des Vertrages mit Schutzwirkung zugunsten Dritter kommt in Betracht, wenn eine Person über besondere Sachkunde verfügt, auftragsgemäß ein Gutachten, Testat o. Ä. abgibt, das erkennbar zum Gebrauch gegenüber Dritten bestimmt ist und deshalb nach dem Willen des Bestellers, also etwa des Mandanten des Steuerberaters, mit einer entsprechenden Beweiskraft ausgestattet sein soll.

Der Berater ist nicht entschuldigt, wenn ihm nicht alle Unterlagen zur Verfügung standen. Er muss vielmehr ggf. auf die Notwendigkeit einer Überschuldungs- oder Liquiditätsbilanz hinweisen. 771

BGH, Urt. v. 14.6.2012 – IX ZR 145/11, ZIP 2012, 1353
= NJW 2012, 3165 Rn. 34;
dazu EWiR 2012, 509 *(Westermann)*;
m. Anm. *Juretzek*, DStR 2012, 1826.

Hat die Gesellschaft **mehrere Geschäftsführer**, so wird das Verschulden aller vermutet, ganz gleich in welchem Ressort es zu der Überschuldung des Unternehmens gekommen ist. Es ist dann Sache des jeweils Einzelnen, sich zu entlasten. 772

BGH, Urt. v. 6.11.2018 – II ZR 11/17, ZIP 2019, 261 Rn. 14;
dazu EWiR 2019, 135 *(Kleindiek)*;

BGH, Urt. v. 1.3.1993 – II ZR 81/94, ZIP 1994, 891.

Das gilt auch bezüglich der von einem Mitgeschäftsführer getätigten Geschäfte, selbst dann, wenn nach interner Geschäftsverteilung die schadensbegründenden Geschäfte in dessen alleinige Zuständigkeit fielen. 773

Eine **Arbeitsteilung** von mehreren Geschäftsführern ist aber nicht grundsätzlich ausgeschlossen. Die Entlastung des nicht für den kaufmännischen Bereich zuständigen Geschäftsführers setzt dabei voraus, dass die allgemeinen Anforderungen an die **Ressortaufteilung** gewahrt sind. Das sind eine klare und eindeutige Abgrenzung der Geschäftsführungsaufgaben, auch eine konkludente Übertragung nur an dazu fachlich fähige Personen (siehe Rn. 397 ff.). 774

775 Bei § 64 GmbHG ist darüber hinaus ein strenger Maßstab an die Erfüllung der in einem solchen Falle besonders weitgehenden **Kontroll- und Überwachungspflichten** anzulegen.

BGH, Urt. v. 6.11.2018 – II ZR 11/17, ZIP 2019, 261 Rn. 15; dazu EWiR 2019, 135 *(Kleindiek)*.

776 Der Geschäftsführer darf sich bei der erforderlichen Kontrolle und Überwachung nicht auf mündliche Auskünfte seines Mitgeschäftsführers beschränken. Mündliche Auskünfte müssen mit den **betriebswirtschaftlichen Kennzahlen** abgeglichen werden, etwa den regelmäßigen betriebswirtschaftlichen Auswertungen.

BGH, Urt. v. 6.11.2018 – II ZR 11/17, ZIP 2019, 261 Rn. 34; dazu EWiR 2019, 135 *(Kleindiek)*.

777 Ebenso genügt eine bloß **jährliche Kontrolle** anhand des Jahresabschlusses **nicht**.

BGH, Urt. v. 6.11.2018 – II ZR 11/17, ZIP 2019, 261 Rn. 35; dazu EWiR 2019, 135 *(Kleindiek)*.

778 Beim Auftreten von Unregelmäßigkeiten muss nachgefasst werden.

BGH, Urt. v. 6.11.2018 – II ZR 11/17, ZIP 2019, 261 Rn. 36; dazu EWiR 2019, 135 *(Kleindiek)*.

b) Sorgfalt des ordentlichen Geschäftsmanns

779 Nach § 64 Satz 2 GmbHG fehlt das vermutete Verschulden für Zahlungen nach Insolvenzreife dann, wenn die Zahlung mit der Sorgfalt eines ordentlichen Geschäftsmanns vereinbar ist.

780 Der Geschäftsführer muss auch beweisen, dass die Zahlung der **Sorgfalt eines ordentlichen Geschäftsmanns** entsprochen hat, weil sein Verschulden vermutet wird.

BGH, Urt. v. 5.5.2008 – II ZR 38/07, ZIP 2008, 1229 = NJW 2008, 2504 Rn. 8; dazu EWiR 2008, 557 *(Schulz/Schröder)*;

BGH, Urt. v. 14.5.2007 – II ZR 48/06, ZIP 2007, 1265 = NJW 2007, 2118 Rn. 11; dazu EWiR 2007, 495 *(Henkel/Mock)*; m. Anm. *Altmeppen*, NJW 2007, 2121;

BGH, Beschl. v. 5.2.2007 – II ZR 51/06 ZIP 2007, 1501 Rn. 4; m. Anm. *Lindemann*, GmbHR 2007, 938.

aa) Zahlungen zur Nachteilsabwendung

781 Zahlungen sind mit der Sorgfalt eines ordentlichen Kaufmanns vereinbar, wenn sie zur Abwendung größerer Nachteile für die Insolvenzmasse erforderlich sind.

BGH, Beschl. v. 5.2.2007 – II ZR 51/06, ZIP 2007, 1501 Rn. 4; m. Anm. *Lindemann*, GmbHR 2007, 938;

BGH, Urt. v. 8.1.2001 – II ZR 88/99, BGHZ 146, 264
= ZIP 2001, 235 = NJW 2001, 1280;
m. Anm. *Altmeppen*, ZIP 2001, 240;
dazu EWiR 2001, 329 *(Priester)*;

OLG Hamburg, Beschl. v. 29.12.2003 – 11 W 90/03, GmbHR 2004, 797:

Zu Lasten eines Geschäftsführers, der nach Eintritt der Zahlungsunfähigkeit Zahlungen aus dem Vermögen der Gesellschaft leistet, wird vermutet, dass er dabei nicht mit der von einem Vertretungsorgan der GmbH zu erwartenden Sorgfalt gehandelt hat; allerdings können solche Zahlungen mit der Sorgfalt eines ordentlichen Geschäftsmanns vereinbar sein, die in der Absicht geleistet werden, den Betrieb für die Zwecke des Insolvenzverfahrens oder auch im Interesse einer ernstlich erwarteten Sanierung aufrechtzuerhalten.

OLG Celle, Urt. v. 23.12.2003 – 9 U 176/03, ZIP 2004, 1210:

Der Geschäftsführer darf zur Aufrechterhaltung des Geschäftsbetriebes bestimmte Leistungen (noch) erbringen, also etwa Zahlungen, die die Erfüllung von für die Gesellschaft vorteilhaften zweiseitigen Verträgen betreffen, die auch vom Insolvenzverwalter – vgl. § 103 InsO – erfüllt würden, die der Abwendung höherer Schäden aus einer sofortigen Betriebseinstellung dienen, da auch nach Eintritt der Insolvenz – aber vor einer Insolvenzeröffnung – der Geschäfts- und Zahlungsverkehr aufrechterhalten werden muss und einer Entscheidung des Insolvenzverwalters – oder eines nach § 22 InsO eingesetzten vorläufigen Insolvenzverwalters – nicht vorgegriffen und dessen Entscheidungsspielraum nicht eingeschränkt werden soll.

In Betracht kommen danach vor allem Zahlungen, um einen **sofortigen Zusammenbruch** eines auch in der Insolvenz **sanierungsfähigen Unternehmens** zu verhindern. 782

BGH, Urt. v. 4.7.2017 – II ZR 319/15, ZIP 2017, 1619 Rn. 21;
m. Anm. *Münnich*, GmbHR 2017, 971;
m. Bespr. *Kordes*, NZG 2017, 1140;

BGH, Urt. v. 23.6.2015 – II ZR 366/13, BGHZ 206, 52 = ZIP 2015, 1480 Rn. 24;
dazu EWiR 2015, 565 *(Kleindiek)*;
m. Anm. *Poertzgen*, GmbHR 2015, 929;
m. Bespr. *H.-F. Müller*, NZG 2015, 1021;
m. Bespr. *Kreuzberg*, NZG 2016, 371;
m. Bespr. *Baumert*, NZG 2016, 379;

BGH, Beschl. v. 5.11.2007 – II ZR 262/06, ZIP 2008, 72 Rn. 6;

BGH, Urt. v. 8.1.2001 – II ZR 88/99, BGHZ 146, 264, 274 f.
= ZIP 2001, 235.

Das betrifft vor allem Zahlungen, die zur Aufrechterhaltung des Geschäftsbetriebs notwendig sind, wenn der Geschäftsbetrieb für eine Sanierung im Insolvenzverfahren aufrechterhalten bleiben muss, etwa Zahlungen für Strom-, Wasser- oder Gaslieferungen zur Aufrechterhaltung der Produktion. 783

BGH, Beschl. v. 5.11.2007 – II ZR 262/06, ZIP 2008, 72 Rn. 6;

OLG Schleswig, Urt. v. 10.4.2003 – 5 U 62/02, ZIP 2003, 856.

Als zur **Abwendung** eines **spontanen Kollapses** notwendig und damit gerechtfertigt sieht das OLG Dresden bei der späteren Insolvenz eines Fuhrunternehmens die Begleichung der Rechnungen für das Betanken von Firmenfahrzeugen, 784 nicht jedoch die Zahlung von Leasingraten und die Befriedigung der Ansprüche von Sozialversicherungsträgern an.

OLG Dresden, Urt. v. 21.9.2004 – 2 U 1441/04, GmbHR 2005, 173.

785 Zahlungen kommen zur Aufrechterhaltung des Geschäftsbetriebs nicht mehr infrage, wenn die Gesellschafterversammlung die Liquidation beschlossen hat.

OLG Celle, Urt. v. 7.5.2008 – 9 U 191/07, GmbHR 2008, 1034.

786 Die Sanierungsabsicht allein rechtfertigt Zahlungen nicht. Bevor ein Dritter mit aufwändigen Sanierungsbemühungen zulasten der Gesellschaft beauftragt und bezahlt wird, muss sich der Geschäftsführer über die Sanierungsfähigkeit vergewissern.

BGH, Beschl. v. 5.2.2007 – II ZR 51/06, ZIP 2007, 1501 Rn. 5;
m. Anm. *Lindemann*, GmbHR 2007, 938.

bb) Strafbarkeit/Ordnungswidrigkeit

787 Mit den Pflichten eines ordentlichen Geschäftsmanns ist es auch vereinbar, wenn er Zahlungen leistet, für deren Unterlassen er andernfalls **strafrechtlich zur Verantwortung** gezogen würde.

BGH, Urt. v. 29.9.2008 – II ZR 162/07, ZIP 2008, 2220
= NJW 2009, 295 Rn. 10;
m. Anm. *Podewils*, GmbHR 2008, 1326;
BGH, Urt. v. 2.6.2008 – II ZR 27/07, ZIP 2008, 1275 Rn. 6;
dazu EWiR 2008, 719 *(Schreiber)*;
m. Anm. *Podewils*, GmbHR 2008, 817;
BGH, Urt. v. 5.5.2008 – II ZR 38/07, ZIP 2008, 1229
= NJW 2008, 2504 Rn. 13;
dazu EWiR 2008, 557 *(Schulz/Schröder)*;
BGH, Urt. v. 14.5.2007 – II ZR 48/06, ZIP 2007, 1265
= NJW 2007, 2118 Rn. 12;
dazu EWiR 2007, 495 *(Henkel/Mock)*;
m. Anm. *Altmeppen*, NJW 2007, 2121;
m. Bespr. *Wilhelm*, ZIP 2007, 1781.

788 Damit hat der BGH seine gegenteilige frühere Rechtsprechung,

BGH, Urt. v. 8.1.2001 – II ZR 88/99, BGHZ 146, 264
= ZIP 2001, 235 = NJW 2001, 1280;
m. Anm. *Altmeppen*, ZIP 2001, 240;
dazu EWiR 2001, 329 *(Priester)*,

aufgegeben.

789 Strafrechtlich zur Verantwortung gezogen werden kann der Geschäftsführer dann, wenn er **Arbeitnehmerbeiträge zur Sozialversicherung** nicht abführt (§ 266a Abs. 1 StGB),

BGH, Urt. v. 25.1.2011 – II ZR 196/09 II ZR 196/09, ZIP 2011,
422 Rn. 17;
dazu EWiR 2011, 257 *(Giedinghagen/Göb)*;
m. Anm. *Poertzgen*, GmbHR 2011, 369;

BGH, Urt. v. 29.9.2008 – II ZR 162/07, ZIP 2008, 2220
= NJW 2009, 295 Rn. 10;
m. Anm. *Podewils*, GmbHR 2008, 1326;

BGH, Urt. v. 2.6.2008 – II ZR 27/07, ZIP 2008, 1275 Rn. 6;
dazu EWiR 2008, 719 *(Schreiber)*;
m. Anm. *Podewils*, GmbHR 2008, 817;

BGH, Urt. v. 14.5.2007 – II ZR 48/06, ZIP 2007, 1265 = NJW 2007, 2118 Rn. 12;
dazu EWiR 2007, 495 *(Henkel/Mock)*;
m. Anm. *Altmeppen*, NJW 2007, 2121;
m. Bespr. *Wilhelm*, ZIP 2007, 1781,

oder wenn die GmbH Geld **treuhänderisch** zur Weiterleitung erhalten hat (§ 266 StGB).

BGH, Urt. v. 5.5.2008 – II ZR 38/07, ZIP 2008, 1229 = NJW 2008, 2504 Rn. 13;
dazu EWiR 2008, 557 *(Schulz/Schröder)*;
mit Bespr. *Dahl/Schmitz*, NZG 2008, 532;
mit Bespr. *Theiselmann/Redeker*, GmbHR 2008, 961.

Wenn der Geschäftsführer die Zahlungen von einer Konzerngesellschaft zur Weiterleitung erhalten hat, kann er aber als Geschäftsführer dieser anderen Konzerngesellschaft für die Zahlungen haften, wenn dort die Voraussetzungen von § 64 Satz 1 GmbHG vorliegen. 790

Für das Nichtabführen der **Arbeitgeberbeiträge** zur Sozialversicherung wird der Geschäftsführer nicht bestraft. Ihre Zahlung ist daher mit der Sorgfalt eines ordentlichen Kaufmanns nicht vereinbar. 791

BGH, Urt. v. 25.1.2011 – II ZR 196/09, ZIP 2011, 422 Rn. 9;
dazu EWiR 2011, 257 *(Giedinghagen/Göb)*;
m. Anm. *Poertzgen*, GmbHR 2011, 369;

BGH, Urt. v. 8.6.2009 – II ZR 147/08, ZIP 2009, 1468 Rn. 6;

a. A. OLG München, Urt. v. 30.4.2008 – 7 U 5132/07, GmbHR 2008, 764.

Eine **Vermutung**, dass mit geleisteten Zahlungen die privilegierten **Arbeitnehmerbeiträge** getilgt wurden, besteht nicht. Die Tilgungsreihenfolge richtet sich vielmehr nach § 44 der Verordnung über die Berechnung, Zahlung, Weiterleitung, Abrechnung und Prüfung des Gesamtsozialversicherungsbeitrages (Beitragsverfahrensverordnung – BVV). Danach werden nach Zinsen und Kosten ohne nähere Angaben bei einer Zahlung Arbeitnehmerbeiträge und Arbeitgeberbeiträge hälftig getilgt. 792

BGH, Urt. v. 25.1.2011 – II ZR 196/09, ZIP 2011, 422 Rn. 24;
dazu EWiR 2011, 257 *(Giedinghagen/Göb)*;
m. Anm. *Poertzgen*, GmbHR 2011, 369;

BGH, Urt. v. 8.6.2009 – II ZR 147/08, ZIP 2009, 1468 Rn. 7;
dazu EWiR 2009, 675 *(Vortmann)*.

Sorgfaltsgemäß handelt der Geschäftsführer auch dann, wenn er **Rückstände** begleicht, weil dies seine Strafbarkeit beseitigen kann. 793

BGH, Urt. v. 25.1.2011 – II ZR 196/09 II ZR 196/09, ZIP 2011, 422 Rn. 18;
dazu EWiR 2011, 257 *(Giedinghagen/Göb)*;
m. Anm. *Poertzgen*, GmbHR 2011, 369.

794 Ob die Zahlung den Zeitraum der Insolvenzantragsfrist betraf, ist dagegen unerheblich. Während der Insolvenzantragsfrist besteht zwar ein Rechtfertigungsgrund für den Geschäftsführer, der die Arbeitnehmeranteile zur Sozialversicherung nicht abführt. Dadurch wird aber nach Ablauf der Insolvenzantragsfrist der Interessenkonflikt für den Geschäftsführer nicht ausgeschlossen. Denn der Rechtfertigungsgrund entfällt rückwirkend, wenn der Geschäftsführer den Insolvenzantrag nicht fristgerecht stellt.

BGH, Urt. v. 25.1.2011 – II ZR 196/09 II ZR 196/09, ZIP 2011, 422 Rn. 29;
dazu EWiR 2011, 257 *(Giedinghagen/Göb)*;
m. Anm. *Poertzgen*, GmbHR 2011, 369.

795 Der Geschäftsführer handelt auch dann sorgfaltsgemäß, wenn er sich bei Nichtzahlung zwar nicht strafbar machen würde, aber **ordnungswidrig** handelt.

BGH, Urt. v. 25.1.2011 – II ZR 196/09 II ZR 196/09, ZIP 2011, 422 Rn. 12;
dazu EWiR 2011, 257 *(Giedinghagen/Göb)*;
m. Anm. *Poertzgen*, GmbHR 2011, 369.

796 Das betrifft vor allem die Nichtabführung fälliger **Umsatzsteuer und Umsatzsteuervorauszahlungen,** ebenso wie einbehaltener **Lohnsteuer,** § 26b UStG oder § 380 AO i. V. m. § 41a Abs. 1 Satz 1 Nr. 2, § 38 Abs. 3 Satz 1 EStG.

BGH, Urt. v. 25.1.2011 – II ZR 196/09 II ZR 196/09, ZIP 2011, 422 Rn. 12;
dazu EWiR 2011, 257 *(Giedinghagen/Göb)*;
m. Anm. *Poertzgen*, GmbHR 2011, 369.

797 Erfasst von der Zahlungserlaubnis sind auch Rückstände.

BGH, Urt. v. 25.1.2011 – II ZR 196/09 II ZR 196/09, ZIP 2011, 422 Rn. 13;
dazu EWiR 2011, 257 *(Giedinghagen/Göb)*;
m. Anm. *Poertzgen*, GmbHR 2011, 369.

cc) Persönliche Haftung

798 Schließlich ist es mit den Pflichten eines Geschäftsmanns vereinbar, wenn er Zahlungen leistet, für deren Unterlassen er **gesetzlich persönlich** haftet. Das betrifft vor allem **Steuerschulden** (§§ 34, 69 AO).

BGH, Urt. v. 25.1.2011 – II ZR 196/09 II ZR 196/09, ZIP 2011, 422 Rn. 12;
dazu EWiR 2011, 257 *(Giedinghagen/Göb)*;
m. Anm. *Poertzgen*, GmbHR 2011, 369;

BGH, Urt. v. 29.9.2008 – II ZR 162/07, ZIP 2008, 2220 = NJW 2009, 295 Rn. 10;
m. Anm. *Podewils*, GmbHR 2008, 1326;

BGH, Urt. v. 14.5.2007 – II ZR 48/06, ZIP 2007, 1265 = NJW 2007, 2118 Rn. 11;
dazu EWiR 2007, 495 *(Henkel/Mock)*;
m. Anm. *Altmeppen*, NJW 2007, 2121;

BFH, Urt. v. 23.9.2008 – VII R 27/07, ZIP 2009, 122.

Dagegen kann sich der Geschäftsführer auf die Gefahr der persönlichen Inanspruchnahme nicht berufen, wenn er die persönliche Haftungsverbindlichkeit freiwillig eingegangen ist, etwa eine Bürgschaft. 799

9. Insolvenzforderung des Gläubigers

Zu berücksichtigen ist bei einer Haftung des Geschäftsführers für eine Zahlung, dass der befriedigte Gläubiger ohne die Zahlung am Insolvenzverfahren teilgenommen hätte. Die Insolvenzquote des im Umfang der Haftung auf Kosten des Geschäftsführers befriedigten Gläubigers ist vom Ersatzanspruch aber nicht abzuziehen, weil noch ungewiss ist, ob der Geschäftsführer überhaupt bezahlt, sondern der Geschäftsführer hat nur einen Anspruch darauf, dass ihm im Urteil vorbehalten wird, **nach Erstattung an die Masse Gegenansprüche**, die sich nach Rang und Höhe mit den Beträgen decken, die die begünstigten Gesellschaftsgläubiger im Insolvenzverfahren erhalten hätten, gegen den Insolvenzverwalter geltend zu machen. 800

BGH, Beschl. v. 19.2.2013 – II ZR 296/12, ZIP 2013, 1251 Rn. 3;

BGH, Urt. v. 25.1.2011 – II ZR 196/09, ZIP 2011, 422 Rn. 30;
dazu EWiR 2011, 257 *(Giedinghagen/Göb)*;
m. Anm. *Poertzgen*, GmbHR 2011, 369;

BGH, Urt. v. 8.1.2001 – II ZR 88/99, BGHZ 146, 264 = ZIP 2001, 235 = NJW 2001, 1280:

Zahlungen, die der Geschäftsführer dem Verbot des § 64 Abs. 2 GmbHG zuwider leistet, sind von ihm ungekürzt zu erstatten. Ihm ist in dem Urteil vorzubehalten, seinen Gegenanspruch, der sich nach Rang und Höhe mit dem Betrag deckt, den der begünstigte Gesellschaftsgläubiger im Insolvenzverfahren erhalten hätte, nach Erstattung an die Masse gegen den Insolvenzverwalter zu verfolgen. Etwa bestehende Erstattungsansprüche der Masse gegen Dritte sind Zug um Zug an den Geschäftsführer abzutreten.

M. Anm. *Altmeppen*, ZIP 2001, 240;

BGH, Urt. v. 16.3.2009 – II ZR 280/07, ZIP 2009, 860 = NJW 2009, 2454 Rn. 24;
dazu EWiR 2009, 493 *(Kiem/Giershausen)*;
m. Bespr. *Bork*, NZG 2009, 775;

BGH, Beschl. v. 5.11.2007 – II ZR 262/06, WM 2008, 27 Rn. 9;

BGH, Beschl. v. 17.7.2006 – II ZR 178/05, DStR 2007, 1360 Rn. 3;

OLG Schleswig, Urt. v. 10.4.2003 – 5 U 62/02, ZIP 2003, 856.

Der verklagte Geschäftsführer muss **nicht ausdrücklich beantragen**, dass ihm seine Rechte **vorbehalten** bleiben. 801

BGH, Urt. v. 11.7.2005 – II ZR 235/03, ZIP 2005, 1550:

… weil § 64 Abs. 2 GmbHG stets die Konstellation zugrunde liegt, dass das auch für diesen Ersatzanspruch eigener Art sinngemäß geltende schadensersatzrechtliche Bereicherungsverbot letztendlich eine Reduzierung der Haftung um die sich am Schluss des Insolvenzverfahrens etwa ergebende Insolvenzquote erfordert.

802 Besteht auch ein Erstattungsanspruch gegen Dritte, kann der Geschäftsführer nach § 255 BGB verlangen, dass er an ihn abgetreten wird.

> BGH, Urt. v. 8.1.2001 – II ZR 88/99, BGHZ 146, 264 = ZIP 2001, 235 = NJW 2001, 1280; m. Anm. *Altmeppen*, ZIP 2001, 240; dazu EWiR 2001, 329 *(Priester)*.

10. Anfechtbarkeit der Zahlung

803 Hat ein Geschäftsführer zu einer Zeit, zu der das Unternehmen schon insolvent war, noch Leistungen an Dritte erbracht, so kann seine Haftung aus § 64 Satz 1 GmbHG gegenüber der Gesellschaft mangels Schaden dadurch entfallen, dass der Insolvenzverwalter nach §§ 129 ff. InsO Anfechtung erklärt und das Geleistete zur Masse zurückholt.

> BGH, Urt. v. 23.6.2015 – II ZR 366/13, ZIP 2015, 1480 Rn. 30; dazu EWiR 2015, 565 *(Kleindiek)*; m. Anm. *Poertzgen*, GmbHR 2015, 929; m. Bespr. *H.-F. Müller*, NZG 2015, 1021; m. Bespr. *Kreuzberg*, NZG 2016, 371; m. Bespr. *Baumert*, NZG 2016, 379;
>
> BGH, Urt. v. 18.11.2014 – II ZR 231/13, BGHZ 203, 218 = ZIP 2015, 71 Rn. 9; dazu EWiR 2015, 69 *(Spliedt)*; m. Bespr. *Altmeppen* ZIP 2015, 949; m. Bespr. *K. Schmidt*, NZG 2015, 129; m. Bespr. *Habersack/Foerster* ZGR 2016, 153;
>
> BGH, Urt. v. 3.6.2014 – II ZR 100/13, ZIP 2014, 1523 Rn. 14; dazu EWiR 2014, 675 *(Wertenbruch)*.

804 Wenn Zahlungen von einem debitorischen Konto geleistet werden, hat die Anfechtung dieser Zahlungen gegenüber den Zahlungsempfängern keinen Bezug zu einer Zahlung des Geschäftsführers, weil er nur für Zahlungen auf, aber nicht vom debitorischen Konto haftet.

> BGH, Urt. v. 3.6.2014 – II ZR 100/13, ZIP 2014, 1523 Rn. 15; dazu EWiR 2014, 675 *(Wertenbruch)*.

805 Eine Pflicht zur Anfechtung durch den Insolvenzverwalter dem Geschäftsführer gegenüber, sodass dieser gestützt darauf einem Ersatzanspruch aus § 64 Satz 1 GmbHG ein **Leistungsverweigerungsrecht** entgegenhalten kann, hat der BGH verneint.

> BGH, Urt. v. 18.12.1995 – II ZR 277/94, BGHZ 131, 325 = NJW 1996, 850 = ZIP 1996, 420; dazu EWiR 1996, 459 *(Schulze-Osterloh)*.

806 Zum Schadensersatzanspruch nach § 823 Abs. 2 BGB i. V. m. § 266a StGB ist der BGH zwar davon ausgegangen, dass ein Schaden entfällt, wenn die Zahlung im Insolvenzverfahren erfolgreich angefochten worden wäre.

BGH, Urt. v. 14.11.2000 – VI ZR 149/99, ZIP 2001, 80 = NJW 2001, 967;
dazu EWiR 2001, 185 *(Andreas Schmidt)*;
BGH, Urt. v. 18.4.2005 – II ZR 61/03, ZIP 2005, 1026 = NJW 2005, 2546:

Hätte der Insolvenzverwalter die Zahlungen an die Sozialkasse nach der Insolvenzordnung anfechten können, entfällt mangels Kausalität der Schaden.

Dazu EWiR 2005, 743 *(S. Kuhn)*;
BGH, Urt. v. 29.9.2008 – II ZR 162/07, ZIP 2008, 2220 = NJW 2009, 295 Rn. 14:

Der Beklagte könnte sich auch nicht darauf berufen, dass bei einem rechtmäßigen Verhalten kein Schaden bei der Klägerin entstanden wäre, weil der Insolvenzverwalter eine Zahlung an die Klägerin nach §§ 129 ff. InsO angefochten hätte. Die Klägerin hat sich schon in der Klagebegründungsschrift darauf berufen, dass die tatsächlichen Voraussetzungen einer Insolvenzanfechtung nicht erfüllt gewesen wären. Der Beklagte hat Gegenteiliges nicht geltend gemacht, und auch das Berufungsgericht hat die Voraussetzungen einer Insolvenzanfechtung nicht festgestellt.

Dazu EWiR 2008, 557 *(Schulz/Schröder)*;
BGH, Urt. v. 16.2.2012 – IX ZR 218/10, WM 2012, 660 Rn. 11.

Daraus kann aber nicht der Umkehrschluss gezogen werden, dass auch für den Anspruch aus § 64 Satz 1 GmbHG, der einen Ersatzanspruch eigener Art begründet, ein Schaden bei bloßer Anfechtbarkeit entfällt. 807

Zu lösen könnte der Konflikt dadurch sein, dass dem Geschäftsführer der **Anspruch** nach § 143 Abs. 1 Satz 2 InsO **abgetreten** wird. 808

So OLG Oldenburg, Urt. v. 10.5.2004 – 15 U 13/04, GmbHR 2004, 1014.

Der Rückgewähranspruch nach § 143 InsO ist abtretbar. 809

BGH, Urt. v. 17.2.2011 – IX ZR 91/10, ZIP 2011, 1114 Rn. 8.

Dass der Geschäftsführer verlangen kann, nach Zahlung den Rückgewähranspruch gegen den Gläubiger abgetreten zu erhalten, liegt deshalb nahe. Wenn der Geschäftsführer die geleisteten Zahlungen erstattet, kann aber die Gläubigerbenachteiligung entfallen. Damit entfällt auch die Anfechtbarkeit gegenüber dem begünstigten Gläubiger, wenn die angefochtene Rechtshandlung nur zu einer mittelbaren Gläubigerbenachteiligung geführt hat. Der Geschäftsführer bleibt dann darauf verwiesen, statt des Gläubigers am Insolvenzverfahren teilzunehmen. Das ist auch deshalb gerechtfertigt, weil er dem Geschehen regelmäßig näher steht als der außenstehende Gläubiger. 810

11. Aufrechnung

Eine vor Insolvenzeröffnung bestehende Aufrechnungslage zwischen rückständigen Gehaltsansprüchen des Geschäftsführers und dem gegen ihn bestehenden Anspruch aus § 64 Satz 1 GmbHG ist nicht nach § 94 InsO geschützt, 811 weil die Aufrechnungslage durch eine anfechtbare Rechtshandlung erworben wurde, nämlich die verbotene Zahlung nach § 64 GmbHG.

> BGH, Urt. v. 19.11.2013 – II ZR 18/12, ZIP 2014, 22 Rn. 12;
> dazu EWiR 2014, 107 *(Seidel)*.

812 Offengelassen wurde, ob gegen den Anspruch aus § 64 Satz 1 GmbH GmbHG die **Aufrechnung** nicht von vornherein **ausgeschlossen** ist.

813 Richtigerweise ist davon aber auszugehen, weil schon in der Aufrechnung oder Verrechnung eine Zahlung liegt.

> BGH, Urt. v. 28.2.2012 – II ZR 244/10, ZIP 2012, 867 Rn. 21.

12. Verjährung

814 Der Ersatzanspruch verjährt nach § 64 Satz 4 GmbHG i. V. m. § 43 Abs. 4 GmbHG in **fünf Jahren**. Die Verjährung beginnt mit der Entstehung des Anspruchs und damit mit der Zahlung oder der die Masse schmälernden Maßnahme.

> BGH, Urt. v. 28.2.2012 – II ZR 244/10, ZIP 2012, 867 Rn. 22;
>
> BGH, Urt. v. 16.3.2009 – II ZR 32/08, ZIP 2009, 956 Rn. 20.

815 Der Anspruch entsteht mit der Zahlung.

> BGH, Beschl. v. 23.9.2010 – IX ZB 204/09, ZIP 2010, 2107 Rn. 13;
> missverständlich BGH, Urt. v. 11.9.2000 – II ZR 370/99, ZIP 2000, 1896, 1897;
>
> OLG München, Urt. v. 18.5.2017 – 23 U 5003/16, GmbHR 2017, 1090, 1091;
> m. Anm. *Poertzgen*, GmbHR 2017, 1092.

816 Er entsteht nicht erst mit der Insolvenzeröffnung und setzt sie daher auch nicht voraus.

> BGH, Beschl. v. 23.9.2010 – IX ZB 204/09, ZIP 2010, 2107 Rn. 13;
> missverständlich BGH, Urt. v. 11.9.2000 – II ZR 370/99, ZIP 2000, 1896, 1897;
>
> a. A. OLG Karlsruhe, Urt. v. 12.9.2017 – 8 U 97/16, GmbHR 2018, 913, 920.

13. Prozessuales

817 Das deutsche Gericht am Sitz der Gesellschaft ist **international zuständig.** Entweder, wenn der Anspruch vom Insolvenzverwalter geltend gemacht wird, weil er formell insolvenzrechtlich einzuordnen ist, nach Art. 3 Abs. 1 EuInsVO a. F. bzw. Art. 6 Abs. 1 EuInsVO n. F. für nach dem 26. Juni 2017 eröffnete Verfahren.

> EuGH, Urt. v. 4.12.2014 – C-295/13, ZIP 2015, 196 Rn. 24;
> dazu EWiR 2015, 93 *(Mankowski)*;
>
> BGH, Beschl. v. 3.6.2014 – II ZR 34/13, ZIP 2014, 1986 Rn. 4;
> dazu EWiR 2014, 715 *(Cranshaw)*;
>
> OLG Köln, Beschl. v. 9.6.2011 – 18 W 34/11, ZIP 2012, 1000.

Das gilt auch, soweit der beklagte Geschäftsführer seinen Wohnsitz in der **Schweiz** hat. 818

EuGH, Urt. v. 4.12.2014 – C-295/13, ZIP 2015, 196 Rn. 24;
dazu EWiR 2015, 93 *(Mankowski)*.

Allerdings dürfte in der Schweiz ein deutsches Urteil nicht anerkannt werden, wenn die Zuständigkeit auf die EuInsVO und nicht das LugÜ gegründet wird. 819

Schweizerisches Bundesgericht Lausanne, Urt. v. 8.5.2014 – 4A 740/2012, ZIP 2014, 2095;
m. Bespr. *Piekenbrock*, ZIP 2014, 2067.

Wenn nicht der Insolvenzverwalter klagt, kommt auch der Gerichtsstand des Erfüllungsorts nach Art. 7 Nr. 1b EuGVVO/Art. 5 Nr. 1b LugÜ infrage. 820

Vgl. BGH, Beschl. v. 3.6.2014 – II ZR 34/13, ZIP 2014, 1986 Rn. 3;
dazu EWiR 2014, 715 *(Cranshaw)*;
OLG Köln, Beschl. v. 9.6.2011 – 18 W 34/11, ZIP 2012, 1000.

Auch wenn es sich nicht um einen deliktsrechtlichen Anspruch i. S. d. deutschen Rechts handelt, 821

BGH, Beschl. v. 11.2.2008 – II ZR 291/06, ZIP 2008, 1026 Rn. 6,

kommt auch eine internationale Zuständigkeit nach Art. 7 Nr. 3 EuGVVO/Art. 5 Nr. 3 LugÜ am Sitz der Gesellschaft infrage, weil der Begriff der unerlaubten Handlung bzw. der ihr gleichgestellten Handlung autonom auszulegen ist.

Vgl. BGH, Beschl. v. 3.6.2014 – II ZR 34/13, ZIP 2014, 1986 Rn. 3;
dazu EWiR 2014, 715 *(Cranshaw)*;
OLG Karlsruhe, Urt. v. 22.12.2009 – 13 U 102/09, ZIP 2010, 2123;
m. abl. Bespr. *Haas*, NZG 2010, 495.

National ist nach § 29 Abs. 1 ZPO das Gericht am Sitz der Gesellschaft im Gerichtsstand des **Erfüllungsorts** zuständig. Es gibt keinen Grund, den Anspruch nach § 64 Satz 1 GmbHG anders als den Organhaftungsanspruch nach § 43 GmbHG zu behandeln. 822

Vgl. BGH, Urt. v. 10.2.1992 – II ZR 23/91, WM 1992, 691 (zu § 43 GmbHG);
OLG München, Beschl. v. 16.7.2018 – 34 AR 11/18, GmbHR 2018, 1027, 1028;
OLG München, Beschl. v. 18.5.2017 – 34 AR 80/17, ZIP 2018, 100;
Offen OLG Stuttgart, Beschl. v. 16.11.2015 – 14 AR 2/15, GmbHR 2016, 124;
OLG Naumburg, Beschl. v. 25.4.2017 – 1 AR 2/17, GmbHR 2017, 1273;
OLG Hamm, Beschl. v. 22. August 2016 – I-32 SA 41/16, NJW-RR 2017, 94.

823 Die **Streitgegenstände** einer auf Pflichtverletzungen des Geschäftsführers nach § 43 Abs. 2 GmbHG und einer auf Zahlungen entgegen § 64 Satz 1 GmbHG gestützten Klage sind regelmäßig verschieden.

OLG München, Urt. v. 9.8.2018 – 23 U 2936/17, GmbHR 2018, 1058, 1062.

824 Ebenso ist der Streitgegenstand einer Klage auf Ersatz des Altgläubiger-Quotenschadens und des Anspruchs auf Ersatz von Zahlungen verschieden.

OLG München, Urt. v. 18.5.2017 – 23 U 5003/16, GmbHR 2017, 1090, 1091;
m. Anm. *Poertzgen*, GmbHR 2017, 1092.

14. Regress

a) Steuerberater und Wirtschaftsprüfer

825 Der Geschäftsführer kann in den **Schutzbereich** eines zwischen einer GmbH und einem Steuerberater geschlossenen Vertrags einbezogen sein, welcher die Prüfung einer möglichen Insolvenzreife der GmbH zum Gegenstand hat, sodass bei fehlerhafter Beratung ein Ersatzanspruch des Geschäftsführers, der wegen einer Zahlung nach § 64 GmbHG in Anspruch genommen wird, bestehen kann.

BGH, Urt. v. 14.6.2012 – IX ZR 145/11, BGHZ 193, 297 = NJW 2012, 3165 Rn. 12.

826 Voraussetzung ist grundsätzlich, dass sich der Steuerberater vertraglich zur Prüfung der Insolvenzreife verpflichtet hatte.

BGH, Beschl. v. 6.2.2014 – IX ZR 53/13, ZIP 2014, 583 Rn. 3;
BGH, Urt. v. 14.6.2012 – IX ZR 145/11, BGHZ 193, 297 = NJW 2012, 3165 Rn. 9.

827 Das steuerberatende **Dauermandat** von einer GmbH begründet bei üblichem Zuschnitt grundsätzlich keine Pflicht, die Mandantin bei einer Unterdeckung in der Handelsbilanz auf die Pflicht ihres Geschäftsführers hinzuweisen, eine Überprüfung in Auftrag zu geben oder selbst vorzunehmen, ob Insolvenzreife besteht.

BGH, Urt. v. 7.3.2013 – IX ZR 64/12, ZIP 2013, 829 Rn. 19.

828 Besteht allerdings für eine Kapitalgesellschaft ein Insolvenzgrund, scheidet eine Bilanzierung nach Fortführungswerten aus, wenn innerhalb des Prognosezeitraums damit zu rechnen ist, dass das Unternehmen noch vor dem Insolvenzantrag, im Eröffnungsverfahren oder alsbald nach Insolvenzeröffnung stillgelegt werden wird. Der mit der Erstellung eines Jahresabschlusses für eine GmbH beauftragte Steuerberater ist daher verpflichtet, zu prüfen, ob sich auf der Grundlage der ihm zur Verfügung stehenden Unterlagen und der ihm sonst bekannten Umstände tatsächliche oder rechtliche Gegebenheiten ergeben, die einer Fortführung der Unternehmenstätigkeit entgegenstehen können. Hinge-

gen ist er nicht verpflichtet, von sich aus eine Fortführungsprognose zu erstellen und die hierfür erheblichen Tatsachen zu ermitteln.

BGH, Urt. v. 26.1.2017 – IX ZR 285/14, ZIP 2017, 427 Rn. 19.

Der mit der Erstellung eines Jahresabschlusses für eine GmbH beauftragte Steuerberater hat die Mandantin auf einen möglichen **Insolvenzgrund** und die daran anknüpfende Prüfungspflicht ihres Geschäftsführers hinzuweisen, wenn entsprechende Anhaltspunkte offenkundig sind und er annehmen muss, dass die mögliche Insolvenzreife der Mandantin nicht bewusst ist. 829

BGH, Urt. v. 26.1.2017 – IX ZR 285/14, ZIP 2017, 427 Rn. 44.

Eine Haftung soll sich dagegen nicht schon aus dem Rat ergeben, bei bilanzieller Unterdeckung eine Rangrücktrittserklärung abzugeben. 830

BGH, Urt. v. 7.3.2013 – IX ZR 64/12, ZIP 2013, 829 Rn. 23.

Dagegen kann der vertraglich lediglich mit der Erstellung der Steuerbilanz betraute Steuerberater der Gesellschaft wegen der Folgen der dadurch bedingten verspäteten Insolvenzantragstellung haften, wenn er erklärt, dass eine insolvenzrechtliche Überschuldung nicht vorliege, er also auch ohne vertragliche Verpflichtung einen Rat tatsächlich erteilt. 831

BGH, Beschl. v. 6.2.2014 – IX ZR 53/13, ZIP 2014, 583 Rn. 3;
BGH, Urt. v. 6.6.2013 – IX ZR 204/12, NJW 2013, 2345 Rn. 13.

Dort wird der Hinweis auf eine rein bilanzielle Überschuldung als Bewertung verstanden, dass eine insolvenzrechtliche Überschuldung gerade nicht vorliege, und der Hinweis auf eine Rangrücktrittsvereinbarung und den Firmenwert soll belegen, dass der Steuerberater eine über die steuerliche Bilanzierung hinausgehende Leistung erbracht hat. 832

Den Steuerberater treffen auch weitergehende vertragliche **Hinweispflichten**, wenn er bei einem rein steuerrechtlichen Mandat mit dem Vertretungsorgan in konkrete Erörterungen über eine etwaige Insolvenzreife der von ihm beratenen Gesellschaft eintritt. Wird der steuerliche Berater in einem Beratungsgespräch von dem Mandanten unmittelbar mit der konkreten Frage einer Insolvenzreife des Unternehmens konfrontiert, muss er schon mit Rücksicht auf die vielfältigen damit verbundenen rechtlichen Folgen dem Mandanten einen Weg aufzeigen, der ihm die Feststellung ermöglicht, ob eine Insolvenz vorliegt oder nicht. Dies kann geschehen, indem der steuerliche Berater auf der Grundlage eines ihm dann erteilten besonderen Auftrags selbst eine verbindliche gutachtliche Stellungnahme abgibt. Sieht sich der steuerliche Berater hierzu – sei es wegen fehlender Fachkunde oder mit Rücksicht auf eine komplexe Tatsachengrundlage – nicht in der Lage, muss er den Mandanten darauf hinweisen, zum Zwecke der erbetenen Klärung einem geeigneten Dritten einen Prüfauftrag zu erteilen. 833

BGH, Beschl. v. 6.2.2014 – IX ZR 53/13, ZIP 2014, 583 Rn. 5.

b) D&O-Versicherung

834 Daneben kommt in Betracht, dass der Haftungsanspruch gegen den Geschäftsführer von einer **D&O-Versicherung** gedeckt ist (siehe Rn. 469 ff.).

835 Der Insolvenzverwalter haftet dem Geschäftsführer nicht und dieser kann keinen **Mitverschuldenseinwand** erheben, wenn er eine D&O-Versicherung nicht aufrechterhält. Der Geschäftsführer einer insolventen GmbH gehört nicht zu dem Kreis der von § 82 InsO geschützten Beteiligten. Den Insolvenzverwalter treffen Versicherungspflichten ausschließlich im Interesse des Schuldners und seiner Gläubiger zum Zweck der Obhut und des Erhalts des Schuldnervermögens.

> BGH, Beschl. v. 14.4.2016 – IX ZR 161/15, ZIP 2016, 1126 Rn. 15; dazu EWiR 2016, 435 *(Swierczok)*;
>
> BGH, Urt. v. 10.1.2017 – II ZR 94/15, BGHZ 213, 224 = ZIP 2017, 472 Rn. 36.

III. Zahlungen an Gesellschafter

836 Mit dem MoMiG wurde eine Haftung in § 64 Satz 3 GmbHG eingeführt für Zahlungen an den Gesellschafter, die zur Zahlungsunfähigkeit der Gesellschaft führen mussten. Die Vorschrift steht zwischen der Haftung des Geschäftsführers für Zahlungen, mit denen das Kapital der Gesellschaft zurückgezahlt wird (§§ 43 Abs. 2, 30 Abs. 1 GmbHG), und der Existenzvernichtungshaftung.

> BT-Drucks. 16/6140, S. 46.

1. Anwendungsbereich

837 Die Haftung trifft nach § 64 Satz 3 GmbHG den Geschäftsführer einer **GmbH**. Nach § 130a Abs. 1 Satz 3 HGB gilt entsprechendes für Zahlungen an Gesellschafter einer OHG, wenn kein Gesellschafter eine natürliche Person ist oder der organschaftliche Vertreter eine Gesellschaft ohne natürliche Personen als Gesellschafter ist. Für Zahlungen an Kommanditisten einer **GmbH und Co. KG** gilt § 130a Abs. 1 Satz 3 HGB über § 177a Satz 1 HGB. Für die AG enthält § 92 Abs. 2 Satz 3 eine entsprechende Vorschrift.

838 Die Vorschrift soll nach dem Willen des Gesetzgebers eine insolvenzrechtliche Vorschrift sein und auch in Insolvenzverfahren über das Vermögen **ausländischer Gesellschaften** anwendbar sein, deren Tätigkeitsmittelpunkt im Inland liegt, Art. 3 Abs. 1, 4 Abs. 1 EuInsVO.

> BT-Drucks. 16/6140, S. 47;
> *Greulich/Rau*, NZG 2008, 565, 566.

839 Das ist fraglich nachdem die Vorschrift in § 64 Abs. 1 GmbHG a. F. zur Insolvenzantragspflicht ausdrücklich gesellschaftsformneutral nach § 15a InsO verschoben wurde und zwar Parallelvorschriften zu § 64 Satz 3 GmbHG bei anderen Gesellschaftsformen vorhanden, aber jeweils formspezifisch ausgestaltet sind. Zudem betrifft § 64 Satz 3 GmbHG die Insolvenzverursachung und damit einen vor dem Beginn der Insolvenz liegenden Zeitraum.

Kritisch auch *Hirte*, NZG 2008, 761, 764;
J. Roth, GmbHR 2008, 1184, 1190;
Gehrlein, WM 2008, 761, 769.

Für die insolvenzrechtliche Einordnung werden die tatbestandliche Anknüpfung an die Zahlungsunfähigkeit, die präventive insolvenzrechtliche Schutzrichtung und die im Interesse der Gläubigergesamtheit liegende Zahlungspflicht in das Gesellschaftsvermögen angeführt. 840

Greulich/Rau, NZG 2008, 565, 566.

2. Schuldner

Der Anspruch richtet sich gegen den **Geschäftsführer** der Gesellschaft, der im Zeitpunkt der Zahlung Geschäftsführer ist. Ebenso wie § 64 Satz 1 GmbHG richtet sich der Anspruch auch gegen einen **faktischen Geschäftsführer** (siehe Rn. 89 ff.). 841

Hirte, ZInsO 2008, 689, 698;
Gehrlein, Das neue GmbH-Recht, Rn. 110.

Wie bei § 64 Satz 1 GmbHG ist nicht Voraussetzung, dass der Geschäftsführer die Zahlung eigenhändig veranlasst hat; es genügt, dass er Handlungen seiner Mitarbeiter nicht verhindert. 842

Da § 64 Satz 3 GmbHG keinen deliktischen Anspruch begründet, sondern einen Ersatzanspruch eigener Art, 843

a. A. *K. Schmidt*, GmbHR 2007, 1, 6,

ist eine Teilnahme nach § 830 BGB – etwa durch den Gesellschafter – nicht möglich.

Greulich/Rau, NZG 2008, 284, 286.

Der Gesellschafter haftet nach § 826 BGB, wenn die Voraussetzungen einer Existenzvernichtungshaftung gegeben sind. 844

3. Gläubiger

Der Anspruch steht wie der Anspruch nach § 64 Satz 1 GmbHG der **Gesellschaft** zu. In der Insolvenz ist er vom Insolvenzverwalter als Partei kraft Amtes geltend zu machen. Wird die Eröffnung des Insolvenzverfahrens abgelehnt oder das Insolvenzverfahren eingestellt, können die Gläubiger den der Gesellschaft zustehenden Anspruch pfänden und sich zur Einziehung überweisen lassen. Insoweit bestehen keine Unterschiede zum Anspruch nach § 64 Satz 1 GmbHG (siehe Rn. 518 und Rn. 61 ff.) oder der Haftung für Existenzvernichtung (siehe Rn. 898 f.). 845

4. Zahlung an Gesellschafter

a) Zahlung

846 Unter Zahlung ist wie in § 64 Satz 1 GmbHG jede Leistung zu verstehen, die die Aktiva der Gesellschaft vermindert.

847 Der Gesetzgeber wollte an § 64 Abs. 2 GmbHG a. F. anknüpfen. Unter Zahlung fällt daher nicht die Begründung einer Verbindlichkeit, sondern erst die Leistung.

Spliedt, ZIP 2009, 149, 159.

848 Zwar kann eine Leistung auf eine fällige Schuld regelmäßig die Zahlungsunfähigkeit nicht herbeiführen, weil die Verbindlichkeit bereits in der Liquiditätsbilanz zu berücksichtigen war.

BGH, Urt. v. 9.10.2012 – II ZR 298/11, ZIP 2012, 2391 Rn. 10;
m. Anm. *Wenzler*, GmbHR 2013, 33.

849 Allenfalls die Vergrößerung einer Deckungslücke auf 10 % und mehr durch die Zahlung auf eine bereits fällige Gesellschafterforderung kommt insoweit als insolvenzverursachend infrage.

BGH, Urt. v. 9.10.2012 – II ZR 298/11, ZIP 2012, 2391 Rn. 13;
m. Anm. *Wenzler*, GmbHR 2013, 33.

850 Das führt aber, nachdem der Gesetzgeber bewusst an den herkömmlichen Zahlungsbegriff angeknüpft hat, nicht zu einem anderen Verständnis des Begriffs „Zahlung“ als in Satz 1.

851 Zahlungen können daher auch andere Leistungen als Geldleistungen sein.

RegE MoMiG, BT-Drucks. 16/6140 S. 46;
Offengelassen bei BGH, Urt. v. 9.10.2012 – II ZR 298/11,
ZIP 2012, 2391 Rn. 13;
m. Anm. *Wenzler*, GmbHR 2013, 33.

852 Darunter fallen auch Dienstleistungen oder die Übertragung von Vermögensgegenständen. Auch die Bestellung einer Sicherheit für den Gesellschafter wird erfasst.

Knof, DStR 2007, 1536, 1537.

853 Allerdings ist insoweit streitig, ob die Sicherheitenbestellung einer Zahlung erst gleichsteht, wenn kein liquider Rückgriffsanspruch besteht,

MünchKommGmbHG/*H. F. Müller*, § 64 Rn. 159 m. w. N.,

oder zusätzlich die Inanspruchnahme wahrscheinlich sein muss,

Lutter/Hommelhoff/*Kleindiek* § 64 Rn. 26 m. w. N.,

oder bereits mit der Sicherheitenbestellung ein Liquiditätsverlust einhergehen muss.

Brand, ZIP 2012, 1010, 1012.

Wenn die Gesellschaft eine gleichwertige **Gegenleistung** erhält, soll wie bei Satz 1 (siehe Rn. 714 ff.) nicht i. S. v. § 64 Satz 3 GmbHG gezahlt werden. 854

Gehrlein, Das neue GmbH-Recht, Rn. 111;
Greulich/Rau, NZG 2008, 284, 287.

Dann liegt insbesondere beim Leistungsaustausch in einem Konzern bei Gleichwertigkeit der Leistungen noch keine Zahlung vor. 855

Kritisch *Böcker/Poertzgen*, WM 2007, 1203, 1204.

Auch die Auszahlung an den Gesellschafter als Darlehen soll keine Zahlung sein, wenn ein vollwertiger Rückzahlungsanspruch besteht. 856

Allerdings ist fraglich, ob die Wertungen von Satz 1 ohne Weiteres auf Satz 3 übertragen werden können. Satz 3 schützt nämlich im Gegensatz zu Satz 1 nicht die Masse vor Auszehrung, sondern vor der Verursachung der Zahlungsunfähigkeit. Die Zahlungsunfähigkeit kann aber auch durch einen Aktiventausch verursacht werden; nur bei einem **liquiden Anspruch** auf die Gegenleistung fehlt die Kausalität. 857

BT-Drucks. 16/6140, S. 46.

Ein Darlehen der Gesellschaft an den Gesellschafter führt nur dann zu einem liquiden „Gegen"-Anspruch, wenn es jederzeit zurückgefordert werden kann und der Rückzahlungsanspruch vollwertig ist (§ 30 Abs. 1 Satz 2 GmbHG). 858

Die Rückzahlung eines Gesellschafterdarlehens ist nach § 30 Abs. 1 Satz 3 GmbHG zwar grundsätzlich erlaubt, kann aber nach § 64 Satz 3 GmbHG dennoch ersatzpflichtig machen, nämlich wenn sie zur Zahlungsunfähigkeit führt. 859

Vgl. BGH, Urt. v. 9.10.2012 – II ZR 298/11, ZIP 2012, 2391 Rn. 15 f.;
m. Anm. *Wenzler*, GmbHR 2013, 33;
Römermann, GmbHR-Sonderheft 2008, 62, 68.

Fraglich ist, ob es der aktiven Zahlung gleich steht, wenn der Geschäftsführer es unterlässt, eine Forderung geltend zu machen, etwa eine Rückforderung im Cash-Pool oder eines Gesellschaftsdarlehens. 860

Dafür *Greulich/Rau*, NZG 2008, 284, 287;
dagegen MünchKommGmbHG/*H. F. Müller*, § 64 Rn. 159 m. w. N.

b) Leistungsempfänger

Von § 64 Satz 3 GmbHG werden nur Zahlungen an den **Gesellschafter** erfasst. Dem Gesellschafter gleichzustellen sind Dritte, die mit dem **Gesellschafter verbunden** sind, sodass die Zahlung ihm mittelbar zugutekommt. Insoweit gelten dieselben Grundsätze, wie sie die Rechtsprechung zur Rückzahlung eigenkapitalersetzender Darlehen an mit dem Gesellschafter verbundene Personen entsprechend §§ 30 Abs. 1, 31 Abs. 1 GmbHG a. F. entwickelt hat. 861

Gehrlein, Der Konzern 2007, 771, 795;
Knof, DStR 2007, 1536, 1538;
Lutter/Hommelhoff/*Kleindiek* § 64 Rn. 26.

862 Der **ausgeschiedene Gesellschafter** ist kein Gesellschafter mehr und damit kein Leistungsempfänger i. S. d. § 64 Satz 3 GmbHG. Insoweit gibt es nach der Abschaffung des Eigenkapitalersatzrechts durch das MoMiG keine „verstrickten" Forderungen mehr, die dazu führen, dass er wie ein Gesellschafter zu behandeln ist.

BGH, Beschl. v. 15.11.2011 – II ZR 6/11, ZIP 2012, 86
= NJW 2012, 682;
dazu EWiR 2012, 91 *(Rendels)*;
m. Anm. *Bormann*, GmbHR 2012, 208.

863 Ob zur Verhinderung von Umgehungsversuchen durch Ausscheiden oder Abtretung die Jahresfrist von § 135 Abs. 1 Nr. 2 InsO entsprechend anzuwenden ist,

Bormann, GmbHR 2012, 208,

auf den Zeitpunkt der Begründung des Rechtsgrundes der Zahlung abzustellen ist,

Lutter/Hommelhoff/*Kleindiek* § 64 Rn. 26 m. w. N.
MünchKommGmbHG/*H. F. Müller*, § 64 Rn. 163,

oder nur in Umgehungsfällen der ausgeschiedene Gesellschafter noch einem Gesellschafter gleichzustellen ist, hat der Bundesgerichtshof noch nicht entschieden.

5. Verursachung der Zahlungsunfähigkeit

864 Der Geschäftsführer haftet nur für Zahlungen, die zur Zahlungsunfähigkeit der Gesellschaft führen **mussten**. Die Eignung, die Zahlungsunfähigkeit herbeizuführen, genügt aber nicht; vielmehr muss Zahlungsunfähigkeit tatsächlich eintreten.

BT-Drucks. 16/6140, S. 46.

865 Eine Haftung scheidet daher aus, wenn die Gesellschaft auch unverhofft weitere Liquidität erhält oder dem Geschäftsführer nach der Zahlung und einer drohenden Zahlungsunfähigkeit die Sanierung der Gesellschaft gelingt.

Gehrlein, Das neue GmbH-Recht, Rn. 112.

866 Dagegen muss die Zahlung nicht zur Insolvenzeröffnung führen. Abgesehen von der Ablehnung mangels Masse werden auch die Fälle erfasst, in denen die Gesellschaft nach Eintritt der Insolvenzreife still liquidiert wird.

867 Das Herbeiführen der Überschuldung wird nicht erfasst; insoweit haftet der Geschäftsführer nur nach §§ 43 Abs. 3 i. V. m. § 30 GmbHG.

Nicht jede Zahlung, die irgendwie äquivalent kausal für die Zahlungsunfähigkeit wird, theoretisch auch mit großem zeitlichem Abstand, kann zur Ersatzpflicht des Geschäftsführers führen. 868

BT-Drucks. 16/6140, S. 47.

Die **Zurechnung** ist daher entsprechend dem Schutzzweck der Norm zu begrenzen. Sicher besteht eine Ersatzpflicht, wenn eine Zahlung unmittelbar zur die Zahlungsunfähigkeit begründenden Liquiditätslücke (siehe Rn. 538) führt, etwa zugunsten des Gesellschafters die Konten geräumt werden, oder die Liquiditätslücke über 10 % hinaus vergrößert. 869

BGH, Urt. v. 9.10.2012 – II ZR 298/11, ZIP 2012, 2391 Rn. 13;
m. Anm. *Wenzler*, GmbHR 2013, 33;
Böcker/Poertzgen, WM 2007, 1203, 1204.

Bei der Betrachtung der Liquiditätslücke ist die mit der Zahlung bediente fällige Forderung des Gesellschafters zu berücksichtigen, weil sonst bereits Zahlungsunfähigkeit bestanden hätte und sie nicht erst mit der Zahlung herbeigeführt worden wäre. 870

BGH, Urt. v. 9.10.2012 – II ZR 298/11, ZIP 2012, 2391 Rn. 10;
m. Anm. *Wenzler*, GmbHR 2013, 33.

Die Zahlungsunfähigkeit kann auch durch Zahlungen auf nicht im insolvenzrechtlichen Sinn fällige Forderungen verursacht werden, etwa auf mit einem Rangrücktritt versehene Gesellschafterdarlehen. 871

BGH, Urt. v. 9.10.2012 – II ZR 298/11, ZIP 2012, 2391 Rn. 13;
m. Anm. *Wenzler*, GmbHR 2013, 33.

Eine Haftung kommt auch in Betracht, wenn die Zahlung erst zusammen mit anderen Ursachen die Zahlungsunfähigkeit herbeiführt. 872

BGH, Urt. v. 9.10.2012 – II ZR 298/11, ZIP 2012, 2391 Rn. 13;
m. Anm. *Wenzler*, GmbHR 2013, 33;
Greulich/Rau, NZG 2008, 284, 288;
Gehrlein, Das neue GmbH-Recht, Rn. 112;
enger – mehr als existenzvernichtender Eingriff –
S. Meyer, BB 2008, 1742, 1746.

Das kann etwa der Fall sein, wenn Kreditgeber außerhalb des Gesellschafterkreises vom Stehenlassen der Gesellschafterforderung den Fortbestand, die Verlängerung oder die Gewährung ihrer Kredite abhängig gemacht haben und sie deren Begleichung ihrerseits zum Anlass für das Verlangen nach Kreditrückführung nehmen. 873

BGH, Urt. v. 9.10.2012 – II ZR 298/11, ZIP 2012, 2391 Rn. 13;
m. Anm. *Wenzler*, GmbHR 2013, 33.

Dabei wird in **zeitlicher Hinsicht** vorausgesetzt, dass sich infolge einer Zahlung die Zahlungsunfähigkeit mit überwiegender Wahrscheinlichkeit (mehr als 50 %) bereits abzeichnet, also im Zeitpunkt der Zahlung ex ante ein ent- 874 sprechendes Urteil bei Kenntnis der Liquiditätslage der Gesellschaft gefällt werden kann.

Greulich/Rau, NZG 2008, 284, 288;
Gehrlein, Das neue GmbH-Recht, Rn. 112;
Knof, DStR 2007, 1536, 1540;
Spliedt, ZIP 2009, 149, 160.

875 Nur auf eine Dreiwochenfrist, wie sie der BGH bei der Liquiditätsbilanz zur Feststellung der Zahlungsunfähigkeit zugrunde legt, kann jedenfalls nicht abgestellt werden.

Theiselmann/Redeker, GmbHR 2008, 961, 967.

876 An dieser Zurechenbarkeit fehlt es insbesondere, wenn ein plötzliches Ereignis – etwa die Insolvenz eines Geschäftspartners, eine Kreditkündigung, mit der nicht gerechnet werden musste, etc. – zur Zahlungsunfähigkeit führt.

Spliedt, ZIP 2009, 149, 160.

877 Eine Abfolge von Überschuldung, drohender Zahlungsunfähigkeit und Zahlungsunfähigkeit,

so *Hölzle*, GmbHR 2007, 729, 731,

ist aber nicht erforderlich.

Greulich/Rau, NZG 2008, 284, 288.

878 Das unterlassene Geltendmachen eines Anspruchs oder die unterlassene Kündigung eines Darlehens an einen Gesellschafter, wenn dieser in die Krise gerät, kann – wenn man darunter überhaupt eine Zahlung versteht (siehe Rn. 315) – nur dann zur Zahlungsunfähigkeit führen, wenn bei rechtzeitigem Handeln der Anspruch auch tatsächlich hätte realisiert werden können. Daran fehlt es, wenn die GmbH in der Insolvenz des Anspruchsgegners ausgefallen wäre oder die Forderung zeitverzögert erst nach Abschluss eines Insolvenzverfahrens befriedigt worden wäre.

6. Verschulden

879 Die Haftung setzt Verschulden voraus, wobei Fahrlässigkeit genügt. Das Verschulden wird nach der Formulierung in Satz 3 vermutet. Es fehlt, wenn auch mit der Sorgfalt eines ordentlichen Geschäftsmanns nicht erkennbar war, dass die Leistung der Gesellschaft zur Zahlungsunfähigkeit der Gesellschaft führen musste. Die Entlastung verlangt in der Regel, dass der Geschäftsführer eine **kontinuierliche Finanzplanung** erstellt und sich daraus kein Anhalt für eine drohende Zahlungsunfähigkeit ergibt.

S. Meyer, BB 2008, 1742, 1746;
Gehrlein, Das neue GmbH-Recht, Rn. 114.

880 Die **Weisung** der Gesellschafter entlastet den Geschäftsführer nicht, §§ 64 Satz 4, 43 Abs. 3 Satz 3 GmbHG.

Hirte, NZG 2008, 761, 765.

Wenn der Gesellschafter eine Zahlung, etwa die Auszahlung eines Darlehens, verlangt, das der Geschäftsführer wegen der Gefahr der Zahlungsunfähigkeit trotz § 30 Abs. 1 Satz 2 GmbHG nicht leisten darf, begründet § 64 Satz 3 GmbHG ein Leistungsverweigerungsrecht auch für die Gesellschaft. 881

BGH, Urt. v. 9.10.2012 – II ZR 298/11, ZIP 2012, 2391 Rn. 18;
m. Anm. *Wenzler*, GmbHR 2013, 33;

a. A. OLG München, Urt. v. 6.5.2010 – 23 U 1564/10, ZIP 2010, 1236;

OLG München, Urt. v. 22.12.2010 – 7 U 4960/07, ZIP 2011, 225.

7. Umfang des Ersatzes

Der Geschäftsführer hat der Gesellschaft die geleistete Zahlung, bei anderen als Geldleistungen, deren Wert zu ersetzen. Entsprechend § 255 BGB ist ihm ein eventueller Ersatzanspruch gegen den Gesellschafter nach Erstattung abzutreten. 882

8. Darlegungs- und Beweislast

Die Gesellschaft, also in der Praxis **Insolvenzverwalter** oder Gläubiger haben die Darlegungs- und Beweislast für Zahlungen und die Kausalität der Zahlung für die Zahlungsunfähigkeit. 883

MünchKommGmbHG/*H. F. Müller*, § 64 Rn. 172;
Gehrlein, Das neue GmbH-Recht, Rn. 113.

Fehlen Buchhaltungsunterlagen oder eine dokumentierte Finanzplanung, hat der Geschäftsführer sich im Rahmen der sekundären Darlegungslast auch hinsichtlich der Kausalität zu entlasten. 884

Greulich/Rau, NZG 2008, 284, 289;
Knof, DStR 2007, 1580, 1585;
Gehrlein, Das neue GmbH-Recht, Rn. 113.

Das Verschulden des Geschäftsführers wird vermutet, sodass er sich insoweit entlasten muss. 885

9. Verjährung

Der Ersatzanspruch verjährt nach § 64 Satz 4 GmbHG i. V. m. § 43 Abs. 4 GmbHG in **fünf Jahren**. Die Verjährung beginnt mit der Entstehung des Anspruchs. Der Anspruch entsteht mit der Zahlung, nicht erst mit der Zahlungsunfähigkeit. Zwar muss die Zahlung zur Zahlungsunfähigkeit führen; es genügt aber, dass sie dazu geeignet ist und später Zahlungsunfähigkeit eintritt. 886

10. Konkurrenzen

Zur Haftung nach § 64 Satz 3 GmbHG kann ein Anspruch nach § 43 Abs. 3 i. V. m. § 30 Abs. 1 GmbHG konkurrieren. Beide Ansprüche, die keine identischen Voraussetzungen haben, kommen nebeneinander in Betracht. 887

888 Das gilt auch für einen Anspruch nach §§ 826, 830 BGB gegen den Geschäftsführer wegen **Existenzvernichtungshaftung**. Die Existenzvernichtungshaftung verlangt neben dem Vorsatz des Gesellschafters und einem existenzvernichtenden Eingriff auch Beteiligungsvorsatz des Geschäftsführers, während für die Haftung nach § 64 Satz 3 GmbHG Fahrlässigkeit genügt und eine Leistung der Gesellschaft ohne Eingriffscharakter genügt.

889 Der Anspruch nach § 64 Satz 3 GmbHG kann auch neben den Ersatzanspruch nach **§ 64 Satz 1 GmbHG** auf Erstattung von Zahlungen treten, wenn bei bestehender Insolvenzreife wegen Überschuldung eine Zahlung an den Gesellschafter erst die Zahlungsunfähigkeit verursacht.

IV. Existenzvernichtung

890 Die Haftung wegen existenzvernichtenden Eingriffs hat die Rechtsprechung zum qualifiziert faktischen Konzern abgelöst und wurde vom BGH zunächst als Außenhaftung konzipiert.

Vgl. BGH, Urt. v. 17.9.2001 – II ZR 178/99, BGHZ 149, 10 = ZIP 2001, 1874 = NJW 2001, 3622;

BGH, Urt. v. 25.2.2002 – II ZR 196/00, BGHZ 150, 61 = ZIP 2002, 848 = NJW 2002, 1803;
dazu EWiR 2002, 679 *(Blöse)*;

BGH, Urt. v. 24.6.2002 – II ZR 300/00, BGHZ 151, 181 = ZIP 2002, 1578 = NJW 2002, 3024.

891 Diese Außenhaftung wurde später zugunsten einer **Innenhaftung** nach § 826 BGB aufgegeben.

BGH, Urt. v. 16.7.2007 – II ZR 3/04, BGHZ 173, 246 = ZIP 2007, 1552 = NJW 2007, 2689 (Trihotel):

Der missbräuchliche Eingriff in das Gesellschaftsvermögen unter Verstoß gegen die Verpflichtung zur Respektierung seiner Zweckbindung zur vorrangigen Gläubigerbefriedigung ist freilich schon begrifflich und auch funktionell kein Missbrauch der Rechtsform, der als solcher an den Fehlgebrauch der Rechtsform selbst anknüpft und nur bei ihrer Schaffung oder beim Gebrauchmachen von ihr, also beim Abschluss von Geschäften denkbar ist. Deshalb kommt als gebotener Ausgleich für den kompensationslosen, durch missbräuchlichen Eingriff verursachten Entzug des Gesellschaftsvermögens entsprechend dem grundsätzlich geltenden präventiven „Basisschutzkonzept" der §§ 30, 31 GmbHG nur eine Ersatzhaftung gegenüber der Gesellschaft selbst als Trägerin des geschädigten Gesellschaftsvermögens und damit eine Innenhaftung in Betracht.

Dazu EWiR 2007, 554 *(Wilhelm)*;
m. Anm. *Schröder*, GmbHR 2007, 934;
m. Bespr. *Altmeppen*, NJW 2007, 2657;
m. Bespr. *Weller*, ZIP 2007, 1681;
vgl. dazu auch *Habersack*, ZGR 2008, 533;
kritisch *Hönn*, WM 2008, 769;

BGH, Urt. v. 13.12.2007 – IX ZR 116/06, ZIP 2008, 455 = GmbHR 2008, 322;
dazu EWiR 2008, 433 *(Wilhelmi)*;

BGH, Urt. v. 28.4.2008 – II ZR 264/06, BGHZ 176, 204 = ZIP 2008, 1232 = NJW 2008, 2437 (GAMMA);
dazu EWiR 2008, 493 *(Bruns)*;
m. Anm. *Ulrich*, GmbHR 2008, 810;
m. Anm. *Möller*, BB 2008, 1701;
m. Bespr. *Altmeppen*, ZIP 2008, 1201;
m. Bespr. *Kleindiek*, NZG 2008, 686;
m. Bespr. *Waclawik*, DStR 2008, 1486;
m. Bespr. *Veil*, NJW 2008, 3264;
BGH, Beschl. v. 2.6.2008 – II ZR 104/07, ZIP 2008, 1329;
dazu EWiR 2008, 681 *(Blasche)*.

1. Anwendungsbereich

Ob die Existenzvernichtungshaftung auf **Auslandsgesellschaften** jedenfalls bei inländischem Verwaltungssitz anwendbar ist, ist ungeklärt. Nominell gehört die Existenzvernichtungshaftung zum Deliktsrecht, für das nach Art. 40 EGBGB die lex fori delicti maßgeblicher Anknüpfungspunkt ist. 892

Vgl. BGH, Urt. v. 14.3.2005 – II ZR 5/03, ZIP 2005, 805 = NJW 2005, 1648;
dazu EWiR 2005, 431 *(Bruns)*.

Fraglich ist aber, ob gesellschaftsrechtliche Wertungen über das Deliktsrecht gemeinschaftsrechtlich auf ausländische Gesellschaften, insbesondere die englische Limited, angewandt werden können, oder nicht schon wegen Art. 41 EGBGB die wesentlich engere Anknüpfung zum Recht des Gründungsstaats besteht. 893

Greulich/Rau, NZG 2008, 565, 568;
Eidenmüller, NJW 2005, 1618, 1620;
Gehrlein, WM 2008, 761, 769;
Strohn, ZInsO 2008, 706, 711.

2. Schuldner

Die Haftung trifft denjenigen, der durch seinen tatsächlichen Einfluss einen existenzvernichtenden Eingriff vornehmen kann. Das ist in erster Linie der **Gesellschafter** einer GmbH, kann aber auch der Gesellschafter-Gesellschafter sein, der einen beherrschenden Einfluss ausübt und einen Verursachungsbeitrag geleistet hat. 894

BGH, Urt. v. 24.7.2012 – II ZR 177/11, ZIP 2012, 1804 Rn. 14;
dazu EWiR 2012, 757 *(Beck)*;
m. Anm. *Ulrich*, GmbHR 2012, 1070;
BGH, Urt. v. 16.7.2007 – II ZR 3/04, BGHZ 173, 246 = ZIP 2007, 1552 = NJW 2007, 2689 Rn. 44 (Trihotel);
dazu EWiR 2007, 557 *(Wilhelm)*;
BGH, Urt. v. 13.12.2004 – II ZR 206/02, ZIP 2005, 117;
dazu EWiR 2005, 221 *(Wilhelmi)*;
BGH, Urt. v. 13.12.2004 – II ZR 256/02, ZIP 2005, 250.

895 Der Beitrag eines Gesellschafter-Gesellschafters kann auch darin bestehen, dass er sich an einem existenzvernichtenden Eingriff durch den Geschäftsführer der Gesellschafterin als Mittäter, Anstifter oder Gehilfe beteiligt.

> BGH, Urt. v. 24.7.2012 – II ZR 177/11, ZIP 2012, 1804 Rn. 14;
> dazu EWiR 2012, 757 *(Beck)*;
> m. Anm. *Ulrich*, GmbHR 2012, 1070.

896 Die Haftung trifft auch diejenigen Mitgesellschafter, die, ohne selber etwas empfangen zu haben, durch ihr Einverständnis mit einem Vermögensabzug an der Existenzvernichtung der Gesellschaft mitgewirkt haben.

> BGH, Urt. v. 25.2.2002 – II ZR 196/00, BGHZ 150, 61 = ZIP 2002, 848 = NJW 2002, 1803;
> dazu EWiR 2002, 679 *(Blöse)*.

897 Der Geschäftsführer kann sowohl nach §§ 826, 830 BGB als auch § 43 Abs. 2 GmbHG (mit-)haften.

> BGH, Urt. v. 16.7.2007 – II ZR 3/04, BGHZ 173, 246 = ZIP 2007, 1552 = NJW 2007, 2689 Rn. 46 (Trihotel);
> *Strohn*, ZInsO 2008, 706, 709.

3. Gläubiger

898 Gläubiger des Anspruchs ist die **Gesellschaft.** In der Insolvenz wird die Haftung unmittelbar durch den **Insolvenzverwalter** geltend gemacht, ohne dass es einer Analogie zu § 93 InsO bedarf:

> BGH, Urt. v. 16.7.2007 – II ZR 3/04, BGHZ 173, 246 = ZIP 2007, 1552 = NJW 2007, 2689 Rn. 34 (Trihotel);
> dazu EWiR 2007, 557 *(Wilhelm)*.

899 Außerhalb der Insolvenz, insbesondere bei einer masselosen Insolvenz, können die **Gesellschaftsgläubiger** den Anspruch der GmbH pfänden und sich überweisen lassen, aber nicht unmittelbar gegen den Gesellschafter oder Geschäftsführer vorgehen.

> BGH, Urt. v. 9.2.2009 – II ZR 292/07, BGHZ 179, 344 = ZIP 2009, 802 = NJW 2009, 2127 Rn. 15 (Sanitary):
>
> BGH, Urt. v. 16.7.2007 – II ZR 3/04, BGHZ 173, 246 = ZIP 2007, 1552 = NJW 2007, 2689 (Trihotel) (Rn. 36).

900 Ein Direktanspruch eines Gläubiger kommt aber in anderen Fallgruppen von § 826 BGB infrage, außerdem auch, wenn das Restvermögen der Gesellschaft gezielt zum Zwecke der Schädigung eines einzigen verbliebenen Gesellschaftsgläubigers beiseite geschafft wird und so nur ein einzelner Gläubiger gezielt geschädigt wird.

> BGH, Urt. v. 16.7.2007 – II ZR 3/04, BGHZ 173, 246 = ZIP 2007, 1552 = NJW 2007, 2689 Rn. 33 (Trihotel).

4. Haftungsvoraussetzungen

a) Tatbestand

Der Gesellschafter einer GmbH hat für die Gesellschaftsschulden persönlich einzustehen, wenn er auf die Zweckbindung des Gesellschaftsvermögens keine Rücksicht nimmt und der Gesellschaft ohne angemessenen Ausgleich – offen oder verdeckt – **Vermögenswerte entzieht**, die sie zur Erfüllung ihrer Verbindlichkeiten benötigt. 901

BGH, Urt. v. 24.7.2012 – II ZR 177/11, ZIP 2012, 1804 Rn. 14 und 21;
dazu EWiR 2012, 757 *(Beck)*;
m. Anm. *Ulrich*, GmbHR 2012, 1070;

BGH, Urt. v. 23.4.2012 – II ZR 252/10, BGHZ 193, 96 = ZIP 2012, 1071 Rn. 13;
dazu EWiR 2012, 415 *(Paefgen/Dettke)*;
m. Anm. *Röck*, GmbHR 2012, 744;

BGH, Urt. v. 16.7.2007 – II ZR 3/04, BGHZ 173, 246 = ZIP 2007, 1552 = NJW 2007, 2689 Rn. 18 (Trihotel);
dazu EWiR 2007, 557 *(Wilhelm)*;

BGH, Urt. v. 13.12.2004 – II ZR 206/02, ZIP 2005, 117;
dazu EWiR 2005, 221 *(Wilhelmi)*;

BGH, Urt. v. 13.12.2004 – II ZR 256/02, ZIP 2005, 250;

BGH, Urt. v. 20.9.2004 – II ZR 302/02, ZIP 2004, 2138 = NJW 2005, 145;
dazu EWiR 2005, 169 *(Wiesbrock)*;

BGH, Urt. v. 24.6.2002 – II ZR 300/00, BGHZ 151, 181 = ZIP 2002, 1578 = NJW 2002, 3024 (KBV);

BGH, Urt. v. 17.9.2001 – II ZR 178/99, BGHZ 149, 10 = ZIP 2001, 1874 = NJW 2001, 3622 (Bremer Vulkan).

Zwar sind die Gesellschafter einer GmbH nicht verpflichtet, deren Geschäftsbetrieb im Interesse von Gesellschaftsgläubigern fortzuführen. Sie können den Geschäftsbetrieb sogar mit dem Ziel der Weiterführung durch eine neu gegründete Gesellschaft einstellen. Dabei müssen sie aber die für die Abwicklung der GmbH geltenden Regeln beachten, also die Gesellschaft liquidieren oder Insolvenzantrag stellen lassen. 902

BGH, Urt. v. 23.4.2012 – II ZR 252/10, BGHZ 193, 96 = ZIP 2012, 1071 Rn. 17;
dazu EWiR 2012, 415 *(Paefgen/Dettke)*;
m. Anm. *Röck*, GmbHR 2012, 744;

BGH, Urt. v. 24.6.2002 – II ZR 300/00, BGHZ 151, 181 = ZIP 2002, 1578 = NJW 2002, 3024 (KBV);

BGH, Urt. v. 20.9.2004 – II ZR 302/02, ZIP 2004, 2138 = NJW 2005, 145;
Haas, WM 2003, 1929, 1940:

Stellt das Gesetz nur bestimmte „Marktaustrittsverfahren" zur Verfügung, kann sich der Gesellschafter der Wertung des § 73 Abs. 1 GmbHG nicht einfach durch eine systemwidrige „stille" oder „kalte" Liquidation entziehen.

Strohn, ZInsO 2008, 706, 709:

Wichtig ist festzuhalten, dass kein Gesellschafter – wie es in der Autovertragshändlerentscheidung heißt – verpflichtet ist, zusätzliche Mittel in das Gesellschaftsunternehmen zu investieren.

903 Kein Entzug von Vermögenswerten ist es, wenn der Gesellschaft von Anfang an keine ausreichende Vermögensausstattung zur Verfügung gestellt wird (**Unterkapitalisierung**).

BGH, Urt. v. 28.4.2008 – II ZR 264/06, BGHZ 176, 204 = ZIP 2008, 1232 = NJW 2008, 2437 Rn. 13 (GAMMA):

Es besteht auch keine Veranlassung, die eng begrenzte besondere Fallgruppe des existenzvernichtenden Eingriffs im Rahmen des § 826 BGB aus allgemeinen Schutzzweckerwägungen – wie sie offenbar dem Berufungsgericht unter dem Schlagwort „Aschenputtel-Konstellation“ vorgeschwebt haben mögen – zu erweitern. Nach dem neuen Haftungskonzept des Senats wird durch die in § 826 BGB als Innenhaftung eingeordnete Fallgruppe der Existenzvernichtungshaftung lediglich eine im Hinblick auf den engen Anwendungsbereich der §§ 30, 31 GmbHG entstehende Schutzlücke für das Gesellschaftsvermögen auch jenseits der Stammkapitalziffer, soweit es zur Gläubigerbefriedigung benötigt wird, systemkonform geschlossen.

Dazu EWiR 2008, 493 *(Bruns)*;
m. Anm. *Ulrich*, GmbHR 2008, 810;
m. Anm. *Möller*, BB 2008, 1701;
m. Bespr. *Altmeppen*, ZIP 2008, 1201;
m. Bespr. *Kleindiek*, NZG 2008, 686;
m. Bespr. *Waclawik*, DStR 2008, 1486;
m. Bespr. *Veil*, NJW 2008, 3264.

904 Dagegen ist es auch ein Vermögensentzug, wenn zwar keine Vermögensgegenstände abfließen werden, die Gesellschaft aber mit vermehrten **Verbindlichkeiten** belastet wird.

BGH, Urt. v. 6.11.2018 – II ZR 199/17, ZIP 2019, 144 Rn. 27;
dazu EWiR 2019, 101 *(Heckschen)*.

905 Der Eingriff setzt die **Betriebsfremdheit** des Vermögensentzugs durch Mehrung der Schulden im Gegensatz zu der Schuldenmehrung durch bloße Managementfehler voraus.

BGH, Urt. v. 6.11.2018 – II ZR 199/17, ZIP 2019, 144 Rn. 30;
dazu EWiR 2019, 101 *(Heckschen)*.

906 Eine Haftung wegen existenzvernichtenden Eingriffs kommt nur in Betracht, wenn der Eingriff zur **Insolvenz** der Gesellschaft geführt hat. Der Eingriff muss **kausal** für die Insolvenz gewesen sein,

BGH, Urt. v. 24.7.2012 – II ZR 177/11, ZIP 2012, 1804 Rn. 21;
dazu EWiR 2012, 757 *(Beck)*;
m. Anm. *Ulrich*, GmbHR 2012, 1070;

BGH, Urt. v. 25.2.2002 – II ZR 196/00, BGHZ 150, 61 = ZIP 2002, 848 = NJW 2002, 1803;
dazu EWiR 2002, 679 *(Blöse)*;

BGH, Urt. v. 24.6.2002 – II ZR 300/00, BGHZ 151, 181 = ZIP 2002, 1578 = NJW 2002, 3024 (KBV);

BGH, Urt. v. 20.9.2004 – II ZR 302/02, ZIP 2004, 2138
= NJW 2005, 145;
BGH, Urt. v. 16.7.2007 – II ZR 3/04, BGHZ 173, 246
= ZIP 2007, 1552 = NJW 2007, 2689 Rn. 18 (Trihotel);
vgl. auch OLG Jena, Urt. v. 28.11.2001 – 4 U 234/01, ZIP 2002, 631;
dazu EWiR 2002, 243 *(Meyke)*;
Lutter/Banerjea, ZGR 2003, 402, 417;
G. Roth, NZG 2003, 1081, 1082,

oder zumindest die **Insolvenz vertieft** haben.

BGH, Urt. v. 24.7.2012 – II ZR 177/11, ZIP 2012, 1804 Rn. 21;
dazu EWiR 2012, 757 *(Beck)*;
m. Anm. *Ulrich*, GmbHR 2012, 1070;
BGH, Urt. v. 13.12.2007 – IX ZR 116/06, ZIP 2008, 455;
dazu EWiR 2008, 433 *(Wilhelmi)*.

Der Anspruch besteht auch, wenn die Insolvenz erst während der Liquidation der Gesellschaft hervorgerufen oder vertieft wird. 907

BGH, Urt. v. 23.4.2012 – II ZR 252/10, BGHZ 193, 96
= ZIP 2012, 1071 Rn. 13;
dazu EWiR 2012, 415 *(Paefgen/Dettke)*;
m. Anm. *Röck*, GmbHR 2012, 744;
BGH, Urt. v. 9.2.2009 – II ZR 292/07, BGHZ 179, 344 = ZIP 2009, 802 = NJW 2009, 2127 Rn. 37 (Sanitary).

Insolvenzvertiefung ist auch die Vertiefung einer bereits bestehenden Überschuldung. 908

BGH, Urt. v. 24.7.2012 – II ZR 177/11, ZIP 2012, 1804 Rn. 25;
dazu EWiR 2012, 757 *(Beck)*;
m. Anm. *Ulrich*, GmbHR 2012, 1070;
BGH, Urt. v. 20.9.2004 – II ZR 302/02, ZIP 2004, 2138.

b) Einzelfälle

Als existenzvernichtender Eingriff (Entzug der Vermögenswerte ohne Ausgleich) kommt nach der Rechtsprechung in Betracht: 909

Vgl. dazu *Heeg/Manthey*, GmbHR 2008, 798;
Strohn, ZInsO 2008, 706, 708.

- Der **Entzug der liquiden Mittel** in einen Konzern-Liquiditätsverbund ohne Rücksichtnahme auf das Interesse der Tochtergesellschaft an der Aufrechterhaltung ihrer Fähigkeit, ihren Verbindlichkeiten nachzukommen.

  BGH, Urt. v. 17.9.2001 – II ZR 178/99, BGHZ 149, 10 = ZIP 2001, 1874 = NJW 2001, 3622 (Bremer Vulkan).

  Ein solcher Entzug der Mittel kann auch durch Erwirken eines Versäumnisurteils zulasten der Gesellschaft geschehen, wenn die einzigen Mittel der Gesellschaft ein Anspruch gegen den Gesellschafter sind und der Gesellschafter als Geschäftsführer dafür sorgt, dass die Gesellschaft nicht vertreten wird und ihr Anspruch aberkannt wird.

> BGH, Urt. v. 9.2.2009 – II ZR 292/07, BGHZ 179, 344 = ZIP 2009, 802 = NJW 2009, 2127 Rn. 26 (Sanitary).

Der Entzug der liquiden Mittel kann auch in der Umleitung von eingehenden Geldern auf den Gesellschaftern liegen.

> BGH, Urt. v. 24.7.2012 – II ZR 177/11, ZIP 2012, 1804 Rn. 25
> dazu EWiR 2012, 757 *(Beck)*;
> m. Anm. *Ulrich*, GmbHR 2012, 1070.

- **Vereinnahmung des Geschäfts** der GmbH ohne Gegenleistung, etwa des „Beraterstamms", nicht aber schon der Versuch.

> BGH, Urt. v. 25.2.2002 – II ZR 196/00, BGHZ 150, 61 = ZIP 2002, 848 = NJW 2002, 1803;
> dazu EWiR 2002, 679 *(Blöse)*.

- **Übernahme sämtlicher Aktiva** gegen Übernahme nur eines kleinen Teils der Verbindlichkeiten.

> BGH, Urt. v. 24.6.2002 – II ZR 300/00, BGHZ 151, 181 = ZIP 2002, 1578 = NJW 2002, 3024 (KBV).

- **Übernahme des Kundenstammes/Betriebs/Warenlagers** ohne ausreichende Vergütung, Verlagerung von Geschäftschancen und Ressourcen auf eine andere Gesellschaft.

> BGH, Urt. v. 24.7.2012 – II ZR 177/11, ZIP 2012, 1804 Rn. 21;
> dazu EWiR 2012, 757 *(Beck)*;
> m. Anm. *Ulrich*, GmbHR 2012, 1070;
>
> BGH, Urt. v. 13.12.2004 – II ZR 206/02, ZIP 2005, 117;
> dazu EWiR 2005, 221 *(Wilhelmi)*;
>
> BGH, Urt. v. 20.9.2004 – II ZR 302/02, ZIP 2004, 2138 = NJW 2005, 145;
>
> *Westermann*, NZG 2002, 1129, 1138:

Verboten sind allemal ausgleichslose Verschiebungen des Gesellschaftsvermögens in dasjenige der Gesellschafter persönlich oder einer Auffanggesellschaft, wohl auch Maßnahmen des „cash pooling", die nicht unbedingt zum Ziel haben müssen, dass die „verlierende" Gesellschaft zur Befriedigung nicht mehr imstande ist. Haftungsbegründend ist insbesondere die bewusste, wohl auch schon die bezüglich einer Gläubigerschädigung bedingt vorsätzliche Herbeiführung einer masselosen Insolvenz.

> *Lutter/Banerjea*, ZGR 2003, 402, 415:

Aber auch der Eingriff in Geschäftschancen, die Schließung einer bedeutenden Produktionslinie, etwa um die Profitabilität der gleichen Linie einer anderen Gesellschaft zu erhalten, die Übernahme von Schulden ohne Gegenleistung oder die Aufnahme sonstiger übergroßer Risiken sind „Strategien zum Tode" und müssen daher zur Haftung der verantwortlichen Gesellschafter führen.

- Ein existenzvernichtender Eingriff kann vorliegen, wenn alle sächlichen Betriebsmittel übernommen werden und die Gesellschaft nur noch als **Ge-**

schäftsbesorgerin tätig wird, wenn die dafür gezahlte **Vergütung unangemessen** ist.

BGH, Urt. v. 16.7.2007 – II ZR 3/04, BGHZ 173, 246 = ZIP 2007, 1552 = NJW 2007, 2689 Rn. 50 (Trihotel):

War somit durch den Management- und Geschäftsbesorgungsvertrag an sich die Grundlage für ein weiteres selbstständiges Wirtschaften der Schuldnerin gegeben, so kann hierin ein existenzvernichtender Eingriff im Sinne der sittenwidrigen vorsätzlichen Schädigung gemäß § 826 BGB allenfalls dann liegen, wenn die in dem Vertrag vorgesehene Umsatzbeteiligung von zunächst 40 % derart unvertretbar niedrig war, dass eine Insolvenz der Schuldnerin als Folge einer solchen Unangemessenheit bereits zu jenem Zeitpunkt praktisch unausweichlich war.

- Ein existenzvernichtender Eingriff kann auch vorliegen, wenn bei einem Vermögensentzug eine angemessene **Gegenleistung** vereinbart wird, diese aber **nachträglich** auf ein unangemessenes Maß **herabgesetzt** wird.

BGH, Urt. v. 16.7.2007 – II ZR 3/04, BGHZ 173, 246 = ZIP 2007, 1552 = NJW 2007, 2689 Rn. 51 (Trihotel).

- Als existenzvernichtender Eingriff in der Form der Insolvenzvertiefung wurde auch die **Zahlung einer zusätzlichen Vergütung** für die Leitung der Gesellschaft in der Krise und die Entnahme dieser Vergütung angesehen.

BGH, Urt. v. 13.12.2007 – IX ZR 116/06, ZIP 2008, 455; dazu EWiR 2008, 433 *(Wilhelmi)*.

- Ein existenzvernichtender Eingriff kann ebenso im Rahmen einer **Verschmelzung** vorliegen, wenn eine insolvenzreife Gesellschaft auf eine andere Gesellschaft verschmolzen wird, um die Insolvenzreife zu vertuschen, und der übernehmende Rechtsträger seinerseits insolvenzreif wird.

BGH, Urt. v. 6.11.2018 – II ZR 199/17, ZIP 2019, 144 Rn. 37; dazu EWiR 2019, 101 *(Heckschen)*.

Für den existenzvernichtenden Eingriff ist nicht erforderlich, dass eine Vermögensmehrung bei einem Beteiligten eintritt. Es genügt, wenn der Zweck darin besteht, sich des übertragenden Rechtsträgers zu entledigen und seine Verbindlichkeiten auf den übernehmenden Rechtsträger zulasten von deren Gläubiger zu übertragen.

- Dagegen genügt eine bloße Vermögensminderung für sich nicht, wenn der Gesellschaft auch Vermögenswerte zugeführt werden.

BGH, Urt. v. 25.2.2002 – II ZR 196/00, BGHZ 150, 61 = ZIP 2002, 848 = NJW 2002, 1803; dazu EWiR 2002, 679 *(Blöse)*.

Daher genügt es auch nicht, wenn der Gesellschafter zwar Mittel der Gesellschaft auf sein eigenes Konto leitet, damit aber Forderungen von Gesellschaftsgläubigern befriedigt. Handelt der Geschäftsführer, kommt aber eine Haftung nach §§ 823 Abs. 2 i. V. m. § 64 Satz 1 GmbHG infrage.

BGH, Beschl. v. 2.6.2008 – II ZR 104/07, ZIP 2008, 1329;
dazu EWiR 2008, 681 *(Blasche)*.

- **Kein existenzvernichtender Eingriff** ist die Stilllegung der Geschäfte unter Übernahme des Kundenstammes, wenn dafür ein ausreichendes Entgelt geleistet wird.

  BGH, Urt. v. 13.12.2004 – II ZR 206/02, ZIP 2005, 117.

- **Managementfehler** wie die Stundung von Forderungen gegen eine Konzerntochter sind kein Eingriff in das Gesellschaftsvermögen.

  BGH, Urt. v. 13.12.2004 – II ZR 256/02, ZIP 2005, 250;
  G. Roth, NZG 2003, 1081, 1082:

Nicht haftungsbegründend sind andererseits unternehmerische Entscheidungen, die sich im Nachhinein als fehlerhaftes oder schlechtes Management herausstellen, wenn die Fehlentscheidung sich noch in den Grenzen des sog. business judgment hält, also einen Fehler darstellt, der – und sei er auch existenzvernichtend – auch einem sorgfältigen Geschäftsleiter bei Inkaufnahme üblicher Risiken unterlaufen kann.

- Die **Sicherungsübereignung** von Gegenständen, die zum Betrieb benötigt werden, ist kein existenzvernichtender Eingriff, wenn die Gegenstände von der Gesellschaft weiterhin benutzt werden können und durch die Sicherungsübereignung die Kreditfähigkeit nicht beeinträchtigt wird.

  BGH, Urt. v. 16.7.2007 – II ZR 3/04, BGHZ 173, 246
  = ZIP 2007, 1552 = NJW 2007, 2689 Rn. 48 (Trihotel).

- Auch die **Aufhebung des Pachtvertrags** zwischen GmbH und Gesellschafter ist kein existenzvernichtender Eingriff, jedenfalls, wenn die Voraussetzungen für eine Kündigung des Vertrags vorlagen und der Gesellschaft dadurch nicht die Existenz entzogen wird.

  BGH, Urt. v. 16.7.2007 – II ZR 3/04, BGHZ 173, 246
  = ZIP 2007, 1552 = NJW 2007, 2689 Rn. 49 (Trihotel).

- Die Übernahme von Betriebsgegenständen und Leasingverträgen ist kein existenzvernichtender Eingriff, wenn er ausreichend kompensiert wird, etwa durch Freistellung von Leasingforderungen.

  BGH, Urt. v. 23.4.2012 – II ZR 252/10, BGHZ 193, 96
  = ZIP 2012, 1071 Rn. 18;
  dazu EWiR 2012, 415 *(Paefgen/Dettke)*;
  m. Anm. *Röck*, GmbHR 2012, 744.

- **Unterschlagungen** von an eine Bank sicherungsübereignetem Vermögen sind eine Straftat gegen den Sicherungsnehmer, aber kein Eingriff in das Vermögen der GmbH und berühren den Haftungsfonds der Gesellschaft nicht.

  BGH, Urt. v. 13.12.2004 – II ZR 256/02, ZIP 2005, 250.

910 Hat der Gesellschafter den Nachteil voll kompensiert, entfällt seine Haftung.

BGH, Urt. v. 13.12.2004 – II ZR 206/02, ZIP 2005, 117;
dazu EWiR 2005, 221 *(Wilhelmi)*.

c) Verschulden

Die Haftung nach § 826 BGB setzt Verschulden, zumindest bedingten Vorsatz voraus. Dem Vorsatzerfordernis ist bereits genügt, wenn dem Gesellschafter/Geschäftsführer bekannt ist, dass der Gesellschaft ohne angemessenen Ausgleich und ohne Rücksicht auf die Zweckbindung des Gesellschaftsvermögens Vermögenswerte entzogen werden. 911

BGH, Urt. v. 16.7.2007 – II ZR 3/04, BGHZ 173, 246 = ZIP 2007, 1552 = NJW 2007, 2689 Rn. 30 (Trihotel):

Dem Vorsatzerfordernis ist genügt, wenn dem handelnden Gesellschafter bewusst ist, dass durch von ihm selbst oder mit seiner Zustimmung veranlasste Maßnahmen das Gesellschaftsvermögen sittenwidrig geschädigt wird; dafür reicht es aus, dass ihm die Tatsachen bewusst sind, die den Eingriff sittenwidrig machen, während ein Bewusstsein der Sittenwidrigkeit nicht erforderlich ist. Eine derartige Sittenwidrigkeit betrifft nicht nur die Fälle, in denen die Vermögensentziehung geschieht, um den Zugriff der Gläubiger auf dieses Vermögen zu verhindern, sondern ist auch dann anzunehmen, wenn die faktische dauerhafte Beeinträchtigung der Erfüllung der Verbindlichkeiten die voraussehbare Folge des Eingriffs ist und der Gesellschafter diese Rechtsfolge in Erkenntnis ihres möglichen Eintritts billigend in Kauf genommen hat (Eventualdolus).

Dazu EWiR 2007, 557 *(Wilhelm)*.

d) Beweislast

Die Beweislast für die Tatbestandsvoraussetzungen trägt die **Gesellschaft** bzw. in der Insolvenz der **Insolvenzverwalter.** 912

BGH, Urt. v. 16.7.2007 – II ZR 3/04, BGHZ 173, 246 = ZIP 2007, 1552 = NJW 2007, 2689 Rn. 41 (Trihotel):

Hinsichtlich der Darlegungs- und Beweislast gilt im Rahmen von § 826 BGB grundsätzlich, dass die Gesellschaft als Gläubigerin die Darlegungs- und Beweislast für alle objektiven und subjektiven Tatbestandsmerkmale des Delikts trägt, mithin insbesondere in diesem Rahmen auch den vollen Kausalitätsnachweis zu erbringen hat.

Dazu EWiR 2007, 557 *(Wilhelm)*.

Für den Nachweis, dass der Gesellschaft durch den Eingriff kein Nachteil entstanden ist, trifft die Beweislast dagegen den Gesellschafter. 913

BGH, Urt. v. 13.12.2004 – II ZR 206/02, ZIP 2005, 117; dazu EWiR 2005, 221 *(Wilhelmi)*.

5. Verjährung

Der Anspruch verjährt nach §§ 195, 199 Abs. 3 Nr. 1 BGB in **zehn Jahren** ab der existenzvernichtenden Handlung. Da der Geschäftsführer in der Regel (Mit-) Schädiger ist, kommt es nicht auf seine Kenntnis an und kann mit ihr die kurze kenntnisabhängige Verjährung nach § 199 Abs. 1 Nr. 2 BGB nicht beginnen. 914

BGH, Urt. v. 9.2.2009 – II ZR 292/07, BGHZ 179, 344 = ZIP 2009, 802 = NJW 2009, 2127 Rn. 34 (Sanitary).

915 Die kenntnisabhängige Verjährungsfrist nach § 199 Abs. 1 Nr. 2 BGB beginnt bei Insolvenzeröffnung mit Kenntnis des Insolvenzverwalters, bei der Pfändung und Überweisung durch einen Einzelgläubiger mit dieser.

> BGH, Urt. v. 24.7.2012 – II ZR 177/11, ZIP 2012, 1804 Rn. 15; dazu EWiR 2012, 757 *(Beck)*; m. Anm. *Ulrich*, GmbHR 2012, 1070;
>
> BGH, Urt. v. 9.2.2009 – II ZR 292/07, BGHZ 179, 344 = ZIP 2009, 802 = NJW 2009, 2127 Rn. 34 (Sanitary).

916 Von einer Kenntnis oder grobfahrlässigen Unkenntnis des Insolvenzverwalters kann bei der Haftung des mittelbaren Gesellschafters aus Teilnahme nur ausgegangen werden, wenn sowohl die Umstände bekannt oder infolge grober Fahrlässigkeit unbekannt sind, die in Bezug auf die Handlung des Haupttäters einen Ersatzanspruch begründen, als auch die Umstände, aus denen sich ergibt, dass auch der Teilnehmer als Haftender in Betracht kommt.

> BGH, Urt. v. 24.7.2012 – II ZR 177/11, ZIP 2012, 1804 Rn. 15 dazu EWiR 2012, 757 *(Beck)*; m. Anm. *Ulrich*, GmbHR 2012, 1070.

6. Haftungsumfang

917 Der Schädiger schuldet als Schadensersatz grundsätzlich den Betrag, der erforderlich ist, um seinen zur Insolvenz führenden **Eingriff auszugleichen**. Die Höhe der Haftung ist auf den Betrag begrenzt, den die Gläubiger als Befriedigung aus dem Gesellschaftsvermögen im Falle eines redlichen Verhaltens des Gesellschafters erlangt hätten.

> BGH, Urt. v. 24.7.2012 – II ZR 177/11, ZIP 2012, 1804 Rn. 29; dazu EWiR 2012, 757 *(Beck)*; m. Anm. *Ulrich*, GmbHR 2012, 1070;
>
> BGH, Urt. v. 13.12.2004 – II ZR 206/02, ZIP 2005, 117; dazu EWiR 2005, 221 *(Wilhelmi)*.

918 Zu ersetzen sind die entzogenen Vermögenspositionen, insolvenzbedingte Zerschlagungsverluste sowie ein etwa entgangener Gewinn der Gesellschaft.

> BGH, Urt. v. 24.7.2012 – II ZR 177/11, ZIP 2012, 1804 Rn. 29; dazu EWiR 2012, 757 *(Beck)*; m. Anm. *Ulrich*, GmbHR 2012, 1070.

919 Wenn ein Vermögensentzug ohne ausreichende Gegenleistung infrage steht, ist der Schaden auf die Höhe der angemessenen Gegenleistung begrenzt.

> BGH, Urt. v. 16.7.2007 – II ZR 3/04, BGHZ 173, 246 = ZIP 2007, 1552 = NJW 2007, 2689 Rn. 54 (Trihotel); dazu EWiR 2007, 557 *(Wilhelm)*.

920 Der Schadensersatz ist **insgesamt** der Höhe nach auf den **Forderungsausfall** begrenzt und erfasst nicht die Aufwendungen, die erforderlich sind, um aus der Gesellschaft wieder eine werbende GmbH zu machen.

BGH, Urt. v. 24.7.2012 – II ZR 177/11, ZIP 2012, 1804 Rn. 29;
dazu EWiR 2012, 757 *(Beck)*;
m. Anm. *Ulrich*, GmbHR 2012, 1070;
BGH, Urt. v. 16.7.2007 – II ZR 3/04, BGHZ 173, 246
= ZIP 2007, 1552 = NJW 2007, 2689 Rn. 56 (Trihotel);
Gehrlein, WM 2008, 761, 765.

Zu dem zu ersetzenden Schadensersatz gehören auch die **Kosten** eines vorläufigen **Insolvenzverfahrens** und des Insolvenzverfahrens, soweit die Schuldnerin ohne den schädigenden Eingriff nicht insolvenzreif geworden wäre. 921

BGH, Urt. v. 16.7.2007 – II ZR 3/04, BGHZ 173, 246
= ZIP 2007, 1552 = NJW 2007, 2689 Rn. 57 (Trihotel).

Dagegen entfällt der Anspruch, wenn der Schädiger die Gläubiger befriedigt, das Unternehmen übernimmt und das Insolvenzverfahren aufgehoben wird. 922

BGH, Urt. v. 16.7.2007 – II ZR 3/04, BGHZ 173, 246
= ZIP 2007, 1552 = NJW 2007, 2689 Rn. 57 (Trihotel).

Die Schadensersatzforderung ist nach § 286 Abs. 2 Nr. 4 BGB ab dem Eingriff zu verzinsen. 923

BGH, Urt. v. 13.12.2007 – IX ZR 116/06, ZIP 2008, 455;
dazu EWiR 2008, 433 *(Wilhelmi)*.

7. Konkurrenzen

Zu Ansprüchen aus **§§ 30, 31 GmbHG** besteht **Anspruchskonkurrenz**, sodass in der Praxis zwischen den Ansprüchen nicht differenziert werden muss und wegen Existenzvernichtung über das statutarische Eigenkapital hinaus gehaftet wird. 924

BGH, Urt. v. 24.7.2012 – II ZR 177/11, ZIP 2012, 1804 Rn. 31;
BGH, Urt. v. 23.4.2012 – II ZR 252/10, BGHZ 193, 96
= ZIP 2012, 1071 Rn. 22;
dazu EWiR 2012, 415 *(Paefgen/Dettke)*;
m. Anm. *Röck*, GmbHR 2012, 744;
BGH, Urt. v. 16.7.2007 – II ZR 3/04, BGHZ 173, 246
= ZIP 2007, 1552 = NJW 2007, 2689 Rn. 39 (Trihotel):

Nach dem neuen Haftungskonzept des Senats besteht daher zwischen beiden Ansprüchen, soweit sich diese überschneiden, Anspruchsgrundlagenkonkurrenz. Dadurch wird im Übrigen der Gesellschaft bzw. dem Insolvenzverwalter die Rechtsverfolgung in zulässiger Weise erleichtert, weil auch dann, wenn etwa der Nachweis eines existenzvernichtenden Eingriffs i. S. d. § 926 BGB nicht gelingt, die Rechtsverfolgung – ohne Änderung des prozessualen Streitverhältnisses – immer noch wenigstens im Umfang des Vorliegens verbotener Auszahlungen i. S. d. §§ 30, 31 GmbHG erfolgreich sein kann.

Dazu EWiR 2007, 557 *(Wilhelm)*.

Das Verhältnis zu **§ 64 Satz 1 GmbHG** ist dagegen noch nicht endgültig geklärt. Eine Haftung auch nach § 64 Satz 1 GmbHG kommt nur infrage, wenn der nach § 826 BGB Haftende auch Geschäftsführer oder faktischer Geschäftsführer der Gesellschaft ist. Dann liegt aber eine Anspruchskonkurrenz nahe. 925

Wegen existenzvernichtenden Eingriffs haftet auch derjenige, der die Insolvenz vertieft. § 64 GmbHG schützt vor einer Verringerung der Masse und betrifft damit auch Handlungen, die die Insolvenz vertiefen.

Vgl. zu Zahlungen in der Krise
BGH, Urt. v. 13.12.2007 – IX ZR 116/06, ZIP 2008, 455; dazu EWiR 2008, 433 *(Wilhelmi)*.

926 Die Haftung des Geschäftsführers nach §§ 826, 830 BGB kann neben die Haftung nach § 64 Satz 3 GmbHG (dazu siehe Rn. 836 ff.) treten.

BGH, Urt. v. 9.10.2012 – II ZR 298/11, ZIP 2012, 2391 Rn. 13; m. Anm. *Wenzler*, GmbHR 2013, 33;
Strohn, ZInsO 2008, 706, 709.

8. Haftung während der Liquidation

927 Eine Innenhaftung nach § 826 BGB gegen den Gesellschafter-Liquidator kommt auch nach Auflösung der Gesellschaft infrage, wenn er das noch vorhandene Kapital der Gesellschaft zu eigenen Gunsten entzieht.

BGH, Urt. v. 9.2.2009 – II ZR 292/07, BGHZ 179, 344 = ZIP 2009, 802 = NJW 2009, 2127 Rn. 35 (Sanitary).

928 In der Liquidationsphase ist es wegen des Kapitalerhaltungsgebots in der Liquidation auch **nicht** erforderlich, dass die Maßnahme **insolvenzverursachend** wirkt.

BGH, Urt. v. 9.2.2009 – II ZR 292/07, BGHZ 179, 344 = ZIP 2009, 802 = NJW 2009, 2127 Rn. 35 (Sanitary).

B. Haftung gegenüber Dritten – Außenhaftung

929 Im Gegensatz zur Innenhaftung, bei der der Gesellschaft Ansprüche zustehen, stehen die Ansprüche bei der Außenhaftung anderen als der Gesellschaft zu. In der ursprünglichen Konzeption des Gesetzgebers hatte sie keine Bedeutung, weil er davon ausgegangen war, dass der außenstehende Gläubiger Ansprüche der Gesellschaft gegen den Geschäftsführer pfänden und sich zur Einziehung überweisen lassen könne (siehe Rn. 61 ff.). In der Praxis hat sich dieser Umweg als oft wenig tauglich erwiesen, vor allem, wenn der Geschäftsführer gleichzeitig Gesellschafter war oder die Unterstützung der Gesellschafter hatte. Die Außenhaftung hat daher zunehmende Bedeutung erlangt.

I. Haftung wegen Vertretung ohne Vertretungsmacht

1. Einzelhandlung bei Gesamtvertretung

930 Eine Haftung wegen Vertretung ohne Vertretungsmacht kommt infrage, wenn eine Gesellschaft **mehrere Geschäftsführer** hat. Diese können die Gesellschaft gemäß § 35 Abs. 2 Nr. 2 GmbHG nur gemeinschaftlich vertreten (**Gesamtvertretung**). Abweichende Regelungen sind gemäß § 10 Abs. 1 Nr. 2 GmbHG ins Handelsregister einzutragen. Tritt im Falle der Gesamtvertretung nur ein einzelner Geschäftsführer aktiv vertretend für die Gesellschaft auf, so wird die Gesellschaft nicht verpflichtet, es sei denn die anderen Geschäftsführer haben den Handelnden bevollmächtigt oder müssen sich sein Handeln unter dem Gesichtspunkt der **Duldungsvollmacht** zurechnen lassen. Eine Duldungsvollmacht kommt nur im Einzelfall in Betracht. Wegen des Vorrangs einer Satzungsregelung durch die Gesellschafter können und dürfen die Geschäftsführer nicht über eine Duldungsvollmacht faktisch eine Einzelgeschäftsführung einrichten.

> BGH, Urt. v. 16.11.1987 – II ZR 92/87, ZIP 1988, 370;
> dazu EWiR 1988, 375 *(K. Müller)*.

931 Bei Gesamtvertretung ohne Bevollmächtigung durch die anderen Geschäftsführer wird nur der handelnde Geschäftsführer selbst dem Vertragspartner verpflichtet, wenn die anderen Geschäftsführer das Handeln des Einzelnen nicht nachträglich für die Gesellschaft genehmigen (§ 179 Abs. 1 BGB).

> BGH, Urt. v. 16.11.1987 – II ZR 92/87, ZIP 1988, 370;
> dazu EWiR 1988, 375 *(K. Müller)*.

932 Allerdings kann sich der Geschäftsführer diesem gegenüber darauf berufen, dass er den Mangel seiner Vollmacht zur Einzelvertretung hätte kennen müssen (§ 179 Abs. 3 BGB).

933 Außerdem soll der Geschäftsführer wegen der mangelnden Vollmacht gerade in den Fällen nicht auf Vertragserfüllung oder Schadensersatz nach § 179 Abs. 1 BGB in Anspruch genommen werden können, in denen das für den Vertragspartner von besonderem Interesse wäre, nämlich wenn die Gesellschaft zah-

lungsunfähig ist; der Vertragspartner soll nicht besser dastehen als er stünde, wenn der Geschäftsführer Vollmacht gehabt hätte.

OLG Hamm, Beschl. v. 11.11.1992 – 26 W 15/92, MDR 1993, 515.

2. Beschränkungen der Satzung

934 Auf der Satzung beruhende oder sich aus dem Anstellungsvertrag ergebende Beschränkungen der Vertretungsmacht haben nach § 37 Abs. 2 GmbHG keine **Außenwirkung**, es sei denn, der Geschäftsführer hat sie zum Gegenstand der mit dem Dritten vereinbarten Regelung gemacht.

BGH, Urt. v. 23.6.1997 – II ZR 353/95, ZIP 1997, 1419
= NJW 1997, 2678.

3. Handeln ohne Gesellschafterzustimmung

935 Außenwirkung haben die Beschränkungen auch, wenn der Geschäftsführer seine Vertretungsmacht missbraucht. Ein **Missbrauch der Vertretungsmacht** kann vorliegen, wenn der Geschäftspartner weiß oder sich ihm aufdrängen muss, dass der Geschäftsführer einen im Innenverhältnis erforderlichen Beschluss der Gesellschafter nicht herbeigeführt hat.

BGH, Urt. v. 8.1.2019 – II ZR 364/18, ZIP 2019, 701 Rn. 41;

BGH, Beschl. v. 10.4.2006 – II ZR 337/05, ZIP 2006, 1391
= NJW 2006, 2776;

BGH, Urt. v. 14.3.1988 – II ZR 211/87, NJW 1988, 2241.

936 Die **Zustimmungsbedürftigkeit** kann sich schon nach dem Umfang des Geschäfts aufdrängen.

BGH, Urt. v. 8.1.2019 – II ZR 364/18, ZIP 2019, 701 Rn. 41;

BGH, Urt. v. 5.12.1983 – II ZR 56/82, ZIP 1984, 310
= NJW 1984, 1461.

937 Ein Missbrauch der Vertretungsmacht kommt auch dann in Betracht, wenn die Vertragskonditionen beim Abschluss gegenseitiger Verträge für die Gesellschaft grob nachteilig sind oder wenn die Bestimmung der Vergütung weitgehend dem Vertragspartner der Gesellschaft überlassen und eine effektive Kontrolle der Höhe der Vergütung der Gesellschaft nicht möglich ist.

BGH, Urt. v. 13.11.1995 – II ZR 113/94, ZIP 1996, 68 = NJW 1996, 589;
dazu auch EWiR 1996, 121 *(Crezelius)*.

938 Auf Seiten des Geschäftsführers braucht lediglich eine objektive Pflichtverletzung im Verhältnis zu der Gesellschaft oder den Gesellschaftern vorzuliegen. Ein subjektives Moment, wie etwa ein bewusstes Handeln zum Nachteil der Gesellschaft, ist nicht erforderlich.

BGH, Urt. v. 8.1.2019 – II ZR 364/18, ZIP 2019, 701 Rn. 40;

BGH, Beschl. v. 10.4.2006 – II ZR 337/05, ZIP 2006, 1391
= NJW 2006, 2776;
m. abl. Bespr. *Vedder*, GmbHR 2008, 736;

OLG Stuttgart, Urt. v. 2.6.1999 – 9 U 246/98, NZG 1999, 1009.

Kann die Gesellschaft die Durchsetzung der Forderung des Vertragspartners nicht unter Berufung auf den Missbrauch seiner Vertretungsmacht durch ihren Geschäftsführer abwenden – die Gesellschaft ist beweispflichtig –, so kommt eine Inanspruchnahme ihres Geschäftsführers auf Schadensersatz aus § 43 Abs. 2 GmbHG in Betracht (zur Kompetenzüberschreitung siehe Rn. 190 ff.). 939

II. Haftung aus Verschulden bei Vertragsschluss

Verschulden bei Vertragsschluss (§§ 311 Abs. 2 und 3, 280 Abs. 1 BGB) ist eine dem Geschädigten günstige Anspruchsgrundlage, weil sie (1) anders als § 823 Abs. 1 BGB auch für Vermögensschäden gilt, (2) anders als § 823 Abs. 2 BGB keine Vorsatztat gegen ein Schutzgesetz verlangt, sondern für den Schuldvorwurf Fahrlässigkeit ausreicht, (3) anders als bei der Haftung aus § 826 BGB kein sittenwidriges Handeln vorliegen muss und (4) obendrein keine Entlastung nach § 831 BGB möglich ist. 940

In der Literatur, 941

vgl. u. a. *Geißler*, ZIP 1997, 2184, 2186 m. w. N.,

wurde eine extensive Anwendung dieser Anspruchsnorm immer wieder heftig kritisiert, weil damit die Haftungsbeschränkung des § 13 Abs. 2 GmbHG ausgehebelt werde. Die Rechtsprechung hat den Anwendungsbereich der Haftung aus Verschulden bei Vertragsschluss schrittweise eingeschränkt, etwa durch Verschiebung der Insolvenzverschleppungshaftung ins Deliktsrecht nach § 823 Abs. 2 BGB i. V. m. § 15a InsO (früher § 64 Abs. 1 GmbHG).

BGH, Urt. v. 6.6.1994 – II ZR 292/91, BGHZ 126, 181 = ZIP 1994, 1103 = NJW 1994, 2220;
dazu EWiR 1994, 791 *(Wilhelm)*.

Die Haftung aus §§ 311, 280 Abs. 1 BGB wird vor allem dann bemüht, wenn die GmbH es unterlassen hat, den Vertragspartner bei Vertragsschluss über ihre prekäre wirtschaftliche Lage aufzuklären. Wird ihm **bewusst verschwiegen**, dass die Gesellschaft insolvent ist, so ist die Haftung sowohl der Gesellschaft als auch ihres Geschäftsführers unproblematisch. Sie haften nach § 823 Abs. 2 BGB i. V. m. § 263 StGB, § 31 BGB wegen Eingehungsbetruges. 942

Für ein solches positives Wissen substantiiert vorzutragen, fällt dem Geschädigten jedoch zumeist schwer, und noch schwieriger ist es für ihn, die erforderlichen Beweise zu erbringen. Leichter ist ein Wissenmüssen, also **Fahrlässigkeit** zu belegen. Dieser Anspruch aus Verschulden bei Vertragsschluss richtet sich aber gegen die Gesellschaft, denn diese und nicht der Geschäftsführer ist Vertragschließender; die Gesellschaft trifft also die Aufklärungspflicht. Ein Ersatzanspruch gegen die Gesellschaft aus Verletzung der Aufklärungspflicht nützt dem Geschädigten wenig, weil er erst dann begründet ist, wenn es wegen der Insolvenz zu einem Schaden des Vertragspartners kommt. Der Weg über die Pfändung eines Regressanspruches nach § 43 Abs. 2 GmbHG, der für den Gläubiger nur bei masseloser Insolvenz infrage kommt, ist mühsam. 943

944 Daher liegt es nahe, eine direkte Außenhaftung des Geschäftsführers aus Verschulden bei Vertragsschluss aus sog. **Sachwalter- oder Vertreterhaftung** zu suchen, §§ 311 Abs. 3 Satz 2, 280 Abs. 1 BGB, insbesondere wenn eine Gesellschaft wegen Überschuldung über keinerlei haftendes Vermögen verfügt.

Vgl. *Flume*, ZIP 1994, 337, 338.

945 Diesen Weg ist die Rechtsprechung aber nicht gegangen. Ein Anspruch gegen den Geschäftsführer aus Verschulden bei Vertragsschluss ist nur für Ausnahmefälle bejaht worden, wenn

- ein **besonderes eigenes wirtschaftliches Interesse** des Geschäftsführers am Abschluss des Vertrags gegeben war
- oder **sein persönliches Vertrauen** in Anspruch genommen wurde.

BGH, Urt. v. 27.10.1982 – VIII ZR 187/81, ZIP 1982, 1435 = NJW 1983, 676;

BGH, Urt. v. 16.11.1987 – II ZR 92/87, ZIP 1988, 370; dazu EWiR 1988, 375 *(K. Müller)*.

1. Eigeninteresse

946 Die Haftung wegen eines besonderen eigenen wirtschaftlichen Interesses spielt heute praktisch kaum noch eine Rolle und ist schon nicht in § 311 Abs. 3 Satz 2 BGB als besondere Fallgruppe aufgenommen. Als besonderes Eigeninteresse genügt es **nicht**, dass der Geschäftsführer zugleich Mehrheits- oder gar **Alleingesellschafter** der GmbH ist,

BGH, Urt. v. 23.10.1985 – VIII ZR 210/84, ZIP 1986, 26 = NJW 1986, 586; dazu EWiR 1986, 165 *(Hommelhoff)*;

BGH, Urt. v. 27.3.1995 – II ZR 136/94, ZIP 1995, 733 = NJW 1995, 1544,

auch nicht, dass er für den von ihm vermittelten Vertrag von der GmbH eine **Provision** erhält,

BGH, Urt. v. 16.3.1992 – II ZR 152/91, ZIP 1992, 694; dazu EWiR 1992, 563 *(Schulze-Osterloh)*,

auch nicht, dass er zur Absicherung von Verbindlichkeiten der GmbH **Bürgschaften oder dingliche Sicherheiten** zur Verfügung stellt.

BGH, Urt. v. 6.6.1994 – II ZR 292/91, BGHZ 126, 181 = ZIP 1994, 1103 = NJW 1994, 2220; dazu EWiR 1994, 791 *(Wilhelm)*; unter Aufgabe auch von BGH ZIP 1993, 763;

BGH, Urt. v. 13.6.2002 – VII ZR 30/01, ZIP 2002, 1771:

Eine Haftungserstreckung wegen besonderen wirtschaftlichen Eigeninteresses setzt voraus, dass der Vertreter eine so enge Beziehung zum Vertragsgegenstand hat, dass er als wirtschaftlich gleichsam in eigener Sache handelnd erscheint. Dazu reicht die Beteiligung des Geschäftsführers und Gesellschafters einer GmbH an der von ihm vertretenen Gesellschaft allein nicht aus.

Dazu EWiR 2003, 13 *(Pfeiffer)*.

Das allgemeine Interesse als Geschäftsführer am Erfolg des Unternehmens begründet erst recht keine Eigenhaftung. 947

BAG, Urt. v. 20.3.2014 – 8 AZR 45/13, ZIP 2014, 1976 Rn. 22.

Damit scheidet das Eigeninteresse praktisch aus, um einen Anspruch gegen den Geschäftsführer aus §§ 311 Abs. 3 BGB zu begründen. 948

Zur Kritik an der restriktiven Anwendung vgl.
Flume, ZIP 1994, 337, 338.

2. Inanspruchnahme besonderen Vertrauens

Dagegen kommt eine Haftung des Geschäftsführers bei Verletzung der Aufklärungspflicht im Falle der **Inanspruchnahme besonderen Vertrauens** infrage, § 311 Abs. 3 Satz 2 BGB. 949

Grundsätzlich nimmt der Geschäftsführer nur das **normale Verhandlungsvertrauen** in Anspruch, für dessen Verletzung nicht er, sondern die GmbH einzutreten hat. 950

Der Geschäftsführer haftet daher nicht schon dann, wenn er den Vertragspartner nicht auf eine prekäre wirtschaftliche Lage der GmbH hinweist. 951

BGH, Urt. v. 6.6.1994 – II ZR 292/91, BGHZ 126, 181 =
ZIP 1994, 1103 = NJW 1994, 2220:

... Der Geschäftsführer einer GmbH nimmt, wenn er für diese in Vertragsverhandlungen eintritt, grundsätzlich nur das normale Verhandlungsvertrauen in Anspruch, für dessen Verletzung der Vertragspartner, in diesem Falle die GmbH, einzustehen hat; von einem persönlichen Vertrauen lässt sich nur sprechen, wenn der Vertragspartner ein zusätzliches, von ihm selbst ausgehendes Vertrauen auf die Vollständigkeit und Richtigkeit seiner Erklärungen hervorgerufen hat ... An diesen Voraussetzungen fehlt es, wenn sich das Verschulden des Geschäftsführers darin erschöpft, eine Aufklärung über die finanziellen Verhältnisse der Gesellschaft, zu der er angesichts ihrer wirtschaftlichen Lage verpflichtet wäre, unterlassen zu haben.

Dazu EWiR 1994, 791 *(Wilhelm)*;

OLG Düsseldorf, Urt. v. 31.3.1999 – 12 U 176/97, NZG 1999, 944:

Eine Haftung des GmbH-Geschäftsführers wegen Inanspruchnahme persönlichen Vertrauens des Verhandlungspartners kommt nicht in Betracht, wenn sich das Verhalten des Geschäftsführers darin erschöpft, eine Aufklärung über die finanziellen Verhältnisse der Gesellschaft, zu der er angesichts der wirtschaftlichen Lage verpflichtet gewesen wäre, unterlassen zu haben.

A. A. *Altmeppen/Wilhelm*, NJW 1999, 673, 681.

Der notwendige Schutz der Vertragspartner vor dem Vertragsschluss mit insolvenzreifen Gesellschaften wird durch die Insolvenzverschleppungshaftung nach § 823 Abs. 2 BGB i. V. m. § 15a InsO gewährleistet. 952

953 Eine haftungsbegründende Übernahme einer Doppelrolle ist aber gegeben, wenn der Geschäftsführer nicht nur für die GmbH, sondern als Person agiert und **persönliches Verhandlungsvertrauen** in Anspruch nimmt.

BGH, Urt. v. 9.10.1989 – II ZR 16/89, ZIP 1989, 1455 = NJW 1990, 387:

Bietet der Geschäftsführer als Vertragsvermittler mit Hinweis auf seine außergewöhnliche Sachkunde oder seine besondere persönliche Zuverlässigkeit dem Vertragspartner eine zusätzliche von ihm persönlich ausgehende Gewähr für das Gelingen des in Aussicht gestellten Geschäfts, kann die Inanspruchnahme besonderen persönlichen Vertrauens gegeben sein.

Dazu EWiR 1990, 265 *(Miller)*;
Lutter, DB 1994, 129, 133:

„Sie können sich doch auf mich verlassen", „wir kennen uns doch schon seit langem".

954 Eine besondere Vertrauensstellung soll begründet sein, wenn sich der Geschäftsführer als **besonderer Fachmann** ausgibt,

BGH, Urt. v. 24.9.1990 – II ZR 203/89, ZIP 1990, 1402 = NJW 1991, 226;
dazu EWiR 1990, 1215 *(Fleck)*,

und bei Angaben zu selbst entwickelten **Herstellungsverfahren**.

BGH, Urt. v. 19.2.1990 – II ZR 41/89, GmbHR 1990, 296;
dazu EWiR 1990, 699 *(Kohte)*.

955 **Nicht ausreichend** ist „die dem Beklagten zugeschriebene Äußerung, die Gesellschaft verfüge über Aufträge in Millionenhöhe; denn sie könnten allenfalls ein Vertrauen in die fortbestehende Solvenz der Gesellschaft begründen, sie enthalten aber nicht die für die Eigenhaftung des Handelnden erforderliche, **garantieähnliche**' Erklärung".

BGH, Urt. v. 7.11.1994 – II ZR 138/92, ZIP 1995, 31;
dazu EWiR 1995, 357 *(Noack)*;

OLG Köln, Urt. v. 1.9.1999 – 2 U 19/99, NZG 2000, 439:

Erklärt der Geschäftsführer einer GmbH gegenüber der Vertragspartnerin einer GmbH, „Geld sei für die GmbH kein Problem, finanzielle Schwierigkeiten würden nicht bestehen", so nimmt er dadurch nicht besonderes persönliches Vertrauen im Sinne einer Eigenhaftung des Geschäftsführers aus c. i. c. in Anspruch.

956 Eine garantieähnliche Erklärung wurde etwa in der Behauptung gesehen, die Gesellschaft stehe gut da und der Geschäftsführer **stehe persönlich** für die Bezahlung **ein**.

OLG Zweibrücken, Urt. v. 25.10.2001 – 4 U 71/00, NZG 2002, 423.

957 Auch Äußerungen des Geschäftsführers und Gesellschafters, er werde bei einer Verschlechterung der wirtschaftlichen Lage **Gelder einlegen**, können als selbstständiges, die Haftung begründendes Garantieversprechen zu bewerten sein.

BGH, Urt. v. 18.6.2001 – II ZR 248/99, ZIP 2001, 1496:

Die dem Warenlieferanten im Rahmen laufender Geschäftsverbindung vom Gesellschafter-Geschäftsführer einer GmbH & Co. KG gegebene Versicherung, er werde bei Verschlechterung der wirtschaftlichen Lage der KG Kapital nachschießen, sodass der Lieferant auf jeden Fall „sein Geld bekomme", kann ein selbstständiges Garantieversprechen (§ 305 BGB) darstellen; im Falle der Nichteinhaltung ist der Versprechensgeber dem anderen Teil zur Schadloshaltung (§§ 249 ff. BGB) verpflichtet.

Die stillschweigende Annahme dieses Garantieversprechens hat der BGH in der Weiterbelieferung der Gemeinschuldnerin bis zum Konkurs gesehen. 958

Auch wenn der Alleingesellschafter und -geschäftsführer einer GmbH einen Rechtsanwalt, dem Zweifel an der Solvenz der Gesellschaft gekommen waren, damit beruhigte, er werde **für die Gebühren aufkommen**, kommt ein selbstständiges Garantieversprechen in Betracht, jedenfalls eine Haftung aus der Inanspruchnahme aus persönlichem Vertrauen. 959

A. A. LG Oldenburg, Urt. v. 9.5.1995 – 5 O 180/94, MDR 1996, 104.

Die Erklärung eines Geschäftsführers einer kreditnehmenden Gesellschaft gegenüber der Bank bei Abschluss des Kontokorrentvertrags, er werde die Abwicklung der Geschäfte mit der Bank in der verabredeten Weise, nämlich im Wege der Vorfinanzierung eingereichter Schecks von liquiden und solventen Kunden, **persönlich überwachen**, genügt dagegen nicht. Die Überwachung von Bankkonten gehört zu den normalen Aufgaben eines Geschäftsführers, eine besondere persönliche Zuverlässigkeit wird damit nicht in Anspruch genommen. 960

OLG Köln, Urt. v. 10.7.1996 – 27 U 109/95, GmbHR 1996, 766;
dazu EWiR 1996, 973 *(Zimmermann)*.

3. Prospekthaftung

Bei der Beteiligung an Publikumsgesellschaften, an Bauherrenmodellen oder an Fonds kommt eine Haftung des Geschäftsführers aus Prospekthaftung als Gründer, Initiator und Gestalter des Unternehmens für die Richtigkeit und Vollständigkeit des Prospekts infrage (sog. Prospekthaftung im engeren Sinn). Sie war ab 1.7.2005 gesetzlich geregelt in § 13 VerkProspG für Anteile, die eine Beteiligung am Ergebnis eines Unternehmens gewähren, Anteile an einem Vermögen, das der Emittent oder ein Dritter für den Anleger hält und Anteile an einem geschlossenen Fonds (§ 8f. Abs. 1 VerkProspG), und damit für Publikums-KG, stille Gesellschaften, Bauherrenmodelle und geschlossene Fonds. § 13 VerkProspG verwies auf §§ 44 bis 47 BörsG. § 44 Abs. 1 BörsG lautete: 961

Der Erwerber von Wertpapieren, die auf Grund eines Prospekts zum Börsenhandel zugelassen sind, in dem für die Beurteilung der Wertpapiere wesentliche Angaben unrichtig oder unvollständig sind, kann

1. von denjenigen, die für den Prospekt die Verantwortung übernommen haben und
2. von denjenigen, von denen der Erlass des Prospekts ausgeht,

als Gesamtschuldnern die Übernahme der Wertpapiere gegen Erstattung des Erwerbspreises, soweit dieser den ersten Ausgabepreis der Wertpapiere nicht überschreitet, und der mit dem Erwerb verbundenen üblichen Kosten verlangen ...

962 Seit 1.6.2012 ist die Prospekthaftung ohne Verweisung auf das BörsG in §§ 20 ff. **VermAnlG** eigenständig geregelt, das für nicht in Wertpapieren i. S. d. Wertpapierprospektgesetzes verbriefte Anteile u. a. von geschlossenen Fonds gilt, sowie seit 22.7.2013 durch § 306 Abs. 1 KAGB für Anteile an offenen oder geschlossenen Investmentvermögen.

963 Der **Geschäftsführer** kommt, wenn er nicht ausnahmsweise im Prospekt als Person genannt ist, die die Verantwortung für den Prospekt übernommen hat, als Haftender infrage, wenn der Erlass des Prospektes **von ihm ausgeht**.

964 Die gesetzlichen Regelungen verdrängen die von der Rechtsprechung entwickelte Prospekthaftung im engeren Sinne in ihrem Anwendungsbereich (§ 8f VerkProspG/§§ 20 ff. VermAnlG/§ 306 Abs. 1 KAGB) für Anlagen ab 1.7.2005 bzw. dem Inkrafttreten der jeweiligen Spezialgesetze.

> BGH, Beschl. v. 21.10.2014 – XI ZB 12/12, BGHZ 203, 1 Rn. 64 ff.

965 Die Rechtsprechung hatte eine Haftung für Hintermänner, die hinter dem Unternehmen stehen und auf das Geschäftsgebaren oder die Gestaltung des konkreten Modells entscheidenden Einfluss ausüben, aus allgemeinen Grundsätzen mit der Begründung einer Haftung aus der Inanspruchnahme typisierten Vertrauens entwickelt.

> BGH, Urt. v. 7.12.2009 – II ZR 15/08, ZIP 2010, 176 = NJW 2010, 1077 Rn. 21;
>
> BGH, Urt. v. 8.12.2005 – VII ZR 372/03, ZIP 2006, 420;
>
> BGH, Urt. v. 1.12.1994 – III ZR 93/93, NJW 1995, 1025;
>
> BGH, Urt. v. 6.10.1980 – II ZR 60/80, BGHZ 79, 337 = ZIP 1981, 517 = NJW 1981, 1449.

966 Diese Grundsätze gelten weiter für Anlagen vor dem 1.7.2005 und Anlagen, die nicht unter den Anwendungsbereich des VermAnlG, VerkProspG oder anderer spezialgesetzlicher Prospekthaftungsvorschriften (z. B. § 127 InvestmG) fallen. Die Rechtsprechung zur Prospekthaftung im engeren Sinne gilt daher weiter für Bauträgermodelle und – jedenfalls bis zum Inkrafttrreten des KAGB – von § 8f VerkProspG nicht erfasste Anlagen.

> BGH, Urt. v. 3.12.2007 – II ZR 21/06, ZIP 2008, 412 Rn. 7; dazu EWiR 2008, 295 *(Volker Hahn)*.

967 Neben die Prospekthaftung im engeren Sinne tritt die Haftung derjenigen, die als künftige Vertragspartner, Vertreter, Sachwalter oder Garanten gegenüber einem Anleger persönliches Vertrauen in Anspruch genommen haben, aus § 311 Abs. 3 BGB für Mängel des von ihnen benutzten Prospekts (uneigentliche Prospekthaftung, Prospekthaftung im weiteren Sinne).

BGH, Urt. v. 24.4.1978 -II ZR 172/76 BGHZ 71, 284
= NJW 1978, 1625;

BGH, Urt. v. 6.10.1980 – II ZR 60/80, BGHZ 79, 337
= ZIP 1981, 517 = NJW 1981, 1449.

Eine solche Haftung aus Verschulden bei Vertragsschluss für die Unrichtigkeit oder Unvollständigkeit ihrer Angaben kommt auch für die Organe einer juristischen Person infrage, wenn sie Kapitalanlegern persönlich mit dem Anspruch gegenübertreten, sie über die für eine Anlageentscheidung wesentlichen Umstände zu informieren. Sie setzt nicht notwendig einen schriftlichen Prospekt voraus, auch andere Informationsmedien („Präsentation") genügen. 968

BGH, Urt. v. 2.6.2008 – II ZR 210/06, BGHZ 177, 25
= ZIP 2008, 1526;
dazu EWiR 2008, 643 *(Frisch)*;
mit. Anm. *Kocher*, BB 2008, 1980.

Meist ist Vertragspartner aber die GmbH oder eine GmbH und Co. KG, sodass der Geschäftsführer, der den Anlegern nicht persönlich gegenüber tritt – außer er ist auch als Gründungskommanditist selbst Vertragspartner der Erwerber –, nicht aus Prospekthaftung im weiteren Sinne persönlich haftet. 969

Sehr streng ist dagegen die Eigenhaftung des Geschäftsführers aus Verletzung der Aufklärungspflicht, wenn die GmbH sich mit dem Vertrieb von **Terminoptionen** befasst und dabei die Aufklärungspflicht verletzt. 970

BGH, Urt. v. 1.2.1994 – XI ZR 125/93, ZIP 1994, 447
= NJW 1994, 997;
dazu EWiR 1994, 639 *(Schäfer)*.

Eine Haftung des Geschäftsführers aus Verschulden bei Vertragsschluss kommt (neben einer Haftung aus § 826 BGB, siehe Rn. 1432) bei Terminoptionen selbst dann in Betracht, wenn er keinen persönlichen Kontakt zu den Kunden hatte und es lediglich unterlassen hat, seine Mitarbeiter zur ordnungsgemäßen Aufklärung der Kunden anzuhalten. 971

III. Rechtsscheinhaftung

Offenbart der Geschäftsführer im Rahmen geschäftlicher Verhandlungen nicht, dass Verhandlungs- und Vertragspartner eine GmbH ist und tritt schriftlich **ohne Rechtsformzusatz** nach § 4 Abs. 2 GmbHG auf, so kann dies – neben der Haftung der GmbH als Vertragspartner – zu einer persönlichen Haftung des Geschäftsführers kraft Rechtsscheins entsprechend § 179 BGB führen. 972

BGH, Urt. v. 24.6.1991 – II ZR 293/90, ZIP 1991, 1004 = NJW 1991, 2627 m. Anm. *Canaris*;
dazu auch *Medicus*, EWiR 1992, 359;

BGH, Urt. v. 8.7.1996 – II ZR 258/95, ZIP 1996, 1511 = NJW 1996, 2645;
m. Anm. *Goette*, DStR 1996, 1373;
m. Anm. *Schöpflin*, JR 1997, 160;

BGH, Urt. v. 5.2.2007 – II ZR 84/05, ZIP 2007, 908 = NJW 2007, 1529 Rn. 14 (zur niederländischen B. V.);
dazu EWiR 2007, 513 *(Lamsa)*;
m. Anm. *Römermann*, GmbHR 2007, 595;
m. Anm. *Kindler*, NJW 2007, 1785;
m. Bespr. *Altmeppen*, ZIP 2007, 889.

973 Die Rechtsscheinhaftung für Handelnde, die den Rechtsformzusatz weglassen, gilt auch für andere Gesellschaftsformen und insbesondere für ausländische Gesellschaften mit Haftungsbeschränkung.

BGH, Urt. v. 5.2.2007 – II ZR 84/05, ZIP 2007, 908 = NJW 2007, 1529 Rn. 14 (zur niederländischen B.V.);
dazu EWiR 2007, 513 *(Lamsa)*;
m. Anm. *Römermann*, GmbHR 2007, 595;
m. Anm. *Kindler*, NJW 2007, 1785;
m. Bespr. *Altmeppen*, ZIP 2007, 889;
krit. *Schanze*, NZG 2007, 533.

974 Für die Haftung des Geschäftsführers ist es unerheblich, ob der Vertragspartner einen Dritten oder den Rechtsschein veranlassenden Geschäftsführer für den unbeschränkt Haftenden gehalten hat. Erweckt der unter einer Firma ohne Zusatz Handelnde den Eindruck, er selbst sei Inhaber der Firma, muss er sich so behandeln lassen, als entspreche der Schein der Wirklichkeit. Er haftet aber auch dann, wenn er – erkennbar als Vertreter handelnd – beim Vertragspartner den Eindruck erweckt, der Inhaber der Firma, wer auch immer das sei, hafte jenem unbeschränkt.

BGH, Urt. v. 15.1.1990 – II ZR 311/88, NJW 1990, 2678;
dazu EWiR 1990, 649 *(Hirte)*.

975 Im Handelsrecht gilt der Grundsatz der unbeschränkten Haftung. Deshalb darf jedermann darauf vertrauen, mit einem unbeschränkt haftenden Vertragspartner zu tun zu haben, wenn ihm nicht etwas anderes angezeigt wird. Und wer den falschen Schein erweckt, soll selber haften.

976 Aus Rechtsscheinhaftung kann im Übrigen nicht nur der Geschäftsführer, sondern auch ein Gesellschafter oder ein Angestellter der GmbH in Anspruch genommen werden. Die Rechtsscheinhaftung trifft immer nur den **Handelnden**, der durch Weglassen des Rechtsformzusatzes „GmbH" einen unzutreffenden Eindruck zum Vertragspartner erweckt. Wenn ein Untervertreter handelt, trifft ihn die Haftung und nicht den Geschäftsführer.

BGH, Urt. v. 5.2.2007 – II ZR 84/05, ZIP 2007, 908 = NJW 2007, 1529 Rn. 14 (zur niederländischen B.V.);
dazu EWiR 2007, 513 *(Lamsa)*;
m. Anm. *Römermann*, GmbHR 2007, 595;
m. Anm. *Kindler*, NJW 2007, 1785;
m. Bespr. *Altmeppen*, ZIP 2007, 889;
krit. *Schanze*, NZG 2007, 533.

977 Der Haftung dafür, dass durch den Verstoß gegen § 4 GmbHG ein unbegründetes Vertrauen hervorgerufen wurde, steht auch nicht entgegen, dass sich die

wirklichen Verhältnisse aus dem Handelsregister ergeben. Der Zweck des § 4 GmbHG, die beschränkte Haftung des Unternehmensträgers im Interesse der Sicherheit und Leichtigkeit des Verkehrs auch ohne vorherige Einsicht in das Handelsregister schon im laufenden geschäftlichen Kontakt aus der Firma erkennen zu lassen, würde vereitelt, hätte nicht § 4 Abs. 2 GmbHG Vorrang vor § 15 Abs. 2 HGB.

BGH, Urt. v. 15.1.1990 – II ZR 311/88, NJW 1990, 2678;
dazu EWiR 1990, 649 *(Hirte)*;

BGH, Urt. v. 24.6.1991 – II ZR 293/90, ZIP 1991, 1004 = NJW 1991, 2627:

Für die mögliche Rechtsscheinhaftung des Beklagten ist es ohne Bedeutung, ob der Kläger erkennen konnte, dass der Beklagte nur Angestellter des bei dem schriftlichen Vertragsschluss als Vertragspartner des Klägers bezeichneten Unternehmers war, oder ob er ihn für dessen Unternehmer halten durfte. Hat der Beklagte als der für das Unternehmen Auftretende durch sein Verhalten den Eindruck erweckt, er selbst sei dessen Inhaber, so hat er für die Vertragserfüllung bei Vorliegen der übrigen Voraussetzungen schon aus diesem Grunde persönlich einzustehen. Hat der Kläger erkannt, dass der Beklagte nur Angestellter seines Vertragspartners war, so haftet der Beklagte unter diesen Voraussetzungen, wenn er das unbegründete Vertrauen hervorgerufen hat, der von ihm selbst verschiedene Inhaber desselben hafte persönlich. Ein solcher Vertrauenstatbestand kann nach ständiger Senatsrechtsprechung auch dadurch begründet werden, dass der für das Unternehmen Handelnde unter Verstoß gegen § 4 Abs. 2 GmbHG mit einer Firma – auch mit einer Sachfirma oder einer unzulässigen Firma – zeichnet, ohne den gesetzlich vorgeschriebenen Zusatz hinzuzufügen, der klarstellt, dass der Firmeninhaber eine GmbH ist.

Dazu EWiR 1992, 359 *(Medicus)*.

Nicht ausreichend ist jedoch, dass der Geschäftsführer bei **mündlichen** Ge- 978
schäftsabschlüssen – insbesondere bei telefonischen Bestellungen – den GmbH-Zusatz fortgelassen hat. Dann haftet er nur, wenn er ausdrücklich mündlich einen Abschluss für die GmbH verneint.

BGH, Urt. v. 1.6.1981 – II ZR 1/81, ZIP 1981, 983 = NJW 1981, 2569;

BGH, Urt. v. 8.7.1996 – II ZR 258/95, ZIP 1996, 1511 = NJW 1996, 2645;
m. Anm. *Goette*, DStR 1996, 1373;
m. Anm. *Schöpflin*, JR 1997, 160;

OLG Hamm, Urt. v. 28.3.1995 – 26 U 9/95, GmbHR 1995, 661.

Ausreichend ist hingegen nach OLG Naumburg die **Vorlage von Visitenkarten** 979
bei den mündlichen Besprechungen, wenn diese die Haftungsbeschränkung nicht ausweisen.

OLG Naumburg, Urt. v. 20.9.1996 – 6 U 82/96, GmbHR 1997, 445;

LG Aachen, Urt. v. 16.9.1987 – 4 O 628/85, NJW-RR 1988, 1174;

LG Wuppertal, Urt. v. 20.4.2001 – 1 O 256/00, NJW-RR 2002, 178:

Der Geschäftsführer einer GmbH muss sich nach den Grundsätzen der Rechtsscheinhaftung in Anwendung des § 242 BGB i. V. m. dem Rechtsgedanken aus §§ 5, 15 HGB und aus § 4 GmbHG so behandeln lassen, als hafte er mit seinem Vermögen persönlich für die Schulden der GmbH gegenüber einem Vertragspartner, wenn er sich bei einem mündlichen Vertragsabschluss mit einer Visitenkarte ausweist, auf der lediglich der Name der Firma ohne Zusatz „GmbH" erwähnt ist, und er durch sein Auftreten den Eindruck erweckt, dass er der Firmeninhaber ist.

980 Die persönliche Haftung trifft auch einen Geschäftsführer, der **Schecks** ohne Vertretungszusatz und ohne den GmbH-Stempel zeichnet. In diesem Fall ist schon nicht erkennbar, dass ein Vertreterhandeln vorliegt (§ 164 Abs. 1 Satz 2 BGB).

> OLG Frankfurt, Urt. v. 10.3.1981 – 5 U 168/80, ZIP 1981, 378;
> OLG Frankfurt/, Urt. v. 9.10.1992 – 10 U 262/91, GmbHR 1993, 158;
> OLG Brandenburg, Urt. v. 11.2.1998 – 7 U 166/97, GmbHR 1998, 742.

981 Dass der Scheck auf das Konto der GmbH gezogen war, steht der Inanspruchnahme ihres Geschäftsführers nicht entgegen; etwas anderes gilt, wenn der Scheckempfänger weiß, dass es sich um ein Konto eines Dritten und nicht das des Scheckunterzeichners handelt.

982 Voraussetzung für eine Haftung wegen Fehlens des nach § 4 Abs. 2 GmbHG gebotenen Zusatzes ist, dass der **Vertragspartner** die wahren Verhältnisse **weder kannte noch kennen musste** und im Vertrauen auf die unbeschränkte Haftung Ware geliefert und die bestehende Forderung nicht sofort geltend gemacht hat. Die Darlegungs- und Beweislast für das Kennen oder Kennenmüssen trifft denjenigen, der durch Verstoß gegen § 4 Abs. 2 GmbHG den Rechtsschein erzeugt hat.

> BGH, Urt. v. 12.6.2012 – II ZR 256/11, ZIP 2012, 1659 = NJW 2012, 2871 Rn. 27;
> dazu EWiR 2012, 697 *(Heckschen)*;
> m. Anm. *Römermann*, GmbHR 2012, 955;
> m. Bespr. *Miras*, NZG 2012, 1095;
> m. Bespr. *Altmeppen*, NJW 2012, 2833;
> m. Bespr. *Beck/Schaub*, GmbHR 2012, 1331;
> BGH, Urt. v. 15.1.1990 – II ZR 311/88, NJW 1990, 2678;
> dazu EWiR 1990, 649 *(Hirte)*;
> LG Heidelberg, Urt. v. 31.5.1996 – 8 O 2/96, GmbHR 1997, 446.

983 Macht der Geschäftsführer geltend, er habe die andere Seite mündlich über die Gesellschaftsform, also über die beschränkte Haftung aufgeklärt, so muss er das beweisen.

> OLG Karlsruhe, Urt. v. 7.4.2004 – 7 U 189/03, GmbHR 2004, 1016.

984 Die Haftung des Geschäftsführers hängt nicht davon ab, dass zuvor die Zahlungsunfähigkeit der GmbH festgestellt worden ist. Die Rechtsscheinhaftung ist keine subsidiäre Ausfallhaftung für den wirklichen Unternehmensträger; sie ist außerdem verschuldensunabhängig.

> BGH, Urt. v. 15.1.1990 – II ZR 311/88, NJW 1990, 2678;
> dazu EWiR 1990, 649 *(Hirte)*.

Bei **unternehmensbezogenen Geschäften** kommt neben (bzw. statt) der Rechtsscheinhaftung des ohne Rechtsformzusatz Handelnden ein Vertrag mit der GmbH zustande. Ein unternehmensbezogenes Geschäft liegt vor, wenn das Geschäft typischerweise zum Geschäftsbereich des Unternehmens gehört. Indiz dafür ist auch, dass der Geschäftsabschluss in den Betriebsräumen des Unternehmens erfolgt. 985

OLG Hamm, Urt. v. 28.3.1995 – 26 U 9/95, GmbHR 1995, 661;

OLG Naumburg, Urt. v. 20.9.1996 – 6 U 82/96, GmbHR 1997, 445:

Bei unternehmensbezogenen Geschäften geht der Wille der Beteiligten im Zweifel dahin, dass der Betriebsinhaber Vertragspartner werden soll. Das gilt auch dann, wenn der Vertragspartner den Vertreter für den Inhaber hält oder sonstige unrichtige Vorstellungen über die Person des Geschäftsführers hat.

OLG Köln, Urt. v. 27.8.1999 – 19 U 26/99, GmbHR 2000, 383:

Unterzeichnet der Geschäftsführer einer GmbH eine Verpflichtungserklärung im Rahmen eines unternehmensbezogenen Geschäfts gegenüber einem Geschäftspartner der GmbH, so hat er hierdurch bereits die Stellvertretung kenntlich gemacht.

Geschäftsführer und GmbH haften gesamtschuldnerisch. Der Geschäftsführer hat ggf. einen Ausgleichsanspruch nach § 426 BGB gegen die Gesellschaft. 986

BGH, Urt. v. 12.6.2012 – II ZR 256/11, ZIP 2012, 1659
= NJW 2012, 2871 Rn. 24;
dazu EWiR 2012, 697 *(Heckschen)*;
m. Anm. *Römermann*, GmbHR 2012, 955;
m. Bespr. *Miras*, NZG 2012, 1095;
m. Bespr. *Altmeppen*, NJW 2012, 2833;
m. Bespr. *Beck/Schaub*, GmbHR 2012, 1331;
BGH, Urt. v. 24.6.1991 – II ZR 293/90, ZIP 1991, 1004 = NJW 1991, 2627;
dazu EWiR 1992, 359 *(Medicus)*.

Die Rechtsscheinhaftung kommt auch schon bei der **Vor-GmbH** in Betracht, wenn der für die Gesellschaft Auftretende seiner Bestellung nicht den Zusatz GmbH i. Gr. beigefügt hat; denn die Vorschrift des § 35 Abs. 2 GmbHG, wonach die Geschäftsführer bei Vertretung der GmbH mit deren Firma zu zeichnen haben, ist auch auf die Vorgesellschaft anwendbar. 987

BGH, Urt. v. 8.7.1996 – II ZR 258/95, ZIP 1996, 1511 = NJW 1996, 2645;
m. Anm. *Goette*, DStR 1996, 1373;
m. Anm. *Schöpflin*, JR 1997, 160;

OLG Celle, Urt. v. 14.3.1990 – 9 U 3/89, GmbHR 1990, 398.

Die Rechtsscheinhaftung trifft auch den, der für eine GmbH auftritt, wenn in Wirklichkeit eine **Unternehmergesellschaft (haftungsbeschränkt)** Unternehmensträgerin ist. 988

BGH, Urt. v. 12.6.2012 – II ZR 256/11, ZIP 2012, 1659
= NJW 2012, 2871 Rn. 12;
dazu EWiR 2012, 697 *(Heckschen)*;
m. Anm. *Römermann*, GmbHR 2012, 955;

m. Bespr. *Miras*, NZG 2012, 1095;
m. Bespr. *Altmeppen*, NJW 2012, 2833;
m. Bespr. *Beck/Schaub*, GmbHR 2012, 1331.

989 Auch in diesem Fall haftet der Handelnde gegenüber dem Gläubiger persönlich, nicht etwa nur gegenüber der Gesellschaft.

BGH, Urt. v. 12.6.2012 – II ZR 256/11, ZIP 2012, 1659
= NJW 2012, 2871 Rn. 23;
dazu EWiR 2012, 697 *(Heckschen)*;
m. Anm. *Römermann*, GmbHR 2012, 955;
m. Bespr. *Miras*, NZG 2012, 1095;
m. Bespr. *Altmeppen*, NJW 2012, 2833;
m. Bespr. *Beck/Schaub*, GmbHR 2012, 1331.

990 Dagegen ist die **Haftung beschränkt**. Da der Vertragspartner wusste, dass er es mit einer Gesellschaft mit beschränkter Haftung zu tun hatte, haftet der Handelnde nur auf die Differenz zwischen Stammkapitalziffer der Unternehmergesellschaft (haftungsbeschränkt) und dem Mindeststammkapital der GmbH.

BGH, Urt. v. 12.6.2012 – II ZR 256/11, ZIP 2012, 1659
= NJW 2012, 2871 Rn. 26;
dazu EWiR 2012, 697 *(Heckschen)*;
m. Anm. *Römermann*, GmbHR 2012, 955;
m. Bespr. *Miras*, NZG 2012, 1095;
m. Bespr. *Altmeppen*, NJW 2012, 2833;
m. Bespr. *Beck/Schaub*, GmbHR 2012, 1331.

991 Offen lassen konnte der BGH, ob der Handelnde in dieser Höhe gegenüber jedem Gläubiger haftet, dem gegenüber der unzutreffende Rechtsschein hervorgerufen wurde, oder nur einmal gegenüber allen diesen Gläubigern.

BGH, Urt. v. 12.6.2012 – II ZR 256/11, ZIP 2012, 1659
= NJW 2012, 2871 Rn. 26;
dazu EWiR 2012, 697 *(Heckschen)*;
m. Anm. *Römermann*, GmbHR 2012, 955;
m. Bespr. *Miras*, NZG 2012, 1095;
m. Bespr. *Altmeppen*, NJW 2012, 2833;
m. Bespr. *Beck/Schaub*, GmbHR 2012, 1331.

992 Dagegen tritt **keine Haftung** ein, wenn jemand für eine in Wahrheit **nicht existierende GmbH** auftritt, sofern es einen anderen Unternehmensträger gibt, weil der Dritte nicht besser dastünde, wenn der Rechtsschein der Wirklichkeit entspräche.

BGH, Urt. v. 18.5.1998 – II ZR 355/95, ZIP 1998, 1223:

Die Rechtsscheinhaftung kann nicht weitergehen, als die Haftung ginge, wenn der Schein der wirklichen Rechtslage entspräche.

BGH, Urt. v. 18.1.1996 – III ZR 121/95, ZIP 1996, 459
= NJW 1996, 1053;
dazu EWiR 1996, 445 *(Noack)*.

993 Wird dagegen für eine (noch) nicht existierende GmbH gehandelt, ohne dass es einen Unternehmensträger gibt oder dieser benannt wird, haftet der Handelnde unmittelbar nach § 177 ff. BGB.

BGH, Urt. v. 21.7.2005 – IX ZR 193/01, NJW-RR 2005, 1585;
BGH, Urt. v. 18.5.1998 – II ZR 355/95, ZIP 1998, 1223;
BAG, Urt. v. 12.7.2006 – 5 AZR 613/05, ZIP 2006, 1672.

Auch diese ist aber nach § 179 Abs. 3 Satz 1 BGB ausgeschlossen, wenn der Vertragspartner weiß, dass der Vertreter ohne Vertretungsmacht handelt, selbst wenn der Rechtsträger ohne Wissen des Vertragspartners nicht existiert. 994

BGH, Urt. v. 12.11.2008 – VIII ZR 170/07, ZIP 2009, 220
= NJW 2009, 215.

IV. Durchgriffshaftung

Durchgriffshaftung bedeutet, dass in Fällen, in denen die juristische Person haftet, entgegen dem **Trennungsprinzip** von § 13 Abs. 2 GmbHG auch eine hinter ihr stehende natürliche oder juristische Person in Anspruch genommen werden kann. 995

Eine gesetzlich geregelte Durchgriffshaftung des Geschäftsführers enthält § 4 Abs. 3 Satz 4 Alt. 1 BBodSchG für eine GmbH, deren Grundstück mit Altlasten behaftet ist: 996

Zur Sanierung ist auch verpflichtet, wer aus handelsrechtlichem oder gesellschaftsrechtlichem Rechtsgrund für eine juristische Person einzustehen hat, der ein Grundstück, das mit einer schädlichen Bodenveränderung oder einer Altlast belastet ist, gehört, und wer das Eigentum an einem solchen Grundstück aufgibt.

Vgl. dazu *Fleischer/Empt*, ZIP 2000, 905.

Im Übrigen gibt es gerade wegen des Trennungsprinzips grundsätzlich keine Durchgriffshaftung. 997

BGH, Urt. v. 10.12.2007 – II ZR 239/05, BGHZ 175, 12
= ZIP 2008, 364 = WM 2008, 358 (Kolpingwerk):

Nach ständiger höchstrichterlicher Rechtsprechung ist eine Durchbrechung dieses Trennungsgrundsatzes nur ausnahmsweise dann zulässig, wenn die Ausnutzung der rechtlichen Verschiedenheit zwischen der juristischen Person und den hinter ihr stehenden natürlichen Personen rechtsmissbräuchlich ist.

Dazu EWiR 2008, 293 *(Haertlein/Primaczenko)*;
m. Anm. *Wolff*, JZ 2008, 519;
m. Bespr. *Seltmann*, DStR 2008, 1443;
BGH, Urt. v. 28.4.2008 – II ZR 264/06, BGHZ 176, 204
= ZIP 2008, 1232 = NJW 2008, 2437
(GAMMA);
dazu EWiR 2008, 493 *(Bruns)*;
m. Anm. *Ulrich*, GmbHR 2008, 810;
m. Anm. *Möller*, BB 2008, 1701;
m. Bespr. *Altmeppen*, ZIP 2008, 1201;
m. Bespr. *Kleindiek*, NZG 2008, 686;
m. Bespr. *Waclawik*, DStR 2008, 1486;
m. Bespr. *Veil*, NJW 2008, 3264.

998 Eine **Ausnahme** ist nur noch für den Fall der **Vermögensvermischung** anerkannt (siehe Rn. 1007 ff.).

999 Die Durchgriffshaftung richtet sich gegen den **Gesellschafter**, nicht gegen den Geschäftsführer. Verpflichteter kann nur ein Gesellschafter sein, der bestimmenden Einfluss in der Gesellschaft hat,

> BGH, Urt. v. 13.4.1994 – II ZR 16/93, BGHZ 125, 366 = ZIP 1994, 867 = NJW 1994, 1801;
> dazu EWiR 1994, 681 *(v. Gerkan)*,

und ein solcher ist meist Gesellschafter-Geschäftsführer oder steuert den Geschäftsführer.

1000 Ist ein Geschäftsführer nur **Minderheitsgesellschafter**, so müssen weitere Umstände hinzutreten, um von einem die Durchgriffshaftung rechtfertigenden bestimmenden Einfluss sprechen zu können.

> BGH, Urt. v. 13.4.1994 – II ZR 16/93, BGHZ 125, 366 = ZIP 1994, 867 = NJW 1994, 1801:

Dazu gehören Minderheitsgesellschafter nur dann, wenn sie aufgrund besonderer tatsächlicher oder rechtlicher Umstände die Geschicke des Unternehmens bestimmen können. Dies ist etwa der Fall, wenn einem Gesellschafter zwar nicht rechtlich, wohl aber wirtschaftlich die Mehrheit der Anteile gehört, weil andere Gesellschafter ihre Anteile als Treuhänder für ihn halten, oder wenn er, wie die ständige Übung gezeigt hat, in der Gesellschafterversammlung immer mit der Unterstützung bestimmter anderer Gesellschafter rechnen kann, mit denen zusammen er über die Mehrheit verfügt.

Die Befugnis, die Geschäfte der GmbH zu führen, gibt einem Minderheitsgesellschafter keine beherrschende Stellung in der Gesellschaft; denn er ist von der Weisung der Gesellschaftermehrheit abhängig.

> Dazu EWiR 1994, 681 *(v. Gerkan)*.

1001 Diese Voraussetzung ist vom BGH für eine Frau verneint worden, die von ihrem Ehemann nur deshalb als Geschäftsführerin eingesetzt worden war, damit er in den Rechtsstreitigkeiten der GmbH als Zeuge aussagen konnte.

> BGH, Urt. v. 13.4.1994 – II ZR 16/93, BGHZ 125, 366 = ZIP 1994, 867 = NJW 1994, 1801.

1002 Da durch die Entscheidung des BGH für die Haftung des Gesellschafters als weitere Voraussetzung dessen beherrschende Stellung innerhalb der Gesellschaft zur Bedingung erhoben worden ist, ist der Anwendungskreis der Rechtsfigur der Durchgriffshaftung weiter eingegrenzt worden.

> *K. Schmidt*, ZIP 1994, 837, 838:

Mit Recht ist die einst groß angelegte Durchgriffslehre zu einer Ultima-ratio-Formel zurechtgestutzt worden, mit der sich das Gesellschaftsrecht wehrhaft auch für den seltenen Fall zeigen soll, dass individuelle und sachgerechte Normanwendungs- und Zurechnungsüberlegungen nicht mehr weiterhelfen, weil alle vermögens- und organisationsrechtlichen Grundvoraussetzungen der die Sonderung von Gesellschafts- und Gesellschaftervermögen rechtfertigenden Normativbestimmungen fehlen.

Ist über das Vermögen der Gesellschaft das Insolvenzverfahren eröffnet worden, kann nur der Insolvenzverwalter in entsprechender Anwendung des § 93 InsO den Gesellschafter aus Durchgriffshaftung in Anspruch nehmen. 1003

BGH, Urt. v. 14.11.2005 – II ZR 178/03, BGHZ 165, 85 = ZIP 2006, 467 = NJW 2006, 1344; m. Anm. *Schröder*, GmbHR 2006, 429;

OLG Celle, Urt. v. 29.8.2001 – 9 U 120/01, GmbHR 2001, 1042; dazu EWiR 2002, 109 *(Meyke)*;

LG Hildesheim, Urt. v. 16.1.2001 – 10 O 135/00, ZInsO 2001, 474; *Strohn*, ZInsO 2008, 706, 713.

Anders soll das sein, wenn sich ein Eingriff gezielt gegen einen einzelnen Gläubiger richtet. 1004

Vgl. dazu *Recq/Smyrek*, GmbHR 2005, 1593.

Außerhalb des Insolvenzverfahrens kann sich der Gesellschaftsgläubiger unmittelbar an den Gesellschafter halten. 1005

OLG Jena, Urt. v. 28.11.2001 – 4 U 234/01, ZIP 2002, 631; dazu EWiR 2002, 243 *(Meyke)*.

1. Vermischung von Gesellschafts- und Privatvermögen

Trotz der Haftungsbeschränkung des § 13 Abs. 2 GmbHG wird dem Gläubiger ein unmittelbarer Anspruch gegen einen Gesellschafter der GmbH zugebilligt, wenn es ihm zuzurechnen ist, dass die Rechtsform der juristischen Person **missbräuchlich** verwendet wird oder wenn die Berufung auf die rechtliche Selbstständigkeit der GmbH gegen **Treu und Glauben** verstößt. Der Gesellschafter haftet in entsprechender Anwendung des § 128 HGB unter Verlust seines Haftungsprivilegs des § 13 Abs. 2 GmbHG. 1006

BGH, Urt. v. 16.9.1985 – II ZR 275/84, BGHZ 95, 330 = ZIP 1985, 1263 = NJW 1986, 188; dazu EWiR 1985, 885 *(Hommelhoff)*;

BGH, Urt. v. 14.11.2005 – II ZR 178/03, BGHZ 165, 85 = ZIP 2006, 467 = NJW 2006, 1344; m. Anm. *Schröder*, GmbHR 2006, 429.

a) Vermögensvermischung

Haftungsbegründend ist die **Vermischung** von Gesellschafts- und Privatvermögen. Üblicherweise spricht man von **„Waschkorblage"**. Dafür reichen aber noch nicht einzelne Privatentnahmen der Gesellschafter. Hinzukommen muss, dass die Vermögensabgrenzung zwischen Gesellschafts- und Privatvermögen durch undurchsichtige Buchführung oder auf ähnliche Weise verwischt wird. 1007

BGH, Urt. v. 16.9.1985 – II ZR 275/84, BGHZ 95, 330 = ZIP 1985, 1263 = NJW 1986, 188:

Es muss hinzukommen, dass die Vermögensabgrenzung zwischen Gesellschafts- und Privatvermögen durch eine undurchsichtige Buchführung oder auf andere

Weise allgemein verschleiert wird, so dass insbesondere die Beachtung der Kapitalerhaltungsvorschriften, deretwegen die Haftungsbeschränkung auf das Gesellschaftsvermögen allein vertretbar ist, unkontrollierbar wird.

Dazu EWiR 1985, 885 *(Hommelhoff)*;

BGH, Urt. v. 14.11.2005 – II ZR 178/03, BGHZ 165, 85 = ZIP 2006, 467 = NJW 2006, 1344:

Nach der Rechtsprechung des Senats kommt eine persönliche Haftung von GmbH-Gesellschaftern in Betracht, wenn die Abgrenzung zwischen Gesellschafts- und Privatvermögen durch eine undurchsichtige Buchführung oder auf andere Weise verschleiert worden ist und deshalb die Kapitalerhaltungsvorschriften, deren Einhaltung ein unverzichtbarer Ausgleich für die Haftungsbeschränkung auf das Gesellschaftsvermögen ist, nicht funktionieren können.

M. Anm. *Schröder*, GmbHR 2006, 429.

1008 Weitere Voraussetzung ist, dass die Vermögensvermischung durch den Gesellschafter **verursacht** wurde.

Strohn, ZInsO 2008, 706, 712.

1009 Der Anspruch kann sich auch gegen einen **faktischen Geschäftsführer** richten.

KG, Urt. v. 4.12.2007 – 7 U 77/07, ZIP 2008, 1535.

1010 Zu einer haftungsbegründenden **Sphärenvermischung** auf andere Weise kann es z. B. kommen, wenn in denselben Geschäftsräumen mehrere Unternehmen betrieben werden und dem Rechtsverkehr dadurch die organisatorische Trennung von GmbH und Gesellschafter verborgen bleibt.

Lutter/Hommelhoff, GmbHG, § 13 Rn. 14.

1011 Einzelne **Privatentnahmen** der Gesellschafter bilden nicht ohne Weiteres einen Durchgriffstatbestand, auch wenn sie weit über den Bezug von Jahresgewinnen hinausgehen; sie könnten nur Ansprüche der betroffenen Gesellschaft aus §§ 30, 31 GmbHG auslösen, wenn hierbei das Stammkapital angegriffen werde.

BGH, Urt. v. 16.9.1985 – II ZR 275/84, BGHZ 95, 330 = ZIP 1985, 1263 = NJW 1986, 188;
dazu EWiR 1985, 885 *(Hommelhoff)*.

1012 Eine Durchgriffshaftung konnte nach einer älteren Rechtsprechung auch begründet werden, wenn der Alleingesellschafter den Eindruck einer persönlichen Haftung erweckt.

BGH, Urt. v. 4.5.1977 – VIII ZR 298/75, BGHZ 68, 312 = NJW 1977, 2163.

1013 Diese Rechtsprechung ist inzwischen aber durch die Rechtsscheinhaftung für das Handeln ohne Rechtsscheinzusatz abgelöst (siehe Rn. 972 ff.).

b) Darlegungs- und Beweislast

1014 Der Gläubiger – üblicherweise der **Insolvenzverwalter** – hat das Bestehen einer solchen Vermögensvermischung darzulegen und ggf. zu beweisen. Das Fehlen einer „doppelten Buchführung" reicht als Nachweis für eine „Vermögensvermischung" nicht aus.

BGH, Urt. v. 14.11.2005 – II ZR 178/03, BGHZ 165, 85 = ZIP 2006, 467 = NJW 2006, 1344:

Entgegen der Ansicht des Berufungsgerichts genügt aber dafür nicht schon das Fehlen einer „doppelten Buchführung" gemäß §§ 41 GmbHG, 238 HGB, solange sich die Vermögenszuflüsse und -abflüsse sowie die Trennung von Gesellschafts- und Privatvermögen der Gesellschafter noch aufgrund sonstiger vorhandener Unterlagen nachvollziehen lassen.

Haftungsgrund ist nicht die mangelhafte Buchführung, sondern der Tatbestand der von dem Gesellschafter zu verantwortenden, die Kapitalvorschriften missachtenden „Vermögensvermischung". Ergibt sich unter diesen Voraussetzungen eine Unkontrollierbarkeit der Zahlungsvorgänge mit der Folge, dass die Vermögensmassen der Gesellschaft und des Gesellschafters nicht mehr unterschieden werden können, greift die Haftung des Gesellschafters ein.

M. Anm. *Schröder*, GmbHR 2006, 429.
Geißler, GmbHR 1993, 71, 75:

Bloße Vermögensbewegungen oder auch aushöhlende Privatentnahmen, die nachvollziehbar verbucht werden, genügen hierfür aber nicht. Erforderlich ist vielmehr, dass eine präzise Vermögensabgrenzung zwischen der GmbH und den neben ihr agierenden Rechtssubjekten gerade wegen einer manipulierten oder lückenhaften Buchführung vereitelt wird.

2. Unterkapitalisierung

Unter Unterkapitalisierung versteht man die im Verhältnis zum geplanten Geschäftsumfang zu geringe Eigenkapital- oder Vermögensausstattung Es entspricht weit verbreitetem Bedürfnis, im Falle der Insolvenz den geschädigten Gläubigern einer unterkapitalisierten GmbH einen Schadensersatzanspruch gegen deren Gesellschafter zuzubilligen. **1015**

Eine Haftung wegen Unterkapitalisierung **lehnt die Rechtsprechung** jedoch **ab.** Nach dem BGH existiert weder eine gesetzliche Regelung noch besteht eine ausfüllungsbedürftige oder ausfüllungsfähige Gesetzeslücke. **1016**

BGH, Urt. v. 28.4.2008 – II ZR 264/06, BGHZ 176, 204 = ZIP 2008, 1232 = NJW 2008, 2437 (GAMMA):

Eine Haftung des GmbH-Gesellschafters wegen unzureichender Kapitalisierung der Gesellschaft – sei es in Form zu geringer Eigenkapitalausstattung, sei es in Gestalt einer allgemeinen Mangelhaftigkeit der Vermögensausstattung im weitesten Sinne – ist weder gesetzlich normiert noch durch richterrechtliche Rechtsfortbildung als gesellschaftsrechtlich fundiertes Haftungsinstitut anerkannt.

Mangels einer im derzeitigen gesetzlichen System des GmbH-Gesetzes bestehenden Gesetzeslücke kommt daher die Statuierung einer allgemeinen gesellschaftsrechtlichen – verschuldensabhängigen oder gar, wie dies dem Oberlandesgericht vorschwebt, verschuldensunabhängigen – Haftung des Gesellschafters wegen materieller Unterkapitalisierung im Wege der Rechtsfortbildung schon im Ansatz nicht in Betracht. Darüber hinaus gibt es aber auch wegen der Unbestimmtheit eines derartigen „Unterkapitalisierungstatbestands" und angesichts der Tatsache, dass sich – wie die Zurückhaltung des Gesetzgebers, entsprechende Regelungen zu schaffen, zeigt – abstrakte Normativbestimmungen über das betriebswirtschaftlich notwendige Eigenkapital bzw. die entsprechend erforderliche allgemeine Finanzausstattung der GmbH bislang nicht haben aufzeigen lassen, keine verlässliche, sachgerechte Grundlage für eine solche besondere „Durchgriffshaftung" des Gesellschafters.

Dazu EWiR 2008, 493 *(Bruns)*;
m. Anm. *Ulrich*, GmbHR 2008, 810;
m. Anm. *Möller*, BB 2008, 1701;
m. Bespr. *Altmeppen*, ZIP 2008, 1201;
m. Bespr. *Kleindiek*, NZG 2008, 686;
m. Bespr. *Waclawik*, DStR 2008, 1486;
m. Bespr. *Veil*, NJW 2008, 3264;

BGH, Urt. v. 4.5.1977 – VIII ZR 298/75, BGHZ 68, 312 = NJW 1977, 1449;

BGH, Urt. v. 3.11.1976 – I ZR 156/74, WM 1977, 73;

BGH, Urt. v. 30.11.1978 – II ZR 204/76, NJW 1979, 2104;

BGH, Urt. v. 21.12.1994 – VIII ZR 62/93, ZIP 1995, 320;
offengelassen bei BGH, Urt. v. 1.7.1991 – II ZR 180/90 ZIP 1991, 1140;
dazu EWiR 1992, 161 *(Medicus)*.

1017 Darauf, dass es keine zuverlässigen betriebswirtschaftlichen Kriterien gibt, an Hand derer sich bestimmen ließe, wie das Verhältnis von Kapital zum Geschäftsumfang zu sein hat, hat bereits *K. Schmidt* hingewiesen.

K. Schmidt, JZ 1984, 771, 777.

1018 Eine Haftung wegen Unterkapitalisierung hat auch das BAG abgelehnt.

BAG, Urt. v. 10.2.1999 – 5 AZR 677/97, ZIP 1999, 878 = NJW 1999, 2298;
dazu EWiR 1999, 603 *(Keil)*;

BAG, Urt. v. 3.9.1998 – 8 AZR 189/97, ZIP 1999, 24 = NJW 1999, 740.

1019 Auch das BSG, das eine Haftung wegen Unterkapitalisierung erwogen hat, hat sie in keinem Fall angenommen.

BSG, Urt. v. 7.12.1983 – 7 RAr 20/82, ZIP 1984, 1217 = NJW 1984, 2117;
BSG, Urt. v. 1.2.1996 – 2 RU 7/95, ZIP 1996, 1134;
BSG, Urt. v. 29.10.1997 – 7 RAr 80/96, NZS 1998, 346.

1020 Das Handeln oder Unterlassen des Gesellschafters in Bezug auf die Finanzausstattung der von ihm betriebenen GmbH findet haftungsrechtlich seine Grenze lediglich im Deliktsrecht, namentlich in dem Verbot vorsätzlicher sittenwidriger Schädigung der Gläubiger nach § 826 BGB.

BGH, Urt. v. 28.4.2008 – II ZR 264/06, BGHZ 176, 204 = ZIP 2008, 1232 = NJW 2008, 2437 (GAMMA):

Ob etwa innerhalb des Tatbestandes des § 826 BGB – ähnlich wie für die Fälle des existenzvernichtenden Eingriffs – Anlass und Raum ist für die Bildung einer besonderen Fallgruppe der „Haftung wegen Unterkapitalisierung einer GmbH", bei der der Haftungstatbestand und dessen Rechtsfolgen einer bestimmten generalisierenden Einordnung zugänglich sein müssten, lässt der Senat offen.

Dazu EWiR 2008, 493 *(Bruns)*;
m. Anm. *Ulrich*, GmbHR 2008, 810;
m. Anm. *Möller*, BB 2008, 1701;
m. Bespr. *Altmeppen*, ZIP 2008, 1201;
m. Bespr. *Kleindiek*, NZG 2008, 686;
m. Bespr. *Waclawik*, DStR 2008, 1486;
m. Bespr. *Veil*, NJW 2008, 3264.

Eine solche **Haftung nach § 826 BGB** kommt infrage, wenn die Gesellschafter die Gesellschaft so ausgestaltet haben, dass Nachteile aus der Geschäftstätigkeit notwendig die Gläubiger der Gesellschaft treffen mussten, etwa durch unzureichende Absicherung der notwendig entstehenden Ansprüche der Arbeitnehmer bei einer Beschäftigungs- und Qualifizierungsgesellschaft als Auffanggesellschaft, 1021

BGH, Urt. v. 28.4.2008 – II ZR 264/06, BGHZ 176, 204
= ZIP 2008, 1232 = NJW 2008, 2437 (GAMMA),

oder die Verträge mit Abnehmern zum eigenen Nutzen von vornherein so ungünstig gestalten, dass die Ansprüche der Gesellschaftsgläubiger nicht befriedigt werden können, und offensichtlich von vornherein nicht die Absicht besteht, mit der Gesellschaft Gewinne zu erzielen (siehe Rn. 1411 ff.).

BGH, Urt. v. 30.11.1978 – II ZR 204/76, NJW 1979, 2104:

Das gegen die guten Sitten verstoßende Verhalten ist darin zu sehen, dass der Beklagte im bewussten und gewollten Zusammenwirken mit dem Mitgesellschafter und Mitgeschäftsführer H. H. die Rechtsbeziehungen zwischen der Gesellschaft und den Gesellschaftern – aufgrund ihrer beherrschenden Stellung – einseitig zum Nachteil der Gesellschaft ausgestaltet hat und die Gesellschaft wiederum so angelegt hat, dass diese Nachteile notwendig die Gesellschaftsgläubiger treffen mussten.

In allen Fällen, bei denen das Missverhältnis offenkundig ist, ist statt einer Durchgriffshaftung eine Haftung nach § 826 BGB zu erwägen. Der Anspruch nach § 826 BGB ist kein Fall der Durchgriffshaftung mit einer Zuständigkeit des Insolvenzverwalters entsprechend § 93 InsO, sondern steht jedem **betroffenen Gläubiger** zu. 1022

BGH, Urt. v. 28.4.2008 – II ZR 264/06, BGHZ 176, 204
= ZIP 2008, 1232 = NJW 2008, 2437 (GAMMA):

Ansprüche der im Rahmen der ... Arbeitnehmer gegen die Beklagten als Gesellschafter aus §§ 826, 830 BGB kommen hier unter dem Aspekt der in der höchstrichterlichen Rechtsprechung bereits vielfach aufgetretenen Fallgruppe in Betracht, in der die Gesellschafter einer GmbH die Gesellschaft so ausgestaltet hatten, dass Nachteile aus der Geschäftstätigkeit notwendig die Gläubiger der Gesellschaft treffen mussten.

Dazu EWiR 2008, 493 *(Bruns)*;
m. Anm. *Ulrich*, GmbHR 2008, 810;
m. Anm. *Möller*, BB 2008, 1701;
m. Bespr. *Altmeppen*, ZIP 2008, 1201;
m. Bespr. *Kleindiek*, NZG 2008, 686;
m. Bespr. *Waclawik*, DStR 2008, 1486;
m. Bespr. *Veil*, NJW 2008, 3264.

1023 Eine sittenwidrige Schädigung kann auch vorliegen, wenn planmäßig immer neue unzureichend ausgestattete GmbHs gegründet werden, auf die die Aktiva jeweils rechtzeitig verlagert werden, und das Geschäft mit dem Gläubiger kurz vor dem Zusammenbruch der GmbH abgeschlossen wird.

> BSG, Urt. v. 7.12.1983 – 7 RAr 20/82, ZIP 1984, 1217
> = NJW 1984, 2117:

> … dass hier ein Geschäftsbetrieb von einer GmbH-Stafette geführt worden ist, bei der die wesentlichen Aktivposten stets gegen Inanspruchnahme für Gesellschaftsverbindlichkeiten gesichertes Eigentum der hinter allen daran beteiligten Firmen stehenden natürlichen Personen bleiben, in dieser Form aber von Firma zu Firma weitergegeben werden, sobald die Vorläuferin ihre Geschäftsverbindlichkeiten nicht mehr erfüllen kann und deshalb aus dem Rechtsleben verschwindet.

1024 Wobei das BSG eher auf einen öffentlich-rechtlichen Missbrauchstatbestand abgestellt hat.

1025 Der Gesellschafter-Geschäftsführer kann sich darüber hinaus nach § 43 Abs. 2 GmbHG schadensersatzpflichtig machen, wenn er Geschäfte abschließt, die erkennbar die finanziellen Möglichkeiten der Gesellschaft übersteigen. Wenn er die Geschäfte einer unterkapitalisierten Gesellschaft aufnimmt, wird allerdings meist die – eine Haftung ausschließende – Zustimmung der Gesellschafter vorliegen.

> BGH, Urt. v. 28.4.2008 – II ZR 264/06, BGHZ 176, 204
> = ZIP 2008, 1232 = NJW 2008, 2437 (GAMMA);
> dazu EWiR 2008, 493 *(Bruns)*;
> m. Anm. *Ulrich*, GmbHR 2008, 810;
> m. Anm. *Möller*, BB 2008, 1701;
> m. Bespr. *Altmeppen*, ZIP 2008, 1201;
> m. Bespr. *Kleindiek*, NZG 2008, 686;
> m. Bespr. *Waclawik*, DStR 2008, 1486;
> m. Bespr. *Veil*, NJW 2008, 3264.

3. Haftung wegen existenzvernichtenden Eingriffs

1026 Als der BGH das Konstrukt einer Haftung „im qualifizierten faktischen Konzern“ aufgegeben und stattdessen ein Konzept der Haftung wegen existenzvernichtenden Eingriffs entwickelt hat, hat er dies zunächst als Außenhaftung konzipiert mit der Befugnis des Insolvenzverwalters nach § 93 InsO, derartige Ansprüche geltend zu machen, und dies selbst als Durchgriffshaftung bezeichnet.

> Vgl. BGH, Urt. v. 17.9.2001 – II ZR 178/99, BGHZ 149, 10
> = ZIP 2001, 1874;
>
> BGH, Urt. v. 25.2.2002 – II ZR 196/00, ZIP 2002, 848;
> dazu EWiR 2002, 679 *(Blöse)*;
>
> BGH, Urt. v. 24.6.2002 – II ZR 300/00, BGHZ 151, 181 = ZIP 2002, 1578.

1027 Dieses **Haftungskonzept** ist inzwischen zugunsten einer Innenhaftung nach § 826 BGB **aufgegeben** worden.

BGH, Urt. v. 16.7.2007 – II ZR 3/04, BGHZ 173, 246
= ZIP 2007, 1552 = NJW 2007, 2689 (Trihotel);
dazu EWiR 2007, 554 *(Wilhelm)*;
m. Anm. *Schröder*, GmbHR 2007, 934;
m. Bespr. *Altmeppen*, NJW 2007, 2657;
vgl. auch dazu *Habersack*, ZGR 2008, 533;

BGH, Urt. v. 13.12.2007 – IX ZR 116/06, ZIP 2008, 455;

BGH, Urt. v. 28.4.2008 – II ZR 264/06, BGHZ 176, 204
= ZIP 2008, 1232 = NJW 2008, 2437 (GAMMA);
dazu EWiR 2008, 493 *(Bruns)*;
m. Anm. *Ulrich*, GmbHR 2008, 810;
m. Anm. *Möller*, BB 2008, 1701;
m. Bespr. *Altmeppen*, ZIP 2008, 1201;
m. Bespr. *Kleindiek*, NZG 2008, 686;
m. Bespr. *Waclawik*, DStR 2008, 1486;
m. Bespr. *Veil*, NJW 2008, 3264;

BGH, Beschl. v. 2.6.2008 – II ZR 104/07, ZIP 2008, 1329;
dazu EWiR 2008, 681 *(Blasche)*.

Dazu siehe Rn. 890 ff. 1028

V. Allgemeine deliktische Haftung

Für deliktisches Handeln ihrer Organe, also insbesondere ihres Geschäftsführers, **haftet die GmbH** Dritten aus § 31 BGB auf Schadensersatz. Anders als bei den übrigen Mitarbeitern kann sie sich für das deliktische Handeln ihrer Organe nicht nach § 831 BGB exkulpieren. Die Gesellschaft haftet einem Dritten auch dann, wenn der Geschäftsführer in Überschreitung seiner Vertretungsmacht gehandelt hat, solange sein Handeln noch innerhalb des ihm zugewiesenen Wirkungskreises lag. An dieser Voraussetzung kann es fehlen, wenn das Organ durch Überschreiten der ihm zustehenden Vertretungsmacht sein schadenstiftendes Verhalten so sehr außerhalb seines Aufgabenbereichs stellt, dass ein innerer Zusammenhang zwischen dem Handeln und dem allgemeinen Rahmen der ihm übertragenen Geschäfte nicht mehr erkennbar und daher der Schluss geboten ist, das Organ habe nur bei Gelegenheit, nicht aber in Ausführung der ihm zustehenden Verrichtungen gehandelt. 1029

BGH, Urt. v. 8.7.1986 – VI ZR 47/85, BGHZ 98, 148 = ZIP 1986, 1179 = NJW 1986, 2941;
dazu EWiR 1986, 861 *(Canaris)*;

BGH, Urt. v. 13.1.1987 – VI ZR 303/85, BGHZ 99, 298
= NJW 1987, 1193;
dazu EWiR 1987, 337 *(Scheuch)*.

1. Haftung für eigene Handlung

Neben der Haftung der GmbH kommt eine **eigene Haftung des Geschäftsführers** für sein deliktisches Handeln (oder Unterlassen) in Betracht; Gesellschaft und Geschäftsführer haften dann als Gesamtschuldner, § 840 BGB. Die 1030

Verjährung beginnt für beide nicht zum selben Zeitpunkt, sondern kenntnisabhängig nach §§ 195 ff. BGB.

> BGH, Urt. v. 12.12.2000 – VI ZR 345/99, ZIP 2001, 379 = NJW 2001, 964;
> dazu EWiR 2001, 299 *(Foerste)*.

1031 Der Geschäftsführer haftet persönlich, wenn er selbst eine unerlaubte Handlung begeht oder sich einer Straftat schuldig macht, die ein Schutzgesetz i. S. d. § 823 Abs. 2 BGB, z. B. § 263 StGB (Betrug), verletzt.

> BGH, Urt. v. 10.7.2012 – VI ZR 341/10, ZIP 2012, 1552 = NJW 2012, 3439 Rn. 24;
>
> BGH, Urt. v. 19.7.2011 – VI ZR 367/09, ZIP 2011, 1821 (Eingehungsbetrug durch fehlerhafte Beratung);
>
> BGH, Urt. v. 5.12.1989 – VI ZR 335/88, BGHZ 109, 297 = ZIP 1990, 35 = NJW 1990, 976;
> dazu EWiR 1990, 357 *(Brüggemeier)*.

1032 Auch für den Eingriff in einen eingerichteten und ausgeübten Gewerbebetrieb etwa durch Äußerungen, die die Kreditwürdigkeit gefährden, haftet der Geschäftsführer neben der Gesellschaft persönlich.

> BGH, Urt. v. 24.1.2006 – XI ZR 384/03, BGHZ 166, 84 = ZIP 2006, 317 = NJW 2006, 830 (zum Vorstand);
> dazu EWiR 2006, 289 *(Rösler)*;
> ablehnend zu dieser Entscheidung *Möllers/Beutel*, NZG 2006, 338, 340;
> kritisch auch *Hellgardt*, WM 2006, 1514.

1033 Eine persönliche Haftung des Geschäftsführers Dritten gegenüber (neben der Haftung der GmbH) ist auch dann gegeben, wenn er beispielsweise auf einer Dienstfahrt einen anderen verletzt oder er sich – obwohl in seiner Eigenschaft als Geschäftsführer – ehrverletzend über einen Dritten äußert.

> OLG Koblenz, Urt. v. 25.4.1991 5 U 1209/90, GmbHR 1992, 378 = NJW 1992, 1330.

1034 Der Geschäftsführer selbst ist **Störer**, der auf Unterlassung in Anspruch genommen werden kann (zum Wettbewerbsrecht siehe Rn. 1438 ff.).

> *Lutter*, GmbHR 1997, 329, 334:
>
> Selbstverständlich ist die Haftung auch bei Umweltdelikten, wenn der Geschäftsführer die Einleitung giftiger Abwässer anordnet, eine defekte Chemieanlage weiterfahren lässt, einen verkehrsunsicheren Kran oder Lastwagen auf die Reise schickt.

1035 So ist ein Geschäftsführer zum Schadensersatz verurteilt worden, der widerrechtlich von einem Grundstück Zubehörstücke entfernte, auf die sich ein Grundpfandrecht erstreckte,

> BGH, Urt. v. 6.11.1990 – VI ZR 99/90, ZIP 1991, 17 = NJW 1991, 695,

und ein nicht gutgläubiger Geschäftsführer, der für die Gesellschaft den Besitz an Treibstoffen erwarb, mit der Folge, dass durch die Vermischung der bisherige Rechtsinhaber sein Eigentum verlor.

BGH, Urt. v. 31.3.1971 – VIII ZR 256/69, BGHZ 56, 73
= NJW 1971, 1358.

Keine Einwendungen wird man auch gegen eine Haftung des Geschäftsführers 1036
haben, der eine nicht im Eigentum der GmbH stehende Sache veräußert; der Geschäftsführer hatte einen der Gesellschaft nicht gehörenden Lamborghini verkauft.

BGH, Urt. v. 12.3.1996 – VI ZR 90/95, ZIP 1996, 786
= NJW 1996, 1535;
dazu EWiR 1996, 591 *(Gerd Müller)*.

Die Haftung ist auch dann noch unproblematisch, wenn der Geschäftsführer 1037
zwar nicht an der deliktischen Schädigung Dritter unmittelbar mitwirkt, aber von **deliktischem Handeln** in seinem Verantwortungsbereich **weiß** und nichts dagegen **unternimmt**,

BGH, Urt. v. 12.6.1997 – I ZR 36/95, ZIP 1998, 39,

also immer dann, wenn eine unmittelbare Verletzung von Rechtsgütern und Schutzgesetzen durch den Geschäftsführer selbst erfolgt.

Dazu auch Altmeppen, ZIP 2016, 97, 100.

2. Haftung aus Organisationsverschulden/Garantenstellung

Wenn der Geschäftsführer nicht selbst handelt, sondern ein **Mitarbeiter**, trifft 1038
ihn grundsätzlich keine deliktische Haftung. Nicht er, sondern die Gesellschaft ist Geschäftsherr i. S. v. § 831 BGB.

BGH, Urt. v. 10.7.2012 – VI ZR 341/10, ZIP 2012, 1552
= NJW 2012, 3439 Rn. 23;
BGH, Urt. v. 5.12.1989 – VI ZR 335/88, BGHZ 109, 297 = ZIP 1990, 35 = NJW 1990, 976;
dazu EWiR 1990, 357 *(Brüggemann)*.

Der Geschäftsführer soll nach einer Entscheidung des Bundesgerichtshofs 1039
aber selbst haften, wenn ihm eine fehlerhafte Organisation vorgeworfen werden kann, die zur Schädigung geführt hat. Wegen eines **Organisationsverschuldens** hat der BGH im sog. „Baustoff“-Fall den Geschäftsführer einer insolvent gewordenen Gesellschaft zum Schadensersatz verurteilt,

BGH, Urt. v. 5.12.1989 – VI ZR 335/88, BGHZ 109, 297 = ZIP 1990, 35 = NJW 1990, 976;
dazu EWiR 1990, 357 *(Brüggemann)*,

weil dieser keine hinreichenden organisatorischen Maßnahmen getroffen habe, Schädigungen Dritter zu verhindern.

1040 Obwohl der beklagte Geschäftsführer mit dem Abschluss von Verträgen nicht unmittelbar befasst war, hat der BGH ihn wegen Eigentumsverletzung verurteilt, weil er als für die Organisation der Gesellschaft Verantwortlicher es unterlassen habe, ausreichend Vorsorge für die Beachtung eines Eigentumsvorbehalts zu treffen und dadurch eine Eigentumsverletzung durch die abredewidrige Verwendung von Baustoffen ermöglicht habe.

BGH, Urt. v. 5.12.1989 – VI ZR 335/88, BGHZ 109, 297 = ZIP 1990, 35 = NJW 1990, 976:

Es ist deshalb in Rechtsprechung und Literatur anerkannt, dass die Verantwortlichkeit für die einer juristischen Person zuzurechnende Schädigung unter besonderen Voraussetzungen auch die zu ihrem Organ bestellten Personen trifft, selbst wenn diese nicht eigenhändig geschädigt haben, aber die Ursache für die Schädigung in Versäumnissen bei der ihnen übertragenen Organisation und Kontrolle zu suchen ist. Voraussetzung ist allerdings auch hier, dass zur Abwehr der sich in dieser Weise aktualisierenden Gefahrenlage der Geschäftsführer gerade in seinem Aufgabenbereich gefordert ist; keineswegs haftet er nach außen für jede unerlaubte Handlung aus dem Tätigkeitsbereich seiner Gesellschaft schon deshalb, weil er etwa durch Anstellung eines Gehilfen oder durch dessen Einsatz zu dieser Verrichtung die Schädigung erst möglich gemacht hat.

Dazu EWiR 1990, 357 *(Brüggemann)*.

1041 Grundlage für die deliktische Eigenhaftung sei seine Verantwortung aus der mit seinen Geschäftsführeraufgaben in dem konkreten Fall verbundenen **Garantenstellung** zum Schutz Außenstehender vor Gefährdung oder Verletzung ihrer Schutzgüter.

BGH, Urt. v. 5.12.1989 – VI ZR 335/88, BGHZ 109, 297 = ZIP 1990, 35 = NJW 1990, 976:

Etwas anderes gilt aber, wenn mit den Pflichten aus der Organstellung gegenüber der Gesellschaft Pflichten einhergehen, die von dem Geschäftsführer nicht mehr nur für die Gesellschaft als deren Organ zu erfüllen sind, sondern die ihn aus besonderen Gründen persönlich gegenüber Dritten treffen. Dies kann im außervertraglichen, deliktischen Bereich insbesondere wegen einer dem Geschäftsherrn als Aufgabe zugewiesenen oder von ihm jedenfalls in Anspruch genommenen Garantenstellung zum Schutz fremder Schutzgüter i. S. v. § 823 Abs. 1 BGB der Fall sein, die ihre Träger der Einflusssphäre der Gesellschaft anvertraut haben. Hier kann über die Organstellung hinaus eine mit der Zuständigkeit für die Organisation und der Leitung und daraus erwachsenen persönlichen Einflussnahme auf die Gefahrenabwehr bzw. -steuerung verbundene persönliche Verantwortung des Organs den betroffenen Außenstehenden gegenüber zum Tragen kommen.

1042 Nach der Rechtsprechung gilt für die die GmbH als juristische Person treffenden **Verkehrssicherungspflichten** nichts anderes als bei der Haftung für die Verletzung von **Organisationspflichten**.

Vgl. BGH, Urt. v. 5.12.1989 – VI ZR 335/88, BGHZ 109, 297 = ZIP 1990, 35 = NJW 1990, 976;
dazu EWiR 1990, 357 *(Brüggemann)*;
vgl. die Nachweise bei *Altmeppen*, ZIP 1995, 881, 886.

1043 Die Entscheidung im „Baustoff"-Fall hat in der Literatur viel Kritik, aber auch Zustimmung erfahren.

Vgl. die Zusammenstellung bei *Keßler*, GmbHR 1994, 429;
Lutter, GmbHR 1997, 329, 334;
Altmeppen, ZIP 2016, 97, 101;
vgl. auch *Medicus*, ZGR 1998, 570.

Groß, früherer Vorsitzender des VI. Zivilsenates des BGH, betont in einer Anmerkung zu dieser Entscheidung, dass es sich bei den gefährdeten Drittrechten um **absolut geschützte Rechtsgüter** i. S. d. § 823 Abs. 1 BGB handeln müsse und diese von ihrem Inhaber der GmbH **anvertraut** sein müssten. 1044

Groß, ZGR 1998, 551, 568.

Ähnlich ist die im Strafrecht angesiedelte Entscheidung zum „Lederspray"-Fall. 1045

BGH, Urt. v. 6.7.1990 – 2 StR 549/89, ZIP 1990, 1413;
dazu EWiR 1990, 1017 *(Marxen)*.

Hier wurden Geschäftsführer **strafrechtlich** belangt, weil sie trotz erkennbarer Gefahren für die Benutzer eines Ledersprays ihres Unternehmens nicht für den Rückruf des Produktes gesorgt hatten. Auch hier wurde die Verantwortlichkeit der Geschäftsführer aus ihrer **Garantenstellung** hergeleitet. Die zur Erfolgsabwendung – nämlich zum Rückruf – verpflichtende Garantenstellung ergebe sich aus dem gefahrbegründenden Vorverhalten, dass sie Ledersprays auf den Markt gebracht hätten, die bei bestimmungsgemäßem Gebrauch gesundheitliche Schäden bei den Benutzern zu verursachen drohten. 1046

Trete jemand neu in einen Betrieb als Geschäftsführer ein, so rücke er regelmäßig durch Übernahme der Aufgaben des Vorgängers in dessen Garantenstellung; nach seinem Ausscheiden bestehe seine Handlungspflicht so lange fort, wie er noch zur Schadensabwendung beitragen könne. 1047

BGH, Urt. v. 6.7.1990 – 2 StR 549/89, ZIP 1990, 1413:

Kann die zur Schadensabwendung gebotene Maßnahme, hier der von der Geschäftsführung zu beschließende Rückruf, nur durch Zusammenwirken mehrerer Beteiligter zustande kommen, so setzt jeder, der es trotz seiner Mitwirkungspflicht unterlässt, seinen Beitrag zu leisten, eine Ursache dafür, dass die gebotene Maßnahme unterbleibt; innerhalb dieses Rahmens haftet er für die sich daraus ergebenden tatbestandsmäßigen Folgen. Dabei kann er sich nicht damit entlasten, dass sein Bemühen, die gebotene Kollegialentscheidung herbeizuführen, erfolglos geblieben wäre, weil ihn die anderen Beteiligten im Streitfall überstimmt hätten. Von seiner strafrechtlichen Mitverantwortung wäre er nur dann befreit, wenn er alles ihm Mögliche und Zumutbare getan hätte, um den gebotenen Beschluss zu erwirken.

Gegen eine Übertragbarkeit der Grundsätze der „Lederspray"-Entscheidung auf die zivilrechtliche Haftung des GmbH-Geschäftsführers siehe 1048

Medicus, GmbHR 2002, 809, 820.

Zivilrechtlich wurde auf **Organisationsverschulden** auch die Haftung für eine Schutzrechtsverletzung bei dauerhaftem Auslandsaufenthalt des Geschäftsführers gestützt. 1049

OLG Hamburg, Urt. v. 17.4.2002 – 5 U 24/01, GmbHR 2002, 912:

Hält sich der Alleingesellschafter einer in Deutschland tätigen Gesellschaft seit der Unternehmensgründung dauerhaft im Ausland (hier: Türkei/Iran) auf, so haftet er Dritten für die von seiner Gesellschaft begangenen Schutzrechtsverletzungen unter dem Gesichtspunkt einer deliktischen Organisationspflichtverletzung selbst dann persönlich, wenn er von dem konkreten Verstoß (gegen § 14 Abs. 2 Nr. 2 MarkenG und § 14a Abs. 1 GSchmMG) keine Kenntnis hatte.

OLG Hamburg, Urt. v. 14.12.2005 – 5 U 200/04, GmbHR 2006, 379:

Wenn die Voraussetzungen einer persönlichen Haftung des Geschäftsführers einer GmbH für eine durch diese begangene Markenverletzung vorliegen, haftet er als Täter auch für fahrlässig begangene Verletzungen. Er wird nicht dadurch zum Gehilfen, dass er auf Weisungen des Gesellschafters gehandelt hat.

1050 Deutlich zurückhaltender hinsichtlich einer Haftung aufgrund von Organisationspflichten ist der für das Gesellschaftsrecht zuständige II. Zivilsenat des BGH.

BGH, Urt. v. 13.4.1994 – II ZR 16/93, BGHZ 125, 366 = ZIP 1994, 867 = NJW 1994, 1801:

Dass der Geschäftsführer – wie auch ein Vorstandsmitglied – nicht Adressat der Haftungsüberleitungsvorschrift des § 831 BGB ist, hängt damit zusammen, dass seine gesellschaftsinterne Organisationspflicht jedenfalls grundsätzlich nur der Gesellschaft gegenüber und nicht auch im Verhältnis zu Außenstehenden (und den Gesellschaftern) besteht.

Dazu EWiR 1994, 681 *(v. Gerkan)*.

1051 Auch der für das Deliktsrecht zuständige VI. Zivilsenat des Bundesgerichtshofs will die **Garantenpflicht** des Geschäftsführers inzwischen wieder auf Ausnahmefälle beschränkt wissen.

BGH, Urt. v. 10.7.2012 – VI ZR 341/10, ZIP 2012, 1552 = NJW 2012, 3439 Rn. 23:

Wie sich aus § 43 Abs. 2 GmbHG und § 93 Abs. 2 AktG ergibt, lässt eine Verletzung der Pflichten zur ordnungsgemäßen Geschäftsführung Schadensersatzansprüche nur der Gesellschaft, nicht hingegen der Gläubiger entstehen. Aus diesem Grund sind die Bestimmungen der § 93 Abs. 1 AktG, § 43 Abs. 1 GmbHG auch keine Schutzgesetze i. S. d. § 823 Abs. 2 BGB und ist zwischen den Interessen der eigenen Gesellschaft und denen außenstehender Dritter zu differenzieren.

Dazu EWiR 2012, 597 *(Paefgen/Causevic)*.

1052 Eine Außenhaftung des Geschäftsführers einer GmbH kommt danach nur in begrenztem Umfang aufgrund besonderer Anspruchsgrundlagen in Betracht, etwa wenn der Geschäftsführer über die Pflichten aus der Organstellung hinaus weitere Pflichten übernommen hat, die er nicht nur für die Gesellschaft als deren Organ zu erfüllen hat, sondern die ihn aus besonderen Gründen gegenüber dem Gläubiger persönlich trafen und den Schutz von dessen Vermögensinteressen zum Gegenstand hatten.

BGH, Urt. v. 10.7.2012 – VI ZR 341/10, ZIP 2012, 1552 = NJW 2012, 3439 Rn. 26;
dazu EWiR 2012, 597 *(Paefgen/Causevic)*.

Dagegen nimmt eine neuere Entscheidung des X. Zivilsenats wieder ohne jede Auseinandersetzung mit der Rechtsprechung des I., II. und VI. Zivilsenats den überwunden geglaubten Standpunkt des Baustoff-Falls ein. 1053

BGH, Urt. v. 15.12.2015 – X ZR 30/14, BGHZ 208, 182 = ZIP 2016, 362 Rn. 113:

Sofern es um den Schutz von absoluten Rechten Dritter geht, kann hingegen über die Organstellung hinaus eine mit der Zuständigkeit für die Organisation und Leitung und der daraus erwachsenden persönlichen Einflussnahme auf die Gefahrenabwehr und Gefahrensteuerung verbundene persönliche Verantwortung des Organs den betroffenen Außenstehenden gegenüber zum Tragen kommen. In dieser Beziehung gilt für die Eigenhaftung des Geschäftsführers im Grundsatz nichts anderes als für jeden anderen für ein Unternehmen Tätigen, soweit dessen Aufgabenbereich sich auf die Wahrung deliktischer Integritätsinteressen Dritter erstreckt. Auch in diesem Fall reicht das bloße Bestehen eines absolut geschützten Rechts zwar nicht ohne weiteres aus, um eine Garantenpflicht zu begründen. Sie kommt aber jedenfalls dann in Betracht, wenn der Betroffene ein Schutzgut der Einflusssphäre der Gesellschaft anvertraut hat oder wenn aus sonstigen Gründen eine konkrete Gefahrenlage für das Schutzgut besteht und der Geschäftsführer oder Mitarbeiter des Unternehmens für die Steuerung derjenigen Unternehmenstätigkeit verantwortlich ist, aus der sich die Gefahrenlage ergibt.

Aus Organisationsverschulden soll der Geschäftsführer für Verkehrssicherungspflichtverletzungen haften, wenn er seinen Betrieb nicht so organisiert, dass Mitarbeiter Gefahrenquellen beseitigen oder ihm zumindest davon Mitteilung machen. 1054

OLG Stuttgart, Beschl. v. 29.4.2008 – 5 W 9/08, NJW 2008, 2514.

Der Geschäftsführer ist in der Regel seiner Organisationspflicht nachgekommen, wenn er Mitarbeiter zur Beseitigung von Gefahrenquellen angestellt und ausreichend instruiert hat. Daher haftet etwa der Geschäftsführer einer GmbH, die eine Gastwirtschaft betreibt, für einen Glatteisunfall eines Gastes nicht, wenn er einen Mitarbeiter mit der Beseitigung der Glätte beauftragt hatte. 1055

OLG Karlsruhe, Urt. v. 7.11.2012 – 7 U 32/12, GmbHR 2013, 267.

Die Literatur zeigt unterschiedliche Lösungsansätze auf. 1056

Zum Meinungsstand *Altmeppen*, ZIP 1995, 881, 888;
Altmeppen, ZIP 2016, 97, 100;
Bisson, GmbHR 2005, 1453.

Wenn der Geschäftsführer dafür haftet, die Gesellschaft nicht so organisiert zu haben, dass bei Vertragsabschlüssen seiner Mitarbeiter nicht die Kollision des verlängerten Eigentumsvorbehaltes eines Lieferanten mit dem Abtretungsverbot eines Bauherrn vermieden wird, 1057

vgl. BGH, Urt. v. 5.12.1989 – VI ZR 335/88, BGHZ 109, 297 = ZIP 1990, 35 = NJW 1990, 976,

so ist nicht recht einzusehen, weshalb ein Geschäftsführer auf der anderen Seite nicht haften soll, wenn er die Gesellschaft nicht so organisiert, dass ein krimineller Verrichtungsgehilfe der Gesellschaft Kunden der GmbH nicht betrügerisch schädigen konnte.

1058 Der BGH,

> BGH, Urt. v. 14.5.1974 – VI ZR 8/73, NJW 1974, 1371,

lehnte aber die Haftung des Geschäftsführers auch schon mit der Begründung ab, dass eine Haftung nach § 831 BGB nur für den Geschäftsherrn, also für die Gesellschaft in Betracht komme.

1059 Ein Lösungskonzept bietet *Altmeppen*,

> *Altmeppen*, ZIP 1995, 881, 884;
> *Altmeppen*, ZIP 2016, 97, 100.

der den Geschäftsführer grundsätzlich uneingeschränkt nach § 823 Abs. 1 BGB haften lassen will, wenn er selbst eine von ihm übernommene Verkehrssicherungspflicht schuldhaft verletzt und dadurch ein absolut geschütztes Rechtsgut des Opfers geschädigt hat. Der Ausuferung seiner Haftung soll dadurch begegnet werden, dass ihn weder die Beweislastumkehr nach § 831 BGB noch die der Produzentenhaftung treffen soll (siehe Rn. 1067).

1060 *Keßler* meint,

> *Keßler*, GmbHR 1994, 429, 436,

die Belastung des Geschäftsführers mit einer Haftung nach § 823 Abs. 1 BGB sei nicht so gravierend, weil sich diese Haftung auf die Verletzung absoluter Rechte beschränke und solche Fälle in der Praxis selten seien. Bedeutsamer sei die persönliche Einstandspflicht des Geschäftsführers nach § 823 Abs. 2 BGB (siehe Rn. 1070 ff.).

1061 Gegen eine Haftung des Geschäftsführers aus Verletzung der Verkehrssicherungspflicht ist *Bisson*.

> *Bisson*, GmbHR 2005, 1453.

1062 Zwar könne seine Organstellung nicht schlechthin von einer persönlichen Deliktshaftung befreien; es gebe aber keine Zurechnungsvorschrift, die den Geschäftsführer zum Zuordnungsobjekt der Rechtspflichten der juristischen Person mache.

1063 *Fleischer* meint,

> MünchKommGmbHG/*Fleischer*, § 43 Rn. 350,

eine unmittelbare Außenhaftung für mittelbare Verletzungshandlungen komme nur in Betracht, wenn der Geschäftsführer die betreffenden Verkehrs- oder Organisationspflichten als eigene übernommen habe oder aufgrund besonderer Umstände eine Art persönlicher Garantenstellung gegenüber dem geschädigten Dritten übernommen habe.

3. Produzentenhaftung

Die Haftung des Geschäftsführers kommt auch für Schäden in Betracht, die Dritten durch die Benutzung mangelhafter Produkte der Gesellschaft entstehen. Zwar haftet er nicht nach dem Produkthaftungsgesetz. Die Gefährdungshaftung dieses Gesetzes verpflichtet nach § 1 Abs. 1 ProdHaftG den **Hersteller** des Produktes; das ist die Gesellschaft, nicht ihr Geschäftsführer. 1064

Neben der Haftung nach dem Produkthaftungsgesetz besteht aber weiterhin eine – allerdings verschuldensabhängige – Haftung aus § 823 Abs. 1 BGB nach den von der Rechtsprechung entwickelten Grundsätzen (§ 15 Abs. 2 ProdHaftG). Steht fest, dass jemand durch das Produkt eines Herstellers zu Schaden gekommen ist, so hat sich dieser dahingehend zu entlasten, für den Fehler des Produktes nicht verantwortlich zu sein. 1065

BGH, Urt. v. 26.11.1968 – VI ZR 212/66, BGHZ 51, 91 = NJW 1969, 269 (Hühnerpest):

Wird jemand bei bestimmungsgemäßer Verwendung eines Industrie-Erzeugnisses dadurch an einem der in § 823 Abs. 1 BGB geschützten Rechtsgüter geschädigt, dass dieses Produkt fehlerhaft hergestellt war, so ist es Sache des Herstellers, die Vorgänge aufzuklären, die den Fehler verursacht haben, und dabei darzutun, dass ihn hieran kein Verschulden trifft.

Durch Urteil des BGH ist auch klargestellt, 1066

BGH, Urt. v. 19.11.1991 – VI ZR 171/91, BGHZ 116, 104 = ZIP 1992, 410 = NJW 1992, 1039 (Hochzeitsessen);
dazu EWiR 1992, 345 *(Foerste)*,

dass nach diesen Grundsätzen der Beweislastumkehr nicht nur für Erzeugnisse der Industrie, sondern auch für die Produkte kleinerer Unternehmen, also auch z. B. einer Gaststätte, gehaftet wird. Und da mittelständische Betriebe eben häufig in der Rechtsform der GmbH geführt werden, haben die wichtigen Beweislastregeln hier besondere Relevanz.

Denn nach dem BGH, 1067

BGH, Urt. v. 3.6.1975 – VI ZR 192/73, NJW 1975, 1827,

gelten die Grundsätze der **Beweislastumkehr** auch für eine Inanspruchnahme des Geschäftsleiters. Voraussetzung für dessen Haftung ist aber, dass der Schaden des Geschädigten auf einem **seinem Verantwortungsbereich** zuzuordnenden Produktfehler beruht. Der Geschäftsführer muss Träger der Organisationsverantwortung sein.

Schmidt-Salzer, NJW 1992, 2871.

Ob die Grundsätze dieser Entscheidung des BGH nach der Regelung durch das Produkthaftungsgesetz heute noch Geltung beanspruchen können, ist umstritten. 1068

Vgl. *Wagner*, VersR 2001, 1057;
Foerste, VersR 2002, 1;
Brüggemeier, ZIP 2001, 381 (Anm.);
Medicus, GmbHR 2002, 809.

1069 Bejaht man eine Haftung des Geschäftsführers neben der Gesellschaft, so ist die nächste Frage, ob gegen ihn auch die von der Rechtsprechung entwickelte Beweislastumkehr gilt. Das wird von der Literatur vielfach mit der Begründung verneint, dass die Beweislastumkehr auf dem Unternehmerrisiko beruhe und deshalb auf andere Personen als den Hersteller nicht ausgedehnt werden dürfe.

Vgl. *Medicus*, GmbHR 2002, 809, 812 m. w. N.;
Katzenmeier, JuS 2003, 943, 949.

VI. Verletzung von Schutzgesetzen nach § 823 Abs. 2 BGB

1. § 264 StGB – Subventionsbetrug

1070 § 264 StGB umfasst auch den Schutz staatlichen Vermögens vor missbräuchlicher Inanspruchnahme durch die Erwirkung unberechtigter Subventionsleistungen und ist deshalb **Schutzgesetz** i. S. v. § 823 Abs. 2 BGB. Ist eine Gesellschaft Subventionsempfängerin, kommt daher auch eine Haftung des Geschäftsführers bei einem Verstoß gegen § 264 Abs. 1 Nr. 1 oder 2 infrage.

BGH, Urt. v. 16.7.2013 – VI ZR 442/12, BGHZ 198, 50 = DB 2013, 2017 Rn. 19;
BGH, Urt. v. 13.12.1988 – VI ZR 235/87, BGHZ 106, 204 = ZIP 1989, 102 = NJW 1989, 974;
dazu EWiR 1989, 245 *(Ranft)*.

1071 In Fällen, in denen Subventionsmittel unter Missachtung der Voraussetzungen für die Mittelvergabe ausgezahlt werden, entsteht nach ständiger Rechtsprechung des Bundesgerichtshofs ein Schaden im Staatsvermögen, weil die haushaltsrechtlich gebundenen Mittel verringert werden, ohne dass der erstrebte Zweck erreicht wird.

BGH, Urt. v. 16.7.2013 – VI ZR 442/12, BGHZ 198, 50 = DB 2013, 2017 Rn. 21.

1072 Subventionsbetrug ist bereits bei Leichtfertigkeit strafbar (§ 264 Abs. 4 StGB), einfache Fahrlässigkeit genügt aber nicht.

1073 Der Bundesgerichtshof hat einen Geschäftsführer wegen Subventionsbetruges zu Schadensersatzzahlungen verurteilt, weil er einen wahrheitswidrigen Antrag auf Personalkostenzuschüsse aus Bundesmitteln, den ein Buchhalter vorbereitet hatte, blindlings unterzeichnet hatte. Dadurch werde die erforderliche Sorgfalt in ungewöhnlich grobem Maße verletzt und dabei dasjenige unbeachtet gelassen, was im gegebenen Fall jedem hätte einleuchten müssen. Obwohl der Buchhalter als sorgfältig bekannt gewesen sei, sei eine stichprobenhafte Überprüfung der vorbereiteten Unterlagen erforderlich gewesen, da die Beantragung von Subventionen nicht zu den ständig von dem Buchhalter zu erledigenden Aufgaben gehört habe, sondern für ihn eine neue Materie gewesen sei.

BGH, Urt. v. 13.12.1988 – VI ZR 235/87, BGHZ 106, 204 = ZIP 1989, 102 = NJW 1989, 974;
dazu EWiR 1989, 245 *(Ranft)*.

Wer sich wegen Verstoßes gegen eine Verwendungsbeschränkung nach § 264 Abs. 1 Nr. 2 StGB schadensersatzpflichtig gemacht hat, kann sich nicht auch nach § 264 Abs. 1 Nr. 3 StGB schadensersatzpflichtig gemacht haben. Er ist nicht verpflichtet, eine nach Erhalt der Subventionen gefasste Absicht der zweckwidrigen Verwendung oder die bereits erfolgte zweckwidrige Verwendung anzuzeigen. 1074

BGH, Urt. v. 16.7.2013 – VI ZR 442/12, BGHZ 198, 50 = DB 2013, 2017 Rn. 30.

2. § 266 StGB – Untreue

Der Untreuetatbestand des § 266 StGB i. V. m. § 823 Abs. 2 BGB interessiert in erster Linie, soweit die Untreue gegenüber der Gesellschaft verübt wird, dessen Organ der Geschäftsführer ist. Der Geschäftsführer haftet dabei in der Regel bereits nach § 43 Abs. 2 bzw. Abs. 3 GmbHG, sodass es für seine Haftung des Rückgriffs auf § 266 StGB nicht bedarf (siehe Rn. 179). Es kommt aber eine Haftung des Geschäftsführers wegen Untreue zulasten eines Dritten in Betracht, wenn die Gesellschaft eine Vermögensbetreuungspflicht gegenüber dem Dritten hatte. 1075

BGH, Urt. v. 24.4.2018 – VI ZR 250/17, VersR 2018, 943 Rn. 12;
BGH, Urt. v. 10.7.2012 – VI ZR 341/10, ZIP 2012, 1552 = NJW 2012, 3439 Rn. 13;
BGH, Urt. v. 25.5.2010 – VI ZR 205/09, BGHZ 185, 378 = NJW 2010, 2948 Rn. 6;
BGH, Urt. v. 29.9.1987 – VI ZR 300/86, NJW-RR 1988, 671.

3. § 266a StGB – Vorenthalten von Sozialversicherungsbeiträgen

Nach § 266a Abs. 1 StGB wird bestraft, wer als Arbeitgeber der Einzugsstelle Beiträge des Arbeitnehmers zur Sozialversicherung vorenthält. § 266a Abs. 1 StGB ist ein **Schutzgesetz** i. S. v. § 823 Abs. 2 BGB. Der Geschäftsführer einer GmbH kann daher der Einzugstelle persönlich für nicht abgeführte Beiträge zur Sozialversicherung haften. 1076

BGH, Urt. v. 11.12.2001 – VI ZR 123/00, ZIP 2002, 261 = NJW 2002, 1122;
dazu EWiR 2002, 263 *(Plagemann)*;
BGH, Urt. v. 18.4.2005 – II ZR 61/03, ZIP 2005, 1026 = NJW 2005, 2546;
dazu EWiR 2005, 743 *(Kuhn)*;
m. Anm. *Schröder*, GmbHR 2005, 877.

Kein Schutzgesetz ist § 24 Abs. 1 SGB IV (Säumniszuschläge). 1077

BGH, Urt. v. 16.2.2012 – IX ZR 218/10, WM 2012, 660 Rn. 12;
BGH, Urt. v. 2.12.2010 – IX ZR 247/09, BGHZ 187, 337 = ZIP 2011, 37 = NJW 2011, 1133 Rn. 24;

BGH, Beschl. v. 14.7.2008 – II ZR 238/07, ZIP 2008, 2075 = NJW 2008, 3557;
dazu EWiR 2009, 79 *(S. Kuhn)*;
BGH, Urt. v. 18.11.2010 – IX ZR 67/10, WM 2011, 131 Rn. 16.

1078 **§ 266a Abs. 2 StGB**, wonach bestraft wird, wer als Arbeitgeber der für den Einzug der Beiträge zuständigen Stelle über sozialversicherungsrechtlich erhebliche Tatsachen unrichtige oder unvollständige Angaben macht oder die für den Einzug der Beiträge zuständige Stelle pflichtwidrig über sozialversicherungsrechtlich erhebliche Tatsachen in Unkenntnis lässt und dadurch dieser Stelle **Arbeitgeberbeiträge** zur Sozialversicherung vorenthält, ist ebenfalls Schutzgesetz i. S. v. § 823 Abs. 2 BGB. Auch insoweit kann der Geschäftsführer haften.

OLG Saarbrücken, Urt. v. 27.5.2015 – 1 U 89/14, NZA-RR 2015, 487.

a) Beiträge zur Sozialversicherung

1079 Gemäß § 28e Abs. 1 SGB IV ist der Arbeitgeber verpflichtet, die von seinen Arbeitnehmern zu entrichtenden Beiträge an die Sozialversicherungsträger abzuführen. Die Beitragsschuld entsteht durch die versicherungspflichtige **Beschäftigung** des Arbeitnehmers gegen zugesagtes Entgelt; die **tatsächliche Lohnzahlung** ist nicht Tatbestandsvoraussetzung des § 266a Abs. 1 StGB:

Wer ... Beiträge des Arbeitnehmers zur Sozialversicherung einschließlich der Arbeitsförderung, unabhängig davon, ob Arbeitsentgelt gezahlt wird, vorenthält ...

1080 Die Verpflichtung zur Abführung der Arbeitnehmerbeiträge trifft den Arbeitgeber (und damit den Geschäftsführer) selbst dann, wenn den Arbeitnehmern die ihnen zustehenden Löhne **ganz oder teilweise gar nicht ausgezahlt** worden sind.

1081 Sind die Arbeitnehmer nicht angemeldet, werden sie also illegal beschäftigt, sind die ausgezahlten Löhne als Nettolohn der Berechnung der Beiträge zugrunde zu legen, § 14 Abs. 2 Satz 2 SGB IV. Die Verpflichtung zur Zahlung von Sozialversicherungsbeiträgen besteht auch bei **Schwarzarbeit**.

BGH, Urt. v. 2.12.2008 – 1 StR 416/08, ZIP 2009, 473 = NJW 2009, 528;
dazu EWiR 2009, 219 *(Floeth)*.

1082 Strafbar ist nur das Vorenthalten der **Arbeitnehmerbeiträge**, nicht auch der Beiträge des Arbeitgebers.

BGH, Urt. v. 25.1.2011 – II ZR 196/09, ZIP 2011, 422 Rn. 19;
dazu EWiR 2011, 257 *(Giedinghagen/Göb)*
m. Anm. *Poertzgen*, GmbHR 2011, 369;
BGH, Urt. v. 8.6.2009 – II ZR 147/08, ZIP 2009, 1468 Rn. 6;
dazu EWiR 2009, 675 *(Vortmann)*.

1083 Nicht erfasst sind die Beiträge zur Urlaubskasse der Bauwirtschaft.

BAG, Urt. v. 18.8.2005 – 8 AZR 542/04, ZIP 2005, 2028 = NJW 2005, 3739.

Arbeitgeberbeiträge sind nach § 266a Abs. 2 StGB erfasst, wenn unrichtige oder unvollständige Angaben gegenüber der Einzugstelle gemacht oder pflichtwidrig keine Arbeitnehmer gemeldet werden. 1084

OLG Saarbrücken, Urt. v. 27.5.2015 – 1 U 89/14, NZA-RR 2015, 487.

b) Vorenthalten

Die Beiträge werden vorenthalten, wenn sie am Fälligkeitstermin nicht bezahlt werden und der Gesellschaft die Zahlung möglich wäre. Solange Mittel vorhanden sind, befreit den Geschäftsführer nur das Zahlungsverbot nach § 21 InsO nach Stellung eines Eröffnungsantrags, nicht dagegen schon das Verbot nach § 64 Satz 1 GmbHG, nach Eintritt der Insolvenzreife noch Zahlungen zu leisten (siehe Rn. 1143). 1085

aa) Fälligkeit

Die Zahlung ist nach § 23 Abs. 1 Satz 2 SGB IV in seiner seit 1.1.2006 gültigen Fassung am drittletzten Bankarbeitstag des Monats fällig, in dem die Beschäftigung oder Tätigkeit, mit der das Arbeitsentgelt oder Arbeitseinkommen erzielt wird, ausgeübt worden ist. Wenn noch nicht bekannt ist, wie hoch die geschuldeten Beträge sind – etwa wegen variabler Entgeltbestandteile oder wegen Mitarbeiterwechsels – kann ein Beitrag in Höhe der Beiträge des Vormonats gezahlt werden; für einen verbleibenden Restbetrag bleibt es bei der Fälligkeit zum drittletzten Bankarbeitstag des Folgemonats (§ 23 Abs. 1 Satz 3 SGB IV). 1086

Nichtzahlung zum Fälligkeitszeitpunkt bedeutet Vorenthaltung i. S. v. § 266a StGB; bereits die schlichte Nichtzahlung am Fälligkeitstage ist tatbestandsmäßig. 1087

BGH, Urt. v. 1.10.1991 – VI ZR 374/90, ZIP 1991, 1511 f.
= NJW 1992, 177, 178;
dazu EWiR 1992, 79 *(Marxen)*.

Die Zahlungsverpflichtung besteht zum gesetzlich bestimmten Fälligkeitszeitpunkt nicht, wenn der Gesellschaft die Forderung **gestundet** wird. 1088

BGH, Urt. v. 18.11.1997 – VI ZR 11/97, ZIP 1998, 31;
dazu EWiR 1998, 277 *(Pape)*.

Von einer Stundung ist nicht schon deshalb auszugehen, weil der Sozialversicherungsträger über eine längere Zeit eine verspätete Zahlung der Arbeitnehmerbeiträge geduldet hat. 1089

OLG Brandenburg, Urt. v. 21.11.2002 – 12 U 149/01, GmbHR 2003, 595.

Ist Stundung gewährt und **Ratenzahlung** vereinbart worden, so stellt sich die Frage, wie die einzelnen Raten auf die rückständigen Arbeitnehmer- und Arbeitgeberbeiträge zu verrechnen sind. Von einer stillschweigenden Tilgungs- 1090 bestimmung dahingehend, dass primär Arbeitnehmerabgaben geleistet werden sollen, schon um der strafrechtlichen Haftung nach § 266a StGB zu entgehen, kann angesichts der gesetzlichen Regelung der Tilgungsreihenfolge in § 4 BVV (Verordnung über die Berechnung, Zahlung, Weiterleitung, Abrechnung und Prüfung des Gesamtsozialversicherungsbeitrages, Beitragsverfahrensverordnung, BGBl I 2006, 1138) nicht ausgegangen werden.

> Vgl. OLG Düsseldorf, Urt. v. 21.3.1997 – 22 U 153/96, GmbHR 1997, 650;
>
> a. A. OLG Dresden, Urt. v. 4.4.1997 – 8 U 1732/96, GmbHR 1997, 647;
> dazu EWiR 1997, 619 *(Plagemann)*.

1091 Zu Einzelheiten siehe Rn. 1105 und Rn. 1164.

bb) Zahlungsmöglichkeit

1092 Die Haftung ist unproblematisch, wenn zum Zeitpunkt der Fälligkeit ausreichend Mittel zur Verfügung stehen, die Sozialabgaben zu leisten, ganz gleich, ob die Beiträge aus Barmitteln, Krediten oder Ansprüchen gegen Dritte geleistet werden können. Ist die Gesellschaft wegen eines später eintretenden Vermögensverfalls – worauf auch immer der beruht – nicht mehr in der Lage, ihren Verpflichtungen nachzukommen, werden die Beiträge vorenthalten und der Geschäftsführer haftet.

1093 Keine strafrechtliche Verantwortung und damit auch keine zivilrechtliche Haftung trifft den Geschäftsführer, wenn der Gesellschaft im Zeitpunkt der Fälligkeit die **Zahlung unmöglich** ist. Denn die Unmöglichkeit normgemäßen Handelns lässt die Tatbestandsmäßigkeit bei Unterlassungsdelikten entfallen.

> BGH, Urt. v. 18.4.2005 – II ZR 61/03, ZIP 2005, 1026 = NJW 2005, 2546;
> dazu EWiR 2005, 743 *(Kuhn)*;
> m. Anm. *Schröder*, GmbHR 2005, 877;
>
> BGH, Urt. v. 11.12.2001 – VI ZR 350/00, ZIP 2002, 524, 525.

1094 Nach dem BGH kann eine die haftungsrechtliche Verantwortung unter dem Gesichtspunkt der Unmöglichkeit ausschließende Zahlungsunfähigkeit aber nur angenommen werden, wenn die Gesellschaft im Fälligkeitszeitpunkt schlechthin außerstande war, die nötigen Gelder aufzubringen, um die **Arbeitnehmer**beiträge abzuführen. Dass die Gesellschaft für den Fall der Zahlung nicht in der Lage wäre, anderen Verbindlichkeiten nachzukommen, z. B. die Arbeit**geber**beiträge abzuführen, ist ohne Belang.

> BGH, Urt. v. 18.1.2007 – IX ZR 176/05, ZIP 2007, 541 Rn. 17;
>
> BGH, Urt. v. 25.9.2006 – II ZR 108/05, ZIP 2006, 2127 = NJW 2006, 3573 Rn. 8;
>
> BGH, Urt. v. 18.4.2005 – II ZR 61/03, ZIP 2005, 1026 = NJW 2005, 2546;
> dazu EWiR 2005, 743 *(Kuhn)*;
> m. Anm. *Schröder*, GmbHR 2005, 877;

BGH, Urt. v. 15.10.1996 – VI ZR 327/95, ZIP 1996, 1989 = NJW 1997, 133;
dazu EWiR 1996, 1137 *(Pape)*.

Insbesondere liegt keine Unmöglichkeit vor, wenn die Gesellschaft andere Schulden bedient. 1095

BGH, Urt. v. 2.6.2008 – II ZR 27/07, ZIP 2008, Rn. 10;
dazu EWiR 2008, 719 *(Schreiber)*;
m. Anm. *Podewils*, GmbHR 2008, 817.

Von einer Unmöglichkeit zur Beitragszahlung kann selbst dann noch nicht die Rede sein, wenn mit Zustimmung der Gesellschaft von dritter Seite ein Sanierungsbeauftragter in die Geschäftsleitung entsandt wird und dieser die eingehenden Gelder für andere Zwecke vereinnahmt. Jeder Geschäftsführer muss alles in seinen Kräften Stehende tun, um das zu verhindern. 1096

BGH, Urt. v. 15.10.1996 – VI ZR 319/95, BGHZ 133, 370 = ZIP 1996, 2017, 2020 = NJW 1997, 130, 132;
dazu EWiR 1997, 37 *(U. H. Schneider)*.

Eine **Zahlungsunfähigkeit i. S. d. § 17 Abs. 2 Satz 1 InsO** ist nicht gleichbedeutend mit der Unmöglichkeit zur Zahlung nach § 266a StGB. 1097

OLG Düsseldorf, Urt. v. 16.9.2014 – 21 U 38/14, GmbHR 2015, 708, 710;

OLG Dresden ZIP 2003, 360:

Folglich fehlt es an einer Zahlungsfähigkeit nach § 266a Abs. 1 StGB nicht bereits dann, wenn die vorhandenen Mittel nicht für die Begleichung aller fälligen Forderungen ausreichen, sondern erst dann, wenn keine Zahlungsmittel zur Begleichung der Arbeitnehmerbeiträge mehr vorhanden sind.

Der Geschäftsführer hat dafür Sorge zu tragen, dass dieses wirtschaftlich gesehen fremde Geld unbedingt am Fälligkeitstage dem Sozialversicherungsträger zugeleitet werden kann. 1098

Keine Unmöglichkeit zur Zahlung besteht, wenn die Kreditlinien noch nicht ausgeschöpft sind bzw. dazu nicht substantiiert vorgetragen worden ist. 1099

BGH, Urt. v. 16.5.2000 – VI ZR 90/99, BGHZ 144, 311 = ZIP 2000, 1339 = NJW 2000, 2993;
dagegen *Ranft*, DStR 2001, 132, 135;
einschränkend BGH, Beschl. v. 28.5.2002 – 5 StR 16/02, BGHSt 47, 318 = ZIP 2002, 2143 = NJW 2002, 2480:

Auch wenn … die jeweilige monatliche Zahllast gering war, enthebt dies angesichts der … geschilderten desolaten finanziellen Verhältnisse den Tatrichter nicht von der Verpflichtung, die tatsächliche Möglichkeit der Zahlung nachvollziehbar darzulegen. Dabei sind … nur die Betriebsmittel und das Betriebsvermögen heranzuziehen.

Dazu EWiR 2002, 1017 *(Andreas Schmidt)*;

OLG Düsseldorf, Urt. v. 18.7.1997 – 22 U 269/96, GmbHR 1997, 900.

Der Geschäftsführer haftet aber trotz Unmöglichkeit zur Zahlung im Fälligkeitszeitpunkt bereits dann, wenn er nicht bei absehbarer Unmöglichkeit recht- 1100 zeitig vorgesorgt hat und Mittel zurückbehalten hat, also keine **Mittelvorsorge** betrieben hat.

BGH, Urt. v. 21.1.1997 – VI ZR 338/95, BGHZ 134, 304 = ZIP 1997, 412 = NJW 1997, 1237:

Der Arbeitgeber hat, soweit die vorhandenen finanziellen Mittel nicht zur Begleichung anderer offenstehender Verbindlichkeiten neben der Entrichtung der Arbeitnehmerbeiträge zur Sozialversicherung ausreichen, die Mittel vorrangig zur Abführung der letzteren an die zuständige Einzugsstelle zur Verfügung zu stellen.

Dazu EWiR 1997, 561 *(Marxen)*;

BGH, Beschl. v. 28.5.2002 – 5 StR 16/02, BGHSt 47, 318 = ZIP 2002, 2143 = NJW 2002, 2480; dazu EWiR 2002, 1017 *(Andreas Schmidt)*;

BGH, Urt. v. 25.9.2006 – II ZR 108/05, ZIP 2006, 2127 = NJW 2006, 3573 Rn. 10;

BGH, Urt. v. 18.1.2007 – IX ZR 176/05, ZIP 2007, 541 Rn. 18;

BGH, Urt. v. 2.12.2010 – IX ZR 247/09, ZIP 2011, 37 = NJW 2011, 1133 Rn. 23; dazu EWiR 2011, 261 *(Riedemann)*;

BGH, Urt. v. 16.2.2012 – IX ZR 218/10, WM 2012, 660 Rn. 10;

BGH, Beschl. v. 12.6.2012 – II ZR 105/10, DStR 2012, 2451 Rn. 5.

1101 Sind im Zeitpunkt der Fälligkeit der Lohnzahlungen noch hinreichend Mittel vorhanden, die Nettolohnforderungen zu befriedigen, reichen sie aber nicht mehr aus, auch die Abgabenzahlungen zu leisten, so entgeht der Geschäftsführer einer Haftung nur noch dann, wenn er den Arbeitnehmeranteil an den Sozialversicherungsbeiträgen zurückbehält und an den Versicherungsträger abführt, die Lohnzahlungen also entsprechend kürzt oder ganz aussetzt.

1102 Der Geschäftsführer kann keinen Mitverschuldenseinwand darauf stützen, der Sozialversicherungsträger habe es versäumt, **Insolvenzgeld** zu beantragen; denn die Bewilligung des Insolvenzgeldes dient nicht der Entlastung des Arbeitgebers.

LG Leipzig, Urt. v. 14.2.1997 – 13 O 8140/96, GmbHR 1997, 652 (Leitsatz); dazu zust. Anm. *Pape*, EWiR 1997, 419.

1103 Unmöglichkeit der Zahlung durch den Geschäftsführer tritt nicht schon mit dem **Antrag auf Eröffnung** des Insolvenzverfahrens, sondern **erst** mit der Verhängung des allgemeinen **Veräußerungsverbots** durch das Insolvenzgericht ein.

1104 Der Anspruch des Sozialversicherungsträgers entfällt nicht dadurch, dass er vom Arbeitsamt Insolvenzgeld bekommen hat.

OLG Düsseldorf, Urt. v. 7.11.1997 – 22 U 257/96, NJW-RR 1998, 689.

cc) Teilzahlungen

1105 Die **Tilgungsreihenfolge** ist in § 4 BVV (Verordnung über die Berechnung, Zahlung, Weiterleitung, Abrechnung und Prüfung des Gesamtsozialversicherungsbeitrages, Beitragsverfahrensverordnung, BGBl I 2006, 1138) geregelt:

> „Schuldet der Arbeitgeber oder ein sonstiger Zahlungspflichtiger Auslagen der Einzugsstelle, Gebühren, Gesamtsozialversicherungsbeiträge, Säumniszuschläge, Zinsen, Geldbußen oder Zwangsgelder, kann er bei der Zahlung bestimmen, welche Schuld getilgt werden soll; der Arbeitgeber kann hinsichtlich der Beiträge bestimmen, dass vorrangig die Arbeitnehmeranteile getilgt werden sollen. Trifft der Arbeitgeber keine Bestimmung, werden die Schulden in der genannten Reihenfolge getilgt. Innerhalb der gleichen Schuldenart werden die einzelnen Schulden nach ihrer Fälligkeit, bei gleichzeitiger Fälligkeit anteilmäßig getilgt."

Wenn bei einer Teilzahlung keine **Tilgungsbestimmung** getroffen wird, kann 1106 sich der Geschäftsführer daher bei seiner späteren Inanspruchnahme nicht darauf berufen, dass wegen der Strafbarkeit oder der Gefahr der persönlichen Inanspruchnahme die Arbeitnehmeranteile getilgt werden sollten, vielmehr wird eine Zahlung anteilig auf Arbeitgeber- und Arbeitnehmeranteile verrechnet. Eine konkludente Tilgungsbestimmung i. S. v. § 4 Satz 2 BVV kann nur angenommen werden, wenn sie greifbar in Erscheinung getreten ist.

> BGH, Urt. v. 25.1.2011 – II ZR 196/09, ZIP 2011, 422 Rn. 24;
> dazu EWiR 2011, 257 *(Giedinghagen/Göb)*;
> m. Anm. *Poertzgen*, GmbHR 2011, 369;
> BGH, Urt. v. 8.6.2009 – II ZR 147/08, ZIP 2009, 1468 Rn. 7;
> dazu EWiR 2009, 675 *(Vortmann)*;
> BGH, Urt. v. 26.6.2001 – VI ZR 111/00, ZIP 2001, 1474
> = NJW-RR 2001, 1536;
> dazu EWiR 2001, 1003 *(Lange)*;
> m. Anm. *Haase*, GmbHR 2001, 723.

c) Geschäftsführer

Da die GmbH als juristische Person nicht selbst, sondern nur durch ihre Ver- 1107 treter handeln kann, obliegt die Pflicht zur Abführung dieser Beiträge ihrem Geschäftsführer. Zu den Aufgaben eines Geschäftsführers gehört es, dafür Sorge zu tragen, dass sich die Gesellschaft nach außen rechtmäßig verhält und insbesondere die der Gesellschaft obliegenden öffentlich-rechtlichen Pflichten erfüllt. Zu diesen öffentlich-rechtlichen Pflichten gehört auch die Abführung der Sozialversicherungsbeiträge.

> BGH, Urt. v. 15.10.1996 – VI ZR 319/95, BGHZ 133, 370 = ZIP 1996, 2017 = NJW 1997, 130;
> dazu EWiR 1997, 37 *(U. H. Schneider)*.

Da die Nichtzahlung der Sozialversicherungsbeiträge zum Fälligkeitstermin 1108 bereits ein Vorenthalten i. S. d. § 266a StGB ist und damit den objektiven Tatbestand des Gesetzes erfüllt, ist dieser Tatbestand hinsichtlich **aller Geschäftsführer der Gesellschaft** erfüllt; also z. B. auch hinsichtlich eines von mehreren Geschäftsführern, der nach der Ressortaufteilung innerhalb der Gesellschaft nur für technische Fragen zuständig ist.

1109 Denn aufgrund der **Gesamtverantwortung und Allzuständigkeit** der Geschäftsführer (siehe Rn. 394 ff.) kann ihre straf- und damit auch haftungsrechtliche Verantwortlichkeit durch eine interne Zuständigkeitsregelung der Gesellschaft nicht aufgehoben, sondern lediglich beschränkt werden.

BGH, Urt. v. 2.6.2008 – II ZR 27/07, ZIP 2008, 1275 Rn. 10;
dazu EWiR 2008, 719 *(Schreiber)*;
m. Anm. *Podewils*, GmbHR 2008, 817;

BGH, Urt. v. 9.1.2001 – VI ZR 407/99, ZIP 2001, 422 = NJW 2001, 969:

Der sich aus dieser „Allzuständigkeit“ ergebenden Verantwortung jedes Geschäftsführers ... können sich die Geschäftsführer weder durch interne Zuständigkeitsverteilung noch Delegation auf andere Personen entledigen. Interne Zuständigkeitsregelungen lassen ebenso wie die Delegation die Eigenverantwortlichkeit nicht erlöschen. Es bleiben stets Überwachungspflichten, die Veranlassung zum Eingreifen geben, wenn Anhaltspunkte dafür bestehen, dass die Erfüllung von der Gesellschaft obliegenden Aufgaben durch den (intern) zuständigen Geschäftsführer oder den mit der Erledigung beauftragten Arbeitnehmer nicht mehr gewährleistet ist.

BGH, Urt. v. 15.10.1996 – VI ZR 319/95, BGHZ 133, 370 = ZIP 1996, 2017 = NJW 1997, 130;
dazu EWiR 1997, 37 *(U. H. Schneider)*;

OLG Düsseldorf, Urt. v. 16.9.2014 – 21 U 38/14, GmbHR 2015, 708, 709.

1110 Eine andere Frage ist dann, ob dem einzelnen Geschäftsführer ein Schuldvorwurf gemacht werden kann, ob also auch der subjektive Tatbestand des § 266a StGB erfüllt ist, wenn die Abführung der Beiträge gar nicht in sein Ressort fiel (siehe Rn. 1132 ff.).

1111 Strafrechtlich Verantwortlicher für die von der GmbH geschuldete Verbindlichkeit ist gemäß § 14 StGB deren rechtlicher Geschäftsführer; ebenso der **Strohmann.**

KG, Urt. v. 2.10.2002 – 10 U 139/01, GmbHR 2003, 591;

a. A. OLG Hamm, Beschl. v. 10.2.2000 – 1 Ss 1337/99, NStZ-RR 2001, 173.

1112 Auch der **faktische Geschäftsführer** kann Täter i. S. d. § 266a StGB, § 823 Abs. 2 BGB sein.

BGH, Urt. v. 11.6.2013 – II ZR 389/12, ZIP 2013, 1519 = NJW 2013, 3303 Rn. 15;

BGH, Urt. v. 10.5.2000 – 3 StR 101/00, ZIP 2000, 1390 = NJW 2000, 2285.

1113 Der Geschäftsführer einer **herrschenden Gesellschaft** haftet für die Nichtabführung der Sozialversicherungsleistungen durch die beherrschte Gesellschaft nicht, solange die Geschäftsführeraufgaben von den zuständigen Organen dieser Gesellschaft wahrgenommen werden.

KG, Urt. v. 26.11.1996 – 9 U 6892/95, NJW-RR 1997, 1126;

LG Braunschweig, Urt. v. 21.2.2001 – 5 O 5/00, NJW-RR 2002, 393.

Verantwortlich für die Abführung von Sozialversicherungsbeiträgen wird ein Geschäftsführer erst mit seiner **Bestellung**; das pflichtwidrige Verhalten früherer Geschäftsführer kann ihm grundsätzlich nicht zugerechnet werden. 1114

BGH, Urt. v. 11.12.2001 – VI ZR 123/00, ZIP 2002, 261; dazu EWiR 2002, 263 *(Plagemann)*.

War der Geschäftsführer zum Fälligkeitstermin bereits von seinem Amt **abberufen** worden, scheidet eine Haftung nach § 823 Abs. 2 BGB i. V. m. § 266a StGB aus; dass er noch im Handelsregister eingetragen war, ist unerheblich. 1115

OLG Düsseldorf, Urt. v. 20.12.2002 – 22 U 99/02, GmbHR 2003, 420.

Keine Ersatzpflicht soll nach einer fraglichen Entscheidung auch einen Gesellschafter einer GmbH (der nicht Alleingesellschafter ist) treffen, wenn er sein **Amt** als Geschäftsführer **niederlegt**, ohne einen Notgeschäftsführer zu bestellen, obwohl er weiß, dass das eine Nichtabführung von Sozialversicherungsbeiträgen zur Folge hat; auch sein Mitgesellschafter haftet nicht. 1116

OLG Naumburg, Urt. v. 23.7.2002 – 9 U 67/02, DB 2003, 40.

Der Geschäftsführer einer **Vor-GmbH** haftet ebenfalls, weil § 14 Abs. 1 Nr. 1 StGB auch auf Vorgesellschaften juristischer Personen anzuwenden ist. 1117

A. A. KG, Urt. v. 4.7.2001 – 29 U 9/01, ZIP 2002, 438:

Dem Geschäftsführer der Vor-GmbH würde eine Verletzung seiner Pflichten „als Arbeitgeber" vorgeworfen, auch wenn er keine Arbeitgeberfunktion ausübt. Im Unterschied zum Geschäftsführer der eingetragenen GmbH, der kraft Gesetzes für den Arbeitgeber handelt und dessen gesetzliche Verpflichtungen wahrzunehmen hat (§ 35 GmbHG, § 31 BGB), erfordert die – strafrechtliche – Zurechnung beim Vertreter einer Personenhandelsgesellschaft, dass dieser zugleich Gesellschafter ist und dadurch das persönliche Merkmal „als Arbeitgeber" erfüllt.

Die **Handelndenhaftung** nach § 11 Abs. 2 GmbHG, aus der der Geschäftsführer für sein Tätigwerden in der Vorgesellschaft ersatzpflichtig werden kann, kann keine Verpflichtung des Geschäftsführers zur Zahlung der Arbeitnehmerbeiträge begründen. Denn § 11 Abs. 2 GmbHG gilt nur für rechtsgeschäftlich begründete Verbindlichkeiten; dazu zählen die Sozialabgaben nicht. 1118

Bei einer ausländischen Gesellschaft, die Arbeitnehmer in Deutschland beschäftigt, haftet das Mitglied des vertretungsberechtigten Organs oder nach § 14 Abs. 2 Satz 1 und 2 StGB derjenige, der beauftragt ist, einen Betrieb oder ein Unternehmen ganz oder zum Teil zu leiten, oder der ausdrücklich beauftragt ist, in eigener Verantwortung Aufgaben wahrzunehmen, die dem Inhaber des Betriebs oder Unternehmens obliegen. 1119

BGH, Urt. v. 11.6.2013 – II ZR 389/12, ZIP 2013, 1519 = NJW 2013, 3303 Rn. 15.

d) Verschulden

1120 Der Tatbestand des § 266a StGB setzt **Vorsatz** voraus. Es müssen das Bewusstsein und der Wille vorliegen, die Abführung der Beiträge bei Fälligkeit zu unterlassen.

BGH, Urt. v. 18.12.2012 – II ZR 220/10, ZIP 2013, 412 Rn. 16;

BGH, Urt. v. 2.6.2008 – II ZR 27/07, ZIP 2008, 1275 Rn. 11:

Bewusstsein und Wille, von der gebotenen Abführung der Beiträge bei Fälligkeit abzusehen, sind nach den für den bedingten Vorsatz geltenden Regeln vorhanden, wenn der Geschäftsführer eine für möglich gehaltene Beitragsvorenthaltung billigt und nicht auf die Erfüllung der Ansprüche der Sozialversicherungsträger hinwirkt.

Dazu EWiR 2008, 719 *(Schreiber)*;
m. Anm. *Podewils*, GmbHR 2008, 817;

BGH, Urt. v. 15.10.1996 – VI ZR 319/95, BGHZ 133, 370 = ZIP 1996, 2017 = NJW 1997, 130;
dazu EWiR 1997, 37 *(U. H. Schneider)*;

BGH, Urt. v. 1.10.1991 – VI ZR 374/90, ZIP 1991, 1511 = NJW 1992, 177;
dazu EWiR 1992, 79 *(Marxen)*.

1121 Vorsatz ist gegeben, wenn der Geschäftsführer bei Kenntnis oder pflichtwidriger Unkenntnis einer wirtschaftlich angespannten Lage eine Vorenthaltung der Arbeitnehmeranteile zur Sozialversicherung am Fälligkeitstage für möglich erachtet oder pflichtgemäß für möglich hätte erachten müssen und dies billigt – oder nicht hinreichend darauf hinwirkt, dass die rechtzeitige und vollständige Abführung erfolgt. Die Absicht, die Beiträge auf Dauer vorzuenthalten, ist nicht erforderlich; es genügt der Wille, sie am Fälligkeitstage nicht abzuführen.

1122 Ein **billigendes Inkaufnehmen** reicht aus. Der hinreichend bedingte Vorsatz ist schon dann gegeben, wenn der Arbeitgeber die Vorstellung gebilligt hat, dass die Arbeitnehmerbeiträge möglicherweise vorenthalten werden und er nicht auf eine rechtzeitige Abführung hingewirkt hat. Dazu genügt Kenntnis derjenigen Umstände, die die Pflicht zur Abführung der Sozialversicherungsbeiträge begründen.

BGH, Urt. v. 3.5.2016 – II ZR 311/14, ZIP 2016, 1283 = NJW 2017, 886 Rn. 15;
dazu EWiR 2016, 523 *(Kuhn)*;

BGH, Urt. v. 2.6.2008 – II ZR 27/07, ZIP 2008, 1275 = WM 2008, 1403;
dazu EWiR 2008, 719 *(Schreiber)*;
m. Anm. *Podewils*, GmbHR 2008, 817;

BGH, Urt. v. 9.1.2001 – VI ZR 407/99, ZIP 2001, 422 = NJW 2001, 969;

BGH, Urt. v. 15.10.1996 – VI ZR 319/95, BGHZ 133, 370 = ZIP 1996, 2017 = NJW 1997, 130:

Nicht erforderlich ist hingegen das Bewusstsein, selbst zum Handeln verpflichtet zu sein. Es genügt vielmehr, wie allgemein bei echten Unterlassungsdelikten, dass der Täter diejenigen Umstände kennt, die seine Handlungspflicht begründen. Glaubt er, nicht zum Eingreifen verpflichtet zu sein und für die Abführung der

Beiträge Sorge tragen zu müssen, so unterliegt er keinem tatbestandsausschließenden Tatbestandsirrtum, sondern einem Verbots- bzw. Gebotsirrtum, der ihn nur bei Unvermeidbarkeit entschuldigt.

Dazu EWiR 1997, 37 *(U. H. Schneider)*;

OLG Saarbrücken, Urt. v. 6.8.2002 – 4 U 193/01, GmbHR 2002, 907.

Der BGH stellt **strenge Anforderungen** daran, den bei Nichtabführung der Sozialabgaben naheliegenden Verdacht des Vorsatzes auszuräumen. 1123

Ist der Gesellschaft in der Vergangenheit von dem Forderungsberechtigten häufiger **Stundung** gewährt worden, so rechtfertigt das noch nicht das Vertrauen, ihm werde auch erneut Stundung gewährt. 1124

BGH, Urt. v. 15.10.1996 – VI ZR 319/95, BGHZ 133, 370 = ZIP 1996, 2017 = NJW 1997, 130:

Die Bitte um erneute Stundung und das Vertrauen darauf, dass sie auch weiterhin gewährt werde, können den Vorsatz im strafrechtlichen Sinne nicht ausschließen, weil das Vertrauen auf nochmalige Stundung bzw. Zahlungsaufschub lediglich zu einem Verbotsirrtum führen kann, der nur bei Unvermeidbarkeit die Schuld entfallen (§ 17 StGB), in jedem Fall aber den Vorsatz unberührt ließe. Ob Unvermeidbarkeit angenommen werden kann, an die strenge Anforderungen zu stellen sind, hängt von den Umständen des Einzelfalles ab. Der bloße Hinweis auf bisher gewährte Zahlungsaufschübe wird dazu in der Regel allein nicht ausreichen. Von Bedeutung kann aber sein, ob die Kasse durch ein bestimmtes Verhalten Anlass zu der Annahme gab, sie werde sich zu einem nochmaligen Zahlungsaufschub bereitfinden.

Dazu EWiR 1997, 37 *(U. H. Schneider)*.

Wenn der Geschäftsführer darauf vertrauen kann, die Bank werde wie bisher Kredit gewähren und den Scheck, mit dem er die Arbeitnehmerbeiträge bezahlen will, einlösen, nimmt er die Vorenthaltung noch nicht billigend in Kauf. 1125

BGH, Urt. v. 1.10.1991 – VI ZR 374/90, ZIP 1991, 1511 = NJW 1992, 177;
dazu EWiR 1992, 79 *(Marxen)*.

Dass der Geschäftsführer auf eine Lohnzahlung auf Kredit vertrauen kann, genügt aber nicht. 1126

Jestaedt, GmbHR 1998, 672, 675:

Soweit Löhne aufgrund von Bankkredit gezahlt wurden, musste der Geschäftsführer durch Vereinbarung mit dem Kreditinstitut sicherstellen, dass auch die Arbeitnehmerbeiträge zur Sozialversicherung im Zeitpunkt deren Fälligkeit durch Bankkredit gedeckt waren. Es genügte nicht, darauf zu vertrauen, dass eine der GmbH eingeräumte Kreditlinie für den Fälligkeitstag schon ausreichen werde. Die Sicherheit muss eine größere sein, vor allem bei einer bereits erkennbar schwierigen Finanzsituation. Erst recht durfte der Geschäftsführer nicht darauf hoffen, für die GmbH zusätzlichen Kredit zu erhalten.

Als nicht entschuldigt hat der BGH einen Geschäftsführer angesehen, 1127

BGH, Urt. v. 15.10.1996 – VI ZR 319/95, BGHZ 133, 370 = ZIP 1996, 2017 = NJW 1997, 130;
dazu EWiR 1997, 37 *(U. H. Schneider)*,

der sich darauf berufen hatte, ständig unter **Kopfschmerzen** gelitten zu haben und mit Morphiumspritzen behandelt worden zu sein. An die Unzumutbarkeit des Handelns seien strenge Anforderungen zu stellen.

1128 Voraussetzung ist jedoch, dass dem Geschäftsführer seine Bestellung zum Geschäftsführer bekannt geworden ist und er das Amt angenommen hat.

> BGH, Urt. v. 3.5.2016 – II ZR 311/14, ZIP 2016, 1283 = NJW 2017, 886 Rn. 25;
> dazu EWiR 2016, 523 *(Kuhn)*.

1129 Da § 266a Abs. 1 StGB ein Vorenthalten ausdrücklich auch dann unter Strafe stellt, wenn die Löhne nicht ausgezahlt werden, kann auch kein Verbotsirrtum bestehen.

1130 Wenn dem Geschäftsführer nicht bewusst war, trotz Delegation oder Geschäftsverteilung zum Handeln verpflichtet zu sein, liegt allenfalls ein vermeidbarer Verbotsirrtum vor, der nicht entlastet.

> OLG Rostock, Beschl. v. 16.5.1997 – 1 W 47/96, NJW-RR 1998, 688.

1131 Weisungen der Gesellschafter, die Arbeitnehmerbeiträge nicht abzuführen, entlasten den Geschäftsführer nicht.

> OLG Naumburg, Urt. v. 10.2.1999 – 6 U 1566/97, ZIP 1999, 1362.

1132 Hat die Gesellschaft **mehrere Geschäftsführer**, erfüllen aufgrund der Gesamtverantwortung und Allzuständigkeit alle den objektiven Tatbestand.

> BGH, Urt. v. 2.6.2008 – II ZR 27/07, ZIP 2008, 1275 Rn. 10;
> dazu EWiR 2008, 719 *(Schreiber)*;
> m. Anm. *Podewils*, GmbHR 2008, 817;
>
> BGH, Urt. v. 9.1.2001 – VI ZR 407/99, ZIP 2001, 422 = NJW 2001, 969;
>
> BGH, Urt. v. 15.10.1996 – VI ZR 319/95, BGHZ 133, 370 = ZIP 1996, 2017 = NJW 1997, 130;
> dazu EWiR 1997, 37 *(U. H. Schneider)*.

1133 Vorsatz liegt in jedem Fall bei dem Geschäftsführer vor, in dessen Ressort die Zahlung fiel. Für die Arbeitnehmerbeiträge haftet aber in aller Regel auch der andere Geschäftsführer, in dessen Ressort die Zahlung nicht fiel. Zwar kann sich ein Geschäftsführer im Allgemeinen darauf verlassen, dass der Mitgeschäftsführer die ihm übertragene Aufgabe auch erledigen wird; doch verbleiben jedem einzelnen Geschäftsführer **Überwachungspflichten** gegenüber den anderen, die umso akuter sind, wenn das Unternehmen in eine wirtschaftliche Krise geraten ist.

> BGH, Urt. v. 18.12.2012 – II ZR 220/10, ZIP 2013, 412 Rn. 17:
>
> Wenn die Zahlung der Arbeitnehmerbeiträge zur Sozialversicherung dem Aufgabenbereich eines anderen Geschäftsführers zugewiesen oder auf Angestellte übertragen ist, muss der Geschäftsführer im Rahmen der ihm verbliebenen Überwachungspflicht tätig werden, sobald Anhaltspunkte dafür bestehen, dass die

Erfüllung der Aufgaben durch den intern zuständigen Geschäftsführer oder den mit der Erledigung beauftragten Angestellten nicht mehr gewährleistet ist. Er muss dann durch geeignete Maßnahmen die Abführung der Sozialversicherungsbeiträge sicherstellen sowie die Einhaltung der Pflicht überwachen. Anlass für konkrete Überwachungsmaßnahmen bieten insbesondere eine finanzielle Krisensituation oder ungeordnete Verhältnisse im Geschäftsablauf innerhalb der Gesellschaft.

BGH, Urt. v. 2.6.2008 – II ZR 27/07, ZIP 2008, 1275 Rn. 11:

Wenn die Zahlung der Arbeitnehmerbeiträge zur Sozialversicherung dem Ressort eines anderen Geschäftsführers zugewiesen oder auf Angestellte übertragen ist, muss der Geschäftsführer im Rahmen der ihm verbliebenen Überwachungspflicht tätig werden, sobald Anhaltspunkte bestehen, dass die Erfüllung der Aufgaben durch den intern zuständigen Geschäftsführer oder den mit der Erledigung beauftragten Angestellten nicht mehr gewährleistet ist, und durch geeignete Maßnahmen die Abführung der Sozialversicherungsbeiträge sicherstellen sowie die Einhaltung der Pflicht überwachen. Anlass für konkrete Überwachungsmaßnahmen bieten insbesondere eine finanzielle Krisensituation oder ungeordnete Verhältnisse im Geschäftsablauf innerhalb der Gesellschaft.

Dazu EWiR 2008, 719 *(Schreiber)*;
m. Anm. *Podewils*, GmbHR 2008, 817;

BGH, Urt. v. 9.1.2001 – VI ZR 407/99, ZIP 2001, 422 = NJW 2001, 969;

BGH, Urt. v. 15.10.1996 – VI ZR 319/95, BGHZ 133, 370 = ZIP 1996, 2017 = NJW 1997, 130;
dazu EWiR 1997, 37 *(U. H. Schneider)*;

OLG Düsseldorf, Urt. v. 16.9.2014 – 21 U 38/14, GmbHR 2015, 708, 709.

Aus der Verantwortung ist ein Geschäftsführer auch dann nicht entlassen, wenn er die Sozialversicherungsangelegenheiten einem Prokuristen überträgt. **1134**

BGH, Urt. v. 9.1.2001 – VI ZR 407/99, ZIP 2001, 422 = NJW 2001, 969.

Überlässt es der Geschäftsführer anderen für das Unternehmen tätigen Personen, für die Zahlung der Arbeitnehmerbeiträge zur Sozialversicherung zu sorgen, muss er (jedenfalls) im Rahmen der ihm verbliebenen Überwachungspflicht tätig werden, sobald Anhaltspunkte dafür bestehen, dass die Erfüllung der Aufgaben durch die intern damit betrauten Personen nicht mehr gewährleistet ist. Er muss dann durch geeignete Maßnahmen die Abführung der Sozialversicherungsbeiträge sicherstellen. Anlass für konkrete Überwachungsmaßnahmen bieten insbesondere eine finanzielle Krisensituation oder ungeordnete Verhältnisse im Geschäftsablauf innerhalb der Gesellschaft. **1135**

BGH, Urt. v. 3.5.2016 – II ZR 311/14, ZIP 2016, 1283 = NJW 2017, 886 Rn. 24;
dazu EWiR 2016, 523 *(Kuhn)*.

Der Geschäftsführer einer in die Krise geratenen Gesellschaft muss die Buchführung daraufhin überprüfen, ob die Arbeitnehmeranteile entrichtet worden sind. **1136**

OLG Düsseldorf, Urt. v. 6.11.1992 – 22 U 104/92, GmbHR 1993, 812.

1137 Es genügt nicht, dass der Geschäftsführer einer in der Krise steckenden GmbH sich telefonisch bei einem Mitarbeiter und selbst einem Mitgeschäftsführer nach der Abführung von Sozialversicherungsbeiträgen erkundigt.

BGH, Urt. v. 9.1.2001 – VI ZR 407/99, ZIP 2001, 422 = NJW 2001, 969:

Zwar teilt der Senat nicht die Auffassung des Berufungsgerichts, der Beklagte habe sich am Sitz der F.-GmbH selbst um die Angelegenheiten kümmern müssen. In Anbetracht der Krisensituation, in der sich das Unternehmen befand, und die dem Unternehmen bekannt war, war er aber gehalten, konkrete und hinreichend deutliche Anweisungen für die pünktliche Beitragszahlung zum Fälligkeitszeitpunkt zu geben; zusätzlich musste er sich durch geeignete Maßnahmen (wie etwa telefonische Rückfragen bei den infrage kommenden Bankinstituten) vergewissern, dass die Zahlungen pünktlich erfolgen.

Dagegen – „überzogen" – Anm. *Frings*, GmbHR 2001, 241;
Kiethe, ZIP 2003, 1957, 1963.

1138 Zur Überwachungspflicht des technischen gegenüber dem kaufmännischen Geschäftsführer

vgl. auch OLG Frankfurt, Urt. v. 23.1.2004 – 24 U 135/03, NZG 2004, 388.

e) Vorrang der Beitragsansprüche

aa) Anfechtbarkeit

1139 **Keine Ersatzpflicht** trifft den Geschäftsführer mangels Schadens dann, wenn die Zahlung der Arbeitnehmeranteile an den Sozialversicherungsträger, wenn sie denn erfolgt wäre, durch den Insolvenzverwalter gemäß §§ 129 ff. InsO hätte angefochten werden können. Dann fehlt die Kausalität des Vorenthaltens für einen Schaden.

BGH, Urt. v. 16.2.2012 – IX ZR 218/10, WM 2012, 660 Rn. 11;

BGH, Urt. v. 2.12.2010 – IX ZR 247/09, ZIP 2011, 37 = NJW 2011, 1133 Rn. 23;

BGH, Urt. v. 29.9.2008 – II ZR 162/07, ZIP 2008, 2220 Rn. 14;
m. Anm. *Podewils*, GmbHR 2008, 1326;
dazu auch EWiR 2009, 201 *(Jochen Wilkens)*;

BGH, Urt. v. 18.4.2005 – II ZR 61/03, ZIP 2005, 1026 = NJW 2005, 2546;
dazu EWiR 2005, 743 *(Kuhn)*;
m. Anm. *Schröder*, GmbHR 2005, 877;

BGH, Urt. v. 10.7.2003 – IX ZR 89/02, ZIP 2003, 1666;
dazu EWiR 2004, 197 *(Hölzle)*;

BGH, Urt. v. 25.10.2001 – IX ZR 17/01, BGHZ 149, 100 = ZIP 2001, 2235 = NJW 2002, 512:

Beitragszahlungen des späteren Gesamtvollstreckungsschuldners an einen Sozialversicherungsträger benachteiligen die anderen Gesamtvollstreckungsgläubiger regelmäßig auch insoweit, als sie auf Arbeitnehmeranteile zu verrechnen sind.

... Im Übrigen gilt der Grundsatz der Gleichbehandlung aller Gläubiger. Dieser darf nicht auf dem Umweg über § 266a StGB mittelbar durchbrochen werden.

BGH, Urt. v. 14.11.2000 – VI ZR 149/99, ZIP 2001, 80 = NJW 2001, 967;
dazu EWiR 2001, 185 *(Andreas Schmidt)*;

BGH, Urt. v. 21.1.1997 – VI ZR 338/95, BGHZ 134, 304 = ZIP 1997, 412 = NJW 1997, 1237;

OLG Düsseldorf, Urt. v. 16.9.2014 – 21 U 38/14, GmbHR 2015, 708, 711.

Der Gesetzgeber hat zwar § 28e Abs. 1 Satz 2 SGB IV mit Wirkung vom 1.1.2008 geändert: **1140**

> Die Zahlung des vom Beschäftigten zu tragenden Teils des Gesamtsozialversicherungsbeitrags gilt als aus dem Vermögen des Beschäftigten erbracht.

Damit wollte der Gesetzgeber erreichen, dass die Zahlung der Arbeitnehmerbeiträge zur Sozialversicherung der **Insolvenzanfechtung entzogen** ist. Der IX. Zivilsenat des Bundesgerichtshofs hat aber entschieden, dass dies dem Gesetzgeber nicht gelungen ist und die Zahlung weiterhin als mittelbare Gläubigerbenachteiligung angefochten werden kann. **1141**

BGH, Urt. v. 7.4.2011 – IX ZR 118/10, ZIP 2011, 966 Rn. 3;

BGH, Urt. v. 5.11.2009 – IX ZR 233/08, BGHZ 183, 86 = ZIP 2009, 2301 = NJW 2010, 870 Rn. 13;
dazu EWiR 2010, 67 *(Henkel)*;
m. Anm. *Gundlach/Frenzel*, NJW 2010, 872.

Für Insolvenzverfahren, die vor dem 1.1.2008 eröffnet wurden, gilt § 28e Abs. 1 Satz 2 SGB IV nicht rückwirkend. **1142**

BGH, Beschl. v. 27.3.2008 – IX ZR 210/07, ZIP 2008, 747 = NJW 2008, 1535 Rn. 7;
dazu EWiR 2008, 313 *(Koza)*;
m. Bespr. *Brinkmann/Luttmann*, ZIP 2008, 901.

bb) § 64 Satz 1 GmbHG

Das Verbot in § 64 Satz 1 GmbHG, nach Insolvenzreife Zahlungen aus dem Vermögen der Gesellschaft zu leisten, steht der **Pflicht zur Zahlung von Sozialversicherungsbeiträgen** nicht entgegen. Diese darf der Geschäftsführer trotz des Verbots zahlen, weil die Nichtzahlung strafbewehrt ist und die Zahlung daher den Pflichten eines ordentlichen Geschäftsmannes entspricht (§ 64 Satz 2 GmbHG). **1143**

BGH, Urt. v. 25.1.2011 – II ZR 196/09, ZIP 2011, 422 Rn. 17;
dazu EWiR 2011, 257 *(Giedinghagen/Göb)*
m. Anm. *Poertzgen*, GmbHR 2011, 369;

BGH, Beschl. v. 18.1.2010 – II ZA 4/09, ZIP 2010, 368 Rn. 4;

BGH, Urt. v. 29.9.2008 – II ZR 162/07, ZIP 2008, 2220 = NJW 2009, 295 Rn. 10;
m. Anm. *Podewils*, GmbHR 2008, 1326;

BGH, Urt. v. 2.6.2008 – II ZR 27/07, ZIP 2008, 1275 Rn. 6;
dazu EWiR 2008, 719 *(Schreiber)*;
m. Anm. *Podewils*, GmbHR 2008, 817;

BGH, Urt. v. 14.5.2007 – II ZR 48/06, ZIP 2007, 1265
= NJW 2007, 2118 Rn. 11;
dazu EWiR 2007, 495 *(Henkel/Mock)*;
m. Anm. *Schröder*, GmbHR 2007, 759;
m. Anm. *Altmeppen*, NJW 2007, 2121;

OLG Düsseldorf, Urt. v. 16.9.2014 – 21 U 38/14, GmbHR 2015, 708, 712.

1144 Das gilt auch für die Begleichung von Rückständen.

BGH, Urt. v. 25.1.2011 – II ZR 196/09, ZIP 2011, 422 Rn. 18;
dazu EWiR 2011, 257 *(Giedinghagen/Göb)*
m. Anm. *Poertzgen*, GmbHR 2011, 369.

1145 Der II. Zivilsenat des BGH hat seine gegenteilige Rechtsprechung, nach der die Zahlung gegen § 64 Satz 1 GmbHG verstieß,

BGH, Urt. v. 8.1.2001 – II ZR 88/99, BGHZ 146, 264
= ZIP 2001, 235 = NJW 2001, 1280,

aufgegeben und sich der Rechtsprechung des 5. Strafsenats angenähert.

BGH, Beschl. v. 9.8.2005 – 5 StR 67/05, ZIP 2005, 1678
= NJW 2005, 3650.

1146 Die Rechtsprechung des II. Zivilsenats, nach der die Zahlung von Sozialversicherungsbeiträgen gegen § 64 GmbHG verstieß, konnte den Geschäftsführer in eine Pflichtenkollision bringen: einerseits war die Nichtzahlung der Sozialversicherungsbeiträge strafrechtlich sanktioniert, andererseits haftete er nach § 64 Abs. 2 GmbHG a. F. (§ 64 Satz 1 GmbHG n. F.).

1147 Auf eine solche **Kollision widerstreitender Pflichten** kann sich der Geschäftsführer für die Zeit während der unterschiedlichen Rechtsprechung der Straf- und Zivilsenate nicht berufen, wenn er sich darum tatsächlich nicht gekümmert hat und statt der Sozialversicherungsbeiträge andere Forderungen gegen die Gesellschaft getilgt hat.

BGH, Beschl. v. 18.1.2010 – II ZA 4/09, ZIP 2010, 368 Rn. 4;

BGH, Urt. v. 29.9.2008 – II ZR 162/07, ZIP 2008, 2220
= NJW 2009, 295 Rn. 7;
m. Anm. *Podewils*, GmbHR 2008, 1326.

1148 Offengelassen wurde vom 5. Strafsenat des BGH, ob der Geschäftsführer nicht wenigstens während des Überlegungszeitraums von § 15a Abs. 1 Satz 1 InsO (früher § 64 Abs. 1 GmbHG) von Zahlungen absehen darf.

BGH, Beschl. v. 9.8.2005 – 5 StR 67/05, ZIP 2005, 1678
= GmbHR 2005, 1419.

1149 Geht man mit dem II. Zivilsenat davon aus, dass die Pflicht zur Zahlung der Arbeitnehmerbeiträge mit dem Verhalten eines ordentlichen Geschäftsmannes wegen der strafrechtlichen Sanktionen vereinbar ist (§ 64 Satz 2 GmbHG), besteht ein Konflikt zwischen dem Zahlungsverbot nach § 64 Satz 1 GmbHG und dem strafrechtlich sanktionierten Zahlungsgebot nicht mehr, auch nicht während der Antragsfrist in § 15a Abs. 1 Satz 1 InsO.

So BFH, Urt. v. 23.9.2008 – VII R 27/07, ZIP 2009, 122.

Jedenfalls entfällt der Interessenkonflikt, wenn der Geschäftsführer innerhalb der Antragsfrist keinen Eröffnungsantrag stellt. 1150

BGH, Urt. v. 25.1.2011 – II ZR 196/09, ZIP 2011, 422 Rn. 29;
dazu EWiR 2011, 257 *(Giedinghagen/Göb)*;
m. Anm. *Poertzgen*, GmbHR 2011, 369
BGH, Urt. v. 29.9.2008 – II ZR 162/07, ZIP 2008, 2220
= NJW 2009, 295 Rn. 10;
m. Anm. *Podewils*, GmbHR 2008, 1326.

Nach dem BFH soll auch der **Eröffnungsantrag** nicht befreiend wirken, 1151

BFH, Urt. v. 23.9.2008 – VII R 27/07, ZIP 2009, 122,

sondern erst der Verlust der Verfügungsbefugnis durch Insolvenzeröffnung oder Erlass eines Zahlungsverbots nach § 21 Abs. 2 Nr. 2 InsO.

Da der Geschäftsführer nach § 15a Abs. 1 Satz 1 InsO bei Insolvenzreife zunächst die Sanierungsfähigkeit überprüfen darf und er sich mit dem Stellen eines Eröffnungsantrags pflichtgerecht verhält, fehlt, wenn die Zahlungen an alle Gläubiger eingestellt werden und nach Ablauf der Prüfungsfrist Eröffnungsantrag gestellt wird, das Verschulden, weil er sich wie ein ordentlicher Geschäftsmann verhält. Insoweit bestehen Unterschiede zum Steuerrecht, wo Lohnsteuer für tatsächlich geleistete Löhne geschuldet wird und andere Steuern nur anteilig getilgt werden müssen. Meist wird allerdings, von Ausnahmefällen abgesehen, die Insolvenzreife nicht erst zum Fälligkeitstermin der Beiträge und Abgaben eingetreten sein, da Fälligkeit und Höhe sowohl der Sozialversicherungsbeiträge als auch der Steuerschuld vorhersehbar sind. 1152

f) Darlegungs- und Beweislast

Darlegungs- und beweispflichtig hinsichtlich des Vorenthaltens und des Verschuldens ist der Sozialversicherungsträger. 1153

BGH, Urt. v. 3.5.2016 – II ZR 311/14, ZIP 2016, 1283 = NJW 2017, 886 Rn. 15;
dazu EWiR 2016, 523 *(Kuhn)*;
BGH, Urt. v. 18.12.2012 – II ZR 220/10, ZIP 2013, 412 Rn. 14:

Der Sozialversicherungsträger, der den Geschäftsführer einer Gesellschaft mit beschränkter Haftung wegen Vorenthaltung von Sozialversicherungsbeiträgen in Anspruch nimmt und sich hierbei auf eine deliktische Haftung wegen Verletzung eines Schutzgesetzes stützt, hat grundsätzlich alle Umstände darzulegen und zu beweisen, aus denen sich die Verwirklichung der einzelnen Tatbestandsmerkmale des Schutzgesetzes ergibt; den in Anspruch genommenen Geschäftsführer trifft lediglich eine sekundäre Darlegungslast.

BGH, Urt. v. 11.12.2001 – VI ZR 350/00, ZIP 2002, 524, 525 = NJW 2002, 1123;
dazu EWiR 2002, 359 *(Meyke)*.

1154 Die Darlegungs- und Beweislast des klagenden Sozialversicherungsträgers erstreckt sich auch auf den Vorsatz des Beklagten.

BGH, Urt. v. 3.5.2016 – II ZR 311/14, ZIP 2016, 1283 = NJW 2017, 886 Rn. 15;
dazu EWiR 2016, 523 *(Kuhn)*;
BGH, Urt. v. 18.12.2012 – II ZR 220/10, ZIP 2013, 412 Rn. 14;
OLG Schleswig, GmbHR 2002, 216, 21.

1155 Auch bei objektiv feststehendem Pflichtenverstoß tritt **keine Umkehr der Beweislast** hinsichtlich der Verschuldensfrage ein.

BGH, Urt. v. 3.5.2016 – II ZR 311/14, ZIP 2016, 1283 = NJW 2017, 886 Rn. 15;
dazu EWiR 2016, 523 *(Kuhn)*;
BGH, Urt. v. 18.4.2005 – II ZR 61/03, ZIP 2005, 1026;
BGH, Urt. v. 11.12.2001 – VI ZR 350/00, ZIP 2002, 524 = NJW 2002, 1123;
dazu EWiR 2002, 359 *(Meyke)*.

1156 Für den Nachweis der Zahlungsfähigkeit zum maßgeblichen Zeitpunkt genügt schon der Nachweis irgendeiner Zahlung der Gesellschaft an einen Dritten in nicht unwesentlicher Höhe.

BGH, Urt. v. 2.6.2008 – II ZR 27/07, ZIP 2008, 1275 Rn. 10;
dazu EWiR 2008, 719 *(Schreiber)*.

1157 Der Sozialversicherungsträger kann sich seine Informationen ggf. über den Insolvenzverwalter beschaffen. Den Geschäftsführer trifft eine sekundäre Darlegungslast. Er muss die finanzielle Situation der GmbH im Fälligkeitszeitpunkt im Einzelnen nachvollziehbar darlegen, insbesondere zu einer behaupteten Unmöglichkeit der Zahlung konkret vortragen.

BGH, Urt. v. 3.5.2016 – II ZR 311/14, ZIP 2016, 1283 = NJW 2017, 886 Rn. 19;
dazu EWiR 2016, 523 *(Kuhn)*;
BGH, Urt. v. 18.4.2005 – II ZR 61/03, ZIP 2005, 1026 = NJW 2005, 2546:

An die Erfüllung der grundsätzlich bestehenden sekundären Darlegungslast des Geschäftsführers einer GmbH dürfen keine die Verteilung der Vortragslast umkehrenden Anforderungen gestellt werden. Eine besondere Dokumentationspflicht zur Abwehr einer möglichen Haftung nach § 823 Abs. 2 BGB i. V. m. § 266a StGB besteht nicht. Auch die Verletzung der Insolvenzantragspflicht erhöht die sekundäre Darlegungslast des Geschäftsführers nicht.

Dazu EWiR 2005, 743 *(Kuhn)*;
OLG Brandenburg, Urt. v. 21.11.2002 – 12 U 149/01, GmbHR 2003, 595;
OLG Saarbrücken, Urt. v. 6.8.2002 – 4 U 193/01, GmbHR 2002, 907;
OLG Düsseldorf, Urt. v. 6.11.1992 – 22 U 104/92, GmbHR 1993, 812.

1158 Dazu genügt die Behauptung, es hätten im maßgeblichen Zeitraum zahlreiche Außenstände bestanden, nicht.

OLG Düsseldorf, Urt. v. 30.6.2000 – 22 U 9/00, GmbHR 2000, 939.

Häufig wird der Sozialversicherungsträger Schwierigkeiten haben, den Umfang seines Schadens nachzuweisen, weil er oft nicht weiß, welche Löhne den einzelnen Arbeitnehmern ausgezahlt worden sind. 1159

Das LG Hamburg hat es deshalb für die Berechnung des Gesamtschadens als ausreichend angesehen, dass sich die Gesamtsumme der Arbeitnehmeranteile ermitteln lässt, ohne dass die Anteile jedes einzelnen Arbeitnehmers rechnerisch nachvollziehbar sind. (Die Gemeinschuldnerin hatte dem Sozialversicherungsträger lediglich „Summenblätter“ vorgelegt.) 1160

LG Hamburg, Urt. v. 22.2.1995 – 318 S 179/94, NJW-RR 1995, 1190.

Für erleichterte Anforderungen an die Darlegungslast des Sozialversicherungsträgers auch 1161

OLG Düsseldorf, Urt. v. 7.11.1997 – 22 U 257/96, NJW-RR 1998, 689:

Die Klägerin ist der ihr obliegenden Darlegungslast durch die Berechnung der Klageforderung auf der Grundlage der ihr von der Firma Baugesellschaft L.-GmbH, der späteren Gemeinschuldnerin, übermittelten Beitragsnachweise nachgekommen, sodass es dem Beklagten oblag, deren Unrichtigkeit konkret darzulegen und unter Beweis zu stellen. Nach § 28f III 2 SGB IV reicht der Arbeitgeber der Einzugsstelle einen Beitragsnachweis ein, in dem die bereits vom Arbeitgeber bzw. seinem Beauftragten errechneten und zu zahlenden Gesamtsozialversicherungsbeiträge aller Beschäftigten enthalten sind. Dieser Beitragsnachweis gilt gemäß § 28f III 5 SGB IV für die Vollstreckung als Leistungsbescheid der Einzugsstelle. Sind die in der Selbstberechnungserklärung des Arbeitgebers enthaltenen Angaben aber Grundlage seiner Zahlungspflicht und von der Einzugsstelle (vgl. §§ 28h ff SGB IV) bei nicht rechtzeitiger Zahlung ohne erneuten Leistungsbescheid im Wege der Verwaltungsvollstreckung einzuziehen, so kann die Klägerin schwerlich verpflichtet sein, erst mühsam durch eine Betriebsprüfung zu ermitteln, wie sich die durch den Arbeitgeber errechneten Summen der Beitragsnachweise im Einzelnen zusammensetzen, wenn die Parteien – wie hier – um die haftungsrechtlichen Konsequenzen der Nichtabführung der Arbeitnehmeranteile streiten.

Erleichterungen für die Darlegungslast des Sozialversicherungsträgers können sich auch daraus ergeben, dass sich im Ermittlungs- und Strafverfahren hinreichende Anknüpfungstatsachen für eine Schadensschätzung nach § 287 ZPO ergeben. 1162

OLG Stuttgart, Urt. v. 12.11.2003 – 3 U 125/03, GmbHR 2004, 187.

Im Übrigen kann der Geschäftsführer das Vorbringen des Sozialversicherungsträgers zur Höhe der nicht abgeführten Arbeitnehmeranteile auch **nicht mit Nichtwissen** nach § 138 Abs. 4 ZPO bestreiten. 1163

OLG Düsseldorf, Urt. v. 7.11.1997 – 22 U 257/96, NJW-RR 1998, 689;

OLG Düsseldorf, Urt. v. 6.11.1992 – 22 U 104/92, GmbHR 1993, 812.

Eine **Vermutung**, dass mit geleisteten Zahlungen **Arbeitnehmerbeiträge** getilgt wurde, besteht nicht. Die Tilgungsreihenfolge richtet sich vielmehr nach 1164

§ 4 der Verordnung über die Berechnung, Zahlung, Weiterleitung, Abrechnung und Prüfung des Gesamtsozialversicherungsbeitrages Beitragsverfahrensverordnung (BVV).

BGH, Urt. v. 25.1.2011 – II ZR 196/09, ZIP 2011, 422 Rn. 24;
dazu EWiR 2011, 257 *(Giedinghagen/Göb)*;
m. Anm. *Poertzgen*, GmbHR 2011, 369;

BGH, Urt. v. 8.6.2009 – II ZR 147/08, ZIP 2009, 1468 Rn. 7;
dazu EWiR 2009, 675 *(Vortmann)*.

1165 Soweit nur **Teilzahlungen** geleistet werden, kann eine stillschweigende Tilgungsbestimmung auf die Arbeitnehmerbeiträge nur angenommen werden, wenn sie greifbar in Erscheinung getreten ist. Dass die Nichtzahlung straf- und haftungsrechtliche Folgen für den Geschäftsführer haben kann, genügt nicht.

BGH, Urt. v. 26.6.2001 – VI ZR 111/00, ZIP 2001, 1474 = BB 2001, 1600:

Eine Tilgungsbestimmung des Arbeitgebers dahin, an die sozialversicherungsrechtliche Einzugsstelle geleistete Zahlungen sollten vorrangig auf fällige Arbeitnehmeranteile zu den Sozialversicherungsbeiträgen angerechnet werden, kann zwar konkludent erfolgen, muss dann aber greifbar in Erscheinung treten.

M. Anm. *Haase*, GmbHR 2001, 723;
dazu auch EWiR 2001, 1003 *(Peters-Lange)*;

BGH, Urt. v. 9.1.2001 – VI ZR 119/00, ZIP 2001, 419;

BGH, Urt. v. 14.11.2000 – VI ZR 149/99, ZIP 2001, 80 = NJW 2001, 967;
dazu EWiR 2001, 185 *(A. Schmidt)*;

BGH, Urt. v. 21.1.1997 – VI ZR 338/95, BGHZ 134, 304 = ZIP 1997, 412 = NJW 1997, 1237.
Zur Berechnung vgl. auch noch *Reck*, GmbHR 1999, 102.

1166 Für die Anfechtbarkeit hat dagegen der Geschäftsführer die Beweislast, weil es sich um einen hypothetischen Kausalverlauf handelt.

BGH, Urt. v. 16.2.2012 – IX ZR 218/10, WM 2012, 660 Rn. 11;

BGH, Urt. v. 29.9.2008 – II ZR 162/07, ZIP 2008, 2220 Rn. 14;
m. Anm. *Podewils*, GmbHR 2008, 1326;
dazu auch EWiR 2009, 201 *(Jochen Wilkens)*;

BGH, Urt. v. 18.4.2005 – II ZR 61/03, ZIP 2005, 1026 = NJW 2005, 2546;
dazu EWiR 2005, 743 *(Kuhn)*;
m. Anm. *Schröder*, GmbHR 2005, 877;

BGH, Urt. v. 14.11.2000 – VI ZR 149/99, ZIP 2001, 80 = NJW 2001, 967;
dazu EWiR 2001, 185 *(A. Schmidt)*.

g) Haftungsumfang

1167 Der Geschäftsführer schuldet nur Ersatz der nicht bezahlten Arbeitnehmerbeiträge, da nur insoweit eine nach § 266a Abs. 1 StGB strafbare Schutzgesetzverletzung vorliegt.

BGH, Urt. v. 25.1.2011 – II ZR 196/09, ZIP 2011, 422 Rn. 19;
dazu EWiR 2011, 257 *(Giedinghagen/Göb)*
m. Anm. *Poertzgen*, GmbHR 2011, 369;

BGH, Urt. v. 8.6.2009 – II ZR 147/08, ZIP 2009, 1468 Rn. 6;
dazu EWiR 2009, 675 *(Vortmann)*.

Für Arbeitgeberanteile haftet er nur nach § 266a Abs. 2 StGB bei unrichtigen oder unvollständigen Angaben gegenüber der Einzugstelle. **1168**

OLG Saarbrücken, Urt. v. 27.5.2015 – 1 U 89/14, NZA-RR 2015, 487.

Auf **Säumniszuschläge** wegen verspäteter Entrichtung der Arbeitnehmeranteile haftet der Geschäftsführer – anders als hinsichtlich der verspäteten Zahlung der Lohnsteuer (siehe Rn. 1524) – nicht. **1169**

BGH, Urt. v. 16.2.2012 – IX ZR 218/10, WM 2012, 660 Rn. 12;

BGH, Urt. v. 2.12.2010 – IX ZR 247/09, BGHZ 187, 337 = ZIP 2011, 37 = NJW 2011, 1133 Rn. 24;

BGH, Urt. v. 18.11.2010 – IX ZR 67/10, WM 2011, 131 Rn. 16;

BGH, Beschl. v. 14.7.2008 – II ZR 238/07, ZIP 2008, 2075 = NJW 2008, 3557 Rn. 2;
dazu EWiR 2005, 743 *(Kuhn)*;

BGH, Urt. v. 11.6.1985 – VI ZR 61/84, ZIP 1985, 996.

Dagegen haftet der Geschäftsführer für **Rechtsverfolgungskosten** sowie **Verzugs- und Prozesszinsen.** **1170**

BGH, Urt. v. 16.2.2012 – IX ZR 218/10, WM 2012, 660 Rn. 11;

BGH, Urt. v. 2.12.2010 – IX ZR 247/09, ZIP 2011, 37 = NJW 2011, 1133 Rn. 24.

h) Verjährung

Die **Verjährung** der Ansprüche gegen den Geschäftsführer richtete sich bis zum Inkrafttreten des Schuldrechtsmodernisierungsgesetzes nach § 852 BGB a. F. **1171**

BGH, Urt. v. 17.3.1987 – VI ZR 282/85, BGHZ 100, 190 = ZIP 1987, 845 = NJW 1987, 2008;
dazu EWiR 1987, 653 *(v. Westphalen)*.

Seither gilt die regelmäßige kenntnisabhängige Verjährungsfrist des § 195 BGB von **drei Jahren**. Der Beginn der Verjährungsfrist und ihre Höchstfrist sind in § 199 BGB geregelt. Da zu den anspruchsbegründenden Umständen auch die Zahlungsfähigkeit der GmbH gehört, liegt Kenntnis oder grobfahrlässige Unkenntnis der Einzugstelle nicht schon mit dem Ausbleiben der Zahlung vor. Maßgebend ist der Kenntnisstand der Bediensteten der für die Vorbereitung und Verfolgung des Regressanspruchs zuständigen Abteilung. **1172**

BGH, Beschl. v. 12.6.2012 – II ZR 105/10, DStR 2012, 2451 Rn. 2.

Sofern die Einzugsstelle nicht – wie häufig – selbst einen Eröffnungsantrag stellt, wird aber eine Nachforschungspflicht anzunehmen sein, insbesondere bei **1173**

Kenntnis von einem Insolvenzeröffnungsantrag. Die für den Einzug zuständige Abteilung muss aber nicht schon beim Ausbleiben der Zahlung die Regressabteilung einschalten.

BGH, Beschl. v. 12.6.2012 – II ZR 105/10, DStR 2012, 2451 Rn. 7.

1174 Für die Übergangszeit sind die Überleitungsvorschriften nach Art. 229 § 6 EGBGB zu beachten.

4. § 130 OWiG – Aufsichtspflichtverletzung

1175 **Kein Schutzgesetz** sieht der BGH in § 130 OWiG. Nach dieser Bestimmung handelt der Inhaber eines Unternehmens ordnungswidrig, der es unterlässt, Aufsichtsmaßnahmen zu treffen, die verhindern, dass es in seinem Unternehmen zur Verletzung von ihn treffenden Pflichten kommt, die mit Strafe oder Geldbuße bedroht ist.

BGH, Urt. v. 13.4.1994 – II ZR 16/93, BGHZ 125, 366 = ZIP 1994, 867 = NJW 1994, 1801;
dazu EWiR 1994, 681 *(v. Gerkan)*.

1176 Der BGH führt aus, Normzweck des § 130 OWiG sei zwar auch der Schutz individueller Rechtsgüter. Das reiche aber nicht aus, um eine Vorschrift als Schutzgesetz anzuerkennen. Es müsse sich vielmehr aus dem Gesamtzusammenhang der Norm ergeben, dass ein Schadensersatzanspruch tatsächlich vom Gesetz erstrebt werde, dass ein solcher besonderer Schadensersatzanspruch sinnvoll und im Licht des haftungsrechtlichen Gesamtsystems tragbar erscheine.

1177 Die Voraussetzungen verneint der BGH für den Regelfall des Anwendungsbereichs des § 130 OWiG; deshalb sei zumindest nicht generell der Auffassung zuzustimmen, wonach diese Bestimmung immer dann als Schutzgesetz anzuerkennen sei, soweit die Unterlassung von Aufsichtsmaßnahmen zur Verletzung von Pflichten führe, denen ihrerseits Schutzgesetzcharakter zuzusprechen sei. Es sei aber nicht ausgeschlossen, dass sich eine Haftung aus § 130 OWiG i. V. m. § 823 Abs. 2 BGB ergebe, wenn im Unternehmen Schutzgesetze verletzt würden, die das Insolvenzrisiko der Gesellschaft beträfen.

5. § 41 GmbHG – Buchführungspflicht

1178 Gemäß § 41 GmbHG ist der Geschäftsführer verpflichtet, für eine ordnungsgemäße Buchführung der Gesellschaft zu sorgen. Die Verletzung dieser Verpflichtung ist strafbewehrt, § 283b StGB, § 331 HGB, und kann auch eine Haftung des Geschäftsführers gegenüber der Gesellschaft nach § 43 Abs. 2 GmbHG auslösen.

Vgl. BGH, Urt. v. 9.5.1974 – II ZR 50/72, NJW 1974, 1468;
Lutter, GmbHR 2000, 301, 302.

1179 Die Rechtsprechung erkennt § 41 GmbHG bzw. § 283b StGB dagegen **nicht als Schutzgesetz** i. S. d. § 823 Abs. 2 BGB an. Zwar kommt der Bestimmung gläubigerschützende Wirkung zu, und es ist auch zu berücksichtigen, dass eine ordnungsgemäße Buchführung geeignet ist, das Insolvenzrisiko der Gläubiger zu mindern.

BGH, Urt. v. 13.4.1994 – II ZR 16/93, BGHZ 125, 366 = ZIP 1994, 867 = NJW 1994, 1801;
dazu EWiR 1994, 681 *(v. Gerkan)*,

OLG Hamm, Urt. v. 7.2.2014 – 9 U 224/13, GmbHR 2014, 1044, 1045;

OLG Brandenburg, Urt. v. 31.3.2005 – 11 U 103/04, ZIP 2005, 1073.

Ein gesetzliches Gebot oder Verbot wie § 283b Abs. 1 Nr. 3a StGB ist als **1180**
Schutzgesetz aber nur geeignet, soweit das geschützte Interesse, die Art seiner Verletzung und der Kreis der geschützten Personen hinreichend klargestellt und bestimmt sind. Der Tatbestand der Verletzung der Buchführungspflicht ist jedoch zu allgemein gefasst, um darauf Schadensersatzansprüche der Gläubiger der Gesellschaft zu gründen, auch wenn ein Außenstehender im Vertrauen auf das ihm zugänglich gemachte, unzulängliche Buchwerk zu Vermögensdispositionen, insbesondere zur Gewährung eines Kredites an die Gesellschaft veranlasst wurde.

BGH, Urt. v. 11.12.2018 – II ZR 455/17, ZIP 2019, 462 Rn. 30;
offengelassen noch bei BGH, Urt. v. 13.4.1994 – II ZR 16/93, BGHZ 125, 366, 378 = ZIP 1994, 867;
dazu EWiR 1994, 681 *(v. Gerkan)*;

OLG Hamm, Urt. v. 7.2.2014 – 9 U 224/13, GmbHR 2014, 1044, 1045.

Entgegen dem Bundesgerichtshof sahen u. a. *Biletzki, K. Schmidt, Groß und* **1181**
Schnorr in § 41 GmbHG sehr wohl ein Schutzgesetz.

Biletzki, NZG 1999, 286, 290; *ders.*, BB 2000, 521;
K. Schmidt, ZIP 1994, 837, 842;
Groß, ZGR 1998, 551, 555;
Schnorr, ZHR 170 (2006), 9, 13.

6. § 43 Abs. 1 GmbHG – Verletzung der Sorgfaltspflicht

Kein Schutzgesetz i. S. v. § 823 Abs. 2 BGB ist § 43 Abs. 1 GmbHG. **1182**

BGH, Urt. v. 10.7.2012 – VI ZR 341/10, ZIP 2012, 1552 = NJW 2012, 3439 Rn. 23;
dazu EWiR 2012, 597 *(Paefgen/Causevic)*;

BGH, Urt. v. 13.4.1994 – II ZR 16/93, BGHZ 125, 366 = ZIP 1994, 867 = NJW 1994, 1801;
dazu EWiR 1994, 681 *(v. Gerkan)*;

BGH, Urt. v. 19.2.1990 – II ZR 268/88, BGHZ 110, 342 = ZIP 1990, 578 = NJW 1990, 1725;

BGH, Urt. v. 9.7.1979 – II ZR 211/6, WM 1979, 853.

Bei Verletzung seiner Sorgfaltspflichten kommt also lediglich eine Haftung **1183**
gegenüber der Gesellschaft in Betracht, keine unmittelbare Haftung gegenüber den Gläubigern der Gesellschaft. Haben diese allerdings einen Titel gegen die

Gesellschaft, so könnten sie einen Ersatzanspruch der Gesellschaft gemäß § 829 ZPO pfänden und sich zur Einziehung überweisen lassen (siehe Rn. 61).

7. § 15a Abs. 1 Satz 1 InsO – Insolvenzverschleppung

a) Haftungsgrund

1184 Wird die GmbH zahlungsunfähig oder überschuldet, hat der Geschäftsführer nach § 15a Abs. 1 Satz 1 InsO unverzüglich, spätestens aber drei Wochen nach Eintritt der Zahlungsunfähigkeit oder Überschuldung die Eröffnung des Insolvenzverfahrens zu beantragen.

1185 § 15a Abs. 1 Satz 1 InsO ist ein **Schutzgesetz** i. S. d. § 823 Abs. 2 BGB.

> BGH, Urt. v. 14.5.2012 – II ZR 130/10, ZIP 2012, 1455
> = NJW 2012, 3510 Rn. 9;
> dazu EWiR 2012, 525 *(Schodder)*;
> m. Anm. *Wenzler*, GmbHR 2012, 899;
> *Poertzgen*, GmbHR 2007, 1258, 1259.

1186 Für § 64 Abs. 1 GmbHG a. F. der mit § 15a Abs. 1 Satz 1 InsO weitgehend identisch ist, war dies ganz herrschende Meinung in Rechtsprechung und Literatur.

> BGH, Urt. v. 6.6.1994 – II ZR 292/91, BGHZ 126, 181
> = ZIP 1994, 1103 = NJW 1994, 2220;
> dazu EWiR 1994, 791 *(Wilhelm)*;
> a. A. *Altmeppen/Wilhelm*, NJW 1999, 673, 679.

1187 Das bedeutet, dass ein Gläubiger der Gesellschaft deren Geschäftsführer unmittelbar aus deliktischer Haftung auf Schadensersatz in Anspruch nehmen kann, wenn er dadurch einen Schaden erleidet, dass dieser nicht rechtzeitig den Eröffnungsantrag stellt. Dieser Schaden kann zum einen darin liegen, dass sich die Insolvenzquote des Gläubigers weiter mindert (oder ganz wegfällt), weil die Gesellschaft noch nach Eintritt der Insolvenzreife masseminderende Geschäfte tätigt, oder aber der Gläubiger noch nach Eintritt der Insolvenz mit der Gesellschaft Verträge schließt und ohne Gegenleistung erfüllt, zu denen es nicht gekommen wäre, wenn der Geschäftsführer rechtzeitig den Eröffnungsantrag gestellt hätte.

1188 Keine Haftung besteht aber, wenn sich die Lage der Gesellschaft gebessert hat und sie nicht mehr insolvenzreif ist, selbst wenn sie zuvor einmal insolvenzreif war.

> BGH, Urt. v. 25.7.2005 – II ZR 390/03, BGHZ 164, 50 = ZIP 2005, 1734 = NJW 2005, 3137:
>
> Eine einmal gegebene, inzwischen aber durch Erholung wieder beendete Konkursverschleppung macht den Täter oder Teilnehmer nicht deshalb für alle späteren durch die Gesellschaft verursachten Schäden haftbar, weil diese bei Erfüllung der damaligen Konkursantragspflicht nicht eingetreten wären. Vielmehr ist anerkannt, dass die reine Kausalitätsbetrachtung ihre Grenzen u. a. am Schutzzweck der verletzten Norm oder Pflicht findet.
>
> M. abl. Anm. *Wackerbarth*, GmbHR 2005, 1429.

Das Verbot der Insolvenzverschleppung hat den **Zweck**, das Gesellschaftsvermögen im Interesse der Gläubiger zusammenzuhalten, aber auch, insolvenzreife Unternehmen vom Geschäftsverkehr fernzuhalten, damit Gläubiger nicht geschädigt werden. **1189**

BGH, Urt. v. 14.5.2012 – II ZR 130/10, ZIP 2012, 1455 = NJW 2012, 3510 Rn. 13;
dazu EWiR 2012, 525 *(Schodder)*;
m. Anm. *Wenzler*, GmbHR 2012, 899;
BGH, Urt. v. 15.3.2011 – II ZR 204/09, ZIP 2011, 1007 = NJW 2011, 2427 Rn. 20;
dazu EWiR 2011, 503 *(Kort)*;
m. Anm. *Poertzgen*, GmbHR 2011, 646;
m. Bespr. *Haas*, NZG 2011, 691.

Die Eröffnungsantragspflicht hat dagegen nicht den Zweck, potenzielle Deliktsgläubiger davor zu bewahren, nach Insolvenzreife noch Opfer eines Delikts zu werden. **1190**

BGH, Urt. v. 25.7.2005 – II ZR 390/03, BGHZ 164, 50 = ZIP 2005, 1734 = NJW 2005, 3137;
m. abl. Anm. *Wackerbarth*, GmbHR 2005, 1429.

Ein Geschädigter kann sich also nicht darauf berufen, er wäre nicht Opfer einer deliktischen Handlung der Gesellschaft bzw. ihrer Organe geworden, wenn der Geschäftsführer seiner Pflicht genügt hätte, rechtzeitig den Eröffnungsantrag zu stellen, und dadurch die Gesellschaft außerstande gesetzt hätte, Dritte zu schädigen. **1191**

Seiner Pflicht zur Stellung eines Eröffnungsantrags wird der Geschäftsführer nur mit einem richtigen und damit zulässigen Antrag gerecht, § 15a Abs. 4 InsO i. V. m. § 13 InsO. Hinsichtlich der Haftung gegenüber Gläubigern wegen Insolvenzverschleppung steht der unzureichende Antrag daher einem nicht gestellten Antrag gleich. **1192**

Vgl. *Blöse*, GmbHR 2012, 471, 473.

Durch eine daraus folgende Verzögerung von einstweiligen Maßnahmen des Insolvenzgerichts kann sich auch eine Haftung ergeben – sei es wegen Quotenverringerung, sei es wegen des Abschlusses von neuen Verträgen. **1193**

Soweit Gläubiger im Verzeichnis nach § 13 Abs. 1 Nr. 3 InsO nicht benannt sind und damit keinen Antrag auf Einsetzung eines vorläufigen Gläubigerausschusses stellen können, ist schon der Schutzgesetzcharakter fraglich; jedenfalls entsteht dem Gläubiger dadurch kein ersatzfähiger Vermögensschaden. **1194**

Dazu *Blöse*, GmbHR 2012, 471, 472.

b) Schuldner

Die Verpflichtung zur Eröffnungsantragstellung trifft **alle Geschäftsführer**; sie ist nicht abhängig von der Ressortaufteilung und kann auch nicht durch Gesellschaftsvertrag oder Gesellschafterbeschluss abbedungen werden. **1195**

1196 Verletzt der Geschäftsführer seine Antragspflicht, so kann das die Gesellschaft (den Insolvenzverwalter) zur außerordentlichen Kündigung des § 626 Abs. 1 BGB berechtigen.

BGH, Urt. v. 20.6.2005 – II ZR 18/03, ZIP 2005, 1365 = NJW 2005, 3069;
m. Anm. *Gehrlein*, BB 2005, 1700;
m. Anm. *Haase/Sommermeyer*, GmbHR 2005, 1051.

1197 Täter kann auch der **faktische Geschäftsführer** (siehe Rn. 89 ff.) sein.

BGH, Urt. v. 1.2.2010 – II ZR 209/08, ZIP 2010, 776 Rn. 23;
dazu EWiR 2010, 475 *(Baumert)*;

BGH, Urt. v. 11.7.2005 – II ZR 235/03, ZIP 2005, 1550;
dazu EWiR 2005, 731 *(Bork)*;

BGH, Urt. v. 21.3.1988 – II ZR 194/87, BGHZ 104, 44 = ZIP 1988, 771 = NJW 1988, 1789.

1198 Daneben kommt eine Haftung des **Gesellschafters** als Anstifter oder Gehilfe in Betracht, § 830 BGB, allerdings nur bei vorsätzlichem Handeln.

BGH, Urt. v. 25.7.2005 – II ZR 390/03, BGHZ 164, 50 = ZIP 2005, 1734 = NJW 2005, 3137:

Beihilfe ist die vorsätzliche Hilfeleistung zur Vorsatztat eines anderen (vgl. § 27 Abs. 1 StGB). Objektiv muss die Beihilfehandlung zwar nicht für den Tatsachenerfolg ursächlich gewesen sein, die tatbestandsmäßige Handlung aber gefördert, erleichtert oder den Täter in seinem Entschluss zur Tatbegehung bestärkt haben. In subjektiver Hinsicht ist im Falle des § 64 Abs. 1 GmbHG neben einem entsprechenden Vorsatz des Täters zumindest die Erkenntnis des Gehilfen erforderlich, dass der Geschäftsführer den Konkursantrag trotz gegebener Konkursreife pflichtwidrig unterlässt.

M. abl. Anm. *Wackerbarth*, GmbHR 2005, 1429;
m. abl. Anm. *Gehrlein*, DB 2005, 2395.

1199 Der Gesellschafter muss, da für die Gehilfenschaft Vorsatz erforderlich ist, über die Krisensituation des Unternehmens im Bilde gewesen sein.

Vgl. *Altmeppen*, ZIP 1997, 1173, 1182.

1200 Fehlt ein Geschäftsführer (**Führungslosigkeit**, § 35 Abs. 1 Satz 2 GmbHG), ist nach § 15a Abs. 3 InsO auch jeder Gesellschafter zur Eröffnungsantragstellung verpflichtet, es sei denn, er hat von der Insolvenzreife keine Kenntnis. Im Fall der Führungslosigkeit haftet für die Insolvenzverschleppung daher statt des nicht vorhandenen Geschäftsführers der Gesellschafter, bei Führungslosigkeit der Muttergesellschaft deren Gesellschafter.

LG München I, Beschl. v. 29.7.2013 – 14 T 15462/13, ZIP 2013, 1739.

1201 Dagegen trifft die Haftung nicht einen Aufsichtsrat.

Poertzgen, GmbHR 2007, 1258, 1259.

1202 Nach Absicht des Gesetzgebers haftet auch der Geschäftsleiter einer **ausländischen Kapitalgesellschaft** mit geschäftlichem Schwerpunkt im Inland wegen

Insolvenzverschleppung, unabhängig davon ob es sich um eine Scheinauslandsgesellschaft oder „echte" Auslandsgesellschaft handelt. Bereits zu § 64 Abs. 1 GmbHG a. F. vertrat die überwiegende Ansicht die Auffassung, dass Vorschrift zur Eröffnungsantragspflicht eine insolvenzrechtlich zu qualifizierende Vorschrift ist. Mit der Verlagerung nach § 15a InsO und der gesellschaftsformneutralen Ausgestaltung wollte der Gesetzgeber dies klarstellen.

> BT-Drucks. 16/6140, S. 55;
> *Wachter*, GmbHR-Sonderheft Oktober 2008, 80, 86;
> *Poertzgen*, GmbHR 2007, 1258, 1259;
> zu § 64 Abs. 1 GmbHG *Altmeppen*, NJW 2004, 97, 100;
> zweifelnd *Knof/Mock*, GmbHR 2007, 852.

Dagegen sehen andere den Anknüpfungspunkt der Haftung an der Organstellung, die dem Gesellschaftsstatut zuzuordnen ist. 1203

> *Berner/Klöhn*, ZIP 2007, 106;
> *Hirte*, ZInsO 2010, 1986, 1991;
> *Stöber* ZHR 176 (2012), 326, 330.

Da § 15a Abs. 1 Satz 1 InsO für jede juristische Person ohne persönlich haftenden Gesellschafter gilt, wird auch der Geschäftsführer der Vor-GmbH erfasst. 1204

> Lutter/Hommelhoff/*Kleindiek*, GmbHG, § 64 Rn. 3;
> *Geißler*, DZWIR 2009, 52;
> a. A. *Altmeppen*, ZIP 1997, 273.

c) Insolvenzverschleppung

Der Geschäftsführer hat gemäß § 15a Abs. 1 Satz 1 InsO ohne schuldhaftes Zögern, **spätestens** aber **innerhalb von drei Wochen** nach Eintritt der Zahlungsunfähigkeit oder der Überschuldung der GmbH, Eröffnungsantrag zu stellen. 1205

Die höchstens dreiwöchige Frist ist nur dann eröffnet, wenn eine rechtzeitige Sanierung „ernstlich zu erwarten ist". Die Voraussetzung dieser Ausnahme hat nach allgemeinen Grundsätzen derjenige darzulegen, der sich darauf beruft. 1206

> BGH, Urt. v. 24.1.2012 – II ZR 119/10, ZIP 2012, 723 Rn. 11;
> dazu EWiR 2012, 523 *(Podewils)*;
> m. Anm. *Schädlich*, GmbHR 2012, 568.

Zur Zahlungsunfähigkeit und zur Überschuldung siehe Rn. 532 ff. und Rn. 601 ff. 1207

Zweck der gesetzlichen Regelung des § 15a InsO ist es, lebensunfähige, aber haftungsbeschränkte Gebilde vom Markt zu nehmen. Deshalb besteht die Antragspflicht auch dann, wenn sämtliche Gläubiger der GmbH und deren Gesellschafter der Stellung des Eröffnungsantrages widersprechen. 1208

1209 Die Eröffnungsantragspflicht des Geschäftsführers besteht auch dann, wenn ein Gläubiger der Gesellschaft bereits einen Eröffnungsantrag gestellt hat. Ein Gläubiger könnte seinen Antrag wieder zurücknehmen.

BGH, Beschl. v. 28.10.2008 – 5 StR 166/08, ZIP 2008, 2308;
vgl. *Grube/Maurer*, GmbHR 2003, 1461.

aa) Antragsfrist

1210 Die Antragsfrist des § 15a Abs. 1 Satz 1 InsO beginnt zu laufen, wenn **Zahlungsunfähigkeit oder Überschuldung** für den Geschäftsführer **erkennbar** sind.

BGH, Urt. v. 5.2.2007 – II ZR 234/05, BGHZ 171, 46
= ZIP 2007, 676;
dazu EWiR 2007, 305 *(Haas/Reiche)*;
m. Anm. *Poertzgen*, GmbHR 2007, 485;
m. Anm. *Gehrlein*, BB 2007, 901;
BGH, Urt. v. 6.6.1994 – II ZR 292/91, BGHZ 126, 181 = ZIP 1994, 1103 = NJW 1994, 2220:

Denn nur so kann sie ihren Zweck erfüllen, Sanierungsversuche zu ermöglichen, zumal sich der objektive Eintritt des Insolvenzgrundes kaum jemals zeitlich genau festlegen lässt und die Geschäftsleitung in einer Krisenlage besseres zu tun hat, als über diese Frage Untersuchungen anzustellen. Das geschäftsführende Organ darf daher die Frist ggf. auch dann nach pflichtgemäßem Ermessen für Sanierungsbemühungen in Anspruch nehmen, wenn es die Insolvenzlage fahrlässig zu spät entdeckt und sich insoweit schadensersatzpflichtig gemacht hat.

Dazu EWiR 1994, 791 *(Wilhelm)*.

1211 Ein Verschulden des Geschäftsführers ist bei objektiver Versäumung der Antragsfrist aber zu vermuten.

BGH, Urt. v. 5.2.2007 – II ZR 234/05, BGHZ 171, 46
= ZIP 2007, 676;
dazu EWiR 2007, 305 *(Haas/Reiche)*;
m. Anm. *Poertzgen*, GmbHR 2007, 485;
m. Anm. *Gehrlein*, BB 2007, 901.

1212 Die Antragspflicht entfällt nicht, wenn die Gläubiger den Geschäftsführer davon entbinden. Denn diese Verpflichtung dient auch dem Schutz derer, die im Vertrauen auf die Solvenz des Unternehmens mit diesem Geschäfte abschließen.

1213 Ein die Geschäftsleitung beratender **Rechtsanwalt**, der von der Zahlungsunfähigkeit oder Überschuldung der Gesellschaft weiß, kann sich der Gesellschaft gegenüber aus positiver Vertragsverletzung schadensersatzpflichtig machen, wenn er nicht auf die Verpflichtung hinweist, Antrag auf Eröffnung des Insolvenzverfahrens zu stellen und weitere Zahlungen zu unterlassen.

BGH, Urt. v. 26.10.2000 – IX ZR 289/99, ZIP 2001, 33
= NJW 2001, 517.

bb) Sanierungsversuche

1214 Die Dreiwochenfrist in § 15a Abs. 1 Satz 1 InsO soll dem Geschäftsführer eine Sanierung ermöglichen. Der Geschäftsführer schuldet seine **Sanierungsbemü-**

hungen nicht erst bei Insolvenzreife; dann ist es meistens zu spät. Die Dreiwochenfrist des § 15a Abs. 1 Satz 1 InsO ist daher die **absolute Höchstgrenze** für die Stellung des Eröffnungsantrages; d. h., der Geschäftsführer darf sie nicht ausschöpfen, wenn etwaige Bemühungen um eine Sanierung des Unternehmens keine ernstlichen Aussichten auf Erfolg bieten. Das gilt umso mehr, je größer die Gefahr einer Schädigung neuer Gläubiger ist.

BGH, Urt. v. 24.1.2012 – II ZR 119/10, ZIP 2012, 723 Rn. 11; dazu EWiR 2012, 523 *(Podewils)*; m. Anm. *Schädlich*, GmbHR 2012, 568;

BGH, Urt. v. 9.7.1979 – II ZR 118/77, BGHZ 75, 96 = NJW 1979, 1823;

OLG Düsseldorf, Urt. v. 20.12.2013 – 17 U 51/12, ZIP 2015, 73; m. Anm. *Beck*, GmbHR 2015, 303.

Praktisch bedeutet das, dass im Falle der Insolvenzreife zumeist sofort Eröffnungsantrag gestellt werden muss, weil ein Unternehmensberater mehr Zeit benötigt, um ein Sanierungskonzept zu entwickeln. Der Geschäftsführer muss schon **vor Eintritt der Insolvenzreife** die Entwicklung der Gesellschaft beobachten und rechtzeitig **Sanierungsbemühungen** einleiten. 1215

Soweit Sanierungsbemühungen überhaupt erfolgversprechend und damit gerechtfertigt sind, sind sie aber nicht deshalb unzulässig, weil Neuanleger bei einem Scheitern dieser Versuche Schaden erleiden könnten. 1216

BGH, Urt. v. 9.7.1979 – II ZR 118/77, BGHZ 75, 96 = NJW 1979, 1823:

Wer ein notleidendes Unternehmen zu retten versucht, verstößt, sofern er die Krise den Umständen nach als überwindbar und darum Bemühungen um ihre Behebung als lohnend ansehen darf, nicht schon deshalb gegen die guten Sitten, weil ein solcher Versuch die Möglichkeit des Misslingens und damit einer Schädigung nicht informierter Geschäftspartner einschließt. Erst wenn ernste Zweifel an dem Gelingen eines Sanierungsversuchs bestehen und deshalb damit zu rechnen ist, dass er den Zusammenbruch allenfalls verzögern, aber nicht auf Dauer verhindern wird, kann der Vorwurf sittenwidrigen Handelns zum Schaden der Gläubiger vor allem dann berechtigt sein, wenn dieses Handeln auf eigennützigen Beweggründen beruht.

Eine Sanierung hat das mit dem ESUG eingeführte und in der Praxis angenommene **„Schutzschirmverfahren"** nach § 270b InsO erleichtert. Danach können mit dem Eröffnungsantrag, wenn nicht schon Zahlungsunfähigkeit eingetreten ist, Eigenverwaltung und ein Insolvenzplan beantragt werden. 1217

Dazu eingehend *Vallender*, GmbHR 2012, 450.

cc) Massekostenvorschuss

Um den Druck auf die Verantwortlichen zu erhöhen, rechtzeitig den Eröffnungsantrag zu stellen, verpflichtet § 26 Abs. 4 InsO die Personen, die pflichtwidrig und schuldhaft keinen Eröffnungsantrag gestellt haben, dazu, bei Masseunzulänglichkeit einen Verfahrenskostenvorschuss zu leisten. 1218

Dazu *Römermann*, GmbHR 2012, 421, 424;
Zimmermann, ZInsO 2012, 396.

1219 Das betrifft vor allem den Geschäftsführer, bei Führungslosigkeit aber auch die Gesellschafter. Dass pflichtwidrig und schuldhaft kein Eröffnungsantrag gestellt wurde, wird vermutet; der Geschäftsführer hat sich daher zu **entlasten**. Der Vorschuss kann sowohl von dem vorläufigen Insolvenzverwalter als auch von einem Gläubiger eingefordert werden.

1220 § 26 Abs. 3 InsO ergänzt das dahin, dass derjenige, der zur Eröffnung des Insolvenzverfahrens einen Vorschuss geleistet hat, diesen **von dem Geschäftsführer erstattet** verlangen kann, wenn dieser den Antrag schuldhaft nicht rechtzeitig gestellt hat; den **Entlastungsbeweis** hat der Geschäftsführer zu führen.

OLG Hamm, Urt. v. 10.4.2002 – 11 U 180/01, NZI 2002, 437;
OLG Brandenburg, Urt. v. 17.1.2002 – 8 U 53/01, ZIP 2003, 451:

§ 26 Abs. 3 InsO eröffnet einen Ersatzanspruch für den Fall, dass infolge der Verletzung der Pflicht zur Stellung des Eröffnungsantrages das Vermögen des Schuldners voraussichtlich nicht einmal ausreicht, die Kosten des Verfahrens zu decken, und deshalb ein zur Antragstellung Berechtigter einen zur Erreichung der Verfahrenseröffnung ausreichenden Vorschuss geleistet hat. Notwendige und hinreichende Voraussetzung ist demnach, dass der vorgeschossene Betrag gerade zur Deckung der andernfalls ungedeckten Verfahrenskosten erforderlich war und mit der Bestimmung der Deckung dieser Kosten überlassen worden ist.

1221 Erstattungsfähig ist nur dieser Massekostenvorschuss i. S. v. § 26 Abs. 3 InsO, nicht eine sonstige Zahlung eines Gläubigers an den Insolvenzverwalter.

BGH, Beschl. v. 14.11.2002 – IX ZR 40/02, NZI 2003, 324.

1222 Das Risiko einer Fehlprognose des Gerichts zur Erforderlichkeit eines Massekostenvorschusses bei einem Gläubigerantrag trägt der Geschäftsführer.

BGH, Urt. v. 15.1.2009 – IX ZR 56/08, ZIP 2009, 571 Rn. 13.

dd) „Firmenbestattung"

1223 Zur vermeintlichen Vermeidung der für Gesellschafter und Geschäftsführer mit der Eröffnungsantragstellung verbunden Probleme hat sich die sog. **gewerbsmäßige Firmenbestattung** entwickelt.

1224 Aufkäufer bieten ihre Dienste zur Übernahme insolventer Unternehmen an, in der Absicht, dieses nach der Übernahme in das Insolvenzverfahren zu überführen. Der veräußernde Gesellschafter-Geschäftsführer zahlt für die Übernahme eine Provision und glaubt sich aller Verpflichtungen enthoben. Nicht er erscheint bei dem Antrag auf Insolvenzeröffnung als Geschäftsführer der Gesellschaft, sodass auch die Staatsanwaltschaft bei der Anzeige der Insolvenz durch das Insolvenzgericht keine Mitteilung von ihm erhält. Da er nicht mehr Geschäftsführer des Unternehmens ist, scheint er nicht mehr verpflichtet sein, den Eröffnungsantrag zu stellen. Seinen über das Ausscheiden aus der Gesellschaft hinaus fortwirkenden Mitwirkungspflichten (§ 97 InsO) kann er angeblich rein faktisch nicht genügen, weil er nicht mehr über die Unterlagen verfügt.

Der Firmensitz der Gesellschaft wird verlegt; häufig handelt es sich um eine Briefkastenfirma. Der neue Geschäftsführer hat seinen Wohnsitz im Ausland oder ist überhaupt nicht aufzufinden. Vorher hat er noch ein eventuell vorhandenes Warenlager ausgeräumt, Forderungen eingezogen, das Personal entlassen und Eröffnungsantrag gestellt. 1225

Dass der Altgeschäftsführer sich auf diese Weise seiner **Haftung wegen Insolvenzverschleppung** nicht entziehen kann, wenn das Unternehmen zum Zeitpunkt der Unternehmensveräußerung bereits insolvenzreif war, versteht sich von selbst. Im Gegenteil ist es dem Altgeschäftsführer mangels Unterlagen nicht mehr möglich, gegen entsprechenden substantiierten Vortrag anzugehen. 1226

Die stille Liquidation führt auch dazu, dass etwa die Ablösung eines Kredits, für den der Gesellschafter-Geschäftsführer haftet, oder die dadurch erreichte Freistellung anfechtbar ist. Bei einer stillen Liquidation des Unternehmens ist von vorsätzlicher Gläubigerbenachteiligungsabsicht auszugehen. 1227

> BGH, Urt. v. 22.12.2005 – IX ZR 190/02, BGHZ 165, 343 = ZIP 2006, 243 = NJW 2006, 908.

Die Rechtsprechung erschwert außerdem die Anerkennung einer Verlegung der Insolvenzeröffnungszuständigkeit nach § 3 Abs. 1 Satz 1 InsO auf den Wohnsitz des neuen Geschäftsführers. 1228

> BGH, Beschl. v. 13.12.2005 – X ARZ 223/05, ZIP 2006, 442; vgl. dazu *Pape*, ZIP 2006, 877.

Eine **Verwaltungssitzverlegung** nach Einstellung der werbenden Tätigkeit ist **rechtsmissbräuchlich** und arg ex. § 3 Abs. 1 Satz 2 InsO nicht zu berücksichtigen. 1229

> OLG Schleswig, Beschl. v. 4.2.2004 – 2 W 14/04, DB 2004, 753;
>
> OLG Stuttgart, Beschl. v. 8.1.2009 – 8 AR 32/08, ZIP 2009, 1928; *Pape*, ZIP 2006, 877.

Das Insolvenzgericht darf bei einem Eröffnungsantrag auch bereits vor endgültiger Klärung seiner Zuständigkeit Sicherungsmaßnahmen ergreifen. 1230

> BGH, Beschl. v. 22.3.2007 – IX ZB 164/06, ZIP 2007, 878; dazu EWiR 2007, 599 *(Pape)*.

Diese Form der Wirtschaftskriminalität führt auch zu strafrechtlichen Ermittlungen. 1231

> *Hey/Regel*, GmbHR 2000, 115;
> *Goltz/Klose*, NZI 2000, 108;
> *Ogiermann*, wistra 2000, 250;
>
> LG Potsdam, Beschl. v. 17.9.2004 – 25 Qs 11/04, wistra 2005, 193:

Die Veräußerung einer insolventen bzw. insolvenzreifen GmbH an einen professionellen Firmenbestatter begründet nach der allgemeinen wirtschaftskriminalistischen Lebenserfahrung ... den Anfangsverdacht der vorsätzlichen Insolvenzverschleppung, der Untreue sowie der Verletzung der Buchführungspflicht und des Bankrotts gemäß den §§ 283, 283b Abs. 1 Nr. 1, 2 StGB.

1232 Zur strafrechtlichen Haftung des alten und des neuen Geschäftsführers,

vgl. auch *Schröder*, DNotZ 2005, 596,

der auch die Möglichkeit der strafrechtlichen Verantwortung eines **Notars** aufzeigt, der im Wissen um das deliktische Handeln der Vertragschließenden an der Beurkundung mitwirkt.

1233 Zurückhaltend zur strafrechtlichen Verantwortung eines Vermittlers bei „ordentlicher“ Abwicklung

Pananis/Börner, GmbHR 2006, 513.

1234 Mit dem MoMiG wurde zur Bekämpfung der Firmenbestattungen in § 15a Abs. 3 InsO für den Fall der Führungslosigkeit die Antragspflicht des Gesellschafters eingeführt. Gesellschaften sind seither verpflichtet, eine inländische Geschäftsanschrift anzugeben, § 10 GmbHG. Wenn der Zugang einer Willenserklärung oder eine Zustellung unter der eingetragenen Anschrift nicht möglich ist, kann durch öffentliche Bekanntmachung (öffentliche Zustellung) zugestellt werden, § 15a HGB/§ 185 Nr. 2 ZPO.

ee) Nach Antragstellung

1235 Nach Stellung des Insolvenzantrags scheidet eine Haftung des Geschäftsführers nach § 823 Abs. 2 BGB i. V. m. § 15a InsO wegen Insolvenzverschleppung aus. Das ist aber kein Freibrief für den Geschäftsführer, Geschäfte mit Gläubigern abzuschließen, die die Insolvenzreife der Gesellschaft nicht kennen. Insoweit kommt eine Haftung nach § 826 BGB in Betracht.

Vgl. OLG Köln, Urt. v. 9.7.2013 – 19 U 34/13, GmbHR 2014, 1039.

d) Altgläubigerschaden

1236 Die Rechtsprechung unterscheidet für den Schadensumfang zwischen Altgläubigern und Neugläubigern. **Altgläubiger** erhalten nur einen **Quotenschaden**, d. h., den Schaden, der ihnen durch die Verminderung der Insolvenzquote durch die Insolvenzverschleppung entstanden ist. **Neugläubiger** erhalten den **vollen Schaden**, d. h., den Schaden, der ihnen dadurch entsteht, dass sie in Rechtsbeziehungen zu einer überschuldeten oder zahlungsunfähigen GmbH getreten sind.

BGH, Urt. v. 6.6.1994 – II ZR 292/91, BGHZ 126, 181 = ZIP 1994, 1103 = GmbHR 1994, 539;
dazu EWiR 1994, 791 *(Wilhelm)*.

aa) Abgrenzung Altgläubiger – Neugläubiger

1237 **Altgläubiger** sind diejenigen, denen gegen die Gesellschaft bereits zu einem Zeitpunkt ein Anspruch erwachsen war, als der Geschäftsführer noch keine Veranlassung hatte, Antrag auf Eröffnung des Insolvenzverfahrens zu stellen. Altgläubiger sind damit alle, die **vor Eintritt der Insolvenzreife** (Zahlungsunfähigkeit oder Überschuldung) und Ablauf der Prüfungsfrist einen **Anspruch** gegen die Gesellschaft erworben haben.

> BGH, Urt. v. 6.6.1994 – II ZR 292/91, BGHZ 126, 181 = ZIP 1994, 1103 = NJW 1994, 2220;
> dazu EWiR 1994, 791 *(Wilhelm)*.

Steht ein Gläubiger mit der Gesellschaft in dauernder Geschäftsverbindung, sind Ansprüche, die in der Zeit vor Insolvenzreife entstehen, Altgläubigeransprüche, aus der Zeit danach Neugläubigeransprüche. **1238**

> BGH, Urt. v. 12.3.2007 – II ZR 315/05, ZIP 2007, 1060 = NJW 2007, 3130 Rn. 16.

Eine Bank ist hinsichtlich eines der Gesellschaft gewährten **Kontokorrentkredits** Neugläubigerin, soweit sie nach Insolvenzreife das Kreditvolumen erhöht hat, im Übrigen Altgläubigerin. **1239**

> BGH, Urt. v. 5.2.2007 – II ZR 234/05, BGHZ 171, 46 = ZIP 2007, 676 Rn. 13;
> dazu EWiR 2007, 305 *(Haas/Reiche)*;
> m. Anm. *Poertzgen*, GmbHR 2007, 485;
> m. Anm. *Gehrlein*, BB 2007, 901.

Eine Konzerngesellschaft kann Neugläubigerin gegenüber der Konzernobergesellschaft sein, soweit sie in einen jederzeit zu kündigenden Cash-Pool mit der Obergesellschaft als Cash-Pool-Führerin einbezogen ist. **1240**

> OLG Düsseldorf, Urt. v. 20.12.2013 – 17 U 51/12, ZIP 2015, 73;
> m. Anm. *Beck*, GmbHR 2015, 303.

Beruht der Anspruch der Gläubiger einer GmbH auf einem **Dauerschuldverhältnis**, z. B. Miete, bleiben diese Gläubiger auch hinsichtlich der Forderungen für die Zeit nach Eintritt der Insolvenz Altgläubiger, weil der Verstoß gegen die Insolvenzantragspflicht nicht ursächlich für einen Vertragsabschluss mit der GmbH und ihre Kreditierung, damit für den Schaden ist, wenn das Dauerschuldverhältnis nicht mit Insolvenzeröffnung endet oder gekündigt werden kann. **1241**

> BGH, Urt. v. 22.10.2013 – II ZR 394/12, ZIP 2014, 23 Rn. 11;
> dazu EWiR 2014, 277 *(Wahl/Mann)*;
> m. Anm. *Poertzgen*, GmbHR 2014, 91;
> BGH, Urt. v. 5.2.2007 – II ZR 234/05, BGHZ 171, 46 = ZIP 2007, 676 Rn. 13;
> dazu EWiR 2007, 305 *(Haas/Reiche)*;
> m. Anm. *Poertzgen*, GmbHR 2007, 485;
> m. Anm. *Gehrlein*, BB 2007, 901.

Ein **Mietverhältnis** besteht nach § 108 InsO auch bei Eröffnungsantragstellung fort, sodass der Vermieter Altgläubiger bleibt, wenn er die Mieträume vor Insolvenzreife an die GmbH überlassen hat. **1242**

> BGH, Urt. v. 22.10.2013 – II ZR 394/12, ZIP 2014, 23 Rn. 13;
> dazu EWiR 2014, 277 *(Wahl/Mann)*;
> m. Anm. *Poertzgen*, GmbHR 2014, 91;

OLG Stuttgart, Urt. v. 11.10.2012 – 13 U 49/12, ZIP 2012, 2342;
LG Mainz, Urt. v. 13.1.1998 – 6 S 103/97, NJW-RR 1998, 473;
zust. *Haas*, NZG 1999, 373, 375.

1243 Das gilt auch, wenn für den Fall der Insolvenz des Mieters ein Kündigungsrecht des Vermieters vereinbart ist. Eine in einem Mietvertrag vereinbarte insolvenzabhängige Lösungsklausel ist nach § 119 InsO unwirksam.

BGH, Urt. v. 22.10.2013 – II ZR 394/12, ZIP 2014, 23 Rn. 12;
dazu EWiR 2014, 277 *(Wahl/Mann)*;
m. Anm. *Poertzgen*, GmbHR 2014, 91.

1244 Auch ein Vermieterwechsel führt nicht zu einer Zäsur und macht den neuen Vermieter nicht zum Neugläubiger, weil daran der Geschäftsführer und die Gesellschaft nicht mitwirken müssen.

OLG Stuttgart, Urt. v. 11.10.2012 – 13 U 49/12, ZIP 2012, 2342.

1245 Bei **Arbeitnehmern** sollen Ansprüche ab Insolvenzreife ebenfalls Neugläubigerschaden sein. Ein ersatzfähiger Schaden des Arbeitnehmers liegt aber nur vor, wenn der Arbeitnehmer das Arbeitsverhältnis gekündigt und ein neues Arbeitsverhältnis mit mindestens gleichem Lohn gefunden hätte und eingegangen wäre.

LAG Nürnberg, Urt. v. 6.3.2012 – 7 Sa 341/11, DB 2012, 2227;
LAG Köln, Urt. v. 26.7.2006 – 8 Sa 1660/05, NZG 2007, 199.

1246 Jedenfalls besteht keine Vermutung, dass Arbeitnehmer sofort wieder Arbeit gefunden hätten.

BGH, Urt. v. 7.7.2003 – II ZR 241/02, ZIP 2003, 1713;
m. Anm. *K. Schmidt*, ZIP 2003, 1715;
m. Anm. *Lelley*, GmbHR 2003, 1135.

1247 Ein Altgläubiger, der einen Anspruch aufgrund einer vertraglichen Vereinbarung vor Insolvenzreife erworben hat, wird nicht dadurch Neugläubiger, dass er nach Insolvenzreife einen Vergleich mit der Schuldnerin abschließt.

OLG Koblenz, Urt. v. 6.1.2015 – 4 U 598/14, GmbHR 2015, 582, 583;
m. Anm. *Arens*, GmbHR 2015, 584.

bb) Prozessführungsbefugnis

1248 Wer den Anspruch der Altgläubiger auf Ersatz ihres Quotenschadens gegen den Geschäftsführer geltend machen kann, hängt davon ab, ob das Insolvenzverfahren eröffnet wird oder nicht. Kommt es zu einem Insolvenzverfahren, so kann gemäß § 92 InsO ausschließlich der **Insolvenzverwalter** die Ansprüche der Altgläubiger gegen den Geschäftsführer geltend machen.

BGH, Urt. v. 22.10.2013 – II ZR 394/12, ZIP 2014, 23 Rn. 15;
dazu EWiR 2014, 277 *(Wahl/Mann)*;
m. Anm. *Poertzgen*, GmbHR 2014, 91;

BGH, Urt. v. 22.4.2004 – IX ZR 128/03, BGHZ 159, 25 = ZIP 2004, 1218;
dazu EWiR 2004, 817 *(Gundlach/Schmidt)*;

BGH, Urt. v. 30.3.1998 – II ZR 146/96, BGHZ 138, 211 = ZIP 1998, 776 = NJW 1998, 2667;

BGH, Urt. v. 6.6.1994 – II ZR 292/91, BGHZ 126, 181 = ZIP 1994, 1103 = NJW 1994, 2220;
dazu EWiR 1994, 791 *(Wilhelm)*;

OLG München, Urt. v. 18.5.2017 – 23 U 5003/16, GmbHR 2017, 1090, 1091;
m. Anm. *Poertzgen* GmbHR 2017, 1092.

Eine Klage des Altgläubigers ist unzulässig, solange das Insolvenzverfahren andauert. 1249

BGH, Urt. v. 22.10.2013 – II ZR 394/12, ZIP 2014, 23 Rn. 15;
dazu EWiR 2014, 277 *(Wahl/Mann)*;
m. Anm. *Poertzgen*, GmbHR 2014, 91;

BGH, Urt. v. 5.2.2007 – II ZR 234/05, BGHZ 171, 46 = ZIP 2007, 676;
dazu EWiR 2007, 305 *(Haas/Reiche)*;
m. Anm. *Poertzgen*, GmbHR 2007, 485;
m. Anm. *Gehrlein*, BB 2007, 901;

BGH, Urt. v. 22.4.2004 – IX ZR 128/03, BGHZ 159, 25 = ZIP 2004, 1218;
dazu EWiR 2004, 817 *(Gundlach/Schmidt)*.

Wird hingegen ein Insolvenzverfahren gar nicht erst eröffnet oder (mangels Masse) eingestellt, so kann jeder einzelne Altgläubiger den Geschäftsführer hinsichtlich seines Quotenschadens selbst in Anspruch nehmen. Ein beschiedener Eröffnungsantrag ist dazu nicht Voraussetzung, der Anspruch besteht auch, wenn der Geschäftsführer die insolvente GmbH „still" abwickelt. 1250

Der Altgläubiger wird oft kein großes Interesse an einer Prozessführung haben, weil das Prozessrisiko zumeist in keinem Verhältnis zu dem zu erwartenden Erfolg steht. Das liegt vor allem daran, dass der einzelne Gläubiger praktisch nicht in der Lage ist, den erforderlichen Vortrag zu halten, wann der Zeitpunkt der Insolvenz gegeben war, welche Masse zu diesem Zeitpunkt vorhanden war, welchen Wert sie hatte sowie welche Verbindlichkeiten ihr gegenüberstanden. 1251

cc) Quotenschaden

Die Altgläubiger haben gegen den Geschäftsführer einen Anspruch auf Ersatz des Schadens, der ihnen dadurch entsteht, dass dieser den Eröffnungsantrag zu spät stellt und dadurch die Masse weiter schmälert. Also auf den Betrag, den sie bei rechtzeitiger Antragstellung mehr bekommen hätten. Der Quotenschaden ist die **Differenz** zwischen **der tatsächlich gezahlten Insolvenzquote** und **derjenigen**, die angefallen wäre, wenn der Geschäftsführer den **Eröffnungsantrag rechtzeitig** gestellt hätte. 1252

BGH, Urt. v. 14.5.2012 – II ZR 130/10, ZIP 2012, 1455 = NJW 2012, 3510 Rn. 13;
dazu EWiR 2012, 525 *(Schodder)*;
m. Anm. *Wenzler*, GmbHR 2012, 899;

BGH, Urt. v. 30.3.1998 – II ZR 146/96, BGHZ 138, 211 = ZIP 1998, 776 = NJW 1998, 2667;

BGH, Urt. v. 6.6.1994 – II ZR 292/91, BGHZ 126, 181 = ZIP 1994, 1103 = NJW 1994, 2220;
dazu EWiR 1994, 791 *(Wilhelm)*;

BAG, Urt. v. 3.9.1998 – 8 AZR 189/97, NZG 1999, 116.

1253 Die Entwertung der Forderung durch die Schmälerung der Insolvenzmasse kann darauf beruhen, dass Zahlungen aus dem Gesellschaftsvermögen erfolgen, aber auch auf ganz anderen Umständen, wie einem Wertverlust durch Preisverfall.

Vgl. *Haas*, NZG 1999, 373, 375.

1254 Zur **Berechnung** muss als Vergleichswert zur erzielten Insolvenzquote die bei rechtzeitiger Eröffnungsantragstellung erzielbare Quote fiktiv berechnet werden. Dazu kann nicht einfach das seinerzeit zur Verfügung stehende Vermögen der Gesellschaft durch die Summe der Gläubigerforderungen dividiert werden, vielmehr ist die bei einem fiktiven, rechtzeitig beantragten Insolvenzverfahren zur Verteilung stehende Masse zu ermitteln.

BGH, Urt. v. 3.3.1998 – II ZR 146/96, BGHZ 138, 211 = ZIP 1998, 776 = NJW 1998, 2667:

Die fiktive Quote ist aus dem Verhältnis der den Altgläubigern bei Konkursreife zur Verfügung stehenden Masse zu ihren damaligen Forderungen zu ermitteln.

1255 Bei der Berechnung der bei Insolvenzreife **fiktiv** zur Verfügung stehenden **Masse** sind neben dem Anteil, der nach §§ 54, 55 InsO auf die Massegläubiger entfällt, auch Aus- und Absonderungsrechte abzusetzen; ebenso wie die bevorrechtigten oder gesicherten Forderungen von der Summe der bilanzierten Verbindlichkeiten des Schuldners.

BGH, Urt. v. 3.3.1998 – II ZR 146/96, BGHZ 138, 211 = ZIP 1998, 776 = NJW 1998, 2667;

BGH, Urt. v. 28.4.1997 – II ZR 20/96, ZIP 1997, 1542 = NJW 1997, 3021;
dazu EWiR 1997, 993 *(Paulus)*.

1256 Für die Berechnung der Verfahrenskosten, der Insolvenzvergütung und der Vergütung der Mitglieder des Gläubigerausschusses nach § 54 InsO können nicht die im tatsächlich eröffneten Verfahren Summen genommen werden, vielmehr ist die regelmäßig größere Masse des fiktiven früheren Verfahrens zugrunde zu legen.

1257 Aus- und Absonderungsrechte sind nur abzusetzen, soweit sie wirksam begründet sind; daran kann es insbesondere bei einer Globalzession fehlen.

BGH, Urt. v. 28.4.1997 – II ZR 20/96, ZIP 1997, 1542 = NJW 1997, 3021;
dazu EWiR 1997, 993 *(Paulus)*.

Auch können bilanzierte Forderungen der Gesellschaft nicht mit dem Nennwert angesetzt werden, sondern sind mit dem Wert anzusetzen, zu dem sie realisiert werden können. 1258

BGH, Urt. v. 28.4.1997 – II ZR 20/96, ZIP 1997, 1542 = NJW 1997, 3021;
dazu EWiR 1997, 993 *(Paulus)*.

Einfacher als die Errechnung der Einzelquote eines Altgläubigers ist dann die Ermittlung eines **Gesamtquotenschadens** aller Gläubiger, wie ihn der Insolvenzverwalter nach § 93 InsO geltend machten kann. 1259

BGH, Urt. v. 30.3.1998 – II ZR 146/96, BGHZ 138, 211 = ZIP 1998, 776 = NJW 1998, 2667:

Die fiktive Quote ist aus dem Verhältnis der den Altgläubigern bei Konkursreife zur Verfügung stehenden Masse zu ihren damaligen Forderungen zu ermitteln. Diese Quote ist mit den tatsächlichen Konkursforderungen der (im Konkurs noch vorhandenen) Altgläubiger zu multiplizieren; von dem Ergebnis ist der auf die Altgläubiger entfallende Masseanteil abzuziehen, der sich aus dem Verhältnis ihrer Forderungen zur Summe der Kreditforderungen ergibt.

Entsprechend dem Anteil des einzelnen Altgläubigers ist daraus sein isolierter Quotenschaden zu ermitteln. 1260

e) Neugläubigerschaden

aa) Neugläubiger

Der Schaden, den der Neugläubiger erleide, hat nichts mit der Verkürzung der Haftungsmasse infolge der Verspätung des Eröffnungsantrages zu tun und ist deshalb kein Quotenschaden, sondern ein **Vertrauensschaden.** 1261

BGH, Urt. v. 21.10.2014 – II ZR 113/13, ZIP 2015, 267 Rn. 13;
dazu EWiR 2015, 209 *(Seidel)*;
m. Anm. *Wenzler*, GmbHR 2015, 247;

BGH, Urt. v. 14.5.2012 – II ZR 130/10, ZIP 2012, 1455 = NJW 2012, 3510 Rn. 13;
dazu EWiR 2012, 525 *(Schodder)*;
m. Anm. *Wenzler*, GmbHR 2012, 899;

BGH, Urt. v. 25.7.2005 – II ZR 390/03, BGHZ 164, 50 = ZIP 2005, 1734 = NJW 2005, 3137;
m. abl. Anm. *Wackerbarth*, GmbHR 2005, 1429;
abl. *K. Schmidt*, NZI 1998, 9;
ders., ZHR 168 (2004), 637, 642 und
Altmeppen/Wilhelm, NJW 1999, 673;

BGH, Urt. v. 6.6.1994 – II ZR 292/91, BGHZ 126, 181 = ZIP 1994, 1103 = NJW 1994, 2220;
dazu EWiR 1994, 791 *(Wilhelm)*.

Neugläubiger sind diejenigen, die mit der GmbH noch Geschäfte getätigt haben, als die Gesellschaft bereits insolvenzreif geworden und die Überlegungsfrist in § 15a Abs. 1 Satz 1 InsO abgelaufen war, und die nunmehr für die von ihnen erbrachte Leistung wegen des Insolvenzverfahrens keine oder nur 1262 eine reduzierte Gegenleistung bekommen. Ihr Schadensersatzanspruch findet seine Begründung darin, dass sie in ihrem Vertrauen auf die Solvenz der Gesellschaft enttäuscht worden sind.

1263 Maßgeblich dafür, ob der Gesellschaftsgläubiger als (begünstigter) Neugläubiger zu gelten hat, ist der Zeitpunkt der **Entstehung des Anspruchs** und damit in der Regel des **Vertragsabschlusses** mit der Gesellschaft, nicht der Zeitpunkt der Vertragserfüllung, die in aller Regel den Schaden überhaupt erst hat eintreten lassen.

> BGH, Urt. v. 12.3.2007 – II ZR 315/05, ZIP 2007, 1060 = NJW 2007, 3130 Rn. 16;
> OLG Hamburg, Urt. v. 30.11.1999 – 11 U 18/97, NZG 2000, 606.

1264 Zur Abgrenzung von Alt- und Neugläubigern siehe Rn. 1237 ff.

bb) Aktivlegitimation

1265 Der **Neugläubiger** kann den Geschäftsführer unmittelbar auf Leistung an sich in Anspruch nehmen; er ist also **aktivlegitimiert**. Seinem Anspruch steht nicht entgegen, dass das Insolvenzverfahren noch nicht abgewickelt ist.

> BGH, Urt. v. 5.2.2007 – II ZR 234/05, BGHZ 171, 46 = ZIP 2007, 676;
> dazu EWiR 2007, 305 *(Haas/Reiche)*;
> m. Anm. *Poertzgen*, GmbHR 2007, 485;
> m. Anm. *Gehrlein*, BB 2007, 901;
> BGH, Urt. v. 7.11.1994 – II ZR 108/93, ZIP 1995, 211;
> dazu EWiR 1995, 263 *(Uhlenbruck)*;
> BGH, Urt. v. 6.6.1994 – II ZR 292/91, BGHZ 126, 181 = ZIP 1994, 1103 = NJW 1994, 2220;
> dazu EWiR 1994, 791 *(Wilhelm)*.

1266 Dass der Neugläubiger seinen Schaden unmittelbar gegen den Geschäftsführer geltend machen kann, schließt nicht aus, seine Forderung auch zur Insolvenztabelle anzumelden.

1267 Im Unterschied zum Schaden des Altgläubigers kann der **Insolvenzverwalter** den Schaden des Neugläubigers **nicht** gegen den Geschäftsführer einklagen, weil es sich auch nicht um einen Gesamtgläubigerschaden handelt.

> BGH, Urt. v. 18.12.2007 – VI ZR 231/06, BGHZ 175, 58 = ZIP 2008, 361;
> dazu EWiR 2008, 527 *(Blank)*;
> BGH, Urt. v. 5.2.2007 – II ZR 234/05, BGHZ 171, 46 = ZIP 2007, 676;
> dazu EWiR 2007, 305 *(Haas/Reiche)*;
> m. Anm. *Poertzgen*, GmbHR 2007, 485;
> m. Anm. *Gehrlein*, BB 2007, 901;
> BGH, Urt. v. 30.3.1998 – II ZR 146/96, BGHZ 138, 211 = ZIP 1998, 776 = NJW 1998, 2667:

Der Verwalter im Konkurs einer GmbH ist nicht berechtigt, einen Quoten- oder sonstigen Schaden des Neugläubigers wegen schuldhaft verspäteter Stellung des Konkursantrages gegen den Geschäftsführer der GmbH geltend zu machen.

cc) Schaden

Neugläubiger sind nicht auf den Quotenschaden beschränkt, sondern können Ersatz ihres Schadens verlangen, allerdings nur des **negativen Interesses.** **1268**

BGH, Urt. v. 21.10.2014 – II ZR 113/13, ZIP 2015, 267 Rn. 13;
dazu EWiR 2015, 209 *(Seidel)*;
m. Anm. *Wenzler*, GmbHR 2015, 247;

BGH, Urt. v. 14.5.2012 – II ZR 130/10, ZIP 2012, 1455
= NJW 2012, 3510 Rn. 14;
dazu EWiR 2012, 525 *(Schodder)*;
m. Anm. *Wenzler*, GmbHR 2012, 899;

BGH, Urt. v. 24.1.2012 – II ZR 119/10, ZIP 2012, 723 Rn. 27;
dazu EWiR 2012, 523 *(Podewils)*;
m. Anm. *Schädlich*, GmbHR 2012, 568;

BGH, Urt. v. 12.3.2007 – II ZR 315/05, ZIP 2007, 1060
= NJW 2007, 3130 Rn. 23;

BGH, Urt. v. 6.6.1994 – II ZR 292/91, BGHZ 126, 181 = ZIP 1994, 1103 = NJW 1994, 2220;
dazu EWiR 1994, 791 *(Wilhelm)*.

Der Geschäftsführer haftet den Neugläubigern, weil sie, wenn er seiner Eröffnungsantragspflicht entsprochen hätte, mit der Gesellschaft keinen Vertrag mehr abgeschlossen, ihr keinen Kredit gewährt und damit keinen Schaden erlitten hätten. Die Verletzung der Eröffnungsantragspflicht ist kausal für den Schadenseintritt. Voraussetzung ist selbstverständlich, dass der Gläubiger mit der Vermögenslosigkeit nicht rechnete. Der Neugläubiger hat damit gegen den Geschäftsführer einen Anspruch auf Ersatz seines **„Kontrahierungsschadens"**. **1269**

BGH, Urt. v. 21.10.2014 – II ZR 113/13, ZIP 2015, 267 Rn. 14;
dazu EWiR 2015, 209 *(Seidel)*;
m. Anm. *Wenzler*, GmbHR 2015, 247;

BGH, Urt. v. 22.10.2013 – II ZR 394/12, ZIP 2014, 23 Rn. 7;
dazu EWiR 2014, 277 *(Wahl/Mann)*;
m. Anm. *Poertzgen*, GmbHR 2014, 91;

BGH, Urt. v. 14.5.2012 – II ZR 130/10, ZIP 2012, 1455
= NJW 2012, 3510 Rn. 15;
dazu EWiR 2012, 525 *(Schodder)*;
m. Anm. *Wenzler*, GmbHR 2012, 899;

BGH, Urt. v. 15.3.2011 – II ZR 204/09, ZIP 2011, 1007 = NJW 2011, 2427 Rn. 40;
dazu EWiR 2011, 503 *(Kort)*;
m. Anm. *Poertzgen*, GmbHR 2011, 646;
m. Bespr. *Haas*, NZG 2011, 691;

BGH, Urt. v. 27.4.2009 – II ZR 253/07, ZIP 2009, 1220 Rn. 15;
dazu EWiR 2009, 575 *(Podewils)*;
m. Anm. *Blöse*, GmbHR 2010, 139;
m. Bespr. *Römermann*, NZG 2009, 854;
m. Bespr. *Poertzgen*, ZInsO 2009, 1833;

BGH, Urt. v. 25.7.2005 – II ZR 390/03, BGHZ 164, 50 = ZIP 2005, 1734 = NJW 2005, 3137;
m. abl. Anm. *Wackerbarth*, GmbHR 2005, 1429;

BGH, Urt. v. 5.2.2007 – II ZR 234/05, BGHZ 171, 46 = ZIP 2007, 676;
dazu EWiR 2007, 305 *(Haas/Reiche)*;
m. Anm. *Poertzgen*, GmbHR 2007, 485;
m. Anm. *Gehrlein*, BB 2007, 901;

BGH, Urt. v. 6.6.1994 – II ZR 292/91, BGHZ 126, 181 = ZIP 1994, 1103 = NJW 1994, 2220;
dazu EWiR 1994, 791 *(Wilhelm)*.

1270 Er ist also vom Geschäftsführer so zu stellen, wie er stehen würde, wenn er mit der Gesellschaft keinen Vertrag abgeschlossen hätte.

BGH, Urt. v. 21.10.2014 – II ZR 113/13, ZIP 2015, 267 Rn. 14;
dazu EWiR 2015, 209 *(Seidel)*;
m. Anm. *Wenzler*, GmbHR 2015, 247;

BGH, Urt. v. 14.5.2012 – II ZR 130/10, ZIP 2012, 1455 = NJW 2012, 3510 Rn. 15;
dazu EWiR 2012, 525 *(Schodder)*;
m. Anm. *Wenzler*, GmbHR 2012, 899;

BGH, Urt. v. 15.3.2011 – II ZR 204/09, ZIP 2011, 1007 = NJW 2011, 2427 Rn. 40;
dazu EWiR 2011, 503 *(Kort)*;
m. Anm. *Poertzgen*, GmbHR 2011, 646;
m. Bespr. *Haas*, NZG 2011, 691;

BGH, Urt. v. 8.3.1999 – II ZR 159/98, ZIP 1999, 967 = NJW 1999, 2182:

Der zu ersetzende Schaden besteht nicht in dem wegen der Insolvenz der GmbH „entwerteten" Erfüllungsanspruch des Gläubigers – dies wäre das deliktsrechtlich grundsätzlich nicht geschützte positive Interesse –; zu ersetzen ist vielmehr nur das negative Interesse, z. B. in Form von Vorleistungen oder Aufwendungen, die der (vertragliche) Neugläubiger infolge des Vertragsschlusses mit der konkursreifen GmbH erbracht hat.

1271 Daher kann der Neugläubiger **nicht** einfach den **Rechnungsbetrag**, den er von der GmbH nicht erhält, als Schaden verlangen. Vielmehr kann er nur den **Wert** der gelieferten Sachen oder der erbrachten Leistung fordern.

BGH, Urt. v. 14.5.2012 – II ZR 130/10, ZIP 2012, 1455 = NJW 2012, 3510 Rn. 15;
dazu EWiR 2012, 525 *(Schodder)*;
m. Anm. *Wenzler*, GmbHR 2012, 899;

BGH, Urt. v. 15.3.2011 – II ZR 204/09, ZIP 2011, 1007 = NJW 2011, 2427 Rn. 40;
dazu EWiR 2011, 503 *(Kort)*;
m. Anm. *Poertzgen*, GmbHR 2011, 646;
m. Bespr. *Haas*, NZG 2011, 691;

BGH, Urt. v. 12.3.2007 – II ZR 315/05, ZIP 2007, 1060 = NJW 2007, 3130 Rn. 23;

BGH, Urt. v. 25.7.2005 – II ZR 390/03, BGHZ 164, 50 = ZIP 2005, 1734 = NJW 2005, 3137;
m. abl. Anm. *Wackerbarth*, GmbHR 2005, 1429;

BGH, Urt. v. 8.3.1999 – II ZR 159/98, ZIP 1999, 967 = NJW 1999, 2182;
BGH, Urt. v. 6.6.1994 – II ZR 292/91, BGHZ 126, 181 = ZIP 1994, 1103 = NJW 1994, 2220;
dazu EWiR 1994, 791 *(Wilhelm)*.

Beim Kaufvertrag sind auch die Vertriebskosten erstattungsfähig. **1272**

OLG Naumburg, Urt. v. 6.2.1997 – 7 U 105/96, GmbHR 1998, 183:

Das negative Interesse besteht nicht in den Verkaufspreisen, sondern in einer an den Herstellungs- und Vertriebskosten orientierten Entschädigung in Geld, d. h. auch die Vertriebs- und Distributionskosten sind in die Schadensberechnung einzubeziehen.

Entgangenen Gewinn nach § 252 BGB kann der Neugläubiger nur ausnahmsweise ersetzt verlangen. **1273**

BGH, Urt. v. 14.5.2012 – II ZR 130/10, ZIP 2012, 1455 = NJW 2012, 3510 Rn. 15;
dazu EWiR 2012, 525 *(Schodder)*;
m. Anm. *Wenzler*, GmbHR 2012, 899;
BGH, Urt. v. 24.1.2012 – II ZR 119/10, ZIP 2012, 723 Rn. 27;
dazu EWiR 2012, 523 *(Podewils)*;
m. Anm. *Schädlich*, GmbHR 2012, 568;
BGH, Urt. v. 15.3.2011 – II ZR 204/09, ZIP 2011, 1007 = NJW 2011, 2427 Rn. 40;
dazu EWiR 2011, 503 *(Kort)*;
m. Anm. *Poertzgen*, GmbHR 2011, 646;
m. Bespr. *Haas*, NZG 2011, 691;
BGH, Urt. v. 27.4.2009 – II ZR 253/07, ZIP 2009, 1220 Rn. 15;
dazu EWiR 2009, 575 *(Podewils)*;
m. Anm. *Blöse*, GmbHR 2010, 139;
m. Bespr. *Römermann*, NZG 2009, 854;
m. Bespr. *Poertzgen*, ZInsO 2009, 1833;
Haas, NZG 1999, 373, 376:

Das negative Interesse ist grundsätzlich nicht mit der Höhe der ausgefallenen Forderung gleichzusetzen. Hat beispielsweise der Gläubiger an die insolvente Gesellschaft eine Sache verkauft, und ist er mit seiner Kaufpreisforderung ausgefallen, beläuft sich das negative Interesse auf den objektiven Wert der gelieferten Sache (d. h. Herstellungskosten und u. U. Vertriebskosten bei einer vom Gläubiger produzierten Sache). Nicht erfasst vom negativen Interesse ist der im Verkaufspreis steckende Veräußerungsgewinn.

Der Neugläubiger kann aber geltend machen, dass ihm wegen des Vertragsschlusses mit der insolventen Gesellschaft ein **Gewinn entgangen** ist, den er ansonsten anderweitig erzielt hätte. **1274**

BGH, Urt. v. 24.1.2012 – II ZR 119/10, ZIP 2012, 723 Rn. 27;
dazu EWiR 2012, 523 *(Podewils)*;
m. Anm. *Schädlich*, GmbHR 2012, 568;
BGH, Urt. v. 15.3.2011 – II ZR 204/09, ZIP 2011, 1007 = NJW 2011, 2427 Rn. 40;
dazu EWiR 2011, 503 *(Kort)*;
m. Anm. *Poertzgen*, GmbHR 2011, 646;
m. Bespr. *Haas*, NZG 2011, 691;

BGH, Urt. v. 27.4.2009 – II ZR 253/07, ZIP 2009, 1220 Rn. 16;
dazu EWiR 2009, 575 *(Podewils)*;
m. Anm. *Blöse*, GmbHR 2010, 139;
m. Bespr. *Römermann*, NZG 2009, 854;
m. Bespr. *Poertzgen*, ZInsO 2009, 1833.

1275 Das setzt aber voraus, dass der Neugläubiger im Prozess eine entsprechende Behauptung aufstellt und ggf. beweist. Bei Werkverträgen wurde dem Unternehmer der entgangene Gewinn daher nicht ohne entsprechenden Vortrag zugesprochen, dass er einen entsprechenden Gewinn durch anderweitigen Einsatz seiner betrieblichen Kapazitäten erreicht hätte.

Vgl. BGH, Urt. v. 12.3.2007 – II ZR 315/05, ZIP 2007, 1060
= NJW 2007, 3130 Rn. 23;
Röhricht, ZIP 2005, 505, 508.

1276 Dagegen besteht nach § 252 BGB ein Anspruch auch auf den entgangenen Gewinn, wenn bei begrenzten Ressourcen das Geschäft statt mit der GmbH mit einem Dritten hätte abgeschlossen werden und ein Gewinn hätte erzielt werden können.

- Zum **Frachtvertrag**:

  BGH, Urt. v. 24.1.2012 – II ZR 119/10, ZIP 2012, 723 Rn. 27;
  dazu EWiR 2012, 523 *(Podewils)*;
  m. Anm. *Schädlich*, GmbHR 2012, 568.

- Zum **Kaufvertrag**:

  BGH, Urt. v. 27.4.2009 – II ZR 253/07, ZIP 2009, 1220 Rn. 16;
  dazu EWiR 2009, 575 *(Podewils)*;
  m. Anm. *Blöse*, GmbHR 2010, 139;
  m. Bespr. *Römermann*, NZG 2009, 854;
  m. Bespr. *Poertzgen*, ZInsO 2009, 1833.

- Zum **Kreditvertrag** und der Verzinsung:

  BGH, Urt. v. 5.2.2007 – II ZR 234/05, BGHZ 171, 46
  = ZIP 2007, 676 Rn. 21:

  Das wäre nur dann richtig, wenn die Klägerin allein mit eigenen Kapitalreserven arbeiten würde, welche sie zu anderweitiger Kreditvergabe hätte einsetzen können (§ 252 ZPO), wenn es nicht zu einer Erhöhung des an die Schuldnerin ausgereichten Darlehenskapitals im Zeitraum einer etwaigen Insolvenzverschleppung gekommen wäre.

  Dazu EWiR 2007, 305 *(Haas/Reiche)*;
  m. Anm. *Poertzgen*, GmbHR 2007, 485;
  m. Anm. *Gehrlein*, BB 2007, 901.

- Beim **Cash-Pool** im Konzern mit einer Tochtergesellschaft kann der Schaden darin bestehen, dass die Tochtergesellschaft aus Unkenntnis der Insolvenzreife der Obergesellschaft weitere Einzahlungen in den Cash-Pool geleistet hat.

  OLG Düsseldorf, Urt. v. 20.12.2013 – 17 U 51/12, ZIP 2015, 73;
  m. Anm. *Beck*, GmbHR 2015, 303.

- Zum **Werkvertrag:**

  Vgl. BGH, Urt. v. 12.3.2007 – II ZR 315/05, ZIP 2007, 1060
  = NJW 2007, 3130 Rn. 23.

  Eine Vermutung, dass ein entsprechender Gewinn erzielt worden wäre, weil von der „Auslastung" eines Betriebs auszugehen ist, besteht aber nicht.

  A. A. OLG Koblenz, Urt. v. 3.8.1999 – 3 U 1806/98, GmbHR 2000, 31:

  ... Es konnte daher nach dem gewöhnlichen Lauf der Dinge mit Wahrscheinlichkeit erwartet werden, dass die Kläger, wenn und soweit ihre Vertragswerkstatt nicht mehr für die G. tätig gewesen wäre, die vorhandenen und insofern frei gewordenen betrieblichen Kapazitäten nicht hätte brachliegen lassen, sondern in gleichem Umfang auf andere Weise zur Erzielung von Gewinn eingesetzt hätte.

  ebenso OLG Celle, Urt. v. 5.12.2001 – 9 U 204/01, NZG 2002, 730 und

  OLG Naumburg, Urt. v. 20.8.2003 – 5 U 67/03, GmbHR 2004, 361;
  weiter *Altmeppen*, ZIP 1997, 1173, 1180:

  ... der entgangene Gewinn gehöre zum negativen Interesse, wenn er ohne das schädigende Ereignis mit **hinreichender Wahrscheinlichkeit** gemacht worden wäre.

  Der **Besteller** einer **Bauleistung** kann vom Geschäftsführer einer GmbH, die eine Werkleistung mangelhaft erbracht hat, als negatives Interesse Rückzahlung des für eine wertlose Leistung bereits geleisteten Werklohns verlangen und ggf. des Weiteren am Bau entstandenen Schadens.

  BGH, Urt. v. 14.5.2012 – II ZR 130/10, ZIP 2012, 1455
  = NJW 2012, 3510 Rn. 23;
  dazu EWiR 2012, 525 *(Schodder)*;
  m. Anm. *Wenzler*, GmbHR 2012, 899.

- Beim **Arbeitsverhältnis** ist der entgangene Lohn nicht erstattungsfähig; der Arbeitnehmer muss vielmehr darlegen und ggf. beweisen, dass er das Arbeitsverhältnis gekündigt hätte, gleich wieder Arbeit gefunden und dort entsprechenden Lohn erhalten hätte.

  LAG Nürnberg, Urt. v. 6.3.2012 – 7 Sa 341/11, DB 2012, 2227;
  LAG Köln, Urt. v. 26.7.2006 – 8 Sa 1660/05, NZG 2007, 199.

- Dass **Gesellschafter**, die nach Insolvenzreife noch zur Aufbringung von Eigenkapital veranlasst werden, oder **Erwerber** von Geschäftsanteilen zu den Neugläubigern gehören, die vom Geschäftsführer Ersatz verlangen können, vertreten *Schirrmacher* und *Schneider*.

  Schirrmacher/Schneider, ZIP 2018, 2463.

Das OLG Köln versagt dem Gläubiger einen Anspruch auf Ersatz des mit der **1277**
GmbH vereinbarten **Zinses.**

OLG Köln, Urt. v. 19.12.2000 – 22 U 144/00, WM 2001, 1160.

1278 Ein Anspruch auf Erstattung von **Umsatzsteuer** wurde ebenfalls verneint, weil der Kläger für seinen Schadensersatzanspruch nicht umsatzsteuerpflichtig sei.

> OLG Koblenz Urt. v. 3.8.1999 – 3 U 1806/98, GmbHR 2000, 31;
>
> OLG Celle, Urt. v. 5.12.2001 – 9 U 204/01, NZG 2002, 730; insoweit a. A. LG München I, Urt. v. 22.9.1999 – 30 O 7336/99, BB 2000, 428; dazu EWiR 2000, 865 *(Meyke)*.

1279 Für einen vorsteuerabzugsberechtigten Neugläubiger ist die Umsatzsteuer sowieso ein nicht erstattungsfähiger durchlaufender Posten.

1280 Zu den vom Geschäftsführer zu ersetzenden Schäden gehören die Aufwendungen, die dem Gläubiger durch die **Rechtsverfolgung** gegen die vermögenslose GmbH erwachsen sind.

> BGH, Urt. v. 21.10.2014 – II ZR 113/13, ZIP 2015, 267 Rn. 23; dazu EWiR 2015, 209 *(Seidel)*; m. Anm. *Wenzler*, GmbHR 2015, 247;
>
> BGH, Urt. v. 14.5.2012 – II ZR 130/10, ZIP 2012, 1455 = NJW 2012, 3510 Rn. 26; dazu EWiR 2012, 525 *(Schodder)*; m. Anm. *Wenzler*, GmbHR 2012, 899;
>
> BGH, Urt. v. 27.4.2009 – II ZR 253/07, ZIP 2009, 1220 Rn. 18; dazu EWiR 2009, 575 *(Podewils)*; m. Anm. *Blöse*, GmbHR 2010, 139; m. Bespr. *Römermann*, NZG 2009, 854; m. Bespr. *Poertzgen*, ZInsO 2009, 1833;
>
> OLG Celle, Urt. v. 21.4.1999 – 9 U 188/98, GmbHR 1999, 983;
>
> OLG Jena, Urt. v. 28.11.2001 – 4 U 234/01, ZIP 2002, 631; dazu EWiR 2002, 243 *(Meyke)*.

1281 Vom Schutzzweck nicht erfasst werden Schäden, die mit der Insolvenzreife nicht mehr in einem inneren Zusammenhang stehen.

> BGH, Urt. v. 21.10.2014 – II ZR 113/13, ZIP 2015, 267 Rn. 21; dazu EWiR 2015, 209 *(Seidel)*; m. Anm. *Wenzler*, GmbHR 2015, 247.

1282 Dazu gehören etwa der Schaden durch einen Diebstahl, der dadurch erleichtert wurde, dass der insolvenzreife Unternehmer eine andere als die vertraglich versprochene Tür eingebaut hat.

> BGH, Urt. v. 21.10.2014 – II ZR 113/13, ZIP 2015, 267 Rn. 22; dazu EWiR 2015, 209 *(Seidel)*; m. Anm. *Wenzler*, GmbHR 2015, 247.

1283 Der Anspruch des Neugläubigers gegen den Geschäftsführer aus § 823 Abs. 2 BGB i. V. m. § 15a Abs. 1 Satz 1 InsO beschränkt sich regelmäßig auf den Vertragsschaden; **deliktische** Ansprüche, Ansprüche aus positiver Vertragsverletzung oder aus gesetzlichen Schuldverhältnissen sind davon nicht umfasst.

> Offengelassen bei BGH, Urt. v. 8.3.1999 – II ZR 159/98, ZIP 1999, 967 = NJW 1999, 2182, und bei BGH, Urt. v. 7.7.2003 – II ZR 241/02, ZIP 2003, 1713;

m. Anm. *K. Schmidt*, ZIP 2003, 1715;
m. Anm. *Lelley*, GmbHR 2003, 1135;
wie hier *Goette*, DStR 2003, 1673;
vgl. zu dieser Frage auch *Kiethe*, ZIP 2003, 1957, 1960;
Haas, NZG 1999, 373, 377;
Altmeppen, ZIP 1997, 1173, 1179;
Röhricht, ZIP 2005, 505, 509.

Nicht vom Schutzzweck umfasst ist daher der Anspruch eines Arbeitnehmers auf **Lohnfortzahlung** nach §§ 3, 4 EFZG. 1284

BGH, Beschl. v. 20.10.2008 – II ZR 211/07, ZIP 2009, 366 Rn. 3;
dazu EWiR 2009, 199 *(Steffek)*.

Dagegen kann auch der **Gesellschafter** in den Schutzbereich einbezogen sein, wenn er Leistungen an die GmbH erbracht hat, die nicht auf dem mitgliedschaftlichen Verhältnis beruhen, sondern hinsichtlich derer er der Gesellschaft wie ein Dritter gegenübersteht. 1285

BGH, Urt. v. 1.2.2010 – II ZR 209/08, ZIP 2010, 776 Rn. 22;
dazu EWiR 2010, 475 *(Baumert)*.

Der Neugläubiger muss sich nicht im Wege des **Vorteilsausgleichs Zahlungen** anrechnen lassen, die er **auf Altforderungen** erhält. 1286

BGH, Urt. v. 12.3.2007 – II ZR 315/05, ZIP 2007, 1060
= NJW 2007, 3130 Rn. 17;
Altmeppen, ZIP 1997, 1173, 1181.

Die Schadensersatzpflicht des Geschäftsführers einer GmbH gegenüber Neugläubigern ist nicht um die auf diese entfallende **Insolvenzquote** zu kürzen, vielmehr ist dem Geschäftsführer entsprechend § 255 BGB i. V. m. §§ 273 ff. BGB ein **Anspruch** auf **Abtretung der Insolvenzforderung** des Neugläubigers gegen die Gesellschaft zuzubilligen. 1287

BGH, Urt. v. 14.5.2012 – II ZR 130/10, ZIP 2012, 1455
= NJW 2012, 3510 Rn. 27;
dazu EWiR 2012, 525 *(Schodder)*;
m. Anm. *Wenzler*, GmbHR 2012, 899;
BGH, Urt. v. 15.3.2011 – II ZR 204/09, ZIP 2011, 1007 = NJW 2011, 2427 Rn. 40;
dazu EWiR 2011, 503 *(Kort)*;
m. Anm. *Poertzgen*, GmbHR 2011, 646;
m. Bespr. *Haas*, NZG 2011, 691;
BGH, Urt. v. 27.4.2009 – II ZR 253/07, ZIP 2009, 1220 Rn. 21;
dazu EWiR 2009, 575 *(Podewils)*;
m. Anm. *Blöse*, GmbHR 2010, 139;
m. Bespr. *Römermann*, NZG 2009, 854;
m. Bespr. *Poertzgen*, ZInsO 2009, 1833;
BGH, Urt. v. 5.2.2007 – II ZR 234/05, BGHZ 171, 46
= ZIP 2007, 676;
dazu EWiR 2007, 305 *(Haas/Reiche)*;
m. Anm. Anm. *Gehrlein*, BB 2007, 901.

dd) Mitverschulden

1288 Wer sich auf Geschäfte mit einer GmbH einlässt, obwohl er Anzeichen kennt oder kennen müsste, dass die Solvenz für das fragliche Geschäft nicht gesichert ist, muss sich bei Geltendmachung eines Schadensersatzanspruchs aus § 823 Abs. 2 BGB, § 15a Abs. 1 Satz 1 GmbHG sein **Mitverschulden** nach § 254 BGB entgegenhalten lassen. Als Anzeichen hierfür genügt allein die geringe Höhe des Stammkapitals der GmbH nicht.

BGH, Urt. v. 6.6.1994 – II ZR 292/91, BGHZ 126, 181 = ZIP 1994, 1103 = NJW 1994, 2220;
a. A. *Flume*, ZIP 1994, 337, 341.

1289 Das Mitverschulden des Gläubigers kann von dem Zeitpunkt an völlig zurücktreten, zu dem der Geschäftsführer sichere Kenntnis von seiner Eröffnungsantragspflicht hatte.

OLG Celle, Urt. v. 6.5.1999 – 11 U 232/97, NZG 1999, 1064.

1290 Nicht begründet soll der Mitverschuldenseinwand einer beklagten Geschäftsführerin sein, wenn sie sich selbst gegenüber der Klage auf den Standpunkt stellt, das Unternehmen sei gar nicht überschuldet gewesen. Der Gläubiger habe nicht durchschauen müssen, dass diese Ansicht auf einer fehlerhaften Prognose beruhe.

OLG Köln, Urt. v. 19.12.2000 – 22 U 144/00, WM 2001, 1160.

ee) Nichtabführung von Sozialversicherungsbeiträgen

1291 Der **Sozialversicherungsträger** steht einem **Neugläubiger nicht gleich**. Da die Beitragsforderung bei rechtzeitiger Insolvenzanmeldung nicht mehr entstanden wäre, kann in den Beitragsausfällen keine durch die Insolvenzverschleppung bedingte Vermögenseinbuße gesehen werden; in der bloßen Entstehung eines auch wertlosen Anspruchs liegt kein Schaden des Gläubigers. Dem Sozialversicherungsträger sind infolge der Weiterbeschäftigung der Arbeitnehmer bei der insolvenzreifen GmbH keine anderweitigen Beitragseinnahmen entgangen (§ 252 BGB), und er kann auch nicht geltend machen, dass ihm bei früherer Anmeldung weitere Beitragsleistungen aus der Masse zugeflossen wären.

BGH, Urt. v. 8.3.1999 – II ZR 159/98, ZIP 1999, 967 = NJW 1999, 2182;
dazu EWiR 1999, 651 *(Peters-Lange)*;
zustimmend *Medicus*, GmbHR 2000, 7;
OLG Hamm, Urt. v. 13.9.1999 – 13 U 61/99, ZIP 2000, 198;
dazu EWiR 2000, 455 *(Dillert/Powietzka)*;
a. A. *Holzkämper*, BB 1996, 2142, 2144.

1292 In einer neueren Entscheidung hat der BGH die Frage,

BGH, Urt. v. 7.7.2003 – II ZR 241/02, ZIP 2003, 1713;
m. Anm. *K. Schmidt*, ZIP 2003, 1715;
m. Anm. *Lelley*, GmbHR 2003, 1135,

ob die Insolvenzverschleppungshaftung auch für gesetzliche Schuldverhältnisse, also auch für ausgefallene Beiträge zur Sozialversicherung gilt, ausdrücklich offengelassen, und hat einen Anspruch des Sozialversicherungsträgers schon deshalb verneint, weil ein solcher Anspruch sich auf Ersatz des positiven Interesses richte, der durch die Insolvenzverschleppungshaftung nicht geschützt sei.

Soweit der Ersatzanspruch aber darauf gestützt war, dass der Sozialversiche- **1293**
rungsträger einen **Beitragsausfallschaden** erlitten habe, weil die bei ihr versicherten Arbeitnehmer der GmbH ohne die verspätete Stellung des Eröffnungsantrages sofort eine Beschäftigung bei einem anderen Unternehmen gefunden hätten, schied ein Anspruch schon deshalb aus, weil weder eine sofortige Beschäftigung der Arbeitnehmer bei anderen Arbeitgebern noch eine Weiterversicherung gerade bei der klagenden Krankenkasse anzunehmen war.

> Siehe dazu *Kiethe*, ZIP 2003, 1957, 1960.

ff) Insolvenzgeld

Schadensersatzansprüche von Gläubigern gegen den Geschäftsführer bestehen **1294**
nur, soweit sie vom Schutzzweck des § 15a Abs. 1 Satz 1 InsO umfasst sind; die Bundesagentur gehört hinsichtlich des nach § 183 SGB III den Arbeitnehmern zu zahlenden **Insolvenzgeldes** nicht dazu, da ihre Zahlungspflicht erst nach Eröffnungsantragstellung ausgelöst wird.

> BGH, Urt. v. 26.6.1989 – II ZR 289/88, BGHZ 108, 134 = ZIP 1989, 1341 = NJW 1989, 3277; dazu EWiR 1989, 1105 *(v. Gerkan)*; ArbG Offenbach, Urt. v. 18.10.2001 – 1 Ca 387/00, ZIP 2002, 997; dazu EWiR 2002, 623 *(Moll/Langhoff)*.

Wohl aber kommt hinsichtlich des Insolvenzgeldes ein Anspruch aus **§ 826** **1295**
BGB in Betracht.

> BGH, Urt. v. 18.12.2007 – VI ZR 231/06, BGHZ 175, 58 = ZIP 2008, 361 Rn. 15:

Die vorsätzliche Insolvenzverschleppung in der Absicht, den als unabwendbar erkannten „Todeskampf" eines Unternehmens so lange wie möglich hinauszuzögern, kann den Tatbestand einer sittenwidrigen Schädigung i. S. d. § 826 BGB erfüllen, wenn dabei die Schädigung der Unternehmensgläubiger billigend in Kauf genommen wird.

> Dazu EWiR 2008, 527 *(Blank)*; m. Anm. *Werner*, GmbHR 2008, 319;
>
> BGH, Urt. v. 26.6.1989 – II ZR 289/88, BGHZ 108, 134 = ZIP 1989, 1341 = NJW 1989, 3277;
>
> OLG Frankfurt Urt. v. 26.2.1999 – 24 U 112/97, NZG 1999, 947; m. Anm. *Haas*, NZG 1999, 947;
>
> OLG Saarbrücken, Urt. v. 21.11.2006 – 4 U 49/06, ZIP 2007, 328;
>
> OLG Stuttgart, Urt. v. 8.5.2002 – 3 U 146/01, ZInsO 2004, 1150.

Die **Sittenwidrigkeit** der vorsätzlichen Konkursverschleppung auch im Ver- **1296**
hältnis zur Bundesagentur für Arbeit folgt ohne Weiteres daraus, dass das

durch die Unterlassung eines rechtzeitigen Eröffnungsantrags herbeigeführte Unvermögen der Gesellschaft zur Entlohnung ihrer Arbeitnehmer die Verpflichtung zur Zahlung des Insolvenzgeldes als gesetzlicher Lohnersatzleistung unmittelbar auslöst, ohne dass dazu seitens der zunächst geschädigten Arbeitnehmer an eigenem Handeln mehr erforderlich ist als die Stellung eines Antrags.

> BGH, Urt. v. 18.12.2007 – VI ZR 231/06, BGHZ 175, 58 = ZIP 2008, 361 Rn. 15;
> dazu EWiR 2008, 527 *(Blank)*;
> m. Anm. *Werner*, GmbHR 2008, 319;
>
> BGH, Urt. v. 26.6.1989 – II ZR 289/88, BGHZ 108, 134 = ZIP 1989, 1341 = NJW 1989, 3277;
> dazu EWiR 1989, 1105 *(v. Gerkan)*;
>
> a. A. LG Stuttgart, Urt. v. 13.6.2008 – 15 O 228/07, ZIP 2008, 1428;
> dazu EWiR 2008, 615 *(Schmülling)*.

1297 Für den **Vorsatz** genügt, dass der Geschäftsführer die Schädigung in Kenntnis der Lage der Gesellschaft billigend in Kauf nimmt. Sanierungshoffnungen lassen den Vorsatz nicht entfallen. Ein Verstoß gegen die guten Sitten scheidet aus, wenn der für die Stellung des Eröffnungsantrags Verantwortliche den Antrag unterlassen hat, weil er die Krise den Umständen nach als überwindbar und darum Bemühungen um ihre Behebung durch einen Sanierungsversuch als lohnend und berechtigt ansehen durfte. Die Beweislast trägt insoweit der Geschäftsführer.

> BGH, Urt. v. 18.12.2007 – VI ZR 231/06, BGHZ 175, 58 = ZIP 2008, 361 Rn. 17;
> dazu EWiR 2008, 527 *(Blank)*;
> m. Anm. *Werner*, GmbHR 2008, 319.

1298 Die Bundesagentur für Arbeit hat aber nur dann einen **Schaden** erlitten, wenn die Pflicht zur Zahlung von Insolvenzgeld deshalb entstanden ist, weil der Geschäftsführer pflichtwidrig keinen Antrag gestellt hat. Dafür hat sie die Beweislast, ohne dass ihr Beweiserleichterungen zugutekommen.

> BGH, Urt. v. 13.10.2009 – VI ZR 288/08, ZIP 2009, 2439 Rn. 9;
>
> BGH, Urt. v. 18.12.2007 – VI ZR 231/06, BGHZ 175, 58 = ZIP 2008, 361 Rn. 23;
> dazu EWiR 2008, 527 *(Blank)*;
> m. Anm. *Werner*, GmbHR 2008, 319.

1299 Ein Schaden kann etwa entstehen, wenn bei rechtzeitiger Antragstellung die Arbeitsverhältnisse ohne Zahlung von Insolvenzgeld aufgelöst worden wären, der Betrieb so eingestellt worden wäre, dass kein Insolvenzgeld hätte gezahlt werden müssen, oder trotz § 64 Satz 1 GmbHG der Geschäftsführer oder später der Insolvenzverwalter Lohn zahlen konnten, sodass nicht auf das Insolvenzgeld zurückgegriffen werden musste. Dagegen ist kein Schaden entstanden, wenn – wie meist – die Arbeitsverhältnisse vom Insolvenzverwalter zunächst weitergeführt werden und dazu Insolvenzgeld in Anspruch genommen wird.

Die **Zuständigkeit** der Arbeitsgerichte ist für eine gegen einen Geschäftsführer gerichtete Klage auf Erstattung von Insolvenzgeld nicht gegeben, sondern die der ordentlichen Gerichte; das ist nicht deshalb anders, weil die Bundesagentur ihren Anspruch aus übergegangenem Recht der Arbeitnehmer geltend macht. 1300

BAG, Beschl. v. 20.3.2002 – 5 AZB 25/01, ZIP 2002, 992;
m. Anm. von *Kothe/Pick*, JR 2002, 527;
LAG Rheinland-Pfalz, Beschl. v. 8.1.2002 – 4 Ta 1464/01, ZIP 2002, 1460.

f) Verschulden

Die Haftung des Geschäftsführers nach § 823 Abs. 2 BGB i. V. m. § 15a Abs. 1 Satz 1 InsO setzt als deliktische Haftung Verschulden voraus. **Fahrlässigkeit** genügt, da der Straftatbestand in § 15a Abs. 4 InsO ebenfalls nur Fahrlässigkeit verlangt. 1301

Für die Fahrlässigkeit genügt die **Erkennbarkeit der Insolvenzreife**. Bei Vorliegen der Insolvenzreife wird das **Verschulden** des Geschäftsführers an der Insolvenzverschleppung **vermutet** (siehe Rn. 1307 ff.). Der Geschäftsführer muss dann beweisen, dass er seine Eröffnungsantragspflicht nicht schuldhaft verletzt hat. 1302

BGH, Urt. v. 14.5.2012 – II ZR 130/10, ZIP 2012, 1455
= NJW 2012, 3510 Rn. 11;
dazu EWiR 2012, 525 *(Schodder)*;
m. Anm. *Wenzler*, GmbHR 2012, 899;
BGH, Urt. v. 14.5.2007 – II ZR 48/06, ZIP 2007, 1265
= NJW 2007, 2118 Rn. 15;
dazu EWiR 2007, 495 *(Henkel/Mock)*;
BGH, Urt. v. 5.2.2007 – II ZR 234/05, BGHZ 171, 46
= ZIP 2007, 676 Rn. 8;
dazu EWiR 2007, 305 *(Haas/Reiche)*;
m. Anm. *Poertzgen*, GmbHR 2007, 485;
m. Anm. *Gehrlein*, BB 2007, 901;
BGH, Urt. v. 8.1.2001 – II ZR 88/99, BGHZ 146, 264
= ZIP 2001, 235 = NJW 2001, 1280;
dazu EWiR 2001, 329 *(Priester)*;
BGH, Urt. v. 29.11.1999 – II ZR 273/98, BGHZ 143, 184
= ZIP 2000, 184 = NJW 2000, 668;
dazu EWiR 2000, 295 *(Noack)*.

Zu den Anforderungen an den Geschäftsführer wird auf die Darstellung zum Verschulden bei § 64 Satz 1 GmbH (siehe Rn. 748 ff.) verwiesen. Für die Pflicht, einen Eröffnungsantrag zu stellen, gilt hinsichtlich der Erkennbarkeit der Insolvenzreife nichts anderes als für das Zahlungsverbot. 1303

g) Verjährung

Da es sich bei dem Anspruch des Gläubigers gegen den Geschäftsführer nach § 823 Abs. 2 BGB, 15a Abs. 1 Satz 1 InsO um einen deliktischen Anspruch 1304 handelt, richtet sich die Verjährung nach §§ 195 ff. BGB und nicht nach § 43 Abs. 4 GmbHG. Der Anspruch verjährt also **in drei Jahren ab Kenntnis** oder grobfahrlässiger Unkenntnis, § 199 Abs. 1 Nr. 2 BGB.

1305 Auch für die Haftung nach der Vorgängervorschrift § 64 Abs. 1 GmbHG a. F. ging die Rechtsprechung von einer Verjährung nach § 852 BGB a. F. bzw. §§ 195 ff. BGB aus.

> BGH, Urt. v. 15.3.2011 – II ZR 204/09, ZIP 2011, 1007 = NJW 2011, 2427 Rn. 14;
> dazu EWiR 2011, 503 *(Kort)*;
> m. Anm. *Poertzgen*, GmbHR 2011, 646;
> m. Bespr. *Haas*, NZG 2011, 691;
>
> OLG Saarbrücken, Urt. v. 6.5.2008 – 4 U 484/07, ZIP 2009, 565;
> m. abl. Bespr. *Wübbelsmann*, GmbHR 2008, 1303;
>
> OLG Frankfurt, Urt. v. 4.4.2007 – 19 U 230/06, OLGR Frankfurt 2008, 115;
>
> OLG Naumburg, Urt. v. 21.8.2003 – 7 U 23/03, GmbHR 2004, 364;
>
> OLG Stuttgart, Urt. v. 29.6.2000 – 13 U 185/99, GmbHR 2001, 75;
>
> a. A. OLG Saarbrücken, Urt. v. 22.9.1999 – 1 U 3/99, GmbHR 1999, 1295.

1306 Nach der Verortung der Eröffnungsantragsfrist in § 15a Abs. 1 Satz 1 InsO gibt es keinen Grund mehr für die auch vorher unzutreffende Annahme, die Verjährung richte sich wegen der Verweisung in dem das Zahlungsverbot betreffenden § 64 Satz 4 GmbHG (früher § 64 Abs. 2 Satz 3 GmbHG a. F.) nach § 43 Abs. 4 GmbHG.

h) Darlegungs- und Beweislast

aa) Insolvenzreife

1307 Der **Gläubiger**, der den Geschäftsführer wegen verspäteten Eröffnungsantrages auf Schadensersatz in Anspruch nehmen will, hat **Zahlungsunfähigkeit oder Überschuldung** darzulegen und ggf. zu beweisen; dazu gehört ggf. auch der **Zeitpunkt** des Eintritts der Insolvenzreife.

> BGH, Urt. v. 24.1.2012 – II ZR 119/10, ZIP 2012, 723 Rn. 15;
> dazu EWiR 2012, 523 *(Podewils)*;
> m. Anm. *Schädlich*, GmbHR 2012, 568;
>
> BGH, Urt. v. 15.3.2011 – II ZR 204/09, ZIP 2011, 1007 = NJW 2011, 2427 Rn. 9;
> dazu EWiR 2011, 503 *(Kort)*;
> m. Anm. *Poertzgen*, GmbHR 2011, 646;
> m. Bespr. *Haas*, NZG 2011, 691;
>
> BGH, Urt. v. 27.4.2009 – II ZR 253/07, ZIP 2009, 1220 Rn. 9;
> dazu EWiR 2009, 575 *(Podewils)*;
> m. Anm. *Blöse*, GmbHR 2010, 139;
> m. Bespr. *Römermann*, NZG 2009, 854;
> m. Bespr. *Poertzgen*, ZInsO 2009, 1833;
>
> BGH, Urt. v. 12.3.2007 – II ZR 315/05, ZIP 2007, 1060 = NJW 2007, 3130 Rn. 14;

> BGH, Urt. v. 25.7.2005 – II ZR 390/03, BGHZ 164, 50 = ZIP 2005, 1734 = NJW 2005, 3137;
> BGH, Urt. v. 6.6.1994 – II ZR 292/91, BGHZ 126, 181 = ZIP 1994, 1103 = NJW 1994, 2220; dazu EWiR 1994, 791 *(Wilhelm)*.

Zur Zahlungsunfähigkeit und zur Überschuldung kommen dem Insolvenzverwalter bzw. dem Gläubiger aber **Beweiserleichterungen durch Indizien** zugute. Dazu kann auf Rn. 578 ff. und 618 ff. verwiesen werden. 1308

Wenn bei Anhaltspunkten für eine **Überschuldung** die Erstellung eines Überschuldungsstatus am **Fehlen von Unterlagen** scheitert, weil der Geschäftsführer seine Pflicht zur Führung und Aufbewahrung von Belegen (§§ 238, 257 HGB, § 41 GmbHG) verletzt hat, hat der Nachweis einer Überschuldung nach den Grundsätzen der Beweisvereitelung als geführt zu gelten. 1309

> BGH, Urt. v. 12.3.2007 – II ZR 315/05, ZIP 2007, 1060 = NJW 2007, 3130 Rn. 14;
> BGH, Urt. v. 7.3.2005 – II ZR 138/03, ZIP 2005, 807; m. Bespr. *Blöse*, GmbHR 2005, 618;
> a. A. OLG Brandenburg, Urt. v. 31.3.2005 – 11 U 103/04, ZIP 2005, 1073.

Das gilt auch, wenn der Geschäftsführer pflichtwidrig keine Handelsbilanz aufgestellt hat. 1310

Den **Geschäftsführer** trifft dagegen die Darlegungslast dafür, dass trotz rechnerischer Überschuldung für das Unternehmen eine **positive Zukunftsprognose** bestand. Das ist auch für den zweistufigen Überschuldungsbegriff vor Inkrafttreten der InsO sachgerecht, weil der Geschäftsführer besser als ein Außenstehender die Zukunftsaussichten des Unternehmens beurteilen könne. 1311

> BGH, Urt. v. 15.3.2011 – II ZR 204/09, ZIP 2011, 1007 = NJW 2011, 2427 Rn. 31; dazu EWiR 2011, 503 *(Kort)*; m. Anm. *Poertzgen*, GmbHR 2011, 646; m. Bespr. *Haas*, NZG 2011, 691;
> BGH, Urt. v. 27.4.2009 – II ZR 253/07, ZIP 2009, 1220 Rn. 11; dazu EWiR 2009, 575 *(Podewils)*; m. Anm. *Blöse*, GmbHR 2010, 139; m. Bespr. *Römermann*, NZG 2009, 854; m. Bespr. *Poertzgen*, ZInsO 2009, 1833;
> BGH, Urt. v. 1.3.1993 – II ZR 81/94, ZIP 1994, 891; dazu EWiR 1994, 789 *(U. H. Schneider)*.

Für den einstufigen Überschuldungsbegriff nach § 19 Abs. 2 InsO a. F. folgt dies schon aus dem Gesetzeswortlaut, ebenso für den zweistufigen Überschuldungsbegriff in § 19 Abs. 2 InsO n. F. (siehe Rn. 689 ff.). 1312

Eine Erleichterung seiner Darlegungslast ergibt sich für den **Neugläubiger** – im Unterschied zum Altgläubiger – daraus, dass er nicht den genauen Zeitpunkt benennen muss, zu dem die Überschuldung eingetreten sein soll. Für die 1313

Berechnung des Quotenschadens des Altgläubigers sind exakte Angaben zum Zeitpunkt des Insolvenzeintritts unentbehrlich, weil sich der Quotenschaden nur so überhaupt errechnen lässt. Der Neugläubiger hingegen braucht – unter Zuhilfenahme der zuvor erwähnten Erleichterungen – lediglich Tatsachen dafür vorzutragen, dass die Gesellschaft bereits insolvent war, bevor er die Verträge mit der Gesellschaft abgeschlossen hat.

1314 Auch bei der **Zahlungsunfähigkeit** gelten die Voraussetzungen der Insolvenzreife nach den Grundsätzen der Beweisvereitelung als bewiesen, wenn der Geschäftsführer die ihm obliegende Pflicht zur Führung und Aufbewahrung von Büchern und Belegen nach §§ 238, 257 HGB, § 41 GmbHG verletzt hat und dem Gläubiger deshalb die Darlegung näherer Einzelheiten nicht möglich ist.

> BGH, Urt. v. 24.1.2012 – II ZR 119/10, ZIP 2012, 723 Rn. 16;
> dazu EWiR 2012, 523 *(Podewils)*;
> m. Anm. *Schädlich*, GmbHR 2012, 568.

1315 Steht die Überschuldung zu einem bestimmten **Zeitpunkt** fest oder ist sie unstreitig, hat der Geschäftsführer darzulegen oder zu beweisen, dass sie wieder entfallen ist und sich die Gesellschaft erholt hat.

> BGH, Urt. v. 12.3.2007 – II ZR 315/05, ZIP 2007, 1060 = NJW 2007, 3130 Rn. 15.

1316 Bei einer kurzen Frist zwischen Bilanzstichtag und Abschluss des Geschäfts ist von einer Fortdauer der Insolvenzreife auszugehen.

> BGH, Beschl. v. 28.4.2008 – II ZR 51/07, ZInsO 2008, 1019 Rn. 8.

1317 Nichts anderes gilt für die Zahlungsunfähigkeit.

1318 Ist die Insolvenzreife unstreitig oder bewiesen, so wird eine **schuldhafte Verletzung** der Antragspflicht durch den Geschäftsführer **vermutet.**

> BGH, Urt. v. 24.1.2012 – II ZR 119/10, ZIP 2012, 723 Rn. 25;
> dazu EWiR 2012, 523 *(Podewils)*;
> m. Anm. *Schädlich*, GmbHR 2012, 568;
>
> BGH, Urt. v. 15.3.2011 – II ZR 204/09, ZIP 2011, 1007 = NJW 2011, 2427 Rn. 38;
> dazu EWiR 2011, 503 *(Kort)*;
> m. Anm. *Poertzgen*, GmbHR 2011, 646;
> m. Bespr. *Haas*, NZG 2011, 691;
>
> BGH, Urt. v. 6.6.1994 – II ZR 292/91, BGHZ 126, 181 = ZIP 1994, 1103 = NJW 1994, 2220;
> dazu EWiR 1994, 791 *(Wilhelm)*;
>
> BGH, Urt. v. 5.2.2007 – II ZR 234/05, BGHZ 171, 46 = ZIP 2007, 676;
> dazu EWiR 2007, 305 *(Haas/Reiche)*;
> m. Anm. *Poertzgen*, GmbHR 2007, 485;
> m. Anm. *Gehrlein*, BB 2007, 901.

Es ist dann Sache des Geschäftsführers, Tatsachen vorzutragen, die geeignet sind, ihn zu entlasten. Zu Einzelheiten wird auf die Darstellung bei § 64 Satz 1 GmbHG verwiesen (siehe Rn. 748 ff.). Insoweit unterscheidet sich die Haftung für die Insolvenzverschleppung nicht von der Haftung für Zahlungen nach Insolvenzreife. 1319

bb) Schaden

Der **Gläubiger** – also im Fall eines Altgläubigerschadens in der Regel der Insolvenzverwalter – muss den entstandenen Schaden darlegen und beweisen. Beweiserleichterungen kommen ihm aber durch § 287 ZPO zugute. 1320

> BGH, Urt. v. 5.2.2007 – II ZR 234/05, BGHZ 171, 46
> = ZIP 2007, 676;
> dazu EWiR 2007, 305 *(Haas/Reiche)*;
> m. Anm. *Poertzgen*, GmbHR 2007, 485;
> m. Anm. *Gehrlein*, BB 2007, 901;
> BGH, Urt. v. 9.3.1992 – II ZR 102/91, ZIP 1992, 539.

i) Informationsbeschaffung

Entscheidend ist für den Einzelgläubiger vor allem, wie er an die für die Klagebegründung erforderlichen Informationen kommt. Dem Insolvenzverwalter stehen in der Regel die Unterlagen des Unternehmens zur Verfügung. 1321

aa) Insolvenzverwalter

Nach § 97 Abs. 1 InsO ist der Schuldner verpflichtet, dem Insolvenzgericht und dem Insolvenzverwalter, aber auf Anordnung des Gerichts auch der Gläubigerversammlung, alle **Auskünfte** zu erteilen, die die Umstände des Insolvenzverfahrens betreffen. 1322

Dazu gehören Angaben zu 1323

- den Gründen der Insolvenz,
- dem Vermögen der GmbH und seinem Verbleib,
- einzelnen Gläubigerforderungen und ihrer Berechtigung,
- Absonderungs- und Aussonderungsrechten.

Aufgrund der Verweisung in § 20 Abs. 1 InsO gilt die Auskunftspflicht bereits im Eröffnungsverfahren und gemäß § 22 Abs. 3 InsO auch gegenüber dem nur vorläufigen Insolvenzverwalter. 1324

Gemäß § 97 Abs. 1 Satz 2 InsO ist der Schuldner selbst dann auskunftspflichtig, wenn die zu offenbarenden Tatsachen geeignet sind, gegen ihn eine Strafverfolgung herbeizuführen. 1325

1326 § 97 Abs. 1 Satz 3 InsO lautet:

> Jedoch darf eine Auskunft, die der Schuldner gemäß seiner Verpflichtung nach Satz 1 erteilt, in einem Strafverfahren oder in einem Verfahren nach dem Gesetz über die Ordnungswidrigkeiten gegen den Schuldner oder einen in § 52 Abs. 1 der Strafprozessordnung bezeichneten Angehörigen des Schuldners nur mit Zustimmung des Schuldners verwendet werden.

1327 Wenn die Auskunftspflicht nicht einmal durch strafrechtliche Verfolgung ausgeschlossen ist, so kann ihr erst recht nicht die Gefahr einer zivilrechtlichen Inanspruchnahme des Auskunftspflichtigen entgegenstehen.

Henssler, ZInsO 1999, 121, 123 m. w. N.

1328 Die Verpflichtungen des § 97 InsO treffen gemäß § 101 Abs. 1 InsO bei der Insolvenz der GmbH deren **Geschäftsführer**. Gemäß § 97 Abs. 2 InsO hat er den Insolvenzverwalter bei der Erfüllung seiner Aufgaben zu unterstützen. Kann er seiner Auskunftspflicht auf andere Weise nicht angemessen genügen, so hat er Nachforschungen anzustellen.

1329 Die Auskunftspflicht – im Unterschied zur Mitwirkungspflicht – trifft gemäß § 101 Abs. 1 Satz 2 InsO auch einen **ausgeschiedenen** Geschäftsführer; zumindest denjenigen, der nicht früher als zwei Jahre vor der Eröffnung des Insolvenzverfahrens ausgeschieden ist.

1330 Der Geschäftsführer kann sich somit zwar der Mitwirkungspflicht, nicht aber der Auskunftspflicht durch Amtsniederlegung entziehen.

1331 Für eine Umgehung der Mitwirkungspflicht durch Amtsniederlegung ist es zu spät, wenn die Eröffnung des Insolvenzverfahrens beantragt ist.

Uhlenbruck, GmbHR 2002, 941, 943.

1332 Auskunftspflichtig ist auch der **faktische** Geschäftsführer.

1333 Die Auskunftspflicht erstreckt sich auch auf Pflichtverletzungen, die der Geschäftsführer selbst gegenüber der Gesellschaft verübt hat; das gilt auch für den Gesellschafter-Geschäftsführer.

bb) Alt- und Neugläubiger

1334 Der Gläubiger kann seine Informationen vor allem dadurch gewinnen, dass er die **Insolvenzakten** einsieht, in denen neben den für eine Zahlungseinstellung indiziellen Angaben nach § 13 Abs. 1 Satz 3 InsO (siehe Rn. 581 ff.) u. U. Auskünfte des Geschäftsführers entsprechend Rn. 1323 enthalten sind, vor allem aber die Vermögensübersicht und das Insolvenzgutachten. Darauf hat er nach § 4 InsO, § 299 Abs. 2 ZPO einen Anspruch.

BGH, Beschl. v. 5.4.2006 – IV AR (VZ) 1/06, ZIP 2006, 1154:

> Auch nach Abweisung des Antrags auf Insolvenzeröffnung mangels Masse besteht für einen Gläubiger der Insolvenzschuldnerin das rechtliche Interesse i. S. d. § 4 InsO, § 299 Abs. 2 ZPO an der Einsicht in die Insolvenzakten fort. Dieses rechtliche Interesse entfällt nicht dadurch, dass der Gläubiger Akteneinsicht

begehrt um festzustellen, ob ihm Durchgriffs- und Schadensersatzansprüche gegen Dritte, insbesondere gegen Geschäftsführer und Gesellschafter der Schuldnerin, zustehen.

Dazu EWiR 2006, 447 *(Pape)*.

Das gilt erst recht für Gläubiger, die erst nach Eröffnungsantragstellung ihre Forderung erwarben, selbst wenn der Eröffnungsantrag eines Gläubigers nach Zahlung für erledigt erklärt wurde. **1335**

OLG Schleswig, Beschl. v. 29.7.2008 – 12 VA 1/08, NJW-RR 2009, 63.

Neben dem **Gutachten** des als Sachverständigen eingesetzten vorläufigen Insolvenzverwalters zur finanziellen Situation der Schuldnerin – das vom Einsichtsrecht umfasst wird – und zum Vorhandensein von Insolvenzgründen können auch der Eröffnungsantrag und der ausgefüllte **Anhörungsfragebogen** des Insolvenzgerichts hilfreich sein. **1336**

Zuständig ist, wenn es nicht zur Eröffnung eines Insolvenzverfahrens kommt oder ein am Insolvenzverfahren nicht beteiligter Dritter den Antrag stellt, der Direktor des Amtsgerichts (Insolvenzgerichts), der die Entscheidung meist auf den jeweiligen Insolvenzrichter übertragen hat. Lehnt das Amtsgericht die Einsichtnahme ab, so entscheidet über die Beschwerde gegen diesen Justizverwaltungsakt i. S. d. § 23 EGGVG das Oberlandesgericht. **1337**

Wird der Antrag auf Akteneinsicht nach Eröffnung des Insolvenzverfahrens von einem am Insolvenzverfahren durch Forderungsanmeldung beteiligten Insolvenzgläubiger gestellt, so entscheidet über den Antrag das Insolvenzgericht, nicht der Behördenleiter. **1338**

Gegen eine ablehnende Entscheidung ist die sofortige Beschwerde statthaft (§ 23 EGGVG). **1339**

OLG Celle, Beschl. v. 19.1.2004 – 2 W 118/03, ZIP 2004, 370.

Die Akteneinsicht nach § 4 InsO, § 299 Abs. 2 ZPO bezieht sich auf die beim Insolvenzgericht geführten Akten, einschließlich zu den Akten gelangter Gutachten und Berichte. **1340**

OLG Celle, Beschl. v. 19.1.2004 – 2 W 118/03, ZIP 2004, 370.

Dagegen bezieht sich die Einsicht nicht auf etwaige Buchhaltungsunterlagen, die der Insolvenzverwalter in Besitz genommen hat, oder seine eigenen Unterlagen. **1341**

OLG Köln, Beschl. v. 21.11.2007 – 2 U 110/07, ZIP 2008, 1131.

Wenn die Geschäftsunterlagen der GmbH ausnahmsweise bei der Insolvenzakte sind, erfasst das Einsichtsrecht dagegen auch diese Unterlagen. **1342**

Bruns, MDR 2006, 904, 906.

1343 Es gibt noch andere Informationsquellen für den Gläubiger. Das Insolvenzgericht ist verpflichtet, von der Insolvenzeröffnung wie auch der Ablehnung mangels Masse der zuständigen **Staatsanwaltschaft** Mitteilung zu machen.

Nr. XII a Nr. 2, 3 der Mitteilungen in Zivilsachen (MiZi).

1344 Der Gläubiger hat das Recht, als „Verletzter" i. S. d. § 406e Abs. 1 StPO Einsicht in die Akten der Staatsanwaltschaft zu nehmen.

Vgl. *Bruns*, MDR 2006, 904, 907.

1345 Hilfreich kann es auch sein, das **Handelsregister** einzusehen. Denn der Geschäftsführer hat gemäß § 325 Abs. 1 HGB spätestens vor Ablauf des nächsten Geschäftsjahres den Jahresabschluss zum Handelsregister einzureichen. Der Jahresabschluss bietet einen Anhaltspunkt dafür, wann die Überschuldung der Gesellschaft eingetreten sein könnte (siehe Rn. 618 ff.).

1346 Wenn die Eröffnung des Insolvenzverfahrens mangels Masse abgelehnt wird und die Akten der Staatsanwaltschaft oder des Insolvenzgerichts unergiebig sind, bleibt einem Gläubiger der GmbH noch die Einsicht in die Bücher und Schriften der Gesellschaft über den **Liquidator**. Denn gemäß § 74 Abs. 2 GmbHG sind die Bücher und Schriften der Gesellschaft zehn Jahre lang aufzubewahren.

Vgl. *Uhlenbruck*, ZIP 1996, 1641, 1650;
Bruns, MDR 2006, 904, 907.

1347 Das Einsichtsrecht steht zwar in erster Linie den Gesellschaftern zu; die Gläubiger können aber gemäß § 74 Abs. 3 Satz 2 GmbHG zur Einsichtnahme ermächtigt werden, auch dann noch, wenn die GmbH wegen Vermögenslosigkeit im Handelsregister gelöscht wurde.

LG Köln, Beschl. v. 15.1.1988 – 87 T 27/87, ZIP 1988, 1125;
dazu EWiR 1988, 1101 *(K. Müller)*;
Haas, NZG 1999, 373, 380.

1348 Die Einsicht wird im Verfahren der Freiwilligen Gerichtsbarkeit vom Registergericht gewährt.

Zum Verfahren *Bruns*, MDR 2006, 904, 907.

8. § 8a AltTZG/§ 7d Abs. 1 SGB IV a. F. (Unterlassene Insolvenzsicherung von Wertguthaben auf Alterssicherung)

1349 Ein Wertguthaben, das ein Arbeitnehmer in **Altersteilzeit** erwirbt, ist kein sonstiges Recht i. S. d. § 823 Abs. 1 BGB, da es lediglich einen schuldrechtlichen Anspruch des Arbeitnehmers gegen seinen Arbeitgeber begründet, ihm in der Freistellungsphase das während der Arbeitsphase erarbeitete Entgelt auszuzahlen.

BAG, Urt. v. 12.4.2011 – 9 AZR 229/10, GmbHR 2012, 31;
m. Anm. *Lindemann*, GmbHR 2012, 37;

BAG, Urt. v. 23.2.2010 – 9 AZR 44/09, ZIP 2010, 1361;
dazu EWiR 2010, 595 *(Mattiessen)*;
BAG, Urt. v. 21.11.2006 – 9 AZR 206/06, ZIP 2007, 692;
m. Anm. *Kothe-Hegemann*, GmbHR 2007, 605;
BAG, Urt. v. 16.8.2005 – 9 AZR 79/05, DB 2006, 679;
dazu EWiR 2006, 333 *(Hertzfeld)*;
BAG, Urt. v. 16.8.2005 – 9 AZR 470/04, ZIP 2006, 344.

§ 7d Abs. 1 SGB IV a. F., der die Parteien eines Altersteilzeitvertrags verpflichtet, Vorkehrungen zu treffen, die der Erfüllung des Wertguthabens des Arbeitnehmers bei Insolvenz des Arbeitgebers dienen, und der für Vereinbarungen über dem Altersteilzeitvertrag vor dem 1. Juli 2004 gilt, ist **kein Schutzgesetz** zugunsten des Arbeitnehmers i. S. d. § 823 Abs. 2 BGB. 1350

BAG, Urt. v. 12.4.2011 – 9 AZR 229/10, GmbHR 2012, 31;
m. Anm. *Lindemann*, GmbHR 2012, 37;
BAG, Urt. v. 21.11.2006 – 9 AZR 206/06, ZIP 2007, 692;
m. Anm. *Kothe-Hegemann*, GmbHR 2007, 605;
BAG, Urt. v. 16.8.2005 – 9 AZR 79/05, DB 2006, 679;
dazu EWiR 2006, 333 *(Hertzfeld)*;
BAG, Urt. v. 16.8.2005 – 9 AZR 470/04, ZIP 2006, 344.

§ 8a AltTZG a. F., wonach der Arbeitgeber verpflichtet ist, das Wertguthaben einschließlich des darauf entfallenden Arbeitgeberanteils am Gesamtsozialversicherungsbeitrag mit der ersten Gutschrift in geeigneter Weise gegen das Risiko seiner Zahlungsunfähigkeit abzusichern, und der für seit 1. Juli 2004 abgeschlossene Altersteilzeitarbeitsverträge gilt, ist zwar Schutzgesetz i. S. v. § 823 Abs. 2 BGB im Verhältnis zum Arbeitgeber, aber nicht zu den Organen einer Gesellschaft. Damit ist **keine Eigenhaftung** der Organe verbunden. 1351

BAG, Urt. v. 23.2.2016 – 9 AZR 293/15, ZIP 2016, 885;
dazu EWiR 2016, 315 *(Rolfs)*;
BAG, Urt. v. 23.2.2010 – 9 AZR 44/09, ZIP 2010, 1361;
dazu EWiR 2010, 595 *(Mattiessen)*.

Aufgrund von § 7e Abs. 7 Satz 2 SGB IV n. F. kommt seit 1. September 2009 eine Haftung der Organe für eine unterlassene Wertsicherung infrage. Danach haftet der Arbeitgeber für den entstandenen Schaden, wenn es wegen eines nicht geeigneten oder nicht ausreichenden Insolvenzschutzes zu einer Verringerung oder einem Verlust des Wertguthabens kommt. Ist der Arbeitgeber eine juristische Person oder eine Gesellschaft ohne Rechtspersönlichkeit, haften auch die organschaftlichen Vertreter gesamtschuldnerisch für den Schaden. Für die Altersteilzeit ordnet § 8a Abs. 1 AltTZG ordnet aber an, dass § 7e SGB IV keine Anwendung findet. Der Anwendungsausschluss erfasst alle in § 7e SGB IV getroffenen Regelungen und damit auch die in § 7e Abs. 7 Satz 2 SGB IV angeordnete Haftung der organschaftlichen Vertreter. 1352

BAG, Urt. v. 23.2.2016 – 9 AZR 293/15, ZIP 2016, 885;
dazu EWiR 2016, 315 *(Rolfs)*;
Offen noch BAG, Urt. v. 23.2.2010 – 9 AZR 44/09, ZIP 2010, 1361;
dazu EWiR 2010, 595 *(Mattiessen)*.

1353 Wenn der Geschäftsführer aber über die Insolvenzsicherung des Alterswertguthabens **täuscht**, kommt eine **persönliche Haftung** nach § 823 Abs. 2 BGB i. V. m. § 263 StGB infrage.

> BAG, Urt. v. 12.4.2011 – 9 AZR 229/10, GmbHR 2012, 31; m. Anm. *Lindemann*, GmbHR 2012, 37;
> BAG, Urt. v. 23.2.2010 – 9 AZR 44/09, ZIP 2010, 1361; dazu EWiR 2010, 595 *(Mattiessen)*;
> BAG, Urt. v. 21.11.2006 – 9 AZR 206/06, ZIP 2007, 692; m. Anm. *Kothe-Hegemann*, GmbHR 2007, 605.

9. § 1 Abs. 1 Gesetz über die Sicherung der Bauforderungen (BauFordSiG)

1354 Das BauFordSiG will sicherstellen, dass das Baugeld für die Kosten des Baues und nicht für andere Zwecke verwandt wird. Die früher im GSB enthaltene Vorschrift wurde mit dem FoSiG zum 1.1.2009 neu gefasst und verschärft,

> *Leinemann*, NJW 2008, 3745, 3750,

allerdings mit Wirkung vom 4.8.2009 in § 1 Abs. 2 BauFordSiG wieder etwas abgemildert.

1355 Die Neuregelungen durch das BauFordSiG gelten nur für die seit seinem Inkrafttreten entstandenen Rechtsverhältnisse; für früher entstandene gilt weiter das GSB bzw. die alte Fassung des BauFordSiG.

> BGH, Beschl. v. 24.1.2013 – VII ZR 47/11, NJW-RR 2013, 393 Rn. 4;
> BGH, Urt. v. 20.12.2012 – VII ZR 187/11, NJW-RR 2013, 340 Rn. 33;
> BGH, Urt. v. 19.8.2010 – VII ZR 169/09, NJW 2010, 3365 Rn. 6.

1356 § 1 Abs. 1 BauFordSiG verpflichtet den Empfänger von Baugeld, dieses nur zur Befriedigung der Bauhandwerker zu verwenden:

> Der Empfänger von Baugeld ist verpflichtet, das Baugeld zur Befriedigung solcher Personen, die an der Herstellung oder dem Umbau des Baues auf Grund eines Werk-, Dienst- oder Kaufvertrags beteiligt sind, zu verwenden. Eine anderweitige Verwendung des Baugeldes ist bis zu dem Betrag statthaft, in welchem der Empfänger aus anderen Mitteln Gläubiger der bezeichneten Art bereits befriedigt hat. Die Verpflichtung nach Satz 1 hat auch zu erfüllen, wer als Baubetreuer bei der Betreuung des Bauvorhabens zur Verfügung über die Finanzierungsmittel des Bestellers ermächtigt ist.

1357 Die damit einhergehende Beschränkung der Berufsausübungsfreiheit ist nicht verfassungswidrig.

> BVerfG, Beschl. v. 27.1.2011 – 1 BvR 3222/09, NJW 2011, 1578.

1358 § 1 Abs. 1 BauFordSiG ist **Schutzgesetz** i. S. d. § 823 Abs. 2 BGB.

> BGH, Urt. v. 20.12.2012 – VII ZR 187/11, NJW-RR 2013, 340 Rn. 21;

BGH, Urt. v. 8.1.1991 – VI ZR 109/90, NJW-RR 1991, 728.

Der **Geschäftsführer** einer GmbH, die Baugeldempfängerin ist, kann gemäß § 823 Abs. 2 BGB i. V. m. § 1 BauFordSiG auf Schadensersatz in Anspruch genommen werden, wenn er entgegen der Verwendungspflicht des § 1 Abs. 1 BauFordSiG Baugelder zweckwidrig verwendet hat, die für den Bau, für die der Bauhandwerker Leistungen erbracht hat, bestimmt waren, und deshalb eine dem Bauunternehmer zustehende Werklohnforderung, die unter § 1 BauFordSiG fällt, nicht erfüllt wird. **1359**

BGH, Urt. v. 17.5.2018 – VII ZR 92/16, NJW 2018, 2115 Rn. 10;
BGH, Urt. v. 20.12.2012 – VII ZR 187/11, NJW-RR 2013, 340 Rn. 39;
BGH, Urt. v. 19.8.2010 – VII ZR 169/09, NJW 2010, 3365 Rn. 10;
BGH, Urt. v. 8.1.1991 – VI ZR 109/90, NJW-RR 1991, 728;
BGH, Urt. v. 6.6.1989 – VI ZR 281/88, NJW-RR 1989, 1045;
BGH, Urt. v. 19.11.1985 -VI ZR 148/84, NJW 1986, 1105.

Auch der **faktische Geschäftsführer** kann haftbar sein. **1360**

KG, Urt. v. 31.1.2017 – 21 U 36/14, MDR 2017, 586;
OLG Hamburg, Beschl. v. 9.9.2009 – 11 U 148/08, BauR 2010, 639.

Die **Generalunternehmerin**, an die ein Bauherr Baugeld weiterleitet, unterliegt ebenso wie der Bauherr selbst der Verwendungspflicht des § 1 BauFordSiG, ist also Baugeldempfängerin und muss Baugeld an die Bauhandwerker weiterleiten. **1361**

BGH, Urt. v. 19.8.2010 – VII ZR 169/09, NJW 2010, 3365 Rn. 11;
BGH, Urt. v. 9.10.1990 – VI ZR 230/89, NJW-RR 1991, 141;
BGH, Urt. v. 19.11.1985 -VI ZR 148/84, NJW 1986, 1105.

Auch der lediglich mit einem Teil des Baues beauftragte Unternehmer oder **Nachunternehmer** ist selbst Empfänger von Baugeld nach § 1 Abs. 3 Satz 1 Nr. 2 BauFordSiG. **1362**

BGH, Urt. v. 17.5.2018 – VII ZR 92/16, NJW 2018, 2115 Rn. 13.

Der Generalunternehmer, dem ein Teil des Auftrags entzogen wird, bleibt Empfänger von Baugeld. **1363**

BGH, Urt. v. 19.8.2010 – VII ZR 169/09, NJW 2010, 3365 Rn. 14.

a) Baugeld

Baugeld ist nach § 1 Abs. 3 BauFordSiG solches, das nicht dem Eigenkapital des Bauherrn entstammt, sondern mit **grundpfandrechtlich gesicherten Darlehen** aufgenommen und zur Begleichung der Baukosten gedacht ist, oder – seit 1.1.2009 – **Geldbeträge**, die ein Unternehmer, in der Regel ein General- **1364**

unternehmer, der Subunternehmer beauftragt hat, **von seinem Auftraggeber** erhalten hat. § 1 Abs. 3 Satz 1 BauFordSiG lautet:

> Baugeld sind Geldbeträge,
>
> 1.
>
> die zum Zweck der Bestreitung der Kosten eines Baues oder Umbaues in der Weise gewährt werden, dass zur Sicherung der Anspruch des Geldgebers eine Hypothek oder Grundschuld an dem zu bebauenden Grundstück dient oder die Übertragung eines Eigentums an dem Grundstück erst nach gänzlicher oder teilweiser Herstellung des Baues oder Umbaues erfolgen soll, oder
>
> 2.
>
> die der Empfänger von einem Dritten für eine im Zusammenhang mit der Herstellung des Baues oder Umbaues stehende Leistung, die der Empfänger dem Dritten versprochen hat, erhalten hat, wenn an dieser Leistung andere Unternehmer (§ 14 BGB) auf Grund eines Werk-, Dienst- oder Kaufvertrags beteiligt waren.

1365 Beträge, die zum Zweck der Bestreitung der Kosten eines Baues oder Umbaues gewährt werden, sind insbesondere Abschlagszahlungen und solche, deren Auszahlung ohne nähere Bestimmung des Zweckes der Verwendung nach Maßgabe des Fortschrittes des Baues oder Umbaues erfolgen soll.

OLG Dresden, Urt. v. 13.9.2001 – 19 U 346/01, BauR 2002, 486:

> Der Baugeldqualität steht nicht entgegen, dass die Grundschuld, die der Sicherung des Darlehens diente, erst im Grundbuch eingetragen worden ist, nachdem die Auftraggeberin ihre Zahlungen an die Gemeinschuldnerin vorgenommen hatte.

1366 Baugeld sind auch die Kaufpreiszahlungen, die ein Bauträger von den Erwerbern der zu erstellenden Eigentumswohnungen erhalten hat.

OLG Hamm, Beschl. v. 16.9.2014 – 21 U 86/14, NJW 2015, 1391.

1367 Soweit § 1 Abs. 3 Nr. 1 GSB (a. F.) bestimmte, dass Baugeld „solche Geldbeträge sind, deren Auszahlung ohne nähere Bestimmung des Zwecks der Verwendung nach Maßgabe des Fortschreitens des Baues erfolgen soll", hat der BGH zwar ausgeführt,

BGH, Urt. v. 6.6.1989 – VI ZR 281/88, NJW-RR 1989, 1045,

die Auszahlung von Geldbeträgen nach Maßgabe des Fortschreitens des Baues begründe die widerlegliche **Vermutung**, dass es sich um Baugeld handele. Später hat er aber klargestellt, dass damit Zahlungen des Darlehensgebers an den Darlehensnehmer gemeint sind, nicht die Zahlungen an den Auftraggeber.

BGH, Urt. v. 13.12.1988 – VI ZR 260/88, NJW-RR 1989, 788:

> Die von einem Kreditgeber aus Anlass eines Bauvorhabens zur Verfügung gestellten Mittel können nur dann als Baugeld angesehen werden, wenn sie zur Bestreitung der Kosten eines Baues „bestimmt" sind, wenn also z. B. die Vereinbarungen des Kreditnehmers mit dem Kreditgeber ausdrücklich vorsehen, dass der Kredit bewilligt wird, damit der Darlehensnehmer seine Verbindlichkeiten gegenüber Personen tilgen kann, die an der Herstellung des Baus aufgrund eines Werk- oder Werklieferungsvertrags beteiligt sind. Ergibt sich dagegen aus dem Darlehensvertrag, dass das Geld teilweise nicht zur Bestreitung der Baukosten

dienen, sondern andere Zwecke erfüllen soll, insbesondere auch solche, die mit dem jeweiligen Grundstückserwerb in Zusammenhang stehen, so handelt es sich insoweit nicht um Baugeld i. S. v. § 1 Abs. 1 GSB.

BGH, Urt. v. 18.4.1996 – VII ZR 157/95, NJW-RR 1996, 976.

Auch ein durch Grundschulden am Baugrundstück gesicherter Kontokorrentkredit kann ein – modifiziertes – Baudarlehen sein. 1368

BGH, Urt. v. 20.12.2012 – VII ZR 187/11, NJW-RR 2013, 340 Rn. 23;
OLG Stuttgart, Urt. v. 25.8.2011 – 10 U 152/10, BauR 2012, 96.

Ist in einem Darlehensvertrag die Verwendung der Mittel sowohl zu den in § 1 Abs. 1 Satz 1 GSB a. F. genannten Zwecken als auch zu anderen Zwecken vorgesehen, handelt es sich um ein modifiziertes Baugelddarlehen; bei derartigen Darlehensverträgen wird insoweit, als die Verwendung zu anderen als den in § 1 Abs. 1 Satz 1 GSB genannten Zwecken vorgesehen ist, kein Baugeld begründet. 1369

BGH, Urt. v. 20.12.2012 – VII ZR 187/11, NJW-RR 2013, 340 Rn. 23.

Die Gewährung von Baugeld setzt im Funktionszusammenhang mit dem Verwendungsgebot des § 1 Abs. 1 GSB a. F. voraus, dass der Darlehensnehmer die Verfügungsgewalt über die Darlehensbeträge erlangt hat. Die Baugeldverwendungspflicht kann sich danach auch auf Darlehensbeträge erstrecken, die der Baugelddarlehensgeber auf Anweisung des Baugeldempfängers unmittelbar an einen Dritten auszahlt. 1370

BGH, Urt. v. 20.12.2012 – VII ZR 187/11, NJW-RR 2013, 340 Rn. 26.

Ebenso fallen darunter Gelder, die nicht an den Baugeldempfänger, sondern nach Abtretung an seine Bank gezahlt werden. 1371

OLG Hamm, Urt. v. 31.1.2014 – 9 U 187/13, NJW 2014, 1742.

Die Baugeldverwendungspflicht erstreckt sich indes nicht auf bewilligte Darlehensbeträge, auf deren Auszahlung zwar ein fälliger und durchsetzbarer Anspruch des Darlehensnehmers besteht, die aber von ihm nicht abgerufen werden. 1372

BGH, Urt. v. 20.12.2012 – VII ZR 187/11, NJW-RR 2013, 340 Rn. 27.

b) Vorgeschriebene Verwendung

Baugeld muss zur Befriedigung der Personen verwendet werden, die an der Herstellung oder dem Umbau des Baues aufgrund eines Werk-, Dienst- oder Kaufvertrags beteiligt sind. 1373

Es kann daher vom Baugeldempfänger grundsätzlich nicht in einen Cash-Pool eingebracht werden. 1374

Vgl. BVerfG, Beschl. v. 27.1.2011 – 1 BvR 3222/09, NJW 2011, 1578.

1375 Der Schutzbereich der Norm in der bisherigen Fassung erstreckte sich bereits auf die sog. „Nachmänner“, denen als **Subunternehmern** die Herstellung des Gebäudes übertragen wurde.

BGH, Urt. v. 6.6.1989 – VI ZR 281/88, NJW-RR 1989, 1045.

1376 Ist der Empfänger selbst an der Herstellung beteiligt, so darf er das Baugeld in Höhe des angemessenen Wertes der von ihm in den Bau verwendeten Leistung oder, wenn die Leistung von ihm noch nicht in den Bau verwendet worden ist, der von ihm geleisteten Arbeit und der von ihm gemachten Auslagen für sich behalten (§ 1 Abs. 2 BauFordSiG).

1377 Der **Geschäftsführer** ist grundsätzlich verpflichtet, das erhaltene Baugeld nur zur Befriedigung solcher Personen zu verwenden, die an der **Herstellung** des Baus aufgrund eines Werk-, Dienst- oder Liefervertrags beteiligt waren. Er darf damit auch nicht die aus dem Grundstückserwerb oder der Hypothekenbeschaffung entstehenden Kosten, z. B. Gerichtskosten, Steuern, Maklerprovisionen und Notargebühren sowie die allgemeinen Kosten, also Gehälter oder Bürokosten tilgen.

BGH, Urt. v. 14.1.1986 – VI ZR 164/84, NJW-RR 1986, 446.

1378 Einen wesentlichen prozentualen Anteil am gesamten Vorhaben muss der Beteiligte aber nicht haben.

BGH, Urt. v. 17.5.2018 – VII ZR 92/16, NJW 2018, 2115 Rn. 20.

1379 Für **Bauplanungsleistungen** oder die Bauleitung darf das Geld verwendet werden.

BGH, Urt. v. 19.8.2010 – VII ZR 169/09, NJW 2010, 3365 Rn. 28;
BGH, Urt. v. 8.1.1991 – VI ZR 109/90, NJW-RR 1991, 728.

1380 Verwendet werden darf das Geld auch für **Hausanschlusskosten** und mit dem Bau in Zusammenhang stehende Gebühren wie Baugenehmigungsgebühren.

OLG Schleswig, Urt. v. 6.6.2008 – 1 U 175/06, NZBau 2008, 646.

1381 Dagegen fällt die Lieferung von nicht wesentlichen Teilen, etwa Mobiliar, nicht darunter.

BGH, Beschl. v. 24.1.2013 – VII ZR 47/11, NJW-RR 2013, 393 Rn. 6.

1382 Der Geschäftsführer ist nicht verpflichtet, das Baugeld zugunsten der Baubeteiligten anteilig oder nach einer Rangordnung zu verwenden. Denn der Baugeldempfänger hat die freie Disposition, wie viel er jedem Baugläubiger von dem Baugeld zuwenden will.

BGH, Urt. v. 6.6.1989 – VI ZR 281/88, NJW-RR 1989, 1045;
OLG Düsseldorf, Urt. v. 12.7.1996 – 22 U 266/95, NJW-RR 1996, 1363:

Ein bei der Weiterleitung von Baugeld übergangener Bauhandwerker kann hieraus keinen Schadensersatzanspruch wegen Verstoßes gegen das GSB herleiten, weil dort nicht bestimmt ist, welche Bauhandwerker in welcher Reihenfolge zu bezahlen sind.

Die vorgeschriebene Verwendung bedeutet nur, dass Mittel in Höhe des empfangenen Baugeldes den Unternehmen zufließen; der Baugeldempfänger darf aber die Unternehmer auch mit nicht zweckgebundenen Mitteln befriedigen. Er wird damit aus der Haftung frei, wenn er einen dem empfangenen Baugeld entsprechenden Betrag an Baugläubiger zur Begleichung von Bauforderungen ausgekehrt hat. 1383

BGH, Urt. v. 19.8.2010 – VII ZR 169/09, NJW 2010, 3365 Rn. 19.

c) Verschulden

Der Geschäftsführer muss **vorsätzlich** gehandelt haben; bedingter Vorsatz reicht aber aus. 1384

BGH, Urt. v. 13.12.2001 – VII ZR 305/99, NJW-RR 2002, 740:

Bedingter Vorsatz ist nach ständiger Rechtsprechung des BGH gegeben, wenn der Eintritt des tatbestandsmäßigen Erfolgs als möglich und nicht völlig unwahrscheinlich erkannt und gebilligt wird. Die Annahme von Billigung liegt nahe, wenn der Täter sein Vorhaben trotz starker Gefährdung des betroffenen Rechtsguts durchführt, ohne auf einen glücklichen Ausgang und überhaupt das Nichtvorliegen des objektiven Tatbestandes vertrauen zu können, und wenn er es dem Zufall überlässt, ob sich die von ihm erkannte Gefahr verwirklicht oder nicht. In Kauf nimmt der Täter auch einen an sich unerwünschten Erfolg, mit dessen möglichem Eintritt er sich aber abfindet; anders ist es, wenn der Täter ernsthaft – nicht nur vage – darauf vertraut, dass der Erfolg nicht eintritt.

BGH, Urt. v. 8.1.1991 – VI ZR 109/90, NJW-RR 1991, 728.

Von Vorsatz ist auszugehen, „wenn der Baugeldempfänger die baugeldbegründenden Umstände für möglich oder nicht ganz fernliegend hielt und einen Verstoß gegen die Verwendungspflicht billigend in Kauf nahm oder sich zumindest damit abfand“. 1385

BGH, Urt. v. 13.12.2001 – VII ZR 305/99, NJW-RR 2002, 740;
OLG Dresden, Urt. v. 13.9.2001 – 19 U 346/01, BauR 2002, 486.

Dazu genügt es, dass der Geschäftsführer weiß, dass die Baugeld empfangende GmbH die erhaltenen Mittel nicht zur Bezahlung des Baugeldgläubigers verwandte. 1386

BGH, Urt. v. 17.5.2018 – VII ZR 92/16, NJW 2018, 2115 Rn. 24.

Es ist auch unerheblich, ob der Geschäftsführer die Bestimmung des § 1 BauFordSiG kannte; als Geschäftsführer hat er sie zu kennen; fehlt ihm diese Kenntnis, so liegt regelmäßig ein vermeidbarer Verbotsirrtum vor. Ein Verbotsirrtum ist nur dann unvermeidbar, wenn der Täter trotz der ihm nach den Umständen des Falles, seiner Persönlichkeit sowie seiner Lebens- und Berufskreis zuzumutenden Anspannung des Gewissens die Einsicht in das Unrechtmäßige seines Handelns nicht zu gewinnen vermochte. Das setzt voraus, dass er alle seine geistigen Erkenntniskräfte eingesetzt und etwa auftauchende 1387

Zweifel durch Nachdenken und erforderlichenfalls durch Einholung von Rat beseitigt hat. Ein Geschäftsführer eines mit großen Bauvorhaben betrauten Unternehmens muss sich nach den für seinen Tätigkeitsbereich einschlägigen Regelungen erkundigen.

BGH, Urt. v. 17.5.2018 – VII ZR 92/16, NJW 2018, 2115 Rn. 25;
BGH, Urt. v. 20.12.2012 – VII ZR 187/11, NJW-RR 2013, 340 Rn. 44;
BGH, Urt. v. 9.10.1990 – VI ZR 230/89, NJW-RR 1991, 141;
OLG Dresden, Urt. v. 13.9.2001 – 19 U 346/01, BauR 2002, 486.

d) Beweislast

1388 Nach der ausdrücklichen gesetzlichen Regelung trifft die Beweislast den Empfänger von Baugeld, wenn die Baugeldeigenschaft oder die Verwendung des Baugeldes streitig ist, § 1 Abs. 4 BauFordSiG. Der Gläubiger muss nur darlegen und beweisen, dass die Gesellschaft **Baugeld** in mindestens der Höhe der Werklohnforderung **erhalten** hat und dass von diesem Geld trotz unterbliebener Begleichung ihrer fälligen Ansprüche nichts mehr vorhanden ist; Sache des beklagten Geschäftsführers der Gesellschaft ist es dann, die (anderweitige) ordnungsgemäße Verwendung des Geldes darzulegen.

BGH, Urt. v. 17.5.2018 – VII ZR 92/16, NJW 2018, 2115 Rn. 23;
BGH, Urt. v. 20.12.2012 – VII ZR 187/11, NJW-RR 2013, 340 Rn. 33;
BGH, Urt. v. 19.8.2010 – VII ZR 169/09, NJW 2010, 3365 Rn. 17;
BGH, Urt. v. 13.12.2001 – VII ZR 305/99, NJW-RR 2002, 740;
BGH, Urt. v. 21.3.1994 – II ZR 260/92, ZIP 1994, 872;
BGH, Urt. v. 9.10.1990 – VI ZR 230/89, NJW-RR 1991, 141.

1389 Der Empfänger hat daher substantiiert darzulegen und aufzuschlüsseln, welche Zahlungen auf das Bauwerk geleistet worden sind und in welcher Art und Weise das Baugeld an die jeweiligen Bauhandwerker weitergeleitet worden ist.

OLG Jena, Urt. v. 18.4.2012 – 7 U 762/11, NJW-RR 2012, 1107;
OLG Düsseldorf, Urt. v. 12.7.1996 – 22 U 266/95, NJW-RR 1996, 1363;
OLG Hamburg, Urt. v. 20.8.1993 – 11 U 82/92, BauR 1994, 123:

Für die Darlegung einer ordnungsgemäßen Verwendung des Baugeldes reicht es nicht aus, den Ausfall eines Baugläubigers mit der Behauptung zu begründen, der Ausfall beruhe ausschließlich auf einer fehlerhaften Kalkulation; denn aus einem solchen Vortrag ergibt sich noch nicht, dass zum Zeitpunkt der Fälligkeit der Forderung (des ausgefallenen Baugläubigers) alle Baugelder zulässigerweise an andere Bauhandwerker ausgekehrt und somit verbraucht gewesen sind.

1390 Dem geschädigten Bauhandwerker wurde der Nachweis der gesetzeswidrigen Verwendung der Baugelder bisher auch dadurch erleichtert, dass der Baugeldempfänger gemäß § 2 GSB verpflichtet war, ein **Baubuch** zu führen, das u. a. die auf jede Forderung geleistete Zahlung und die Zeit der Zahlung festzuhalten hatte. Dieses Baubuch war dem Gläubiger auf Verlangen vorzulegen. Hatte es der Baugeldempfänger unterlassen, das Baubuch ordentlich zu führen oder hatte er gar keines geführt, wurde zugunsten der Baugläubiger (allerdings widerlegbar) davon ausgegangen, dass in Höhe der im Grundbuch eingetragenen Grundpfandrechte auch Baugelder gewährt worden sind.

BGH, Urt. v. 9.12.1986 – VI ZR 287/85, NJW 1987, 1196.

Diese Beweiserleichterung und das Baubuch sind nicht mehr notwendig, weil nach § 1 Abs. 4 BauFordSiG n. F. zugunsten der Baugläubiger davon auszugehen ist, dass empfangene Gelder Baugeld waren. An der Funktion des Baubuches als Nachweis der Zuordnung empfangener Gelder und ihrer Auszahlung hat der Geschäftsführer daher ein eigenes Interesse. 1391

e) Schaden

Der Schaden des Bauhandwerkers entfällt, wenn die Zahlung an ihn der Insolvenzanfechtung nicht standgehalten hätte. 1392

BGH, Beschl. v. 26.4.2013 – IX ZR 220/11, NJW 2013, 2514 Rn. 5.

Die Schadensersatzpflicht nach § 823 Abs. 2. BGB i. V. m. § 1 BauFordSiG erstreckt sich auch auf die bezüglich der Bauforderungen angefallenen **Rechtsverfolgungskosten**. 1393

BGH, Urt. v. 12.12.1989 – VI ZR 311/88, NJW-RR 1990, 914.

10. Makler- und Bauträgerverordnung

Das an den Bauträger gerichtete Verbot, Zahlungen entgegenzunehmen, ohne dass die in § 3 Abs. 1 Satz 1 Nr. 1 bis 4 MaBV genannten Voraussetzungen vorliegen, ist ein **Schutzgesetz** i. S. v. § 823 Abs. 2 BGB. Das gleiche gilt für die Befreiung nach § 7 MaBV nur gegen Sicherheitsleistung. Der Geschäftsführer einer GmbH, der den Schaden persönlich herbeigeführt hat, haftet daher neben der GmbH. 1394

BGH, Urt. v. 5.12.2008 – V ZR 144/07, NJW 2009, 673 Rn. 11.

11. Herabsetzung des Stammkapitals

Nach § 58 Abs. 1 Nr. 1 GmbHG setzt die Herabsetzung des Stammkapitals voraus, dass diese öffentlich bekannt gemacht wird und Gläubiger der Gesellschaft aufgefordert werden, sich bei der Gesellschaft zu melden. Gläubiger, die sich bei der Gesellschaft melden und der Herabsetzung nicht zustimmen, sind gemäß § 58 Abs. 1 Nr. 2 GmbHG wegen der erhobenen Ansprüche zu befriedigen oder sicherzustellen. 1395

Diese Bestimmung ist nach überwiegender Meinung Schutzgesetz i. S. v. § 823 Abs. 2 BGB. 1396

OLG Hamburg, Urt. v. 5.7.2000 – 8 U 173/99, OLGR Hamburg 2001, 83;

BayObLG, Beschl. v. 20.9.1974 – BReg 2 Z 43/74, GmbHR 1974, 287;
MünchKommGmbHG/*J. Vetter*, § 58 Rn. 172.

1397 Wird sie verletzt und den Gläubigern durch eine nicht bekannt gemachte Kapitalherabsetzung der Haftungsfonds entzogen, so haftet ihnen der verantwortliche Geschäftsführer auf Schadensersatz.

12. Haftung als Liquidator nach § 73 GmbHG

1398 Wird die Gesellschaft aufgelöst, so schließt das nicht aus, dass gleichwohl ein nicht unbeträchtliches Restvermögen vorhanden ist. Dessen Verwertung obliegt dann gemäß § 66 GmbHG dem Geschäftsführer als geborenem Liquidator, wenn die Satzung oder die Gesellschafter nichts anderes bestimmen. Seinen Aufgabenkreis regeln §§ 67 ff. GmbHG, seine Haftung gegenüber der Gesellschaft § 73 Abs. 3 GmbHG. Insbesondere muss danach das Vermögen der Gesellschaft zunächst der Gläubigerbefriedigung dienen und darf erst nach Ablauf eines Sperrjahres an die Gesellschafter ausgezahlt werden. § 73 Abs. 3 GmbHG ist aber kein Schutzgesetz i. S. d. § 823 Abs. 2 BGB für die Gläubiger.

BGH, Urt. v. 13.3.2018 – II ZR 158/16, ZIP 2018, 870 Rn. 15;
dazu EWiR 2018, 421 *(Kleindiek)*;
Offengelassen bei BGH, Urt. v. 9.2.2009 – II ZR 292/07, BGHZ 179, 344 = ZIP 2009, 802 = NJW 2009, 2127 Rn. 35 ff. (Sanitary).

1399 Doch kann ein Gläubiger **den Anspruch der Gesellschaft** nach § 73 Abs. 3 GmbHG gegenüber dem Liquidator nach Pfändung und Überweisung geltend machen, wenn diese versäumt, das zu tun.

BGH, Urt. v. 13.3.2018 – II ZR 158/16, ZIP 2018, 870 Rn. 41;
dazu EWiR 2018, 421 *(Kleindiek)*;
BGH, Urt. v. 9.2.2009 – II ZR 292/07, BGHZ 179, 344 = ZIP 2009, 802 = NJW 2009, 2127 Rn. 11 (Sanitary).

1400 Wenn der Liquidator bei der Verteilung des Gesellschaftsvermögens an die Gesellschafter eine Verbindlichkeit der Gesellschaft gegenüber einem Gläubiger nicht berücksichtigt hat, ist er diesem Gläubiger analog § 268 Abs. 2 Satz 1, § 93 Abs. 5 AktG sogar unmittelbar zum Ersatz bis zur Höhe der verteilten Beträge verpflichtet, wenn die Gesellschaft bereits im Handelsregister gelöscht ist.

BGH, Urt. v. 13.3.2018 – II ZR 158/16, ZIP 2018, 870 Rn. 30;
dazu EWiR 2018, 421 *(Kleindiek)*.

13. Andere Schutzgesetze

1401 Zu der Vielzahl anderer Schutzgesetze, aus deren Verletzung sich eine Haftung des Geschäftsführers ergeben kann, vgl. die Zusammenstellung der Schutzgesetze bei

Palandt/*Sprau*, BGB, § 823 Rn. 62 ff.

VII. Haftung wegen sittenwidriger Schädigung, § 826 BGB

1. Vorsätzliche Insolvenzverschleppung

1402 Bei Insolvenzreife der Gesellschaft kommt neben der Haftung für fahrlässige Insolvenzverschleppung nach § 823 Abs. 2 BGB i. V. m. § 15a Abs. 1 Satz 1 InsO auch eine Haftung für **vorsätzliche Insolvenzverschleppung** nach § 826 BGB in Betracht. Die Haftung nach § 826 BGB setzt Vorsatz voraus, der zu ersetzende Schaden beschränkt sich aber nicht nur auf das negative Interesse.

BGH, Urt. v. 13.10.2009 – VI ZR 288/08, ZIP 2009, 2439 Rn. 7;

BGH, Urt. v. 18.12.2007 – VI ZR 231/06, BGHZ 175, 58 = ZIP 2008, 361 Rn. 15:

Die vorsätzliche Insolvenzverschleppung in der Absicht, den als unabwendbar erkannten „Todeskampf" eines Unternehmens so lange wie möglich hinauszuzögern, kann den Tatbestand einer sittenwidrigen Schädigung i. S. d. § 826 BGB erfüllen, wenn dabei die Schädigung der Unternehmensgläubiger billigend in Kauf genommen wird.

Dazu EWiR 2008, 527 *(Blank)*;
m. Anm. *Werner*, GmbHR 2008, 319;

BGH, Urt. v. 26.6.1989 – II ZR 289/88, BGHZ 108, 134 = ZIP 1989, 1341 = NJW 1989, 3277;
dazu EWiR 1989, 1105 *(v. Gerkan)*

OLG Stuttgart, Urt. v. 27.10.2009 – 6 U 60/09, GmbHR 2010, 207.

1403 Hat der Geschäftsführer **positive Kenntnis** von der unmittelbar drohenden Insolvenz wegen Überschuldung der Gesellschaft und verschweigt er diese den Geschäftspartnern, so ist eine Haftung wegen sittenwidriger Schädigung durch unterlassene Offenbarung der Vermögenslage und durch Insolvenzverschleppung unproblematisch.

BGH, Urt. v. 16.3.1992 – II ZR 152/91, ZIP 1992, 694;
dazu EWiR 1992, 563 *(Schulze-Osterloh)*.

1404 Der **Schädigungsvorsatz** liegt auch vor, wenn der Geschäftsführer die eingetretene Zahlungsunfähigkeit kennt und die Gläubiger dadurch schädigt, dass er das Unternehmen fortführt und mit ihnen Verträge abschließt, ohne die Vermögenslage der Gesellschaft zu offenbaren.

BGH, Urt. v. 18.12.2007 – VI ZR 231/06, BGHZ 175, 58 = ZIP 2008, 361;
dazu EWiR 2008, 527 *(Blank)*;
m. Anm. *Werner*, GmbHR 2008, 319;

OLG Celle, Urt. v. 19.11.1993 – 4 U 46/91, GmbHR 1994, 467;

OLG Koblenz, Urt. v. 5.11.2004 – 5 U 875/04, ZIP 2005, 211.

1405 Nach dem BGH scheidet ein Verstoß gegen die guten Sitten dann aus, wenn der für die Stellung des Konkursantrages verantwortliche Geschäftsführer den Antrag auf Eröffnung des Konkursverfahrens unterlassen hat, weil er die Krise den Umständen nach als überwindbar einschätzte und daher Bemühungen um ihre Behebung durch einen Sanierungserfolg als berechtigt ansehen durfte.

BGH, Urt. v. 1.7.1991 – II ZR 180/90, ZIP 1991, 1140;
dazu EWiR 1992, 161 *(Medicus)*;

BGH, Urt. v. 26.6.1989 – II ZR 289/88, BGHZ 108, 134 = ZIP 1989, 1341 = NJW 1989, 3277;
dazu EWiR 1989, 1105 *(v. Gerkan)*.

1406 Dass der Geschäftsführer die Bemühungen um eine Sanierung für erfolgreich und die Krise für überwindbar ansehen durfte, muss er aber beweisen. Dazu genügt es nicht, dass er einen Insolvenzantrag unterlassen hat, weil er subjektiv die Krise für überwindbar gehalten hat.

BGH, Urt. v. 18.12.2007 – VI ZR 231/06, BGHZ 175, 58 = ZIP 2008, 361;
dazu EWiR 2008, 527 *(Blank)*;
m. Anm. *Werner*, GmbHR 2008, 319.

1407 Wesentlicher Unterschied zu der Haftung für fahrlässige Insolvenzverschleppung nach § 823 Abs. 2 BGB i. V. m. § 15a InsO ist neben den subjektiven Voraussetzungen, dass nicht nur der Vertrauensschaden zu ersetzen ist, sondern auch das positive Interesse.

1408 Der Schaden muss aber durch die verspätete oder unterbliebene Stellung eines Insolvenzantrags verursacht sein. Gezahltes **Insolvenzausfallgeld** ist nur dann ein ersatzfähiger Schaden, wenn es nicht auch bei rechtzeitiger Insolvenzantragstellung hätte gezahlt werden müssen.

BGH, Urt. v. 13.10.2009 – VI ZR 288/08, ZIP 2009, 2439 Rn. 9;

BGH, Urt. v. 18.12.2007 – VI ZR 231/06, BGHZ 175, 58 = ZIP 2008, 361 Rn. 22;

OLG Stuttgart, Urt. v. 27.10.2009 – 6 U 60/09, GmbHR 2010, 207.

1409 Die **Beweislast** dafür, dass bei rechtzeitiger Insolvenzantragstellung kein Insolvenzausfallgeld zu zahlen gewesen wäre, liegt bei der Arbeitsverwaltung.

BGH, Urt. v. 13.10.2009 – VI ZR 288/08, ZIP 2009, 2439 Rn. 11;

BGH, Urt. v. 18.12.2007 – VI ZR 231/06, BGHZ 175, 58 = ZIP 2008, 361 Rn. 23.

1410 In der Insolvenz des Geschäftsführers ist die Verbindlichkeit aus vorsätzlicher Insolvenzverschleppung eine Insolvenzforderung.

OLG Brandenburg, Urt. v. 19.3.2014 – 11 U 215/12, GmbHR 2014, 1312, 1313.

2. Bereicherung auf Kosten der Gläubiger

1411 Eine Haftung nach § 826 BGB kann auch begründet sein, wenn der Geschäftsführer **risikoreiche Verträge** abschließt, die Verträge aber so ausgestaltet, dass das Risiko allein oder überwiegend den Gläubigern aufgebürdet wird.

BGH, Urt. v. 16.3.1992 – II ZR 152/91, ZIP 1992, 694;
dazu EWiR 1992, 563 *(Schulze-Osterloh)*.

In dem vom BGH entschiedenen Fall führte der Geschäftsführer in großem Umfang Bauvorhaben ohne sachgerechte Kalkulation durch und übernahm Aufträge zu Preisen, die nicht kostendeckend waren. Da er sich selbst für jedes Bauvorhaben neben seinem Gehalt als Geschäftsführer eine Provision von 4,5 % bewilligte, war er an möglichst vielen Bauvorhaben interessiert. Als die Gesellschaft insolvent wurde, entstand nicht so sehr ihm – da er kaum Eigenkapital investiert hatte –, wohl aber den Handwerkern großer Schaden, die für die GmbH tätig gewesen waren. 1412

Eine solche Haftung nach § 826 kommt auch infrage, wenn der Gesellschafter die GmbH bereits bei der **Gründung** so gestaltet, dass die **Risiken den Gesellschaftsgläubigern** zugewiesen werden; die Haftung trifft dann zwar in erster Linie den Gesellschafter, ein Fremdgeschäftsführer haftet aber nach § 830 BGB wegen Beteiligung. 1413

BGH, Urt. v. 30.11.1978 – II ZR 204/76, NJW 1979, 2104:

Die beiden Gesellschafter haben die Komplementär-GmbH nur mit einem Kapital von 20.000 DM und die Kommanditgesellschaft selbst nur mit einem zusätzlichen Kapital von 10.000 DM ausgestattet. In den vergangenen Jahren hatten sie unter Benutzung der H. KG Bauvorhaben in ähnlicher Weise ausgeführt, d. h., dass die bebauten Grundstücke im Eigentum eines oder der beiden Gesellschafter standen und der Gesellschaft selbst verwehrt worden war, Gewinne zu erzielen. Sie haben auch sonst nichts zur Erweiterung der Eigenkapitalsbasis beigetragen, was angesichts der in Aussicht stehenden Verpflichtungen und Risiken dringend geboten gewesen wäre.

In einem anderen Fall wurde eine sittenwidrige Schädigung darin gesehen, dass der Geschäftsführer für die Gesellschaft Verträge abschloss, die den üblichen Geschäftsumfang deutlich überschritten, ohne sich um die Finanzierung zu kümmern. 1414

BGH, Urt. v. 18.10.1993 – II ZR 255/92, ZIP 1993, 1785
= NJW 1994, 197.

Sittenwidrig ist auch die **Gründung** einer GmbH und deren **mangelnde Vermögensausstattung** mit dem Ziel, Verträge mit ihr abzuschließen zu lassen, die Leistungen der Vertragspartner aber dem Gesellschafter-Geschäftsführer persönlich zukommen zu lassen. 1415

So handelt auch Eigentümer eines Hausgrundstücks sittenwidrig, der eine GmbH ausschließlich zu dem Zweck gründet und sie vermögenslos hält, um die mit Sanierungsarbeiten zu beauftragenden Werkunternehmer in der Weise zu benachteiligen, dass die Werkverträge nicht mit ihm persönlich, sondern mit der GmbH geschlossen werden mit der Folge, dass den Unternehmern auf diese Weise der Zugriff auf die mit ihren Werkleistungen geschaffenen Vermögenswerte, nämlich die dem Gesellschafter persönlich zufließenden Erlöse aus dem Verkauf von Wohnungen, unmöglich gemacht wird. 1416

BGH, Urt. v. 25.4.1988 – II ZR 175/87, NJW-RR 1988, 1181;
ähnlich OLG Oldenburg, Urt. v. 10.2.2000 – 8 U 187/99, NZG 2000, 555;
m. zust. Anm. *Emmerich*, NZG 2000, 558.

1417 Die einzelnen Arbeitnehmer werden geschädigt, wenn sie zum Übertritt in eine Beschäftigungs- und Qualifizierungsgesellschaft veranlasst werden, bei der die sog. Remanenzkosten nicht ausreichend abgesichert sind.

> BGH, Urt. v. 28.4.2008 – II ZR 264/06, BGHZ 176, 204 = ZIP 2008, 1232 = NJW 2008, 2437 Rn. 27 (GAMMA);
> m. Bespr. *Altmeppen*, ZIP 2008, 1201;
> dazu auch EWiR 2008, 493 *(Bruns)*.

1418 Für den **Vorsatz** nach § 826 BGB ist ausreichend, dass der Geschäftsführer billigend in Kauf nimmt, die Gesellschaft werde die vertraglich übernommenen Verbindlichkeiten nicht erfüllen können.

> BGH, Urt. v. 30.11.1978 – II ZR 204/76, NJW 1979, 2104.

1419 Ein solcher bedingter Vorsatz ist bereits dann gegeben, wenn der Geschäftsführer sich keine Informationen über die wirtschaftliche Lage der Gesellschaft verschafft und nur deshalb nicht von der Überschuldung weiß.

> BGH, Urt. v. 18.10.1993 – II ZR 255/92, ZIP 1993, 1785 = NJW 1994, 197:

Bei der Prüfung der einem bedingten Vorsatz zugrunde liegenden inneren Vorgänge hat der Tatrichter zu untersuchen, ob der Geschäftsführer sich ebenso blind auf die angeblichen Erfahrungen eines Dritten verlassen hätte, wenn er nicht als Geschäftsführer einer GmbH, sondern in eigenem Namen und deshalb mit dem Risiko gehandelt hätte, notfalls für die Forderungen eines Vertragspartners einstehen zu müssen.

1420 Der Beweis des bedingten Vorsatzes kann schon dadurch geführt werden, dass bei dem Täter ein solcher Grad an Leichtfertigkeit vorgelegen habe, dass dieser eine Schädigung des anderen in Kauf genommen haben müsse und dass er vor den die Sittenwidrigkeit begründenden Tatsachen geradezu die Augen verschlossen habe.

> BGH, Urt. v. 18.10.1993 – II ZR 255/92, ZIP 1993, 1785 = NJW 1994, 197;
> m. Anm. *Engelke*, GmbHR 1994, 464.

1421 Auf die Schädigung ganz bestimmter Gläubiger braucht sich der Vorsatz nicht zu erstrecken; es reicht aus, wenn der Schädiger die Richtung vorausgesehen und billigend in Kauf genommen hat, in der sich das Verhalten zum Nachteil anderer auswirken konnte sowie die Art des möglicherweise eintretenden Schadens.

> BGH, Urt. v. 26.6.1989 – II ZR 289/88, BGHZ 108, 134 = ZIP 1989, 1341 = NJW 1989, 3277;
> dazu EWiR 1989, 1295 *(v. Gerkan)*;
> *Groß*, ZGR 1998, 551, 563.

1422 Der **Insolvenzverwalter** ist aber nicht entsprechend §§ 92, 93 InsO befugt, die einzelnen Ansprüche der Gläubiger geltend zu machen.

> BGH, Urt. v. 28.4.2008 – II ZR 264/06, BGHZ 176, 204 = ZIP 2008, 1232 = NJW 2008, 2437 Rn. 29 (GAMMA);

BGH, Urt. v. 25.7.2005 – II ZR 390/03, BGHZ 164, 50
= ZIP 2005, 1734 = NJW 2005, 3137.

Es liegt auf der Hand, dass die Abgrenzung des bedingten Vorsatzes (billigend in Kauf nehmen) zur groben Fahrlässigkeit Schwierigkeiten bereitet. 1423

Dazu BGH, Urt. v. 18.10.1993 – II ZR 255/92, ZIP 1993, 1785
= NJW 1994, 197:

Nach der Rechtsprechung des BGH kann ein besonders leichtfertiges – und damit sittenwidriges – Verhalten den Schluss rechtfertigen, dass der Schaden nicht nur grob fahrlässig, sondern mit bedingtem Vorsatz herbeigeführt worden ist; denn da es sich hierbei um innere Vorgänge handelt, lässt sich ein bedingter Vorsatz oft nur durch den Beweis erbringen, der Schädiger habe so leichtfertig gehandelt, dass er eine Schädigung des anderen in Kauf genommen haben müsse.

In subjektiver Hinsicht verlangt die Haftung aus § 826 BGB die Kenntnis der tatsächlichen das Sittenwidrigkeitsurteil prägenden Umstände und das Bewusstsein, dass das Handeln den schädlichen Erfolg haben wird. Nicht erforderlich ist das Bewusstsein der Sittenwidrigkeit.

3. Einstellung des Geschäftsbetriebs

Nicht sittenwidrig ist es, wenn die Gesellschaft liquidiert wird und die Geschäftstätigkeit ohne Entzug von Vermögen auf eine neue Gesellschaft übertragen wird. Die bloße Einstellung des Geschäftsbetriebes durch ihre Gesellschafter ist nicht ohne Weiteres sittenwidrig. 1424

BGH, Urt. v. 12.2.1996 – II ZR 279/94, ZIP 1996, 637
= NJW 1996, 1283:

Ein derartiges Unwerturteil scheitert daran, dass die Gesellschafter einer GmbH nicht verpflichtet sind, deren Geschäftsbetrieb im Interesse von Gesellschaftsgläubigern im bisherigen Umfang fortzuführen. Sie können die Beendigung des Geschäftsbetriebs und die Auflösung der Gesellschaft beschließen, Warenbestände veräußern, die Geschäftstätigkeit einschränken und auf vielfache andere Weise Maßnahmen treffen, durch die sich die Vollstreckungsaussichten von Gesellschaftsgläubigern vermindern. An solche Maßnahmen können sich Rechtsfolgen knüpfen (wie Liquidation, Konkursantragspflicht, Erstattungspflicht, Anfechtbarkeit), die auch dem Gläubigerschutz dienen, bei Unternehmensübertragung auf einen anderen Träger unter Umständen auch dessen Haftung nach § 25 Abs. 1 HGB oder § 419 Abs. 1 BGB, nicht aber – jedenfalls solange keine besondere Verwerflichkeit begründenden Umstände hinzutreten – eine Schadensersatzpflicht nach § 826 BGB.

M. Anm. *Goette*, DStR 1996, 840;

OLG München, Urt. v. 3.12.1997 – 7 U 4428/97, GmbHR 1998, 285;
dazu EWiR 1998, 291 *(Drygala)*;

OLG Celle, Urt. v. 18.11.1998 – 9 U 225/97. NZG 1999, 728;

OLG Düsseldorf, Urt. v. 29.11.2000 – 5 U 104/99, NZG 2001, 368;
Strohn, ZInsO 2008, 706, 709.

Soweit daran nach dieser BGH-Entscheidung auch der Entzug von Vermögenswerten nichts ändert, entspricht sie aber nicht mehr dem aktuellen Stand der 1425

Rechtsprechung. Solche Ausplünderungen hat der BGH später für sittenwidrig erachtet.

BGH, Urt. v. 24.6.2002 – II ZR 300/00, BGHZ 151, 181 = ZIP 2002, 1578 = NJW 2002, 3024;
BGH, Urt. v. 20.9.2004 – II ZR 302/02, ZIP 2004, 2138 = NJW 2005, 145;
vgl. auch OLG Dresden, Urt. v. 17.1.2001 – 12 U 2267/00, NJW-RR 2001, 1690:

Eine Veräußerung sämtlicher Geschäftsanteile einer GmbH ohne Sicherheit für den Kaufpreisanspruch kann den Anscheinsbeweis der Schädigungsabsicht im Sinne einer sittenwidrigen vorsätzlichen Schädigung oder Vollstreckungsvereitelung begründen.

1426 Mittlerweile hat der Bundesgerichtshof die Außenhaftung nach § 826 BGB in solchen Fällen durch eine Innenhaftung wegen existenzvernichtenden Eingriffs nach § 826 BGB ersetzt (siehe Rn. 890 ff.).

BGH, Urt. v. 16.7.2007 – II ZR 3/04, BGHZ 173, 246 = ZIP 2007, 1552 = NJW 2007, 2689 (Trihotel).

1427 Eine solche Innenhaftung kommt auch infrage, wenn nach der Auflösung der GmbH der Gesellschaft ersatzlos Vermögen entzogen wird (siehe Rn. 927).

4. Anlageberatung und Warenterminoption

a) Anlageberatung und Prospekthaftung

1428 Ein Anlageberater, auch der Geschäftsführer einer GmbH, der vorsätzlich eine anleger- und objektwidrige Empfehlung abgibt und die Schädigung des um Rat fragenden Anlegers zumindest billigend in Kauf nimmt, ist dem Anleger wegen vorsätzlicher sittenwidriger Schädigung zum Schadensersatz verpflichtet.

BGH, Urt. v. 19.2.2008 – XI ZR 170/07, BGHZ 175, 276 = ZIP 2008, 873 = NJW 2008, 1734 Rn. 29;
m. Anm. *Jordans*, BB 2008, 1135;
dazu auch EWiR 2008, 415 *(Lange)*;
BGH, Urt. v. 22.6.1992 – II ZR 178/90, ZIP 1992, 1464 = NJW 1992, 3167;
dazu EWiR 1992, 1153 *(Wiedemann)*;
BGH, Urt. v. 13.7.2004 – VI ZR 136/03, ZIP 2004, 1699 = NJW 2004, 3423 zur Provisionsschinderei;
dazu EWiR 2004, 963 *(Tilp)*.

1429 Das gleiche gilt für den Geschäftsführer einer Fonds-Gesellschaft, der unzutreffende Angaben im Prospekt zu verantworten hat.

BGH, Urt. v. 20.12.2011 – VI ZR 309/10, NJW-RR 2012, 404 Rn. 8.

1430 Wird die Anlageempfehlung aufgrund grob fahrlässigen Verhaltens leichtfertig in unrichtiger Weise abgegeben, ist sie dann als sittenwidrig zu werten, wenn sie erkennbar für die Entschließung des Anlegers von Bedeutung ist und in

Verfolgung eigener Interessen in dem Bewusstsein einer möglichen Schädigung des Anlegers abgegeben wird.

> BGH, Urt. v. 19.2.2008 – XI ZR 170/07, BGHZ 175, 276 = ZIP 2008, 873 = NJW 2008, 1734 Rn. 29;
> m. Anm. *Jordans*, BB 2008, 1135;
> BGH, Urt. v. 22.6.1992 – II ZR 178/90, ZIP 1992, 1464 = NJW 1992, 3167.

Die Annahme des bedingten Vorsatzes bei unzutreffenden Prospektangaben setzt voraus, dass der Handelnde die Unrichtigkeit der relevanten Umstände jedenfalls für möglich gehalten und billigend in Kauf genommen hat Von diesen materiellen Voraussetzungen des bedingten Vorsatzes sind die Anforderungen zu unterscheiden, die an seinen Beweis zu stellen sind. So kann sich im Rahmen des § 826 BGB aus der Art und Weise des sittenwidrigen Handelns, insbesondere dem Grad der Leichtfertigkeit des Schädigers, die Schlussfolgerung ergeben, dass er mit Schädigungsvorsatz gehandelt hat. Der Grad der Wahrscheinlichkeit eines Schadenseintritts kann aber nicht allein das Kriterium für die Frage sein, ob der Handelnde mit dem Erfolg auch einverstanden war. **1431**

> BGH, Urt. v. 20.12.2011 – VI ZR 309/10, NJW-RR 2012, 404 Rn. 11.

b) Warenterminoptionen

Von einer sehr weitgehenden Haftung des Geschäftsführers einer GmbH geht der BGH auch für den Fall der Vermittlung von **Warenterminoptionen** aus. Dem Anbieter oder Vermittler wird die Verpflichtung auferlegt, ihre in die Einzelheiten der Abwicklung von Börsentermingeschäften nicht eingeweihten Kunden über die wirtschaftlichen Zusammenhänge und Risiken derartiger Geschäfte sowie über die Höhe und Bedeutung der börsenmäßigen Optionsprämien und etwaige Aufschläge auf diese Prämien aufzuklären. **1432**

> BGH, Urt. v. 21.10.2003 – XI ZR 453/02, ZIP 2003, 2242;
> dazu EWiR 2004, 55 *(Zeller)*;
> BGH, Urt. v. 13.10.1992 – XI ZR 30/92, ZIP 1992, 1614 = NJW 1993, 257;
> BGH, Urt. v. 11.7.1988 – II ZR 355/87, BGHZ 105, 108 = ZIP 1988, 1098 = NJW 1988, 2882;
> dazu EWiR 1988, 1197 *(Schwark)*.

Aus dem **Hinweis** muss sich insbesondere ergeben, dass Erwerber mehrerer verschiedener Optionen aller Wahrscheinlichkeit nach im Ergebnis praktisch chancenlos sind. **1433**

> BGH, Urt. v. 26.10.2004 – XI ZR 211/03, ZIP 2005, 20;
> dazu EWiR 2005, 595 *(Berger/Ueding)*.

Eine fernmündliche oder mündliche Aufklärung reicht nach der Rechtsprechung des BGH nicht aus, sie muss **schriftlich** erfolgen. **1434**

BGH, Urt. v. 11.7.1988 – II ZR 355/87, BGHZ 105, 108 = ZIP 1988, 1098 = NJW 1988, 2882;
dazu EWiR 1988, 1197 *(Schwark)*;

BGH, Urt. v. 22.11.2005 – XI ZR 76/05, ZIP 2006, 171.

1435 Verletzt eine GmbH diese Aufklärungspflichten, so ist auch der **Geschäftsführer** einer solchen Gesellschaft nach § 826 BGB zum Schadensersatz verpflichtet, wenn er veranlasst oder bewusst nicht verhindert, dass die Gesellschaft die in die Einzelheiten der Geschäftsabwicklung nicht eingeweihten Kunden über die wirtschaftlichen Zusammenhänge und die Risiken des Geschäfts nicht aufklärt.

BGH, Urt. v. 21.10.2003 – XI ZR 453/02, ZIP 2003, 2242;
dazu EWiR 2004, 55 *(Zeller)*;

BGH, Urt. v. 13.10.1992 – XI ZR 30/92, ZIP 1992, 1614 = NJW 1993, 257;

BGH, Urt. v. 11.7.1988 – II ZR 355/87, BGHZ 105, 108 = ZIP 1988, 1098 = NJW 1988, 2882.

1436 Das gilt auch dann, wenn der Geschäftsführer mit dem betreffenden Kunden keinen unmittelbaren Kontakt hatte und lediglich versäumt hat, seine Mitarbeiter zur ordnungsgemäßen Aufklärung der Kunden anzuhalten.

BGH, Urt. v. 11.7.1988 – II ZR 355/87, BGHZ 105, 108 = ZIP 1988, 1098 = NJW 1988, 2882;

OLG Düsseldorf, Urt. v. 26.6.2001 – 21 U 27/01, ZIP 2002, 1583 (OTC-Penny-Stocks).

1437 Auf ein fahrlässiges **Mitverschulden** des Geschädigten kann sich der Geschäftsführer grundsätzlich nicht berufen, da dieses hinter einem vorsätzlichen Handeln zurücktritt.

BGH, Urt. v. 1.7.1991 – II ZR 180/90 ZIP 1991, 1140;
dazu EWiR 1992, 161 *(Medicus)*.

VIII. Haftung für Wettbewerbs-, Urheberrechts- oder Kennzeichenrechtsverstöße

1438 Bei Wettbewerbsverstößen kommt eine Haftung des Geschäftsführers für Schadensersatz- und Unterlassungsansprüche in Betracht.

1439 **Schadensersatzansprüche** (§ 9 UWG) setzen ein Verschulden, also Vorsatz oder Fahrlässigkeit voraus. Die Gesellschaft und ihr Geschäftsführer können dem Verletzten nebeneinander gesamtschuldnerisch nach § 840 BGB haften. Der Geschäftsführer haftet wie bei anderen deliktischen Ansprüchen für eigenes Handeln. Für das Handeln von Mitarbeitern ist nicht er, sondern die Gesellschaft verantwortlich, § 831 BGB. § 8 Abs. 2 UWG, wonach für Zuwiderhandlungen von Mitarbeitern auch der Inhaber des Unternehmens haftbar ist, gilt für Schadensersatzansprüche nicht. Kennt er den Wettbewerbsverstoß seiner Mitarbeiter und schreitet pflichtwidrig nicht ein, kommt ebenso ein Schadensersatzanspruch auch gegen ihn persönlich in Betracht wie bei einem Organisationsverschulden.

> BGH, Urt. v. 12.6.1997 – I ZR 36/95, ZIP 1998, 39;
> BGH, Urt. v. 8.7.1980 – VI ZR 158/78, GRUR 1980, 1099;
> BGH Urt. v. 11.3.2010 – I ZR 123/08, GRUR 2010, 936 Rn. 22.

Im Unterschied zum Schadensersatzanspruch setzt der **Unterlassungsanspruch** keine schuldhafte Handlung, sondern lediglich eine drohende oder geschehene **Zuwiderhandlung** voraus, § 8 Abs. 1 UWG. Die Zuwiderhandlung begründet die Vermutung der Wiederholungsgefahr. 1440

Der **Geschäftsführer** kann neben der Gesellschaft auf Unterlassung in Anspruch genommen werden, wenn er den Wettbewerbsverstoß, Urheberrechtsverstoß oder Kennzeichenverstoß selbst verübt oder sich daran beteiligt hat. Eine Beteiligung durch positives Tun liegt vor, wenn der Geschäftsführer ein auf **Rechtsverletzungen** angelegtes **Geschäftsmodell** selbst ins Werk gesetzt hat. 1441

> BGH, Urt. v. 18.6.2014 – I ZR 242/12, BGHZ 201, 344 = ZIP 2014, 1475 Rn. 31;
> dazu EWiR 2014, 579 *(Paefgen/Dettke)*;
> BGH, Urt. v. 12.1.2017 – I ZR 253/14, GRUR 2017, 397 Rn. 110.

Weiter kann bei Maßnahmen der Gesellschaft, über die typischerweise auf Geschäftsführungsebene entschieden wird, nach dem äußeren **Erscheinungsbild** und mangels abweichender Feststellungen davon ausgegangen werden, dass sie von den Geschäftsführern **veranlasst** worden sind. 1442

> BGH, Urt. v. 27.11.2014 – I ZR 124/11, GRUR 2015, 672 Rn. 83;
> BGH, Urt. v. 22.1.2015 – I ZR 107/13, GRUR 2015, 909 Rn. 45;
> BGH, Urt. v. 28.1.2016 – I ZR 40/14, GRUR 2016, 803 Rn. 61;
> BGH, Urt. v. 12.1.2017 – I ZR 253/14, GRUR 2017, 397 Rn. 110;
> BGH, Urt. v. 2.3.2017 – I ZR 273/14, GRUR 2017, 541 Rn. 25.

Darüber hinaus kann er nach der Rechtsprechung des Bundesgerichtshofs nur ausnahmsweise selbst auf Unterlassung in Anspruch genommen werden. Allein die Organstellung und die allgemeine Verantwortlichkeit für den Geschäftsbetrieb begründen keine Verpflichtung des Geschäftsführers gegenüber außenstehenden Dritten, Wettbewerbsverstöße der Gesellschaft zu verhindern. 1443

> BGH, Urt. v. 18.6.2014 – I ZR 242/12, BGHZ 201, 344 = ZIP 2014, 1475 Rn. 22 ff.;
> dazu EWiR 2014, 579 *(Paefgen/Dettke)*.

Die Verletzung einer wettbewerbsrechtlichen Verkehrspflicht im Zusammenhang mit der Organisation der von ihm vertretenen Gesellschaft soll allerdings zu erwägen sein, wenn der Geschäftsführer sich bewusst der Möglichkeit entzieht, überhaupt Kenntnis von etwaigen Wettbewerbsverstößen in seinem Unternehmen oder von durch ihn beauftragten Drittunternehmen zu nehmen und dementsprechend Einfluss zu ihrer Verhinderung ausüben zu können. 1444

BGH, Urt. v. 18.6.2014 – I ZR 242/12, BGHZ 201, 344 = ZIP 2014, 1475 Rn. 22 ff.;
dazu EWiR 2014, 579 *(Paefgen/Dettke)*.

1445 Der Unterlassungsanspruch dürfte daher nach wie vor gegen den Geschäftsführer begründet sein, wenn er – auch durch das Verfahren – vom **Wettbewerbsverstoß erfährt** und **nichts** gegen die Handlungen **unternimmt**, die die Wiederholungsgefahr beim Zuwiderhandelnden begründet.

BGH, Urt. v. 26.9.1985 – I ZR 86/83, ZIP 1986, 183 = NJW 1987, 127;
dagegen *Messer*, in: Festschrift Ullmann, S. 769, 773.

1446 Die Haftung entfällt auch nach Niederlegung der Geschäftsführung nicht, weil nicht ausgeschlossen werden kann, dass die Geschäftsführer die Verstöße als Einzelkaufleute fortsetzen.

BGH, Urt. v. 22.4.2009 – I ZR 216/06, NJW 2009, 3511 Rn. 47.

1447 *Haß* empfiehlt, eine Unterlassungsklage nicht nur gegen die Gesellschaft, sondern zugleich auch gegen ihren Geschäftsführer zu richten, um bei dessen Ausscheiden aus dem Unternehmen und der Fortsetzung der rechtswidrigen Störung durch ihn keinen neuen Titel erwirken zu müssen.

Haß, GmbHR 1994, 666.

1448 Dagegen haftet der Geschäftsführer **nicht** als **Betriebsinhaber** nach § 8 Abs. 2 UWG für Verstöße von Mitarbeitern; Betriebsinhaber ist die Gesellschaft.

Messer, in: Festschrift Ullmann, S. 769, 773.

1449 Die für das Wettbewerbsrecht aufgezeigten Grundsätze gelten auch für **Urheberrechtsverletzungen** durch eine GmbH. Wird das Urheberrecht eines anderen durch die GmbH verletzt, so kann der Geschäftsführer persönlich als Störer auf Unterlassung in Anspruch genommen werden, wenn er in irgendeiner Weise willentlich und adäquat kausal zur Verletzung des geschützten Rechts beiträgt und dabei zumutbare Verhaltenspflichten verletzt. Die schlichte Kenntnis von Rechtsverletzungen scheidet als haftungsbegründender Umstand aus. Erforderlich ist vielmehr grundsätzlich, dass er entweder ein auf Rechtsverletzungen angelegtes Geschäftsmodell selbst ins Werk gesetzt hat oder die Rechtsverletzung auf einem Verhalten beruht, das nach seinem äußeren Erscheinungsbild und mangels abweichender Feststellungen dem Geschäftsführer anzulasten ist.

BGH, Urt. v. 27.11.2014 – I ZR 124/11, GRUR 2015, 672 Rn. 80.

1450 Dieselben Grundsätze gelten auch für markenrechtliche Verstöße,

BGH, Urt. v. 12.1.2017 – I ZR 253/14, GRUR 2017, 397 Rn. 110,

oder Verstöße gegen das DesignG.

BGH, Urt. v. 28.1.2016 – I ZR 40/14, GRUR 2016, 803 Rn. 61.

IX. Haftung für Steuerschulden

Nach §§ 34, 69 AO haftet der Geschäftsführer für **Steuerschulden** der Gesellschaft, wenn diese infolge seiner vorsätzlichen oder grob fahrlässigen Pflichtverletzung **nicht oder nicht rechtzeitig erfüllt** werden. Die Inanspruchnahme des Geschäftsführers nach § 69 AO ist eine der am häufigsten angewandten Haftungsnormen. Denn das Finanzamt prüft im Falle der Insolvenz einer GmbH regelmäßig, ob Anhaltspunkte für eine Haftung des Geschäftsführers gegeben sind. **1451**

Abenheimer, GmbHR 2005, 869, 870;
Peetz, GmbHR 2009, 186;
Berninghaus, DStR 2012, 1001.

Daneben kommt – vor allem bei der Umsatzsteuer – eine Haftung des Geschäftsführers einer GmbH auch wegen Beihilfe zur Steuerhinterziehung infrage, § 71 AO. So wurde eine Haftung etwa bejaht, wenn die Gesellschaft auf Wunsch eines Kunden Ware teils mit Rechnung und vollem Namen und Adresse, teils mit Barverkaufsrechnung ohne Namen und Adresse geliefert hatte. **1452**

BFH, Urt. v. 21.1.2004 – XI R 3/03, DStR 2004, 1038;
Stahlschmidt, GmbHR 2005, 295.

Die Haftung kann gleichzeitig und nebeneinander auf § 69 und § 71 AO gestützt werden. **1453**

BFH, Urt. v. 26.8.1992 – VII R 50/91, GmbHR 1992, 833.

1. Schuldner

Der Geschäftsführer haftet nach § 34 AO als gesetzlicher Vertreter der GmbH. Für Steuerschulden haftet auch ein **Strohmann-Geschäftsführer** (siehe Rn. 79) und als Verfügungsberechtigter i. S. v. § 35 AO der **faktische Geschäftsführer** (siehe Rn. 89). **1454**

BFH, Urt. v. 21.2.1989 – VII R 165/85, GmbHR 1989, 520;
BFH, Beschl. v. 13.2.1996 – VII B 245/95, BFH/NV 1996, 657;
BFH, Beschl. v. 31.3.2000 – VII B 187/99, GmbHR 2000, 1211 m. Anm. *Neusel*;
BFH, Urt. v. 27.2.2007 – VII R 67/05, ZIP 2007, 1604;
BFH, Urt. v. 5.8.2010 – V R 13/09, BFH/NV 2011, 81;
siehe auch *Abenheimer*, GmbHR 2005, 869, 870.

Faktischer Geschäftsführer und Strohmann können nebeneinander haften. **1455**

BFH, Urt. v. 11.3.2004 – VII R 52/02. GmbHR 2004, 833.

Will das Finanzamt nur den faktischen Geschäftsführer in Anspruch nehmen, muss es darlegen, nach welchen Kriterien es sein Auswahlermessen ausgeübt hat. **1456**

BFH, Urt. v. 11.3.2004 – VII R 52/02. GmbHR 2004, 833.

1457 Der rechtliche Geschäftsführer haftet auch dann, wenn er im Konzern Weisungen unterliegt und das tatsächliche Sagen Sanierungsexperten haben.

BFH, Beschl. v. 12.5.2009 – VII B 266/08, BFH/NV 2009, 1589.

1458 Die Haftung trifft auch den Geschäftsführer einer Limited.

BFH, Urt. v. 15.2.2011 – VII R 66/10, GmbHR 2011, 613.

2. Pflichtverletzung und Kausalität

1459 Den Geschäftsführer trifft gemäß § 34 AO die Verantwortung für die Erfüllung der steuerlichen Pflichten der Gesellschaft.

1460 Dazu gehören:

- die Führung der Bücher,
- die Abgabe der Steuererklärung,
- die Auskunftserteilung,
- die Entrichtung der Steuern,
- der Einbehalt der Steuern für Rechnung eines Dritten
- und die Verpflichtung, diese an das Finanzamt abzuführen.

a) Festsetzung

1461 Die Steuerschuld muss nicht vor einer Inanspruchnahme des Geschäftsführers gegenüber der GmbH festgesetzt sein.

BFH, Urt. v. 6.3.2001 – VII R 17/00, GmbHR 2001, 785;
BFH, Urt. v. 29.11.2006 – I R 103/05, GmbHR 2007, 611.

1462 Ist die **Steuer** gegenüber der GmbH **festgesetzt** worden, sind dem Geschäftsführer gemäß § 166 AO **Einwendungen** gegen seine Inanspruchnahme abgeschnitten, wenn er als Vertreter der GmbH die Festsetzung hätte angreifen können und er hierzu auch rechtlich in der Lage war.

BFH, Beschl. v. 28.3.2001 – VII B 213/00, GmbHR 2001, 786.

1463 Das setzt aber voraus, dass er während der gesamten Dauer der Rechtsbehelfsfrist Vertretungsmacht hatte.

BFH, Urt. v. 24.8.2004 – VII R 50/03, GmbHR 2005, 121;
BFH, Urt. v. 16.5.2017 – VII R 25/16, ZIP 2017, 1464;
dazu EWiR 2017, 555 *(Kahlert)*.

1464 Gemäß § 166 AO ist der Geschäftsführer der GmbH im Verfahren wegen seiner Haftung mit Einwendungen gegen die Höhe der Steuerforderung auch dann ausgeschlossen, wenn die Steuerforderung gegenüber einer GmbH widerspruchslos zur Insolvenztabelle festgestellt wird oder wenn er der Forderungsanmeldung für die GmbH als Schuldnerin hätte widersprechen können, dies aber nicht getan hat.

> BFH, Urt. v. 26.9.2017 – VII R 40/16, ZIP 2018, 22;
> BFH, Urt. v. 27.9.2017 – XI R 9/16, ZIP 2017, 2401; dazu EWiR 2018, 135 *(Schmittmann)*;
> BFH, Urt. v. 16.5.2017 – VII R 25/16, ZIP 2017, 1464; dazu EWiR 2017, 555 *(Kahlert)*.

Zum noch nicht geklärten Konflikt zwischen steuerlichen Pflichten und der Masseerhaltungspflicht im Eröffnungsverfahren bei der Eigenverwaltung siehe 1465

> *Thole*, DB 2015, 662;
> *Kahlert*, ZIP 2012, 2089.

b) Zahlungsmöglichkeit

Haftungsvoraussetzung ist, dass die Pflichtverletzung für die unterlassene Festsetzung oder Erfüllung von Steueransprüchen kausal war. Daran fehlt es, wenn es im Zeitpunkt der Fälligkeit der Steuerschuld der GmbH **unmöglich** war, noch **Zahlungen** zu leisten, was nicht mit der Zahlungsunfähigkeit nach § 17 InsO gleichzusetzen ist. Wenn die GmbH andere Forderungen bedient, ist ihr die Steuerzahlung nicht unmöglich. 1466

> BFH, Urt. v. 5.8.2010 – V R 13/09, BFH/NV 2011, 81;
> BFH, Urt. v. 23.9.2008 – VII R 27/07, ZIP 2009, 122;
> BFH, Urt. v. 27.2.2007 – VII R 67/05, ZIP 2007, 1604; dazu EWiR 2007, 523 *(Beck)*;
> BFH, Urt. v. 16.9.1987 – X R 3/81, GmbHR 1988, 278.

Bei verspäteter Steuererklärung ist eine Haftung des Geschäftsführers denkbar, wenn die Verspätung aussichtsreiche Vollstreckungsmöglichkeiten des Finanzamtes vereitelt hat. 1467

> BFH, Urt. v. 5.3.1991 – VII R 93/88, ZIP 1991, 1008; dazu EWiR 1991, 853 *(Halaczinsky)*;
> BFH, Urt. v. 29.11.2006 – I R 103/05, GmbHR 2007, 611.

Der Antrag auf Eröffnung des Insolvenzverfahrens führt nicht zu einer Befreiung von der Haftung. Die Verpflichtung zur Abführung von Steuern besteht vielmehr solange fort, bis durch die Bestellung eines sog. starken vorläufigen Insolvenzverwalters oder durch die Eröffnung des Insolvenzverfahrens die Verfügungsbefugnis entzogen wird. 1468

> BFH, Beschl. v. 15.6.2009 – VII B 196/08, BFH/NV 2009, 1605;
> BFH, Urt. v. 23.9.2008 – VII R 27/07, ZIP 2009, 122.

Der Insolvenzantrag und sogar die Bestellung eines vorläufigen Insolvenzverwalters mit Zustimmungsvorbehalt nach § 21 Abs. 2 Nr. 2 Alt. 2 InsO ändern an der Haftung des Geschäftsführers nichts, solange er eine erbetene Zustimmung zu Steuerzahlungen nicht verweigert hat. 1469

BFH, Urt. v. 26.9.2017 – VII R 40/16, ZIP 2018, 22;

BFH, Urt. v. 16.5.2017 – VII R 25/16, ZIP 2017, 1464; dazu EWiR 2017, 555 *(Kahlert)*;

a. A. zur persönlichen Haftung während der Eigenverwaltung *Kahlert*, ZIP 2012, 2089, 2090.

c) Anfechtbarkeit

1470 Die Kausalität der Pflichtverletzung entfällt nicht, wenn die Zahlung nach §§ 129 ff. InsO im Falle einer Eröffnung des Insolvenzverfahrens **anfechtbar** wäre. § 69 AO ist keine Schadensersatznorm, sondern ordnet eine öffentlich-rechtliche Haftung an. Hypothetische Kausalverläufe – die Eröffnung eines Insolvenzverfahrens ist noch nicht einmal gewiss – sind dabei nicht zu berücksichtigen, unabhängig davon, ob dann später ein Insolvenzverfahren eröffnet oder die Eröffnung mangels Masse abgelehnt wird.

BFH, Urt. v. 23.9.2008 – VII R 27/07, ZIP 2009, 122;

BFH, Urt. v. 4.12.2007 – VII R 18/06, GmbHR 2008, 386:

Durch die pflichtwidrige Nichtabführung fällig gewordener Steuerbeträge wird eine reale Ursache für den Eintritt eines Vermögensschadens in Form eines Steuerausfalls gesetzt, so dass die Kausalität dieser Ursache für den Schadenseintritt durch eine gedachte Anfechtung des Insolvenzverwalters nicht rückwirkend beseitigt werden kann. … Bei einer Berücksichtigung von insolvenzrechtlichen Anfechtungstatbeständen wäre die Durchsetzung des Haftungsanspruchs mit erheblichen Unsicherheiten behaftet. Denn das FA müsste beim Erlass des Haftungsbescheides und der Ausübung des ihm zustehenden Ermessens eine Prognoseentscheidung treffen und die Möglichkeit und die Erfolgsaussichten einer Ausübung von Anfechtungsrechten nach §§ 130 ff. InsO prüfen.

BFH, Urt. v. 5.6.2007 – VII R 65/05, ZIP 2007, 1856; dazu EWiR 2007, 675 *(Erdmann)*;

m. Anm. *Stahlschmidt/Laws*, GmbHR 2007, 1117;

BFH, Beschl. v. 23.4.2007 – VII B 92/06, ZIP 2007, 1659:

Entgegen der Auffassung des Antragstellers entfällt seine Haftung nicht deshalb, weil unter hypothetischer Annahme einer Eröffnung des Insolvenzverfahrens und einer möglichen Anfechtung etwaiger Steuerzahlungen durch den Insolvenzverwalter gemäß den insolvenzrechtlichen Anfechtungsvorschriften der §§ 130 ff. InsO die an das FA geleisteten Zahlungen zur Masse hätten zurückgewährt werden müssen. Denn im Streitfall ist es nicht zur Eröffnung des Insolvenzverfahrens gekommen, so dass etwaige Anfechtungsmöglichkeiten überhaupt nicht eröffnet wurden. Wie der Senat bereits entschieden hat, könnte sich die Frage nach der Berücksichtigung hypothetischer Kausalverläufe nur dann stellen, wenn eine gedachte Insolvenzanfechtung hätte Erfolg haben können, d. h. wenn die Erfüllung der insolvenzrechtlichen Voraussetzungen für eine Anfechtung nach §§ 130 ff. InsO angenommen werden könnte.

BFH, Urt. v. 27.2.2007 – VII R 67/05, ZIP 2007, 1604; dazu EWiR 2007, 523 *(Beck)*.

3. Verschulden

1471 Anders als bei der Haftung wegen Vorenthaltung von Sozialversicherungsbeiträgen nach § 823 Abs. 2 BGB, § 266a StGB (siehe Rn. 1120), wird nach § 69 AO nicht nur für Vorsatz, sondern schon für grobe Fahrlässigkeit gehaftet.

Grob fahrlässig handelt, wer die Sorgfalt, zu der er nach den Umständen und seinen persönlichen Kenntnissen und Fähigkeiten verpflichtet und imstande ist, in ungewöhnlich hohem Maße außer Acht lässt. 1472

BFH, Urt. v. 23.9.2008 – VII R 27/07, ZIP 2009, 122;
BFH, Urt. v. 28.6.2005 – I R 2/04, GmbHR 2006, 48;
BFH, Urt. v. 21.2.1989 – VII R 165/85, GmbHR 1989, 520.

Welche Sorgfalt ihm abverlangt wird, bestimmt § 43 Abs. 1 GmbHG, nämlich die eines **ordentlichen Geschäftsmannes.** 1473

BFH, Urt. v. 26.4.1984 – V R 128/79, ZIP 1984, 1345.

Der Geschäftsführer hat sich mit den einschlägigen gesetzlichen Bestimmungen vertraut zu machen. Die ordnungsgemäße Beachtung der gesetzlichen Vorschriften steuerlicher Art kann von jedem kaufmännischen Leiter eines Gewerbebetriebes verlangt werden. 1474

BFH, Urt. v. 6.10.2009 – I R 25/09, GmbHR 2010, 447;
BFH, Beschl. v. 20.10.2005 – VII B 17/05, BFH/NV 2006, 241;
BFH, Beschl. v. 7.3.1995 – VII B 172/94, GmbHR 1996, 69.

Bei Zweifeln hat er Rechtsrat einzuholen, jedenfalls Zweifel dem Finanzamt gegenüber kenntlich zu machen. 1475

BFH, Urt. v. 6.10.2009 -I R 25/09, GmbHR 2010, 447.

Eine Einarbeitungszeit wird ihm nicht zugebilligt. 1476

BFH, Beschl. v. 31.3.2000 – VII B 187/99, GmbHR 2000, 1211 m. Anm. *Neusel.*

Der Geschäftsführer kann sich zu seiner Entlastung nicht darauf berufen, es habe ihm an der erforderlichen Zeit bzw. am Überblick gefehlt. Er hat entweder selbst die zur Leitung des Unternehmens nötige Sachkunde zu haben oder muss sich entsprechenden sachkundigen Rat verschaffen. 1477

BFH, Urt. v. 6.10.2009 -I R 25/09, GmbHR 2010, 447;
BFH, Urt. v. 2.7.1987 – VII R 162/84, BFH/NV 1988, 220;
BFH, Urt. v. 16.3.1993 – VII R 57/92, BFH/NV 1993, 707;
BFH, Urt. v. 22.1.1985 – VII R 110/78, BFH/NV 1985, 18.

Mehrere Geschäftsführer haften als Gesamtschuldner; eine **Ressortaufteilung** erkennt der BFH nur an, wenn sie **förmlich** und **schriftlich fixiert** ist. 1478

BFH, Urt. v. 26.4.1984 – V R 128/79, ZIP 1984, 1345 = NJW 1985, 400;
BFH, Beschl. v. 4.5.1998 I B 116/96, BFH/NV 1998, 1460;
BFH, Urt. v. 13.3.2003 – VII R 46/02, NJW-RR 2003, 1117.

Sind diese Voraussetzungen erfüllt, so haftet grundsätzlich nur der nach der innerbetrieblichen Geschäftsverteilung zuständige Geschäftsführer. 1479

BFH, Urt. v. 26.4.1984 – V R 128/79, ZIP 1984, 1345 = NJW 1985, 400.

1480 Die übrigen Geschäftsführer werden aber mitverantwortlich, wenn mit Schwierigkeiten bei der Steuerzahlung zu rechnen ist oder die Gesellschaft in die Krise gerät.

BFH, Beschl. v. 20.4.2006 – VII B 280/05, GmbHR 2006, 894:

Befindet sich die Gesellschaft in der Krise und werden wie im Streitfall über mehrere Monate keine Lohnsteuern entrichtet, kann in der Regel von einem Überwachungsverschulden des gesetzlichen Vertreters ausgegangen werden.

1481 Sie müssen das Handeln des verantwortlichen Geschäftsführers überprüfen. Die Entlastungswirkung der Ressortaufteilung ist sonach nur begrenzt.

Müller, GmbHR 2003, 389;
Abenheimer, GmbHR 2005, 869, 870.

1482 Die Verantwortlichkeit der Geschäftsführer gegenüber dem Finanzamt kann nicht durch Vereinbarung mit der Gesellschaft eingeschränkt oder ausgeschlossen werden; denn es handelt sich um eine eigenständige öffentlich-rechtliche Pflicht des Geschäftsführers.

1483 Das gilt selbstverständlich auch, wenn dem Geschäftsführer durch die Teilnahme der Gesellschaft an einem Cash-Pool des Gesellschafters die Lohnsteuerzahlung unmöglich wird, sofern nicht generelle Zahlungsunfähigkeit eingetreten ist.

FG Bremen, Urt. v. 7.7.2005 – 1 K 429/02, ZIP 2005, 2159;
dazu EWiR 2005, 851 *(Hey)*.

1484 Grobe Fahrlässigkeit liegt ausnahmsweise nicht vor, wenn der Geschäftsführer in der Zeit vor Bekanntwerden der Entscheidung des BGH,

BGH, Urt. v. 14. Mai 2007 – II ZR 48/06, ZIP 2007, 1265,

bis zu der nach der zivilrechtlichen Rechtsprechung eine Haftung nach § 64 Abs. 2 GmbHG a. F. infrage kam, Steuern nicht abgeführt und stattdessen Insolvenzantrag gestellt hat.

BFH, Urt. v. 23.9.2008 – VII R 27/07, ZIP 2009, 122.

1485 Hat der Geschäftsführer sich bei den Steuererklärungen und Steueranmeldungen eines zuverlässigen **Steuerberaters** oder sonst eines zuverlässigen Dritten bedient, kann eine Haftung des Geschäftsführers entfallen.

BFH, Urt. v. 30.8.1994 – VII R 101/92, BB 1995, 238:

Dem Geschäftsführer einer GmbH als Haftungsschuldner kann ein Verschulden des steuerlichen Beraters der GmbH bei der Fertigung von Steuererklärungen nicht zugerechnet werden. Trifft ihn persönlich kein Auswahl- oder Überwachungsverschulden und hat er keinen Anlass, die inhaltliche Richtigkeit der von dem steuerlichen Berater gefertigten Steuererklärung der GmbH zu überprüfen, so haftet er nicht für Steuerverkürzungen, die auf fehlerhaften Steuererklärungen beruhen.

Allerdings darf der Geschäftsführer nicht blind auf die ordnungsgemäße Aufgabenerledigung eines für die GmbH tätigen Dritten vertrauen und auf eine Überwachung gänzlich verzichten. Vielmehr muss er sich fortlaufend über den Geschäftsgang unterrichten, sodass ihm Unregelmäßigkeiten nicht über einen längeren Zeitraum verborgen bleiben können, und muss er sich selbst aktiv darum bemühen, sich über seine umsatzsteuerlichen Erklärungspflichten zu informieren. 1486

> BFH, Beschl. v. 26.11.2008 – V B 210/07, BFH/NV 2009, 362;
> BFH, Beschl. v. 20.4.2006 – VII B 163/05, BFH/NV 2006, 1439;
> BFH, Beschl. v. 31.10.2005 – VII B 66/05, BFH/NV 2006, 480.

An die Überwachungsmaßnahmen eines Geschäftsführers müssen jedoch umso größere Anforderungen gestellt werden, je weniger dieser sich ein auf Tatsachen gegründetes Urteil bilden konnte, ob die für die Erledigung der steuerlichen Angelegenheiten der Gesellschaft hinzugezogenen Personen die notwendige Gewähr der zuverlässigen Erledigung der steuerlichen Angelegenheiten der Gesellschaft bieten. 1487

> BFH, Beschl. v. 5.3.1998 – VII B 36/97, BFH/NV 1998, 1325.

In der Liquiditätskrise treffen den Geschäftsführer besondere **Überwachungspflichten** hinsichtlich der mit der Erledigung steuerlicher Aufgaben betrauter Personen; werden in einer solchen Situation über mehrere Monate keine Steuern abgeführt, so kann in der Regel von einem Überwachungsverschulden ausgegangen werden. 1488

> BFH, Beschl. v. 6.7.2005 – VII B 296/04, GmbHR 2005, 1315;
> BFH, Beschl. v. 20.4.2006 – VII B 280/05, GmbHR 2006, 894.

Steht eine Pflichtverletzung des Geschäftsführers fest, so wird dadurch sein **Verschulden** indiziert. 1489

> BFH, Beschl. v. 5.3.1998 – VII B 36/97, BFH/NV 1998, 1325;
> BFH, Urt. v. 26.9.2017 – VII R 40/16, ZIP 2018, 22.

4. Grundsatz der anteiligen Tilgung

Anders als nach der neueren Rechtsprechung zu den Sozialabgaben (siehe Rn. 787 und Rn. 1143) besteht hinsichtlich der Steuerschulden regelmäßig – zu den Besonderheiten der Lohnsteuer siehe Rn. 1513 – keine Verpflichtung, diese gegenüber den sonstigen Verpflichtungen der Gesellschaft vorrangig zu befriedigen. Es gilt der Grundsatz der **anteiligen Tilgung**, z. B. für die **Umsatzsteuer,** 1490

> BFH, Beschl. v. 31.3.2000 – VII B 187/99, GmbHR 2000, 1211 m. Anm. *Neusel*;
> BFH, Beschl. v. 28.6.2006 – VII B 267/05, GmbHR 2006, 1062;
> BFH, Urt. v. 4.12.2007 – VII R 18/06, GmbHR 2008, 386;
> BFH, Urt. v. 26.9.2017 – VII R 40/16, ZIP 2018, 22,

aber auch für die **Körperschaftsteuer.**

BFH, Urt. v. 28.6.2005 – I R 2/04, GmbHR 2006, 48.

1491 Der Geschäftsführer verletzt dann seine Pflichten nach der Abgabenordnung, wenn er es versäumt, die Steuerschulden **in etwa gleicher Weise** zu tilgen wie die Forderungen anderer Gläubiger.

BFH, Urt. v. 16.9.1987 – X R 3/81, GmbHR 1988, 278;
BFH, Beschl. v. 28.6.2006 – VII B 267/05, GmbHR 2006, 1062;
BFH, Urt. v. 4.12.2007 – VII R 18/06, GmbHR 2008, 386;
BFH, Urt. v. 26.9.2017 – VII R 40/16, ZIP 2018, 22.

1492 Der Fiskus soll nicht schlechter gestellt sein als andere Gläubiger; der Geschäftsführer darf deshalb nicht zur Aufrechterhaltung des Geschäftsbetriebs einzelne Gläubiger bevorzugen.

BFH, Urt. v. 28.6.2005 – I R 2/04, GmbHR 2006, 48:

Ein Geschäftsführer, der dies gleichwohl tut, handelt in der Regel – d. h. soweit nicht besondere Umstände vorliegen, die die Annahme einer leichteren Form des Verschuldens rechtfertigen – zumindest grob fahrlässig.

Abenheimer, GmbHR 2005, 869, 871.

1493 Eine Haftung kommt aber über die anteilige Tilgung hinaus in Betracht, wenn auch die **Steueraufklärungspflicht** durch verspätete Anmeldung verletzt ist und bei rechtzeitiger Aufklärung die Steuer noch hätte geleistet werden können.

BFH, Urt. v. 6.3.2001 – VII R 17/00, GmbHR 2001, 783 m. Anm. *Neusel*:

Der Grundsatz der anteiligen Tilgung findet insoweit eine Einschränkung, als der haftende Geschäftsführer sich dann nicht darauf berufen kann, wenn bei ordnungsgemäßer Erfüllung der Steuererklärungspflicht der Steuerausfall vermieden worden wäre.

1494 Dagegen ist der Grundsatz der anteiligen Tilgung nicht anzuwenden, wenn die Steuerforderung wegen eines bewilligten laufenden Zahlungsaufschubs vorrangig hätte beglichen werden müssen. So hat der Schuldner von Einfuhrabgaben, wenn er einen Zahlungsaufschub in Anspruch nimmt, bei dem die Zollverwaltung auf die Sachhaftung gemäß § 76 Abs. 1 AO verzichtet hat, die Einfuhrabgaben am Fälligkeitstag ohne Rücksicht auf das Bestehen etwaiger anderer Zahlungsverpflichtungen abzuführen.

BFH, Urt. v. 26.9.2017 – VII R 40/16, ZIP 2018, 22.

1495 Aus welchen Mitteln die Gesellschaft andere Gläubiger befriedigt, ist für die Pflicht zur anteiligen Tilgung ohne Bedeutung.

BFH, Beschl. v. 28.6.2006 – VII B 267/05, GmbHR 2006, 1062.

1496 Der gesetzliche Vertreter einer GmbH ist in der Krise des Unternehmens nicht verpflichtet, von Geschäften Abstand zu nehmen, die geeignet sind, Umsatzsteuer auszulösen. Er haftet deshalb nicht schon, wenn er in der Krise der

GmbH noch umsatzsteuerpflichtige Geschäfte tätigt, dann aber zur Abführung der Umsatzsteuer nicht mehr in der Lage ist.

BFH, Urt. v. 28.11.2002 – VII R 41/01, ZIP 2003, 582; m. Anm. *Neusel*, GmbHR 2003, 494.

Den Geschäftsführer trifft aber eine **Mittelvorsorgepflicht**. 1497

BFH, Urt. v. 28.6.2005 – I R 2/04, GmbHR 2006, 48:

Der gesetzliche Vertreter einer GmbH ist bei eintretenden Zahlungsschwierigkeiten verpflichtet, bereits vor Fälligkeit der Steuerforderung Vorsorge für deren spätere Tilgung im Zeitpunkt der Fälligkeit zu treffen.

Eine Verletzung der Mittelvorsorgepflicht kann ihm nur angelastet werden, 1498
wenn er zu einem Zeitpunkt, in dem er gewusst habe, dass der GmbH keine Zahlungsmittel mehr zur Verfügung stünden und auch zukünftig nicht mehr zufließen werden, ein Umsatzsteuer auslösendes Verkaufsgeschäft durchgeführt hat, ohne dafür Sorge zu tragen, dass die GmbH über das durch dieses Geschäft erzielte Entgelt verfügen könne, um damit die durch das Geschäft entstehende Umsatzsteuer zu begleichen.

BFH, Urt. v. 5.2.1985 – VII R 124/80, BFH/NV 1987, 2:

Der erkennende Senat hat infolge dessen eine Pflichtverletzung des gesetzlichen Vertreters einer GmbH bejaht, weil dieser zu einem Zeitpunkt, in dem er wusste, dass der GmbH keine Zahlungsmittel mehr zur Verfügung stehen und auch künftig nicht mehr zufließen werden, ein Umsatzsteuer auslösendes Verkaufsgeschäft durchgeführt hatte, ohne dafür Sorge zu tragen, dass die GmbH über das durch dieses Geschäft erzielte Entgelt verfügen kann, um damit die durch das Geschäft entstehende Umsatzsteuer begleichen zu können.

BFH, Beschl. v. 7.9.2007 – VII B 181/06, BFH/NV 2007, 2233;

BFH, Urt. v. 26.9.2017 – VII R 40/16, ZIP 2018, 22.

Auch in diesem Fall verbleibt es aber dabei, dass der Geschäftsführer für eine 1499
(nur) anteilige Tilgung aufzukommen hat.

BFH, Urt. v. 28.11.2002 – VII R 41/01, ZIP 2003, 582; m. Anm. *Neusel*, GmbHR 2003, 494.

Die dem Steuergläubiger zustehende **Tilgungsquote** bemisst sich nach den 1500
tatsächlich vorhandenen Mitteln im Verhältnis zu allen Verpflichtungen der GmbH im Zeitpunkt der Fälligkeit der Schuld.

BFH, Urt. v. 16.9.1987 – X R 3/81, GmbHR 1988, 278;

BFH, Beschl. v. 31.3.2000 – VII B 187/99, GmbHR 2000, 1211 m. Anm. *Neusel*:

Reichen die Mittel zur Befriedigung sämtlicher Verbindlichkeiten nicht aus, sind die rückständigen Umsatzsteuer-Beträge (Verspätungszuschläge und Säumniszuschläge) vom Geschäftsführer in ungefähr dem gleichen Verhältnis zu tilgen wie die Verbindlichkeiten gegenüber anderen Gläubigern. Ist dies nicht geschehen, so liegt im Umfang des die durchschnittliche Tilgungsquote unterschreitenden Differenzbetrags eine schuldhafte Pflichtverletzung vor, für die der Geschäftsführer als Haftungsschuldner einzustehen hat (= Haftungssumme).

BFH, Urt. v. 27.2.2007 – VII R 60/05, GmbHR 2007, 1002;

BFH, Urt. v. 4.12.2007 – VII R 18/06, GmbHR 2008, 386.

1501 Hat also ein Geschäftsführer für einen Zeitraum, in dem er (schuldhaft) keine Umsatzsteuer abgeführt hat, die GmbH 1/3 der sonstigen Verbindlichkeiten befriedigen lassen, so haftet er persönlich auf Zahlung von (etwa) 1/3 der Umsatzsteuer.

BFH, Beschl. v. 18.8.1999 – VII B 106/99, GmbHR 2000, 392 m. Anm. *Neusel*:

Die Haftung ist auf die Höhe des Fehlbetrages beschränkt, in der der Geschäftsführer das Finanzamt im Verhältnis zu den anderen Gläubigern nicht anteilig befriedigt hat. Voraussetzung der Haftungsbeschränkung ist jedoch, dass der Geschäftsführer anhand von aussagekräftigen Unterlagen, Aufzeichnungen und Bankbelegen zur Aufklärung des Sachverhaltes beiträgt.

1502 Bei der Ermittlung der Haftungsquote für die Umsatzsteuer sind die im Haftungszeitraum getilgten Lohnsteuern weder bei den Gesamtverbindlichkeiten noch bei den geleisteten Zahlungen zu berücksichtigen.

BFH, Urt. v. 27.2.2007 – VII R 60/05, GmbHR 2007, 1002.

1503 Haftungsvoraussetzung ist darüber hinaus, dass zwischen der Pflichtverletzung des Geschäftsführers und dem eingetretenen Schaden ein **adäquater Kausalzusammenhang** besteht und zwar nicht nur für den Fall, dass eine Steuerschuld nicht erfüllt wird, sondern auch für den Fall, dass die Steuererklärungspflicht verletzt wird.

BFH, Urt. v. 6.3.2001 – VII R 17/00, GmbHR 2001, 783:

Zur Begründung der Kausalität hätte es daher insbesondere der Feststellung bedurft, dass die KG, nachdem die Umsatzsteuer entstanden war, überhaupt in der Lage gewesen war, diese zu bezahlen, ihr mithin ausreichend Mittel zur Verfügung standen.

1504 Der Geschäftsführer kann sich zu seiner Entlastung nicht darauf berufen, er habe andere Verbindlichkeiten vorrangig befriedigen müssen, um den Betrieb des Unternehmens aufrechtzuerhalten.

BFH, Beschl. v. 9.1.1990 – VII B 56/89, BFH/NV 1990, 412.

1505 Auch eine Benachteiligung des Finanzamtes aus sozialen Gründen, z. B. die Erhaltung von Arbeitsplätzen, entlastet den Geschäftsführer nicht; er hat kein Ermessen hinsichtlich der Entscheidung über bevorzugte Befriedigung.

BFH, Urt. v. 12.5.1992 – VII R 52/91, BFH/NV 1992, 785.

1506 Für die tatsächlichen Voraussetzungen einer Haftung trägt das Finanzamt die objektive **Beweislast (Feststellungslast)**. Dem in Anspruch genommenen gesetzlichen Vertreter obliegt es, die in seinen Wissensbereich fallenden Angaben zu machen.

BFH, Urt. v. 16.9.1987 – X R 3/81, GmbHR 1988, 278.

1507 Das Finanzamt hat darzulegen, dass hinreichend Finanzmittel zur Verfügung standen und in welchem Umfang eine Benachteiligung gegenüber anderen Gläubigern vorlag; den Geschäftsführer trifft aber eine gesteigerte **Mitwirkungs-**

pflicht bei der Aufklärung des in seiner Sphäre liegenden Sachverhaltes. Sein Schweigen oder seine Weigerung kann gegen ihn verwendet werden.

BFH, Urt. v. 6.3.2001 – VII R 17/00, GmbHR 2001, 783;

BFH, Beschl. v. 22.6.2011 – VII S 1/11, BFH/NV 2011, 2014.

Das Finanzamt kann dem Geschäftsführer aufgeben, die zur Feststellung des Haftungsumfanges notwendigen Auskünfte über die Gesamtverbindlichkeiten und die anteilige Gläubigerbefriedigung im Haftungszeitraum zu geben. **1508**

BFH, Urt. v. 28.6.2005 – I R 2/04, GmbHR 2006, 48:

Dass die Finanzverwaltung berechtigt ist, von dem Geschäftsführer einer GmbH die zur Ermittlung des Haftungsumfangs notwendigen Auskünfte zu verlangen, folgt aus § 93 Abs. 1 Satz 1 AO 1977.

BFH, Beschl. v. 28.6.2006 – VII B 267/05, GmbHR 2006, 1062;

BFH, Urt. v. 27.2.2007 – VII R 60/05, GmbHR 2007, 1002.

Zur Ermittlung der zutreffenden Haftungsquote und der daraus folgenden Summe, für die er als Haftungsschuldner einzustehen hat, hat er – in der Regel anhand eines von der Finanzverwaltung entwickelten **Vordrucks** – eine Aufstellung aller Verbindlichkeiten der GmbH zu Beginn des Haftungszeitraums und zum Ende des Haftungszeitraums zu erstellen sowie – anhand der Kontoauszüge über die Betriebskonten der GmbH – anzugeben, in welcher Höhe während des Haftungszeitraumes Zahlungen auf die Gesamtverbindlichkeiten der GmbH geleistet worden sind. **1509**

BFH, Beschl. v. 31.3.2000 – VII B 187/99, GmbHR 2000, 1211 m. Anm. *Neusel*;
zu praktischen Schwierigkeiten *Peetz*, GmbHR 2009, 186.

Der Haftungsschuldner kommt seiner Mitwirkungspflicht aber nach, indem er mitteilt, das Finanzamt gegenüber anderen Gläubigern nicht benachteiligt zu haben und indem er im Übrigen auf die beim Konkursverwalter befindlichen Buchführungsunterlagen verweist, wenn er weitere Angaben aus dem Gedächtnis nicht machen kann. **1510**

BFH, Urt. v. 4.12.2007 – VII R 18/06, GmbHR 2008, 386.

Kommt der Geschäftsführer der Mitwirkungsverpflichtung schuldhaft nicht nach, so kann das Finanzamt von seiner **Schätzungsbefugnis** Gebrauch machen. **1511**

BFH, Beschl. v. 22.6.2011 – VII S 1/11, BFH/NV 2011, 2014;

BFH, Urt. v. 4.12.2007 – VII R 18/06, GmbHR 2008, 386:

Im Rahmen seiner Mitwirkungspflicht ist der Haftungsschuldner – im Streitfall der Kläger in seiner Eigenschaft als GmbH-Geschäftsführer – verpflichtet, die zur Feststellung des Haftungsumfangs notwendigen Auskünfte über die anteilige Gläubigerbefriedigung im Haftungszeitraum zu erteilen; eine ungerechtfertigte Weigerung, solche in seinem Wissensbereich liegenden Auskünfte zu erteilen, können das FA bzw. das FG zu einer unter Umständen für den Geschäftsführer nachteiligen Schätzung der Haftungssumme berechtigen.

Für die Schätzung sind die Tatsachen zu ermitteln, die die größtmögliche erreichbare Wahrscheinlichkeit für sich haben. **1512**

BFH, Beschl. v. 28.3.2001 – VII B 213/00, GmbHR 2001, 786:
Bei der Schätzung sind auch bei mangelnder Mitwirkung der Steuerpflichtigen die anerkannten Schätzungsmethoden, insbesondere der innere und äußere Betriebsvergleich, mithin der Vorjahresumsatz, zu berücksichtigen. Dabei kommt auch die Beachtung von Richtsätzen in Betracht, wobei die Höchstsätze der Richtsatzsammlung nicht ohne Weiteres überschritten werden dürfen.

5. Lohnsteuer

1513 Ein Arbeitgeber ist gemäß § 41a Abs. 1 EStG verpflichtet, spätestens am zehnten Tag nach Ablauf eines jeden Lohnsteuer-Anmeldungszeitraums dem Finanzamt die Summe der in diesem Zeitraum einzubehaltenden Lohnsteuer anzugeben und die einbehaltene Lohnsteuer an das Finanzamt abzuführen. Lohnsteuer-Anmeldungszeitraum ist dabei grundsätzlich der Kalendermonat (§ 41a Abs. 2 Satz 1 EStG).

1514 Die **nicht rechtzeitige Abgabe** der Lohnsteueranmeldung sowie mangelnde Sorge für den Einbehalt und die Abführung der Lohnsteuer stellt eine Steuerhinterziehung dar; sie ist regelmäßig zumindest grob fahrlässig.

BFH, Urt. v. 15.2.2011 – VII R 66/10, GmbHR 2011, 613;
BFH, Urt. v. 23.9.2008 – VII R 27/07, ZIP 2009, 122;
BFH, Urt. v. 27.2.2007 – VII R 67/05, ZIP 2007, 1604; dazu EWiR 2007, 523 *(Beck)*;
BFH, Beschl. v. 20.10.2005 – VII B 17/05, BFH/NV 2006, 241;
BFH, Beschl. v. 21.12.1998 – VII B 175/98, BFH/NV 1999, 745;
BFH, Urt. v. 29.5.1990 – VII R 81/89, BFH/NV 1991, 283.

1515 Das Finanzamt darf den Geschäftsführer bei Vorsatz ohne nähere Prüfung und Begründung in Haftung nehmen.

BFH, Beschl. v. 22.2.2005 – VII B 213/04, GmbHR 2005, 891.

1516 Für **nicht abgeführte Lohnsteuer** haftet der Geschäftsführer persönlich. Die Haftung des Geschäftsführers für Lohnsteuerschulden unterliegt strengeren Grundsätzen als für andere Steuerschulden.

Vgl. *Biletzki*, NJW 1997, 1548.

1517 Maßgebend für den Zeitpunkt der Einbehaltung der Lohnsteuer ist der Zeitpunkt der tatsächlichen Lohnzahlung. Die einbehaltene Steuer ist am zehnten Tag nach Ablauf des Lohnsteuer-Anmeldungszeitraums abzuführen. Wird also z. B. der für den Monat September geschuldete Lohn vertragswidrig erst im Oktober gezahlt, so endet die sich aus § 41a Abs. 1 Satz 1 Nr. 2 EStG ergebende Frist für die Abführung der Lohnsteuer erst am 10. November.

Vgl. BFH, Urt. v. 24.8.2004 – VII R 50/03, GmbHR 2005, 121.

1518 Der Grundsatz der **anteiligen Tilgung** gilt für die Lohnsteuer nur **eingeschränkt.**

Vgl. BFH, Urt. v. 1.8.2000 – VII R 110/99, GmbHR 2000, 1215 m. Anm. *Neusel*.

Wenn **gar keine Löhne** mehr gezahlt worden sind, ist auch keine Lohnsteuer abzuführen; sie fällt gemäß § 38 Abs. 2 EStG in diesem Fall gar nicht an. Lohnsteuer fällt aber an, wenn der Gesellschafter-Geschäftsführer Löhne nicht durch die GmbH, sondern aus seinem Privatvermögen für die GmbH zahlt. In diesem Fall haftet er für die nicht abgeführte Lohnsteuer. **1519**

BFH, Urt. v. 22.11.2005 – VII R 21/05, GmbHR 2006, 272; m. Bespr. *Tiedtke*, GmbHR 2007, 21.

Reichen die vorhandenen Gelder nicht aus, um sowohl die den Arbeitnehmern geschuldeten Nettolöhne voll auszuzahlen als auch die Arbeitnehmeranteile an die Steuerbehörden abzuführen, so darf der Geschäftsführer die **Nettolöhne** nur **gekürzt** auszahlen und muss die entsprechende Lohnsteuer aus den dann verbleibenden Mitteln errechnen und abführen. **1520**

BFH, Urt. v. 15.2.2011 – VII R 66/10, GmbHR 2011, 613;

BFH, Urt. v. 27.2.2007 – VII R 67/05, ZIP 2007, 1604; dazu EWiR 2007, 523 *(Beck)*;

BFH, Beschl. v. 6.7.2005 – VII B 296/04, GmbHR 2005, 1315;

BFH, Beschl. v. 12.7.1983 – VII B 19/83, ZIP 1983, 1121.

Der Geschäftsführer kann sich zu seiner Entlastung nicht darauf berufen, er habe die Auszahlung der Löhne aus sozialen Gründen vorgezogen. **1521**

BFH, Urt. v. 12.5.1992 – VII R 52/91, BFH/NV 1992, 785.

Die Erwartung, Lohnsteuerrückstände durch einen bevorstehenden Kapitalzufluss ausgleichen zu können, berechtigt nicht zur ungekürzten Auszahlung der Löhne. **1522**

BFH, Beschl. v. 6.7.2005 – VII B 296/04, GmbHR 2005, 1315:

Nach ständiger Rechtsprechung des BFH vermag die Erwartung, Lohnsteuerrückstände später durch Kredite eines privaten Kreditgebers, durch Realisierung von Außenständen, durch öffentliche Fördermittel oder durch eine Aufrechnung mit vermeintlichen Steuerguthaben ausgleichen zu können, den Vertreter in der Liquiditätskrise von seiner Verpflichtung zur entsprechenden Kürzung der Löhne und zur Abführung der auf die gekürzten Löhne entfallenden Lohnsteuer nicht zu entlasten. … Eine bloße Wahrscheinlichkeit des Eingangs weiterer Geldmittel reicht zum Ausschluss des Verschuldens nicht aus. Allenfalls könnte es an dem Verschulden des Vertreters fehlen, wenn er aufgrund einer verbindlichen Zusage fest mit dem Eingang zusätzlicher Mittel gerechnet hat. Für einen solchen Umstand, für den der Vertreter die Beweislast trägt, müssen konkrete und nachvollziehbare Umstände vorliegen.

Der BFH geht davon aus, dass der Arbeitgeber die Lohnsteuer gewissermaßen nur treuhänderisch für den Arbeitnehmer und den Fiskus einzieht, sodass diese Gelder für ihn wirtschaftlich fremde Gelder sind. **1523**

BFH, Beschl. v. 6.7.2005 – VII B 296/04, GmbHR 2005, 1315;

BFH, Urt. v. 1.8.2000 – VII R 110/99, GmbHR 2000, 1215 m. Anm. *Neusel*.

1524 Der Grundsatz der anteilmäßigen Tilgung findet dagegen auf **Versäumniszuschläge** Anwendung, die wegen der Nichtabführung der Lohnsteuer festgesetzt werden und für die der Geschäftsführer ebenfalls aufzukommen hat. Dass die Versäumniszuschläge nur deshalb anfallen, weil der Geschäftsführer zuvor – schuldhaft – die Lohnsteuer nicht abgeführt hat, diese Unterlassung also für die spätere Festsetzung der Versäumniszuschläge kausal war, führt nicht zur Anwendung der strengeren Grundsätze, die für die Nichtzahlung der Lohnsteuer gelten.

BFH, Urt. v. 1.8.2000 – VII R 110/99, GmbHR 2000, 1215 m. Anm. *Neusel*.

1525 Das kann dazu führen, dass der Geschäftsführer zwar hinsichtlich der Lohnsteuer Schadensersatz zu leisten hat, nicht aber hinsichtlich der Versäumniszuschläge, weil ihm insoweit kein Schuldvorwurf zu machen ist, (wenn etwa die Gesellschaft zum Zeitpunkt der Festsetzung der Säumniszuschläge bereits zahlungsunfähig war); auf jeden Fall errechnet sich der von dem Geschäftsführer zu erstattende Steuerbetrag anders.

1526 Die mögliche **Anfechtung** einer Lohnsteuerzahlung nach § 130 Abs. Nr. 1 InsO durch den Insolvenzverwalter lässt eine Inanspruchnahme des Geschäftsführers durch das Finanzamt nicht entfallen.

BFH, Urt. v. 23.9.2008 – VII R 27/07, ZIP 2009, 122;
BFH, Urt. v. 19.9.2007 – VII R 39/05, BFH/NV 2008, 18.

1527 Im Gegenteil führt eine erfolgreiche Anfechtung durch den Insolvenzverwalter dazu, dass die Steuerschuld wieder auflebt und der Geschäftsführer wegen verspäteter Lohnsteuerzahlung haftet.

BFH, Urt. v. 11.11.2008 – VII R 19/08, ZIP 2009, 516.

6. Verhältnis des Steuerrechts zu § 64 Satz 1 GmbHG

1528 Ebenso wie bei der Haftung des Geschäftsführers wegen der Vorenthaltung von Sozialversicherungsbeiträgen (siehe Rn. 787 und 1143) stellt sich auch für die Verpflichtung, die Steuern abzuführen, die Frage, wie diese Verpflichtung im Falle der Zahlungsunfähigkeit oder Überschuldung der Gesellschaft mit der Verpflichtung des § 64 Satz 1 GmbHG in Einklang zu bringen ist, nach Insolvenzreife keine Zahlungen mehr zu leisten.

1529 Der Geschäftsführer ist trotz § 64 Satz 1 GmbHG zur **Begleichung der Steuerschulden** verpflichtet. Die Zahlung ist mit der Sorgfalt eines ordentlichen Geschäftsmanns vereinbar.

BFH, Urt. v. 23.9.2008 – VII R 27/07, ZIP 2009, 122;
BGH, Urt. v. 14.5.2007 – II ZR 48/06, ZIP 2007, 1265 = NJW 2007, 2118 Rn. 11;
dazu EWiR 2007, 495 *(Henkel/Mock)*;
m. Anm. *Altmeppen*, NJW 2007, 2121;
BGH, Urt. v. 25.1.2011 – II ZR 196/09, ZIP 2011, 422 Rn. 11.

Auch der **Antrag** auf Eröffnung des **Insolvenzverfahrens** befreit den Geschäftsführer nicht von der Verpflichtung zur Zahlung von Steuerschulden; das ist erst der Fall, wenn ihm die Verfügungsbefugnis – durch ein Verfügungsverbot, die Bestellung eines starken Insolvenzverwalters (§ 21 Abs. 2 InsO) oder die Eröffnung des Insolvenzverfahrens – entzogen wird. 1530

BFH, Urt. v. 23.9.2008 – VII R 27/07, ZIP 2009, 122 Rn. 20.

Dagegen fehlt es am Verschulden, wenn ein vorläufiger Insolvenzverwalter oder das Insolvenzgericht eine Kontensperrung veranlasst und so verhindert, dass der Geschäftsführer noch Steuern zahlen kann. 1531

BFH, Urt. v. 5.6.2007 – VII R 19/06, DStRE 2008, 44.

7. Vollstreckung

Die Steuerbehörde kann gemäß § 191 Abs. 1 AO, ohne den Gerichtsweg beschreiten zu müssen, den Geschäftsführer durch **Haftungsbescheid** in Anspruch nehmen. Der Haftungsbescheid kann von dem Geschäftsführer gemäß § 348 Abs. 1 Nr. 4 AO mit dem Einspruch angefochten werden. 1532

Dem Erlass des Haftungsbescheides steht nicht entgegen, dass über das Vermögen der Gesellschaft ein Insolvenzverfahren eröffnet worden ist; § 93 InsO entfaltet insoweit **keine Sperrwirkung**. 1533

BFH, Beschl. v. 11.3.2008 – VII B 214/06, BFH/NV 2008, 1291;

BGH, Urt. v. 4.7.2002 – IX ZR 265/01, BGHZ 151, 245
= ZIP 2002, 1492. = NJW 2002, 2718;
dazu EWiR 2003, 335 *(Welzel)*;

BFH, Beschl. v. 2.11.2001 – VII B 155/01, ZIP 2002, 179;
dazu EWiR 2002, 217 *(Wessel)*;
m. Bespr. *Stöcker*, NZI 2002, 308.

Das Finanzamt hat bei der Inanspruchnahme des Geschäftsführers sowohl ein **Entschließungs-** als auch ein **Auswahlermessen**; d. h., es steht in seinem (pflichtgemäßen) Ermessen, ob es den Geschäftsführer und bei mehreren, welchen es in Anspruch nehmen will. Die Ermessensausübung hat das Finanzamt zu begründen. 1534

BFH, Urt. v. 9.8.2002 – VI R 41/96; GmbHR 2003, 246;

BFH, Urt. v. 11.3.2004 – VII R 52/02, GmbHR 2004, 836
m. Anm. *Neusel*:

Wegen der Befugnis und Verpflichtung des Gerichts zur Überprüfung behördlicher Ermessensentscheidungen, die dem Gericht keinen Raum für eigene Ermessenserwägungen lassen (§ 102 Satz 1 FGO), muss die Ermessensentscheidung begründet werden (vgl. § 121 Abs. 1 AO 1977). Dabei müssen die bei der Ausübung des Verwaltungsermessens angestellten Erwägungen – die Abwägung des Für und Wider der Inanspruchnahme des Haftungsschuldners – aus der Entscheidung erkennbar sein. … Die Behörde muss insbesondere zum Ausdruck bringen, warum sie den Haftungsschuldner anstatt des Steuerschuldners oder anstelle anderer ebenfalls für die Haftung in Betracht kommender Personen in Anspruch nimmt – Auswahlermessen.

1535 Liegt allerdings eine **vorsätzliche** Pflichtverletzung und Steuerhinterziehung vor, so ist das Entschließungsermessen der Finanzbehörde in der Weise geprägt, dass es auch ohne nähere Darlegung der Ermessenserwägung im Haftungsbescheid oder in der Einspruchsentscheidung als ermessensgerecht anzusehen ist, den Geschäftsführer als Straftäter in Anspruch zu nehmen.

BFH, Beschl. v. 8.6.2007 – VII B 280/06, BFH/NV 2007, 1822;
BFH, Beschl. v. 14.2.2006 – VII B 119/05, BFH/NV 2006, 1246;
BFH, Beschl. v. 22.2.2005 – VII B 213/04, GmbHR 2005, 891.

1536 Eine Ausnahme von der Begründungspflicht ist auch in dem Fall zu machen, dass der Steuerpflichtige dem Finanzamt pflichtwidrig wichtige Informationen vorenthält.

BFH, Urt. v. 28.6.2005 – I R 2/04, GmbHR 2006, 48.

1537 Wird nur einer von mehreren Geschäftsführern in Anspruch genommen, so kann dieser einwenden, auch sein **Mitgeschäftsführer** oder ein Dritter hafte. Es ist dann Sache der Steuerbehörde, die sachgerechte Ermessensausübung darzutun.

BFH, Beschl. v. 18.8.1999 – VII B 106/99, GmbHR 2000, 392:

… Die Ermessensentscheidung ist auch nicht deshalb fehlerhaft, weil das Finanzamt die Erkrankung und die finanziellen Verhältnisse des Antragstellers unberücksichtigt gelassen hat. Der Senat hat es in ständiger Rechtsprechung abgelehnt, im Rahmen der Betätigung des Auswahl- und Erschließungsermessens Gesichtspunkte zu berücksichtigen, die sich aus der Größenordnung der Haftungsschuld im Vergleich zu finanziellen Möglichkeiten oder aus dem Grad des Verschuldens des Haftungsschuldners ergeben. Aufgrund des Schadensersatzcharakters des Haftungsanspruchs ist es nicht gerechtfertigt, solche Billigkeitserwägungen bereits in die Entscheidung über den Erlass eines Haftungsbescheides und in die Feststellung der Anspruchsvoraussetzungen einfließen zu lassen.

1538 Einen Ermessensverstoß sieht der BFH aber nur ausnahmsweise:

BFH, Beschl. v. 11.6.1996 – I B 60/95, BFH/NV 1997, 7:

Wird die Haftung des alleinvertretungsberechtigten Mitgeschäftsführers einer GmbH für rückständige Körperschaftsteuer und Umsatzsteuer auf einen quotalen Tilgungsbetrag beschränkt, so ist es regelmäßig ermessenswidrig, einen weiteren, nur gemeinsam vertretungsberechtigten Geschäftsführer über einen höheren Betrag in Anspruch zu nehmen.

1539 Der Geschäftsführer haftet auch für **Säumniszuschläge**; auch für die, die ab dem Zeitpunkt der Überschuldung oder der Zahlungsunfähigkeit verwirkt worden sind.

BFH, Urt. v. 5.6.2007 – VII R 65/05, ZIP 2007, 1856;
BFH, Urt. v. 19.12.2000 – VII R 63/99, ZIP 2001, 427;
dazu EWiR 2001, 509 *(Frotscher)*.

1540 Die **Festsetzungsfrist** für den Haftungsausspruch gegen den Geschäftsführer i. S. v. § 69 Satz 1 AO beginnt mit dem Ablauf des Kalenderjahres, in dem sich die haftungsbegründende Pflichtverletzung i. S. v. §§ 34, 35 AO ereignet hat. Gemäß § 191 Abs. 3 Satz 2 AO beträgt sie grundsätzlich **vier Jahre**. Zur Frage des Fristbeginns

vgl. BFH, Urt. v. 11.3.2004 – VII R 19/02, GmbHR 2004, 1099 m. Anm. *Neusel*.

Die Verlängerung der Festsetzungsfrist auf **fünf Jahre** für leichtfertige **Steuerverkürzung** betrifft nur die Haftung nach § 70 AO, aber nicht die Haftung des Geschäftsführers nach § 69 AO. **1541**

BFH, Urt. v. 22.4.2008 – VII R 21/07, DStR 2008, 1533.

X. Gesellschafterliste

Der Geschäftsführer hat gemäß § 40 Abs. 1 GmbHG den jeweils aktuellen Stand der Gesellschafter oder ihrer Beteiligung dem Handelsregister anzuzeigen. Unterlässt er das, so hat er gemäß § 40 Abs. 3 GmbHG den Gesellschaftsgläubigern und denjenigen, deren Beteiligung sich geändert hat, den ihnen durch diese Unterlassung entstandenen Schaden zu ersetzen. **1542**

Der Geschäftsführer haftet gegenüber einem (Ex-)**Gesellschafter**, der aufgrund einer fehlerhaften Gesellschafterliste nach § 16 Abs. 3 GmbHG seinen Gesellschaftsanteil durch den Rechtscheinerwerb eines Dritten verliert, aber auch gegenüber einem Anteilserwerber, der auf die Richtigkeit der Liste vertraut hat. **1543**

Römermann, GmbHR Sonderheft 2008, 62, 67.

Wenn der (inländische) Notar nach § 40 Abs. 2 GmbHG Veränderungen mitzuteilen hat, haftet der Geschäftsführer selbst nicht unmittelbar. Er muss aber die Gesellschafterliste, wie sie der Notar zum Handelsregister eingereicht hat, überprüfen; er erhält für die Gesellschaft eine Abschrift der geänderten Liste. **1544**

Römermann, GmbHR Sonderheft 2008, 62, 66.

Sorgt er bei einer falschen notariellen Gesellschafterliste nicht für Abhilfe, ggf. durch Einreichung einer Korrekturliste, kann er nach § 40 Abs. 3 GmbHG haften, ebenso bei Einreichung einer falschen, zu Unrecht korrigierten Liste. **1545**

Beim **Gesellschaftsgläubiger** kann ein Schaden durch den Ausfall verursacht werden, der ihm dadurch entsteht, dass er einen Anspruch der Gesellschaft gegen ihren Gesellschafter aus §§ 21, 24 oder 31 Abs. 1 GmbHG nicht mehr pfänden kann. **1546**

Lutter/Hommelhoff, GmbHG, § 40 Rn. 9.

Der Gläubiger muss darlegen und beweisen, dass die Lückenhaftigkeit der Registerakten ursächlich für seinen Schaden war. **1547**

Das Verschulden des Geschäftsführers – Voraussetzung für seine Haftung – wird in entsprechender Anwendung des § 93 Abs. 2 Satz 2 AktG vermutet; der Geschäftsführer hat sich also zu entlasten, wenn der objektive Tatbestand erfüllt ist. **1548**

Lutter/Hommelhoff, GmbHG, § 40 Rn. 9.

C. Haftung bei Gründung

Eine GmbH wird erst durch ihre Eintragung ins Handelsregister existent. Doch ist es unvermeidbar, dass bereits vorher in ihrem Namen Geschäfte getätigt werden. Dabei sind verschiedene Phasen zu unterscheiden: bis zur Gründung durch Abschluss des Gesellschaftsvertrags in notarieller Form (§ 2 GmbHG) spricht man von der **Vorgründungsgesellschaft**, danach bis zur Eintragung (§ 11 Abs. 1 GmbHG) von der **Vorgesellschaft** oder Vor-GmbH. Für den Zeitraum der Existenz der Vorgesellschaft greift die Handelndenhaftung nach § 11 Abs. 2 GmbHG ein, also von dem Zeitpunkt des Abschlusses des notariell beurkundeten Gesellschaftsvertrags bis zur Eintragung der GmbH ins Handelsregister. Mit der Eintragung erlischt die Haftung des Handelnden, sie geht dann auf die GmbH über. 1549

I. Vorgründungsgesellschaft

Der Zusammenschluss zweier oder mehrerer Personen zum Zwecke der Gründung einer GmbH ist die Vorgründungsgesellschaft, wenn diese Personen bereits vor Abschluss des Gesellschaftsvertrags rechtsgeschäftlich tätig werden. Je nach Geschäftsumfang und Gegenstand des Unternehmens ist die Vorgründungsgesellschaft eine **BGB-Gesellschaft** oder bei Betrieb eines Handelsgewerbes eine offene Handelsgesellschaft. Aus den für die Vorgründungsgesellschaft abgeschlossenen Geschäften haften die **Gesellschafter** persönlich und unbeschränkt. 1550

> BAG, Urt. v. 25.1.2006 – 10 AZR 238/05, ZIP 2006, 1044;
> BGH, Urt. v. 26.4.2004 – II ZR 120/02, ZIP 2004, 1208;
> BGH, Urt. v. 9.3.1998 – II ZR 366/96, ZIP 1998, 646 = NJW 1998, 1645;
> dazu EWiR 1998, 417 *(Dreher/Kreiling)*;
> BGH, Urt. v. 20.6.1983 – II ZR 200/82, ZIP 1983, 933 = NJW 1983, 2822;
> LAG Berlin, Urt. v. 7.12.1998 – 9 Sa 74/98, GmbHR 1999, 181.

Voraussetzung ist aber, dass sie mit der Aufnahme der Geschäfte einverstanden waren. 1551

> BGH, Urt. v. 26.4.2004 – II ZR 120/02, ZIP 2004, 1208.

Wird im Namen der noch nicht gegründeten GmbH gehandelt, handelt es sich in der Regel um ein betriebsbezogenes Geschäft, aus dem die bei Bestehen der Vertretungsmacht die Vorgründungsgesellschaft verpflichtet wird. 1552

> BGH, Urt. v. 9.3.1998 – II ZR 366/96, ZIP 1998, 646 = NJW 1998, 1645;
> dazu EWiR 1998, 417 *(Dreher/Kreiling)*.

Handelt der Einmann-Gründer vor der Gründung für die GmbH oder die Vor-GmbH, wird er selbst verpflichtet. Eine Vorgründungsgesellschaft existiert in diesem Fall nicht. 1553

> OLG Koblenz, Urt. v. 6.11.2001 – 3 U 151/01, GmbHR 2002, 1239.

1554 Die Gründer können ihre Haftung durch Vertrag mit den Gläubigern beschränken. Eine solche Haftungsbeschränkung kommt jedoch in der Regel noch nicht dadurch zustande, dass die Gesellschafter für eine „GmbH in Gründung" auftreten.

OLG Koblenz, Urt. v. 6.11.2001 – 3 U 151/01, GmbHR 2002, 1239.

1555 Mit Abschluss des GmbH-Gesellschaftsvertrags wird die Vorgründungsgesellschaft wegen Zweckerreichung aufgelöst. Anders als beim Übergang der Vorgesellschaft in die fertige GmbH, gehen die Verbindlichkeiten der Vorgründungsgesellschaft mit Abschluss des Gesellschaftsvertrags nicht automatisch auf die Vorgesellschaft über; es bedarf vielmehr eines gesonderten Übertragungsaktes, nämlich einer Schuld- oder Vertragsübernahme.

BGH, Urt. v. 7.5.1984 – II ZR 276/83, BGHZ 91, 148 = ZIP 1984, 950 = NJW 1984, 2164;
BGH, Urt. v. 9.3.1998 – II ZR 366/96, ZIP 1998, 646 = NJW 1998, 1645;
dazu EWiR 1998, 417 *(Dreher/Kreiling)*;
BFH, Urt. v. 8.11.1989 – I R 174/86, GmbHR 1990, 235.

1556 Die Genehmigung des Gläubigers zur Schuldübernahme der Vorgesellschaft oder der GmbH liegt nicht schon darin, dass er das Geschäft mit einer – noch gar nicht gegründeten – GmbH abschließt.

BGH, Urt. v. 9.3.1998 – II ZR 366/96, ZIP 1998, 646 = NJW 1998, 1645;
dazu EWiR 1998, 417 *(Dreher/Kreiling)*.

1557 Wollen die Gründungsgesellschafter bei Abschluss von Verträgen schon jetzt die noch zu gründende GmbH verpflichten (und selbst aus der Haftung entlassen werden), so müssen sie entsprechende Vereinbarungen mit den Vertragspartnern ausdrücklich treffen.

Mohr, GmbHR 2003, 347.

1558 Eine **Handelndenhaftung** nach § 11 Abs. 2 GmbHG gibt es im Stadium der Vorgründungsgesellschaft nicht.

BGH, Urt. v. 7.5.1984 – II ZR 276/83, BGHZ 91, 148 = ZIP 1984, 950 = NJW 1984, 2164.

1559 Der **Geschäftsführer** haftet gar nicht, wenn die von ihm abgeschlossenen Geschäfte von der Vollmacht der Gründer gedeckt sind. Ist das nicht der Fall, so haftet er nach § 179 BGB.

BGH, Urt. v. 7.5.1984 – II ZR 276/83, BGHZ 91, 148 = ZIP 1984, 950 = NJW 1984, 2164.

1560 Den Geschäftsführer trifft aufgrund der gesetzlichen Regelung des § 179 Abs. 2 BGB die Beweislast dafür, zum Abschluss der Geschäfte bevollmächtigt gewesen zu sein. Die Gründer können für Geschäfte des Geschäftsführers, die nicht durch die ihm erteilte Vollmacht gedeckt sind, ggf. nach Anscheins- oder Duldungsvollmacht haften.

II. Vor-GmbH

1. Entstehen und Erlöschen

Die mit Abschluss des Gesellschaftsvertrags entstehende Vorgesellschaft unterliegt bereits weitgehend dem Recht des GmbH-Gesetzes; sie ist eine Vorstufe und eine notwendige Durchgangsstation auf dem Wege zur GmbH. 1561

Die Vorgesellschaft kann als Träger von Rechten und Pflichten nach außen hin im Rechtsverkehr auftreten. 1562

> BGH, Urt. v. 31.3.2008 – II ZR 308/06, ZIP 2008, 1025 = NJW 2008, 2441 Rn. 6;
>
> BGH, Urt. v. 28.11.1997 – V ZR 178/96, ZIP 1998, 109 = NJW 1998, 1079:

Die Vorgesellschaft wird heute als notwendige Vorstufe zu der mit der Eintragung entstehenden juristischen Person als ein bereits eigenständiges, von ihren Gründern und Gesellschaftern verschiedenes körperschaftlich strukturiertes „Rechtsgebilde" mit eigenen Rechten und Pflichten begriffen. Sie wird als konto- und grundbuchfähig angesehen, verfügt bereits über eine eigene Firma und wird von der ganz überwiegenden Auffassung in der Literatur auch als passiv und aktiv wechsel- und scheckfähig angesehen. Ihre passive Parteifähigkeit ist seit langem anerkannt. Im Verfahren der freiwilligen Gerichtsbarkeit ist sie als beteiligungsfähig und damit auch als beschwerdeberechtigt angesehen. Angesichts dieser Umstände gibt es keinen vernünftigen Grund, ihr die aktive Parteifähigkeit im Zivilprozess abzusprechen.

> BGH, Urt. v. 9.3.1981 – II ZR 54/80, BGHZ 80, 129 = ZIP 1981, 394 = NJW 1981, 1373.

Die Vor-GmbH kann Gläubigerin, Schuldnerin und Eigentümerin sein. Sie ist nicht nur grundbuchfähig, sondern auch insolvenzfähig. 1563

> BGH, Beschl. v. 9.10.2003 – IX ZB 34/03, ZIP 2003, 2123; dazu EWiR 2004, 293 *(Vallender)*.

Die Vor-GmbH selbst ist in dem Insolvenzverfahren Gemeinschuldnerin; der Geschäftsführer kann sich wegen Insolvenzverschleppung haftbar machen, wenn er den Insolvenzantrag nach § 15a Abs. 1 Satz 1 InsO nicht rechtzeitig stellt (siehe Rn. 1204). 1564

Die Vorgesellschaft kann – anders als die fertige GmbH – von jedem der Gesellschafter nach außen vertreten werden. In der Regel wird aber auch bereits für die Vorgesellschaft ein **Geschäftsführer** tätig. Damit die Gesellschaft eingetragen werden kann, muss ein Geschäftsführer bestellt sein, was in der Regel bei der GmbH-Gründung geschieht. 1565

Der Geschäftsführer erhält eine umfassende Vertretungsmacht zur Vertretung der Vor-GmbH, wenn er mit Zustimmung der Gesellschafter eine werbende 1566

Tätigkeit schon vor der Eintragung aufnimmt. Erforderlich ist aber die Zustimmung aller Gesellschafter, also ein einstimmiger Beschluss.

> BGH, Urt. v. 4.11.2002 – II ZR 204/00, BGHZ 152, 290 = ZIP 2002, 2309 = NJW 2003, 429;
> m. Anm. *Drygala*, ZIP 2002, 2311;
> m. Anm. *K. Schmidt*, GmbHR 2003, 99;
> BGH, Urt. v. 9.3.1981 – II ZR 54/80, BGHZ 80, 129 = ZIP 1981, 394 = NJW 1981, 1373.

1567 Ansonsten beschränkt sich die Vertretungsmacht auf die zur Entstehung der GmbH notwendigen Geschäfte, also die Entgegennahme der Mindesteinlagen oder den Verkehr mit dem Handelsregister.

> *A. Meyer*, GmbHR 2002, 1176, 1180.

1568 Mit der **Eintragung** der Gesellschaft in das Handelsregister gehen die von der Vorgesellschaft begründeten **Rechte und Pflichten** auf die GmbH über. Es bedarf keines besonderen Übertragungsaktes.

1569 Geben die Gründungsgesellschafter den Willen auf, die Gesellschaft ins Handelsregister eintragen zu lassen, so besteht die Gesellschaft i. G. als **Vorgesellschaft in Liquidation** fort.

> BGH, Urt. v. 31.3.2008 – II ZR 308/06, ZIP 2008, 1025 = NJW 2008, 2441 Rn. 6;
> BGH, Urt. v. 23.10.2006 – II ZR 162/05, BGHZ 169, 270 = ZIP 2006, 2267 = NJW 2007, 589 Rn. 7 (zur Vor-AG); dazu EWiR 2007, 289 *(Krolop)*;
> BGH, Urt. v. 28.11.1997 – V ZR 178/96, ZIP 1998, 109 = NJW 1998, 1079.

1570 Etwas anderes gilt aber für die Einmann-Gründungsgesellschaft. Diese erlischt mit Aufgabe der Eintragungsabsicht, weil kein weiterer Anlass zur Trennung von Gesellschafts- und Privatvermögen besteht.

1571 Liquidator der Vor-GmbH wird in entsprechender Anwendung von § 66 Abs. 1 GmbHG der Geschäftsführer.

> BGH, Urt. v. 31.3.2008 – II ZR 308/06, ZIP 2008, 1025 = NJW 2008, 2441 Rn. 7;
> BGH, Urt. v. 23.10.2006 – II ZR 162/05, BGHZ 169, 270 = ZIP 2006, 2267 = NJW 2007, 589 Rn. 27 (zur Vor-AG); dazu EWiR 2007, 289 *(Krolop)*.

1572 Setzt die Vor-GmbH die werbende Tätigkeit nach Aufgabe der Eintragungsabsicht fort, wandelt sie sich in eine BGB-Gesellschaft oder OHG.

> BGH, Urt. v. 31.3.2008 – II ZR 308/06, ZIP 2008, 1025 = NJW 2008, 2441 Rn. 9.

1573 Bestand bereits bei der Gründung nicht die Absicht, die GmbH eintragen zu lassen, werden aber Geschäfte aufgenommen (sog. unechte Vorgesellschaft), entsteht von vornherein eine BGB-Gesellschaft oder OHG mit persönlicher Haftung der Gesellschafter.

BGH, Urt. v. 31.3.2008 – II ZR 308/06, ZIP 2008, 1025 = NJW 2008, 2441 Rn. 9.

Bei der Einpersonengründung ohne Eintragungsabsicht haftet der Gründer unmittelbar (siehe Rn. 1629). 1574

2. Handelndenhaftung (Geschäftsführer)

Nach § 11 Abs. 2 GmbHG haften die Handelnden persönlich und solidarisch, wenn vor der Eintragung der GmbH gehandelt worden ist. Der Zweck der Regelung des § 11 Abs. 2 GmbHG liegt darin, einem Dritten, der in geschäftliche Beziehung zu einer werdenden GmbH tritt, zu einem haftenden Schuldner zu verhelfen, wenn es nicht zur Eintragung der juristischen Person kommt. 1575

Daneben soll die Vorschrift zur Vorsicht mahnen und dazu beitragen, im Gründungsstadium den Abschluss überflüssiger Geschäfte zu verhindern und die Eintragung der Gesellschaft ins Handelsregister zu beschleunigen, **„Druckfunktion"**. 1576

BGH, Urt. v. 26.1.1967 – II ZR 122/64, BGHZ 47, 25 = NJW 1967, 828.

Da die Haftung des Handelnden nach § 11 Abs. 2 GmbHG – also zumeist die des Geschäftsführers – mit der Eintragung der Gesellschaft ins Handelsregister endet, hat der Geschäftsführer ein vitales eigenes Interesse daran, dass es schnell zu einer Eintragung ins Handelsregister kommt. 1577

a) Handelnder

Handelnder ist in der Regel der **Geschäftsführer**, dem eine Inanspruchnahme aus § 11 Abs. 2 GmbHG droht. 1578

BGH, Urt. v. 19.3.2001 – II ZR 249/99, ZIP 2001, 789 = NJW 2001, 2092:

Handelnder i. S. d. § 11 Abs. 2 GmbHG ist nur derjenige, der als Geschäftsführer oder wie ein Geschäftsführer rechtsgeschäftliche Erklärungen für die mit der Gründung entstandene Vorgesellschaft abgegeben hat.

Dazu EWiR 2001, 583 *(Armbrüster)*.

Auch der vollmachtlose und der faktische Geschäftsführer haften – wie Geschäftsführer tätig gewordene Personen – nach § 11 Abs. 2 GmbHG. 1579

BGH, Urt. v. 9.3.1981 – II ZR 54/80, BGHZ 80, 129 = ZIP 1981, 394 = NJW 1981, 1373.

Der in **Vollmacht** des Geschäftsführers Handelnde haftet nicht selbst nach § 11 Abs. 2 GmbHG. 1580

OLG Oldenburg, Urt. v. 24.3.1999 – 4 U 11/98, NZG 1999, 729.

1581 Handelnder ist insoweit aufgrund der erteilten Vollmacht der Geschäftsführer.

1582 Der **Gründungsgesellschafter** ist nicht „Handelnder" i. S. d. § 11 Abs. 2 GmbHG, selbst wenn er mit der Aufnahme von Geschäftstätigkeiten vor Eintragung ins Handelsregister allgemein einverstanden war oder er den Geschäftsbeginn in sonstiger Weise gefördert hat.

BGH, Urt. v. 15.12.1975 – II ZR 95/73, BGHZ 65, 378 = NJW 1976, 419;

KG, Urt. v. 7.1.1993 – 22 U 7180/91, GmbHR 1993, 647.

b) Erlöschen der Haftung

1583 Die Haftung des Handelnden erlischt **mit der Eintragung** der GmbH, weil die Verbindlichkeiten der Vor-GmbH ohne Mitwirkung des Gläubigers auf die Gesellschaft übergehen.

BGH, Urt. v. 16.3.1981 – II ZR 59/80, BGHZ 80, 182 = ZIP 1981, 516 = NJW 1981, 1452;

BGH, Urt. v. 26.10.1981 – II ZR 31/81, ZIP 1981, 1328 = NJW 1982, 932;

BGH, Urt. v. 20.6.1983 – II ZR 200/82, ZIP 1983, 933 = NJW 1983, 2822.

1584 Eine auf § 11 Abs. 2 GmbHG gestützte Klage muss vom Kläger nach Eintragung für erledigt erklärt werden.

Müther, MDR 2001, 366, 367.

1585 Die Haftung bleibt bestehen, wenn der Geschäftsführer seine Vollmacht überschritten und deshalb gar keine Verbindlichkeit der Vor-GmbH begründet hat.

BGH, Urt. v. 16.3.1981 – II ZR 59/80, BGHZ 80, 182 = ZIP 1981, 516 = NJW 1981, 1452.

1586 Sie bleibt außerdem bestehen, wenn es nicht zur Eintragung der GmbH kommt, unabhängig davon, ob die Vorgesellschaft liquidiert oder als Personengesellschaft fortgesetzt wird.

BGH, Urt. v. 16.3.1981 – II ZR 59/80, BGHZ 80, 182 = ZIP 1981, 516 = NJW 1981, 1452.

1587 Ein Gläubiger der Vorgesellschaft kann sich die Haftung des Handelnden – z. B. bei der Einrichtung eines Kontos einer Bank – nicht über die Eintragung in das Handelsregister hinaus dadurch erhalten, dass er den Handelnden (Geschäftsführer) allgemeine Geschäftsbedingungen unterschreiben lässt, wonach sich dieser verpflichtet, auch für künftige Verbindlichkeiten persönlich aufzukommen. Denn solche Klauseln sind überraschend und deshalb nichtig.

OLG Brandenburg, Urt. v. 13.11.2001 – 11 U 53/01, ZIP 2001, 2126.

1588 Insgesamt hat die Haftung der Handelnden nach § 11 Abs. 2 GmbHG durch die Neugestaltung der Rechtsprechung zur Haftung der Gesellschafter der Vorgesellschaft daher erheblich an Bedeutung verloren.

Vgl. dazu *A. Meyer*, GmbHR 2002, 1176, 1183;
Bergmann, GmbHR 2003, 563, 568:

Wird neben den Ansprüchen der Gläubiger der Vorgesellschaft gegen deren Gesellschafter ein Anspruch aus § 11 Abs. 2 GmbHG gegen den Handelnden überhaupt oder zumindest ohne korrigierende Form zugelassen, führt dies zu einer Übersicherung des Gesellschaftsgläubigers, die jedem denkbaren Zweck des § 11 Abs. 2 GmbHG widersprechen muss. Denn die Vorschrift kann dem Gläubiger niemals einen zusätzlichen Schuldner verschaffen wollen. Jedes andere Ergebnis würde dem notwendigen Gerechtigkeitsgehalt der Vorschrift Hohn sprechen. Das wirtschaftliche Risiko darf nicht auf denjenigen abgewälzt werden, der selbst keinen unmittelbaren Vorteil aus den abgeschlossenen Geschäften zieht. Dem fremdnützig Handelnden würde sonst letztlich das Insolvenzrisiko von Vorgesellschaft und Gründungsgesellschaft aufgeladen. Das kann nicht sein. Der Sicherungszweck der Handelndenhaftung hat sich mit der unbeschränkten Haftung der Gründungsgesellschafter erledigt.

c) Haftungsausschluss

Die Handelndenhaftung kann (auch stillschweigend) ausgeschlossen werden. **1589**

BGH, Urt. v. 14.3.1973 – VIII ZR 114/72, WM 1973, 484 = NJW 1973, 798.

Ein stillschweigender Haftungsausschluss ist aber nicht ohne Weiteres zu vermuten. **1590**

KG, Urt. v. 28.6.1993 – 2 U 522/92, GmbHR 1994, 121:

Ein stillschweigender Haftungsausschluss ist aber nicht zu vermuten; nur wenn eine klare Vereinbarung besteht oder wenn konkrete Umstände des Einzelfalles auf einen entsprechenden Vertragswillen beider Parteien hinweisen, kann die Haftung als ausgeschlossen gelten.

Der Geschäftsführer kann zum einen mit den Vertragspartnern vereinbaren, **1591** dass aufschiebend bedingt nur die spätere GmbH verpflichtet werden soll. Der Geschäftsführer kann aber auch seine Haftung vertraglich abbedingen und beispielsweise statt der Handelndenhaftung eine Ausfallhaftung vereinbaren. Für den Fall der Haftungsbeschränkung in AGB sind aber die Grenzen von §§ 307, 309 BGB zu beachten.

Eingehend *Jula*, BB 1995, 1597.

d) Haftungsumfang

Die Handelndenhaftung bestimmt sich so, als wäre der Vertrag mit der GmbH **1592** abgeschlossen worden, auch hinsichtlich der Verjährung etc.

BGH, Urt. v. 9.2.1970 – II ZR 137/69, BGHZ 53, 214 = NJW 1970, 806;
BGH, Urt. v. 13.6.1977 – II ZR 232/75, BGHZ 69, 104 = NJW 1977, 1683.

Sie erfasst **nicht gesetzliche Ansprüche** wie Beiträge zur Sozialversicherung; **1593** auch nicht Ansprüche nach § 613a Abs. 1 Satz 1 BGB,

LAG Erfurt, Urt. v. 14.11.2000 – 5 Sa 55/99, ZIP 2001, 1106;
dazu EWiR 2001, 857 *(Künzl)*,

denn die Handelndenhaftung ist eine Organhaftung aus rechtsgeschäftlichem Handeln.

BGH, Urt. v. 15.12.1975 – II ZR 95/73, BGHZ 65, 378
= NJW 1976, 419.

1594 Die Haftung erfasst aber auch Ansprüche gegen die Gesellschaft aus rechtsgeschäftsähnlichem Handeln, wenn dieses zu Ansprüchen aus ungerechtfertigter Bereicherung führt.

OLG Karlsruhe, Urt. v. 11.12.1997 – 11 U 20/97, ZIP 1998, 958;
dazu *Michalski*, NZG 1998, 248.

1595 (Der Geschäftsführer hatte durch Zahlungsaufforderungen und Mahnungen den Kläger veranlasst, der Vorgesellschaft ihr nicht zustehende Leistungen zu erbringen; darin hat das Oberlandesgericht das rechtsgeschäftsähnliche Handeln gesehen.)

1596 Darlegungs- und beweispflichtig für das Vorliegen der Voraussetzungen des § 11 Abs. 2 GmbHG ist der Kläger.

Müther, MDR 2001, 366, 367.

e) **Regress**

1597 Der Geschäftsführer kann bei der Vor-GmbH und nach Eintragung bei der GmbH Regress nehmen, §§ 675, 670 BGB. Gegen die Gründer steht ihm ein Ausgleichsanspruch zu, wenn ihn diese zur Aufnahme des Geschäftsbetriebes ermächtigt haben und er im Rahmen der ordnungsgemäßen Geschäftsführung gehandelt hat.

BGH, Urt. v. 13.12.1982 – II ZR 282/81, BGHZ 86, 122 = ZIP 1983, 158 = NJW 1983, 876.

1598 Wenn die Gesellschaft **eingetragen** wird, trifft die Gründer trotz Zustimmung zur Aufnahme des Geschäftsbetriebs keine unmittelbare Haftung gegenüber dem Geschäftsführer mehr, da sie nur noch bei Unterbilanz gegenüber der GmbH haften.

BGH, Urt. v. 27.1.1997 – II ZR 123/94, BGHZ 134, 333
= ZIP 1997, 679 = NJW 1997, 1507;
dazu EWiR 1997, 463 *(Fleischer)*.

1599 Verletzt der Geschäftsführer allerdings seine der werdenden GmbH gegenüber bestehenden Pflichten, so haftet er dieser selbst aus § 43 GmbHG.

BGH, Urt. v. 20.3.1986 – II ZR 114/85, ZIP 1987, 1050 = WM 1986, 789;
dazu EWiR 1986, 587 *(Weipert)*.

3. Haftung der Gesellschafter der Vor-GmbH

Die Gesellschafter haften, wenn die GmbH ins Handelsregister eingetragen wird, der Gesellschaft nur anteilig für eine Beeinträchtigung des Stammkapitals bis zur Eintragung. Wird die GmbH nicht eingetragen, ist zu unterscheiden: bei Abwicklung haften die Gesellschafter der Gesellschaft bis zur Höhe ihrer Verbindlichkeiten unbeschränkt, wenn sie den Geschäftsbetrieb bereits aufgenommen hat, bei Fortführung des Geschäftsbetriebs haften sie auch den Gläubigern gegenüber unbeschränkt. 1600

a) Haftung bei Eintragung

aa) Unterbilanzhaftung

Wird die Vor-GmbH eingetragen, haben die Gesellschafter anteilig für die Differenz aufzukommen, die sich durch die Vorbelastung zwischen Stammkapital und dem Wert des Gesellschaftsvermögens im Zeitpunkt der Eintragung ergibt (**Unterbilanzhaftung**). 1601

Der Fehlbetrag muss von den Gesellschaftern durch Geldleistungen an die GmbH ausgeglichen werden; es gibt also keine Außenhaftung gegenüber den Gläubigern der GmbH. Ein Gläubiger der Gesellschaft muss den Anspruch der Gesellschaft gegen ihren Gesellschafter pfänden. 1602

> BGH, Urt. v. 27.1.1997 – II ZR 123/94, BGHZ 134, 333 = ZIP 1997, 679 = NJW 1997, 1507;
> dazu EWiR 1997, 463 *(Fleischer)*.

Das gilt – anders als beim Scheitern der Eintragung – auch dann, wenn die GmbH vermögenslos ist oder nur einen Gesellschafter hat. 1603

> BGH, Urt. v. 24.10.2005 – II ZR 129/04, ZIP 2005, 2257;
> dazu EWiR 2006, 143 *(Wilhelm)*;
> m. Anm. *Gehrlein*, BB 2005, 2774.

Stichtag ist der Tag der Handelsregistereintragung. 1604

> BGH, Urt. v. 16.1.2006 – II ZR 65/04, BGHZ 165, 391 = ZIP 2006, 668 = NJW 2006, 1594;
> dazu EWiR 2006, 565 *(Naraschewski)*;
> BGH, Urt. v. 9.11.1998 – II ZR 190/97, BGHZ 140, 35 = ZIP 1998, 2151 = NJW 1999, 283.

Auf diese Weise ist wertmäßig die vollständige Aufbringung des Stammkapitals zum Zeitpunkt der Eintragung der Gesellschaft gewährleistet. 1605

> BGH, Urt. v. 24.10.1988 – II ZR 176/88, BGHZ 105, 300 = ZIP 1989, 27 = NJW 1989, 710;
> dazu EWiR 1989, 55 *(K. Schmidt)*.

Ist also im Zeitpunkt der Eintragung das Stammkapital bereits ganz oder teilweise verbraucht, kommt die Differenzhaftung zum Zuge, d. h., die Gesellschafter sind gegenüber der Gesellschaft verpflichtet, die bis zur Eintragung 1606 entstandenen Schulden auszugleichen. Die Gesellschafter haften nicht als Gesamtschuldner, sondern **anteilig** nach Maßgabe ihrer Beteiligung am Stammkapital.

> BGH, Urt. v. 16.1.2006 – II ZR 65/04, BGHZ 165, 391 = ZIP 2006, 668 = NJW 2006, 1594; dazu EWiR 2006, 565 *(Naraschewski)*.

1607 Es kommt jedoch eine Ausfallhaftung nach § 24 GmbHG in Betracht.

> BGH, Urt. v. 18.9.2018 – II ZR 312/16, ZIP 2018, 2018 Rn. 11;
> dazu EWiR 2018, 681 *(Westermann)*;
> BGH, Urt. v. 19.5.2015 – II ZR 291/14, ZIP 2015, 1530 Rn. 8;
> dazu EWiR 2015, 531 *(Bode)*;
> BGH, Urt. v. 17.2.2003 – II ZR 281/00, ZIP 2003, 625;
> *Gehrlein*, DB 1996, 561, 563.

1608 Die Haftung wegen Unterbilanz **verjährt** in entsprechender Anwendung des § 9 Abs. 2 GmbHG **in zehn Jahren** ab Eintragung der GmbH, nach § 9 Abs. 2 GmbHG in der bis 14.12.2005 geltenden Fassung in fünf Jahren ab Eintragung.

> BGH, Urt. v. 24.10.1988 – II ZR 176/88, BGHZ 105, 300 = ZIP 1989, 27 = NJW 1989, 710; dazu EWiR 1989, 55 *(K. Schmidt)*.

1609 Der Anspruch aus Unterbilanzhaftung ist grundsätzlich wie ein Anspruch auf Leistung fehlender Bareinlagen zu behandeln und unterliegt deshalb denselben strengen Regeln der Kapitalaufbringung wie die ursprüngliche Einlageschuld.

> BGH, Urt. v. 16.1.2006 – II ZR 65/04, BGHZ 165, 391 = ZIP 2006, 668 = NJW 2006, 1594; dazu EWiR 2006, 565 *(Naraschewski)*.

1610 Er geht daher nicht unter, wenn die Gesellschaft nach dem Stichtag aus anderen Gründen über ein die Stammkapitalziffer deckendes Vermögen – namentlich über nicht ausgeschüttete Gewinne oder über eine auflösungsfähige Kapitalrücklage verfügt.

> BGH, Urt. v. 16.1.2006 – II ZR 65/04, BGHZ 165, 391 = ZIP 2006, 668 = NJW 2006, 1594; dazu EWiR 2006, 565 *(Naraschewski)*.

bb) Feststellung der Unterbilanz

1611 Der Haftungsumfang der Gründungsgesellschafter ist durch eine **Vorbelastungsbilanz** bezogen auf den Stichtag der Eintragung zu ermitteln.

> BGH, Urt. v. 16.1.2006 – II ZR 65/04, BGHZ 165, 391 = ZIP 2006, 668 = NJW 2006, 1594; dazu EWiR 2006, 565 *(Naraschewski)*;
> BGH, Urt. v. 9.11.1998 – II ZR 190/97, BGHZ 140, 35 = ZIP 1998, 2151 = NJW 1999, 283;
> *K. Schmidt*, ZIP 1996, 353, 355.

Die Bilanz soll Grund und Höhe einer Unterbilanzhaftung klären, die ihrerseits die Unversehrtheit des Stammkapitals garantieren und damit der Gewährleistung des Erhaltungsprinzips dienen soll. 1612

Eine Unterbilanz liegt vor, wenn das Reinvermögen der Gesellschaft, also die Aktiva (Anlage- und Umlaufvermögen) abzüglich der Passiva (Verbindlichkeiten und Rückstellungen, ohne Stammkapital und Rücklagen) nicht mehr das Stammkapital deckt. 1613

Die Bilanz ist als Vermögensbilanz der Gesellschaft mit ihren wirklichen Werten nach Fortführungsgrundsätzen aufzustellen, wenn das Unternehmen nicht (infolge Überschuldung) fortführungsunfähig war, was mittels einer Prognose im Einzelfall zu klären ist. 1614

BGH, Urt. v. 16.1.2006 – II ZR 65/04, BGHZ 165, 391 = ZIP 2006, 668 = NJW 2006, 1594;

BGH, Urt. v. 29.9.1997 – II ZR 245/96, ZIP 1997, 2008 = NJW 1998, 233:

In der zur Ermittlung einer Unterbilanzhaftung des Gesellschafters aufzustellenden Vorbelastungsbilanz ist im Falle einer negativen Fortbestehensprognose für die Gesellschaft deren Vermögen im Zeitpunkt der Eintragung nicht zu Fortführungs-, sondern zu Veräußerungswerten zu bilanzieren.

Dazu EWiR 1998, 33 *(Wilken)*;

BGH, Urt. v. 6.12.1993 – II ZR 102/93, BGHZ 124, 282 = ZIP 1994, 295 = NJW 1994, 724;
dazu EWiR 1994, 275 *(v. Gerkan)*.

Wenn die Ingangsetzung der Vor-GmbH in der Zeit zwischen Errichtung und Eintragung in das Handelsregister durch Aufnahme der Geschäftstätigkeit bereits ausnahmsweise zu einer Organisationseinheit geführt hat, die als Unternehmen anzusehen ist, das – über seine einzelnen Vermögenswerte hinaus – einen eigenen Vermögenswert repräsentiert, ist für die Zwecke der Unterbilanzhaftung das Unternehmen im Ganzen nach der **Ertragswertmethode** zu bewerten und damit auch der **Geschäfts- und Firmenwert** zu berücksichtigen. 1615

BGH, Urt. v. 16.1.2006 – II ZR 65/04, BGHZ 165, 391 = ZIP 2006, 668 = NJW 2006, 1594:

Nach den getroffenen Feststellungen hat die Schuldnerin nämlich in diesem Zeitraum weder auf die werbende Tätigkeit gerichtete Rechtsgeschäfte abgeschlossen noch sonst ihr operatives Geschäft anderweitig in einer sie als Organisationseinheit im Sinne eines Unternehmens kennzeichnenden Weise aufgenommen. Vielmehr bewegten sich nach Einschätzung des Berufungsgerichts sämtliche Aktivitäten ... noch im Vorstadium werbender Tätigkeit und sollten letztlich erst die Basis dafür schaffen, dass in Zukunft das operative Geschäft aufgenommen werden konnte.

Dazu EWiR 2006, 565 *(Naraschewski)*;

BGH, Urt. v. 9.11.1998 – II ZR 190/97, BGHZ 140, 35 = ZIP 1998, 2151 = NJW 1999, 283;
kritisch dazu *Habersack/Lüssow*, NZG 1999, 629, 632.

Um die Effektivität einer Unterbilanzhaftung zu gewährleisten, dürfen bei der Berechnung einer Unterbilanz ausschließlich die gesetzlich und satzungs- 1616 mäßig notwendigen **Gründungskosten** (Notar-, Register- und Gründungskosten, eventuelle Gesellschafts- und Verkehrssteuern sowie erforderliche Beratungskosten) aktiviert werden. Gründungsaufwand, den die Gesellschaft nicht durch förmliche Regelung in der Satzung übernommen hat, darf in der Vorbelastungsbilanz nicht aktiviert werden.

> BGH, Urt. v. 16.1.2006 – II ZR 65/04, BGHZ 165, 391 = ZIP 2006, 668 = NJW 2006, 1594;
> dazu EWiR 2006, 565 *(Naraschewski)*;
>
> BGH, Urt. v. 29.9.1997 – II ZR 245/96, ZIP 1997, 2008 = NJW 1998, 233;
> dazu EWiR 1998, 33 *(Wilken)*.

1617 Eigenkapitalersetzende Darlehen sind in der Vorbelastungsbilanz zu passivieren; es sei denn, es war ein Rangrücktritt vereinbart.

> BGH, Urt. v. 6.12.1993 – II ZR 102/93, BGHZ 124, 282 = ZIP 1994, 295 = NJW 1994, 724;
> dazu EWiR 1994, 275 *(v. Gerkan)*.

1618 Mit weiteren Einzelheiten der Vermögensbilanz befasst sich

> *Porzelt*, GmbHR 2018, 663, 666.

cc) Darlegungs- und Beweislast

1619 Der **Insolvenzverwalter** einer GmbH trägt als Kläger grundsätzlich die Darlegungs- und Beweislast für die Voraussetzungen einer Unterbilanzhaftung der Gesellschafter.

> BGH, Urt. v. 29.9.1997 – II ZR 245/96, ZIP 1997, 2008 = NJW 1998, 233;
> dazu EWiR 1998, 33 *(Wilken)*;
>
> BGH, Urt. v. 17.2.2003 – II ZR 281/00, ZIP 2003, 625;
>
> OLG Köln, Urt. v. 1.3.1995 – 2 U 110/94, GmbHR 1995, 449;
>
> OLG Düsseldorf, Urt. v. 30.10.1992 – 16 U 265/91, GmbHR 1993, 587;
> dazu EWiR 1993, 689 *(Kirberger)*;
> vgl. auch *Hornstein*, GmbHR 1998, 229, 230;
> *Porzelt*, GmbHR 2018, 663, 666.

1620 Die Rechtsprechung macht aber Einschränkungen bei fehlenden Buchhaltungsunterlagen.

> BGH, Urt. v. 17.2.2003 – II ZR 281/00, ZIP 2003, 625:

Ist eine Vorbelastungsbilanz auf den Eintragungsstichtag nicht erstellt worden oder sind nicht einmal geordnete Geschäftsaufzeichnungen vorhanden, auf deren Grundlage der Insolvenzverwalter seiner Darlegungspflicht nachkommen kann, ergeben sich aber hinreichende Anhaltspunkte dafür, dass das Stammkapital der Gesellschaft schon im Gründungsstadium angegriffen oder verbraucht worden ist oder dass sogar darüber hinausgehende Verluste entstanden sind, ist es Sache der Gesellschafter darzulegen, dass eine Unterbilanz nicht bestanden hat.

1621 Den Gesellschaftern ist daher zu empfehlen, bei Aufnahme der Geschäftstätigkeit vor Eintragung in jedem Fall eine Vorbelastungsbilanz im Eintragungszeitpunkt der Gesellschaft zu erstellen, um ihrer Darlegungslast entsprechen zu können.

Hat der klagende Insolvenzverwalter anhand der Unterlagen eine **Bilanz** von einem Wirtschaftsprüfer aufstellen lassen, genügt bloßes Bestreiten durch den beklagten Gesellschafter nicht. 1622

BGH, Urt. v. 16.1.2006 – II ZR 65/04, BGHZ 165, 391
= ZIP 2006, 668 = NJW 2006, 1594;
dazu EWiR 2006, 565 *(Naraschewski)*.

Wenn sich aus den Geschäftsunterlagen keine Anhaltspunkte dafür ergeben, dass bereits vor Eintragung der Gesellschaft ein Unternehmen mit eigenständigem Vermögenswert bestanden hat, obliegt es dem Gesellschafter darzulegen, dass eine Unterbilanz wegen einer ausnahmsweise nach der Ertragswertmethode vorzunehmenden und dabei wegen der Prognoseentscheidung der Sache nach einen Geschäfts- oder Firmenwert einschließenden Bewertung nicht bestand. 1623

BGH, Urt. v. 16.1.2006 – II ZR 65/04, BGHZ 165, 391
= ZIP 2006, 668 = NJW 2006, 1594;
dazu EWiR 2006, 565 *(Naraschewski)*.

dd) Ausgleichshaftung

Die Ausfallhaftung nach § 24 GmbHG gilt auch für die Vorgesellschaft, setzt aber nach §§ 21 ff. GmbHG die Kaduzierung des Anteils des Mitgesellschafters voraus. 1624

BGH, Urt. v. 17.2.2003 – II ZR 281/00, ZIP 2003, 625.

Darüber sollte ein Notar bei Abschluss des Gesellschaftsvertrags die Gesellschafter belehren. 1625

b) Haftung bei Scheitern der Eintragung

aa) Abwicklung der Vor-GmbH

Wenn die Eintragung scheitert und die Vor-GmbH abgewickelt wird, haften die Gesellschafter den Gläubigern – von Ausnahmen abgesehen – nicht unmittelbar, sondern nur der Gesellschaft; dieser aber nicht beschränkt auf die Einlage, sondern bis zur Höhe der Verbindlichkeiten der Vor-GmbH unbeschränkt (Verlustdeckungshaftung). 1626

BGH, Urt. v. 4.11.2002 – II ZR 204/00, BGHZ 152, 290 = ZIP 2002, 2309 = NJW 2003, 429;
m. Anm. *Drygala*, ZIP 2002, 2311;
m. Anm. *K. Schmidt*, GmbHR 2003, 99;
BGH, Urt. v. 27.1.1997 – II ZR 123/94, BGHZ 134, 333
= ZIP 1997, 679 = NJW 1997, 1507;
dazu EWiR 1997, 463 *(Fleischer)*;
dazu *Goette*, DStR 1998, 179;
abl. *Wilhelm*, DStR 1998, 457;

BGH, Beschl. v. 4.3.1996 – II ZR 123/94, ZIP 1996, 590;
dazu EWiR 1996, 359 *(Wilken)*;

BAG, Beschl. v. 10.7.1996 – 10 AZR 908/94, ZIP 1996, 1548;

BSG, Urt. v. 8.12.1999 – B 12 KR 10/98 R, ZIP 2000, 494;
dazu EWiR 2000, 1055 *(Kort)*.

1627 Anders ist dies, wenn der Geschäftsbetrieb nach Scheitern der Eintragung fortgeführt wird (unechte Vorgesellschaft) (siehe Rn. 1645).

BGH, Urt. v. 4.11.2002 – II ZR 204/00, BGHZ 152, 290
= ZIP 2002, 2309 = NJW 2003, 429;
m. Anm. *Drygala*, ZIP 2002, 2311;
m. Anm. *K. Schmidt*, GmbHR 2003, 99.

1628 Die **Verlustdeckungshaftung** besteht entsprechend den jeweiligen Beteiligungsverhältnissen der Gesellschafter (**Pro-rata-Haftung**) allein der Vorgesellschaft gegenüber.

1629 Der Gesellschafter kann von den Gläubigern **unmittelbar in Anspruch** genommen werden,

- wenn es sich um eine Einmann-Gründung handelt,

  BGH, Urt. v. 27.1.1997 – II ZR 123/94, BGHZ 134, 333
  = ZIP 1997, 679 = NJW 1997, 1507;
  dazu EWiR 1997, 463 *(Fleischer)*;
  dazu *Goette*, DStR 1998, 179;
  abl. *Wilhelm*, DStR 1998, 457;

  BGH, Beschl. v. 4.3.1996 – II ZR 123/94, ZIP 1996, 590;
  dazu EWiR 1996, 359 *(Wilken)*;

  BGH, Urt. v. 19.3.2001 – II ZR 249/99, ZIP 2001, 789
  = NJW 2001, 2092,

- oder wenn die Vorgesellschaft vermögenslos ist,

  BGH, Urt. v. 27.1.1997 – II ZR 123/94, BGHZ 134, 333
  = ZIP 1997, 679 = NJW 1997, 1507;
  dazu EWiR 1997, 463 *(Fleischer)*;
  dazu *Goette*, DStR 1998, 179;
  abl. *Wilhelm*, DStR 1998, 457;

  BGH, Beschl. v. 4.3.1996 – II ZR 123/94, ZIP 1996, 590;
  dazu EWiR 1996, 359 *(Wilken)*;

  BAG, Urt. v. 22.1.1997 – 10 AZR 908/94, ZIP 1997, 1544
  = NJW 1997, 3331;
  dazu EWiR 1997, 849 *(Goette)*;

  BFH, Urt. v. 7.4.1998 – VII R 82/97, BFHE 185, 356 = ZIP 1998,
  1149 = NJW 1998, 2926;

  BAG, Urt. v. 25.1.2006 – 10 AZR 238/05, ZIP 2006, 1044:

  Besteht das „Vermögen" einer Vor-GmbH nach Abschluss des Gesamtvollstreckungsverfahrens ausschließlich noch aus deren Verlustdeckungsanspruch gegen ihre Gründungsgesellschafter, weil der Gesamtvollstreckungsverwalter diesen Anspruch nicht geltend gemacht hat, können Gläubiger direkten Zugriff auf diese nehmen.

  BSG, Urt. v. 8.12.1999 – B 12 KR 10/98 R, ZIP 2000, 494:

Die Innenhaftung wird den berechtigten Gläubiger- und Gesellschafterinteressen jedoch nur bei geordneten Verhältnissen der Gesellschaft gerecht, solange also die Vorgesellschaft noch besteht und die Eintragung weiterhin betrieben wird oder sie sich zwar in Liquidation oder im Konkurs befindet, aber nicht masselos ist. In diesem Fall ist für den Gläubiger noch erkennbar, an wen er sich halten und wie er seine Ansprüche durchsetzen kann (Pfändung von Ansprüchen der Vor-GmbH oder Anmeldung der Forderung im Konkurs). Die Verweisung auf die Innenhaftung ist aber unzumutbar, wenn die Vor-GmbH vermögenslos ist.

Dazu EWiR 2000, 1055 *(Kort)*;

- oder wenn weitere Gläubiger nicht vorhanden sind,

  BGH, Urt. v. 27.1.1997 – II ZR 123/94, BGHZ 134, 333 = ZIP 1997, 679 = NJW 1997, 1507;
  dazu EWiR 1997, 463 *(Fleischer)*;
  dazu *Goette*, DStR 1998, 179;
  abl. *Wilhelm*, DStR 1998, 457;

  BGH, Beschl. v. 4.3.1996 – II ZR 123/94, ZIP 1996, 590;
  dazu EWiR 1996, 359 *(Wilken)*,

- oder wenn die Gesellschaft keine Geschäftsführer mehr hat,

  BGH, Urt. v. 27.1.1997 – II ZR 123/94, BGHZ 134, 333 = ZIP 1997, 679 = NJW 1997, 1507;
  dazu EWiR 1997, 463 *(Fleischer)*;
  dazu *Goette*, DStR 1998, 179;
  abl. *Wilhelm*, DStR 1998, 457;
  BAG, Urt. v. 25.1.2006 – 10 AZR 238/05, ZIP 2006, 1044.

Die Verlustdeckungshaftung kommt aber nur dann zur Anwendung, wenn die Vorgesellschaft bereits vor Eintragung in das Handelsregister am Geschäftsverkehr teilnimmt. Beschränken sich die Gründer und der Geschäftsführer auf diejenigen Maßnahmen, die zur Eintragung der Gesellschaft in das Handelsregister erforderlich sind, wird eine Haftung nach diesen Grundsätzen nicht begründet. **1630**

Daher gibt es keine Haftung des Gründers, der mit der Geschäftsaufnahme nicht einverstanden war. **1631**

BSG, Urt. v. 8.12.1999 – B 12 KR 10/98 R, ZIP 2000, 494;
dazu EWiR 2000, 1055 *(Kort)*.

Der Gläubiger einer Vor-GmbH, die nicht zur Eintragung gelangt ist, muss sich – von den genannten Ausnahmen abgesehen – grundsätzlich zuerst einen **Titel** gegen die Vorgesellschaft beschaffen. Solange das Scheitern der Eintragung in das Handelsregister nicht feststeht, ist eine persönliche Haftung der Gesellschafter der Vorgesellschaft nicht gegeben. **1632**

Kann er aus dem gegen die Vor-GmbH erwirkten Titel keine Befriedigung erlangen, so kann er mit diesem Titel **gemäß § 829 ZPO** in die Verlustausgleichsansprüche der Vorgesellschaft gegen ihre Gesellschafter **vollstrecken**. **1633**

1634 Da die Gesellschafter der Vor-GmbH nur anteilig haften, bedeutet das, dass der Gläubiger der Vorgesellschaft zunächst gegenüber allen Gesellschaftern in Höhe ihres Anteils vorgehen muss und erst nach fruchtloser Vollstreckung die Ausfallhaftung nach § 24 GmbHG geltend machen kann.

1635 Denn der Gläubiger der Vorgesellschaft kann nicht wissen, in welchem Umfang die einzelnen Gesellschafter an der Vorgesellschaft beteiligt sind und inwieweit sie bereits von anderen Gläubigern in Anspruch genommen werden.

Kritisch daher *Altmeppen*, NJW 1997, 3272, 3274.

1636 *Karsten Schmidt* weist darauf hin, dass für die Teilklage gegen mehrere Gesellschafter verschiedene Gerichte zuständig sein können. Da die Gerichte die Haftung unterschiedlich bewerten könnten, könnte der Gläubiger gezwungen sein, den Mitgesellschaftern den Streit zu verkünden.

K. Schmidt, ZIP 1997, 671, 673.

1637 Trotz der Umständlichkeit dieses Verfahrens und der schon vor der Grundsatzentscheidung geäußerten Kritik der Literatur, die zwar überwiegend die Abkehr von der auf die Einlage beschränkten Haftung der Gesellschafter begrüßte, aber eine unmittelbare Haftung der Gesellschafter gegenüber den Gläubigern der Vorgesellschaft befürwortete, hat der BGH an seinem Konzept festgehalten.

1638 Seine Ablehnung einer unmittelbaren Haftung hat der BGH u. a. wie folgt begründet,

BGH, Urt. v. 27.1.1997 – II ZR 123/94, BGHZ 134, 333
= ZIP 1997, 679 = NJW 1997, 1507:

Würde man darüber hinaus im Falle des Konkurses eine unmittelbare Haftung der Gesellschafter annehmen, wäre zu befürchten, dass ein **Wettlauf der Gläubiger** einsetzt und – etwa wenn einzelne Gesellschafter illiquide werden – ungleiche Befriedigungschancen der Gläubiger entstehen. Sind die Ansprüche gegen die Vorgesellschaft zu richten, kann in der Regel eine gleichmäßige Befriedigung der Gläubiger erwartet werden. Das gilt vor allem deshalb, weil der Verlustdeckungsanspruch gegen die Vor-GmbH erst mit dem Scheitern der Eintragung entsteht …

Dazu EWiR 1997, 463 *(Fleischer)*;
dazu *Goette*, DStR 1998, 179;
abl. *Wilhelm*, DStR 1998, 457.

1639 Außerdem wollte der BGH dem **Wertungswiderspruch** entgegenwirken, der sich nach der bisherigen Rechtsprechung daraus ergab, dass der Geschäftsführer der GmbH gemäß § 11 Abs. 2 GmbHG als Handelnder bis zur Eintragung der GmbH unbeschränkt haftete, während die Haftung der Gesellschafter sich auf die zu leistende Einlage beschränkte und erst mit der Eintragung zu einer sog. Unterbilanzhaftung führen konnte.

1640 Ein Geschäftsführer musste danach ein Interesse an einer möglichst baldigen Eintragung der GmbH haben, um der Haftung nach § 11 Abs. 2 GmbHG zu entgehen, während die Interessen der Gesellschafter wegen der Unterbilanzhaftung gerade gegenläufig sein konnten.

BGH, Urt. v. 27.1.1997 – II ZR 123/94, BGHZ 134, 333 = ZIP 1997, 679 = NJW 1997, 1507:

Das schwerwiegendste, im Schrifttum zutreffend immer wieder hervorgehobene Argument zugunsten einer unbeschränkten Haftung der Gründer für Verbindlichkeiten der Vor-GmbH stellt der andernfalls eintretende Wertungswiderspruch im Vergleich zu der nach Eintragung einsetzenden unbeschränkten Differenzhaftung dar. Es wäre eine kaum hinnehmbare Inkonsequenz, die Haftung der Gründer bis zur Eintragung auf die bedungenen Einlagen zu reduzieren, nach gelungener Eintragung hingegen mit einer unbeschränkten Verlustausgleichspflicht zu belasten. Das Ungleichgewicht zwischen einer unbeschränkten Haftung vor Eintragung und einer ungeschmälerten Einstandspflicht nach Eintragung würde bei Verlusten der Vorgesellschaft für die Gründer geradezu einen Anreiz bieten, die Eintragung nicht weiterzubetreiben und die Gesellschaft zu liquidieren.

Mit der Verlustdeckungshaftung wird auch der Interessenwiderstreit zwischen **1641**
Geschäftsführern, die zur Vermeidung der Handelndenhaftung auf die Eintragung der GmbH in das Handelsregister dringen, und Gesellschaftern, die sich einer Eintragung wegen der Besorgnis der Differenzhaftung widersetzen, aus dem Feld geräumt: Der **Geschäftsführer** haftet vor Eintragung nicht schärfer als die Gesellschafter. Scheitert die Eintragung, so können die gemäß § 11 Abs. 2 GmbHG in Anspruch genommenen Geschäftsführer ihren **Regressanspruch** gegen die Vorgesellschaft mittels Verlustdeckungshaftung bei den Gesellschaftern realisieren.

BGH, Urt. v. 9.3.1981 – II ZR 54/80, BGHZ 80, 129 = ZIP 1981, 394 = NJW 1981, 1373.

Die Gesellschafter werden von dem Haftungsrisiko der Vorgesellschaft erst **1642**
dann befreit, wenn die GmbH tatsächlich mit dem im Handelsregister dokumentierten und gesetzlich garantierten Mindestkapital als unerlässliche Betriebs- und Haftungsgrundlage ausgestattet ist.

BGH, Urt. v. 9.3.1981 – II ZR 54/80, BGHZ 80, 129 = ZIP 1981, 394 = NJW 1981, 1373.

Denn mit der Eintragung ins Handelsregister gehen nicht nur die von der **1643**
Vorgesellschaft begründeten Rechte, sondern selbstverständlich auch die Pflichten auf die GmbH über.

bb) Fortführung des Geschäftsbetriebs

Eine unechte Vorgesellschaft liegt vor, wenn die Eintragungsabsicht von An- **1644**
fang an nicht bestand oder die Eintragungsabsicht aufgegeben wurde, die Geschäfte aber gleichwohl fortgesetzt werden, wobei in letzterem Fall eigentlich keine „unechte" Vorgesellschaft mehr vorliegt. Dass eine GmbH ohne Eintragungsabsicht gegründet wird, dürfte angesichts des Gründungsaufwands nur selten vorkommen. Häufiger ist die Fortsetzung der Gesellschaft nach Scheitern der Eintragung, häufig weil die Einlage nicht aufgebracht werden kann.

1645 Abweichend von dem Grundsatz der unbeschränkten Innenhaftung kommt es in diesen Fällen, da die Gesellschafter eine Personengesellschaft bilden, nach § 128 HGB zur unbeschränkten Außenhaftung der Gesellschafter.

BGH, Urt. v. 4.11.2002 – II ZR 204/00, BGHZ 152, 290 = ZIP 2002, 2309 = NJW 2003, 429:

Nach aufgegebener Eintragungsabsicht ist nämlich der einzige Grund dafür entfallen, den Gläubigern der Vorgesellschaft zu versagen, die Gründer persönlich in Anspruch zu nehmen, der darin liegt, dass die Kapitalgesellschaft notwendig ein Vorstadium durchlaufen muss und deren Gläubiger erwarten dürfen, sich wegen ihrer Ansprüche an eine alsbald entstehende GmbH mit einem gesetzlich kontrollierten und garantierten, notfalls auf dem Wege der Unterbilanzhaftung aufzufüllenden Haftungsfonds halten zu können.

M. Anm. *Drygala*, ZIP 2002, 2311;
m. Anm. *K. Schmidt*, GmbHR 2003, 99;
m. Bespr. *Peetz*, GmbHR 2003, 933;
BSG, Urt. v. 8.12.1999 – B 12 KR 10/98 R, ZIP 2000, 494;
dazu EWiR 2000, 1055 *(Kort)*;
vgl. OLG Thüringen, Urt. v. 3.3.1999 – 2 U 540/98, GmbHR 1999, 772 m. w. N.

1646 Die Außenhaftung gilt aber nur für die Gesellschafter, die die **werbende Tätigkeit** auch wirklich fortsetzen; für die – nach § 15 Abs. 3 GmbHG formgerecht – ausscheidenden Gesellschafter gilt die unbeschränkte Innenhaftung in Form der Verlustdeckungshaftung, wie sie (siehe Rn. 1626) dargestellt worden ist.

Vgl. OLG Düsseldorf, Urt. v. 18.5.1995 – 13 U 86/94, GmbHR 1995, 823;

LG Dresden, Urt. v. 14.9.1998 – 8 O 0195/98, GmbHR 1999, 612 (Leitsatz);
dazu EWiR 1999, 171 *(Saenger)*.

1647 Wohl aber gilt die Außenhaftung auch für diejenigen Gesellschafter, die an der Geschäftstätigkeit nicht aktiv beteiligt sind, davon jedoch wissen und dennoch nach dem Scheitern der Eintragung weder die Liquidation der Gesellschaft herbeiführen noch den Gesellschaftsvertrag kündigen.

BGH, Urt. v. 4.11.2002 – II ZR 204/00, BGHZ 152, 290 = ZIP 2002, 2309 = NJW 2003, 429:

Für die Verpflichtung der Vorgesellschaft und ggf. ihrer Gründer reicht es aus, dass diese mit der vorzeitigen Geschäftsaufnahme einverstanden sind und den Geschäftsführer bevollmächtigen, nicht nur die Eintragung der Gesellschaft herbeizuführen, sondern darüber hinaus Verbindlichkeiten einzugehen.

M. Anm. *Drygala*, ZIP 2002, 2311;
m. Anm. *K. Schmidt*, GmbHR 2003, 99;

OLG Koblenz, Urt. v. 28.11.2000 – 3 U 1562/99, GmbHR 2001, 433.

1648 Auch ein erst später eingetretener Gesellschafter haftet gemäß § 128 HGB für die von der Vorgesellschaft begründeten Verbindlichkeiten.

OLG Jena, Urt. v. 27.3.2002 – 4 U 663/01, NZG 2002, 571.

Die unbeschränkte und unmittelbare Haftung der Gesellschafter den Gläubigern gegenüber gilt nicht nur für die nach dem Fehlschlagen der Gründung begründeten Verbindlichkeiten, sondern auch für die **Altschulden**, für die die Gesellschafter sonst nur der Gesellschaft gegenüber gehaftet hätten. 1649

OLG Jena, Urt. v. 3.3.1999 – 2 U 540/98, GmbHR 1999, 772.

Bei der unechten Vorgesellschaft ist die Haftung der Gesellschafter auch nicht **anteilig** entsprechend ihrem Anteil am Stammkapital beschränkt, sondern sie haften unbeschränkt mit ihrem ganzen Vermögen. 1650

Vgl. BSG, Urt. v. 8.12.1999 – B 12 KR 10/98 R, ZIP 2000, 494; dazu EWiR 2000, 1055 *(Kort)*.

Problematisch bleibt es, die Aufgabeabsicht der Gesellschafter festzustellen. 1651

BGH, Urt. v. 4.11.2002 – II ZR 204/00, BGHZ 152, 290 = ZIP 2002, 2309 = NJW 2003, 429:

In der Regel wird sich die Aufgabe der Eintragungsabsicht und das Scheitern der Gründung aus äußeren Umständen feststellen lassen. Das gilt beispielsweise, wenn die Gesellschafter ... schon keinen Eintragungsantrag mehr stellen, weil sie sich über die Bewertung der einzubringenden Sacheinlagen nicht einigen können, wenn Beanstandungen des Registergerichts im Eintragungsverfahren nicht umgehend abgestellt werden ... wenn die Auflösung der Vorgesellschaft beschlossen wird ... oder die Geschäftsführer der Vorgesellschaft selbst einen Insolvenzantrag stellen.

M. Anm. *Drygala*, ZIP 2002, 2311;
m. Anm. *K. Schmidt*, GmbHR 2003, 99.

Die lange Dauer des Eintragungsverfahrens allein genügt nicht als Anhaltspunkt für die Aufgabe der Eintragungsabsicht, wenn die Gesellschafter alles dafür Erforderliche tun und insbesondere Beanstandungen des Registergerichts umgehend nachkommen. 1652

Der Zeitablauf allein ist daher auch kein ausreichender Anhaltspunkt. 1653

A. A. *Drygala*, ZIP 2002, 2311, 2313.

Anders ist das aber, wenn die Gründer Beanstandungen des Registergerichts nicht nachkommen oder ihre Bemühungen um die Eintragung vernachlässigen. 1654

OLG Koblenz, Urt. v. 28.11.2000 – 3 U 1562/99, GmbHR 2001, 433:

Beschaffen die Gründer einer noch nicht eingetragenen GmbH trotz Anforderung durch das Registergericht über mehrere Monate Unterlagen nicht, die zur Eintragung unerlässlich sind, so ist davon auszugehen, dass die Absicht, eine Eintragung herbeizuführen, nicht mehr besteht.

Vgl. *Schwarz*, ZIP 1996, 2005, 2006 m. w. N.;
zu weiteren Indizien siehe auch *Müther*, MDR 2001, 366, 370.

III. Mantelverwendung

Im Prinzip dieselben Grundsätze wie bei der Neugründung einer GmbH gelten bei der Verwendung eines GmbH-Mantels. 1655

1. Mantelverwendung und Vorratsgründung

1656 Unter einer **Mantel-GmbH** wird eine GmbH verstanden, die kein oder fast kein werbendes Unternehmen betreibt, sondern entweder die werbende Tätigkeit eingestellt oder noch nicht aufgenommen hat.

Peetz, GmbHR 2004, 1429, 1430 m. w. N.

1657 Mantelverwendungen erfolgen, um das oft langwierige Eintragungsverfahren abzukürzen und um der Gefahr einer persönlichen Haftung aus dem Wege zu gehen, die mit der Aufnahme des Geschäftsbetriebes vor Eintragung der GmbH ins Handelsregister verbunden ist. In der Praxis kommen sie vor in der Verwendung einer auf **Vorrat** gegründeten,

BGH, Beschl. v. 9.12.2002 – II ZB 12/02, BGHZ 153, 158 = ZIP 2003, 251 = NJW 2003, 892;
dazu EWiR 2003, 327 *(Keil)*;
m. Anm. *Nolting*, ZIP 2003, 651;
m. Anm. *Peetz*, GmbHR 2003, 229;
dazu auch *Altmeppen*, DB 2003, 2050;
sowie *Schumacher*, DStR 2003, 1884,

aber auch in der Verwertung des Mantels einer **vermögenslos** gewordenen Gesellschaft.

BGH, Beschl. v. 7.7.2003 – II ZB 4/02, BGHZ 155, 318 = ZIP 2003, 1698 = NJW 2003, 3198;
dazu EWiR 2003, 967 *(Keil)*;
m. Anm. *Kesseler*, ZIP 2003, 1790.

1658 Die Mantelverwendung steht einer **Neugründung gleich** mit der Folge, dass die der Gewährleistung der Kapitalausstattung dienenden Vorschriften entsprechend anzuwenden sind. Das bedeutet, dass die Neugründung gegenüber dem Registergericht offenzulegen ist und die Versicherung nach § 8 Abs. 2 GmbHG (Leistung des Kapitals zur freien Verfügung der Geschäftsführer) abzugeben ist.

BGH, Beschl. v. 9.12.2002 – II ZB 12/02, BGHZ 153, 158 = ZIP 2003, 251 = NJW 2003, 892;
dazu EWiR 2003, 327 *(Keil)*;
m. Anm. *Nolting*, ZIP 2003, 651;
m. Anm. *Peetz*, GmbHR 2003, 229;
BGH, Beschl. v. 7.7.2003 – II ZB 4/02, BGHZ 155, 318 = ZIP 2003, 1698 = NJW 2003, 3198:

Die Tatsache der Wiederverwendung eines zwischenzeitlich leer gewordenen Gesellschaftsmantels ist gegenüber dem Registergericht offenzulegen. Diese Offenlegung der wirtschaftlichen Neugründung ist mit der – am satzungsmäßigen Stammkapital auszurichtenden – Versicherung gemäß § 8 Abs. 2 GmbHG zu verbinden.

Die reale Kapitalaufbringung ist sowohl bei der Mantelverwendung wie auch bei der Aktivierung einer Vorratsgesellschaft durch entsprechende Anwendung des Haftungsmodells der Unterbilanzhaftung – bezogen auf den Stichtag der Offenlegung der wirtschaftlichen Neugründung gegenüber dem Registergericht – sicherzustellen.

Dazu EWiR 2003, 967 *(Keil)*;
m. Anm. *Kesseler*, ZIP 2003, 1790;
OLG Hamburg, Urt. v. 19.11.2004 – 11 U 45/04, ZIP 2004, 2431;
dazu EWiR 2005, 117 *(Bayer)*;
OLG Nürnberg, Beschl. v. 18.4.2011 – 12 W 631/11, GmbHR 2011, 582.

Es wird **nicht** danach **unterschieden**, ob eine auf **Vorrat** gegründete Gesell- **1659**
schaft oder der Mantel einer **vermögenslos** gewordenen Gesellschaft verwendet wird.

Für eine Differenzierung jedoch **1660**

Ulmer, ZIP 2012, 1265.

Das – vom BGH durchaus gesehene – Problem ist nun, wie eine wirtschaftliche **1661**
Neugründung von der die Kontrolle der Kapitalausstattung nicht auslösenden Maßnahmen, wie z. B. Umstrukturierungen und Sanierungen, abzugrenzen ist.

Vgl. dazu *von Bredow/Schumacher*, DStR 2003, 1032, 1036;
Schumacher, DStR 2003, 1884.

Maßgeblich ist, ob die Gesellschaft noch ein aktives Unternehmen betreibt, **1662**
an das die Fortführung des Geschäftsbetriebs in irgendeiner wirtschaftlich noch gewichtigen Form anknüpft, oder ob es sich um einen leer gewordenen Mantel ohne Geschäftsbetrieb handelt, der dazu dienen soll, ohne erneut ein Gründungsverfahren durchlaufen zu müssen, einen neuen Geschäftsbetrieb aufzunehmen. Die sich ergebenden Abgrenzungsschwierigkeiten sind hinzunehmen; die Prüfung des Tatbestandes der Neugründung wird dem Geschäftsführer aufgebürdet.

Eine Mantelverwendung kommt nur in Betracht, wenn die Gesellschaft eine **1663**
„leere Hülse" ist, also kein aktives Unternehmen betreibt, an das die Fortführung des Geschäftsbetriebs – sei es auch unter wesentlicher Umgestaltung, Einschränkung oder Erweiterung seines Tätigkeitsgebiets – in irgendeiner wirtschaftlich oder gewichtbaren Weise anknüpfen kann. Eine „leere Hülse" in diesem Sinne liegt dann nicht vor, wenn die Gesellschaft nach Gründung und Eintragung konkrete Aktivitäten zur Planung und Vorbereitung der Aufnahme ihrer nach außen gerichteten Geschäftstätigkeit im Rahmen des statutarischen Unternehmensgegenstandes entfaltet.

BGH, Beschl. v. 18.1.2010 – II ZR 61/09, ZIP 2010, 621
= NJW 2010, 1459 Rn. 6;
dazu EWiR 2010, 611 *(Schmitz-DuMont)*
m. Anm. *Ulrich*, GmbHR 2010, 474;
m. Anm. *K. Schmidt*, ZIP 2010, 857;
dazu *Werner*, GmbHR 2010, 804;
dazu *Lieder*, NZG 2010, 410.

Keine Vorratsgründung liegt vor, wenn die Gesellschaft zwar als Vorrats- **1664**
gesellschaft gegründet wird, aber die Änderung des Unternehmensgegenstandes, des Namens und des Sitzes ebenso wie der Wechsel der Gesellschafter und

der Geschäftsführer – mithin die Ausstattung der Gesellschaft mit einem werbenden Unternehmen – schon vor der Eintragung der Gesellschaft im Handelsregister beschlossen und – soweit dafür nicht die Eintragung im Handelsregister erforderlich war – auch vollzogen worden sind.

BGH, Urt. v. 12.7.2011 – II ZR 71/11, ZIP 2011, 1761 Rn. 8;
dazu EWiR 2011, 639 *(Nolting)*;
m. Anm. *Bayer*, GmbHR 2011, 1032.

1665 Keine Verwendung eines Mantels ist es auch, wenn das Unternehmen noch nicht stillgelegt ist, sondern abgewickelt wird, und für einen geänderten Unternehmensgegenstand kein Unternehmen betrieben wird.

KG, Urt. v. 26.4.2012 – 23 U 197/11, ZIP 2012, 1863;
dazu EWiR 2012, 623 *(Priester)*.

1666 Dagegen ist es eine Mantelverwendung, wenn die Gesellschaft liquidiert wird, aber keine Abwicklungstätigkeiten mehr stattfinden, und dann das stillgelegte Unternehmen über einen Fortsetzungsbeschluss wieder aktiviert wird.

BGH, Urt. v. 10.12.2013 – II ZR 53/12, ZIP 2014, 418 Rn. 10;
dazu EWiR 2014, 273 *(Keiluweit)*.

1667 Im Übrigen wird zu Recht empfohlen, wegen all dieser Schwierigkeiten von der Verwendung gebrauchter Mäntel ganz abzusehen.

Schumacher, DStR 2003, 1884.

2. Handelndenhaftung

1668 Bei einer Mantelverwendung haftet der Handelnde/Geschäftsführer nach § 11 Abs. 2 GmbHG, wenn die Geschäfte ohne Zustimmung aller Gesellschafter aufgenommen werden.

BGH, Urt. v. 12.7.2011 – II ZR 71/11, ZIP 2011, 1761 Rn. 8;
dazu EWiR 2011, 639 *(Nolting)*;
m. Anm. *Bayer*, GmbHR 2011, 1032;

BGH, Beschl. v. 7.7.2003 – II ZB 4/02, BGHZ 155, 318 = ZIP 2003, 1698 = NJW 2003, 3198:

Neben der Unterbilanzhaftung kommt auch eine Handelndenhaftung analog § 11 Abs. 2 GmbHG in Betracht, wenn vor Offenlegung der wirtschaftlichen Neugründung die Geschäfte aufgenommen werden, ohne dass alle Gesellschafter dem zugestimmt haben.

Dazu EWiR 2003, 967 *(Keil)*;
m. Anm. *Kesseler*, ZIP 2003, 1790;

KG, Urt. v. 6.2.1998 – 21 U 5505/97, NZG 1998, 731;

OLG Stuttgart, Urt. v. 2.12.1998 – 3 U 44/98, GmbHR 1999, 610;

a. A. *Berkefeld*, GmbHR 2018, 337, 344.

1669 Nur für diesen Fall, dass die Geschäfte vor Offenlegung ohne Zustimmung aller Gesellschafter aufgenommen werden, ist von einer Handelndenhaftung des Geschäftsführers auszugehen.

Peetz, GmbHR 2004, 1429, 1435 m. w. N.

Die analoge Anwendung des § 11 Abs. 2 GmbHG wird mit dem Zweck dieser Bestimmung begründet, einen Ausgleich für die noch fehlende registerrechtliche Prüfung zu schaffen. Bei einer Mantelverwendung seien die Gläubiger mindestens ebenso gefährdet wie bei einer rechtlichen Neugründung. 1670

OLG Stuttgart, Urt. v. 2.12.1998 – 3 U 44/98, GmbHR 1999, 610.

3. Haftung der Gesellschafter

Da die Reaktivierung des Mantels wie eine Neueintragung anzusehen ist, trifft die Gesellschafter die **Unterbilanzhaftung** wie bei der Eintragung der Vor-GmbH. 1671

BGH, Beschl. v. 7.7.2003 – II ZB 4/02, BGHZ 155, 318 = ZIP 2003, 1698 = NJW 2003, 3198;
dazu EWiR 2003, 967 *(Keil)*;
m. Anm. *Kesseler*, ZIP 2003, 1790;
OLG Düsseldorf, Urt. v. 20.7.2012 – 16 U 55/11, ZIP 2012, 2011.

Die Gesellschaft muss noch ein Mindestvermögen in Höhe der statutarischen Stammkapitalziffer besitzen, von dem sich ein Viertel – wenigstens aber 12.500,00 € – wertmäßig in der freien Verfügung der Geschäftsführung zu befinden hat. 1672

Maßgeblicher **Stichtag** für eine Unterbilanzhaftung der Gesellschafter bei der wirtschaftlichen Neugründung ist die Offenlegung einer wirtschaftlichen Neugründung verbunden mit der Versicherung nach § 8 Abs. 2 GmbHG (sowie Anmeldung der etwa mit ihr einhergehenden Satzungsänderungen) gegenüber dem Handelsregister. 1673

BGH, Beschl. v. 7.7.2003 – II ZB 4/02, BGHZ 155, 318 = ZIP 2003, 1698 = NJW 2003, 3198;
dazu EWiR 2003, 967 *(Keil)*;
m. Anm. *Kesseler*, ZIP 2003, 1790.

Kritisch zur Anmeldeversicherung siehe 1674

Berkefeld, GmbHR 2018, 337, 343 f.

Regelmäßig führt die Aktivierung des Mantels zu Veränderungen bei Firma, Sitz, Unternehmensgegenstand, bei Gesellschaftern und Geschäftsführer und damit zu eintragungspflichtigen Satzungsänderungen. 1675

Das eingezahlte Kapital ist nicht vorhanden, wenn es dem Erwerber einer Vorratsgesellschaft zwar als Kassenbestand übergeben wird, er es aber sogleich zur Kaufpreiszahlung für die Geschäftsanteile verwendet. 1676

OLG Düsseldorf, Urt. v. 20.7.2012 – 16 U 55/11, ZIP 2012, 2011.

Unterbleibt die Offenlegung der wirtschaftlichen Neugründung gegenüber dem Registergericht, haften die Gesellschafter auch nur im Umfang einer Unterbilanz, die in dem Zeitpunkt besteht, zu dem die wirtschaftliche Neu- 1677 gründung entweder durch die Anmeldung der Satzungsänderungen oder durch die Aufnahme der wirtschaftlichen Tätigkeit erstmals nach außen in Erscheinung tritt.

BGH, Urt. v. 6.3.2012 – II ZR 56/10, BGHZ 192, 341 = ZIP 2012, 817 = NJW 2012, 187 Rn. 20;
dazu EWiR 2012, 347 *(Bayer)*;
m. Anm. *Giedinghagen/Rulf*, GmbHR 2012, 630;
dazu *Podewils*, GmbHR 2012, 1175;
dazu *Bachmann*, NZG 2012, 579;
dazu *Ulmer*, ZIP 2012, 1265;
BGH, Urt. v. 10.12.2013 – II ZR 53/12, ZIP 2014, 418 Rn. 8;
dazu EWiR 2014, 273 *(Keiluweit)*.

1678 Während bei der Offenlegung den Insolvenzverwalter die Beweislast trifft, haben die Gesellschafter bei unterbliebener Offenlegung die **Darlegungs- und Beweislast** dafür, dass in dem Zeitpunkt, zu dem die wirtschaftliche Neugründung nach außen in Erscheinung getreten ist, keine Differenz zwischen dem (statutarischen) Stammkapital und dem Wert des Gesellschaftsvermögens bestanden hat.

BGH, Urt. v. 6.3.2012 – II ZR 56/10, BGHZ 192, 341 = ZIP 2012, 817 = NJW 2012, 187 Rn. 42;
dazu EWiR 2012, 347 *(Bayer)*;
m. Anm. *Giedinghagen/Rulf*, GmbHR 2012, 630;
dazu *Podewils*, GmbHR 2012, 1175;
dazu *Bachmann*, NZG 2012, 579;
dazu *Ulmer*, ZIP 2012, 1265.

1679 Ungeklärt ist in der Rechtsprechung, ob neben § 9 GmbHG auch § 19 Abs. 4 und 5 GmbHG auf den Unterbilanzhaftungsanspruch anzuwenden sind. Dagegen siehe

Berkefeld, GmbHR 2018, 337, 340.

1680 Für den Ausgleich einer Unterbilanz haftet auch der **Erwerber eines Geschäftsanteils.**

BGH, Urt. v. 6.3.2012 – II ZR 56/10, BGHZ 192, 341 = ZIP 2012, 817 = NJW 2012, 187 Rn. 31;
dazu EWiR 2012, 347 *(Bayer)*;
m. Anm. *Giedinghagen/Rulf*, GmbHR 2012, 630;
dazu *Podewils*, GmbHR 2012, 1175;
dazu *Bachmann*, NZG 2012, 579;
dazu *Ulmer*, ZIP 2012, 1265.

1681 Für die **Verjährung** gilt § 9 Abs. 2 GmbHG entsprechend, bei Altfällen wegen des Vertrauensschutzes ab der Neuaufnahme der wirtschaftlichen Tätigkeit.

BGH, Beschl. v. 26.11.2007 – II ZA 14/06, ZIP 2008, 217;
dazu EWiR 2008, 535 *(Ostermaier)*.

IV. Falsche Angaben bei Eintragung

Für falsche Angaben zum Zweck der Errichtung der Gesellschaft haftet nach § 9a Abs. 1 Satz 1 GmbHG neben den Gesellschaftern auch der Geschäftsführer. Eine solche Haftung wegen unzutreffender Angaben kommt auch im Fall der wirtschaftlichen Neugründung infrage. 1682

Vgl. BGH, Urt. v. 12.7.2011 – II ZR 71/11, ZIP 2011, 1761 Rn. 15;
dazu EWiR 2011, 639 *(Nolting)*;
m. Anm. *Bayer*, GmbHR 2011, 1032;
Bachmann, NZG 2012, 579;
Berkefeld, GmbHR 2018, 337, 344.

Der Anspruch steht der **Gesellschaft** und nicht ihren Gläubigern zu. Nach Eröffnung des Insolvenzverfahrens kann er vom Insolvenzverwalter geltend gemacht werden. 1683

OLG Brandenburg, Urt. v. 28.12.2017 – 6 U 87/15, GmbHR 2018, 474, 476.

Er kann erst nach Eintragung geltend gemacht werden, und zwar nur gegen die, die im Zeitpunkt der Eintragung noch Geschäftsführer oder Gesellschafter sind. 1684

OLG Rostock, Urt. v. 2.2.1995 – 1 U 191/94, GmbHR 1995, 658.

Falsche Angaben, die zu einer Haftung des Geschäftsführers – neben der der Gesellschafter – führen können, sind vor allem die bei der Anmeldung nach § 8 Abs. 2 GmbHG notwendigen Angaben, dass die Einzahlungen auf das Stammkapital (§ 7 Abs. 2 GmbHG) zur freien Verfügung des Geschäftsführers erbracht sind, wenn sie in Wirklichkeit gar nicht oder nicht zur freien Verfügung der Gesellschafter erbracht sind. 1685

OLG Oldenburg, Urt. v. 26.7.2007 – 1 U 8/07, ZIP 2008, 267.

Da die Angaben auch falsch sind, wenn die Einlage sofort an den Inferenten wieder zurückbezahlt wird (**Hin- und Herzahlen**), trifft die Haftung den Geschäftsführer ebenso in diesem Fall, auch nach einer **Kapitalerhöhung**. 1686

OLG Brandenburg, Urt. v. 28.12.2017 – 6 U 87/15, GmbHR 2018, 474, 476.

Dazu gehört auch die Angabe nach § 19 Abs. 5 Satz 2 GmbHG bei der Einlageleistung, wenn die Einlage auf ein Gesellschaftskonto gezahlt wird, das zu einem Cash-Pool des Inferenten gehört. 1687

Falsch sind die Angaben, wenn sie **unrichtig oder unvollständig** sind **oder** wenn sie vollständig **fehlen**. 1688

OLG Bremen, Urt. v. 6.5.1997 – 2U 135/96, GmbHR 1998, 40.

Maßgebender **Zeitpunkt** ist die Anmeldung; nachträgliche Veränderungen machen eine richtige Erklärung nicht unrichtig. 1689

OLG Brandenburg, Urt. v. 28.12.2017 – 6 U 87/15, GmbHR 2018, 474, 476;

OLG Bremen, Urt. v. 6.5.1997 – 2U 135/96, GmbHR 1998, 40.

1690 Eine unrichtige Erklärung kann aber noch bis zur Eintragung korrigiert werden.

1691 Die Haftung setzt Verschulden voraus (§ 9a Abs. 3 GmbHG), das vermutet wird. Es wird beim Geschäftsführer regelmäßig vorliegen, weil er Angaben der Gesellschafter überprüfen muss.

OLG Brandenburg, Urt. v. 28.12.2017 – 6 U 87/15, GmbHR 2018, 474, 476.

1692 Der Geschäftsführer muss die Gesellschaft so stellen, wie wenn die Angaben richtig wären. Daher ist die Differenz zwischen behaupteter und tatsächlicher Einlage zu leisten. Im Fall des § 19 Abs. 5 Satz 2 GmbHG – beim Hin- und Herzahlen, insbesondere der Einbeziehung des Gesellschaftskontos in einen Cash-Pool – ist die Einlage nochmals zu zahlen, weil beim Hin- und Herzahlen nichts geleistet ist.

OLG Brandenburg, Urt. v. 28.12.2017 – 6 U 87/15, GmbHR 2018, 474, 477.

1693 Bei der verdeckten Sacheinlage ist eine nach Anrechnung nach § 19 Abs. 4 GmbHG verbleibende Differenz zu ersetzen.

1694 Zur fortbestehenden Einlagepflicht der Gesellschafter besteht ein Gesamtschuldverhältnis.

OLG Brandenburg, Urt. v. 28.12.2017 – 6 U 87/15, GmbHR 2018, 474, 476.

1695 Der Ersatzanspruch entfällt nicht nach einer Entlastung, weil ein Verzicht auf Ersatzansprüche nach § 9a GmbHG nach § 9b Abs. 1 GmbHG unwirksam ist.

OLG Brandenburg, Urt. v. 28.12.2017 – 6 U 87/15, GmbHR 2018, 474, 479.

1696 Die fünfjährige Verjährungsfrist nach § 9b GmbHG beginnt mit der Eintragung der Gesellschaft oder der falschen Angabe, nicht mit dem ggf. erst nachfolgenden Schadenseintritt bei einer Rückzahlung der Einlage.

OLG Brandenburg, Urt. v. 28.12.2017 – 6 U 87/15, GmbHR 2018, 474, 479.

Stichwortverzeichnis

Abberufung 78, 227, 1115
Actio pro socio 48
Akteneinsicht 1334
Aktiva 241, 614, 846, 909, 1023, 1613
Aktiventausch 711, 726, 730 ff., 743, 857
Alleingesellschafter 17, 46, 73, 175, 180, 188, 255, 265 ff, 420, 504, 946, 959, 1012, 1116
Allzuständigkeit 396, 1108, 1132
Alternativverhalten 368
Altgläubiger 1237 ff., 1313, 1320
Altersversorgung 1349
Amtsniederlegung 78, 81, 1116, 1330
Analogieverbot 111
Anfechtbarkeit 803 ff., 1139 ff., 1470 ff., 1526
Anfechtungsklage 250
Anlageberatung 961, 1428 ff.
Anscheinsbeweis 390
Anstellungsvertrag 3 f., 75, 119, 190, 253, 288, 423, 438, 449, 483, 934
Anteilige Tilgung 1090, 1105, 1165, 1490 ff., 1518 ff.
Arbeitnehmer 1021, 1245, 1284, 1349, 1417
Arbeitnehmerbeiträge 789, 1076 ff., 1291
Arbeitnehmerstellung 436 ff.
Aufsichtspflichtverletzung 1175 ff.
Aufsichtsrat 37, 120 ff., 246, 511, 1200
Ausfallhaftung 286, 290, 984, 1591, 1632
Ausgleichshaftung 1111, 1624 ff.
Auskunftspflicht 66, 1324 ff.
Ausländische Kapitalgesellschaft 5, 838, 892, 973, 1202, 1280
Ausplünderung 888, 1425
Außenhaftung 929
– deliktische 1029
Ausschlussfrist 429

Baubuch 1390
Bauforderungen 1354
BauFodSiG 1354
Baugeld 1364
Bedingter Vorsatz 1120, 1418
Beitragsansprüche 1139
Behauptungslast *siehe Darlegungslast*
Beherrschungs- und Gewinnabführungsvertrag 301, 320
Beratervertrag 17
Beratung *siehe fachkundiger Rat*
Beschlusserfordernis 11 ff., 40, 47, 59, 69, 428, 433, 458, 463
Besicherung 172, 297 f., 616, 852
Besonderer Vertreter 34 ff., 50
Bestellung des Geschäftsführers 77, 89, 1114
Beurteilungsspielraum 138 ff., 319
Beweisanzeichen 102, 535, 578 ff., 601 ff., 985, 1308
Beweislast 261, 367 ff., 587 ff., 883, 912, 1014, 1066, 1153, 1307, 1388, 1506, 1619
Beweisvereitelung 595, 692, 1309, 1314
Bilanzierung 303, 615, 664 ff.
Bonitätsprüfung 171, 303, 310, 541
Buchführung 385 ff., 595, 692, 1007, 1014, 1136, 1178 ff., 1231, 1309, 1510
Bürgschaft 617, 678, 799, 946
Business Jugdment Rule 134

Cash-Pool 301 ff., 859, 909, 1482, 1685, 1692
Compliance 159
Corporate Governance Kodex 163

Darlegungslast 367, 371, 382, 388, 587 ff., 686 ff., 742 ff., 883, 912, 1014, 1153, 1307, 1596, 1619, 1678
- sekundäre 372, 618, 621, 884, 1157
Darlehen
- Ablösung 172
- an Gesellschafter 301 ff., 856, 878 ff.
- des Gesellschafters 275, 329 ff., 336, 664 ff., 681 ff., 859 f.
- kapitalersetzendes 331 ff., 393, 664 ff., 861, 1617
- Stehenlassen 873
- Vergabe 172
Deliktische Außenhaftung 1029
Dienstvertrag *siehe Anstellungsvertrag*
Direktanspruch 484, 900
Dreiwochenfrist 238, 1210, 1214
Durchgriffshaftung 995 ff.
D&O-Versicherung 469 ff.

Eigengeschäfte 174
Eigeninteresse 946 ff.
Eigenkapital 292, 388, 688, 924, 1015, 1364, 1406
Einsichtnahme 1334 ff.
Einstufiger Überschuldungsbegriff 655
Eintragung der GmbH 1549, 1568, 1575, 1583, 1600 ff., 1626, 1682
Einverständnis 187, 258 ff., 379
Entgangener Gewinn 1273 ff.
Entlastung 59, 69, 454 ff.
Erkennbarkeit der Insolvenzreife 748 ff., 1302
Ermittlung der Entscheidungsgrundlagen 139
Ertragswertverfahren 652, 1615, 1622
Existenzvernichtungshaftung 189, 263, 836, 888, 890 ff., 1026

Fachkundiger Rat 241, 345, 618, 652, 757
Fahrlässigkeit, grobe 448, 474, 1423, 1451, 1471, 1514
Faktischer Geschäftsführer 89 ff., 506, 841, 1009, 1112, 1197, 1329, 1454, 1578
Fehlbetrag, nicht durch Eigenkapital gedeckter 287, 618, 625, 688
Fehlbeträge 385 ff.
Finanzplanung 167, 639 ff., 662, 879, 884
Firmenbestattung 1223 ff.
Firmenwert 272, 614, 1615, 1622
Forderungsverzicht 172
Fortführungsprognose 606, 610, 626 ff.
Fortführungswille 635
Freistellungsanspruch 172, 297, 438 ff., 450, 486
Fremdgeschäftsführer 43, 54, 467, 1413
Führungslosigkeit 1200 ff., 1234

Garantenstellung 158, 1038 ff.
Garantie 953 ff.
Generalbereinigung 460 ff.
Generalunternehmer 1359
Gerichtsstand 465, 817
Gesamtschuldner 284, 394, 986, 1030, 1438, 1478, 1605
Gesamtvertretung 930
Geschäft, unternehmensbezogenes 985
Geschäftsbetrieb, Einstellung 1424
Geschäftschance 209, 909
Geschäftsführer
- faktischer 89 ff., 506, 841, 1009, 1111, 1197, 1329, 1454, 1578
- mehrere 394 ff., 749, 930, 1108, 1132, 1195, 1478, 1537
Geschäftsleiterpflicht 126
Geschäftsmann, ordentlicher 529, 706, 746, 779 ff., 879, 1143, 1152, 1473, 1529

Gesellschafter
- Allein- 17, 46, 73, 175, 180, 188, 255, 265 ff., 420, 946, 959, 1012, 1116
- Geschäftsführer 18, 24, 29 ff., 101, 111, 128, 430, 452, 474, 999, 1025, 1224, 1227, 1333, 1415, 1519
- Gläubiger 45
- Mehrheitsschulden 29, 47, 255, 946
- Minderheitsschulden 47, 1000
- -schulden 296

Gesellschafterbeschluss 11 ff., 69, 192, 260, 433 ff., 458, 461, 476, 937, 1566
Gesellschaftsdarlehen 275, 301, 329, 664
Gesellschafterhaftung 888, 1200, 1600, 1628, 1645, 1671
Gesellschafterliste 1542 ff.
Gesellschaftsresourcen, Aneignung 174
Gewinn, entgangener 1273
Gläubiger
- Gesellschaft 10, 514, 845, 898
- Gesellschafter 45
- Gesellschaftsgläubiger 61, 1250, 1261, 1629
- Insolvenzverwalter 56, 514, 845, 899, 1014, 1248, 1422

GmbH und Co. KG 40 ff., 54, 206, 272, 500, 837, 969
GSB 1354
Gründungskosten 614, 1616
Gründungsstadium 1549

Haftungsausschluss 59, 69, 423, 436, 443 ff., 1589 ff.
Haftungsbeginn 77, 1114
Haftungsbescheid 1532
Haftungsbeschränkung 283, 436 ff., 1554, 1591
Haftungsende 78, 1115, 1583
Handelndenhaftung 1118, 1558, 1577, 1668 ff.
Handelsbilanz 390, 618 ff., 686 ff.

Informationsbeschaffung 1321 ff.
Informationspflicht 397
Innenhaftung 1 ff., 891
Insolvenzantrag 114, 233 ff., 520, 586, 657, 794, 839, 1085, 1151, 1184 ff., 1406, 1564
Insolvenzgeld 1102, 1294 ff.
Insolvenzreife 117, 532 ff., 601, 742, 1205, 1307, 1402
- Erkennbarkeit 748 ff., 1302

Insolvenzverschleppung 233, 316, 1184 ff., 1205 ff., 1402 ff., 1563
Insolvenzverursachung 149, 836, 864 ff., 904
Insolvenzverwalter 56, 514, 1322

Jahresabschluss 172, 389, 1345

Kalkulationsirrtum 172
Kapitalersatz
- Darlehen *siehe Darlehen, kapitalersetzendes*

Karenzentschädigung 224
Kassen- und Warenbestand 385
Klagevoraussetzung 11 ff.
Kompetenzüberschreitung 190 ff., 935 ff.
Komplementär-GmbH 7, 40, 54, 206, 270, 500
Kontrahierungsschaden 1263 ff.
Kreditbesicherung 172
Kreditkarte 174
Krise 337 ff., 393, 750, 909, 1135

Lederspray-Fall 1045
Legalitätspflicht 152 ff.
Limited 5, 838, 892, 1202
Liquidationsphase 637, 927, 1569
Liquidationswert 606, 614 ff., 625, 655, 663, 690
Liquidator 124, 509, 1398

Liquiditätsbilanz 535, 538 ff.
Liquiditätsplan 149
Lohnfortzahlung 1284
Lohnsteuer 83, 174, 177, 1513 ff.

Mantelverwendung 1655 ff.
Marktaustritt 902
Massekosten 617
Massekostenvorschuss 1218
Mehrere Geschäftsführer 394 ff., 749, 930, 1108, 1132, 1195, 1478, 1537
Mehrheitsgeschäftsführer 29, 47, 255, 946
Miete 1241
Minderheitsgeschäftsführer 47, 1000
Missbrauch der Vertretungsmacht 65, 935 ff.
Missbrauchstatbestand 183 ff.
Mitgeschäftsführer 175, 281, 370, 394 ff., 458, 463, 772, 1133, 1137, 1537
Mittelvorsorgepflicht 1100, 1497
Mitverschulden 495, 835, 1102, 1288 ff., 1437, 1102
Mitwirkungspflicht 1223, 1329, 1507 ff.

Nachteilsabwendung 781
Nachtragsliquidator 126
Negatives Interesse 1268
Neugläubiger 1261 ff.
Notgeschäftsführer 1116

Organisationsverschulden 339, 1038 ff., 1054, 1439
OWiG 1175

Passiva 545, 557, 571, 617 ff., 1613
Passivieren 275, 617, 668, 1617
Passivlegitimation 75
Patronatserklärung 556, 616
Pfändung 63, 518, 915, 943, 1399
Pflichtenkollision 1146
Pflichtverletzung 126
Planungsfehler 172
Privatentnahmen 174, 186, 1007
Privatkonto 177
Produzentenhaftung 1064 ff.
Prognose
siehe Fortführungsprognose
Prokurist 119, 1133
Prospekthaftung 961 ff.
Prozessführungsbefugnis 1248

Quotenschaden 1252 ff., 1313

Rangrücktritt 275, 617, 668 ff., 871, 1617
Rechtsirrtum 344
Rechtsrat 345, 1475
Rechtsscheinhaftung 972
Rechtsverfolgungskosten 1280
Regress 72, 290, 434, 474, 1597 ff., 1641
Reserven, stille 272, 615, 619 ff., 688
Ressortaufteilung 397, 772, 1108, 1133, 1195, 1478
Risikogeschäft 134 ff., 1411
Risikomanagement 168
Rollenverteilung
siehe Ressortaufteilung
Rückgewährverbot 269 ff.
Rückstände 797
Rückstellung 272, 617, 1613

Schädigung, sittenwidrige 890 ff., 1020, 1296, 1402 ff.
Sachverständiger Rat
siehe fachkundiger Rat
Sachwalterhaftung 944
Sanierung 105, 238, 782, 864, 1151, 1214 ff., 1297, 1405
Säumniszuschläge 1076, 1082, 1168, 1524, 1539
Schadensschätzung 384
Scheckeinzug 177
Schmiergeld 174

Schutzgesetz, Verletzung 1070 ff.
Schwarzarbeit 1081
Schwarze Kasse 175, 177, 186
Sekundäre Behauptungslast *siehe Darlegungslast*
Sekundärverjährung 419
Selbstbehalt 477
Sicherheit 172, 297, 336, 678, 714, 851, 946
Sittenwidrige Schädigung 890 ff., 1020, 1296, 1402 ff.
Sozialplan 617
Sozialversicherungsbeiträge 1076 ff., 1291
– Vorenthaltung 1076 ff.
Spekulation 146, 1411
Spenden 177, 183
Sphärenvermischung 1010
Stammkapital 178, 187, 230, 269 ff., 389, 1011, 1395, 1600 ff., 1662, 1671, 1685
Stammkapitalerhaltung 269 ff.
Stammkapitalverlust 230
Stehenlassen 873
Steuerberater 759, 768 ff., 1485
Steuerschulden 798, 1451 ff.
– Lohnsteuer 1513
– Umsatzsteuer 1451
Stille Reserven 272, 615, 619 ff., 688
Störer 1034, 1449
Strohmann 79 ff., 115, 343, 506, 1111, 1454
Stundung 564, 581, 585, 909, 1089, 1124 ff.
Subunternehmer 1373
Subventionsbetrug 1070 ff.

Teilzahlung 1105 ff., 1165
Terminoption 970, 1432
Tilgung, anteilige 1090, 1105, 1165, 1490 ff., 1518 ff.
Treuebruchtatbestand 186
Treuepflicht 126, 173 ff.
Treuhänder 506

Übernahmeverschulden 86, 340
Überschuldung 336, 390, 601 ff., 748 ff., 686 ff., 867, 1184, 1205, 1307 ff., 1403
Überschuldungsbegriff, einstufiger 655
Überschuldungsbilanz 605, 614, 616 ff., 666, 681, 751, 693
Überwachung 175, 396, 339, 960, 1133, 1485
Überwachungssystem 168
Umsatzsteuer 1278, 1452, 1490 ff.
Unerfahrenheit 138, 340
Unterkapitalisierung 17, 233, 903, 1015 ff.
Unterbilanz 301, 389, 1611 ff.
Unterbilanzhaftung 292, 389, 1601, 1619, 1671
Unterlassungsanspruch 1440
Unternehmensbezogenes Geschäft 985
Unternehmensgegenstand 154
Unternehmerische Entscheidung 134 ff., 369
Unternehmenskauf 17
Untreue 179, 1075
Urheberrechtsverletzung 1449

Verbotsirrtum 344, 1129 f., 1387
Vergütungsanspruch 174, 294, 375
Verhandlungsvertrauen 949 ff.
Verjährung 408 ff., 446, 814 ff., 886 ff., 914, 1030, 1171 ff., 1304 ff., 1592, 1681
– Abkürzung 423
– Beginn 388
– Kenntnis 388
– Mehrzahl von Pflichtwidrigkeiten 422
– Sekundärverjährung 419
Verkehrssicherungspflicht 1042 ff.
Verlustdeckungshaftung 1626
Vermögensvermischung 1006
Versäumniszuschläge *siehe Säumniszuschläge*

Versicherbarkeit 469 ff.
Versicherer 72
Verschulden 338, 1294
- bei Vertragsschluss 940
- Erkennbarkeit Insolvenzreife 748 ff., 1302
- Geschäftsmann, ordentlicher 779
- Mitverschulden 1102, 1288 ff., 1437
- Organisationsverschulden 339, 1038 ff., 1438
- Übernahmeverschulden 86, 340
- vermutetes 745, 749, 879, 885, 1302, 1307, 1318, 1547
Vertrauen, besonderes 949
Vertreter
- der Gesellschaft 32 ff.
- Gesamtvertretung 930
- ohne Vertretungsmacht 930
Vertretung 32 ff.
Vertreterhaftung 944
Verzicht 172, 299, 312, 446, 452 ff.
Vollstreckung 1532
Vollwertigkeit 297, 303 ff., 730, 856
Vorbehalt 800
Vorbelastungshaftung 1601
Vorenthaltung von Sozialversicherungsbeiträgen 1076 ff.
Vorgesellschaft 987, 1117, 1204, 1549, 1561 ff.
- unechte 1644 ff.
Vorgründungsgesellschaft 1550 ff.
Vorrang der Beitragsansprüche 1139
Vorsatz, bedingter 1120, 1418

Warenterminoption 1432
Weisungen 133, 143, 175, 187, 246 ff., 282, 880, 1131, 1457
Wettbewerbsverbot 202 ff., 435
Wettbewerbsverstoß 1438

Zahlungen
- an Gesellschafter 183, 269 ff., 292 ff., 836 ff.
- nach Insolvenzreife 117, 499 ff., 695 ff.
Zahlungseinstellung 535 ff.
Zahlungsstockung 576
Zahlungsunfähigkeit 532 ff., 1097
- drohende 1172
- Indizien 535, 538, 601 ff.
- Verursachung 864 ff.
Zahlungsunmöglichkeit 1092 ff., 1157, 1466 ff.
Zahlungsunwilligkeit 593
Zwei-Personen-Gesellschaft 18
Zweistufiger Überschuldungsbegriff 610